"DIETA SPIRITUALE QUOTIDIANA"

2° trimestre
Maggio - Agosto

ELIZABETH DAS

Italian

Copyright © 2024 ELIZABETH DAS.

Tutti i diritti sono riservati per l'audio, l'eBook (formato digitale) e il libro cartaceo. Nessuna parte di questo libro può essere utilizzata o riprodotta con qualsiasi mezzo, grafico, elettronico o meccanico, incluse fotocopie, registrazioni, nastri o sistemi di archiviazione delle informazioni senza l'autorizzazione scritta dell'autore, tranne nel caso di brevi citazioni contenute in articoli critici e recensioni. A causa della natura dinamica di Internet, i link agli indirizzi web contenuti in questo libro potrebbero essere cambiati dopo la pubblicazione e potrebbero non essere più validi. Tutte le persone raffigurate nelle immagini stock fornite da Thinkstock sono modelli e tali immagini sono utilizzate solo a scopo illustrativo. Alcune immagini di stock © Thinkstock. Estratto da: Elizabeth Das: "DIETA SPIRITUALE QUOTIDIANA"

DIETA SPIRITUALE QUOTIDIANA

ISBN:978-1-961625-36-5.Libro stampato in brossura
ISBN:978-1-961625-37-2. eBook
CONTATTO: nimmidas@gmail.com nimmidas1952@gmail.com

CANALE YOUTUBE "DIETA SPIRITUALE QUOTIDIANA" DI ELIZABETH DAS

PREFAZIONE

Era il 1° gennaio 2018. Ero a casa da sola, a riposare sul divano. La voce del mio Signore mi ordinò di scrivere. In spirito, percepii che intendeva ogni giorno. Ho detto "ogni giorno", ovvero come e cosa scrivere ogni singolo giorno. E l'Eterno disse che mi avrebbe dato ciò di cui avevo bisogno per scrivere. Secondo il Suo piano, tesi l'orecchio per ascoltare la SUA voce mentre condivideva un messaggio per il giorno. Ho scritto, registrato e postato su YouTube. L'ho fatto per 365 giorni prendendo appunti dal Signore. Ora ho un messaggio per tutti voi che vorrete accettarlo. Scrivendo sotto le istruzioni dello Spirito Santo, ho imparato che la religione, le organizzazioni, le denominazioni e le non denominazioni sono organizzate da Satana. Ha un sistema privo di potere per allontanarvi dalla sequela di Gesù e mettervi in un edificio di marca diversa, dove imparate a conoscere Gesù, ma non LUI nella Sua potenza e nel Suo potere. Tempo fa, lessi un articolo scritto da una profetessa satanica che diceva che se vogliamo il regno di Satana, allora dobbiamo convertire la gente alla maggioranza, cioè ai cristiani. E come distruggere il Regno di Gesù? Usando le stesse vecchie tattiche. Prendere di mira il proibito. Il Signore Gesù ha rovesciato la tavola, ha costruito una tana e vi ha messo i ladri. Il più grande vantaggio di etichettare un edificio come chiesa è che non impareranno mai che il loro corpo è la Chiesa di Geova Dio. Inoltre, i poveri, gli affamati, i drogati, gli alcolisti, gli indemoniati e gli oppressi non troveranno mai la salvezza. Non permettete che i santi siano addestrati e istruiti dallo Spirito Santo, ma avviate un collegio teologico per tutte le nostre dottrine divise e in conflitto tra loro e formate le persone a insegnare e predicare.

Che piano! Non solo meraviglioso, ma anche di successo. Continuate a puntare sulle donne, perché loro possono essere le nostre portavoce. A loro piacciono ancora le vetrine, i buoni affari e uno stile di vita affascinante. Hanno una forma di pietà ma negano la potenza. Questi tipi di dottrina soddisfano l'avidità, la brama degli occhi, quella della carne e l'orgoglio della vita. Ho imparato un'altra cosa: vivere nei confini dei territori religiosi non permette alle persone di cercare, bussare e chiedere a Dio! L'autorità religiosa possiede letteratura e libri scritti da falsi insegnanti e profeti. Impedisce anche alle riunioni domestiche di raggiungere la nostra famiglia, i nostri vicini e i nostri amici. Questo si chiama controllo totale. La cosa migliore è che le istituzioni della religione parlano della PAROLA, ma non la praticano. Si assicurano che non facciate quello che Gesù ha chiesto, ma solo quello che dicono loro. La Parola funziona se si agisce di conseguenza senza aggiungere o sottrarre. Stiamo seguendo tutto tranne Gesù. Vi esorto, da oggi, a studiare colui che dovete seguire da quando Gesù ha detto "seguitemi". Il Signore ha detto: "Io sono la via, la verità e la Vita". La via per raggiungere la vita eterna è seguire Gesù. Sono stati anni di ricerca della verità per liberarsi dalla trappola del diavolo. Il Signore ci ha dato meravigliose istruzioni per cercare i suoi discepoli, in modo da non confonderci con il falso piano di Satana. Il Suo discepolo metterà il mondo sottosopra facendo miracoli, guarigioni e opere soprannaturali nella città. Non sono forse questi i frutti che dovremmo cercare là fuori e non nelle gabbie della religione? Secondo il Nuovo Testamento, se ci pentiamo e ci battezziamo nel NOME di Gesù per lavare i nostri peccati, allora il Signore viene in noi per vivere.

Ancora una volta diventare ospiti dello Spirito Santo, o si può dire, la casa del Signore Gesù. Ora il nostro corpo è la chiesa. La comunione casa per casa e città per città con i vostri fratelli e sorelle è necessaria, ma stabilire un edificio no. Siete chiamati a lavorare. Predicare il Vangelo, che è la buona novella, aprendo occhi ciechi, guarendo ogni tipo di malattia, sanando il cuore spezzato e scacciando ogni tipo di demone, è il vostro e il mio lavoro. Lo Spirito Santo dà il potere di fare cose soprannaturali.

Lo Spirito dentro di noi fa tutte le guarigioni, i miracoli e le liberazioni. Dobbiamo solo uscire e lavorare come fece Gesù. Per imparare le vie dell'Eterno, è necessario arrendersi e cedere al Suo Spirito. Se non lo facciamo, non troveremo la creazione di Dio oppressa, posseduta, malata, con il cuore spezzato, zoppa, cieca e depressa. Il Signore stesso farà tutto e voi tornerete a casa gioendo. Che eccellente piano di Dio! Non solo, ci sono molti benefici nell'essere Suoi discepoli. Provviste, protezione, pace e tutti i privilegi del lavoro sono extra. Riceverete anche il diritto a una bella dimora in un luogo eterno chiamato cielo. È certo che il viaggio della vita finirà presto. Possa questo libro aiutarvi a comprendere il piano definitivo di Dio. Io ho imparato la Bibbia facendo, e anche voi potete imparare andando in giro e agendo come dice. Che il Signore vi mandi veri profeti, evangelisti, pastori, insegnanti e apostoli per addestrarvi a lavorare nell'esercito di Dio. Seguite Gesù! Amen!

Contents

MAGGIO 1

1 MAGGIO 2
C'È BISOGNO DI SACRIFICIO! 2
2 MAGGIO 5
MA DAL TUO SPIRITO! 5
3 MAGGIO 8
COME ATTRIBUIRE UNA BENEDIZIONE! 8
4 MAGGIO 11
DATE A DIO UNA GLORIA! 11
5 MAGGIO 15
IMPARATE OBBEDENDO! 15
6 MAGGIO 19
IMPEGNATEVI CON LE ATTIVITÀ DEL REGNO! 19
7 MAGGIO 23
CARATTERISTICHE DEI LEADER SPIRITUALI! 23
8 MAGGIO 26
SONO UN PORTAVOCE DI DIO! 26
9 MAGGIO 30
CERCATE IL GRANDE DIO! 30
10 MAGGIO 34
QUALCUNO VI HA ACCOLTI! 34
11 MAGGIO 37
NON SI PUÒ CAPIRE.FATELO E BASTA! 37
12 MAGGIO 41
LA PAROLA DÀ SPAZIO A DIO O AL NEMICO! 41
13 MAGGIO 45
VOI SIETE MIA RESPONSABILITÀ SE…! 45
14 MAGGIO 48
QUAL È IL VOSTRO RUOLO NEL REGNO? 48
15 MAGGIO 52
MORIRE A SE STESSI PER FAR VIVERE CRISTO! 52
16 MAGGIO 56
PERCHÉ NON USATE IL TESORO? 56

17 MAGGIO	60
CONOSCERE DIO, ESSERE FORTI E COMPIERE IMPRESE!	60
18 MAGGIO	64
DIO GESTISCE LA TERRA CON ASPETTATIVE!	64
19 MAGGIO	68
DECIDETE DI ASPETTARE IL SIGNORE!	68
20 MAGGIO	71
NON LASCIATE CHE IL VOSTRO CUORE VENGA MENO PER LA PAURA!	71
21 MAGGIO	75
UN LUOGO IN PRESTITO PER VIVERE A UNA CONDIZIONE!	75
22 MAGGIO	79
RIPRENDETELO DA SATANA!	79
23 MAGGIO	83
UN PO' DI LIEVITO FA CRESCERE TUTTA LA PAGNOTTA!	83
24 MAGGIO	87
USATE IL VOSTRO AIUTANTE LO SPIRITO SANTO!	87
25 MAGGIO	91
CATTURATE E LIBERATE!	91
26 MAGGIO	94
DIO OSSERVA E TIENE IL CONTO!	94
27 MAGGIO	98
FATE SPAZIO A DIO!	98
28 MAGGIO	102
LA GUARIGIONE ARRIVA SE SI FA PULIZIA DALL'INTERNO!	102
29 MAGGIO	106
IL DIAVOLO SI NASCONDE DIETRO LE CHIESE RELIGIOSE!	106
30 MAGGIO	110
IL DIAVOLO È UN BUGIARDO E LO SPIRITO SANTO È VERO!	110
31 MAGGIO	114
COSTRUITE IL VOSTRO ALTARE E NON PERDETELO MAI!	114
GIUGNO	**118**
1 GIUGNO	119
TEMETE IL GIUDICE GESÙ!	119
2 GIUGNO	122
ALLONTANATE L'EGITTO DA VOI!	122
3 GIUGNO	125

COME ATTIVARE IL VOSTRO MIRACOLO!	125
4 GIUGNO	129
ABBIAMO UN NOBILE?	129
5 GIUGNO	133
CONTINUATE FINO ALLA FINE!	133
6 GIUGNO	137
LO SPIRITO DI GELOSIA È UN ASSASSINO!	137
7 GIUGNO	141
IL DIAVOLO USA L'ESTATE COME SCUSA!	141
8 GIUGNO	144
LA SOLUZIONE È ESTIRPARE LA CAUSA!	144
9 GIUGNO	148
IMPARATE A DONARE VOI STESSI!	148
10 GIUGNO	152
DIFFERENZA TRA RELIGIOSO ESPIRITUALE!	152
11 GIUGNO	155
IMPARATE A COMBATTERE CON NEMICI INVISIBILI!	155
12 GIUGNO	159
CHE TIPO DI ESEMPI SIETE?	159
13 GIUGNO	163
CONFUSIONE TRA IL DONO DELLA LINGUA E IL PARLARE NELLA LINGUA!	163
14 GIUGNO	167
APPROFONDITE PER TROVARE LA RADICE DELLA CAUSA!	167
15 GIUGNO	170
NON FUNZIONERÀ!	170
16 GIUGNO	174
POTERE DELLA CONFESSIONE!	174
17 GIUGNO	177
IL SEGUACE DI GESÙ USA LA SUA AUTORITÀ!	177
18 GIUGNO	181
ELEVATE IL VOSTROSTILE DI VITA SECONDO LE ASPETTATIVE DI DIO!	181
19 GIUGNO	186
DIO È SEMPRE LO STESSO!	186
20 GIUGNO	190
VIVETE PER GESÙ!	190

21 GIUGNO	194
È TEMPO DI DIFENDERE LA VERITÀ!	194
22 GIUGNO	198
LUNGA SOFFERENZA DI DIO!	198
23 GIUGNO	202
QUANDO DIO DICE NO, IL DIAVOLO DICE SÌ!	202
24 GIUGNO	206
GRANDI CAMBIAMENTI NELLE CHIESE DEL TEMPO DELLA FINE!	206
25 GIUGNO	210
CONOSCI DIO O SAI DI DIO?!	210
26 GIUGNO	213
NOI SIAMO IRAPPRESENTANTI DI DIO!	213
27 GIUGNO	216
SUCCEDE SOLO SE DIO CONCEDE!	216
28 GIUGNO	219
NON POSSEDETE NULLA!	219
29 GIUGNO	222
NON PREDICATE, MA INSEGNATE CON L'ESEMPIO!	222
30 GIUGNO	225
NON SONO IMPRESSIONATO DALL'IDEA DEL DIAVOLO!	225
LUGLIO	**229**
1 LUGLIO	230
POSSO ENTRARE?	230
2 LUGLIO	233
PREGATE PER I VOSTRI GOVERNANTI!	233
3 LUGLIO	236
PREPARAZIONE PER IL TEMPO DELLA FINE!	236
4 LUGLIO	239
PORTARE IL FARDELLO DELLA NAZIONE!	239
5 LUGLIO	242
VIVERE NEL CONFINE DI DIO!	242
6 LUGLIO	245
OPERE DEL DEMONIO!	245
7 LUGLIO	249
PERCHÉ IL CRISTIANESIMO È DIVENTATO IMPOTENTE?	249
8 LUGLIO	252

RENDETELO CONTAGIOSO!	252
9 LUGLIO	255
CHI È RESPONSABILE?	255
10 LUGLIO	258
C'È UNA LOTTA GIUSTA!	258
11 LUGLIO	261
IL DIAVOLO HA RIMOSSO CON SUCCESSO IL SANGUE!	261
12 LUGLIO	265
GUARDATE I FRUTTI!	265
13 LUGLIO	268
NON FERMATEVI, ANZI, SPINGETE!	268
14 LUGLIO	272
IO PORTO IL VOSTRO FARDELLO; VOI PORTATE IL MIO!	272
15 LUGLIO	275
SIATE VIOLENTI NELLO SPIRITO E NON NELLA CARNE!	275
16 LUGLIO	278
UN FALSO TESTIMONE SUBIRÀ UNA PUNIZIONE!	278
17 LUGLIO	281
LE MALEDIZIONI NON FUNZIONANO SULLE PERSONE BENEDETTE!	281
18 LUGLIO	284
DIO VI METTERÀ ALLA PROVA IN OGNI MOMENTO!	284
19 LUGLIO	287
UN SOGNO NECESSITA DI INTERPRETAZIONE E CONOSCENZA!	287
20 LUGLIO	290
COSA PORTA LA LUCE O LE TENEBRE NEL MONDO?	290
21 LUGLIO	293
SEMPLICI ISTRUZIONI PER LA LIBERAZIONE!	293
22 LUGLIO	296
HA BISOGNO DI UNA CONSACRAZIONE TOTALE!	296
23 LUGLIO	299
SE LE FONDAMENTA SONO DISTRUTTE!	299
24 LUGLIO	302
DECIDETEVI!	302
25 LUGLIO	305
SIETE VOI A PROGETTARE LA VOSTRA VITA!	305

26 LUGLIO	308
LA VIA DI DIO È FACILE E SOPRANNATURALE!	308
27 LUGLIO	311
I SUSSURRATORI CREANO IL CAOS!	311
28 LUGLIO	314
VAGHERETE IN AREE SELVAGGE!	314
29 LUGLIO	317
PERCHÉ NON VEDIAMO IL SOPRANNATURALE?	317
30 LUGLIO	320
LA SAGGEZZA DÀ PACE!	320
31 LUGLIO	323
ARRENDETEVI A GESÙ!	323
AGOSTO	**326**
1 AGOSTO	327
PERCHÉ L'OPERA DI DIO NON È COMPIUTA?	327
2 AGOSTO	330
POTERE DELLA VERITÀ!	330
3 AGOSTO	333
DOPPIO PER IL DISTURBO!	333
4 AGOSTO	336
CRISTIANO MATURO!	336
5 AGOSTO	339
ABBIATE PASSIONE PER OTTENERE UNA MEDAGLIA!	339
6 AGOSTO	342
BENEDIZIONE E MALEDIZIONE DERIVANO DALLE VOSTRE AZIONI!	342
7 AGOSTO	345
COME FINISCE LA DISPENSAZIONE?	345
8 AGOSTO	348
CHE COSA SONO LA RELIGIONE, LA DENOMINAZIONE E LE ORGANIZZAZIONI?	348
9 AGOSTO	351
SIGNORE, RENDIMI UMILE!	351
10 AGOSTO	354
RICORDATE, DIO VIENE PRIMA DI TUTTO!	354
11 AGOSTO	357
PAROLA FRUTTUOSA!	357
12 AGOSTO	360

È COSÌ FACILE!	360
13 AGOSTO	363
PER IL VOSTRO BENE, NON TOCCATE IL GIUSTO!	363
14 AGOSTO	366
RISPOSTA ALLA PAROLA DI DIO!	366
15 AGOSTO	369
L'APPROVVIGIONAMENTO ARRIVA QUANDO SI LAVORA!	369
16 AGOSTO	372
UN PIANO DI VITA È D'OBBLIGO!	372
17 AGOSTO	375
NON TOCCATE LA MIA GLORIA!	375
18 AGOSTO	378
GESÙ HA TUTTA L'AUTORITÀ!	378
19 AGOSTO	381
AGITE DA SAGGI E NON DA SCIOCCHI!	381
20 AGOSTO	384
AVETE RICEVUTO LO SPIRITO SANTO?	384
21 AGOSTO	387
I VOSTRI LEADER VI RENDERANNO PROPRIO COME LORO!	387
22 AGOSTO	390
COS'È LA BESTEMMIA?	390
23 AGOSTO	393
BELLEZZA!	393
24 AGOSTO	396
MARIA MEDITAVA NEL SUO CUORE!	396
25 AGOSTO	399
LA VERITÀ RICHIEDE SACRIFICIO!	399
26 AGOSTO	402
IL PUNTO DI CONTATTO!	402
27 AGOSTO	405
IL COLLEGAMENTO CON IL CREATORE È D'OBBLIGO!	405
28 AGOSTO	408
CHE IL SIGNORE POSSA AVERE LE COSE A SUO MODO!	408
29 AGOSTO	411
IL VOSTRO AMORE PER DIO PORTA LA RIVELAZIONE!	411

30 AGOSTO	414
CIÒ CHE I CRISTIANI DEVONO SAPERE!	414
31 AGOSTO	417
CHI VI HA AMMALIATI?	417

MAGGIO

1 MAGGIO
C'È BISOGNO DI SACRIFICIO!

A volte una nascita ha bisogno di un sacrificio. Il grano deve morire per produrre più cereali, un seme da seppellire nel terreno, e morire per averne ancora di più. Gesù ha dovuto morire per avere più individui del Suo tipo. Pietro è dovuto morire per avere più persone come lui. Paolo è dovuto morire per avere più tipi in Europa e in Asia. Tommaso è morto in India per avere più individui. Basta che qualcuno sacrifichi la vita per riprodurne altri. La nascita di Israele è avvenuta grazie al sacrificio della regalità di Mosè in Egitto. Il vostro sacrificio dà la liberazione ai pazzi, ai sani di mente, a coloro troppo malati per guarire, tra la vita e la morte, ai poveri, ai ricchi e così via.

Allo stesso modo, se non vi sacrificate, porterete distruzione, morte e molto altro.

Quando l'umanità peccò, Dio fece i vestiti con la pelle di qualcuno. I sacrifici di alcuni per rivestire la vergogna del peccato. Abramo sacrificò il suo unico figlio, Isacco. La nascita di Isacco era una promessa di Dio, e così un ariete fu fornito da Dio per salvarlo. Venne così sacrificato un ariete al posto di Isacco.

Tutti gli esseri umani devono morire, ma Geova Dio si è vestito di carne per offrire il sacrificio di sangue che ci dà la vita. Il sangue ha vita, quindi lo ha dato sul Calvario. L'umanità può trovare la vita se si rivolge alla croce e si sacrifica. Il sacrificio della nostra brama di occhi, di carne e dell'orgoglio della vita.

Eva è caduta nello stesso peccato e noi lo stiamo perpetrando. Abbiamo bisogno di un sacrificio del cento per cento per vivere per Dio secondo i Suoi ordini e statuti, leggi e precetti così da ricevere un risultato del cento per cento.

Se lo farete, l'Egitto conoscerà Dio e Babilonia saprà che il Dio di Daniele è reale.

Daniele 2:47 Il re rispose a Daniele e disse: "È vero che il tuo Dio è un Dio di dèi, un Signore di re e un rivelatore di segreti, visto che hai potuto rivelare questo segreto".

Quando il decreto passò, Daniele pregò tre volte al giorno il suo Dio. La conseguenza dell'ordinanza fu che venisse ucciso con i leoni. Egli sacrificò la vita, non la preghiera. Non sacrificate la preghiera, il digiuno e la vita cristiana.

Daniele 6:16 Allora il re diede ordine, e quelli portarono Daniele e lo gettarono nella fossa dei leoni.

Daniele 6:17 Ora il re parlò e disse a Daniele: "Il tuo Dio, che tu servi continuamente, ti libererà". 25 Allora il re Dario scrisse a tutti i popoli, nazioni e lingue che abitano su tutta la terra: "La pace sia moltiplicata per voi. 26 Io stabilisco che in tutti i domini del mio regno gli uomini tremino e temano davanti al Dio di Daniele, perché egli è il Dio vivente e stabile per sempre, il suo regno non sarà distrutto e il suo dominio durerà fino alla fine. 27 Egli libera, soccorre e opera segni e prodigi nei cieli e sulla terra, che ha liberato Daniele dal potere dei leoni.

Una vita di sacrificio fa nascere. Una vita di sacrificio per obbedire alla voce di Dio mette in atto la Sua potenza. Egli dimostra di essere il padrone, il creatore e il sostenitore della vita. Nessuno può mettervi fuori gioco quando vivete in armonia con la Parola di Dio. Non c'è nulla al di sopra di essa. Perché? Perché la verità è nella sua Parola. Nulla è al di là della verità.

Salmi 138:2a o hai magnificato la tua parola al di sopra di tutto il tuo nome.

Un sacrificio fa parte della prova e dell'adorazione. Se fate ciò che Dio vi chiede, il vostro sacrificio sarà accettabile. La vostra ricompensa e il vostro successo sono al di là di ogni immaginazione. Vedete, Gesù ha dato il sacrificio di tutti e ha conquistato ogni cosa.

Efesini 1: 20 Cosa che ha fatto in Cristo quando l'ha risuscitato dai morti e l'ha posto alla sua destra nei luoghi celesti, 21 ben al di sopra di ogni principato, potenza, forza e dominio e di ogni nome che si nomina, non solo in questo mondo, ma anche in quello a venire; 22 e ha posto tutte le cose sotto i suoi piedi e l'ha dato come capo di tutte le cose alla chiesa, 23 che è il suo corpo, la pienezza di colui che riempie tutto in tutti.

Il sacrificio rivela il piano di Dio. Questo è più alto del vostro. Potete tracciare la vostra vita e stabilire il vostro programma. Ma quando vi distoglierete dal piano di Dio, vedrete il risultato soprannaturale.

Romani 12:1 Vi esorto dunque, fratelli, per le misericordie di Dio, a presentare i vostri corpi come un sacrificio vivente, santo, gradito a Dio, che è il vostro servizio ragionevole. 2 E non conformatevi a questo mondo, ma siate trasformati mediante il rinnovamento della vostra mente, per provare qual è la buona, gradita e perfetta volontà di Dio.

La vita sacrificale non conosce il risultato della sua azione.

Solo Dio lo conosce. Egli concluderà la storia se si sacrifica ciò che richiede.

Mosè sapeva cosa sarebbe risultato dal sacrificio del trono?

Esodo 11:3a Inoltre, l'uomo Mosè era molto grande nel paese d'Egitto, agli occhi dei servi del faraone e del popolo.

Il sacrificio non ha un vocabolario che includa termini quali "come", "aspetta", "ma", "se", "oh no", "perché io?", "per cosa?", "dopo", "hmmm", o "oh mio Signore!".

Isaia 6:8 Inoltre, udii la voce del Signore che diceva: "Chi manderò e chi andrà per noi?". Allora dissi: "Eccomi, manda me".
Dio ha messo alla prova tutti coloro che hanno risposto e ha visto il risultato della potenza di Dio.

1 MAGGIO

Nessun uomo può portarvi dove Dio può. Solo se imparate a sacrificare l'orgoglio, la concupiscenza della carne e quella degli occhi.

1 Samuele 3:4 Il Signore chiamò Samuele, che rispose: "Eccomi".

Samuele era il sacerdote, ben fidato del popolo e di Dio, che ha sacrificato la sua vita al servizio degli israeliani.

1 Samuele 3:19 Samuele cresceva e il Signore era con lui e non lasciava cadere a terra nessuna delle sue parole.

Qual è il significato di sacrificio? Significa resa, rinuncia, dono, oblazione, olocausto, rassegnazione ecc.

Matteo 19:29 Chiunque avrà abbandonato case, fratelli, sorelle, padre, madre, moglie, figli o terre per amore del mio nome, riceverà il centuplo ed erediterà la vita eterna.

Vedete, è la Parola di Dio, la promessa di Dio. Egli intende benedirvi se sacrificate la vostra vita e vi arrendete per fare la sua volontà. Ma se non lo fate, allora:

Matteo 10:37 Chi ama il padre o la madre più di me non è degno di me; e chi ama il figlio o la figlia più di me non è degno di me. 38 E chi non prende la sua croce e non mi segue, non è degno di me.

Ricordate che il vostro sacrificio per il piano di Dio produrrà la bellezza per la cenere, l'olio di gioia per il lutto e la veste di lode per lo spirito di tristezza. Dio riparerà i cuori spezzati, guarirà i malati e farà cadere il giogo e le catene.

È un profitto e una benedizione per voi e per molti. Ha bisogno di sacrifici per vedere l'opera di Dio continuare e fiorire.

PREGHIAMO

Nel nome di Gesù, Signore, offriamo il sacrificio della lode. Lo offriamo che ne abbiamo voglia o no. A Lui, dunque, offriamo il sacrificio di lode a Dio, il frutto delle nostre labbra che rendono grazie al Suo nome. La vita è dura, ma ci rende tenaci per distruggere la resistenza che ci viene opposta. Ti conosciamo, Signore, nell'acqua, nel fuoco, sul monte e nella valle. Perciò rendiamo grazie al Tuo nome nelle difficoltà e nelle prove. Vedremo il risultato come vittoria, guarigione, libertà e miracoli. Signore, desideriamo una vita sacrificale che ti porti gloria nel nome di Gesù. Amen!
Dio vi benedica!

2 MAGGIO

MA DAL TUO SPIRITO!

Perché i veri cristiani, seguaci di Gesù Cristo, compiono azioni soprannaturali? Perché lo Spirito Santo dà potere ai cristiani.

Il cristianesimo è un'opera soprannaturale, come quella che ha fatto Gesù. Anche noi possiamo fare il soprannaturale solo se abbiamo il Suo Spirito. Lo Spirito dell'Onnipotente viene in noi se ci pentiamo, ci battezziamo nel nome di Gesù e riceviamo lo Spirito di Dio.

Atti 1:8a Ma riceverete potenza, dopo che lo Spirito Santo sarà sceso su di voi.

Zaccaria 4:6b Non per forza né per potenza, ma per il mio spirito, dice il Signore degli eserciti.

Perché lo Spirito?

Perché il corpo senza lo spirito è morto, Giacomo 2:26.

La Bibbia dice che lo Spirito ci vivifica, cioè ci rende vivi. Usate la Parola, parlate e obbedite e vedrete come funziona. Potete dare vita alla Parola di Dio mettendola in pratica.

Romani 8:11 Ma se lo Spirito di colui che ha risuscitato Gesù dai morti abita in voi, colui che ha risuscitato Cristo dai morti vivificherà anche i vostri corpi mortali per mezzo del suo Spirito che abita in voi.

Quanti spiriti?

Efesini 4:4 dice un solo Spirito. In 1 Corinzi 12:4 Ora ci sono varietà [distinte] di doni spirituali [capacità speciali date dalla grazia e dalla straordinaria potenza dello Spirito Santo che opera nei credenti].

Tuttavia, è lo stesso Spirito [che li concede e dà potere ai credenti]. Lo Spirito fornisce una conoscenza che altrimenti non avreste. Lo Spirito offre saggezza; altrimenti, sareste senza conoscenza. I miracoli, le guarigioni, la profezia, il discernimento e tutti i nove uffici si muovono attraverso lo stesso SPIRITO di UN UNICO DIO. Senza il Suo Spirito, tutti i nove uffici sono morti. Dovrete essere più informati. Lo Spirito può solo potenziarvi.

Lo Spirito Santo ha potere su tutti gli spiriti maligni.

Leggete Marco 5: L'uomo posseduto da uno spirito impuro era così potente da rompere le catene di ferro. Perché? Aveva legioni di spiriti maligni.

Lo Spirito di Dio ha unto Gesù per spezzare tutte le catene. Gli spiriti maligni hanno legato le persone con droghe, alcol, uccisioni, malattie ecc. Tutti i demoni possono essere distrutti se il Suo Spirito Santo vi autorizza.

Quanti spiriti? Un solo spirito. Dio è Spirito, e questo è lo Spirito di cui stiamo parlando. Giovanni 4:24.

Perché avete bisogno dello Spirito? Lo Spirito agisce in modo soprannaturale.

Avete mai scacciato demoni, aperto occhi ciechi o guarito malati? Se no, avete bisogno dello Spirito di Dio per compiere tutte queste opere soprannaturali.

1 Samuele 16:13 Allora Samuele prese il corno d'olio e lo unse in mezzo ai suoi fratelli; e lo Spirito del Signore venne su Davide da quel giorno in poi.

Vedete la differenza quando Dio unge o quando i profeti da LUI nominati ungono il popolo. Riceverete lo Spirito e farete cose soprannaturali attraverso il SUO Spirito. Chiedete al Signore di darvi un dono dello Spirito e di avere diversi uffici in voi attraverso di Esso.

Non rifiutate l'unico Spirito che vi permette di edificare il Regno di Dio. Perché?

Romani 8:9 Ma voi non siete nella carne, bensì nello Spirito, se lo Spirito di Dio abita in voi. Ora, se uno non ha lo Spirito di Cristo, non è dei suoi.

Chi ha unto Gesù per compiere opere potenti?

Atti 10:38 Come Dio unse Gesù di Nazareth con lo Spirito Santo e con potenza, il quale andava facendo del bene e guarendo tutti coloro che erano oppressi dal diavolo, perché Dio era con lui.

L'unzione è lo Spirito di Dio che compie l'opera. Vediamo come ricevete i suoi doni spirituali.

1 Timoteo 4:14 Non trascurare il dono che è in te e che ti è stato dato per profezia, con l'imposizione delle mani del presbiterio.

Si riceve lo Spirito Santo quando ci si battezza nel NOME di Gesù.

Atti 2:38 Allora Pietro disse loro: "Pentitevi e ciascuno di voi sia battezzato nel nome di Gesù Cristo per la remissione dei peccati e riceverete il dono dello Spirito Santo".

Atti 8:17 Poi impose loro le mani ed essi ricevettero lo Spirito Santo.

Atti 19:6 Quando Paolo impose loro le mani, lo Spirito Santo scese su di loro ed essi parlarono con le lingue e profetizzarono.

Quando si ha lo Spirito di Dio:

1 Giovanni 2:20 Ma voi avete un'unzione dal Santo e conoscete ogni cosa.27 Quanto a voi, l'unzione che avete ricevuto da lui rimane in voi e non avete bisogno di nessuno che vi insegni.

Ma come insegna la sua unzione, tutte le cose e l'unzione sono reali, non contraffatte. È un maestro se lo usate.

Quando non si vede il soprannaturale, la Chiesa non ha un diverso ufficio di amministrazione che opera attraverso lo Spirito Santo. Senza i nove doni dello Spirito, le chiese sono persone senza potere. Voi siete la Chiesa del Nuovo Testamento. Non pensate mai all'edificio come a una chiesa. Nell'amministrazione di Dio, avete bisogno del Suo Spirito per compiere le prestazioni soprannaturali. Le persone che hanno particolari doni dello Spirito dentro di sé compiranno guarigioni, miracoli ecc.

Ora sapete che lo Spirito di Dio era nel tempio di Gerusalemme. È uscito dall'edificio quando il Signore Gesù ha dato il suo sangue. Questo Dio non ha bisogno di essere costruito. Diverse religioni, organizzazioni, denominazioni e non denominazioni vogliono inserire questo Dio nel loro marchio religioso. Ne sono un esempio la Coalizione Cristiana dell'Alleanza, l'Alleanza Evangelica Mondiale, l'UPC, il Consiglio Metodista Mondiale, la Federazione Luterana Mondiale, l'Alleanza Mondiale delle Assemblee di Dio e l'Alleanza Mondiale Battista, che sono anche sotto molte partizioni cattoliche.

Queste sono le caselle della religione in cui siete limitati. E dovete agire e vivere secondo i loro programmi, le loro leggi e i loro regolamenti.

Lasciate che lo Spirito si muova attraverso di voi per continuare l'opera di Dio!

PREGHIAMO

Prego che lavoriate per GESÙ attraverso il Suo Spirito, che lavoriate attraverso la guida, l'insegnamento e la conduzione del Suo Spirito chiamato Spirito Santo. Potreste riempirvi di Spirito ma non guidarvi o permettere allo Spirito di guidarvi. Quindi, Signore, aiutaci a cedere al tuo Spirito. Entra nel soprannaturale permettendo al Suo Spirito di operare attraverso di te! Nel nome di Gesù. Amen! Dio vi benedica!

3 MAGGIO

COME ATTRIBUIRE UNA BENEDIZIONE!

Come attribuire benedizioni alla vostra vita, ai vostri figli e alla generazione futura. Ci sono benedizioni e maledizioni.

Qual è la definizione di benedizione? Significa protezione, favore. Il figlio di mia nipote, fin da piccolo, chiedeva sempre alla mamma di leggere l'Apocalisse. In tenera età, non capivo l'Apocalisse. Quando gli ho chiesto: "Perché leggi o ascolti l'Apocalisse?", mi rispose: "Per ricevere le benedizioni". Leggere, cioè ascoltare, a quell'età, per capire tutto questo non è normale. Anche oggi legge l'Apocalisse. Credo che il ragazzo sia benedetto.

Apocalisse 1:3 Beato chi legge e chi ascolta le parole di questa profezia e osserva le cose che vi sono scritte, perché il tempo è vicino.

Ho visto persone andare a cercare soldi, istruzione o andare più in alto per ricevere tutto quello che possono. Mi chiedo: pensano mai che abbiamo il destino di scegliere? Sulla Terra abbiamo un tempo limitato per prepararci al nostro futuro eterno. Mi piacerebbe avere ciò che desidero, ma non in modo artigianale. Prego e conto su Dio per ricevere nel modo corretto, come dice la Bibbia.

Proverbio 10:22 La benedizione dell'Eterno arricchisce e non aggiunge dolore ad essa.

Il Signore ha scritto un libro chiamato Bibbia. Dio, Geova, ha scritto tutto ciò che volete sapere. La bellezza è ciò che ci permette di ricevere tutte le benedizioni di Dio senza faticare. Ricordo che molte persone non hanno pace e gioia, ma problemi, dolori, malattie e caos. Imparate passo dopo passo a ricevere le benedizioni attraverso la Parola di Dio.

Salmo 1:1 Beato l'uomo che non cammina nel consiglio degli empi, non si mette sulla strada dei peccatori e non siede sul seggio degli sprezzanti. 2 Ma il suo diletto è nella legge del Signore; e nella sua legge medita giorno e notte. 3 E sarà come un albero piantato lungo i fiumi d'acqua, che porta il suo frutto nella sua stagione; anche la sua foglia non appassisce e tutto ciò che fa prospera.

Mi piace sempre dare le decime, le offerte, le missioni e gli extra. Lo abbiamo imparato fin da piccoli. Infatti, volevo lavorare per poter dare a Dio. Quando ero più giovane, dopo aver dato, aspettavo di vedere l'aumento. E quando arrivava, dicevo agli altri: "Ho dato il mio primo assegno a Dio e poi ho iniziato a dare la decima e Dio mi ha benedetto con questo e quello. Ho trovato un nuovo lavoro e guadagno più di prima!".

Per ricevere le benedizioni, cerco sempre la via del Signore. Mi stupisce vedere il modo in cui mi ha benedetta. Ora non ho un lavoro, perché Dio me l'ha tolto. Sono il Suo operaio. Vedo che sono benedetta anche a un livello più grande. Non si può battere Dio. Nessuna calcolatrice o disposizione sulla terra può dirmi come fa Lui. Non desidero mai una ricompensa o qualcosa quando lavoro per Dio. Le persone sono sempre chiamate, vengono a chiedere guarigione, liberazione e consulenza. Tutti i libri, i miei servizi, gli audio e i DVD sono gratuiti.

Solo il Signore sa cosa sta facendo. Io non lo so. Sento persone che si lamentano dei soldi per avere un buon lavoro. Si lamentano sempre di non avere soldi. Stanno profetizzando su di loro o cosa? Il mio lavoro poggia sul bellissimo e inamovibile terreno delle promesse della Parola di Dio. Sono in piedi con pace e fiducia.

Un altro giorno una signora mi ha chiesto di pregare. Ogni tanto mi chiama per pregare. Sento le persone quando hanno bisogno di me e poi, una volta risolto il problema, mi salutano.

Mi ha chiesto: *"Non hai lavorato per quasi vent'anni"*. Ho risposto che era così, non ho lavorato. Mi ha detto che stavo ancora sopravvivendo. Ho risposto: "Sì, ma il motivo per cui sto sopravvivendo è che Dio mi ha parlato. Dio mi ha detto: "Lavora per me e io mi prenderò cura di te"".

Luca 22:35 E disse loro: "Quando vi ho mandati senza borsa, senza denaro e senza scarpe, vi mancava qualcosa? Ed essi risposero: "Niente".

La nostra fiducia deve essere nel Signore. Una cosa di cui non mi sono mai preoccupata sono le mie finanze. Gesù è la mia banca e ha finanziato la mia vita attraverso la Sua di banca, chiamata Banca delle Provvidenze di Gesù.

So che le persone mi dicono sempre che dopo aver pregato il Signore mi benedirà. Io rispondo: "Sì, lo ha fatto e lo farà". Danno soldi ai ladri, perché hanno tane e organizzazioni di nome, denominazioni e non denominazioni. Insegnano loro a portare i soldi e hanno una borsa che gira tra i banchi.

Genesi 22:8 Abramo disse: "Figlio mio, Dio si procurerà un agnello per l'olocausto"; così andarono tutti e due insieme. 13 Abramo alzò gli occhi, guardò, ed ecco dietro di lui un ariete impigliato in un cespuglio per le corna; Abramo andò, prese l'ariete e lo offrì in olocausto al posto del figlio. 14 Abramo chiamò quel luogo Jehovah Jireh, come oggi si dice: "Sul monte del Signore si vedrà".

Quando credete e fate ciò che Dio vi ha chiesto di fare, allora voi e i vostri vicini vedrete le vostre benedizioni.

Genesi 12:2 Farò di te una grande nazione, ti benedirò, renderò grande il tuo nome e sarai una benedizione:

C'è un tipo speciale di benedizioni legate alle vostre azioni, reazioni e opere.

Matteo 5:3 Beati i poveri in spirito, perché di loro è il regno dei cieli. 4 Beati quelli che fanno cordoglio, perché saranno consolati. 5 Beati i miti, perché erediteranno la terra. 6 Beati quelli che hanno fame e sete della giustizia, perché saranno saziati. 7 Beati i misericordiosi, perché otterranno misericordia. 8 Beati i puri di cuore, perché vedranno Dio. 9 Beati gli operatori di pace, perché saranno chiamati figli di Dio. 10 Beati i perseguitati per amore della giustizia, perché di essi è il regno dei cieli.11 Beati voi quando gli uomini vi oltraggeranno, vi perseguiteranno e diranno ogni sorta di male contro di voi, falsamente, per causa mia.

Quante benedizioni ci sono se siete miti, giusti, misericordiosi, puri di cuore, costruttori di pace, giusti, se siete perseguitati, se vi parlano male e se siete accusati ingiustamente. Dovete accendere un po' di musica e ballare, adorare e lodare Dio quando attraversate le prove. La ricompensa è in cielo, non qui sulla terra.

È la benedizione più grande quando si dà a qualcuno che non può ricambiare. È la gioia più grande quando le persone non sanno cosa avete fatto per loro. Dio in cielo non dimentica mai ciò che facciamo.

Le benedizioni non sono in termini di dollari o di regali. Sono provvidenze e protezione in modo tale da non doversi mai più preoccupare.

Salmi 37:25 Sono stato giovane e ora sono vecchio; eppure non ho visto il giusto abbandonato, né la sua discendenza mendicare il pane.

Il re Davide lasciò il trono ai suoi figli ricevendo la benedizione di Dio. Era un uomo giusto e ottenne la benedizione eterna.

Ho osservato che quando il denaro e la ricchezza aumentano, lo stile di vita delle persone cambia. Più avidità, più io, me stesso ed egoismo. È lo spreco di ricchezza, salute e vita. Il loro investimento diventa terreno. Diventano alcolizzati, empi e crescono figli empi alle spalle.

Assicuratevi di lasciare figli benedetti, divini e santi obbedendo, facendo e ottenendo le benedizioni del Signore. Imparate ad attribuire le benedizioni a tutto ciò che possedete. È trasferibile ai vostri figli e ai loro figli.

PREGHIAMO

Signore, nostro prezioso Dio, dacci una direzione celeste. Viviamo con la pressione alta, le malattie del sangue, i problemi cardiaci o molte altre malattie, non facendo ciò che ci hai chiesto di fare. Ma non ci sono soldi o sforzi per vivere le grandi benedizioni di Dio. Aiutaci a fare e a camminare secondo la Tua parola per lasciare la benedizione alla prossima generazione. La terra, gli animali, le creature marine, i frutti e i vegetali sono cose con cui vogliamo essere benedetti.

Vogliamo fare tutto il necessario per lasciare un mondo benedetto alla prossima generazione. Siamo grati per un favore illimitato, per una benedizione quadrupla e centupla. Insegnaci a ricevere da te una benedizione illimitata per noi e per il nostro mondo, nel nome di Gesù. Amen! Dio vi benedica!

4 MAGGIO

DATE A DIO UNA GLORIA!

La Bibbia dice che la gloria va solo al Signore Dio Gesù.

Il mondo ha molti dei e dee, e le mani umane li creano. Non possono vedere, parlare, camminare o parlare. Gli uomini li creano e li adorano. Creano idoli in ogni forma della loro immaginazione. Ma Geova, che è Gesù in carne e ossa, è l'unico vero Dio. Il Dio che può guarire, liberare e rendere liberi. Preghiamo nel nome di Gesù di scacciare il demone. Egli dà pace e salvezza alle nostre anime! Tutto è possibile se si segue Gesù e non la religione. Il creatore di tutti gli esseri viventi nell'universo! Nulla Gli è nascosto. Egli ha detto: "Ho fatto tutto io".

Salmo 115:4 I loro idoli sono argento e oro, opera di mani d'uomo. 5 Hanno bocche, ma non parlano; hanno occhi, ma non vedono; 6 hanno orecchi, ma non sentono; hanno nasi, ma non odorano; 7 hanno mani, ma non maneggiano; hanno piedi, ma non camminano; e non parlano per la gola. 8 Quelli che li creano sono simili a loro, e così tutti quelli che confidano in loro.

La Bibbia parla della chiara verità. Chiunque può capire se ha una mente sana. Il Dio Creatore non tollererebbe che la sua creazione fosse ignorante. La Bibbia dice che dovrete conoscere la verità per essere liberi. Questa verità si nasconde nella Bibbia.

Ha il potere di renderci liberi. Predico la verità agli adoratori di idoli. Lavoro con i veri insegnanti e profeti di Gesù Cristo. Ogni volta che prego sugli adoratori di idoli e questi si sentono in pace, guariti o liberati, dico loro di ringraziare Gesù, non me. Ho l'autorità di pregare per la vostra situazione nel nome di Gesù. Ma non ho il potere o le capacità per farlo da sola.

Presentiamo Gesù a persone di ogni colore, aspetto, lingua e nazionalità.

Loro possono uccidervi, ma Gesù dà la vita eterna.

Quando avviene un miracolo, diciamo che è stato Gesù. Solo Lui ha il potere di fare guarigioni e miracoli.

Isaia 42:8 Io sono l'Eterno, questo è il mio nome; la mia gloria non la darò a nessun altro, né la mia lode a immagini scolpite.

4 MAGGIO

Un tempo gli israeliti conoscevano il vero Dio, ma dopo aver versato il loro sangue per il peccato di questo mondo, Gesù ha coinvolto anche i pagani. Grazie, Signore, per questo sono partecipe della salvezza.

1 Corinzi 10:31 Sia che mangiate, sia che beviate, sia che facciate qualsiasi cosa, fate tutto alla gloria di Dio.

1 Corinzi 4:6 Queste cose, fratelli, le ho trasferite in figura a me e ad Apollo per il vostro bene, affinché impariate da noi a non pensare agli uomini al di sopra di ciò che è scritto, in modo che nessuno di voi si gonfi per gli uni contro gli altri. 7 Infatti, chi ti fa differire da un altro? E cosa hai che non hai ricevuto? E se l'hai ricevuto, perché ti glori come se non l'avessi ricevuto?

Se andate a lavorare per Dio e non presentate Gesù, lo fate invano. Quando pregate, per prima cosa dovete dire che è Gesù che sta facendo tutto, quindi dimenticatevi di me ma ricordatevi di Gesù. Non esco mai da nessun luogo senza presentare il Signore Gesù. Non ho mai predicato a pastori, organizzazioni o chiese. Do gloria al Signore Gesù. Quando le cose migliorano, dimenticatevi di me, ma ringraziate Gesù. Egli crea la strada, apre la porta e guarisce i malati. Il Signore Gesù provvede alle vostre necessità e a ciò che ritenete insopportabile, alle malattie e alle domande irrisolvibili. Gesù si prenderà cura di tutto.

Il precursore di Gesù, Giovanni Battista, ha aperto il canale tra gli uomini e il Dio creatore battezzando il pentimento per rimettere i nostri peccati.

Ha raddrizzato la relazione storta e spezzata tra gli uomini e Dio. Ha dato gloria testimoniando la Maestà dell'Alto Gesù Cristo.

Giovanni 3:30 Egli deve aumentare, ma io devo diminuire. 31 Colui che viene dall'alto è al di sopra di tutti; colui che è della terra è terreno e parla della terra; colui che viene dal cielo è al di sopra di tutti. 32 E ciò che ha visto e udito, lo testimonia; e nessuno riceve la sua testimonianza. 33 Colui che ha ricevuto la sua testimonianza ha posto il suo sigillo sul fatto che Dio è veritiero. 34 Infatti, colui che Dio ha mandato parla le parole di Dio; perché Dio non gli dà lo Spirito con misura.

Ho ritardato quando Dio mi ha chiesto di scrivere il libro, finché il Signore non ha detto che mi avrebbe dato gloria. Dio mi sta usando come dono dello Spirito. Il Signore sta facendo tutto il lavoro. Io sono solo un contenitore che permette al Suo Spirito di fluire liberamente. Gesù mi ha affidato molto lavoro e io do gloria a Lui e a nessun altro. Ci sarà un momento in cui le persone cercheranno di farvi pressione affinché diate gloria agli altri, ma non datela a nessuno. Se lo fate, allora è la fine della vostra storia. È il Signore Gesù, e solo Lui fa tutto. Non preoccupatevi della morte: Gesù l'ha vinta. Regnerete con Lui nella Sua gloria.

Se siete furbi, ricchi, intelligenti, avete trovato la gloria, siete belli, siete i migliori atleti o altro, il Signore vi ha dato tutto.

C'è stato un re che ha cercato di rubare la gloria a Dio e di distruggerla.

Atti 12:21 Un giorno stabilito, Erode, vestito con abiti regali, si sedette sul suo trono e fece un'orazione davanti a loro. 22 E il popolo lanciò un grido, dicendo: "È la voce di un dio e non di un uomo". 23 E subito l'angelo del Signore lo colpì perché non dava gloria a Dio; ed egli fu divorato dai vermi e spirò.

Se siete re o governanti del mondo, ricordate che l'autorità superiore è in cielo. Il suo nome è Gesù. Egli possiede tutta la saggezza, la conoscenza e la comprensione. Può dare e togliere. Il Dio più potente dell'universo è Lui. Gli esseri umani non possono cercare la vita su nessun altro pianeta che non sia la Terra.

Salmi 115:16 Il cielo, anzi i cieli, sono dell'Eterno; ma la terra l'ha data ai figli degli uomini.

Ho preso spunto da Wikipedia: i Beatles, un gruppo musicale famoso, dichiararono: "Siamo più popolari di Gesù", un'osservazione fatta da John Lennon durante un'intervista del 1966, in cui sosteneva che il cristianesimo sarebbe finito prima della musica rock. Il gruppo dei Beatles si è sciolto negli anni Settanta. Non cercate mai di mettervi contro il Dio vivente; il Suo nome è Gesù. Hanno sparato a Lennon nel dicembre 1980, e un altro è morto di cancro ai polmoni; loro si sono separati, ma il cristianesimo e Gesù continuano ad andare avanti.

Quando si sale alle stelle e si dimentica di dare gloria a Dio, si scende rapidamente. Rimanete umili, per non perdere il vostro status. L'orgoglio vi fa pensare di essere al di sopra di Dio. Se dimenticate di dare gloria a Dio nel momento in cui scegliete, la vostra fama, il vostro potere e la vostra posizione finiranno in disgrazia. Vi ricordo di non toccare mai la gloria. Essa appartiene al Signore Gesù e a Lui soltanto. Potete dire: "Sono grato che Dio mi abbia usato per fare questo o quello", ma non dite mai che siete stati voi.

Satana, il Lucifero chiamato il vecchio serpente, fu cacciato dal cielo. Il più bello, il Cherubino, che ha dimenticato di dare gloria a Dio:

Isaia 14:12 Come sei caduto dal cielo, o Lucifero, figlio del mattino! Come sei ridotto a terra, che hai indebolito le nazioni!

Lucifero era un Cherubino coprente, ma la storia finì quando cercò di toccare la Gloria di Dio Onnipotente.

Apocalisse 12:7 E ci fu guerra nel cielo: Michele e i suoi angeli combattevano contro il drago, e il drago combatteva con i suoi angeli, 8 ma non riuscirono a prevalere; e non si trovò più posto nel cielo. 9 E il grande drago fu scacciato, quel vecchio serpente, chiamato diavolo e Satana, che inganna tutto il mondo; fu scacciato sulla terra, e i suoi angeli furono scacciati con lui.

Alcuni vogliono chiudere l'opera di Dio, uccidere i pastori e bruciare la Bibbia. La buona notizia è che non si può chiudere il Dio del cielo. È la vostra fine nel nome di Gesù.

PREGHIAMO

Signore, noi siamo la Tua creazione. La vita e la morte sono nelle Tue mani. Il potere, la posizione e la gloria ti appartengono.

Aiutaci a rimanere umili. Non toccare mai la tua gloria; essa appartiene solo a te. Ti prego, usaci in questo mondo. Usaci in ogni luogo per dare gloria al Tuo nome. La promozione dei doni perfetti viene da te. Ti ringraziamo per ogni provvidenza e aiuto. Ti ringraziamo, ci hai benedetto, ma è tutto tuo e niente nostro. Hai tolto tutto al giusto Giobbe e lui ti ha dato gloria. Ci rendiamo conto che hai benedetto Giobbe all'inizio, e il finale è stato ancora più grande. Finiamo. Completiamo questa corsa dando gloria al Signore Gesù. Sapendo che sei tu e solo tu, un Dio sovrano. Che il Signore ci conceda un cuore umile nel nome di Gesù. Amen! Dio vi benedica!

5 MAGGIO

IMPARATE OBBEDENDO!

La Bibbia dice che Gesù ha imparato obbedendo alla Parola!

Ricordo quando Dio mi disse di battezzarmi, ma io non volevo essere battezzata nel nome di Gesù. Il motivo per cui non lo sapevo era biblico. Quando Gesù mi parlò, ubbidii alla Sua voce ed ebbi un'esperienza che mi cambiò la vita. Sono uscita dall'acqua sentendomi perdonata. Mi sentivo leggera come una piuma. Dio ha rimosso la montagna di peccati dalla mia testa. Ho detto: "Che esperienza!". Gesù ha obbedito a tutte le Scritture. Il Signore Gesù ha compiuto la parola. Egli è stato Parola in azione. La Parola di Dio, la Bibbia, è diventata un libro di lettura, non un manuale di applicazione della vita. Molti leader di chiesa vogliono discutere, litigare e impedire alle persone di credere e obbedire alla verità. È il vantaggio più significativo per Satana di conquistare le persone in moltitudine verso l'inferno.

Mosè obbedì e portò la libertà agli ebrei schiavi. La nascita della nazione di Israele fu il risultato dell'obbedienza di Mosè alla voce dell'Onnipotente. Tutte le nazioni udirono o videro l'esito dell'obbedienza alla voce di Dio e del suo adempimento. La scena e il risultato furono sbalorditivi. Il Signore vuole una sposa obbediente per trascorrere l'eternità. Il diavolo dà un po' di soldi e ti invoglia a realizzare il suo piano distruttivo.

1 Re 2:3 Osserva l'incarico del Signore, tuo Dio, di camminare nelle sue vie, di osservare i suoi statuti, i suoi comandamenti, i suoi giudizi e le sue testimonianze, come è scritto nella legge di Mosè, affinché tu possa prosperare in tutto ciò che fai e ovunque tu ti volga.

Se disobbedite, perirete:

Giosuè 22:20 "Achan, figlio di Zerach, non ha forse commesso una colpa nella cosa maledetta e l'ira è caduta su tutta la comunità d'Israele? E quell'uomo non perì da solo nella sua iniquità."

Se Eva e Adamo avessero obbedito, la disconnessione non si sarebbe verificata. Quando l'uomo disobbedisce, permette alla lussuria e all'orgoglio di portare la maledizione. Se fate come dice Dio, vedrete più significati di quanto immaginiate.

La Bibbia dice di imporre le mani sulle persone malate e di ungerle con l'olio. Quanti di voi lo fanno? Lui ha già detto di andare. Perché state aspettando? A volte visitate i malati. Potete consegnare del cibo, ma imponete la mano ai malati? Io porto sempre con me l'olio dell'unzione e gli abiti da preghiera. Uso l'olio al mercato, in banca, in ospedale e in convalescenziario per pregare sui malati. La manifestazione avviene solo se si obbedisce alla Parola così com'è.

La Bibbia dice: "Battezzateli". Quanti vanno in giro a battezzare le persone? Ho una cara sorella nel Signore che tiene uno studio biblico in prigione. Porta con sé nel suo furgone il battistero portatile. Mentre insegna il pentimento e vuole che il loro peccato venga lavato via, riempie il battistero d'acqua e li battezza. Sia in stagione che fuori stagione, dovete obbedire alla Parola all'istante.

Quando invitate il falegname o un qualsiasi tuttofare, che viene senza attrezzature e strumenti, cosa dite? Lavoro ben fatto?

1 Samuele 15:22 Samuele disse: "Il Signore si compiace tanto degli olocausti e dei sacrifici quanto dell'obbedienza alla voce del Signore? Ecco, obbedire è meglio del sacrificio, e ascoltare è meglio del grasso dei montoni.

Molte persone disobbedienti, non attrezzate e non educabili occupano posizioni nelle chiese religiose. Paolo ha detto che fanno discorsi onesti, trasformati in angeli della luce. Non si può dire loro la verità. L'argomento è sulla punta della loro lingua. Per favore, obbedite. Pietro ordinò loro di essere battezzati, ed essi lo fecero.

Essere il comandante significa attuare o ricevere il giudizio? La Parola di Dio è la massima autorità, e non obbedire alla Parola comporta le peggiori conseguenze.

Dio mandò un profeta a predicare a Betel con una linea guida specifica. Ma lungo la strada, un altro profeta era un vero profeta:

1 Re 13:26 Quando il profeta che lo aveva riportato dal cammino ne ebbe notizia, disse: "È l'uomo di Dio, che è stato disobbediente alla parola dell'Eterno; perciò l'Eterno lo ha consegnato al leone, che lo ha sbranato e ucciso, secondo la parola dell'Eterno che gli aveva rivolto".

Ricordate, quando sentite la voce di Dio, fatelo. Sarà più facile di quanto pensiate. Sotto ogni resistenza, opposizione e tentazione, aggrappatevi alla voce di Dio.

Molte denominazioni, chiese e organizzazioni hanno sostituito Gesù Cristo e i Suoi comandamenti. Hanno conservato la Bibbia dove non sentono dolore nella carne. Ricordate, nulla è al di sopra della Parola di Dio. Obbedite come dice la Parola di Dio. La Parola di Dio ferisce i vostri sentimenti? È per liberarsi della carne e per salvare l'anima.

Obbedire alla parola significa incassare le promesse di Dio. La realizzazione delle promesse deriva dall'obbedienza. Il mondo dello spirito si traduce in quello fisico quando si obbedisce.

Dio vi scollegherà se disobbedite alla parola, che è la voce di Dio.

La maggior parte delle chiese insegna le religioni, provocando la caduta del cristianesimo. Le aggiunte e le sottrazioni alla Parola di Dio sono la causa dell'illegalità che si incontra oggi. Non seguite falsi insegnanti e profeti. Chi si etichetta come pastore, profeta o insegnante non significa che lo sia davvero.

Deuteronomio 28:1 Se darai ascolto con diligenza alla voce del Signore tuo Dio, osservando e mettendo in pratica tutti i suoi comandamenti che oggi ti ordino, il Signore tuo Dio ti porrà in alto sopra tutte le nazioni della terra.

La Bibbia dice di lodarLo ad alta voce, con battiti di mani e strumenti musicali ad alto volume. Le chiese sacre non lo farebbero. Dà fastidio al diavolo. Troveranno una scusa: niente preghiere ad alta voce, battiti di mani o musica che dia fastidio all'orecchio. Davvero? Sbarazzarsi del diavolo. Qualunque cosa dica la Bibbia, sì, il diavolo dice NO.

Possono guardare film in TV, ma non possono pregare. Coccolano il demone che è dentro di loro per tenerli malati, impauriti, legati e oppressi. Obbedite alla voce di Dio. Farà bene. Molte volte mi sveglio attaccata dal nemico, Satana. Accendo un po' di musica di adorazione e di lode e inizio ad adorare Dio. In men che non si dica, la catena del diavolo si spezza, il giogo si distrugge e io sono di nuovo libera.

Vedete un risultato, l'adempimento della Parola di Dio obbedendo, facendo, praticando e mettendo in pratica.

Romani 5:19 Perché come per la disobbedienza di un solo uomo molti sono stati fatti peccatori, così per l'obbedienza di uno solo molti saranno fatti giusti.

Lo Spirito soprannaturale di Dio opera in modo diverso. Ha solo bisogno della vostra obbedienza per dimostrare l'adempimento delle promesse. Quando le persone diventano più riflessive, più sagge e onniscienti, portano calamità a se stesse e agli altri. I leader disobbedienti porteranno calamità a una nazione. Ricordate la differenza tra Davide e Geroboamo. Davide, obbedendo, portò sicurezza e prosperità, mentre Geroboamo, disobbedendo, distrusse la terra, fu allontanato dalla terra e riportato in schiavitù. Dio tolse gli Israeliti dalla terra nell'anno 722.

Se Dio vi ha dato una famiglia, una posizione di comando o altro, prendetela sul serio e chiedete l'aiuto di Dio. Accogliete di cuore la Sua Parola, mettete in atto la vita per vedere la potenza del compimento. Il risultato continuerà a darvi successo e a benedire voi e le persone che vi circondano. Ciò che vedete vi rende fiduciosi, ma il Signore vi assicura in modo invisibile. Non vi manda mai dove non vuole andare. Dio non vi chiederà mai di fare ciò che non è in grado di fare. Sperimentate e imparate Dio obbedendo alla Sua voce.

Ricordo che una volta ero all'aeroporto di Bombay. L'ufficiale dell'immigrazione mi ha infastidito. Ero arrabbiata per il suo comportamento. Dio indicò quell'uomo mentre stavo pregando. Mi chiese da dove venivo. Ho risposto: "Stati Uniti". Lui mi ha detto: "Sei nella fila sbagliata"; ha messo il mio bagaglio sullo schermo, ha timbrato il mio passaporto e mi ha detto di andare. L'aspetto e i vestiti di quest'uomo erano sporchi. Vedendo il suo arrivo, non avrei mai detto che fosse un ufficiale. Ma obbedendo alla voce di Dio, sono uscita in un attimo senza aprire i bagagli. Chi lo sa? Poteva non essere un vero uomo.

È una vita più accessibile, senza stress e facile se ascoltiamo la Sua voce e obbediamo. La vita diventa più gestibile, piacevole e tranquilla se camminiamo con Dio. Questo non significa che non ci siano prove, problemi, leoni, orsi, fuoco, malattie e malanni. Conoscendo e obbedendo alla Sua voce, ho la guarigione, la vittoria, la pace e la liberazione. Lavorate cedendo alle condizioni di Dio. La vostra vita può essere benedetta, pacifica e bella solo se eliminate la personalità di Eva. Smettete di guardare le vetrine, di ragionare e di desiderare cose proibite. Rimanete nella Parola, amate la frase, obbedite e sarete benedetti. La vita è breve, con molti problemi e prove, ma il Signore ci libera da tutti. Il Signore ci ha dato le leggi perché ci ama. Non ci guida in modo sbagliato. Basta obbedire alla voce del Padre e vedere cosa succede!

PREGHIAMO

Padre celeste, grazie. Noi abbiamo te. Ti preoccupi e ci hai dato leggi, precetti e comandamenti celesti. Ti ringraziamo per la tua protezione se li osserviamo. Ti chiediamo un cuore obbediente per amare e osservare senza fare domande. Signore, tu conosci il meglio. Tu conosci la strada per la vittoria. Ti chiediamo di tenerci per mano per camminare nel piano del Dio Altissimo. È sorprendente che il Dio del cielo si interessi alla nostra vita e ci ami. Abbiamo abbastanza prove di obbedienza e disobbedienza alla voce di Dio. Sappiamo che ha un bellissimo progetto per noi, se obbediamo. Aiutaci, Signore, a vedere il risultato significativo e il successo nel nome di Gesù. Amen!
Dio vi benedica!

6 MAGGIO

IMPEGNATEVI CON LE ATTIVITÀ DEL REGNO!

Quali attività? Attività significa azione, vita, hobby, azione intensa o vigorosa, o molta attività in questo ambito.

Quando ci si rivolge a Gesù, ci sono diverse attività del regno. Si può partecipare e tenersi occupati. Deve diventare un hobby. La vostra azione, il vostro stile di vita devono corrispondere allo stile di vita di Gesù e del suo discepolo. Quest'ultimo era colui che seguiva il Signore e continuava a fare ciò che il Signore gli aveva insegnato.

C'è un'attività che vorrei sottolineare dalla Bibbia.

1 Tessalonicesi 5:16 Rallegratevi sempre. 17 Pregate senza sosta. 18 In ogni cosa rendete grazie, perché questa è la volontà di Dio in Cristo Gesù riguardo a voi. 19 Non spegnete lo Spirito.

Amo studiare la Parola giorno e notte. Mi piace ascoltare le migliori predicazioni e i migliori insegnamenti su YouTube. Mi aiuta a capire quanto c'è da imparare. Se le vostre attività sono per il Regno, allora direte: "Sono occupato, ma produttivo per il Suo Regno. Non ho tempo per me stesso, per me e per me stesso. Dio è così buono". Andrete più in profondità, più in alto, più in largo, più traboccanti. Direte ancora: "Signore, dammi di più". Il vostro viaggio nella vita finirà in un attimo.

Impegnarsi nello studio della Parola di Dio.

1 Tessalonicesi 4:11 E che vi studiate di stare tranquilli, di fare i vostri affari e di lavorare con le vostre mani, come vi abbiamo comandato; 12 affinché possiate camminare onestamente verso quelli che sono fuori e non vi manchi nulla.

Se si studia la Parola di Dio, non c'è posto per falsi insegnanti e profeti. Naturalmente, non c'è posto per le cosiddette denominazioni e non denominazioni.

Il Libro degli Ebrei mette in guardia coloro che non studiano la Parola.

Ebrei 5:12 Infatti, quando per il tempo dovreste essere maestri, avete bisogno che uno vi insegni di nuovo quali sono i primi principi degli oracoli di Dio; e siete diventati come quelli che hanno bisogno di latte e non di carne forte.

Studiare la Parola, pregate, imponete le mani ai malati, ottenete la potenza dello Spirito, impadronirsi di GESÙ è un lavoro. Insegnare e andare a lavorare come ha fatto il Signore. È un'attività.

Gesù ha detto che era qui per fare gli affari di Suo padre. La Bibbia dice che Gesù ha fatto così tanto lavoro che, se continuiamo a scrivere, non c'è posto per i libri.

Giovanni 21:25 E ci sono anche molte altre cose che Gesù fece, le quali, se dovessero essere scritte tutte, suppongo che nemmeno il mondo stesso potrebbe contenere i libri che dovrebbero essere scritti. Amen.

Gesù lavorava e lavorava... La vostra chiesa vi tiene dentro le quattro porte, poi andate a mangiare e a divertirvi? È così che Gesù ha iniziato il Suo Regno? Non è il Regno di Gesù, ma quello di qualcun altro, che vi inganna.

Anche il Dio in carne e ossa ha pregato. Ricordate, la carne ha bisogno di connettersi con lo spirito di Dio. La preghiera è la connessione con lo Spirito di Dio.

Marco 1:35 La mattina, alzatosi molto prima del giorno, uscì, si ritirò in un luogo solitario e lì pregò.

Luca 5:16 Poi si ritirò nel deserto e pregò.

Quando entriamo nel Regno di Dio, dobbiamo pregare per connetterci con nostro padre. Non c'è altro tempo che per caricarsi e connettersi con colui per il quale si sta lavorando. È un privilegio arrivare alla presenza di Dio.

Prego per ore. La mattina presto, alle 3.50, quando suona la sveglia, sono già in piedi. A volte mi sveglio anche prima per incontrare Dio. Trascorro molte ore con il Signore. Mi parla, mi mostra diverse persone per cui pregare. Molti non sanno che li ho coperti di preghiera al mattino.

Mi ricordo che una volta, mentre uscivo dalla doccia, Dio mi ha chiesto di pregare per una persona per un'ora, e l'ho fatto. Poi mi disse di pregare per un'altra persona sempre per un'ora, e lo feci. Quando ho guardato l'orologio, non c'era tempo per asciugare i capelli lavati o per pranzare. Così mi sono affrettata a spazzolarmi i capelli. Quando sono andata al lavoro, avevo fame. I miei capelli avevano bisogno di essere pettinati. Così l'ho fatto al lavoro. Pensavo che fossero in disordine. Non mi sono pettinata e non mi sono sistemata. La mia amica mi ha guardato e mi ha detto: "I tuoi capelli sono così belli", e io ho risposto: "Grazie, Signore". Al lavoro non avevo tempo per il pranzo e avevo fame. Il supervisore venne e disse: "C'è del cibo. Perché non ne prendi un po'?". Vedete come fa Dio. Le Sue dimostrazioni sono sorprendenti. Secondo i suoi programmi, il Signore dispone di tutto. In seguito, ho scoperto che entrambe le persone per cui avevo pregato avevano problemi familiari insopportabili.

Il Signore Gesù ci ha preparato ad andare in altre città a predicare. Dobbiamo predicare in altre località intorno a noi. Non vi sembra di aver sprecato il vostro tempo?

Luca 4:43 Poi disse loro: "Devo predicare il regno di Dio anche in altre città; per questo sono stato mandato".

Vi sto solo informando che ci sono molte attività che riempiono la vostra vita. Non c'è tempo da perdere o da annoiarsi. Abbiamo un elenco di attività per essere impegnati nell'opera di Dio. Come lavoravano Gesù e i discepoli? Non avevano tempo per mangiare?

Marco 6:31 Poi disse loro: "Venite in disparte in un luogo deserto e riposatevi un po', perché c'erano molti che andavano e venivano e non avevano tempo per mangiare".

Avete sentito la gente lamentarsi che mi annoio? O che non ho niente da fare e guardo solo la TV? O che devo solo andare al centro commerciale, passeggiare e avere tanti hobby pigri?

Vedete quanti hanno uno spirito dedito a droga, alcol, sigarette, lussuria, pigrizia, stupri, omicidi e ogni tipo di problema? Perché? Pensate, pensate a chi ha causato loro questo dolore. È nostro compito raggiungere queste persone malate, afflitte e legate. Siamo impegnati come Eva. A guardare il proibito!

Supponiamo che se portassimo a termine il nostro compito, non avremmo prigioni, carceri, avvocati, polizia, ospedali, medici, infermieri e medicine che ci possano distruggere. Valutate il vostro tempo. Dove lo spendete? Siete impegnati con Dio o con la chiesa, l'organizzazione e i pastori? Siete pieni di attività religiose della chiesa per distruggere il regno o per stabilire il regno? Voi siete la Chiesa. Datevi da fare con il Signore. Un edificio chiamato chiesa è un covo di ladri.

Una signora bisognosa è venuta a chiedere aiuto quando ero in visita in India. Mi chiese di pregare per suo figlio, perché era posseduto da un demone. Il loro sovrintendente distrettuale lo sentì e si arrabbiò. Mi disse: "Perché è venuta da te?". Io dissi: "Perché no? Vedi, questo è il potere delle tenebre. Se li aiutate, predicheranno contro di voi. Le autorità religiose metteranno la gente contro di te. Proprio come i Romani non hanno ucciso Gesù, ma le autorità religiose. Addestrano la gente a venerare più loro che Dio".

Alle autorità religiose cristiane non dispiacerebbe se andassero alle feste alcoliche, si rivolgessero agli stregoni e divorziassero.

Ma fate attenzione se insegnate la verità. Non lasciate che le persone trovino la verità. Lasciate che rimangano legati e spezzati.

È questo che ha fatto Gesù? Andò in giro e scacciò il demonio. State facendo questa attività? Li state convincendo? È un problema emotivo? Prendete delle pillole. Le pillole possono scacciare i demoni? Gesù usava farmaci prescritti per scacciare i demoni? Le droghe rendevano le persone libere e integre?

Solo il Signore può fare tutto, ma ha bisogno di qualcuno che si sia laureato alla Sua università. Dobbiamo predicare la parola con un segno.

Marco 16:20 Poi partirono e predicarono ovunque, mentre il Signore operava con loro e confermava la parola con segni successivi. Amen!

La vita sarà piena di gioia.

Luca 10:17 I settanta tornarono di nuovo con gioia, dicendo: "Signore, anche i demoni ci sono sottomessi per il tuo nome".

Atti 5:41 E se ne andarono dalla presenza del consiglio, rallegrandosi di essere stati ritenuti degni di subire la vergogna per il suo nome.

Datevi da fare, procuratevi le attività di Dio e riempite la vostra vita con esse e vedete cosa succede a questa Parola. I vostri media avranno buone notizie. Lasciate che vi dica che siete voi l'emittente. Il diavolo ha preso tutti i social media e le notizie. Hanno rimosso il mio canale YouTube e mi hanno escluso da Google. Hanno etichettato il mio libro "L'ho fatto "a Suo modo"" come un libro inappropriato. Quindi aprite la bocca e testimoniate, date gloria a Dio, non lasciate che il rock prenda il vostro posto.

Atti 17:6a Questi che hanno messo sottosopra il mondo sono venuti anche qui.

PREGHIAMO

Signore, come hai formato dei discepoli, anche noi vogliamo camminare vicino a te per poter lavorare insieme. Vogliamo vedere un cambiamento drastico nella nazione. Il Signore guarisce i matrimoni, la salute fisica, mentale e spirituale. Il creatore dell'universo è molto interessato al nostro benessere. Dio, vogliamo che tu sia la nostra via. Vogliamo imparare a pregare, a predicare, a insegnare, a scacciare un demone, a guarire i malati e a fare tutto. Ti prego, insegnaci, Signore. Aiutaci a non seguire falsi insegnanti e profeti perduti.

Vogliamo che il Tuo Spirito ci insegni, ci diriga e ci dia il potere di lavorare. Ti chiediamo di aiutarci, Dio potente, a essere la nostra via, verità e vita nel nome di Gesù. Amen! Dio vi benedica!

7 MAGGIO

CARATTERISTICHE DEI LEADER SPIRITUALI!

Dio sceglie un leader spirituale per governare nel Suo Regno. Ha un sistema di selezione dei leader sulla terra per preservarci dal male e dal pericolo. Un padre amorevole vuole sempre salvare la sua creazione, proteggerla e promuoverla più in alto di qualsiasi altro regno sulla terra. In ogni dispensazione, Dio usa un sistema unico per comunicare la Sua creazione. Lo scopo della creazione del genere umano è quello di avere una relazione. Dio vuole averci nella Sua vita. Desidera tenerci vicini a sé. Ma per farlo, Dio ha bisogno di leader che possano guidare la Sua creazione con integrità. Il Signore sa che le questioni della vita vengono dal cuore. La vita inizia dal cuore e il Signore sceglie chi ha un cuore pulito. Dio ha scelto Abramo, Mosè, Giosuè e molti altri per ricoprire ruoli diversi per promuovere il Suo Regno.

Notiamo la fantastica personalità di un altro leader che Dio ha scelto. Sono così belli dentro e fuori. Conoscevano il Signore.

Sono incoraggiato dal sentire l'ammirazione che esce dalla bocca dei leader di Dio. Attiva il miracolo e il soprannaturale visto in diverse situazioni. È salutare per l'orecchio di chi ascolta e confortevole per il nostro cuore e la nostra anima.

Leader significa comandante, capo, superiore, capo, re, regina e si possono aggiungere molti altri titoli.

Dio scelse Davide come re. Un pastorello aveva delle pecore da accudire. Ma Dio vide qualcosa per scegliere questo ragazzino dall'ovile. Dalla roccia ricavano un ovile dove tengono le pecore. Il pastore osserva seduto alla porta. Dio osservava come Davide si prendeva cura di queste poche pecore giorno e notte. Ha messo in pericolo la sua vita e le ha tenute lontane dall'orso e dai leoni.

1 Samuele 17:34 Davide disse a Saul: "Il tuo servo custodiva le pecore di suo padre, e là arrivarono un leone e un orso e presero un agnello dal gregge; 35 io gli andai dietro, lo colpii e glielo strappai di bocca; e quando si levò contro di me, lo presi per la barba, lo colpii e lo uccisi. 36 Il tuo servo ha ucciso il leone e l'orso; e questo Filisteo incirconciso sarà come uno di loro, perché ha sfidato gli eserciti del Dio vivente.

In seguito, liberò gli israeliti dalla mano di Golia in battaglia. I veri leader vanno in battaglia. È un uomo coraggioso, audace, forte e potente, che teme Dio e Lo riconosce in tutte le sue battaglie. Dio è la radice di tutti i leader che non dipendono da nessuno, da se stessi, dalle abilità e dalle esperienze. Davide non ebbe paura quando vide Golia, alto tre metri e mezzo.

1 Samuele 17:4 Dall'accampamento dei Filistei uscì un campione di nome Golia, alto sei cubiti e mezzo. 5 Aveva un elmo di bronzo in testa ed era armato di una giubba di ferro; il peso della giubba era di cinquemila sicli di bronzo. 6 Aveva ciccioli di bronzo alle gambe e un bersaglio di bronzo tra le spalle. 7 L'asta della sua lancia era come una trave da tessitore; la testa della sua lancia pesava seicento sicli di ferro. L'asta della sua lancia era come una trave da tessitore; la testa della sua lancia pesava seicento sicli di ferro; e uno che portava uno scudo lo precedeva. 8 Egli si alzò, gridò agli eserciti d'Israele e disse loro: "Perché siete usciti per schierarvi in battaglia? Non sono io un Filisteo e voi siete servi di Saul? Scegliete un uomo per voi e fatelo scendere da me. 9 Se sarà in grado di combattere con me e di uccidermi, allora saremo vostri servitori; ma se avrò la meglio su di lui e lo ucciderò, allora sarete nostri servitori e ci servirete". 10 Il Filisteo disse: "Oggi sfido gli eserciti d'Israele; datemi un uomo, affinché possiamo combattere insieme". 11 Quando Saul e tutto Israele udirono queste parole del Filisteo, rimasero sgomenti e ebbero grande paura.

Il Re Saul, capo dell'esercito israeliano, era spaventato da questa scena terribile. Davide giunse sul posto e reagì in modo adeguato, poiché conosceva Dio. Re Saul vide Davide e disse: "Sei solo un ragazzino. Non puoi combattere il gigante".

Davide parlò con sicurezza: 32, Davide disse a Saul: "Non venga meno il cuore di nessuno a causa sua; il tuo servo combatterà con questo filisteo".

Davide era fiducioso nel suo Signore! Disse che sarebbe andato da lui, ma non con la forza e il potere.

Allora Davide disse al Filisteo: "Tu vieni da me con la spada, con la lancia e con lo scudo; ma io vengo da te nel nome del Signore degli eserciti, il Dio degli eserciti d'Israele, che tu hai sfidato. 46 Oggi il Signore ti consegnerà nelle mie mani; ti colpirò e ti toglierò la testa; oggi darò le carcasse dell'esercito dei Filistei agli uccelli del cielo e alle bestie selvatiche della terra, perché tutta la terra sappia che c'è un Dio in Israele. 47 E tutta questa assemblea saprà che il Signore non salva con la spada e con la lancia, perché la battaglia è del Signore ed egli ti darà nelle nostre mani". 49 Davide mise la mano nella sacca, ne prese una pietra, la scagliò e colpì il Filisteo in fronte, in modo che la pietra gli affondasse nella fronte; ed egli cadde con la faccia a terra.

Dio cerca leader audaci, coraggiosi e pronti ad andare in battaglia. Sapevano che la battaglia non sarebbe stata vinta dalla loro forza e dal loro potere, ma dallo Spirito del Dio potente. Sapevano che se andavano in battaglia nel Suo nome, Lui avrebbe combattuto e il nome di Dio si sarebbe elevato. Quando Davide commise adulterio, non incolpò Betsabea, ma confessò il suo peccato, la sua colpa e la sua vergogna.

2 Samuele 12:13 Davide disse a Natan: "Ho peccato contro il Signore". E Natan disse a Davide: "Il Signore ha cancellato il tuo peccato; non morirai".

Un leader deve essere veritiero, sincero, audace e coraggioso. Dio ci ama e ci protegge se rimaniamo all'interno della linea guida della Sua parola, dei Suoi statuti, dei Suoi comandamenti, dei Suoi precetti e delle Sue leggi. Un cuore genuino, gentile e compassionevole attrae Dio.

Davide era un uomo umano.

2 Samuele 24:14 Davide disse a Gad: "Sono in una grande difficoltà; cadiamo ora nella mano dell'Eterno, perché le sue misericordie sono grandi, e non lasciatemi cadere nella mano dell'uomo".

Davide era pronto ad accettare il castigo per le sue colpe, era un libro aperto. Non c'è da chiedersi perché Dio abbia detto che Davide è un uomo del suo cuore. Amo le parole compassionevoli di Davide. Quando vide il piccolo animale morto, il suo cuore gridò al Signore.

2 Samuele 24:17 Davide parlò all'Eterno quando vide l'angelo che colpiva il popolo e disse: "Ecco, io ho peccato e ho fatto del male; ma queste pecore, che cosa hanno fatto? La tua mano, ti prego, sia contro di me e contro la casa di mio padre".

La Bibbia dice che il Signore scelse Davide come re del suo popolo. Osservate l'uomo e il suo carattere. Non è uno che ti abbandona e scappa quando vede dei problemi.

Dio ha scelto Paolo, Pietro e molti altri; erano vasi volenterosi, fedeli fino alla morte. L'amore per far progredire la nazione di Dio per la Sua gloria. Dio sceglie leader buoni, puliti, giusti e santi da guidare.

Che il Signore ci dia leader giusti, audaci, coraggiosi, santi e sinceri per liberarci dalla bocca di Satana. Qualcuno che provi compassione quando soffriamo. Qualcuno che preghi e digiuni quando siamo malati, oppressi e posseduti. Che visiti le persone in carcere o in prigione e aiuti gli affamati, i sofferenti e i malati. I buoni leader spirituali sono la chiave per un regno fiorente.

PREGHIAMO

Signore, tu sei il Pastore principale. Sicuramente libererai la nostra anima dalla bocca del diavolo. Ti ringraziamo per essere un leader eccezionale, soprattutto per aver dato la Tua vita sulla croce. Il Signore ci renda leader grandi, audaci, coraggiosi e compassionevoli per le nostre case, chiese, città e questo mondo. Dacci dei leader come Davide, che guida le sue pecore accanto all'acqua ferma. Chi può liberare dall'orso e dal leone? Signore, desideriamo che i leader ti conoscano e ti amino. Ti ringraziamo per aver scelto leader eccezionali per le nostre anime. Ti preghiamo di condurre tutti a colui che è fedele e giusto per proteggere le nostre anime nel nome di Gesù. Amen! Dio vi benedica!

8 MAGGIO

SONO UN PORTAVOCE DI DIO!

Che cos'è il portavoce? Si tratta di un agente, un portavoce, un profeta, un ambasciatore e un rappresentante.

Quando si diventa portavoce di chiunque, allora si conosce quella persona. Non si può parlare per conto di chi non si conosce. Quando Gesù scelse dodici discepoli, questi andarono in giro e parlarono per lui.

In Matteo 3:1 In quei giorni venne Giovanni il Battista a predicare nel deserto della Giudea, 2 dicendo: "Ravvedetevi, perché il regno dei cieli è vicino". 3 Perché questo è colui di cui parlò il profeta Isaia, dicendo: "Voce di uno che grida nel deserto: Preparate la via del Signore, raddrizzate i suoi sentieri".

Giovanni Battista si presentò come portavoce di Dio Geova, che stava arrivando sulla terra come Gesù Cristo il Messia, il salvatore del mondo. Giovanni collegava i ponti spezzati tra la creazione e il creatore. Il rimedio al peccato è fornito da Dio, ma per renderlo disponibile, qualcuno deve dare informazioni precise su come ottenerlo. È la via di Gesù e non dell'uomo. Grazie, Signore, il rimedio alle relazioni interrotte causate dal peccato nel Giardino da Eva e Adamo.

Grazie, Signore! Abbiamo bisogno di una ricetta esatta, di un progetto preciso e di una prescrizione. Non possiamo aggiungere e sottrarre, anche se ci costa la testa. Vedi quello che è successo a Giovanni Battista.

Il portavoce parla a nome di Dio:

Marco 6:18 Infatti Giovanni aveva detto a Erode: "Non ti è lecito avere la moglie di tuo fratello".

La nostra responsabilità non è quella di adattarci alla cultura, al colore e alla nazione, ma di dire ciò che dice il Signore. È costoso.

Matteo 14:10 Poi mandò a decapitare Giovanni in prigione.

Se diventiamo l'altoparlante di Gesù, non vedremo nascere false chiese, denominazioni e Bibbie inquinate. I collegi teologici hanno fatto crescere l'esercito degli anticristi e la popolazione di adulteri malati e di persone confuse.

Gesù mandò i portavoce a parlare e a compiere opere per Lui. Il resoconto è stato bellissimo: sono usciti e hanno fatto esattamente ciò che il Signore ha chiesto loro di fare!

Luca 9:1 Poi chiamò a raccolta i suoi dodici discepoli e diede loro potere e autorità su tutti i demoni e di guarire le malattie. 2 E li mandò a predicare il regno di Dio e a guarire i malati. 6 Poi partirono e andarono per le città, predicando il Vangelo e guarendo dappertutto. 7a Ora il tetrarca Erode venne a sapere tutto ciò che era stato fatto da lui e rimase perplesso.

Il risultato è stato eccellente! Vedete questo nella vostra chiesa oggi? State lavorando per Gesù o per le vostre organizzazioni e chiese senza la rivelazione di Gesù?

Settanta sono tornati:

Luca 10:1 Dopo queste cose, il Signore ne designò altri settanta e li mandò a due a due davanti alla sua faccia in ogni città e in ogni luogo dove sarebbe venuto. 17 I settanta tornarono con gioia, dicendo: "Signore, anche i demoni ci sono sottomessi per mezzo del tuo nome".

Gesù si serve di portavoce che predichino per Lui. Essi devono conoscere colui per il quale parlano. Dio ha la chiave e può darla a chi conosce Gesù. Gesù era il Dio in carne e ossa.

Matteo 16:15 Disse loro: "Chi dite che io sia?". 16 Rispose Simon Pietro e disse: "Tu sei il Cristo, il Figlio del Dio vivente". 17 E Gesù, rispondendo, gli disse: "Beato te, Simone Barjona, perché non te l'ha rivelato la carne e il sangue, ma il Padre mio che è nei cieli. 18 E ti dico anche che tu sei Pietro e su questa pietra edificherò la mia Chiesa e le porte degli inferi non prevarranno contro di essa. 19 E ti darò le chiavi del regno dei cieli; e tutto ciò che legherai sulla terra sarà legato in cielo; e tutto ciò che scioglierai sulla terra sarà sciolto in cielo."

Se non avete la stessa chiave, non potete aprire il regno di Dio. Il rimedio al peccato non è più il sangue animale. L'agnello Gesù ha sostituito l'agnello animale. Il rimedio per le malattie e le infermità è disponibile. Il trattamento per i cuori spezzati è noto per interrompere il potere del demonio e delle tenebre. Le porte dell'inferno non hanno controllo solo se si costruisce la chiesa sulla rivelazione di Gesù Cristo. La rivelazione di Gesù è la roccia.

Paolo, studioso della Torah e maestro di lingue, era un uomo colto che non aveva la minima idea, anche se aspettava il Messia. Non conoscendo il Messia, Paolo se n'era andato da tempo e ora iniziava una nuova dispensazione. Egli testimoniò di Gesù che era il Messia.

In seguito, Paolo fu perseguitato per la verità.

Atti 26:7 Alle nostre dodici tribù, che servono istantaneamente Dio giorno e notte, promettiamo la speranza di venire. Per questa speranza, re Agrippa, sono accusato dai Giudei.

La rivelazione giunse a Paolo sulla via di Damasco.

Atti 9:3 Mentre era in viaggio, si avvicinò a Damasco e all'improvviso si accese intorno a lui una luce dal cielo. 4 Allora cadde a terra e udì una voce che gli diceva: "Saulo, Saulo, perché mi perseguiti?". 5 Ed egli disse: "Chi sei, Signore?". Allora il Signore disse: "Io sono Gesù, che tu perseguiti. È difficile per te scalciare contro i pungoli". 6 Allora egli, tremante e stupito, disse: "Signore, cosa vuoi che faccia?". Allora il Signore gli disse: "Alzati, entra in città e ti sarà detto ciò che devi fare".

Gesù Cristo ha rivelato a Paolo la Sua identità di Geova in carne e ossa. Dio ha scelto Paolo per testimoniare ai gentili. Un maestro in molte lingue deve sapere chi è Gesù. Gesù, non un secondo Dio bensì Geova, ha camminato mettendo carne sulla terra come salvatore. In seguito, Paolo fu battezzato nel nome di Gesù e ricevette il Suo Spirito. La storia della vita di Paolo cambiò. La verità rende nervoso il diavolo. Paolo era nell'esercito di Satana. Trovando il Salvatore, divenne martire a Roma.

Atti 19:11 Dio fece miracoli speciali per mano di Paolo.

Alcuni portavoce di Cristo si sono separati dalla verità quando l'apostolo Giovanni era ancora in vita. Egli fu l'ultimo discepolo di Gesù a lasciare la terra. Nelle sue epistole ha avvertito.

Giovanni dice che era l'anticristo.

1 Giovanni 4:2 In questo modo conoscete lo Spirito di Dio: Ogni spirito che confessa che Gesù Cristo è venuto nella carne è da Dio: 3 E ogni spirito che non confessa che Gesù Cristo viene nella carne non è da Dio; e questo è lo spirito dell'anticristo, di cui avete sentito dire che dovrebbe venire; e già ora è nel mondo.

Mi sono ricordata della mia prima esperienza, quella di entrare nell'acqua per la remissione dei miei peccati. Ne sono uscita in modo diverso, che non so spiegare. La montagna dei peccati era stata rimossa e mi sentivo più leggera di prima. Ho detto: "Wow! Il cristianesimo è reale!". Non avevo ancora avuto una rivelazione di Gesù.

Le seguenti Scritture me l'hanno data.

Isaia 43:10 Voi siete i miei testimoni, dice il Signore, e il mio servo che ho scelto, affinché mi conosciate e crediate, e comprendiate che io sono lui: prima di me non è stato formato alcun Dio, né ci sarà dopo di me. 11 Io, proprio io, sono il Signore; e all'infuori di me non c'è salvatore.

Quando ho avuto questa rivelazione, la storia della mia vita è cambiata. Ho detto: "Signore, quanto sono grata!". Sono diventata la Sua portavoce con molte testimonianze. Prima discutevo di indù e musulmani e non avevo alcun sostegno per dimostrare che Gesù guarisce, libera e risana. Ma ora impongo una mano sulle persone, il demonio scappa e i malati guariscono. Il mio telefono squilla continuamente, le e-mail e i messaggi di testo chiedono preghiere.

Sento grandi testimonianze di guarigione, liberazione e salvezza. Se siete il portavoce del vostro gruppo religioso, mettete una croce sull'edificio. Se usate la Bibbia e siete ancora impotenti, seguite il libro degli Atti. Usare la Via di Gesù vi porterà dove c'è tutta la verità. L'inferno sarà alle vostre spalle e Gesù vi darà la vita eterna in cielo. Che il Signore faccia di voi portavoce di Gesù. Pregate il Signore di cambiare la storia della vostra vita come Paolo nel nome di Gesù. Uscite, fate quello che ha fatto Gesù e sperimentate la potenza nel Suo Nome Gesù. Questa dispensazione è fatta di azioni e non di sole chiacchiere.

PREGHIAMO

Signore, che meraviglia questo invito aperto all'umanità. Signore, che bello avere una rivelazione di te e poi essere Tuoi portavoce. Ti siamo grati per averci dato la Tua rivelazione se ti amiamo e osserviamo i Tuoi comandamenti. Ti ringraziamo per averci aperto il tesoro del regno che conosce Gesù. Signore, proclamiamo la Tua identità al mondo affinché arrivi la fine di queste chiese anticristo. Abbiamo bisogno di vedere gli occhi ciechi aprirsi, gli zoppi camminare, i morti risorgere, gli arti mancanti essere ripristinati e tutte le guarigioni e le liberazioni avvenire nel nome di Gesù. Amen! Dio vi benedica!

9 MAGGIO

CERCATE IL GRANDE DIO!

Dov'è il Dio di Elia?

Il Dio di Elia ha compiuto un'opera meravigliosa. Dobbiamo cercare un discepolo che conosca il Grande Dio. Il desiderio di qualcuno che vive nel soprannaturale cade su di noi. Vogliamo il Dio di Elia, di Abramo, di Isacco, di Daniele ecc. Dio scelse Eliseo come successore di Elia.

Eliseo seguiva molto da vicino il maestro. Non aveva altro da fare che impegnarsi totalmente nella sua vocazione. Che il Signore ci dia un modello eccezionale per la nostra vita. Allora potremo fare cose ancora più significative. Molti di voi vanno in chiesa vuoti e tornano a casa vuoti. Lui andava in chiesa malato e ne usciva malato. Non c'è progresso nella vita. Molti hanno rinunciato e si sono arresi. L'esercito del diavolo ha arrestato molti. Li ha tenuti prigionieri per fare ciò che il diavolo chiedeva loro. Un diavolo distruttivo sta portando l'inferno sulla terra.

La gente si chiede: dov'è Dio che guarisce, offre e libera i prigionieri? Dov'è la risposta a tutti i problemi? Dov'è la potenza che operava 2000 anni fa? Perché sono malato e non ho via d'uscita? Qual è il futuro? Nascere poveri, morire poveri. Il principe dell'inferno sta avendo un risveglio e vince ogni giorno! Quando leggete che Dio è lo stesso ieri, oggi e in eterno, vi grattate la testa e ve lo chiedete?

La risposta non è nelle organizzazioni ecclesiastiche, nella medicina, nei pastori, nel governo o nell'esercito. Dovete cercare, bussare e chiedere a Dio. Avete bisogno di inginocchiarvi e dire dove siete? "Ho bisogno di te. Tu hai la risposta a tutte le mie domande. Frequento la chiesa ma non trovo guarigione, liberazione e salvezza. Mio Dio, tu vivi in cielo e hai la risposta.". Eliseo cercò il Dio di Elia.

Cercate il Dio che agisce in modo soprannaturale. Essi conoscevano il Grande Dio.

2 Re 2:13 Egli prese anche il mantello di Elia che gli era caduto, tornò indietro e si fermò sulla riva del Giordano; 14 prese il mantello di Elia che gli era caduto, colpì le acque e disse: "Dov'è il Signore Dio di Elia?". E quando anche lui ebbe colpito le acque, queste si divisero di qua e di là; ed Eliseo passò oltre.

Vi sembra impossibile che Dio dica che faccio cose nuove ogni giorno? Dobbiamo cercare il Grande

Dio della situazione. Dobbiamo entrare in questo regno del soprannaturale soddisfacendo la Sua condizione.

Dio disse:

Efesini 4:24 e che vi rivestiate dell'uomo nuovo, che secondo Dio è stato creato nella giustizia e nella vera santità.

Indossate abiti nuovi o diventate una persona nuova e vedete cosa succede. Non avevo mai visto quello che ho iniziato a vedere e sperimentare dopo essermi battezzata nel nome di Gesù e aver ricevuto lo Spirito Santo. Ho iniziato a sentire la voce di Dio. Quando siamo arrivati alla stessa frequenza, sono diventata la Sua pecora e Gesù è diventato il mio Pastore. Dio è sorprendente. Vi siete persi e non riuscite a trovarLo? Trovare un grande Dio è trovare un tesoro. Le Sue promesse prendono vita se ascoltiamo e obbediamo. Quando ricevete il Suo Spirito, il Signore vive in voi e voi siete il tempio. Qui, con la Sua voce e l'obbedienza, la vita cambierà da quel momento in poi.

Cercare il grande Dio nell'edificio vi darà un senso di smarrimento.

Isaia 43:18 Non ricordate le cose passate e non considerate le cose di una volta. 19 Ecco, io farò qualcosa di nuovo; ora germoglierà; non lo conoscerete? Farò anche una via nel deserto e dei fiumi nel deserto.

Mi piacciono i cambiamenti e le sorprese. Mi piace vedere miracoli migliori e più grandi. Lo rivendico e lo cerco.

Giovanni 14:12a In verità, in verità vi dico: chi crede in me, le opere che io faccio le farà anche lui; e ne farà di più grandi di queste; il grande Dio è la risposta a tutto. Egli ha detto nella Sua parola.

Geremia 32:27 Ecco, io sono il Signore, il Dio di ogni carne; c'è forse qualcosa di troppo difficile per me?

Quando ero sulla sedia a rotelle, non vedevo una via d'uscita, ma ricordavo che mi aveva promesso che avrei camminato e corso. Mi sono fidata del Signore, che mi ha detto: "C'è qualcosa di troppo difficile per me?". Pregai per anni e arrivò il giorno in cui Dio portò un uomo che aveva il dono della guarigione e dei miracoli. Mentre pregava, la mia gamba cresceva, la mia colonna vertebrale ritornava e sentivo i sensi nelle mie gambe. Anche se i miei muscoli erano deboli, avevo l'equilibrio. In seguito, i muscoli si sono rafforzati grazie al continuo esercizio fisico. Il Signore, il nostro Dio, vuole che Lo cerchiamo per ottenere guarigione, liberazione, miracoli e doni soprannaturali. Egli vi metterà in contatto con coloro ai quali ha dato i vantaggi. L'opera di Dio è fenomenale attraverso di loro, poiché hanno fede e un cuore umile. Seguite Dio. Io piaccio a Dio e non agli uomini. Dio è grande; ascoltate solo Lui. Dio è venuto a liberare i prigionieri e fa lo stesso oggi se vi lasciate andare al Suo Spirito.

Mosè addestrò Giosuè; Giosuè servì Mosè.

Giosuè 1:1 Il Signore parlò a Giosuè, figlio di Nun, ministro di Mosè, Dio sceglie chi gli dà gloria.

Giosuè 4:14 In quel giorno il Signore magnificò Giosuè agli occhi di tutto Israele ed essi lo temettero come avevano temuto Mosè per tutti i giorni della sua vita.

I credenti non hanno alcun problema a confidare nel grande Dio in operazione.

La gente è stanca di credere e non vedere i risultati.
Vanno fino in Nigeria, o a Johannesburg, o dove trovano aiuto. Io cerco colui che opera con i doni dello spirito. Dobbiamo cercare il più grande. Se cercate, lo troverete.

Quando ero in India era impossibile, perché avevamo molte barriere. Venendo negli Stati Uniti, posso guidare fino a diversi luoghi per cercarLo.

In questi tempi e in questi giorni, le persone si sono rivolte alla prosperità, avendo sempre meno interesse per Dio. La prosperità segue il popolo di Dio se si fa esattamente ciò che Dio ha detto. Non cerchiamo la ricchezza, ma il Dio che ci fa prosperare. So che nessuno dà pace, conforto o liberazione dalla droga, dall'alcol e dalla depressione. Dobbiamo cercare il Dio di Paolo, di Pietro, del Re Davide e del Re Giosafat.

Dobbiamo trovare Dio attraverso il volume della Bibbia. Pregare sulla montagna o in qualsiasi altro luogo per trovare Dio. Cercare il Suo volto. Imparate a conoscere Dio facendo ciò che Lui ha fatto e vi ha chiesto di fare.

Mi piaceva andare in chiesa presto e cercare Dio. In molti luoghi era una sfida pregare. Facevano così tanto rumore che era impossibile pregare. Tutti vengono a sedersi e ad aspettare l'inizio dello spettacolo. Bella musica, danza in carne e ossa, pochi insegnamenti e via, lo spettacolo finisce. È qui che inizia la delusione. Ma quando ho lasciato l'India, sono venuta a cercarLo. Sto ancora cercando il grande Dio, una ricerca senza fine. Quando ho avuto una tonsillite, il medico mi ha detto che si trattava di un piccolo intervento, ma non potevo sopravvivere a causa della mia condizione sanguigna. Ho iniziato a cercare un Grande guaritore. Quando ho avuto diversi problemi agli occhi, ho iniziato a cercare il mio grande Dio. Cerco il grande Dio quando ho un problema complesso o una situazione familiare. Dio si può trovare se si viene con l'abito santo e giusto.

Molti di coloro che cercano aiuto da stregoni, maghi, astrologhi e sensitivi dovrebbero fare attenzione. Vi metteranno in contatto con molti altri demoni. Giocheranno con la vostra anima. Una volta, mentre ero in visita in India, venne una signora cristiana che non aveva figli. Ha visto diversi stregoni. Non aveva scelta, perché gli dèi di Elia, Mosè, Paolo e Pietro non sono ammessi lì.

In molti luoghi non si può dire la verità della Bibbia. Sono sotto l'influenza della religione. Ha detto che in famiglia nessuno aveva figli. Ho detto che potevo pregare, e il mio Dio le avrebbe dato dei bambini. Il demone della religione lega così tanto le persone che non conoscono Gesù e la sua potenza. Ma c'è una buona notizia: cercate il mio Dio che mi ha liberato dal cancro, mi ha fatta uscire dalla sedia a rotelle e mi guarisce ogni volta che ho bisogno di guarigione e liberazione. La Banca di Gesù ha tutto ciò che desiderate. Dovete solo cercare il Grande Dio. Cercatelo! Cercatelo in ginocchio, pregando e digiunando, e Lo troverete.

PREGHIAMO

Mio Signore, ti cerchiamo attraverso il sistema delle nostre chiese e della nostra organizzazione. Le persone sono deluse e perdono la fede perché, in questa dispensazione, tu sei in noi. Aiutaci a guardare fuori dalle quattro mura dove si può trovare Dio. Il Dio che Paolo e Pietro hanno predicato è quello che vogliamo. Cerchiamo il Signore che ha detto che le mani appassite sono guarite, gli occhi ciechi si aprono e i morti risorgono. Il Suo Spirito è ciò che vogliamo che ci guidi e ci conduca. Abbiamo bisogno che lo Spirito Santo sia il nostro insegnante e istruttore per cercare il Grande Dio. Questo mondo ha bisogno di conoscere il Grande Dio, non i nostri leader religiosi, pastori o organizzazioni. Vogliamo che il mondo senza speranza, la trovi speranza trovando il grande Dio nel nome di Gesù. Amen! Dio vi benedica!

10 MAGGIO

QUALCUNO VI HA ACCOLTI!

Che cosa significa "usciere"? Aiutare qualcuno a spostarsi da un luogo all'altro, soprattutto mostrandogli come si guida.

Maria ha accolto Gesù. Maria ha creduto al rapporto del Signore! Ha accolto la parola dell'Angelo Gabriele.

Luca 1; 30 L'angelo le disse: "Non temere, Maria, perché hai trovato grazia presso Dio. 31 Ed ecco, concepirai nel tuo grembo, partorirai un figlio e lo chiamerai Gesù. 32 Egli sarà grande e sarà chiamato figlio dell'Altissimo; e il Signore Dio gli darà il trono di Davide suo padre; 33 e regnerà sulla casa di Giacobbe per sempre, e il suo regno non avrà fine.

Maria ha creduto e ha accolto il Signore Gesù, il Re dei Re, il salvatore del mondo.

38 Maria disse: "Ecco la serva del Signore; avvenga per me secondo la tua parola". E l'angelo si allontanò da lei.

Hanna ha inaugurato il grande profeta Samuele! Una sterile che gridò a Dio e promise di restituirglielo per il suo servizio.

1 Samuele 1:10 Ella, amareggiata, pregò il Signore e pianse a dirotto. 11a Fece un voto e disse: "O Signore degli eserciti, se vuoi davvero guardare all'afflizione della tua serva, ricordati di me e non dimenticare la tua serva. Se vuoi dare alla tua serva un figlio maschio, lo darò al Signore per tutti i giorni della sua vita". 20 Perciò, quando si compì il tempo in cui Hannah aveva concepito, partorì un figlio e lo chiamò Samuele, dicendo: "Perché l'ho chiesto al Signore". 28 L'ho anche prestato al Signore; finché vivrà, sarà prestato al Signore. E lì adorò il Signore.

Hannah diede a Samuele non appena si svezzò.

Essi onorarono Samuele perché camminava secondo gli statuti e i precetti di Dio.

1 Samuele 9:6 Gli disse: "Ecco, c'è in questa città un uomo di Dio ed è un uomo d'onore; tutto ciò che dice si avvererà sicuramente; ora andiamo là; forse può indicarci la strada da seguire."

Nessuna delle sue parole cadde a terra. Come Samuele parlò, si realizzò. Abbiamo bisogno della madre per inaugurare i potenti profeti. La gente smetterà di frequentare fisici, stregoni, maghi e astrologi. Gesù sarà la via.

1 Samuele 3:19 Samuele cresceva e il Signore era con lui e non lasciava cadere a terra nessuna delle sue parole.

Una donna ha avuto un ruolo più significativo nell'accompagnare il grande uomo. Ha confermato la sua posizione grazie a colui che l'ha guidata.

Gesù ha inaugurato dodici e poi settanta discepoli che hanno compiuto la grande opera su questa terra. È come e cosa si inaugura.

Molti introducono nella nazione droghe, alcol, bande, streghe, satanismo e malvagità. Il Paese sarà distrutto dall'introduzione di falsi insegnanti e profeti. Assicuratevi di far nascere i figli che possono avere un impatto significativo su questo mondo. Il Signore vuole che la donna cresca figli timorati di Dio. Chi ha imparato le vie, i precetti, gli statuti e i comandamenti di Dio fin dall'infanzia?

Voi fate entrare Dio nel vostro Paese guidando i potenti profeti e le profetesse. Essi portano prosperità al mondo spirituale e fisico. Il Profeta rimuove i blocchi, vi mostra la giusta direzione ed elimina i fattori di confusione e di inganno. Il Profeta è il capo-operaio di Dio Onnipotente.

Jochebed ha dato vita al grande profeta Mosè. Egli ebbe una madre timorata di Dio che gli insegnò la verità. La madre fece nascere un leader e un redentore per gli ebrei dalla schiavitù. Egli introdusse i grandi comandamenti dell'unico vero Dio. Mosè presentò al mondo il Dio dell'universo. Le nazioni avevano paura di questo grande Dio!

Noi inauguriamo il vero Dio permettendoci di essere dei vasi disponibili. Moriamo sull'altare quando ci pentiamo. Allora inauguriamo il Dio onnipotente. Qualcuno vi ha accompagnato al posto in cui siete seduti.

L'ultimo desiderio di un prigioniero era quello di vedere la madre. Quando lei arrivò, lui le mangiò il naso. Disse che l'aveva portato ad essere appeso a quella forca, che avrebbe dovuto fermarlo quando rubava e che lo aveva fatto diventare un ladro.

Conoscevo una signora che diceva ai bambini di rubare le cose dal carretto che passava davanti a casa. Suo figlio aveva un lavoro ben pagato e l'ha perso a causa dell'abitudine di rubare. State portando alla ribalta ladri, prostitute, alcolizzati, bugiardi, ingannatori e così via? Questo porta la nazione alla calamità.

Ho sentito la storia di un uomo che diceva: "Mia nonna mi ha picchiato perché non ho restituito la matita che avevo trovato nel cortile della scuola. Mi portò dal preside e mi chiese di restituirla. È una lezione da imparare.". Sono sicura che ha imparato la lezione.

Una donna accoglie il bambino su questa terra. Ma è lei che ha la responsabilità di accompagnarlo nella posizione in cui si trova oggi. Lasciate che Dio diriga la vostra vita futura attraverso una madre divina. Non fuorviateli, ma guidateli attraverso la Parola di Dio.

10 MAGGIO

Indipendentemente dalla posizione in cui vi chiamiamo, la parte più pratica e potente è il ruolo di madre. La madre è l'usciere di Satana o del Signore.

Eva ha introdotto Satana e ha perso il potere, consegnando l'autorità a Satana. L'introduzione della Parola di Dio, dei comandamenti, degli statuti, dei precetti e delle leggi di Dio è la chiave del successo. La conoscenza di Dio ci mantiene in contatto con Lui. L'abilità di Dio ha dei "da fare" e dei "da non fare". Se ti affidi a Dio, Egli continuerà a essere la tua guida fino alla partenza.

Accompagnare un bambino in questo mondo è meno cruciale che guidarlo verso la sua posizione.

Che il Signore susciti molti Ruth Moabiti che hanno mostrato grande amore al Dio di Israele!

La sua parola era:

Ruth 1:16 Ruth rispose: "Non mi lasciare e non tornare a seguirti, perché dove tu andrai, io andrò e dove tu alloggerai, io alloggerò; il tuo popolo sarà il mio popolo e il tuo Dio il mio Dio".

Ruth ha conservato il nome dei morti. Arrivò in Israele come vedova, ma fece strada all'uomo più incredibile che ci fosse. Boaz, l'uomo più ricco d'Israele, sposò Ruth. La bisnonna del Re Davide era Ruth.

Ruth 4:21a Boaz generò Obed, 22 Obed generò Iesse e Iesse generò Davide.

Il grande Re Davide introduce il Messia in questo mondo.

Noi introduciamo qualcosa in questo mondo. Prestate attenzione a ciò che stiamo immettendo. Possiamo fare una grande differenza. La povertà può trasformarsi in ricchezza, la schiavitù in libertà e molto altro ancora se inauguriamo il profeta, il predicatore e i santi dell'Altissimo Dio.

PREGHIAMO

Signore, veniamo davanti al Tuo altare a chiedere un cuore credente. Un cuore come quello di Maria che accoglie Gesù, di Jochebed che accoglie Mosè, di Mariam e di Aronne. Ti preghiamo, questo mondo cambierà. Signore, fa' che le nostre menti siano preparate per far crescere l'uomo e la donna potenti che portano Dio. Desideriamo che la Tua verità ci renda liberi. Che il Signore benedica ogni donna e ogni uomo con la determinazione di far nascere grandi uomini e donne che abbiano un impatto positivo. Che il Signore ci aiuti a riportare la Sua parola nella nostra casa e nel nostro Paese per essere di nuovo benedetti nel nome di Gesù. Amen! Dio vi benedica!

11 MAGGIO

NON SI PUÒ CAPIRE. FATELO E BASTA!

Il Dio del cielo progetta di condurvi alla sicurezza, alla prosperità e a un livello più alto. Tutto arriva di sorpresa. Sedetevi e rilassatevi. Se avete bisogno di guarigione, eccola. Se avete bisogno di pesce, eccolo. Se avete bisogno di acqua, eccola. Scegliete come comportarvi se avete bisogno di pace, conforto e protezione. Non preoccupatevi, c'è Lui. Il problema è che noi analizziamo quando vediamo l'ostacolo, ragioniamo e diventiamo pigri, paurosi e pensiamo a cose che non ci sembrano giuste.

1 Corinzi 2:14 Ma l'uomo naturale non riceve le cose dello Spirito di Dio, perché sono stolte per lui; non può conoscerle, perché sono discernibili spiritualmente.

La Bibbia dice che temere Dio è saggezza. Se conosciamo il Signore nella Sua potenza, nessuno avrà problemi. Una volta che si conosce qualcuno, si può avere un rapporto. Altrimenti, non ci si può fidare o credere a ciò che ci dice.

Il Signore Gesù mandò due e due a presentarsi scacciando i demoni, guarendo i malati e risuscitando i morti nel nome di Gesù. Quando Gesù andò lì a predicare il Regno di Dio, la gente lo accolse. Le persone devono conoscere il prodotto prima di acquistarlo. Una volta provato il Signore, allora diranno: "Wow! Come sei meraviglioso!"

1 Corinzi 1:25 Perché la stoltezza di Dio è più sapiente degli uomini e la debolezza di Dio è più forte degli uomini.

Quando Dio parla, ha poco senso per la nostra mente umana. Volete che qualcosa abbia senso? Perché? Dio fa il soprannaturale, per questo è Dio. Egli prese due pesci con alcuni pezzi di pane, li benedisse e mostrò loro il miracolo.

Sperimenterete le benedizioni quando le metterete nella mano di Dio. Piccoli pezzi sono stati donati e hanno iniziato a moltiplicarsi. È incredibile! Dio mostra il miracolo dell'abbondanza! È oltre, e non c'è bisogno di aggiungere o sottrarre quando è Lui a guidare; basta rilassarsi.

1 Corinzi 1:18 La predicazione della croce, infatti, per quelli che muoiono è stoltezza, ma per noi che siamo salvati è potenza di Dio. 21 Infatti, dopo che il mondo, nella sapienza di Dio, non ha conosciuto Dio, è piaciuto a Dio, per la stoltezza della predicazione, salvare quelli che credono.

11 MAGGIO

Il lebbroso Naaman, capitano dell'esercito del re di Siria, sentì parlare di guarigione da una piccola serva d'Israele. Naaman non conosceva il grande Dio d'Israele e le Sue vie.

Si recò quindi in terra d'Israele per incontrare il profeta Eliseo.

2 Re 5:10 Eliseo gli mandò un messaggero che gli disse: "Va' e lavati nel Giordano sette volte, e la tua carne tornerà a te e sarai mondato". 11 Ma Naaman si irritò, se ne andò e disse: "Ecco, io pensavo: "Egli verrà certamente da me, si alzerà, invocherà il nome del Signore suo Dio, batterà la mano sul luogo e guarirà il lebbroso". 12 Abana e Pharpar, fiumi di Damasco, non sono forse migliori di tutte le acque d'Israele? Non potrei forse lavarmi in esse ed essere pulito? Allora si voltò e se ne andò infuriato.

Naaman non era d'accordo con Eliseo. Una mente naturale non capirà mai il risultato dell'obbedienza all'ordine di Dio.

La fede deve essere in Dio. La Sua materia o il Suo ordine hanno senso solo per alcuni. Conoscete il Signore e confidate nelle sue vie.

Il Signore cambiò il nome di Giacobbe in Israele. Giacobbe fece ciò che il Signore gli chiese. "Dì solo di sì, Signore".

Matteo 14:36 E lo pregavano di poter toccare solo l'orlo della sua veste; e quanti ne toccavano erano perfettamente guariti.

Frazioni del popolo hanno agito per fede. Hanno lavorato come volevano per ricevere il miracolo. La guarigione di un cieco era discutibile. Perché? Ci aspettiamo: "Mostraci, fai quello che ti chiedo". Dio agisce in vari modi. Prendiamo ordini e vediamo il risultato. L'ordine di Dio è di non mettere in discussione, ma di continuare.

Giovanni 9:6 Dopo aver parlato, sputò per terra, fece dell'argilla con la saliva e unse gli occhi del cieco con l'argilla, 7 e gli disse: "Va', lavati nella piscina di Siloam" (che significa, per interpretazione, Inviato).

Ora chiedetevi: lo fareste? Ha senso? Potreste chiedervi: perché? Ma l'uomo umile conosce le vie di Dio:

Isaia 55:8 Poiché i miei pensieri non sono i vostri pensieri e le vostre vie non sono le mie vie, dice il Signore.

Durante la preghiera del mattino presto, ho detto: "Signore, ho visto molti miracoli quando ho pregato su di loro. Ho visto orecchie sorde aprirsi, gli zoppi camminare, ma non ho ancora visto i ciechi vedere. Puoi usarmi per aprire occhi ciechi nel tuo nome?".

Lo stesso pomeriggio stavo andando al negozio e sulla K avenue di Plano, in Texas. Dio mi disse: "Gira a sinistra qui". Mi indicò il negozio e io parcheggiai. Il parcheggio era pieno, ma l'auto successiva si spostò e un nuovo veicolo prese quel posto. Stavo parlando al telefono. Un uomo è uscito dal veicolo camminando con un bastone bianco. È entrato subito in casa ed è uscito. Ho chiesto a sua moglie dei suoi occhi e lei mi ha risposto che era cieco. Ho chiesto se potevo pregare per lui. Lei ha chiesto all'uomo e lui ha risposto di sì. Così ho pregato per quell'uomo e sono ripartita. Non sapevo dove trovare un cieco. Solo quella mattina chiesi a Dio di usarmi per aprire gli occhi dei ciechi. Il Signore lo sapeva e mi ha indirizzato a questo cieco.

Stavo visitando l'ospedale pediatrico per pregare su un giovane uomo. Non so perché lo abbiano tenuto nell'ospedale pediatrico, visto che aveva ventidue anni.

In passato aveva avuto il cancro e gli è stata amputata una gamba quando aveva sedici anni. Il cancro continuava a ripresentarsi. Mi ha chiesto di visitarlo e l'ho fatto. Mentre pregavo per lui, ho chiesto agli altri se avessero bisogno di preghiere. Sua madre mi ha detto: "Ti prego, prega per me". Stavo pregando e Dio mi ha detto di sedermi e di pregare per la sua gamba. Anche se avevo dolore alla schiena, mi sono seduta e ho toccato la sua gamba. Ho trovato un filo intorno alla sua caviglia. Mi disse che l'aveva legato lì. Ho chiesto che cosa fosse. Comunque, il figlio mi disse che era di uno stregone per protezione. In seguito l'ha tolta e il figlio minore ha fatto lo stesso. Vedete, io non saprei cosa dire del filo; ho messo la mia mano sulla sua testa, ma Dio mi ha chiesto di mettere la mia mano sulla sua gamba. Voleva rivelarmi qualcosa.

Prendete la direzione che Gesù vi indica.

Giovanni 14:6 Gesù gli disse: "Io sono la via, la verità e la vita".

Anche se non sembra giusto, seguite la via di Dio. È il modo corretto di vivere.

Proverbi 14:12 C'è una via che sembra giusta per un uomo, ma la sua fine [è] la via della morte.

Efesini 5:17 Perciò non siate sprovveduti, ma comprendete la volontà del Signore.

Non cercate mai di capire Dio o le Sue vie. Se Dio vuole che vi buttiate, beh, fatelo e basta. Se è la tana del leone, non preoccupatevi, la fornace infuocata, vi andrà bene.

Il governo di Dio è in ordine. Non avrete problemi a obbedirgli. Nessuno conosce la via di Dio. Occorre solo la fiducia che porta al miracolo. Niente paura, solo fede!

Geremia 29:11 Perché io conosco i pensieri che penso verso di voi, dice il Signore, pensieri di pace e non di male, per darvi una fine attesa.

Cosa vi aspettate oggi? Prendete lo Spirito Santo come una mappa e usate la direzione. Accettate tutti gli ordini ed eseguiteli. Il Signore ha il potere di raddrizzare le vie storte. Il Signore rimuove le montagne e fa diventare terra l'oceano asciutto. Grazie, Signore. C'è qualcosa di troppo difficile per Dio? Egli ha detto che può fare tutto; nulla è impossibile. Perché vi mettete in discussione? Perché siete una pietra d'inciampo? Ricordate che non potete capire con una mente limitata. Se non riuscite a capire, sappiate che è tutto merito di Dio. Fallo e basta.

11 MAGGIO

PREGHIAMO

Signore, veniamo davanti al Tuo altare a chiedere un cuore credente. Un cuore come quello di Maria, che accoglie Gesù, di Jochebed, che accoglie Mosè, di Mariam e di Aronne. Preghiamo che questo mondo cambi. Che le nostre menti siano preparate per far crescere l'uomo e la donna potenti che portano Dio. Desideriamo che la Sua verità ci renda liberi. Che il Signore benedica ogni donna e ogni uomo con la determinazione di far nascere grandi uomini e donne che abbiano un impatto positivo. Che il Signore ci aiuti a riportare la Sua parola nella nostra casa e nel nostro Paese per essere di nuovo benedetti nel nome di Gesù. Amen! Dio vi benedica!

12 MAGGIO

LA PAROLA DÀ SPAZIO A DIO O AL NEMICO!

La vostra parola ha il potere di darvi la vita o la morte.

Proverbio 18:21 La morte e la vita sono in potere della lingua e chi la ama ne mangia il frutto.

Quando si presenta una situazione, parlate dopo aver fatto un respiro profondo. Scegliete con cura le parole. Reagite al problema con le promesse di Dio. La Parola di Dio fornisce la piattaforma per compiere la sua potente azione. Leggete più parole affinché la Bibbia diventi il libro principale della vita.

Ho visto persone ricevere promesse mentre parlavano. Vi prego di continuare a lavorare e a dire la verità con la parola. Siate sempre sensibili alla voce di Dio.

Ho notato che, pregando sulle persone, esse parlano per ricevere. Alcuni sono sempre malati perché parlano in modo negativo. Nella loro mente, si aspettano di soffrire il giorno dopo. Il giorno dopo ci sarà sempre. Chiedo loro di dire, invece di

"Domani starò meglio", diciamo: "Ora sto meglio. Dio, guariscimi ora, liberami ora". Tutto dovrebbe essere adesso. Dio opera proprio in quel momento.

Matteo 12: 35 Un uomo buono, dal buon tesoro del cuore, produce cose buone; e un uomo malvagio, dal tesoro malvagio, produce cose cattive. 36 Ma io vi dico che ogni parola vana che gli uomini diranno, ne renderanno conto nel giorno del giudizio. 37 Perché con le tue parole sarai giustificato e con le tue parole sarai condannato.

Dio agisce sulla base della Sua vera parola, che viene provata sette volte e resiste. La bellezza è credere nella parola e obbedire.

Penso che la Parola di Dio sia eterna. La Bibbia contiene 5.467 promesse. È tutto disponibile senza sudore; basta parlare per reclamarlo.

Lasciate che vi aiuti con il vostro vocabolario. Non dovete mai dire: "Non è la volontà di Dio", "forse", "penso che non lo farebbe" o "non lo so". Queste parole danno spazio a Satana. Non fate commenti negativi. Leggete la Parola, fate promesse personali e parlate per riscattare i titoli. Vivendo per Dio, si diventa uno dei suoi. A prescindere da tutto, Dio si occupa del vostro corpo, della vostra anima, del vostro spirito, della vostra famiglia e di tutto ciò che vi riguarda.

Un uomo saggio dirà la verità. La religione trova da ridire quando lo Spirito Santo parla. Alcuni osano dare la parola al diavolo. Non vedono mai il risultato vittorioso. Con le loro azioni sovrascrivono la Bibbia. Dio non ha fatto un ottimo lavoro nello scriverla? Non cadete nella trappola di adattarvi o di desiderare la carne, gli occhi e l'orgoglio nella vita. Li vedo sempre nel ciclo dei desideri. Vedendo la loro energia, Signore, abbi pietà. Quando Dio ci separa dalle persone religiose, non cercate di ricollegarvi.

Come sapete, il tempo della fine è molto vicino e le persone sono diventate ingannatrici. Vi chiederete cosa sia successo. È semplicemente la Parola di Dio che non viene seguita. Le loro azioni lo dimostrano. La Bibbia dice che si parla ma non si agisce.

Giacomo 2:26: "Infatti, come il corpo senza lo spirito è morto, così anche la fede senza le opere è morta".

Il diavolo vi riconosce dalle vostre parole. Potete frequentare la chiesa e pregare ogni giorno, ma quello che dite conta di più.

Una persona positiva ha meno problemi perché la sua mente non pensa a tutti gli esiti negativi della situazione.

La situazione può essere semplice, ma parlare in modo negativo appesantisce il carico. Allo stesso modo, se si dicono parole positive, queste lo solleveranno.

Le parole hanno il potere di distruggere e costruire. Ricordate, se la situazione potrebbe essere dannosa, mantenete i commenti positivi per ribaltare la situazione. Dite: "Il Signore la cambierà in mio favore".

Proverbi 16:24 Le parole piacevoli sono come un favo di miele, dolce per l'anima e salutare per le ossa.

Proverbi 15:1 Una risposta dolce allontana l'ira, ma le parole dolorose suscitano l'ira.

Quando meditate, parlerete. Meditate su cose buone e positive.

Salmi 19:14 Le parole della mia bocca e la meditazione del mio cuore siano gradite ai tuoi occhi, o Eterno, mia forza e mio redentore.

Tutti noi attraversiamo problemi e prove, ma la nostra parola crea il prodotto finale. Quando si dice che il Signore ci farà passare, si sfida Dio. Dio accetta tutte le sfide. Dite: "tutto va bene, andrà bene. Ce la farò", e così sarà anche per voi. Quando arriva la malattia, dite: "Sarò guarito". Il Signore è il mio guaritore. Non importa cosa sembri, Dio ha il controllo. Nel momento del bisogno, dite: "Il Signore provvederà con la Sua abbondanza". Il nostro errore è quando ci guardiamo intorno per fallire noi stessi. Non maledire te stesso.

Geremia 17:5 Così dice il Signore: "Maledetto l'uomo che confida nell'uomo e fa della carne il suo braccio e il cui cuore si allontana dal Signore".

La nostra preghiera attraverso la Parola di Dio è la chiave del successo. In breve, siamo noi a creare il nostro mondo. La nostra vita dovrebbe essere un libro che si vorrebbe leggere. La nostra testimonianza dovrebbe essere il trampolino di lancio di qualcuno. Siamo il libro che tutti leggono senza il permesso.

Nessuno si fida della parola che esce dalla vostra bocca, ma la vostra azione influisce sulla vita.

Le sfide della vita creano una vita saporita. Vivere la vita dice più di una parola. Le persone imparano l'85% dal vostro esempio. Una volta ero un pastore, ora ho una corona sul capo. Non avete un posto sul trono perché? Non vi sedete sul trono perché la vostra vita non ha influenzato Dio.

Non avete convinto Dio riconoscendolo nella vostra situazione. Fate sapere a Dio che siete voi i responsabili della vostra vita e che vi arrendete a Lui. "Mi affido a te per la mia vita, sapendo chi sei.

La mia vita non può essere più la stessa, perché il mio problema è fuori dal mio controllo e tu te ne occupi. Vedo la situazione attraverso i tuoi occhi, mille da una parte e diecimila dall'altra. So che non possono farmi del male. Tu sei il mio difensore. Molti sono i miei problemi, ma tu mi hai tirato fuori da tutti. Ho visto con i miei occhi la caduta del mio nemico. Dona pace e conforto nel momento della mia calamità. Cosa posso dire di più? Il Signore dà vittoria, guarigione, gioia, tranquillità, conforto, pro-mozione e tutto il resto". Quando sviluppate il vostro rapporto con il Signore, siete sulla strada della vittoria. Dio è tutto ciò di cui avete bisogno.

Ecco perché:

Filippesi 4:6 Non preoccupatevi di nulla, ma in ogni cosa, mediante la preghiera e la supplica con ringraziamento, fate conoscere a Dio le vostre richieste. 7 E la pace di Dio, che supera ogni intelligenza, custodirà i vostri cuori e le vostre menti per mezzo di Cristo Gesù. 8 Infine, fratelli, ogni cosa che è fedele, ogni cosa che è onesta, ogni cosa che è giusta, ogni cosa che è pura, ogni cosa che è bella, ogni cosa che è di buona reputazione; se c'è qualche virtù, e se c'è qualche lode, pensate a queste cose. 9 Queste cose, che avete imparato, ricevuto, udito e visto in me, fatele; e il Dio della pace sarà con voi.

La comprensione di Dio è la chiave del successo.

Proverbi 4:5 Procuratevi la saggezza, procuratevi l'intelligenza; non dimenticatela, e non abbandonate le parole della mia bocca.

Conquisto anime; alcune sono una gioia. Quando arriva la prova, la situazione passa sopra la testa; le loro parole sono sempre positive e salutari per chi le ascolta. Nelle difficoltà, piangono ma dicono: "Lo do a Dio". E di certo il diavolo non può rovinare la situazione. Ho visto Dio districare la situazione. Ricordate che siete voi a costruire il vostro mondo. Imparate a scegliere il vocabolario giusto perché Dio intervenga. Impegnatevi nella parola e nella rivendicazione della situazione. Vedete cosa succede. Andrete di vittoria in vittoria, salendo sempre più in alto, e la vita avrà l'aroma del successo.

PREGHIAMO

Ti ringraziamo per la Parola di Dio. È la parola che dà la vita. Dà nutrimento al mio spirito e protegge la mia anima dal male. Signore, fa' che le mie parole siano giuste e gradite ai Tuoi occhi. Le mie parole fanno nascere prove di fiducia nel Tuo bel nome. Dio onnipotente, abbiamo bisogno che tu fornisca comprensione e saggezza attraverso la Tua Parola. Essa è vivificante e salutare per chi la ascolta – più di quanto desideriamo. La Parola di Dio deve illuminare il nostro cammino. Tu hai dato queste belle Parole da pronunciare con autorità e potenza nel nome di Gesù. Amen. Dio vi benedica!

13 MAGGIO

VOI SIETE MIA RESPONSABILITÀ SE...!

Il Signore può prendersi cura di noi solo se seguiamo la Sua voce. Se gli permettiamo di essere il nostro pastore e di essere le Sue pecore, non dovremo mai preoccuparci di pascoli, acqua e protezione. Egli conduce le pecore in luoghi sicuri. Tiene il predatore lontano dalle pecore. Che meraviglia! Le pecore possono proteggersi dal sole? No, fuggono da un predatore. Fuggono, non combattono. Quindi ricordate che siete al sicuro finché avete un pastore. Davide custodiva le sue pecore e combatteva contro gli orsi e i leoni. Il vero pastore, Gesù, combatterà e ci libererà dal predatore. Se glielo permettiamo, il Signore è il nostro creatore, padre e pastore.

Essendo nati di nuovo, siamo una Sua responsabilità. Egli vi ha anche dato un Pastore unico, solo per voi. Perciò, affidandovi a Dio, prendete la Sua guida per trovare un Pastore scelto appositamente per voi. Ci sono molti pastori, ma Dio ne designerà alcuni per il vostro viaggio.

Geremia 3:15 Vi darò dei pastori secondo il mio cuore, che vi nutriranno con conoscenza e intelligenza.

Un uomo aveva due figli e uno lasciò ogni beneficio, essendo figlio di un padre ricco. Il padre aveva servi, greggi, fattorie e ricchezze. Se ne andò, senza rendersi conto di quello che pensava fosse un inganno di Satana. Trovò rifiuto, fame e tutto il contrario di ciò che pensava. Decidere di allontanarsi da Lui è la fine di ogni beneficio e privilegio. Il figliol prodigo, in Luca 15, è la parabola di ciò che accade se si pensa di allontanarsi dal Signore.

Dio è il donatore se si rimane sotto le Sue regole e i Suoi regolamenti. Dio non è per i ribelli, i disobbedienti e coloro che infrangono l'alleanza. Il nostro salario è molto più di quanto possiamo immaginare se obbediamo ai Suoi comandamenti.

Dio diventa il nostro Elohim, cioè il forte Adonai, è il nostro padrone in assoluto. Il nostro El Bethel ha detto il Dio della Casa di Dio, El Elyon, il Dio più alto, diventa El Emunah, il Dio fedele; possiamo dire che è il nostro Elohei tehillati, la nostra lode, El Hakabodh, il nostro Dio di Gloria. Questo Dio potente si mostrerà agendo in ogni occasione e situazione che si presenta nella nostra vita.

Diventerà Elohim Chayim, il Dio vivente, El Hayyay, il Dio della nostra vita. Elohim Machase Lanu, Dio, nostro rifugio. Quando avete bisogno di forza e di fortezza, Lui diventa il vostro Elohei Ma'uzzi.

13 MAGGIO

Nelle difficoltà, diventa El Rai, il Dio che ci vede. Non importa dove vi troviate, nel deserto, in luoghi sconosciuti, nello spirito o nel fisico, Lui vi accompagnerà. Signore, diventare la tua roccia di salvezza significa El Sali. È El Shaddai, l'Onnipotente. Egli è la nostra salvezza, significa liberatore, guaritore e redentore Elohe Tishuathi.

Camminando nei suoi statuti e precetti, Egli diventa la nostra giustizia: Elohe Tsadeki. Non temete altri dei e dee, stregonerie o operazioni demoniache perché Dio è Elohei Haelòhim, il Dio degli dei. Egli userà la Sua spada per proteggere, poiché è Jehovah Cherubino. Dio combatterà tutte le nostre battaglie, Jehovah Gibbor Milchama, il Signore potente in battaglia. Il nostro Dio è Santo. È Kadosh. Dio è un Dio Spirito, Rauch Elohim; Dio è il nostro Ab, il nostro padre.

Geova è Malakh, il nostro Angelo. Ora è l'Emmanuele, Dio è con noi.

Ricordate che potremmo trovare una via facile fondando o seguendo una religione e tornare indietro come il figliol prodigo. È possibile sperimentare il Grande Dio al massimo livello.

La vostra mente sarà spazzata via dalla conoscenza della Sua potenza e del Suo potere. Egli agirà come richiesto nel momento del bisogno.
Il figliol prodigo è un esempio di scelta delle nostre numerose chiese e denominazioni.

C'è stato un tempo in cui anch'io Lo stavo cercando. Se vi siete persi, fate un giro come il figliol prodigo. Come una pecorella smarrita, le Sue braccia sono aperte per accogliervi.

Il Figliol Prodigo non ha trovato riposo per la sua anima, che ha vagato di luogo in luogo. Egli disse che non c'è altra via che il pentimento. Seguendo la via di Dio, troviamo tutta la verità che ci rende liberi.

Vi sfido a dire che non c'è niente di meglio della verità. La verità è qualcosa che sto cercando. Il diavolo nasconde, rimuove, brucia, aggiunge e sottrae alla realtà. Non funzionerà per i veri amanti. Il Signore è misericordioso nell'accoglierci se diciamo: "Perdonami, Signore, ho sbagliato".

Leggiamo.

Luca 15:14 Quando ebbe speso tutto, si scatenò una grande carestia in quel paese ed egli cominciò a essere nel bisogno. 15 Si unì a un cittadino di quel paese, che lo mandò nei suoi campi a nutrire i porci. 16 Avrebbe voluto riempirsi il ventre con le bucce che i porci mangiavano, ma nessuno gliene dava. 17 E quando tornò in sé, disse: "Quanti servi di mio padre hanno pane a sufficienza e in abbondanza, e io muoio di fame! 18 Mi alzerò, andrò da mio padre e gli dirò: "Padre, ho peccato contro il cielo e contro di te, 19 e non sono più degno di essere chiamato tuo figlio; rendimi come uno dei tuoi servi". 20 Egli si alzò e andò da suo padre. Ma quando era ancora lontano, suo padre lo vide, ne ebbe compassione, corse, gli cadde sul collo e lo baciò. 21 Il figlio gli disse: "Padre, ho peccato contro il cielo e davanti a te e non sono più degno di essere chiamato tuo figlio". 22 Ma il padre disse ai suoi servi: "Tirate fuori la veste migliore e rivestitelo; mettetegli un anello alla mano e dei calzari ai piedi; 23 portate qui il vitello grasso e uccidetelo; poi mangiamo e facciamo festa; 24 perché questo mio figlio era morto ed è tornato in vita; era perduto ed è stato ritrovato". E cominciarono a fare festa.

Dio dà la certezza della tranquillità. Dormite tranquilli; non potete prendervi cura di voi stessi. Vi ha coperti per tutta la vita. "Dio, io sono il tuo servo, occupati delle provviste, della protezione e di tutto il resto".

Isaia 46:4 Io sono lui e ti porterò fino alla tua vecchiaia, fino ai peli della barba: Ho fatto e porterò; ti porterò e ti libererò.

Che il Signore ci dia una mente sana e la conoscenza di Lui per capire. Ciò che abbiamo non è dovuto al nostro sforzo o alla nostra intelligenza. È grazie al nostro grande Dio. Una nazione prospera perché i suoi antenati hanno osservato la Legge e i comandamenti di Dio. Essi temevano e servivano il Dio vivente.

Salmo 33:12 Beata la nazione il cui Dio è il Signore e il popolo che egli ha scelto come sua eredità. 13 Il Signore guarda dal cielo, osserva tutti i figli degli uomini. 14 Dal luogo della sua dimora guarda tutti gli abitanti della terra. 15 Egli modella i loro cuori in modo uguale, considera tutte le loro opere. 16 Non c'è re che si salvi con la moltitudine di un esercito; un uomo potente non è liberato con molta forza. 17 Un cavallo è una cosa vana per la sicurezza; non libererà nessuno con la sua grande forza. 18 Ecco, l'occhio del Signore è su quelli che lo temono, su quelli che sperano nella sua misericordia; 19 per liberare la loro anima dalla morte e per mantenerli in vita nella carestia. 20 L'anima nostra aspetta il Signore: egli è il nostro aiuto e il nostro scudo.

Signore, ti prego, aiutaci a tornare agli statuti, ai comandamenti, alle leggi, ai precetti e metti l'amore nei nostri cuori.

Che il Signore ci dia il desiderio di cercarlo. Signore, dacci la forza di andare avanti fino alla fine. Le tenebre sono arrivate, ma il Signore sarà la nostra luce se lo seguiamo.

Qualsiasi nazione che si allontana da Dio può essere paragonata al figliol prodigo. Possiamo avere tutto e di più se solo rimaniamo sotto il Suo ombrello di Grazia e misericordia.

Il Signore ci mandi il Vero Pastore, il Profeta e i Maestri. Chi può dare la vita per le pecore? Che il Signore ci dia leader come Mosè, Giosuè e Davide. Il Suo sì è sì e il Suo no è no. Aprite la vostra Bibbia e scavate in profondità, cercate e vedete cosa succede. Egli è lì per guidarvi e prendersi cura di voi. Tornate, sarete al sicuro nella casa di vostro padre. Che il Signore vi benedica!

PREGHIAMO

Mio Signore, abbiamo bisogno di te finché non partiamo. Vogliamo essere le Tue pecore, vogliamo seguire il vero pastore. Liberaci da un mercenario. Che il Signore ci dia la sua Parola per impedirci di smarrirci. Là fuori c'è solo il male. La pace, la protezione e l'aiuto sono con te. Signore, gestiamo le nostre scelte. Ti preghiamo, dacci la saggezza per fare le scelte giuste. Signore, la Tua misericordia e la Tua grazia non si allontanino mai da noi. Pronuncio la benedizione di Dio su di voi e sulla vostra famiglia. Il Signore vi preservi da ogni apparenza di male e vi guidi fino all'incontro con Lui nel nome di Gesù. Amen! Dio vi benedica!

14 MAGGIO

QUAL È IL VOSTRO RUOLO NEL REGNO?

Anni fa, ho chiesto a Dio come mi usava nel Regno. E Lui mi disse: "Ti sto usando come guerriero della preghiera".

2 Pietro 1:10 Perciò, fratelli, datevi da fare per rendere sicura la vostra vocazione e la vostra elezione; perché se fate queste cose, non cadrete mai.

Mi piace pregare. Ogni volta che trovo un po' di tempo, prego. Al lavoro, mangio durante la pausa, che dura solo quindici minuti. Durante la pausa pranzo mi nascondo in qualche angolo e prego per trenta minuti. Dopo il lavoro, prego con i miei colleghi. Chiedo sempre a Dio di mandare una persona a pregare con me. La Bibbia dice che se due o più persone sono d'accordo su qualcosa è fatta. Quindi trovo sempre qualcuno che si unisca a me: è la mia vocazione e voglio farlo al meglio.

Matteo 18:19 Vi dico ancora che se due di voi si accorderanno sulla terra su qualsiasi cosa chiedano, sarà fatta per loro dal Padre mio che è nei cieli. 20 Perché dove due o tre sono riuniti nel mio nome, io sono in mezzo a loro.

Anche la mia collega ha digiunato e pregato con me. Dobbiamo rispondere alla nostra chiamata al meglio delle nostre possibilità. Abbiamo vinto molte battaglie pregando per riunirci. Molte preghiere sono già state esaudite.

La preghiera è un'arma essenziale contro il nemico, è il nascondiglio con il Signore! Prego mentre guido, sotto la doccia, in qualsiasi momento, sempre. Ora non lavoro, quindi mi sveglio per pregare alle 3.50 del mattino o anche prima. Ricevo chiamate o messaggi di richiesta di preghiera durante tutto il giorno e la notte.

Il legame con la preghiera ci tiene davanti al Suo trono. Che il Signore dia a ogni casa un altare di preghiera. Un uomo di Dio cerca sempre un luogo per pregare.

Re Davide pregava sempre. Amava stare alla presenza di Dio. Costruì il Tempio dove si pregava.
La vostra nazione avrà pace, protezione e prosperità se il vostro leader prega. Nessun luogo al mondo è migliore della presenza di Dio. Salomone costruì un magnifico Tempio e disse: "Signore, rispondi alla nostra preghiera quando qualcuno prega in questo luogo". La nazione ha bisogno di torri e luoghi di preghiera, non di chiese senza di essa.

Dio chiamò Mosè per riscattare gli ebrei dalla schiavitù. È un lavoro di poco conto? Un compito che solo Dio sa chi può svolgere. Non provate a fare il lavoro di qualcun altro se Dio non vi ha chiamato per questo. E non date consigli, visto che Dio è il regista.

Esodo 4:10 Mosè disse al Signore: "O mio Signore, io non sono eloquente, né prima né da quando hai parlato al tuo servo; ma sono lento di parola e di lingua. 11 Il Signore gli disse: "Chi ha fatto la bocca dell'uomo? O chi fa il muto, o il sordo, o il vedente, o il cieco?" Non sono forse io il Signore? 12 Perciò va' e io sarò con la tua bocca e ti insegnerò ciò che devi dire".

Dio non chiama persone qualificate, ma qualifica chi chiama. Anche in Egitto il Signore ha compiuto molti segni e prodigi attraverso Mosè. Quando Dio chiama, basta dire di sì, Signore. È Lui che fa tutto; voi siete un vaso arrendevole nelle Sue mani.

Molte volte mi chiede di andare in luoghi per pregare o consigliare le persone. Mentre vado, vedo miracoli, guarigioni e liberazioni.

Geremia 1:5 Prima di formarti nel ventre ti ho conosciuto e prima che tu uscissi dal grembo materno ti ho santificato e ti ho ordinato come profeta per le nazioni.

Molti non conoscono il loro ruolo nel Regno. Dio sceglie il vostro compito, ma anche voi dovete capire il vostro ruolo nel suo Regno. Se una persona non lo conosce, vagherà come una nave senza marinaio. Se una persona conosce il suo ruolo, deve aggrapparsi a Dio. Egli vi posizionerà. Non c'è un ruolo grande o piccolo, ma giocando il ruolo con diligenza si stabilisce lo scopo di Dio.

1 Corinzi 1:26 Vedete infatti, fratelli, la vostra vocazione: non sono stati chiamati molti sapienti secondo la carne, né molti potenti, né molti nobili; 27 ma Dio ha scelto le cose stolte del mondo per confondere i sapienti; e Dio ha scelto le cose deboli del mondo per confondere le cose potenti; 28 e le cose basse del mondo, e le cose disprezzate, ha scelto Dio, sì, e le cose che non sono, per far fallire le cose che sono: 29 affinché nessuna carne si glori della sua presenza.

Se siamo chiamati come manager, supervisori, insegnanti, medici o altro, facciamo del nostro meglio. In caso contrario, c'è la possibilità di perdere il posto. Molti lavorano per soldi e si dedicano al 100% al lavoro secolare, ma trattano la creazione di Dio come secondaria. Lo fanno se ne hanno voglia o se hanno tempo. Io voglio fare l'opera di Dio al meglio delle mie capacità. Dobbiamo essere fedeli alla nostra chiamata.

Filippesi 3:14 Io insisto per raggiungere la meta, per il premio dell'alta vocazione di Dio in Cristo Gesù.

Quando Dio vi chiama, vi accompagnerà per tutto il cammino. Non vi manderà sul campo per poi scomparire. Il suo scopo sulla terra può essere realizzato solo se trova gli operatori per l'alta chiamata di Dio.

Tessalonicesi 5:24 Fedele è colui che vi ha chiamati e che lo farà anche.

Dio ci ha chiamati a lavorare per il Suo scopo e non per il nostro. Dobbiamo ricevere la Sua guida e

14 MAGGIO

le Sue istruzioni per portare avanti il Suo progetto per realizzare il Suo piano del regno. Ricevere le Sue disposizioni, le Sue protezioni e i Suoi extra unici.

Timoteo 1:9 Il quale ci ha salvati e ci ha chiamati con una vocazione santa, non secondo le nostre opere, ma secondo il suo proposito e la sua grazia, che ci è stata data in Cristo Gesù prima dell'inizio del mondo.

Lui ha detto di aggiungere e sottrarre, non di fare. Il nostro problema principale è che aggiungiamo e togliamo dal Suo piano. Non vediamo altro risultato che malattie, maledizioni e schiavitù. Conosciamo la confusione, lo scoraggiamento e la rovina del bellissimo sogno di Dio.
Dio ha detto di andare:

Marco 16:15 Poi disse loro: "Andate in tutto il mondo e predicate il Vangelo a ogni creatura."

Dobbiamo andare a predicare il Vangelo. "Non è per me", questa è la scusa che diamo. Diciamo sempre: "Sì, vado in chiesa". Ascoltate ciò che Dio ha detto, andate e predicate il Vangelo. È il mio e il vostro lavoro. Devo pregare e predicare il Vangelo, la buona notizia della guarigione, della liberazione e della salvezza.

Colui che ci chiama è fedele; andrà con noi. Gesù ha detto di predicare il Vangelo, di scacciare il demonio e di guarire i malati. Se credono in Gesù, allora battezzateli nel nome di Gesù. Dio ci ha chiamati a svolgere questa alta vocazione di Dio. Io e voi ci uniamo alla chiesa e seguiamo il suo piano e la sua agenda, ma questo non è il piano di Dio. Dio è venuto a liberare i prigionieri, a guarire i malati, a spezzare le catene e ad aggiogare Satana. Gesù ha dato potere su serpenti, scorpioni e cibo avvelenato. Dobbiamo rispondere alla nostra chiamata. Dobbiamo predicare il Vangelo se andiamo al lavoro, al mercato o in qualsiasi altro luogo. Il Signore si comporterà in modo soprannaturale. Ha chiamato molte persone.

A Gesù piace chi ascolta e chi agisce.

Marco 16:20 Poi partirono e predicarono dappertutto, mentre il Signore operava con loro e confermava la parola con segni successivi. Amen.

Un pomeriggio, una signora e io andammo in viale Pioneer in California. Andammo di negozio in negozio e predicammo il Vangelo. Visitammo l'ultimo negozio e chiedemmo alla coppia se avevano bisogno di preghiera. Una coppia era triste e disse: "Per favore, pregate per noi, abbiamo perso un figlio piccolo".

Mentre pregavamo su di loro, lo Spirito Santo ha toccato la coppia. Vedete, Gesù è venuto a guarire il cuore spezzato. Molti fanno il male. Perché? Il loro cuore è spezzato. Solo Gesù guarisce il cuore spezzato. Il Suo Spirito Santo conforta il cuore; guarisce le ferite profonde.

Gesù vuole che qualcuno faccia ciò che gli viene chiesto. Non aggiungere. Quante chiese ci sono? Non succede nulla? Hanno sostituito il piano di Dio con il loro. Noi falliamo sempre con Dio. Sono gli uomini a fallire con Dio, non Dio con noi. Dio è fedele.

Rispondete alla chiamata di Dio. Abbiamo molte chiese; alcune sono affollate, ma sono seguaci dell'organizzazione, non di Dio. Egli può far progredire il Suo Regno se trova un servitore fedele. Svolgete il vostro ruolo con sincerità.

Matteo 25:21 Il suo Signore gli disse: "Ben fatto, servo buono e fedele; sei stato fedele su poche cose, ti costituirò capo di molte cose; entra nella gioia del tuo Signore".

PREGHIAMO

Signore, ti siamo grati per averci chiamati a lavorare nel Tuo Regno. Desideriamo essere fedeli. Signore, molti sono chiamati, ma pochi sono scelti. Noi vogliamo chiamare l'eletto. Signore, è l'alta vocazione di Dio. Non ci lascerai sul campo, ma lavorerai con noi per liberarci da ogni preoccupazione e paura. Abbiamo molte domande, ma diciamo: "Sì, Signore, il tuo cuore di servo". Parla, Signore. Il Signore benedice migliaia di generazioni che lavorano per Lui. Desideriamo che le benedizioni scorrano nella nostra famiglia. Che nella nostra vita entrino benefici illimitati, in modo da trovare il favore. Vogliamo sempre avere oltre le Sue abbondanti benedizioni, nel nome di Gesù. Amen! Dio vi benedica!

15 MAGGIO

MORIRE A SE STESSI PER FAR VIVERE CRISTO!

Per avere più grano, il grano deve morire nella terra. Perché tu possa vivere, la tua carne deve morire. La morte della carne è per far vivere l'anima. La vita e la morte dell'anima dipendono dalle scelte della carne e dello spirito, la carne va dove cavalca Satana e lo spirito dove cavalca Dio.

Romani 6:8 Ora, se siamo morti con Cristo, crediamo che vivremo anche con lui.

Cristo ha superato ogni prova carnale in cui Eva e Adamo hanno fallito. Bisogna morire alla concupiscenza degli occhi e della carne e all'orgoglio della vita. Dobbiamo essere crocifissi con il Signore per vivere in eterno. Dio disse ad Adamo che sarebbe morto il giorno in cui avesse mangiato il frutto, cioè la morte eterna di un'anima immortale nel lago di fuoco.

È successa la stessa cosa; ora, dobbiamo superare ciò che Adamo ed Eva non hanno potuto fare. Gesù ha fornito tutto l'aiuto per vincere la carne, cioè lo spirito di pentimento. Quest'ultimo è la presa di coscienza del peccato e la determinazione a fare un'inversione di marcia verso la croce. Che privilegio avere l'eccesso del sangue di Gesù per cancellare ogni peccato e morte della carne nella vasca battesimale nel nome di Gesù.

Se non sapete cosa succede quando vi battezzate nel nome di Gesù, studiate il libro degli Atti e battezzate nel nome di Gesù per ricevere la remissione dei vostri peccati. È la meravigliosa esperienza di risorgere in novità di vita. Seppelliscono l'uomo anziano quando si entra in acqua nel nome di Gesù.

Non cambiate nulla della Parola di Dio. Non aggiungete né sottraete. Prendetela sul serio perché lo stesso Dio che ha detto ad Adamo ed Eva vi dice oggi che morirete se disobbedite. Quindi morite alla carne, seppellendo i vecchi peccatori di voi stessi, e Dio risusciterà una persona nuova. Egli darà il suo Spirito per aiutarvi nel cammino della vostra vita fino alla fine.

Muoio nella carne, crocifiggo il mio io con Gesù e vivo in eterno lasciando che lo Spirito di Dio mi guidi.

Romani 6:6 sapendo che il nostro vecchio uomo è stato crocifisso con lui, affinché il corpo del peccato fosse distrutto, per non servire più al peccato. 7 Infatti chi è morto è liberato dal peccato.

Il cristianesimo è il prodotto acquistato della creazione di Dio.

Egli ha riacquistato ciò che avevano perso nel Giardino dell'Eden. Il Signore ha sempre il piano migliore, ma ha anche bisogno che si segua la procedura. Sappiamo che Dio dice la verità, ma Satana dice le bugie. Se tenete la parola di Dio, che è la voce di Dio, nel vostro cuore come direzione per la vita, raggiungerete la vostra destinazione. Ma se vivete secondo la carne e siete diretti o mal guidati dal nemico, finirete per sempre all'inferno, come Adamo ed Eva. Non rovinate questo Piano del Nuovo Testamento riacquistato dal Sangue di Dio. Lo Spirito Dio si è manifestato nella carne per versare il sangue per noi.

Una volta salvati, sempre salvati, la fede semplice è il logo del diavolo. Non è la verità della Bibbia. La Bibbia dice di continuare. Il diavolo dirà: sei salvato, quindi fai quello che vuoi. Vedete, il diavolo sta ancora fuorviando molti verso l'inferno e non produce effetti sulla croce. Il diavolo ha molte religioni per fuorviare la creazione di Dio.

Giovanni 8:31 Allora Gesù disse a quei Giudei che avevano creduto in lui: "Se perseverate nella mia parola, siete davvero miei discepoli; 32 conoscerete la verità e la verità vi farà liberi".

Vedete, dovete continuare a perseguire la verità dalla Parola di Dio. Essa continuerà ad aiutarvi a crocifiggere la carne per tenervi vicini a Cristo.

Non c'è nulla di buono nella nostra carne. Satana contamina la carne con la trasgressione della disobbedienza. Il peccato è entrato nella carne, che prima non c'era. Adamo ed Eva non sapevano distinguere il bene dal male. Una volta permesso, questo cancro della corruzione deve continuare a estirparsi dall'interno. Continuate a uccidere la carne ogni giorno.

Romani 7:18 So infatti che in me (cioè nella mia carne) non abita alcun bene; perché il volere è presente in me, ma il modo di compiere ciò che è buono non lo trovo. 19 Infatti il bene che vorrei non lo faccio; ma il male che non vorrei, lo faccio. 20 Ora, se faccio ciò che non vorrei, non sono più io a farlo, ma è il peccato che abita in me.

Ricordate che si tratta di un processo, poiché tutti abbiamo peccato. Il peccato entra dall'inizio. Quindi continuate a crocifiggere ciò che il diavolo cerca di fare per farvi cadere. Troverete molti nuovi espedienti di Satana per danneggiarvi, ma superateli ogni giorno rinnegando, morendo e crocifiggendo l'io con il suo desiderio.

Galati 2:20 Io sono stato crocifisso con Cristo; tuttavia vivo; non io, ma Cristo vive in me; e la vita che ora vivo nella carne la vivo per la fede del Figlio di Dio, che mi ha amato e ha dato se stesso per me.

Una volta che vi siete staccati dal mondo e dalle sue brame, sostituendovi con uno stile di vita santo, siete sulla strada della vittoria.

Romani 8:12 Perciò, fratelli, non siete debitori della carne per vivere secondo la carne. 13 Perché se vivete secondo la carne, morirete; ma se, mediante lo spirito, mortificate le opere del corpo, vivrete.

15 MAGGIO

Molte chiese non insegneranno mai nulla sul peccato, ma la Bibbia ci parla ripetutamente per ricordarcelo. Il problema è il peccato e la risposta è Gesù, non le chiese. Il vostro corpo è la chiesa. Se Adamo ed Eva avessero conservato la parola nel loro cuore, allora sarebbe stata una storia diversa. Ebbene, anche voi dovete conservare la Parola di Dio nel vostro cuore. Conservate la parola conoscendo le cose da fare e quelle da non fare. State lontani dagli avvertimenti e dalle avvertenze che Dio ha dato nella Bibbia.

Quando si muore nella carne, bisogna vivere nello spirito. Non lo si ottiene automaticamente, ma è necessario l'aiuto dello Spirito di Dio che vi guidi a vivere nel modo giusto. Avete bisogno di veri insegnanti e profeti che vi aiutino.

Davide è caduto nel peccato. Deve morire, cioè la morte eterna all'inferno.

Vedete, una volta che si muore alla carne, che ha tutti i peccati, allora si può vivere.

2 Samuele 12:13 Davide disse a Natan: "Ho peccato contro l'Eterno". E Natan disse a Davide: "L'Eterno ha cancellato anche il tuo peccato; non morirai".

Vedete, ascoltare il Profeta dà prosperità. Abbiamo il Profeta oggi? Il Profeta indicherà gli errori, gli insuccessi e si potrà ottenere il perdono se ci si pente. I peccatori non possono andare in paradiso, punto.

Che cosa causa la morte eterna che deve morire? Tutto il peccato che si nasconde nella carne deve essere mortificato, ucciso, sradicato e distrutto. Che il Signore ci dia la forza di uccidere il desiderio, la lussuria e l'orgoglio, che causano la morte eterna. Che il Signore ci conceda il Suo Spirito per vivere in eterno. Lo Spirito di Dio è il dono più grande che esista per guidare, condurre, insegnare, potenziare e parlare al nemico. Il nemico può avere una bella confezione per sedurre, ma lo Spirito Santo rivelerà il travestimento. Un cacciatore della mia anima, nemico della croce e odiatore della luce! Un bugiardo e un ingannatore che sanno distruggermi tentando la mia carne. Non guardo le vetrine.

Vedo molti blocchi; i suicidi uccidono e muoiono senza Gesù. Avevano bisogno di morire nella carne per vivere. Dobbiamo distruggere e rinnegare il diavolo che parla attraverso la Parola di Dio, distorcendola, compromettendola, aggiungendo, sottraendo e rimuovendo la parola vivificante e uccidendoci all'inferno. Ma o Signore, insegna, guida e parla, così moriremo nella carne e uccideremo il desiderio che Gesù viva in noi.

Quando non sentite Dio, verificate dove si trova il peccato dentro di voi.

Che il Signore vi benedica con una mente e una comprensione sane per conoscere la via d'uscita dalla pena di morte eterna dell'inferno. È Dio che vi ama, per questo ha dato il comandamento. Eva e Adamo lo ritennero doloroso e si persero.

1 Giovanni 5:3 Perché questo è l'amore di Dio: osservare i suoi comandamenti; e i suoi comandamenti non sono penosi.

Che il nostro pensiero sia come quello di Giovanni Battista:

Giovanni 3:30 Lui deve aumentare, ma io devo diminuire.

Luca 9:23 E disse a tutti: "Se qualcuno vuol venire dietro a me, rinneghi se stesso, prenda la sua croce ogni giorno e mi segua. 24 Perché chi vorrà salvare la propria vita, la perderà; ma chi perderà la propria vita per causa mia, la salverà".

PREGHIAMO

Signore, dobbiamo morire pentendoci di ogni peccato e seppellendoci nell'acqua. Ti ringraziamo per la croce, che è il superamento della nostra carne. Sappiamo che in essa non c'è nulla di buono; anche il processo di invecchiamento ci parla. Lasciamoci morire e lasciamo che il Signore viva in noi. Desideriamo che questo mondo veda il Signore se veniamo meno a noi stessi e al Suo desiderio. Vogliamo regnare con te per sempre. Vogliamo vivere con te per sempre. Ti ringraziamo per il Tuo sangue prezioso che parla per noi. È meglio del sangue di Abele che grida dalla terra. Che il Signore ci aiuti a morire alla nostra carne ogni giorno, affinché il nostro Signore viva attraverso di noi e in noi. Nel nome di Gesù. Amen! Dio vi benedica!

16 MAGGIO

PERCHÉ NON USATE IL TESORO?

Sapete come ritirare il tesoro? Non basta convertirsi al cristianesimo. Una volta diventati cristiani, dovete sapere che sono disponibili molte grandi benedizioni. Qualcuno deve insegnare, in modo che possiate imparare. Gesù ha insegnato ai discepoli. Paolo, Pietro e gli altri apostoli insegnarono ai Galati, ai Corinzi, agli Efesini e nelle città della Grecia e dell'Asia. Non limitatevi a portare le persone in chiesa; guidate, consigliate e pregate con loro. Sapete di essere la Chiesa? Teneteli sotto le vostre ali mentre li insegnate e li formate. È un lavoro; mi piace.

Quando si mettono al mondo dei figli, non bisogna abbandonarli, ma prendersene cura. Li nutrite, li pulite e li aiutate finché non maturano. Allo stesso modo, una volta portata una persona al Signore, iniziate a insegnare loro come fate con il vostro bambino.

Quando ho scoperto la verità, ho iniziato a leggere e studiare la Bibbia ogni giorno. Quando ho ascoltato la testimonianza delle persone, l'ho rivendicata per me. Ho chiesto a Dio di fare lo stesso per me.

Dobbiamo obbedire alle condizioni di Dio. Se lo facciamo, apriamo il tesoro.

Oggi insegno a molti, affinché comprendano l'estensione e l'ampliamento dei loro territori. Ricevete il tesoro nascosto che esiste se obbedite alle Scritture di Dio.

Molti vedono altri essere benedetti e si chiedono perché io non lo sia. Potete farlo anche voi, se imparate come farlo. Che il Signore ci dia molti veri insegnanti e profeti. La conoscenza è la chiave.

Efesini 4:11 Ad alcuni ha dato degli apostoli, ad altri dei profeti, ad altri degli evangelisti, ad altri ancora dei pastori e dei maestri, 12 per il perfezionamento dei santi, per l'opera del ministero, per l'edificazione del corpo di Cristo: 14 affinché non siamo più bambini, sballottati da una parte e dall'altra e portati da ogni vento di dottrina, per mezzo delle astuzie degli uomini e della furbizia con cui stanno in agguato per ingannare.

Dobbiamo pregare e insegnare ogni giorno. Pensate ai media: potete raggiungere il mondo attraverso il vostro insegnamento e la vostra predicazione. Potete persino scacciare il demonio al telefono o guarire i malati.

Vedere le antiche chiese.

Atti 2:42 E continuarono con costanza nella dottrina degli apostoli e nella comunione, nella frazione del pane e nelle preghiere.

Gesù lavorava ogni giorno, i discepoli lavoravano ogni giorno e così facciamo anche noi. Molte volte, i cristiani ignoranti sono la cattiva immagine. È per questo che la gente si interroga, commenta, e si allontana dal Dio vivente. La vostra casa dovrebbe essere il secolo, incontrare le persone e insegnare. Il cortile dovrebbe avere un battistero per lavare il peccato di chi si pente e crede. Lavorando come Gesù, potrete avere un tesoro.

Studiamo e insegniamo la Parola ai nostri figli. Non dobbiamo preoccuparci della loro istruzione. Il nostro sistema ha rubato a Dio il nostro denaro, la nostra attenzione, il nostro tempo e i nostri figli. Dobbiamo insegnare loro a pregare, a scacciare il demonio, a ricevere benedizioni e a ritirare i tesori del cielo. Dobbiamo imparare attraverso la via di Dio. Può venire da noi.

Matteo 6, 33 Cercate prima il regno di Dio e la sua giustizia, e tutte queste cose vi saranno aggiunte. Non solo, possiamo essere ricchi in cielo.

Matteo 6:20 Ma accumulate per voi tesori in cielo, dove né tignola né ruggine si corrompono e dove i ladri non scassinano e non rubano.

Ho imparato a dare fin dall'inizio. Dare a Dio è stata la parte migliore della vita. Ho visto Dio aprire la porta. Dare all'operaio di Dio, alla vedova, all'orfano, al povero e all'affamato è la chiave per finanziare la protezione dai divoratori e la benedizione.

Dare nei posti giusti porta benedizioni. Ogni promessa nella Parola è la corda per tirare le vostre benedizioni sulla terra. La manifestazione della promessa dipende da voi. È necessario usare la chiave della Parola. Altrimenti, state solo perdendo tempo e vivendo nell'oscurità! Non accontentatevi di poco.

Deuteronomio 28:11 Il Signore ti renderà ricco di beni, del frutto del tuo corpo, del frutto del tuo bestiame e del frutto del tuo suolo, nel paese che il Signore ha giurato ai tuoi padri di darti 12 Il Signore ti aprirà il suo buon tesoro, il cielo, per dare al tuo paese la pioggia nella sua stagione e per benedire tutto il lavoro della tua mano; e tu presterai a molte nazioni e non prenderai a prestito. 13 Il Signore farà di te il capo e non la coda, sarai in alto e non sarai in basso, se ascolterai i comandamenti del Signore tuo Dio, che oggi ti ordino, e li osserverai e li metterai in pratica. 14 E non ti allontanerai da nessuna delle parole che oggi ti ordino, né a destra né a sinistra, per andare dietro ad altri dèi e servirli.

Vedo cristiani che vivono in povertà, malati, legati e distrutti. Qualcuno non ha insegnato la verità. Cercate giorno e notte dove e cosa vi manca, cosa non fate e dove la benedizione viene rubata, uccisa o distrutta.

La risposta è proprio qui:

Deuteronomio 28:1 Se ascolterai diligentemente la voce dell'Eterno, il tuo Dio, per osservare e mettere in pratica tutti i suoi comandamenti che oggi ti comando, l'Eterno, il tuo Dio, ti porrà in alto, al di sopra di tutte le nazioni della terra. 2 Tutte queste benedizioni verranno su di te e ti sovrasteranno, se ascolterai la voce dell'Eterno, il tuo Dio.

Posso ereditare questo se ho veri insegnanti e profeti che interpretano la Parola di Dio così com'è. Riuscite a immaginare dove può essere oggi la vostra nazione?

Se ci concentriamo sulla Parola di Dio e la seguiamo. Tutti questi rischi aggiuntivi possono scomparire. La nostra casa non ha bisogno di sistemi di sicurezza, di prigioni, di carte di credito o di debiti. Non abbiamo bisogno di prestiti e di lavorare come schiavi del diavolo. Ci hanno disconnesso da Dio e non lo sanno.

Luca 22:35 E disse loro: "Quando vi ho mandati senza borsa, senza denaro e senza scarpe, vi mancava qualcosa? Ed essi non risposero nulla."

I nostri bisogni possono essere soddisfatti se usciamo e predichiamo la Parola. Fate attenzione ai falsi insegnanti e ai profeti se cercate un tesoro. Quando sono stata chiamata a lavorare per Dio, Egli ha promesso di prendersi cura di me. Sono così felice; sono stata senza lavoro negli ultimi ventitré anni e più. Dio si è preso cura di me. Non devo mai preoccuparmi del domani. Che il Signore vi dia una rivelazione su come ritirare il Suo tesoro. Ci sono molti modi.

Fateci vedere quando aiutate i poveri:

Proverbi 19:17 Chi ha pietà del povero presta all'Eterno; e quello che gli ha dato glielo restituirà.

Osservate il modo in cui date.

Luca 6:38 Date, e io vi darò; una buona misura, pigiata, scossa e colma, vi sarà data in seno. Con la stessa misura con cui avete misurato, vi sarà misurato di nuovo.

Amici, potete essere ricchi, traboccanti e benedetti. La benedizione della vostra nazione dipende da voi come individui, e l'intero Paese sarà ricco. Decidetevi, non perdetevi nell'adorazione di idoli muti e sordi. Sono milioni di spiriti maligni.

Non fanno nulla di buono per coloro che li adorano. Gli adoratori di idoli vagano da un luogo all'altro per una vita migliore. Osservate la loro nazione. Quanto sono poveri? Quindi aprite la vostra Bibbia, cercate e obbedite alle leggi e ai comandamenti della Bibbia per ottenere benedizioni nel nome di Gesù. Amen!

PREGHIAMO

Nostro grande e prezioso Unico vero Dio, possessore del cielo e della terra, che benedici le migliaia di generazioni che ti amano e ti obbediscono. Ti abbiamo chiesto di benedirci con la comprensione divina e un cuore obbediente per ricevere il Tuo tesoro in terra e in cielo. questo tesoro è meglio che stancarci lavorando sulla terra. Aiutaci a insegnare ai nostri figli le leggi e i comandamenti divini, in modo da vivere come una generazione ricca, sana e benestante. Che Dio ci dia il cuore di confidare, credere e obbedire ai suoi comandamenti. Signore, grazie per averci caricato ogni giorno di benefici.

Che il Signore ci dia tutti i tesori del cielo, affinché il Suo nome sia benedetto e magnificato in questo mondo, nel nome di Gesù. Amen! Dio vi benedica!

17 MAGGIO

CONOSCERE DIO, ESSERE FORTI E COMPIERE IMPRESE!

Satana conosceva Dio ed è stato alla sua presenza per milioni o trilioni di anni. Ha avuto un eccesso di movimenti per entrare e uscire dalla presenza di Dio. Quindi conosce la Sua potenza e il Suo potere. Ma noi abbiamo perso la connessione cadendo nella trasgressione del peccato chiamata disobbedienza.

Ora conosciamo Dio solo obbedendo alla Sua Parola.

Dio appare alle persone in sogno, parla in modo udibile o viene introdotto dai Suoi ministri chiamati Angeli. Dio si presenta in una visione o in un piano. Comprendete che, molto tempo fa, non esisteva una parola scritta di Dio.

Genesi 15:1 Dopo queste cose, la parola del Signore venne ad Abram in visione, dicendo: "Non temere, Abram; io sono il tuo scudo e la tua grandissima ricompensa".

Dio parla all'uomo e alla donna giusti. Ordina istruzioni e procede con esse.

Genesi 20:3 "Ma Dio venne in sogno ad Abimelech di notte e gli disse: "Ecco, tu non sei che un uomo morto, per la donna che hai preso, perché è moglie di un uomo".

Dio sviluppa relazioni con noi attraverso la Sua Parola, i profeti e i sacerdoti ordinati. Ora li chiamiamo pastori, evangelisti, profeti, apostoli e insegnanti. Abbiamo il privilegio di avere il Suo Spirito che ci insegna, ci parla, ci guida e ci conduce a tutta la verità. Tutta la disponibilità significa che si può usare. Possiamo avvicinarci facilmente al nostro Dio celeste sapendo come fare.

Stiamo vivendo un'epoca bellissima. Se ci prendiamo il tempo di seguire le istruzioni della guida di Dio, possiamo camminare e parlare di nuovo con Lui. Dobbiamo sviluppare un rapporto pregando e conoscendoLo attraverso la Torah e la Bibbia.

La Bibbia è il libro di Dio per noi. Abbiamo perso la strada corretta a causa di Satana che ci ha fuorviati. Egli continua a rubare, uccidere e distruggere con la vecchia tattica della menzogna e dell'inganno.

Daniele era una persona schiava a Babilonia. Conosceva il suo Dio. Conoscere Dio nella sua forza e potenza è molto importante. Dio è il custode dell'alleanza se adempiamo alle nostre condizioni. Il nostro Dio Geova è un padre supremo ed eterno, alfa e omega, principio e fine, primo e ultimo. Ora è un guaritore, guaritore del cuore spezzato e liberatore. Dio ha detto che nulla è impossibile e che tutto è possibile.

Quando lo saprete, non avrete paura di morire nella tana del leone. Quando conoscerete Dio, il diavolo scapperà da voi.

Durante la preghiera del mattino presto, il Signore mi ha chiesto di pregare sul pastore della chiesa. Ho pregato su di lui, senza sapere che aveva il cancro. Ha sprigionato la potenza di 500 watt dalla mia mano e ha distrutto il demone del cancro. Molti sono usciti dal letto di morte quando ho pregato in una stanza di terapia intensiva. Sapevo che il diavolo era lì per uccidere e distruggere. Ho pregato su una signora al telefono in terapia intensiva. È rimasta lì per giorni ed è uscita il giorno stesso. Sapevo che il diavolo la teneva in pugno. Non riusciva a respirare. Ha detto che stava parlando con gli angeli caduti in terapia intensiva. La conoscenza è la chiave per fare opere grandi e potenti.

Una persona media, un frequentatore di chiese, ha difficoltà a credere alla Sua potenza e al Suo potere. Una persona media continuerebbe a prendere medicine, fare operazioni e aiuti mediatici satanici. Tutto questo vi rovinerà se avete la verità. La conoscenza di Dio parlerà, e così sia. Trasmettete la parola come: "Ho appena toccato la veste; lasciate che la vostra ombra mi passi davanti".

I falsi profeti e gli insegnanti ci rubano le chiavi della conoscenza. È mio compito riportarle a ciò che mi appartiene. La Bibbia è il mio manuale di vita, un tesoro nascosto per compiere imprese. Se conosco Dio, posso essere forte.

Daniele 11:32 Quelli che fanno malvagità contro il patto li corromperà con le lusinghe; ma il popolo che conosce il suo Dio sarà forte e compirà imprese.

Paolo andava in giro a uccidere la gente di Dio in modo ignorante. Quando ricevette la conoscenza di Gesù, divenne forte e sfruttato.

Ascoltate Paolo:

Filippesi 3:8: Sì, senza dubbio, e considero ogni cosa una perdita per l'eccellenza della conoscenza di Cristo Gesù, mio Signore; per il quale ho sofferto la perdita di tutte le cose e le considero sterco, al fine di conquistare Cristo, 10 per conoscere lui, la potenza della sua risurrezione e la comunione delle sue sofferenze, essendo reso conforme alla sua morte.

Tutta la conoscenza di questo mondo è inimicizia. Più sapete, più ostacolerete la tua fede in Dio. Vi state impigliando in un groviglio di confusione. Una volta conosciuto Dio, il terreno di Satana è finito.

Dio ha bisogno di una relazione con un uomo che riponga in Lui la propria fiducia. Non c'è nulla di simile. Vedrete un potente movimento nel regno celeste. Il ladro, l'assassino e il distruttore dei secoli dovranno muoversi. Che il Signore generi molti Paolo, Pietro e Giovanni in questi giorni! Abbiamo bisogno di qualcuno che osi dire "così sia".

Maria era senza paura, conoscendo Dio:

Luca 1:38 Maria disse: "Ecco la serva del Signore; avvenga per me secondo la tua parola". E l'angelo si allontanò da lei.
Rompete la paura della cultura, della morte, della società e del rifiuto. Conosciamo la potenza del leone, del fuoco, dell'acqua, delle altezze e di tutti i danni naturali, ma una volta conosciuta, la potenza di Dio vi renderà senza paura.

La conoscenza di Dio non vi farà desistere. Daniele pregò per ventuno giorni e Mosè rimase sul monte per quaranta giorni. Hanno aspettato finché non hanno ricevuto ciò che cercavano. Molti pregheranno e, dopo pochi giorni, smetteranno e si scoraggeranno. La vostra risposta è in arrivo quando pregate. Dio cerca persone che abbiano perseveranza.

Cosa è successo oggi? Troviamo lo stregone o un altro medium. Smettiamo di servire Dio non appena otteniamo una piccola promozione o un piccolo favore. Ricordiamo che siamo stranieri e pellegrini. Siamo cercatori della città in cui possiamo avere la Sua residenza eterna. Dobbiamo aggrapparci a Dio, che è lo stesso da sempre. Egli non mentirà. Non risparmia le persone. Che il Signore ci dia persone come Davide, che conosceva il suo Dio.

2 Samuele 18:3b ora tu vali diecimila di noi; perciò ora è meglio che tu ci assista fuori dalla città.

Daniele conosceva il suo Dio, che era il rivelatore di segreti.

Daniele 2:23 Ti ringrazio e ti lodo, o Dio dei miei padri, che mi hai dato saggezza e forza e mi hai fatto conoscere ora ciò che desideravamo da te; perché ora ci hai fatto conoscere la questione del re.

Signore, aiutaci a essere come uno degli uomini e delle donne fedeli di Dio. Il mio cuore desidera trovare Dio in ogni situazione che affronto. Al lavoro, persino chi mi odiava veniva a chiedermi di pregare. Sapevano che li avrei aiutati. Ho sempre pregato e Dio ha risposto. Che il Signore dia la Sua compassione per gli altri. Ho conquistato l'anima pregando e digiunando.

Una signora stava facendo Wudu Budu e stregoneria. Dio le ha mostrato una visione nella mia camera da letto. Lo Spirito Santo mi ha aiutata a pregare. Lei e sua figlia si comportavano come un angelo. Ma nella notte Dio ha rivelato il vero. Il mondo invisibile degli spiriti gestisce il mondo fisico. Molti vanno in giro a lamentarsi che sono bloccati e stagnanti.

Se conoscete il vostro Dio, sarete forti. Conoscete Dio in ginocchio pregando, digiunando, leggendo la Parola e obbedendo. C'è un modo per scacciare il diavolo. Possiamo presentare il diavolo alle persone come impotente, perdente e bugiardo. Ci vuole determinazione per conoscere il proprio Dio. Che il Signore ci dia questo desiderio di conoscerLo nella Sua potenza e nel Suo potere nel nome di Gesù.

PREGHIAMO

Signore, veniamo davanti a te per conoscerti. Signore, donaci la determinazione di trovare il Dio del Nuovo Testamento che ha detto che possiamo fare di più. Insegnaci a fare opere più meravigliose di quelle che hai fatto tu. Oh Dio, tu dipendi da noi per mostrare l'autorità e il potere che ci hai dato. Aiutaci a fare ciò che è necessario. Abbiamo bisogno di venire da te. Lascia che il Tuo Spirito sia il nostro maestro. Richiede una totale sottomissione e obbedienza; ci arrendiamo a te, Signore. Fa' in modo che la nostra vita si svolga a modo Tuo, nel nome di Gesù. Amen! Dio vi benedica!

18 MAGGIO

DIO GESTISCE LA TERRA CON ASPETTATIVE!

Dio crea e gestisce la Terra a una condizione. Dio ha fatto la Terra bella con tutte le disposizioni per sostenere la Sua creazione.

Salmi 115:16 Il cielo, i cieli, sono dell'Eterno, ma la terra l'ha data ai figli degli uomini.

Il Signore ha fatto la Terra e gli esseri umani vivono su di essa. La creazione di Dio, Adamo ed Eva, ha dato inizio alla Terra. Vediamo la storia della creazione e impariamo che la Terra può essere maledetta se non obbediamo ai suoi comandamenti. Dio è misericordioso. Parla chiaro, così che sappiamo cosa dobbiamo fare. Che il Signore ci dia un cuore e un orecchio per ascoltare e obbedire.

Genesi 2:7 Il Signore Dio formò l'uomo con la polvere del suolo e soffiò nelle sue narici l'alito della vita; e l'uomo divenne un'anima vivente. 8 Il Signore Dio piantò un giardino a oriente, in Eden, e vi pose l'uomo che aveva formato.

L'uomo ha peccato e Dio ha lanciato la maledizione sulla terra. Ascoltate la voce di Dio. Potete addurre qualsiasi scusa per non obbedire, ma non funzionerà.

Genesi 3:17 Poi disse ad Adamo: "Perché hai dato retta alla voce di tua moglie e hai mangiato dell'albero di cui ti avevo comandato di non mangiare; maledetto è il suolo per causa tua; nel dolore ne mangerai per tutti i giorni della tua vita".

Perché la terra è maledetta? Ho visto che l'albero ha lasciato cadere i frutti prima del tempo. Dio ha cancellato i raccolti con il diluvio o senza acqua, piuttosto che con la carestia.

Dio gestisce la Terra attraverso le nostre azioni corrette. Potreste dire: peccato minore. Ricordate che un piccolo peccato fa lievitare l'intera massa.

Dio bruciò la terra di Sodoma e Gomorra perché la gente non obbediva alle leggi e ai comandamenti di Dio. Il Signore bruciò la terra con il fuoco.

Genesi 19:24 Allora il Signore fece piovere su Sodoma e su Gomorra zolfo e fuoco dal cielo.

Dio cerca qualcuno che interceda per la terra prima che si scateni il giudizio. Abramo cercò di salvare Sodoma e Gomorra, ma Dio disse: "Non ne ho trovato nessuno", finché non ridusse il numero a dieci. La famiglia di Lot, composta da quattro persone giuste, fu salvata. Dio condusse fuori quattro onesti. La combustione dello zolfo ha distrutto il terreno. Non si può usare quella terra per costruire di nuovo. Qualsiasi luogo un tempo benedetto e che in seguito ha permesso l'ingresso di cosiddetti dei e dee, vedrà la caduta di quella terra.

Nel 2000, in India c'è stata una terribile persecuzione contro i cristiani. In quell'anno, è arrivato un terremoto in cui hanno picchiato i missionari. Nell'epicentro è arrivata l'acqua con il sale. Ora, in quella terra, non si può avere alcun raccolto. Vedete, la terra appartiene al Signore. Se mai deciderete di distruggere il popolo di Dio, lasciate che vi avverta: non siete venuti contro il cristianesimo, ma contro il vero e unico Dio onnipotente. Dio ci ha prestato la Terra. Preparatevi al giudizio se usate male il pianeta che Egli ha creato per noi. Dio ha una mano potente per raggiungervi. Pensateci due volte prima di agire. Non vincerete con Dio onnipotente. Dio aiuterà il Suo popolo. Dio ha provato la sua Parola sette volte nel fuoco. Non mettetevi mai contro le persone che portano benedizioni alla vostra terra.

I ministri dei cosiddetti dèi e dee mangiano molti chili di cibo perché hanno dentro un demone dell'ingordigia. La menzogna inganna le persone, dando loro da mangiare sapendo che saranno benedette. La Bibbia dice di dare da mangiare ai poveri per ricevere benedizioni. Dio ha creato tutti gli animali. Non si adorano gli animali, ma il loro creatore.

Che il Signore apra i paraocchi spirituali affinché si convertano all'amore per Dio e siano benedetti. Il Signore ci dia il senso di responsabilità di vivere sulla Terra. Il favore speciale di Dio è creare e benedire la Terra, così che nessuno muoia di fame. Obbedisco alle Sue leggi e ai suoi comandamenti sulla Terra, affinché la Terra sia benedetta e fiorisca.

Signore, facci passare dall'adorazione di falsi dei e dee al servizio del Dio vivente. Il nostro Signore benedice la terra. La conoscenza è la chiave. Conoscere il vero Dio attira tutte le benedizioni. Non conoscere Dio porterà una maledizione alla terra, anche se si va all'estero.

Genesi 39:3 Il suo padrone vide che il Signore era con lui e che il Signore faceva prosperare nelle sue mani tutto ciò che faceva.

Giuseppe portò benedizioni alla casa di Potifar in Egitto. Giuseppe portò benedizioni ovunque andasse.

Deuteronomio 11:14 che ti darò la pioggia del tuo paese nella sua stagione giusta, la prima e l'ultima pioggia, affinché tu possa raccogliere il tuo grano, il tuo vino e il tuo olio.

Mia madre dice che abbiamo avuto molta pioggia quando la Gran Bretagna governava l'India. Avevamo la prima e l'ultima pioggia; avevamo cibo a buon mercato. Era così economico che anche con pochi soldi i poveri potevano sopravvivere. Ma non appena il governo cristiano ha lasciato la terra, è arrivata la maledizione e la carestia si è impossessata della terra. La povertà in India è insopportabile. Dobbiamo scoprire come fanno i poveri a sopravvivere. Si lamentano sempre. La maggioranza è inadeguata perché non ci sono le benedizioni del vero Dio. L'ho visitato dopo molti anni, non c'è stato alcun cambiamento, ma le condizioni dei poveri sono peggiori. Che possano trovare il vero Dio che si chiama Gesù.

Deuteronomio 28:12 Il Signore ti aprirà il suo buon tesoro, il cielo, per dare la pioggia al tuo paese nella sua stagione e per benedire tutto il lavoro della tua mano; e tu presterai a molte nazioni e non prenderai in prestito.

Abbiamo diritto a tutta la pienezza della Terra. Possiamo vivere nell'abbondanza. La corruzione, l'inganno e la povertà possono scomparire se permettiamo a Gesù di agire. Gesù è la via della verità; una soluzione è Gesù. Ora il governo indiano sta aiutando a bruciare le chiese, a picchiare i cristiani, e si aspetta pioggia e benedizioni? Quanto sono cieche queste persone?

Salmo 24:1 La terra è del Signore e la sua pienezza, il mondo e coloro che lo abitano. 2 Egli infatti l'ha fondata sui mari e l'ha stabilita sui flutti.

Nella Bibbia Dio ha fornito informazioni dettagliate sulla Terra.

Salmo 104:5 Che ha posto le fondamenta della terra, perché non sia rimossa per sempre.

Fate attenzione quando affittate o comprate un posto. Potreste ottenere un'area in cui sono presenti delle maledizioni, ma non benedirete. Dite la verità; la verità renderà libere le persone. Se non li istruite, andranno ovunque e porteranno povertà, peccato e malattia.

Ungo sempre l'esterno con l'olio santo. L'unzione distruggerà ogni giogo e maledizione sulla terra. Prendete l'olio d'oliva benedetto, uscite e ungete negozi, parchi, alberi del centro, scuole e terreni. Funziona. Che il Signore ci renda esecutori e non uditori.

Il diavolo ha fatto la legge per maledire la creazione di Dio, consigliandoci di non dire nulla, di chiudere la bocca. Che il Signore vi dia l'amore per l'anima e il coraggio di dire la verità.

Un giorno, qualcuno ha condiviso il fatto e ho ricevuto la benedizione. La nostra responsabilità è quella di dire agli altri di adorare il vero Spirito di Dio, che ha creato gli uomini. Gli dei e le dee degli idoli sono impotenti. Pregate affinché gli adoratori di idoli trovino la via della verità e della vita eterna. Dio sta cercando un mediatore coraggioso, audace e giusto che possa guidare.
Signore, ti prego di mettere l'amore per Gesù nel cuore di ogni adoratore di idoli.

Ezechiele 22:30 "Cercai tra loro qualcuno che costruisse il muro e stesse davanti a me nel varco a favore del paese, perché non dovessi distruggerlo, ma non trovai nessuno.

Che il Signore faccia del bene a coloro che si mettono in mezzo per pregare per gli altri. Che il Signore ci conduca a qualcuno che si metta tra Dio e gli uomini per intercedere nel nome di Gesù.

PREGHIAMO

Signore, noi gestiamo tutte le benedizioni o le maledizioni sulla Terra. Possiamo usare qualsiasi scusa, che sarà una menzogna. Ma oggi preghiamo per la terra che ha molte maledizioni, che non ha le benedizioni di Dio per la stessa ragione, i nostri peccati. Che il Signore susciti i veri profeti e maestri per portare avanti la missione di Dio. Il vostro compito è quello di benedirci riconoscendo

Dio e le Sue leggi. Che il Signore porti coloro che, come Giuseppe, Isacco e Abramo, nascono nella terra d'Israele. La terra benedetta da ereditare per il popolo speciale di Dio. Che il Signore dia alla Sua creazione orecchie per ascoltare e occhi per vedere. Che il Signore ci aiuti a insegnare ai nostri figli la conoscenza di Dio, dove si nascondono la nostra forza e la nostra benedizione. Vogliamo continuare nella Tua benedizione, quindi aiutaci, Signore, nel nome di Gesù. Amen! Dio vi benedica!

19 MAGGIO

DECIDETE DI ASPETTARE IL SIGNORE!

Aspetteremo il Signore se ci darà la vista e la mente soprannaturali per vedere. Signore, ti prego, impedisci agli impazienti di andare avanti a Lui.

Signore, che tu possa rivelare il Tuo piano.

Molte persone pianificano la loro vita. Una mattina presto, una persona mi ha invitato a casa sua e mi ha chiesto di pregare affinché i suoi nipoti diventassero medici. Questa nonna era cristiana. Voleva il suo piano nella vita dei nipoti. Essendo cristiana, mi sono rifiutata di pregare in questo modo. Ho detto che Dio aveva un piano migliore del suo. Quindi pregherò affinché il piano di Dio si realizzi nella loro vita. Vedete, hanno bisogno di conoscere queste Scritture.

Geremia 29:11 Perché io conosco i pensieri che penso verso di voi, dice il Signore, pensieri di pace e non di male, per darvi una fine attesa.

Imparate ad aspettare Dio. Mantenete intatta la vita dei vostri figli e nipoti. Prego per loro, ma non disegno il loro futuro.

Molti cristiani hanno bisogno di capire il concetto di cristianesimo. Che il Signore dia loro la comprensione che quando ci rivolgiamo al Signore, dobbiamo aspettarlo. Non la mia volontà, ma la Sua volontà sia fatta. Permettete a Dio di pianificare. Che i Suoi pensieri e i Suoi piani, più alti dei miei, si realizzino nella mia vita. Dio benedica il Suo popolo con la forza e il coraggio di aspettare.

Avremo molte prove e problemi per fermare, bloccare e distruggere. Se rimanete sul piano di Dio, Egli vi rafforzerà per vedere il bellissimo piano del Signore.

Il Suo piano si realizzerà e la vostra vita fiorirà. Che il Signore dia novità alla mente e alla vita. Che ogni capitolo della nostra giornata sia nuovo. Signore, ti prego di mostrare al mondo il piano e il pensiero di Dio attraverso di noi. Signore, usaci come uno strumento potente nelle Tue mani. Dio diventa il Vasaio e noi siamo argilla nelle Sue mani.

Il Signore, il Dio potente, cerca qualcuno che si arrenda a Lui con piena fiducia. Vogliamo proclamare la Sua fedeltà lasciando che sia Lui a fare tutto. Occorre la relazione e la conoscenza di Dio per permettergli di portare avanti la nostra vita.

A volte vedo delle signore e dei signori che non riescono a essere pazienti e iniziano a smarrirsi. Si chiedono perché, cosa e come la loro vita sia un disastro. Ho bisogno di aiuto per capire cosa è successo. Imparare ad aspettare. Una mossa sbagliata ha un esito. Non ci si butta nel fuoco senza aspettarsi di bruciarsi. Se vi buttate in acqua senza saper nuotare e non vi fate trascinare? Signore, donaci uno spirito che possa imparare.

Isaia 40:31 Ma coloro che attendono il Signore rinnoveranno le loro forze; saliranno su ali come aquile; correranno, senza stancarsi, cammineranno e non si stancheranno.

Signore, insegnaci ad aspettarti. Il Re Saul ha preceduto Dio ed è stato cacciato dalla sua posizione. La storia avrebbe preso una piega diversa se avesse aspettato Dio. Il Signore ci fa delle promesse e ci darà forza se Lo aspettiamo. Egli sa dove ci sta portando. Dio fa il piano, ma il pacchetto arriva con i tempi.

A ogni punto, ci giriamo, senza conoscere il percorso. Che il Signore ci dia la pazienza e la fiducia per capire che la Sua strada è sconosciuta a noi, ma non a Lui.

Salmi 27:14 Aspetta l'Eterno; fatti coraggio ed egli rafforzerà il tuo cuore; aspetta, dico, l'Eterno.

Siamo nati con un incarico e un piano particolare di Dio. Che il Signore insegni ai nostri genitori ad aspettare il Signore per insegnare ai loro figli. Signore, ti prego, dacci genitori come Jochebed, Maria, Giuseppe e Manoa.

Giudici 13:2 C'era un uomo di Zorah, della famiglia dei Daniti, che si chiamava Manoa; sua moglie era sterile e non partoriva. 3 L'angelo del Signore apparve alla donna e le disse: "Ecco, tu sei sterile e non partorisci; ma concepirai e partorirai un figlio. 4 Ora, dunque, sta' attenta, ti prego, e non bere vino né bevande forti, e non mangiare nulla di impuro. 5 Perché, ecco, tu concepirai e partorirai un figlio; e nessun rasoio passerà sul suo capo, perché il bambino sarà un nazareno a Dio fin dal grembo materno; e comincerà a liberare Israele dalla mano dei Filistei.

Tutti noi abbiamo le istruzioni fornite dalla Bibbia su come e cosa insegnare ai nostri figli. Che Dio ci dia un genitore che sia un insegnante della Parola di Dio! Che il Signore ci renda insegnanti unti della verità! Il Signore ha dato ai genitori la responsabilità di insegnare il modo corretto ai loro figli.

Proverbi 1:8 Figlio mio, ascolta l'istruzione di tuo padre e non abbandonare la legge di tua madre.

Tutto il giorno insegno e conquisto l'anima. Non mi riposo, non vado a caccia, non faccio il bagno e non mi godo le vacanze. Prego e digiuno per le persone. Il peso dell'anima nel cuore della notte mi sveglia.

Perché? Perché possiamo ricevere indicazioni da Dio. Molte persone hanno bisogno di consigli. Sono in profonda sofferenza o si sono ingarbugliate e non vedono vie d'uscita. Signore, aiuta a riportare gli altri sulla retta via. Che il loro errore diventi una lezione di apprendimento! Possiamo diventare la luce per le persone smarrite e fuorviate?

Abbiamo bisogno di molta pazienza e fede per portare avanti il piano di Dio.

Satana mostra l'oceano, le montagne, i ponti rotti e nessuna via d'uscita. Vi ricordo che il Signore ha detto: "Io sono un creatore, faccio cose nuove. Una pozza d'acqua è ciò in cui faccio il dolce. Posso trasformare il vostro dolore in gioia, la malattia in salute. So come riparare il vostro cuore. Aspettatemi. Non andate davanti a me, non sbagliate strada. Appoggiatevi a me. Io sono Dio, e lasciatemi essere il vostro Dio. Evitate di ascoltare ciò che vi circonda. Smettete di informarvi su ciò che sentite e su come è la vostra situazione". Che il Signore ci dia la comprensione per vedere oltre la nostra situazione. Perché avere Dio? Perché leggere la Bibbia? Perché ci è stato dato lo Spirito Santo? Non continuate a girare nello stesso modo. Che il Signore vi aiuti a uscire dalla schiavitù di Satana. Che il Signore benedica la vostra cieca fiducia nell'essere obbedienti a Lui.

Ho accompagnato un'amica in un negozio; non stavo facendo acquisti, così dopo un po' mi sono seduta. Nello stesso momento, una signora si è seduta accanto a me, ci siamo guardate e abbiamo sorriso. Le ho chiesto se avesse bisogno di aiuto. Mi ha risposto di no. Ma quando ha messo la mano sulla gamba, il suo volto ha mostrato il dolore. Le ho offerto la preghiera e lei ha accettato. Le lacrime le scendevano sulla guancia. Mentre parlavamo, mi ha detto che era obbediente verso Dio. Se Dio li chiedeva di fare qualcosa, la faceva.

"Andrò ovunque se Lui mi chiederà di farlo e di portare a termine la Sua opera". Ha detto che se non lo faceva lei, chi lo avrebbe fatto? Ho detto: "Wow". Ha detto che stava per pagare e andare a casa. Ma la fila era lunga, così era venuta a sedermi e l'ho incontrata per ricevere la guarigione. Ho visto il cambiamento sul suo volto, così le ho chiesto del dolore. Ha detto che il dolore era sparito. Wow! Se aspetti, il Signore ha un piano.

Atti 17:28a Perché in lui viviamo, ci muoviamo e siamo.

La vita può essere piacevole se impariamo ad appoggiarci a Dio. Tutto il disordine che state facendo non ci sarà. Sarà nuovo e bello, solo se aspetterete. Che il Signore ci dia il cuore di aspettarlo. Questa Scrittura è buona solo per coloro che aspettano il Signore.

Isaia 43:16 Così dice il Signore, che crea una via nel mare e un sentiero nelle acque potenti; 17 che fa nascere il carro e il cavallo, l'esercito e la potenza; si coricheranno insieme, non si alzeranno; si estingueranno, si spegneranno come stoppa. 18 Non ricordate le cose passate e non considerate le cose di una volta. 19 Ecco, io farò una cosa nuova; ora germoglierà; non la conoscerete? Farò una via nel deserto e dei fiumi nel deserto.

Imparate ad aspettare Dio e insegnate alla vostra generazione ad aspettarlo.

PREGHIAMO

Signore, ti siamo grati; tu sei Dio, non l'uomo. Aiutaci a essere come Mosè, Daniele e il Re Davide, che hanno atteso Dio. Che il Signore ci dia la pazienza e la forza di sopportare il tempo dell'attesa. Che il Signore ci dia la comprensione di aspettare più a lungo che a rovinare la nostra vita.

Tu sei lo stesso Dio che ci ha mandato un piano brillante. Signore, non esiste un piano, piccolo o grande che sia. Tutti i piani di Dio sono più alti dei nostri piani. Che il Signore ci dia una generazione di obbedienti e sottomessi per permettere al Piano di Dio di realizzarsi! Il nostro Dio è reale. Aiutaci, Signore, ad aspettarti nel nome di Gesù. Amen! Dio vi benedica!

20 MAGGIO

NON LASCIATE CHE IL VOSTRO CUORE VENGA MENO PER LA PAURA!

Quando c'è paura, non c'è fede; la paura è l'attacco del nemico e l'arma di Satana.

La presenza di Satana porta paura. La presenza di Dio intorno a voi porta amore e pace! L'amore perfetto scaccia ogni paura. Che il Signore senta i nostri cuori con il Suo amore. Ricordate che Dio è amore.

La notte è un esempio perfetto di oscurità. Le persone provano paura al buio. Satana usa questo tempo per terrorizzare gli ignoranti.

La Parola di Dio è luce. Quando provo paura, parlo della Parola di Dio.

2 Timoteo 1:7 - Dio infatti non ci ha dato uno spirito di timore, ma di forza, di amore e di mente sana.

La spada è la parola di Dio. Essa è un'arma potente contro il demone della paura. L'ho usata molte volte; i demoni sono scappati e non si sono più ripresi. È incredibile come la giusta parola di Dio diventi un'offesa per il nemico; credetemi, funziona. Se vi hanno legato con la paura, provate questa parola come spada. "Signore, grazie per avermi dato lo spirito di amore, di potenza e di mente sana". Recitate questa frase. Vedete cosa succede. Dio ha dato la parola per esercitarla nella nostra vita. Che il Signore ci renda potenti nella conoscenza della Sua Parola. I nostri problemi scompariranno quando metteremo in pratica la Parola obbedendo e sottomettendoci a essa. La luce è la presenza di Dio. Dio è luce. Signore, istruiscici sul fatto che hai creato le tenebre e hai dato loro potere. Dio ha il controllo sulla notte.

La sconfitta, l'assenza di vie d'uscita e i luoghi sconosciuti ci rendono timorosi. Che il Signore ci aiuti in un momento come questo. Prego il Signore di darvi la pace quando vedete le tenebre.

Proverbio 29:25 La paura dell'uomo porta insidie, ma chi confida nell'Eterno sarà al sicuro.

Il Signore è il nostro Pastore; non avremo paura. Le pecore hanno un pastore che veglia su di loro. Noi siamo pecore e abbiamo Gesù come Pastore. Dopo la crocifissione di nostro Signore, i suoi discepoli avevano paura.

Giovanni 20:19 Poi, lo stesso giorno, alla sera, il primo giorno della settimana, mentre erano chiuse le porte dove erano riuniti i discepoli per timore dei Giudei, venne Gesù, si mise in mezzo e disse loro: "Pace a voi".

Gesù è con noi. Ha detto: "Non vi lascerò e non vi abbandonerò". È la prova delle promesse di Dio, che può arrivare ovunque, anche attraverso le porte chiuse. Abbiamo bisogno della nostra fiducia nel Signore.

Salmi 56:3 Quando avrò paura, confiderò in te.

Il Signore ha detto che il momento di stress sarebbe arrivato. Quando tutto è contro di voi, la tempesta sfugge al vostro controllo e l'acqua sale. Basta confidare nel Signore! La fiducia è più importante della fede. La fiducia è quando si sta attraversando un periodo terribile e si ha ancora la pace nel cuore. Guai, prove e dolori circondavano Giobbe, ma le sue parole non parlavano di paura, bensì di fiducia in Dio.

Tutti noi passiamo attraverso una forma, un tipo o un'altra di paura. Paura di perdere i figli, il lavoro, il matrimonio, la salute o altro.

Ma pronunciate parole di fede con fiducia. Daniele manifestò la sua fede mentre affrontava la tana del leone. Davide ha parlato di fede, non di paura, mentre affrontava Golia. In momenti come questo, Satana sta cercando di chiuderci la bocca, ma pronunciate il nome di Gesù. Pronunciate la Parola di Dio e vedrete la potenza e il risultato della parola pronunciata. La paura fuggirà. Alcuni non vogliono pronunciare il nome di Gesù. Il mio Dio ha il nome, e il diavolo è soggetto a questo nome Gesù.

Luca 10:17 I settanta tornarono di nuovo con gioia, dicendo: "Signore, anche i demoni ci sono sottomessi per il tuo nome".

Il diavolo trema quando si pronuncia il nome di Gesù. Il diavolo conosce il potere nascosto nel nome di Gesù, ed è per questo che la protesta è contro il Suo nome. Esso terrorizza Satana. Satana trema quando sente la parola "Gesù". Il mondo degli spiriti sa chi è Gesù. Quando Gesù scacciò il demonio, lo rivelarono. Il demone disse: "Sapevamo chi sei". Satana, gli angeli caduti e i demoni sono esseri spirituali.

Conoscono Gesù come il Santo e non come la Santa Trinità. Egli è il Dio in carne e ossa, l'alfa e l'omega, il principio e la fine, il primo e l'ultimo, l'unico spirito Dio. Che il Signore ci dia la comprensione, così da non temere.

La Bibbia dice che i problemi saranno ovunque:

Matteo 24:21 Perché allora ci sarà una grande tribolazione, quale non c'è stata dal principio del mondo fino ad oggi, né mai ci sarà.

Ogni grande guerra dà vita a una nuova dispensazione. Prima della crocifissione, c'è stata una grande guerra e il potere delle tenebre ha preso il sopravvento. Ma quando Gesù terminò la missione, il diavolo ebbe una sorpresa, il risveglio sulla terra. Quando il sangue di Dio acquistò la Chiesa del Nuovo Testamento, il diavolo ebbe una notizia spiacevole. Il diavolo ebbe un'emicrania quando vide il sangue di Gesù sui nati di nuovo e sui nati di nuovo battezzati nel nome di Gesù per nascere dall'acqua. Dio applica il sangue quando entrano nell'acqua nel nome di Gesù, i peccati saranno cancellati e anche i peccati saranno rimessi. Alleluia! I discepoli tremavano e si nascondevano nella stanza superiore. La paura se ne andò e lo Spirito Santo scese. Le porte dell'inferno non possono prevalere contro chi si è pentito, ha lavato i peccati nel sangue battezzandosi nel nome di Gesù e ha ricevuto lo Spirito Santo. Il diavolo fu terrorizzato quando tutti iniziarono a pregare nella lingua. Non capiva affatto.

La paura è l'arma del diavolo per gli ignoranti. Pietro rinnegò tre volte Gesù a causa della paura. Ricevette lo Spirito Santo, ricevette potenza e parlò con autorità e senza paura. Ebbe una rivelazione di Gesù, ma Dio non diede allora lo Spirito Santo.

Se non avete lo Spirito Santo, vi esorto: il tempo è vicino, pentitevi dei vostri peccati e battezzatevi nel prezioso nome di Gesù. Dio ha nascosto il sangue dell'agnello sotto il nome di Gesù. Quando ho ricevuto lo Spirito Santo, ho ricevuto il potere. Non avevo paura del nemico. La verità vi libererà dal potere della paura.

Salmo 23:4 Anche se camminassi nella valle dell'ombra della morte, non temerei alcun male, perché tu sei con me; il tuo bastone e la tua verga mi consolano. 5 Tu prepari una mensa davanti a me in presenza dei miei nemici; ungi d'olio il mio capo; il mio calice trabocca.

La valle dell'ombra della morte, come la prova, l'oscurità, il dolore e ogni tipo di problema. Il nostro Dio è illimitato, non limitatelo. La persecuzione è ovunque. Il diavolo odia la luce, la verità e la Parola di Dio. Le persone hanno paura del diavolo. Satana lavora attraverso le autorità. Ma c'è una buona notizia: la Parola di Dio ce l'ha promesso:

Isaia 41:10 - Non temere, perché io sono con te; non ti sgomentare, perché io sono il tuo Dio: Io ti fortificherò, sì, ti aiuterò, sì, ti sosterrò con la destra della mia giustizia.

Le chiese bruciano e i pastori e i cristiani vengono perseguitati con l'aiuto dell'autorità in nome di cosiddetti dei e dee. Pregate come non avete mai pregato, digiunate come non avete mai digiunato per ricevere assistenza dal Signore. Ricordate Daniele, re Davide, Shadrach, Mishak e Abdenego. Ricordate la regina Ester e gli ebrei che hanno pregato e digiunato. Abbiamo un Dio fedele, ma per ricevere aiuto è necessario invocarLo. Attirate la Sua attenzione pregando e digiunando. Signore, ti prego, muovi i leader cristiani a digiunare e a pregare. Dobbiamo essere la casa della preghiera. Ci alzeremo per fare cose potenti se il Signore riverserà il Suo spirito su di noi.

Dio fonda il cristianesimo sull'amore, poiché Dio è amore. Dio non si muove sulle persone per uccidere, rubare, bruciare e distruggere, ma per aiutare, proteggere e benedire.

Che il nostro Dio ci senta con saggezza e conoscenza! Dio ci dona guide autentiche per condurci alla verità. Che il nostro Signore ci protegga e ci benedica! La Bibbia ha già profetizzato nel libro dell'Apocalisse:

Apocalisse 2:10 10 Non temere le cose che dovrai subire; ecco, il diavolo getterà alcuni di voi in prigione, perché siate provati; e avrete tribolazione per dieci giorni; sii fedele fino alla morte, e io ti darò una corona di vita.

La Bibbia dice in Matteo 10: "Vi metterò in bocca la parola da dire alle autorità".

Dio ha mandato l'avvertimento della fine del tempo nella Bibbia; non dovrebbe sorprendere il cristiano perché è stato pronunciato dallo Spirito Santo duemila anni fa.

Matteo 10:26 Non temete dunque, perché non c'è nulla di coperto che non sia rivelato, né di nascosto che non sia conosciuto. 27 Quello che vi dico nelle tenebre, lo dite nella luce; e quello che udite all'orecchio, lo predicate sui tetti delle case. 28 E non temete quelli che uccidono il corpo, ma non sono in grado di uccidere l'anima; ma temete colui che è in grado di distruggere l'anima e il corpo nell'inferno. 29 Non si vendono forse due passeri per un soldo? E uno di essi non cadrà per terra senza il Padre vostro. 30 Ma i capelli del vostro capo sono tutti contati. 31 Non temete; perciò siete più preziosi di molti passeri.

PREGHIAMO

Grande Padre celeste, ti ringraziamo per la verità che hai detto nella Parola di Dio. Vediamo che il tempo della Tua venuta è vicino. La persecuzione è eccellente in tutto il mondo. Che il Signore apra gli occhi ciechi per vedere e le orecchie sorde per ascoltare. Il Signore rivolga il cuore al Dio vivente dai falsi dei e dalle dee. Amiamo l'anima dei perduti. Signore, mostra loro misericordia affinché non soffrano all'inferno. Perdona coloro che vengono contro il Tuo popolo. Perdona loro perché non sanno quello che fanno. Signore, dai loro il Tuo sogno e la Tua visione per vederTi. Signore, copriamo i peccati dei persecutori sotto il Tuo sangue prezioso, laviamoli nel Tuo sangue, salviamoli e cambiamoli prima che sia troppo tardi, nel nome di Gesù. Amen! Dio vi benedica!

21 MAGGIO

UN LUOGO IN PRESTITO PER VIVERE A UNA CONDIZIONE!

Ricordate sempre che veniamo nudi e andiamo via nudi. Non portiamo nulla e non possiamo portare nulla con noi.

Ma per avere qualcosa, dobbiamo riconoscere Gesù come Dio. Pensate alle vostre case e ai vostri lavori precedenti. Potete semplicemente entrare? No, non si può. Suonate il campanello e chiedete di potervi visitare. Se sono qualificati, potete farlo, altrimenti no. Sono nata in India, non ho la cittadinanza. Se voglio visitare il Paese, devo ottenere un visto e devo rimanere per un periodo di tempo limitato.

Allo stesso modo in cui Dio dice.

Salmi 24:1 La terra è del Signore.

Si può rimanere sulla terra finché si rispettano le leggi di Dio. Che Dio ci dia la comprensione, in modo da godere del nostro soggiorno sulla terra.

Abramo ha trovato il favore di Dio perché ha creduto in Dio. Abramo obbedì alla voce di Dio. Così Dio diede ad Abramo una benedizione straordinaria.

Genesi 17:8 Io darò a te e alla tua discendenza dopo di te il paese in cui sei straniero, tutto il paese di Canaan, come possesso eterno; e sarò il loro Dio.

Che il Signore Dio ci trovi fedeli nel fare la Sua perfetta volontà. Così la nostra generazione troverà il favore. Le nostre azioni influenzano la generazione successiva. Se insegniamo le leggi di Dio alla prossima generazione, la loro dimora sarà gioiosa.

Quando Dio promette, non dimentica mai ciò che ha promesso. Anche dopo secoli, ha portato i discendenti di Abramo nella terra promessa.

Che Dio si ricordi di voi oggi. Che anche voi possiate ricevere le promesse ascoltando e obbedendo alla Parola di Dio. Egli è fedele, siatelo anche voi per ricevere le promesse. Dio è una ricompensa per coloro che cercano diligentemente il Suo volto. Soddisfate la condizione di ogni impegno per ricevere le benedizioni.

Le Bibbie dicono.

Salmi 37:25 Sono stato giovane e ora sono vecchio; eppure non ho visto il giusto abbandonato, né la sua discendenza mendicare il pane.

Signore, aiutaci a renderci conto del pericolo per la prossima generazione se non facciamo come ha detto Dio.

Dio promise ad Abramo una terra che fu contaminata da peccati e trasgressioni. Geova Dio sradicò tutti i nativi di quella terra. Dio vi spazzerà via se peccate contro Dio.

Quando i malvagi assumono posizioni e potere, questo si traduce in maledizioni sulla terra, e perdono il territorio. Non pensate di poter agire e reagire come amate. La gente del paese compiva i peccati. È per questo che Dio li ha allontanati e ha dato la terra ad Abramo.

Genesi 15:18 In quello stesso giorno, il Signore fece un patto con Abram, dicendo: "Alla tua discendenza ho dato questo paese, dal fiume d'Egitto fino al grande fiume, il fiume Eufrate".

È essenziale insegnare ai nostri figli e ai loro figli la Parola di Dio, affinché ereditino la terra.

Dio ha mantenuto la promessa:

Giosuè 11:23 Così Giosuè prese tutto il paese, secondo quanto il Signore aveva detto a Mosè; e Giosuè lo diede in eredità a Israele secondo le loro divisioni per tribù. E il paese si riposò dalla guerra.

In seguito, trascurando la Parola, Israele cadde ripetutamente nella stessa trappola. È essenziale insegnare ai bambini prima di tutto la Parola di Dio. Non date nulla per scontato. Signore, aiutaci a insegnare ai nostri figli, affinché ereditino la terra con pace, protezione e benedizioni. Il popolo continuò a seguire Dio fino a quando vissero Giosuè e i loro anziani. Praticavano le leggi di Dio e ne traevano beneficio. Che Dio ci dia veri profeti e insegnanti per insegnarci le leggi di Dio! Essa contiene tutte le benedizioni di Dio che non possiamo immaginare. Ho bisogno di capire per obbedire all'insegnamento e alla guida dello Spirito Santo. Lo faccio e basta. Non c'è bisogno di analizzare per comprendere; basta farlo. Il comandamento non è per discutere, ma per obbedire.

Abramo non mette mai in discussione l'idea di sacrificare suo figlio.

Marciò intorno al futuro Paese della sua discendenza. Cosa sarebbe successo se Abramo non avesse lasciato la terra di Ur con la sua famiglia? Lo fece credendo nel Signore. Credete e obbedite a ogni parola scritta nella Bibbia. Che caos siete, se non seguite la Parola così com'è. Ogni volta che cambiate il vostro stile di vita, conformandovi al sistema del mondo, state portando guai al vostro successore.

Quando le persone iniziarono ad allontanarsi dal Signore, Dio iniziò a mandare gli oppressori a opprimere il popolo. Tutte le benedizioni di Dio hanno una condizione. Quando i popoli si prostituirono ad altri dei e dee e dimenticarono le leggi di Dio, vedete cosa accadde loro.

Giudici 3:8 Perciò l'ira del Signore si accese contro Israele e li vendette nelle mani di Cusan Risataim, re della Mesopotamia; e i figli d'Israele servirono Cusan Risataimper otto anni. 9 E quando i figli d'Israele gridarono all'Eterno, l'Eterno suscitò un liberatore per i figli d'Israele, che li liberò: Othniel, figlio di Kenaz, fratello minore di Caleb.

Di nuovo, poco riposo nel paese e la gente dimenticò il Signore e andò dietro ad altri dei e dee. Mettete in pratica le leggi, i comandamenti e gli statuti per ricordare. Dio mandò i Medi per sette anni a opprimere. Quando si rivolsero a Dio, Egli mandò un aiuto per liberarli dall'oppressore. Quanto è importante il vostro ruolo, soprattutto quando vi pentite e tornate a Dio con tutto il cuore?

Dio suscitò Gedeone per aiutare Israele.

Giudici 10:6 I figli d'Israele fecero di nuovo del male davanti all'Eterno e servirono Baalim, Ashtaroth, gli dèi della Siria, gli dèi di Zidon, gli dèi di Moab, gli dèi dei figli di Ammon e gli dèi dei Filistei, abbandonando l'Eterno e non servendolo. 7 L'ira dell'Eterno si accese contro Israele, che li vendette nelle mani dei Filistei e nelle mani dei figli di Ammon.

Il Signore permise agli oppressori di opprimere per non aver osservato le leggi, gli statuti, i comandamenti e i precetti di Dio. L'oppressore affliggeva gli israeliti. Dio risuscitò il liberatore quando si pentirono. Non dimenticate Dio e i Suoi comandamenti. Che Dio ci dia la saggezza di fare ciò che è necessario. La terra può essere benedetta, liberata e protetta solo se viviamo secondo la Parola di Dio. A volte viviamo secondo le leggi della terra e dimentichiamo le regole di Dio.

Ho sentito il telegiornale; dice che solo nel 2018 ci sono state ventidue sparatorie nelle scuole. È il risultato di una terra occupata da molti adoratori di idoli, altri dei e dee. Le leggi, i comandamenti e gli statuti di Dio devono essere praticati dai leader. Dio può liberarci dall'oppressione, dalla paura, dalla mancanza di una casa, dalle malattie, dalla droga, dall'alcol e dal divorzio. Possiamo ricevere protezione, e così anche i nostri figli. Gli israeliti gridavano quando erano stanchi delle persecuzioni. La terra ha bisogno di essere guarita. Da quando ci siamo allontanati da Dio, la terra è in difficoltà. Abbiamo dimenticato la Parola di Dio. I bambini sono in prigione e muoiono presto. Non cercate aiuto da nessuna parte; inginocchiatevi, pentitevi, gridate, aprite la Bibbia e leggete la Parola per esercitarvi.

Avete bisogno di aiuto per capire come avete perso i vostri diritti? Leggete il libro dei giudici e gridate al Signore. La vostra azione ha potere. Se studiate la Parola per obbedire, lascerete un'eredità di benedizioni. L'eredità di cibo e provviste con un posto dove vivere su questa terra. Se fate come ha detto Dio Geova, avete fatto tutto. Gridate al Signore! Attualmente non abbiamo bisogno di compassione, ma di arrenderci. Arrendetevi e dite: "Ho sbagliato, sono un peccatore, ho trasgredito le Tue leggi e i Tuoi comandamenti. Ti prego, perdonami e aiutami, Signore. Il Signore invierà qualcuno che ci aiuti. Ha bisogno di leader che ci guidino fuori dai guai. Pregate per i nostri leader. Che Dio li protegga e li benedica. Ti prego di dare loro la saggezza per guidare la nazione sul sentiero della rettitudine. Dobbiamo inginocchiarci ed essere umili.

2 Cronache 7:14 Se il mio popolo, che è chiamato con il mio nome, si umilia, prega, cerca il mio volto e si converte dalle sue vie malvagie, allora io ascolterò dal cielo, perdonerò il suo peccato e guarirò il suo paese.

È la stessa situazione che si ripete continuamente. Preghiamo Dio di riportare la Bibbia e la preghiera nella scuola, nella casa e nella vita individuale con il pentimento. E non mettiamole più in secondo piano. Dio dice di osservare i Suoi comandamenti, le Sue leggi e i Suoi precetti. Amate Dio, pregate, cercate Dio per primo, non per ultimo, e vedete cosa succede.

PREGHIAMO

Signore, ti chiediamo il perdono di tutti i nostri peccati. Ti invitiamo a perdonare la trasgressione della nostra terra. Signore, abbiamo peccato. Aiutaci a fare ciò che dobbiamo fare. Aiutaci a cercare sempre il Tuo volto per la situazione che stiamo vivendo. Abbiamo bisogno di maestri spirituali e profeti nella nostra terra. Preghiamo 24 ore su 24 prima di perdere tutti i nostri diritti. Signore, perdona le nostre azioni sbagliate. Portaci sul sentiero della rettitudine. Dacci uno spirito obbediente e sottomesso alla Tua volontà. Che il Signore ci renda esecutori delle leggi e non uditori. Ti prego, Signore, guarisci la nostra terra nel nome di Gesù. Amen! Dio vi benedica!

22 MAGGIO

RIPRENDETELO DA SATANA!

Il giorno in cui Dio creò l'uomo:

Genesi 1:26 Dio disse: "Facciamo l'uomo a nostra immagine, a nostra somiglianza, e abbia il dominio sui pesci del mare, sugli uccelli del cielo, sul bestiame, su tutta la terra e su tutti i rettili che strisciano sulla terra". 28 E Dio li benedisse e disse loro: "Siate fecondi, moltiplicatevi, riempite la terra e soggiogatela; e abbiate dominio sui pesci del mare, sugli uccelli del cielo e su ogni essere vivente che si muove sulla terra".

Dio ci ha benedetti e dato il potere di sottomettere e dominare tutto ciò che è sulla terra, nell'aria e nel mare. Il Signore Geova è un proprietario. Ci ha benedetti donandoci tutto ciò che ha creato. Che meraviglia!

Il re dà il trono al suo primogenito perché regni dopo di lui.

Vi prego di comprendere che abbiamo la proprietà di tutto, ma a una condizione. Abbiamo perso tutti i nostri diritti, le nostre benedizioni e la nostra libertà quando abbiamo trasgredito. Geova Dio si è fatto carne ed è venuto a ricomprare ciò che abbiamo perso. Si è vestito di carne per versare il sangue.

1 Timoteo 3:16a. E senza controversia grande è il mistero della pietà: Dio si è manifestato nella carne.

Il Suo atto finale di indossare la carne per versare il sangue è stato più significativo. Geova Dio ha distrutto la morte morendo nel corpo di Gesù per noi. Il dono del Suo sangue senza peccato è servito a riscattare le nostre anime dal salario della pena di morte. Il nome di Gesù sia benedetto e magnificato per il Suo grande sacrificio e amore. Egli non ha mai progettato che noi ci meravigliassimo o soffrissimo sulla terra. Il Signore Dio ha rivelato il piano di Satana e le sue caratteristiche.

Giovanni 8:44 Voi siete del diavolo, vostro padre, e le voglie di vostro padre le farete.

Egli è stato un omicida fin dal principio e non ha dimorato nella verità, perché non c'è verità in lui. Quando dice una menzogna, la dice di suo pugno, perché è un bugiardo e ne è il padre.

Il diavolo è un bugiardo e un assassino. Ha ucciso Abele, i profeti di Dio, Gesù Cristo e i Suoi profeti.

22 MAGGIO

Come? Il Diavolo si muove su coloro che odiano la via di Dio. Si tratta di persone religiose che il diavolo usa per distruggere i santi, l'opera e le vie di Dio. Se volete essere benedetti, seguite Gesù e le Sue vie. Che il Signore apra i nostri occhi e ci faccia vedere! Satana vuole rubare le vostre benedizioni e porta un piano zuccheroso di distruzione. Dio vuole benedirvi e il diavolo vuole maledirvi ingannandovi.

Ricordate la Parola di Dio.

Giovanni 10:10 Il ladro non viene per rubare, uccidere e distruggere; io sono venuto perché abbiano la vita e l'abbiano in abbondanza.

Ottenete la conoscenza della verità per essere e rimanere liberi. Gesù ha dato la Sua vita ed è tornato in cielo prendendo una chiave dal diavolo. Il lavoro temporaneo di Geova nella carne di Gesù è quello di redimerci con il suo sangue senza peccato.

Apocalisse 1:18 Io sono colui che vive ed era morto; ed ecco, sono vivo in eterno, amen, e ho le chiavi dell'inferno e della morte.

Dio ha la chiave dell'inferno e della morte, quindi non c'è da preoccuparsi. Vi ha anche dato potere su scorpioni, serpenti, demoni, Satana e angeli caduti.

I discepoli hanno fondato la Chiesa del Nuovo Testamento. Questo potere dello Spirito Santo è disponibile se smettete di seguire i falsi pastori, le chiese, le denominazioni, gli insegnanti, i profeti e lo Spirito anticristo. Come si fa a sapere che sono anticristi? Semplice, non battezzano nel nome di Gesù per lavare il peccato. Il battesimo è il luogo in cui è necessario il sangue dell'agnello sul male. Il sangue del Signore è nascosto sotto il nome di Gesù. Non hanno la rivelazione di Gesù come Pietro e Paolo.

Sono edifici anticristo e dicono "chiesa". State lontani da questi edifici. Che il Signore ci dia la rivelazione di Gesù come l'ha data a Pietro e Paolo. Satana ha dato vita a molti collegi teologici e chiese e a molti altri edifici.

ha cambiato la Bibbia. Attenzione, il diavolo è un bugiardo. Voi siete la chiesa, non l'edificio.

Non poniamo le nuove fondamenta riconosciute da diversi nomi, organizzazioni, denominazioni e non denominazioni. Tuttavia, siamo costruiti sulle fondamenta poste dagli apostoli e dai profeti. Ricordate che Gesù è venuto a versare il sangue e a mostrare come vivere per Lui in questa dispensazione.

Efesini 2:20 e sono edificati sul fondamento degli apostoli e dei profeti, essendo Gesù Cristo stesso la pietra angolare principale.

Giovanni 13:15 Perché vi ho dato un esempio, affinché facciate come io ho fatto a voi.

La rivelazione degli apostoli detentori delle chiavi di Gesù stabilì la chiesa nel giorno di Pentecoste. Pentecoste significava il cinquantesimo giorno. Essi ricevettero lo Spirito Santo e diedero inizio alla prima chiesa battezzando nel nome di Gesù e ricevendo lo Spirito Santo. Le porte dell'inferno non possono prevalere contro la chiesa costruita sulle giuste fondamenta. Gesù ci ha insegnato a continuare nella verità; saremo liberati e guariti. Alleluia! Non rimanete bloccati nell'edificio. Continuate a cercare finché non troverete la potente opera dello Spirito Santo in funzione. Non ristagnate, intrappolati nella trappola della religione stabilita da Satana. Non cadete nel fosso; continuate a obbedire alla Parola. Troverete una via d'uscita. Sconfiggerete il nemico. Egli sta trattenendo e nascondendo le vostre benedizioni. Che il Signore ci dia un cuore in cerca, affamato e assetato. Digiunate e pregate per riprendervi con la forza ciò che il diavolo ha rubato. Combattete con violenza contro il diavolo e i suoi angeli caduti.

Qualche tempo fa, lo Spirito ha condotto il predicatore in una piccola città degli Stati Uniti. Una coppia stava digiunando e pregando 24 ore su 24. Uno pregava per quattro ore mentre l'altro riposava. La città aveva un bar e un negozio di liquori. Il proprietario ha contestato, dicendo che non avevano bisogno della chiesa nel nostro villaggio. Quando i missionari arrivarono in città, i proprietari del bar e del negozio di liquori si coalizzarono contro di loro. Entro un mese dal primo incontro, il proprietario del bar e del negozio di liquori ha dato la sua vita al Signore.

Avete visto cosa ha fatto il missionario? Perché non prendete l'autorità sul diavolo della vostra città? Nascondetevi nel vostro armadio per pregare 24 ore su 24. Vi prego di eliminare tutte le potenze delle tenebre che operano nel vostro villaggio; scacciatele. Il diavolo sa di essere sconfitto; Gesù ha la chiave. Ora l'autorità è data a noi. Diventiamo violenti contro Satana digiunando, pregando, legando, spezzando il loro potere e scacciandoli dalla nostra casa, città e contea.

Non possiamo essere troppo occupati e pigri per vivere per Dio e permettere al diavolo di rubare, uccidere e distruggere. Abbiamo potere per che usarlo. Perché non riusciamo a scacciare il diavolo, i suoi angeli e i demoni? Perché non seguiamo Gesù e non preghiamo con il digiuno, che funziona.

Una sorella nel Signore voleva ascoltare un talk show a mezzanotte. La sera venne in camera e accese la radio per ascoltare un discorso sulla tavola Ouija. Cominciò a vedere un demone che entrava nella sua stanza. Di lato, vide un uomo che sembrava essere suo marito. Le saltò addosso. Non riusciva a respirare. Gli occhi dell'uomo erano come profonde cavità. La strinse a sé e la soffocò. Mentre lei continuava a pronunciare il nome di Gesù, gli angeli caduti la liberarono e gli saltarono addosso.

Si è allontanato nel corridoio. Era spaventata e mi chiamò il giorno dopo per chiedermi se potevo andare a casa sua. C'era una forte presenza del male in casa sua. Le ho detto: "Non c'è bisogno di volare in California. Per favore, mi metta in vivavoce e vada in giro per la casa a parlare in lingue". Lei lo fece e io ordinai al demone di lasciare la casa nel nome di Gesù. Se ne andò. Vedete, abbiamo il potere di scacciarli. La Bibbia dice di non dare spazio al diavolo. Non aveva alcun diritto di ascoltare l'esibizione dal vivo della tavola Ouija. Più tardi, lo stesso anno, visitai la sua casa. La presenza malvagia si nascondeva nel suo garage, così le ordinammo di andarsene e le chiedemmo di non tornare più. Vi prego di usare il potere di scacciarli e di non invitare Satana. Che il Signore ci dia saggezza e conoscenza. Odio il diavolo, così imparo l'arma della verità per distruggerlo. Non lottiamo contro la carne e il sangue, ma contro uno spirito maligno. Lui mi ha dato il potere, quindi perché devo giocare con le tenebre? Non guardate, leggete o mettete qualcosa che porti il diavolo nella vostra casa, città o contea. Che il Signore vi dia la conoscenza della verità attraverso la Parola per guidarvi e indirizzarvi. Il battesimo dello Spirito Santo ci dà potere. Esercitate l'autorità concessa da Dio. Digiunate, pregate e leggete la Parola. Ricordo che qualcuno mi disse che Dio risponde sempre alla preghiera se preghiamo tra le 3 e le 4. Indovinate un po'? Io incontro Dio tra le 3 e le 4 del mattino quando ho bisogno di occuparmi di qualcosa. Riprendete da Satana ciò che vi appartiene. Strappatelo dalle mani del diavolo e ditegli di uscire dal vostro caso nel nome di Gesù, Amen!

PREGHIAMO

Dio potente nel Tuo nome, ti chiediamo di riempirci di Spirito Santo. Abbiamo bisogno della forza dello Spirito Santo per contrastare il potere delle tenebre. Signore, sconfiggiamo il diavolo nemico, che viene per rubare, uccidere e distruggere. Signore, ti ringraziamo per averci dato la Parola di Dio come spada, unica arma offensiva contro il diavolo. Insegnaci la Tua parola mentre leggiamo. Ordino a nord, sud, est, ovest, su e giù di perdere le nostre benedizioni. Ordiniamo ai demoni che uccidono, rubano e distruggono di essere confusi, accecati e distrutti nel nome di Gesù. Ordiniamo che la vita risorga ora nel nome di Gesù. Amen! Dio vi benedica!

23 MAGGIO

UN PO' DI LIEVITO FA CRESCERE TUTTA LA PAGNOTTA!

La Bibbia parla del pericolo del peccato, piccolo o grande che sia. Il peccato è un peccato. Dio paragona il peccato al lievito.

Che cos'è il lievito?

La definizione di lievito è: sostanza che provoca l'espansione di impasti e pastelle rilasciando gas all'interno di tali impasti, producendo prodotti da forno con una struttura porosa.

Dio paragona il peccato al lievito, che ha il potere di diffondersi nel corpo come un impasto o un grumo. Il nostro corpo vive un'esperienza simile a quella del lievito, avendo il peccato dentro di sé. Il peccato è cibo per Satana. Riconoscete il demonio e scoprite dove si nasconde. Satana ha bisogno di un piccolo peccato nella carne per entrare, uccidere, rubare e distruggere.

Il peccato provoca la malattia nel nostro corpo. Permette al diavolo di prendere il controllo della nostra vita. Dio è l'unico che può aiutarci a curare e a regalare ogni giorno un nuovo grande giorno. Dio può darci successo, benedizioni e progresso alla velocità della luce.

La nostra vita ha un nemico chiamato carne. Essa è il nostro nemico più grande e più grande di Satana. Camminiamo alla luce della Sua Parola, per non cadere nella trappola del peccato. Non vogliamo ripetere la trappola di Satana come Adamo ed Eva.

Ho visto persone con uno spirito di gelosia, invidia e orgoglio che distrugge loro, non gli altri. Ho incontrato molte persone che provano gelosia, invidia e orgoglio. Questa è la crescita pericolosa della nostra carne.

Paolo disse: 2 Corinzi 7:1 Avendo dunque queste promesse, carissimi, purifichiamoci da ogni sporcizia della carne e dello spirito, perfezionando la santità nel timore di Dio.

Come ci si può pulire dai peccati della carne? Pregando e digiunando ogni giorno. Nella carne, abbiamo peccati carnali. Tutti noi dobbiamo prenderci del tempo e confessare il peccato per ripulirci. Il potere della confessione è la chiave per far capire al diavolo che non può nascondersi da noi. Dobbiamo chiedere a Dio di perdonare i nostri peccati e di perdonare anche noi stessi.

23 MAGGIO

1 Giovanni 1:9 Se confessiamo i nostri peccati, egli è fedele e giusto da perdonarci e purificarci da ogni iniquità.

Galati 5:9 Un po' di lievito lievita tutta la massa. Che tipo di lievito è il peccato?

Galati 5:19 Ora, le opere della carne sono manifeste: adulterio, fornicazione, impurità, lascivia, 20 idolatria, stregoneria, odio, discordia, emulazioni, ira, lotte, sedizioni, eresie, 21 invidie, omicidi, ubriachezze, bagordi e cose simili; e di queste cose vi ho già detto, come vi ho detto anche in passato, che chi fa queste cose non erediterà il regno di Dio.

Questi peccati sono la porta per l'ingresso dello spirito maligno. Quando entra, diventa un assassino come Satana. Satana uccide se permettete che vengano commessi i peccati elencati in Galati 5. Allora vi ruberà la gioia, la salvezza, la salute, la pace e la famiglia. Quando entra in voi, porta altri demoni malvagi e fa del vostro corpo la sua residenza.

Romani 6:12 Non lasciate dunque che il peccato regni nel vostro corpo mortale, per obbedirgli nelle sue concupiscenze.

In Matteo 16, Gesù ha una spiegazione efficace del lievito. Il lievito è il falso insegnamento o la falsa dottrina degli insegnanti religiosi. è quello che vediamo nel mondo. Qual è la ragione per cui ci sono molte religioni? Beh! Dio non ha mai istituito queste religioni, ma lo hanno fatto i falsi insegnanti, i leader e i profeti.

Matteo 16:5 Quando i suoi discepoli furono giunti all'altra riva, avevano dimenticato di prendere il pane. 6 Allora Gesù disse loro: "Fate attenzione e guardatevi dal lievito dei farisei e dei sadducei". 7 Ed essi ragionavano tra loro, dicendo: "È perché non abbiamo preso il pane". 8 E Gesù, accorgendosene, disse loro: "O gente di poca fede, perché ragionate tra di voi, perché non avete portato il pane? 9 Non avete ancora capito e non ricordate i cinque pani dei cinquemila e quante ceste avete preso? 10 Né i sette pani dei quattromila e quante ceste prendeste? 11 Come mai non capite che non vi ho parlato di pane, perché vi guardiate dal lievito dei Farisei e dei Sadducei? 12 Allora capirono che non aveva detto loro di guardarsi dal lievito del pane, ma dalla dottrina dei Farisei e dei Sadducei.

Entrate solo in alcuni edifici dove si trova la croce. È pericoloso perché hanno la loro dottrina. Ricordo un fratello nel Signore che aveva molti doni dati da Dio; si è trasferito in Arizona. Così ha iniziato ad andare a visitare le chiese. I pastori videro che era usato potentemente da Dio. In seguito, il pastore diede il messaggio di non tornare nella loro chiesa. Dio non è il benvenuto! Da quando lo Spirito di Dio ha fatto miracoli, guarigioni e liberazioni.

Andò in chiesa (è un edificio, non una chiesa, voi siete una chiesa), la gente cominciò a essere guarita e liberata. Subito gli occhi di Satana si sono fatti grandi e le autorità lo hanno fermato. È stata la stessa esperienza che ha avuto in California. Che il Signore liberi le persone da questi falsi insegnanti e profeti. Sarebbe meglio se scappaste da questi falsi profeti e insegnanti. Con i vostri soldi, vi stanno ingannando.

La Parola di Dio testimonia nella Bibbia che Gesù è venuto per guarire chi ha il cuore spezzato, per guarire i malati e per liberare le persone dai peccati, dai demoni e dalle malattie. Cercate ciò che è disponibile, come ci dice la Bibbia. Non scendete a compromessi.

Voglio la vera dottrina e il vero insegnamento. Il lievito del falso insegnamento e della filosofia è così profondo che la gente ha dimenticato il vero significato della venuta del Signore Gesù.

Accettare tutto, anche ciò che è sbagliato, senza porsi domande è sbagliato. I Paesi sono stati contaminati da quando la verità è nascosta da falsi insegnanti e profeti.

2 Corinzi 4:3 Ma se il nostro vangelo è nascosto, è nascosto a coloro che si sono perduti; 4 il Dio di questo mondo ha accecato le menti di coloro che non credono, perché non risplenda loro la luce del glorioso vangelo di Cristo, che è l'immagine di Dio.

Luca 11:52 Guai a voi, avvocati, perché avete tolto la chiave della conoscenza; non siete entrati da soli e avete ostacolato quelli che entravano.

Vedo che il grande problema non sono le persone, ma i leader delle Chiese religiose. Vi vedono e si coalizzano contro di voi. Molti falsi insegnanti e falsi profeti hanno rubato i miei libri; i tipografi hanno rubato denaro e hanno distrutto l'opera di Dio.

Qual è il motivo di questa situazione?

Marco 15:10 Sapeva infatti che i capi dei sacerdoti lo avevano consegnato per invidia.

Giovanni 12:6 Questo disse non perché si preoccupasse dei poveri, ma perché era un ladro, aveva la borsa e portava via quello che c'era dentro.

Nella stessa situazione, il denaro è diventato un dio. Si desidera il potere e la posizione più di Dio. Molte autorità di organizzazioni o denominazioni cercano voti. Assicuratevi di conoscere il loro stile di vita. Molti mi hanno detto che le persone del mondo religioso hanno problemi di alcol, adulterio, gioco d'azzardo, dipendenza dalla pornografia e avidità. Molti si recano di casa in casa per ottenere cibo e denaro.

Che ne dite di scacciare il demonio, di digiunare, di pregare senza sosta e di guarire? Non parlatene nemmeno.

Quindi, se vedete che questo accade, stiamo per entrare in una nuova dispensazione. Il modo di Dio di salvare le anime non ha avuto effetto a causa del lievito del peccato nell'organizzazione, nelle denominazioni e nelle non denominazioni.

Non si tratta di una piccola quantità lievito, ma di molto lievito entrato nel grumo. Il lievito, che è il peccato, si è unito al corpo di Cristo. È tempo di gridare e di pentirsi. È tempo di cercare chi ama la vostra anima, non il vostro denaro, il vostro sostegno o il vostro voto. Che il Signore ci aiuti a rimuovere il lievito dei peccati in noi e nel corpo di Cristo. Svegliatevi, pentitevi e lavate i vostri peccati battezzandovi nel nome di Gesù e ricevendo lo Spirito Santo perché vi dia il potere di vivere bene nel nome di Gesù.

PREGHIAMO

Signore, sappiamo che il salario del peccato è la morte, la morte eterna all'inferno. Signore, confessiamo il nostro peccato che tutti abbiamo commesso. Ti preghiamo di perdonare tutti i nostri peccati. Che la Tua grazia e la Tua misericordia non si allontanino mai dalla nostra famiglia e da noi! Proteggici dal male e dalla sua presa su di noi. Ti ringraziamo per il sangue purificatore che lava i nostri peccati. Signore, purificaci da tutte le nostre iniquità e dai nostri peccati. Fa' che il Tuo piano si compia per noi. Signore, ti ringraziamo per aver indossato la carne per pagare il mio salario di peccato e per averci dato la vita eterna in cielo. Aiutaci a predicare la verità; tanti trovano questa verità nel nome di Gesù. Amen! Dio vi benedica!

24 MAGGIO

USATE IL VOSTRO AIUTANTE: LO SPIRITO SANTO!

Il Signore ci ha sempre aiutati. Geova Dio ha creato Eva per aiutare Adamo. Ha creato molti Angeli per aiutare i Suoi diversi dipartimenti.

L'erede della salvezza ha bisogno dell'aiuto degli Angeli. Il mondo reale è quello spirituale. Il mondo fisico esiste in virtù del funzionamento di quello spirituale. Il Dio invisibile ha creato tutte le cose visibili, non quelle che vedete. Che il Signore ci aiuti.

Ebrei 1:14 Non sono forse tutti spiriti ministranti, mandati ad operare per coloro che saranno eredi della salvezza?

Il Dio Creatore si prende cura della Sua creazione e conosce la nostra limitata conoscenza del mondo spirituale. Ha creato leggi, precetti e comandamenti per aiutare e proteggere dal dannoso mondo degli spiriti.

La nostra ignoranza di Lucifero e dei suoi tredici angeli impuri cacciati dal cielo prima della nostra esistenza. Non conosciamo i milioni di angeli caduti e contaminati incatenati alle tenebre. Dobbiamo fidarci di Dio e delle Sue vie per evitare tutti i problemi, le prove, le trappole, i fossati e i problemi creati dal diavolo.

Due regni stanno combattendo l'uno contro l'altro. Il diavolo si sta scagliando contro la creazione di Dio con un piano distruttivo. Il diavolo ha un piano fatto di inganni senza sosta e innumerevoli programmi per farci cadere. Dio sta cercando di mantenere la nostra attenzione su di Lui per evitare che cadiamo di nuovo nella trappola, come Adamo ed Eva.

Il diavolo ci prova e ci proverà, ma mantenete la giusta concentrazione e lasciatevi guidare dal Signore. Mantenetevi nei Suoi comandamenti, precetti e leggi. Ne usciremo puliti e protetti.

Nella carne, abbiamo dei limiti, ma seguiamo la verità eterna della Parola, per proteggere. Il Signore ci ha sempre dato un grande aiuto. Gesù, anche nella carne, ci ha dato un esempio, dimostrando quanto sia fedele. Quando il Signore Gesù affrontò un'ardua prova, superò tutti i test della concupiscenza degli occhi, della carne e dell'orgoglio della vita. Gli Angeli vennero a servirlo.

Matteo 4: Allora il diavolo lo lasciò ed ecco che vennero degli angeli a servirlo.

Oggi abbiamo lo Spirito Santo, che è Dio stesso in noi. Dobbiamo solo usare il Suo aiuto. Non usiamo l'aiuto dell'aiutante. C'è sempre un problema di memoria. Prendiamo la strada sbagliata e non impariamo mai a conoscere la via di Dio. È la forza dell'obbedienza. Confidate ciecamente nella Parola di Dio per vedere il risultato che ci si aspettava. Smettete di essere adulti e ascoltate l'onnisciente. Smettere di essere troppo orgogliosi e arroganti. Guardate in che mondo viviamo. Abbiamo lo Spirito Santo che ci guida e conduce, ma ci interessa accettare l'aiuto? La risposta è no. Perché? Abbiamo gli stessi problemi di Eva e Adamo. Imparate a camminare nello Spirito, non nella carne, per evitare molti incidenti di percorso. Rimarrete per sempre sulla terra o passerete di qui?

Che il Signore ci dia saggezza, orecchio per ascoltare e occhi per vedere. Che il Signore ci aiuti a ricordare che Gesù non ci lascerà senza aiuto.

Matteo 26:53 Pensi che io non possa pregare il Padre mio ed egli mi darà più di dodici legioni di angeli?

Le legioni sono molte migliaia, quindi dodici legioni sono molte di più. È il Signore che si meraviglia. Basta fare ciò che viene chiesto.

In questo tempo di fine, Dio ci ha dato lo Spirito Santo come aiuto.

Giovanni 14:16 Poi pregherò il Padre ed egli vi darà un altro Consolatore, perché rimanga con voi per sempre; 26 ma il Consolatore, che è lo Spirito Santo, che il Padre manderà nel mio nome, egli vi insegnerà ogni cosa e vi farà ricordare tutto ciò che vi ho detto.

Giovanni 15:26 Ma quando verrà il consolatore che io vi manderò dal Padre, lo Spirito di verità che procede dal Padre, egli testimonierà di me.

È il miglior aiuto che si possa avere. Quando ho bisogno di qualcuno che mi ricordi, mi faccio sempre aiutare dallo Spirito Santo. Lo Spirito Santo me lo ricorda appena esco di casa. Ogni volta che avete bisogno di assistenza, chiedete allo Spirito Santo, e vi assisterà.

Una volta avevo bisogno di una tovaglia. Invece di andare di negozio in negozio, chiesi allo Spirito Santo di portarmi dove si trovava la tovaglia. Ero dall'altra parte del centro commerciale; lo Spirito Santo mi portò dritto a destra verso il negozio e il reparto, al piano superiore, dove si trovava la tovaglia.

Molti usano la tavola Ouija, i sensitivi o qualsiasi altro aiuto. È meglio che vi rivolgiate allo Spirito Santo. È l'aiuto migliore perché è lo Spirito di verità. Grazie, Signore, per il Tuo Spirito. Se amate la verità, allora usate lo Spirito Santo.

Una delle mie compagne di preghiera aveva bisogno di pregare. È un'anziana signora che deve prendersi cura di sé e dei suoi nipoti.

Lo Spirito Santo mi ha detto per cosa pregare per lei. Lo Spirito Santo mi ha chiesto di pregare per la sua pace e io l'ho fatto. Quando era mattina, mi chiamò. Mi disse: "Ti prego, prega per me". Le ho detto che lo Spirito Santo mi aveva chiesto di pregare per la pace. Ha detto che le ho fatto cadere la pace nel cuore mentre pregavo per lei. Si è alzata e si è messa a fare i suoi bisogni. Non è buono il Signore?

Uso lo Spirito Santo per la mia direzione, per l'orientamento della giornata e persino per lo shopping, per decidere in quale negozio andare o non andare. Mi avvalgo dell'aiuto dello Spirito Santo per attuare il mio piano. Lo Spirito Santo è il nostro aiutante. Basta parlare con lo Spirito Santo più di un oroscopo, di falsi profeti, di amici, di genitori o di altri. Mentre prego sulle persone, lo Spirito Santo mi dirà dove si trova il dolore o il problema. E si tratta sempre di informazioni precise. Signore, donaci un orecchio sensibile, in modo da avere meno confusione, problemi, prove o preoccupazioni. Il Signore ci ha dato uno spirito di verità per guidarci e condurci.

Un'amica al lavoro mi ha chiesto di pregare per lei. Doveva prendere una decisione importante. Ho ascoltato la sua storia e ho pensato che tutto stesse andando per il verso giusto. Le ho detto che Dio si era già preso cura di lei. Per cosa vuoi che preghi? Lei ha ripetuto la stessa storia. Allora ho chiesto allo Spirito Santo per cosa pregare. Lo Spirito Santo ha detto: "Rimprovera il suo nervosismo". Non appena l'ho rimproverata, un'ora dopo è venuta nel mio reparto e ha detto: "Sto bene". Allora le ho raccontato come lo Spirito Santo mi ha aiutata a pregare. Lei era d'accordo, sì, ho smesso di mangiare senza sosta. Mi ha detto che quando sono nervosa, continuava a mangiare.

Quando le persone sono nervose, usano il cibo come un ciuccio o scuotono le gambe, si mangiano le unghie, si toccano i capelli e sviluppano strane abitudini. Ricordatevi di chiedere aiuto allo Spirito Santo. Esso è un aiuto, un conforto, un insegnante, un professore e una guida.

Lo Spirito Santo ci aiuterà a pregare.

Romani 8:26 Allo stesso modo, lo Spirito soccorre anche le nostre infermità, perché non sappiamo che cosa dobbiamo pregare come dovremmo; ma lo Spirito stesso intercede per noi con gemiti che non possono essere pronunciati. 27 E chi scruta i cuori sa qual è la mente dello Spirito, perché egli fa intercessione per i santi secondo la volontà di Dio.

Quando state pregando, non sapendo cosa pregare, il Santo Spirito prende il sopravvento e prega attraverso di voi nella lingua. Il Signore prega attraverso di voi. Non appoggiatevi alla vostra comprensione. Permettete all'aiutante di aiutarvi.

Il Signore ha detto che lo Spirito Santo è una guida e un cammino non corretto:

Giovanni 16:13 Ma quando sarà venuto lo Spirito della verità, egli vi guiderà in tutta la verità; perché non parlerà da sé, ma di tutto ciò che avrà udito, parlerà; e vi mostrerà le cose future.

Una volta avevo bisogno di alcune camicette, così ho pregato per questo. Un pomeriggio stavo lavorando al computer e lo Spirito mi ha chiesto di andare in un determinato negozio. Di solito preferivo andare in posti diversi da quello indicatomi. Ho iniziato a cercare, senza sapere perché fossi lì. Grazie, Signore. In quel negozio ho trovato camicette bellissime a un prezzo ragionevole. Lasciate che vi dica: usate lo Spirito Santo prima di rovinarvi la vita.

Molti si fanno aiutare dallo Spirito Santo dopo aver sbagliato nella propria vita. Allora perché non proteggere se stessi e gli altri? L'umile chiede aiuto.

PREGHIAMO

Signore, ci presentiamo umilmente davanti a te. Aiutaci ad appoggiarci allo Spirito di Dio. Lascia che lo Spirito di Dio ti conduca e ti guidi verso tutti i bei progetti che hai preparato per noi. Signore, fa' che il Tuo Spirito ci conduca accanto ad acque tranquille. Lascia che il Tuo Spirito ci insegni a conoscere le cose nascoste e segrete. Guidaci attraverso la nostra preghiera. Il Signore ci dia la saggezza di Daniele e Giuseppe, ci guidi lo Spirito di Dio. Dio, tu sei Spirito e vogliamo che ci aiuti nel nome di Gesù. Amen! Dio vi benedica!

25 MAGGIO

CATTURATE E LIBERATE!

Il Signore ci concede la saggezza di comprendere il piano di Dio per conquistare le anime. Gesù andò in giro a predicare il regno dei cieli. Ha fatto discepoli e li ha mandati a predicare. Si può vincere l'anima e perderla nel mondo per predicare il Regno di Dio con il potere di guarire, liberare dalla schiavitù e liberare. Non dobbiamo mai identificarci con denominazioni, non denominazioni o organizzazioni. Catturate le anime e liberatele per predicare la buona novella. Amen!

Non vedeva mai una sola famiglia, ma pensava al mondo come a un'unica famiglia. Un vicino è una persona che non è imparentata con la vostra famiglia. Signore, facci capire che sei morto per il peccato di questo mondo. Quando il Signore ha detto "prossimo", intendeva dire di accogliere il mondo come un buon samaritano e di non trattare come hanno fatto i sacerdoti e i Leviti. Le Chiese, i pastori e i Leviti pensano solo a loro, o alcuni si assomigliano. In termini odierni, se la chiesa è costruita su una dottrina specifica o su un credo in cui credo, è mia responsabilità aiutare. I leader religiosi aiutano chi dona molti soldi. Alcuni pensano allo stesso colore, alla stessa nazionalità o a qualsiasi altra scusa che diamo per scappare quando vediamo un bisogno.

Che il Signore ci dia un cuore compassionevole.

Dopo essersi sacrificato per il mondo, Gesù ha rivolto un invito aperto a tutti. Possiamo predicare il Vangelo senza pensare di conquistare le persone alla nostra chiesa, denominazione o organizzazione. Quando conquistate un'anima, assicuratevi di conquistarla per il Regno di Dio. Così Dio potrà usarle in questo mondo. Che il Signore ci dia un'immagine più straordinaria del mondo che muore. Nessuno di noi è morto se non il Signore.

Solo Lui ci aiuta nelle nostre necessità.

Luca 10:29 Ma egli, volendo giustificarsi, disse a Gesù: "E chi è il mio prossimo?". 30 E Gesù, rispondendo, disse: "Un uomo sicuro di sé scendeva da Gerusalemme a Gerico e cadde in mezzo ai ladri, che lo spogliarono, lo ferirono e se ne andarono, lasciandolo mezzo morto. 31 E per caso scese per quella strada un certo sacerdote; e quando lo vide, passò dall'altra parte. 32 E anche un levita, quando fu sul posto, venne a guardarlo e passò dall'altra parte. 33 Ma un certo Samaritano, mentre era in viaggio, giunse dove si trovava; e quando lo vide, passò dall'altra parte. 34 E Gesù disse: "Chi è il mio prossimo? Ma un certo Samaritano, mentre camminava, giunse dove si trovava; e quando lo vide, ne ebbe compassione,34 andò da lui, gli fasciò le ferite, versandovi olio e vino, lo fece salire sulla propria bestia, lo portò a una locanda e si prese cura di lui. 35 E il giorno dopo, quando partì, tirò fuori due soldi, li diede al padrone di casa e gli disse: "Prenditi cura di lui; e se spenderai di più, quando tornerò, ti ripagherò". 36 Chi di questi tre, ora, pensi che sia stato il vicino di colui che è caduto tra i ladri? 37 Ed egli rispose: "Colui che ha avuto misericordia di lui". Allora Gesù gli disse: "Va' e fa' lo stesso".

Un uomo ferito richiede il vostro aiuto. Gesù disse che il sacerdote, il levita e il religioso scapparono via. Ma l'uomo che non era un ebreo purosangue venne ad aiutarlo. Che il Signore mandi solo buoni samaritani quando abbiamo bisogno di aiuto. Non siate religiosi. Il titolo non è importante, ma la virtù sì. Il Signore è misericordioso e compassionevole ed è venuto a liberare i prigionieri. Assicuratevi di essere come Gesù e di essere gentili e misericordiosi. Non voltate la faccia di fronte ai bisognosi. Non credete a tutti coloro che siedono sul pulpito o che tengono il microfono. Ma osservate come trattano chi è nel bisogno. Si prendono cura dei bisognosi? Mostrano compassione verso chi non è membro della loro chiesa? Osservate se aiutano o meno un estraneo nel suo bisogno. Durante una vacanza estiva, mi sono unita alla squadra cristiana in India. Eravamo in una città e andavamo a predicare il Vangelo. Ricordo che uscimmo in due e io ero con una signora straniera. Era una bella ragazza cristiana. Abbiamo bussato alla porta e quando l'uomo è uscito non era arrabbiato con lei, ma ha detto alla signora straniera: "Perché non predichi alla tua gente?". Aveva avuto un'esperienza spiacevole visitando la nazione da cui lei proveniva.

Quindi non siate cristiani solo in chiesa, ma siate battezzanti anche fuori. Rappresentiamo noi stessi e non noi stessi, la chiesa, l'organizzazione. Gesù guarì, liberò e andò a predicare di paese in paese e di città in città. Gesù ha guarito i cuori spezzati. Che il Signore ci liberi dal seguire i preti, le chiese, le denominazioni e le organizzazioni. Seguiamo Gesù! Se lo facciamo, allora abbiamo il regno di Dio sulla terra.

Colore, potere, denaro, lingua, persone o religione non possono controllare il Vangelo di Gesù Cristo. Abbiamo il Vangelo di Gesù da insegnare e predicare con il potere nascosto in noi. È la potenza di Dio che salva, guarisce e libera. Possa il Signore cambiarci dentro e fuori. Ci renda operatori del Regno. Liberaci dal potere della sinagoga, dalle catene delle chiese, delle denominazioni, delle non denominazioni e delle organizzazioni.

Per molti anni sono stata alla ricerca della verità. La Bibbia dice che la verità ci renderà liberi. Sì, ci libera dall'accusa della moglie di Potifar di aver bruciato una fornace ardente e una fossa di leoni. Se volete ricevere le promesse della Parola di Dio, obbedite a essa. Non temete niente e nessuno.

2 Corinzi 13:8 Perché non possiamo fare nulla contro la verità, ma per la verità.

Giovanni 8:32 Conoscerete la verità e la verità vi farà liberi.

Per anni ho frequentato alcune chiese confessionali.

Ho notato che la chiesa pregava e digiunava molto. La musica, la predicazione e l'insegnamento erano presenti, ma mancava qualcosa. Non riuscivo a capirlo. So che avevano il titolo di pastore, di santi, di predicatori, di missionari e tutto il resto. Ma non mi sentivo a posto nel mio spirito. Un giorno chiesi a Dio: "Signore, tutto è corretto, ma qui manca qualcosa. Che cos'è? Sono in un puzzle?". Lo Spirito Santo ha detto che non avevano amore. Se non c'è amore, allora tutto è religione.

È meglio rivolgersi a Dio; il Suo spirito è chiamato spirito di verità e rivelerà la verità. Lo Spirito Santo non ha paura del pastore, di sua moglie, della chiesa, dell'organizzazione o della denominazione.

1 Corinzi 12:31 Ma desiderate ardentemente i doni migliori; e tuttavia vi mostro una via più eccellente.

C'è una via eccellente, e qual è? La carità: *1 Corinzi 13 capitolo è il cammino dell'Amore, che è carità.*

1 Corinzi 13:1 Anche se parlo con le lingue degli uomini e degli angeli e non ho la carità, sono diventato come un bronzo che risuona o un cembalo che tintinna. 2 E anche se ho il dono della profezia, e comprendo tutti i misteri e tutta la conoscenza; e anche se ho tutta la fede, tanto da poter smuovere le montagne, e non ho la carità, non sono nulla. 3 E anche se do tutti i miei beni per nutrire i poveri, e anche se do il mio corpo per essere bruciato, e non ho la carità, non mi giova nulla.

La predicazione e l'insegnamento di Gesù sono di amare come Lui ha amato la Chiesa. Dare tutto per il Regno. Abbandonarsi a Lui. Prendiamo l'anima, poi la perdiamo per l'opera del regno. Non presentateli a chiese, denominazioni o organizzazioni, per favore, ma solo a Gesù. I seguaci di Gesù si prendevano cura degli oppressi, dei depressi, dei feriti e degli indemoniati.

Catturate l'anima e perdetela per costruire il regno di Gesù. Se lo farete, allora nuoteranno verso i luoghi per raggiungere i bisognosi. Saranno liberi di muoversi in questo mondosenza più restrizioni. Lo Spirito Santo avrà di nuovo il controllo. Non ci saranno pressioni per affibbiargli etichette sbagliate. Capite che voi siete la Chiesa. Siete il tempio di Dio. Egli viene in voi; vi vuole per farvi diventare pescatori di uomini. Possiamo far sì che Gesù regni di nuovo se catturiamo e perdiamo i servizi del regno. Credo che questo mondo avrebbe una nuova immagine. Pescate e liberate i santi nati per il Regno di Dio e non per il regno della religione. Amen! Benedizioni!

PREGHIAMO

Grazie, Signore, per essere venuto sulla terra a riacquistare l'autorità che abbiamo perso nel Giardino dell'Eden. Signore, ci hai chiamati a lavorare per il Tuo regno. Questo mondo vedrà il paradiso in terra se permetteremo allo Spirito Santo di operare in noi e attraverso di noi. È Dio che governa in noi se ci liberiamo dalla schiavitù della religione e ci mettiamo a disposizione del Suo regno. Ti preghiamo, Signore, di mandarci operai per la messe. Che il Signore ci dia un peso per il mondo bisognoso, malato, povero, oppresso, depresso e morente! Signore, liberaci da ogni schiavitù per conquistare le anime per il Regno. Signore, fa' che vinciamo molte anime e che le perdiamo per i servizi del regno, nel nome di Gesù. Amen! Dio vi benedica!

26 MAGGIO

DIO OSSERVA E TIENE IL CONTO!

Dio vi osserva dal cielo e vede sempre quello che fate. Ha anche dei libri dove registra i vostri torti e i vostri diritti.

Abbiamo anche quaderni, registratori vocali e videocamere per conservare la documentazione. Anche il nostro sistema mondiale salva i record sul computer. Il Paese tiene un registro di diverse cose (come il dipartimento di polizia e i compleanni; la banca tiene il suo registro. Noi archiviamo per sostenere un record vitale).

Malachia 3:16 Allora quelli che temevano il Signore parlarono l'uno all'altro; il Signore li ascoltò, li udì e fu scritto davanti a lui un libro di memorie per quelli che temevano il Signore e che pensavano al suo nome.

Apostoli 20:21 Poi vidi i morti, piccoli e grandi, stare in piedi davanti a Dio; e i libri furono aperti; e un altro libro fu aperto, che è il libro della vita; e i morti furono giudicati da quelle cose che erano scritte nei libri, secondo le loro opere.

Dio è eterno e preciso nei Suoi affari. Vede quello che fate in ogni momento. Non ci si può nascondere a Dio. Credo che il Signore metterà in scena tutte le nostre azioni con motivazioni davanti ai Suoi occhi. Sarà il vostro registro di vita.

2 Cronache 16:9 Poiché gli occhi dell'Eterno corrono da una parte all'altra di tutta la terra, per mostrarsi forte a favore di coloro il cui cuore è perfetto nei suoi confronti. Hai fatto una sciocchezza; perciò, d'ora in poi, avrai delle guerre.

Dio è un dittatore o vi ama abbastanza da prendersi cura di voi? Che il Signore ci dia un orecchio per ascoltare, in modo da obbedire e dare a Dio la gioia di averci creato. Dio si è pentito di aver creato l'uomo.

Genesi 6:6 Il Signore si pentì di aver fatto l'uomo sulla terra e si addolorò in cuor suo.

I genitori sorvegliano i bambini per guidarli sulla strada giusta. Alcuni bambini hanno bisogno di più e altri di meno correzioni. Siamo tutti diversi. Il Creatore ha dato ai bambini delle responsabilità. La Bibbia dice che c'è un giudizio e ci sono delle conseguenze. Subire una perdita è dalla nostra parte. Dio ha tutti i libri in cielo, e uno è la Bibbia. La Bibbia è quella da cui saremo giudicati. La Bibbia non è lì per prendere polvere. È l'unico libro di istruzioni che il Signore ci ha dato. Tutto può essere meraviglioso se si fa attenzione a essa. Se leggiamo per obbedire, la vita di un individuo e di una nazione sarà serena e tranquilla.

Dio sa come scrivere. Ha dato dieci comandamenti scritti di Suo pugno.

Esodo 31:18 Quando terminò di parlare con lui sul monte Sinai, diede a Mosè due tavole di testimonianza, tavole di pietra scritte con il dito di Dio.

Gesù non è mai andato a scuola, ma sapeva leggere e scrivere.

Giovanni 7:15 I Giudei si meravigliavano, dicendo: "Come fa quest'uomo a sapere le lettere, non avendo mai imparato?"

Ricordate che Dio è onnisciente e onnipotente. Dio conosce il futuro, il presente e il passato.
Alla fine, Dio aprirà la Parola di Dio, la Bibbia. La Parola di Dio scritta ci giudicherà. Crediamo che il Signore Gesù sia il Giudice oggi e in futuro. Se fate del male, il Giudice vi punirà, come dice il libro. Il Giudice non è al di sopra della Legge; la Legge è al di sopra del Giudice. Non potete sfuggire se uccidete, mentite, rubate, uccidete o andate contro la legge.

Che il Signore ci dia la saggezza di osservare le leggi scritte nella Bibbia! La Parola è soprattutto il Suo nome.

Salmi 138:2b. perché hai innalzato la tua parola al di sopra di ogni altro tuo nome

Giovanni 12:48 Chi mi respinge e non accoglie le mie parole, ha uno che lo giudica; la parola che ho pronunciato lo giudicherà nell'ultimo giorno.

Se siete un'anima viva, pentitevi oggi stesso di tutti i vostri peccati. Battezzatevi nel nome di Gesù per lavare tutti i vostri peccati e ricevere la forza dello Spirito Santo per continuare a vivere la vitasanta.

Nell'era del computer, capiamo come funziona il tasto di cancellazione. Dio è meraviglioso. Cancellerà la nostra terribile fedina penale dal Suo computer, così come noi la cancelleremo dal nostro. Non abbiamo bisogno di archiviare i documenti. La nostra fedina sarà cancellata dal libro celeste quando otterremo il perdono nel battesimo d'acqua. È l'incontro più sorprendente quando riceviamo una coscienza pulita battezzando nel nome di Gesù. Non posso paragonare nulla a questa esperienza soprannaturale.

Non è una cerimonia, ma un'esperienza. Il battesimo non serve a iscrivere il proprio nome in un'organizzazione, ma a far sì che i peccati cancellati vengano registrati in cielo. Dio sa come prendersi cura di noi. Abbiamo bisogno di istruzioni per continuare a vivere una vita santa e pulita. Dio ha la documentazione di tutti? Dio ha scritto sessantasei libri della Bibbia, ha impiegato 1600 anni e ha usato quaranta persone diverse in epoche e luoghi diversi.

Con tutto questo, Dio è misericordioso. Perdona se ci pentiamo. Dio è misericordioso con coloro che fanno della Bibbia la loro guida personale e il loro manuale di vita. Se la nazione prende questo libro e lo insegna, allora quel Paese avrà pace, protezione e sicurezza. Le persone imparano con questo libro a distinguere il bene dal male. La Bibbia insegna ad amarsi l'un l'altro. L'amore non farebbe del male al prossimo. Dio è amore e l'amore scorre in questo libro.

Signore, aiutaci ad applicare la Bibbia nella nostra vita quotidiana.

Nel giorno del giudizio, Egli separerà le pecore dalle capre. Il vostro lavoro vi definirà come capra o pecora. Scoprirà dal vostro registro nel libro se avete dato da mangiare agli affamati, se avete vestito gli ignudi, se avete visitato un malato e un carcerato, se avete dato acqua a trenta persone o se avete ospitato uno straniero. Vi preoccupate quando vedete qualcuno malato e vi prendete cura di lui? Avete visitato un malato in ospedale? Comprate cibo per gli affamati? Coprite gli ignudi? Aiutate gli sconosciuti?

Mentre visitavo i convalescenti, ho incontrato una signora anziana. I suoi vestiti erano stretti. Non ho visto coperte in inverno. Così sono andata a fare la spesa. Ho preso tutto ciò di cui aveva bisogno. Alla fine, quando Dio aprirà il libro, sapremo che abbiamo fatto quello che potevamo. Non trovate scuse. "Non ho tempo", "forse i loro parenti si prenderanno cura degli anziani", o "non è il mio lavoro". "Devo andare in chiesa, sono impegnato a lavorare per le denominazioni". È vostro compito andare ad aiutare. Tutti sono nostri vicini e voi potete essere il buon samaritano.

Ho visitato anche un'altra casa di riposo. Ho portato dei guanti e delle calze; la loro reazione è stata: "Oh, ne avevo bisogno". Una signora ha detto: "Come fai a sapere che avevo bisogno di guanti e calze?". Un'altra persona ha comprato dei gratta e vinci. Queste persone sono nelle case di riposo; dobbiamo andare a trovarle e parlare con loro. Aiutarli e spendere un po' di soldi per le loro necessità. Provvedere al loro bisogno. Amo dare a coloro che non possono restituire a me. Perché? Perché aspettarsi un ritorno? Dio dipende da noi. Dio chiamò alcuni "capre", poiché il loro curriculum non mostrava ciò che Dio richiedeva loro. Gesù ha detto di seguirlo; vi ho dato un esempio. Gesù ha fatto un pulpito? Quindi, cioè, era un ladro che rubava soldi? Gesù ha dato un esempio e ha detto: seguitemi, non costruite una croce.

Andate ad aiutare i bisognosi. Fate quello che ha fatto Gesù. Il denaro dato in mano all'operaio andrà al bisognoso. Ricordatevi di dare all'operaio e sarete benedetti. La Bibbia è un business multimilionario per il ladro. Gesù aveva un'attività di guarigione, liberazione e liberazione dei prigionieri. Studiate il loro lavoro, non la parola.

Quando si fa per gli estranei, si fa per il Signore.

Matteo 25:40 Il Re risponderà e dirà loro: "In verità vi dico: in quanto l'avete fatto a uno dei più piccoli di questi miei fratelli, l'avete fatto a me."

Riuscite a immaginare quale sarà la ricompensa per coloro che fanno tutto ciò che Dio richiede loro? Se fate ciò che Dio vi chiede, sarete felici e sorpresi nel vedere la ricompensa nel giorno del giudizio.

Matteo 25:34 Allora il Re dirà loro alla sua destra: "Venite, benedetti del Padre mio, ereditate il regno preparato per voi fin dalla fondazione del mondo."

PREGHIAMO

Mio Dio, vogliamo un cuore d'oro. Vogliamo che le nostre mani siano feconde. Aiutaci a piantare il nostro lavoro verso le persone bisognose. Che il Signore ci dia un orecchio e un cuore sensibili per sentire la fame, il freddo, il dolore, la spinta e la disperazione degli altri. Signore, noi siamo la Tua mano e la Tua gamba. Ci hai dato molte risorse, perciò il Signore ci dà un cuore misericordioso. Ci piace fare ciò che ci hai assegnato. Signore, aiutaci a visitare i malati, gli oppressi e gli indemoniati. Dio, tu hai faticato e hai detto di fare quello che hai fatto tu. Signore, aiutaci ad andare in giro a fare la Tua opera. Non è solo per la nostra famiglia, ma aiuta noi stessi, così saremo la famiglia di coloro che non hanno famiglia, nel nome di Gesù! Amen! Dio vi benedica!

27 MAGGIO

FATE SPAZIO A DIO!

Siete troppo occupati per Dio? Vi siete allontanati da Dio? Siete diventati schiavi e servi del diavolo, il vostro datore di lavoro? Se aveste tenuto in ordine le vostre priorità come ordinato dal Signore, non sareste dove siete. La macchina dell'andare è diventata vostra. Vi siete legati a un lavoro che dura ventiquattro ore su ventiquattro. Siete stati troppo occupati e non avete avuto tempo per Dio. Ora non avete altra scelta che essere schiavi.

Era facile nel Giardino dell'Eden; Dio forniva tutto, ma sostituire Dio con la vostra lussuria e il vostro orgoglio vi ha reso schiavi del diavolo. Siete voi il vostro problema. Che il Signore ci dia l'orecchio per ascoltare e gli occhi per vedere. Quando imparerete ad ascoltare e a obbedire, sono sicura che la vostra vita sarà molto più facile. Quanto siamo disobbedienti a un Dio così meraviglioso?

Alcuni hanno sempre bisogno di migliorare, perché mettere al primo posto i materiali e l'orgoglio ci esclude da facili benedizioni. Ho conquistato molte persone che sono diventate guerrieri della preghiera, ma poi sono diventate occupate e non hanno più tempo per pregare. Chi è importante? Dio o il programma dell'organizzazione? Che Dio ci dia la saggezza di mantenere le nostre priorità. Riprogrammiamo la nostra vita secondo l'ordine stabilito da Dio. La situazione sta peggiorando.

Una volta ho sognato una coppia che avevo avvicinato al Signore. Erano stati coinvolti nella cosiddetta attività della chiesa, ricordate che ho detto azione. Erano su questo treno che andava così veloce che non potevano sfuggirgli. Se siete su questo treno dalla vita breve, fate attenzione. La parata non si fermerà finché il suo percorso o programma non sarà terminato. Dio arriverà e voi sarete nei guai.

Alcuni sono impegnati in attività e non hanno tempo per Dio di continuare il Suo progetto. Marta era occupata. Ha scelto la parte da impegnare, che era meno importante di quella di Maria. Maria sembrava godere della sua vita ascoltando e vivendo della parola di Dio.
Mantenere il Signore dove dovrebbe essere nella vita.

La gente sarebbe stata libera invece di avere due lavori, lavorare come cani e avere ancora bisogno di altro. Un giorno la loro famiglia si sfascerà. Sento dire: "Non posso permettermi le spese". Piuttosto che prendere la strada giusta del Signore ed essere liberi dallo stress, avete fatto una scelta terribile. Aprite la porta al Signore nella vostra vita e liberatevi dallo stress.

Vedo che i cristiani sono troppo occupati, senza tempo per Dio. Non hanno risposto all'incarico di

Dio, non hanno tempo per Gesù. Se avete ignorato Dio, non visitate le povere vedove e le prigioni, e non predicate di casa in casa, di città in città, così ora vediamo spargimenti di sangue ovunque. Dio ha detto di andare in chiesa o di andare a predicare, a scacciare il demonio e a guarire i malati. Che cosa state facendo? Giustificate le vostre azioni! Fate spazio a Dio.

Questa generazione è la più confusa, a causa delle chiese che seguono, dei pastori perduti, dei falsi insegnanti e dei profeti. Dovete svegliarvi. Dio ha detto di predicare, pregare, digiunare e studiare la Parola di Dio. Gesù ha detto: seguitemi. La Parola di Dio si impara praticando, cioè facendo, nel senso che dice.

Molte chiese e ancora spargimenti di sangue, droga, alcol, divorzi, depressione, scoraggiamento e suicidio ovunque. Riunitevi, andate da Dio e dite: "Signore, mi sono perso. Non ho tempo; sono diventato di nuovo schiavo. Liberami dal mio problema". Il Signore sa come farlo. Noi facciamo casino e Dio pulisce se lo lasciamo entrare. Molti hanno fatto errori nella vita con debiti, povertà e malattie, ma il Signore sa come tirarci fuori da tutto. Mettete Dio al primo posto. Lui vi vede, ma anche voi dovete vedere Lui. Incontrare il Creatore. Verificate voi stessi: a che punto siete con Lui oggi?

Quando il diavolo sta divorando tutto il vostro denaro e il vostro tempo e vi sta rubando la vita, Gesù è l'unica via d'uscita. Cacciate via il diavolo, distruggete chi vi ruba il tempo e date il vostro tempo a Gesù. Non dimenticate di seguire Gesù, che ha rovesciato la tavola e ha detto che la tana dei ladri.

Ricordo che la mia vita in America era molto impegnativa. Lavorare per Dio e in un ufficio postale a tempo pieno, era un lavoro difficile. Un giorno, mentre mi chiamava per i Suoi servizi a tempo pieno, mi assicurò di prendermi cura di me stessa. Il Signore mi disse: "Occupati del mio lavoro e io mi occuperò di te". Ho sentito molti amici e familiari lamentarsi delle finanze. Si lamentano sempre di non avere soldi, ma io rispondo che il Signore è il mio fornitore.

Amici, non avete nulla da fare. Ottenere un lavoro e toccare l'assegno può essere una bella sensazione perché è tangibile. Io non vedo denaro tangibile, ma comunque è una bella sensazione dipendere dalla Sua provvidenza. Porta una gioia più grande.

Che il Signore ci dia fame e sete di Lui. Il Suo popolo sta morendo, è malato, ha fame e soffre, e voi vi spostate con il vostro veicolo da una chiesa all'altra. Non ha alcun significato. Voi siete la chiesa; il vostro corpo è il tempio che Dio ha creato per abitarvi.

Di cosa dobbiamo prenderci cura in questa dispensazione? Dio ha detto di visitare gli orfani, le vedove e i sofferenti. Fate spazio a Gesù. Egli farà tutto semplicemente per essere il recipiente che cede.

Gesù andò dall'uomo.

Giovanni 5:5 C'era lì un certo uomo che aveva un'infermità da trentotto anni. 6 Quando Gesù lo vide giacere e seppe che era da molto tempo in quella condizione, gli disse: "Vuoi essere guarito? 7 L'uomo impotente gli rispose: "Signore, quando l'acqua è agitata non ho nessuno che mi metta nella piscina; ma mentre vengo, un altro scende davanti a me". 8 Gesù gli disse: "Alzati, prendi il tuo letto e cammina". 9 E subito l'uomo fu ristabilito, prese il suo letto e camminò; e in quello stesso giorno era il sabato.

Era un giorno di sabato. Forse voi dite che è domenica, giorno di chiesa.

Indossate le scarpe, i vestiti e gli abiti migliori la domenica e andate in chiesa con neanche un minuto di ritardo. Ma Gesù andò a cercare un uomo malato. Dio cerca i malati, i sofferenti, gli oppressi e i posseduti per aiutarli.

Preparatevi digiunando, pregando e studiando la Parola. In questa dispensazione non abbiamo bisogno di edifici, ma siamo la Chiesa. Siamo le mani, i piedi e la bocca di Gesù.

È la malattia del non avere abbastanza soldi. La maggior parte del denaro è destinata a unghie, capelli, scarpe, vestiti, mangiare fuori, fare shopping, vacanze, visite turistiche, e tutte le altre brame e orgogli.

Il vostro desiderio di vivere per Dio è secondario.

Che il Signore ci liberi da ogni schiavitù della lussuria e dell'orgoglio nella vita. Voi siete i vostri schiavi.

Avete mai letto questa parola?

Matteo 6:33 Ma cercate prima il regno di Dio e la sua giustizia, e tutte queste cose vi saranno aggiunte.

Lasciate che vi dica che non si tratta di memorizzare o leggere; si tratta delle promesse di Dio. Le potenti promesse di Dio devono essere applicate nella vostra vita.

Dal giorno in cui mi ha tolto il lavoro, ho lavorato per Dio. Ho sperimentato l'affidabilità delle Sue promesse. Il conto corrente celeste è il luogo in cui attingo le mie provviste. Non mi considero mai povera o al verde, ma ricca, benestante, benedetta e traboccante. Ricevo aiuto dal mio piccolo assegno a molti e ancora ho cesti di avanzi.

Se sono malata, Gesù è il mio medico. Non ho bisogno di andare da qualcuno che non ha idea del mio corpo. Un creatore del mio corpo sa come curare, guarire e fare un miracolo.

Essendo troppo occupate, le persone non passano il tempo a parlare con Colui che le ha create per sé. Essendo troppo occupate nelle attività di costruzione della chiesa, non hanno tempo per prendere l'ordine di Dio di compiere l'opera del Suo Regno. Che tristezza! Sono morti per voi? Hanno detto che vi daranno la vita eterna? Seguite Gesù e non morirete perduti.

Una volta, scacciando il demone, esso disse di essere un membro del coro. Vedete, un cantante e un musicista della chiesa perduta all'inferno.

Matteo 6:31 Non pensate dunque a dire: "Che cosa mangeremo? O: "Che cosa berremo? O: Con che cosa ci vestiremo? 32 (Perché di tutte queste cose cercano i pagani), perché il Padre vostro celeste sa che avete bisogno di tutte queste cose. 34 Non pensate dunque al giorno dopo, perché il giorno dopo penserà alle cose sue. È sufficiente il male del giorno.

Vi piacerebbe riceverlo quando pensate o addirittura prima di chiederlo? Fate spazio nella vostra vita a Gesù. Osserviamo tutto il male intorno a noi, ma camminiamo come zombie, insensibili, ciechi e smarriti. Qual è il nostro problema? Il problema è che siete mal guidati dal diavolo. Avete le mani e le gambe spalancate per sedervi sulla panca anno dopo anno, accettando falsi insegnamenti e unendovi al club dei perduti. Vi siete lasciati guidare dalla vostra brama di carne e dall'orgoglio di vivere. Permettete al Signore Gesù di entrare.

Che il Signore ci dia la comprensione della parola. Le lamentele degli anziani, in tempi passati, erano diverse, ma ora le persone sono differenti.

Dio vi ha dato una buona notizia in mano, ma voi l'avete data al diavolo, proprio come Adamo ed Eva.

Gesù ha superato ciò in cui Adamo ha fallito e ha sottratto al diavolo e lo ha dato a noi. Ma anche noi non siamo servi fedeli e buoni amministratori. Possiamo fargli spazio per occuparsi dei suoi affari? Nel Nome di Gesù, Amen!

PREGHIAMO

Signore, abbiamo un tempo limitato sulla terra. Aiutaci a non rimanere invischiati nell'oscurità. Viviamo tra i perduti. Abbiamo tempo per tutto, tranne che per Te. Aiutaci, Signore, a recuperare la nostra vita, la nostra casa, il nostro paese, la nostra scuola, la nostra città e il nostro Paese. Vediamo il disordine di non essere buoni amministratori della Tua attività, essendo troppo occupati. Signore, aiutaci a confidare in te per la nostra salute, le nostre finanze, le nostre provviste, i nostri figli e la nostra vita. Che il Signore ci dia saggezza, conoscenza e comprensione per essere i migliori operai. Signore, se facciamo spazio a te, ci caricherai di tutti i benefici. Grazie, Signore, nel nome di Gesù, Amen! Dio vi benedica!

28 MAGGIO

LA GUARIGIONE ARRIVA SE SI FA PULIZIA DALL'INTERNO!

Ogni uomo ha un corpo, uno spirito e un'anima. Dobbiamo sapere che i meccanismi umani nel corpo non possono morire. Continuiamo a produrre cellule adatte nel corpo per evitare le malattie. Il destino della nostra anima dipende dal funzionamento dello spirito e della carne. Il peccato carnale causa le nostre malattie. Una persona dotata di amore, gioia, pace, longanimità, dolcezza, bontà, mitezza e misericordia non avrebbe malattie.

Senza dubbio, i trasgressori avranno delle malattie. Trasgredire significava calpestare il comandamento di Dio. La malattia è il bastone correttivo di Dio. Dio, amorevole, usa la malattia come verga di correzione per rallentarci e insegnarci la lezione di comportamento. Molti hanno mal di testa o vomito e pressione alta causati dal peccato che piove dentro di noi. Non gli diamo importanza. Ma quando ci agitiamo, abbiamo mal di testa, mal di stomaco e altri disturbi fisici, capiamo che non è una buona idea. Il perdono è il nostro peggior nemico; i problemi del sistema immunitario sono la causa del cattivo carattere. L'acidità causa un carattere terribile. Molti si giustificano dicendo che qualcuno li ha costretti ad arrabbiarsi. Se perdonate e dimenticate, allora starete bene. Non avrete problemi di salute. Se covate sentimenti negativi, vi causeranno diverse malattie.

Una malattia tira l'altra. Il modo migliore per uscirne è pentirsi dei propri peccati. Forse direte: "Pentirsi di cosa? Ho motivo di arrabbiarmi". No, non ce l'hai; non sei adatto a te stesso. Non avevo mai provato il mal di testa.

Quindi, quando la gente parlava di mal di testa, non capivo.

Ma alcune persone soffrono sempre di mal di testa. Le conosco, hanno un carattere terribile. Pensano che nessuno possa dire loro nulla. Le persone invidiose, gelose e orgogliose soffrono di un disturbo mentale.

Avevo una collega che si faceva sempre consigliare da me. L'ho sempre consigliata e ho pregato per lei. Si sentiva meglio per un po' e poi tornava ad avere lo stesso problema. Aveva un passato difficile. Quando era più giovane, sua sorella non la trattava bene. Una matrigna le faceva finire il cibo che non le piaceva. Ora, potreste dire che tutte queste cose non sono importanti. Ma lei continuava a rivangare il passato. Raccoglieva rifiuti dentro di sé. Spesso è stata ricoverata in un ospedale psichiatrico. Molte volte, senza motivo, si arrabbiava con gli altri. La gente diceva che aveva dimenticato le medicine.

Se maltratta gli altri, va bene, ma se gli altri dicono una parola, si arrabbia, piange e fa i capricci. Capiamo che qui negli Stati Uniti la gente fa la prepotente. Tuttavia, mantenere la nostra salute consiste nel non farci del male.

Alcuni che fanno del male agli altri diventano anche pazzi. Molti bulli sul lavoro diventano alcolisti. Devono stare lontani dal lavoro a causa dell'instabilità mentale. Vediamo che le sparatorie nelle scuole sono il risultato della frustrazione degli studenti. Sono la rabbia interiore, l'amarezza e l'impotenza a causare il trauma mentale. Assicuratevi di trattare le persone con gentilezza. Mostrate compassione e amore. È gratis.

Gli ospedali sono pieni di persone malate; il motivo è la rabbia, il non perdono, la ferita, il cuore spezzato e molti altri problemi legati al peccato. Non lo etichettiamo come peccato perché nessuno vuole credere di essere un peccatore.

Viviamo nella carne e tutta la carne ha peccato. L'inevitabile malattia cresce in ogni essere umano; bisogna sottometterla e tagliarla. Che la radice sia eliminata. Che il Signore ci dia qualcuno come Paolo, Giovanni Battista, insegnanti e predicatori sinceri. La causa mondiale della malattia è il peccato. Il vostro peccato porta le malattie nel vostro corpo per distruggervi.

La mia collega mi ha detto: "Liz, abbiamo litigato, ma il giorno dopo mi hai parlato". Le ho chiesto cosa intendeva. Mi ha detto che se litiga con gli asiatici come litiga con me, non le parleranno. Noi asiatici siamo diversi. Non voglio menzionare la sua nazionalità. Ha detto che se litigassimo non ci guarderemmo nemmeno in faccia. "Ma tu sei diversa; quando mi vedi, mi saluti dicendo: "Ciao, Lucy"". Lei disse: "Mi chiedo perché". Molti anni dopo, mi accorsi che aveva malattie mortali nel corpo. Le spiegai: "Per favore, non lasciare che questo carattere ti controlli. Ti rovinerà". Mi rispose che lo sapeva, ma non potevo aiutarla. Con molte preghiere e consigli, prese il battesimo e ora si è calmata.

Se vedete questo tipo di situazione, pregate per loro. Aiutateli e non fategli del male.

Una volta, prima di visitare una famiglia, Dio mi ha fatto sognare una persona in particolare. Era affetta da un grave diabete. Dio ha messo in luce la sua gelosia. Sua madre le aveva insegnato a non mostrare amore ai suoceri. Quello che ha detto è molto confuso. Genitori, per favore, insegnate ai bambini il bene. I vostri figli sono malati a causa dei vostri consigli sbagliati e dei vostri insegnamenti malvagi.

Una ragazza è venuta dall'India sposando un ragazzo statunitense. Aveva molti spiriti maligni. Era piena di gelosia, di invidia, di bugie e di orgoglio, che influivano sulle sue emozioni. Ha iniziato a tagliarsi. Mi hanno invitata a pregare e abbiamo scacciato i demoni da lei. L'ho trovata scortese e gelosa. Sorpresa, era anche la guida della preghiera della denominazione. Cercai di aiutarla, ma in qualche modo la sua educazione era cattiva. I suoi genitori non hanno mai cercato di insegnare, ma la madre ha usato la bocca contro i suoceri. I genitori non parlano, ma usano la bocca dei figli contro i suoceri. Questo causerà a voi e ai vostri figli malattie e finirete all'inferno.

28 MAGGIO

So che le persone hanno l'HIV, l'AIDS, il cancro e le malattie causate dai peccati. Nessuno, tranne voi, deve soffrire di malattie.

Siate duri con la vostra carne, mortificate ed estirpate tutta la natura peccaminosa con i peccati, per favore. Fatelo con la preghiera, il digiuno e l'obbedienza alla Parola. Il perdono immediato aiuta. Comprate dei regali o benedite donando a chi vi fa del male. Questo porta pace al nemico.
Usate le Scritture contro la vostra carne e liberatevene. Se si tratta di collera, cercate tutte le Scritture sull'ira, leggete e pregate contro di essa. Otterrete la vittoria sulla carne. Potreste dover pregare alcune volte al giorno, ma continuate a pregare contro di essa. Implorate il sangue di Gesù su corpo, anima, peccato e spirito. Chiedete allo Spirito Santo di aiutarvi. Chiedete a qualcuno di pregare per voi. Confessate solo a chi può pregare per voi e non a tutti.

Giovanni 1:9 Se confessiamo i nostri peccati, egli è fedele e giusto da perdonarci i peccati e purificarci da ogni iniquità.

Salmi 32:5 Ho riconosciuto il mio peccato davanti a te e la mia iniquità non l'ho nascosta. Ho detto: "Confesserò le mie trasgressioni all'Eterno, e tu hai perdonato l'iniquità del mio peccato". Selah.

Ricordate che Dio è misericordioso. Se dite: "Signore, perdona il mio peccato", confessate i peccati a Dio, non al padre, alle sorelle o a chiunque altro, perché il peccato è contro Dio. Dio ci ha dato leggi, statuti, precetti e comandamenti; se trasgredite, peccate.

Proverbi 28:13 Chi copre i suoi peccati non prospererà, ma chi li confessa e li abbandona avrà misericordia.

Davide aveva una relazione con Dio. Davide conosceva il suo Dio. Quando il profeta lo affrontò, Davide reagì con una confessione. Per ricordare di non essere come Caino. Non dite che non sapete di cosa sta parlando.

Samuele 12:13 Davide disse a Natan: "Ho peccato contro il Signore". E Natan disse a Davide: "L'Eterno ha cancellato anche il tuo peccato; non morirai". I vostri peccati sono causa di malattia.

Salmi 103:3 Che perdona tutte le tue iniquità, che guarisce tutte le tue malattie, 4 che riscatta la tua vita dalla distruzione, che ti incorona di amorevole bontà e di tenera misericordia.

Dobbiamo amare noi stessi. Se ci si ama, si farà di tutto per aiutarsi.

Dio può aiutarci, cambiando la nostra coscienza colpevole con una pulita. Rimuoverò la presa del potere del vecchio peccato dalla coscienza. Entrate nell'acqua per cancellare il vostro peccato nel nome di Gesù. Studiate il Libro degli Atti prima di battezzarvi. Immergendovi nell'acqua nel nome di Gesù riceverete guarigione, liberazione e salvezza. Dio vi benedica e vi ami.

PREGHIAMO

Signore, tu sei la risposta per i peccati. Ti chiediamo di perdonare e lavare i nostri peccati nel Tuo sangue nascosto nel nome di Gesù. Signore, tutti abbiamo peccato, siamo nati nella natura peccaminosa. Aiutaci a vigilare sempre su noi stessi. Confessiamo di purificarci dalla sporcizia della carne e del peccato. La nostra natura carnale ci causa molti problemi, aiutaci, Signore, e perdonaci, Signore. Aiutaci anche a perdonare gli altri e aiutaci a pregare per gli altri che peccano. Non per parlare contro, ma per pregare per gli altri nelle loro debolezze, nel nome di Gesù. Amen! Dio vi benedica!

29 MAGGIO

IL DIAVOLO SI NASCONDE DIETRO LE CHIESE RELIGIOSE!

Sì, è il posto migliore per nascondersi. Nessuno può dire che siete posseduti da un demone o che siete gestiti dai sistemi demoniaci del mondo. È il luogo in cui Satana si nasconde nelle organizzazioni, denominazioni e non denominazioni.

Il Signore ha messo nel loro cuore l'amore per Gesù, l'amore per la verità più che per la religione! Ci sono diverse chiese in Asia e il Signore si rivolge a loro nel libro della rivelazione. Riuscite a credere che il Signore si sta confrontando con le chiese? Sono queste le chiese? Non sinagoghe, templi o altri centri di culto. Il luogo più pericoloso a cui fare attenzione. Quando Satana predica, controlla, insegna o profetizza, fuggite da loro. Non fatevi fuorviare o ingannare dai titoli. Gesù sta identificando i fatti della loro condizione spirituale. Non è strano che il creatore del vostro corpo ha scelto lo stesso come residenza e lo ha descritto come un tempio?

Il diavolo è un bugiardo, un imbroglione e un malvagio. Lavora giorno e notte per ingannare chi non ama la verità. Il libro dell'Apocalisse è per il futuro, è il libro della profezia. La potenza di Dio è stata rivelata a Giovanni per mostrare che Gesù è Giudice, Re e Dio, ed è morto nella carne per voi. Gesù, la manifestazione dello spirito Dio dell'Antico Testamento. Lo sapete per rivelazione e non attraverso l'insegnamento o la frequentazione di un'università teologica.

Apocalisse 1:1a La rivelazione di Gesù Cristo che Dio gli ha dato.

Quando avrete questa rivelazione, sarete sulla strada della vittoria. Altrimenti, sarete su quella della confusione e dell'oscurità. Che il Signore ci dia la rivelazione di Gesù come ha fatto con Pietro, Paolo e altri che amano Dio. Avere la rivelazione di Gesù è stata un'esperienza fantastica. Anche se una persona retrocede, non crederà che ci sono molti dei. Tutte le parole di Dio hanno bisogno di rivelazione, poiché lo Spirito di Dio ha scritto la parola.

Quando il Signore parla a sette chiese, ricordate che si tratta di chiese. Questa chiesa è partita dalla verità ed è stata costruita sulla roccia. La roccia è una rivelazione di Gesù come Spirito di Geova in carne e ossa. Studiate che tipo di avvertimenti e correzioni vengono dati loro. Non sono io, ma il Signore a dirlo. Che il Signore ci corregga oggi per farci uscire dal fuoco dell'inferno. La religione è la via più pericolosa, chiamata anche via maestra, perché Gesù è la via. Voi pensate di essere nel giusto, ma è il contrario.

Alcune chiese hanno perso il loro primo amore per Cristo e sono scese a compromessi con la cultura per adattarsi alla società. In questo tempo della fine, hanno adottato il modo pagano per ogni festa cristiana. Ci sono sette tipi di stile di vita adottati da noi, che sono menzionati come chiese.

La Chiesa di Efeso ha lavorato duramente e con un solo spirito, ma è morta. Il Signore la rimproverò dicendo che aveva lasciato il suo primo amore. Dio avvertì Efeso di ricordare e tornare a esso. È una questione di vita o di morte. Ricordate sempre che si parla di inferno e di paradiso. Morte eterna all'inferno o vita eterna in cielo! Quindi, amici, non legatevi a nessuno se non al Signore.

La Sua parola è al di sopra di tutto il Suo nome. Obbedite alla Parola e sottomettetevi allo Spirito di Dio per imparare la Parola. Dio non dà lo Spirito Santo per parlare in lingue, ma per essere guidati da esso a compiere opere potenti.

La Chiesa di Smirne ha subito una brutta persecuzione, che ha causato povertà. Quando un Paese perseguita i cristiani sul lavoro, distrugge le loro proprietà e le loro attività, intaccando le finanze. La povertà li colpisce duramente. Il Signore dice di non avere paura delle persecuzioni o della povertà e di rimanere fedeli. Abbiamo una dimora in cielo.

La Chiesa di Pergamo iniziò con la vera fede, ma poi scese a compromessi. Vediamo che le Chiese lo fanno anche al giorno d'oggi. Avevano bisogno di pentirsi, il che significa che anche noi dobbiamo pentirci. Se avete iniziato in modo corretto e ora state andando fuori strada, allora pentitevi e tornate indietro.

L'inizio della Chiesa di Tiatira è stato incredibile. Grande fede e servizi, ma ora si è insinuata l'immoralità.

Hanno bisogno di pentirsi. La Chiesa di Sardi era una chiesa morta. Aveva riempito la chiesa di persone superficiali. Devono svegliarsi, pentirsi e aggrapparsi alla verità.

La Chiesa di Filadelfia è fedele. Non c'è rimprovero per questa chiesa. La chiamiamo buona e affidabile.

La Chiesa di Laodicea è tiepida, né calda né fredda, e ha bisogno di pentirsi, di essere seria e di impegnarsi seriamente nell'opera di Gesù.

Tutte le chiese hanno la lode, tranne quella di Sardi e di Laodicea.

La Chiesa di Smirne e Filadelfia non necessita di rimproveri, ma elogi e consigli per continuare.

Le azioni, le reazioni, le lodi e i rimproveri di queste sette chiese ci mostrano che Dio non governerà in modo diverso.

Tutti noi dobbiamo pentirci e allontanarci dal peccato che stiamo commettendo. Dobbiamo addolorarci e continuare con la verità. Le chiese scenderanno a compromessi, diventeranno superficiali o addirittura tiepide. L'immoralità si insinuerà e si allontanerà dal primo amore, ma se ci pentiamo e ci rivolgiamo a Dio, Egli ci perdonerà e ci accoglierà.

29 MAGGIO

Dio è misericordioso! Dio è lo stesso ieri, oggi e in eterno. Non c'è variazione in Lui. Quindi, se avete adottato una qualsiasi via mondana, pentitevi e ricordate che siete la Chiesa. Egli sta dando una possibilità dopo l'altra di rivolgersi a Lui. Possa il Signore darci una comprensione di Lui.

Il peccato è in tutte queste chiese, tranne due, quindi capite che tutte e cinque le chiese si sono compromesse. Che il Signore ci dia l'amore per la verità e ci aiuti a continuare nella verità. Credete che Satana si nasconda nelle chiese?

È un fatto che le chiese di Corinto, Gallatin, Efeso, Collisioni e molte altre chiese menzionate nella Bibbia hanno rimproveri e lodi. Molti impararono la verità ma se ne andarono. Hanno iniziato a seguire falsi profeti e insegnanti.

Viviamo in un tempo finale che ci permette una maggiore comprensione. Vediamo come le persone vogliono la libertà e si uniscono a un club sociale. Non amano i rimproveri. Non gradiscono le correzioni al loro stile di vita. Dio ha uno standard e noi dobbiamo seguire il Suo modello chiamato Bibbia. Ricordate, non importa quante denominazioni, organizzazioni o chiese fondiamo: non funzionerà. Gesù è la via che ha detto di seguire.

Il diavolo può salire su un pulpito per fuorviarvi. Seguite Gesù, dice la Bibbia. Pentitevi, allontanatevi dalle vostre vie malvagie. Il peccato è peccato agli occhi di Dio. Non potete ridefinire, giustificare o riscrivere la Bibbia accettando stili di vita mondani.

Lasciate che lo Spirito di Dio vi conduca, vi guidi, vi insegni e vi dia la forza di rimanere fedeli a Lui. Se le autorità ecclesiastiche approvano, non significa che Dio approvi. Potete sedervi in chiesa, ma poi? Avrete qualche possibilità nel giorno del giudizio? Amate la vostra anima. Dio può liberarvi e salvarvi se vi pentite e vi rivolgete a Lui. Che il Signore ci dia dei leader come Gesù. Che il Signore ci dia un pastore pronto a morire per la verità, ma che insegni solo questa. È il più grande esempio di Gesù che muore per la verità e resiste. Ha detto che era finita. La persecuzione dei cristiani oggi ci ricorda che molti scenderanno a compromessi, ma alcuni non lo faranno. Lode a Dio!

È tempo; dobbiamo rinfrescarci con la preghiera, il digiuno e la Parola di Dio. Satana cercherà di corrompere molti facendo loro del male e corrompendoli con denaro, potere e posizione. Il diavolo ha cambiato la Bibbia, ma rimane fedele al Signore. Il Signore è fedele! Non fatevi ingannare da Satana.

Ho visto l'organizzazione compromessa, abbandonare il digiuno, la preghiera superficiale, l'assenza di testimonianza e scendere in basso. Seguite Gesù; la Sua parola vi accoglierà e vi custodirà.

Mi sono ricordata del giorno in cui mi trovavo da sola davanti all'altare della chiesa e invocavo Dio. Pregavo perché tornasse la rettitudine e perché ci fossero persone giuste sul pulpito. L'uomo che sembrava il pastore della chiesa mi spinse mentre si alzava dall'angolo. Un angelo caduto si è manifestato e mi ha spinto sulla fronte; sono quasi caduta. Non è stato un sogno, è successo a me in quella chiesa. Non mi ero ancora mossa. Mi inginocchiai sull'altare e iniziai a pregare.

Signore, riporta la preghiera e il digiuno. Nello stesso periodo ebbi una visione. La moglie dello stesso pastore andò al centro e si mise in piedi tra i banchi. Nessuno di loro era presente, ma lo spirito dietro di loro era presente. Questo è chiaramente il modo in cui il diavolo si impossessa dei leader delle chiese. Quando succede, chiedete al Signore di darvi una direzione e uscite. Se l'organizzazione, la chiesa o la denominazione vengono contaminate, allora per favore uscite da lì. Non dovremmo essere chiamati a nutrire il pastore, sua moglie e l'edificio, ma uscire e fare ciò che fece il discepolo. Amate la verità e resistete fino alla fine. Ce la farete. Gesù non vi ha chiamati a seguire altri che Lui. L'arma potente è la verità della Parola. Aggrappatevi alla Parola. Che il Signore vi liberi dal banco e dalla tana e vi tolga le manette alle gambe per andare a Gerusalemme, in Giudea, in Samaria e nella parte più remota del mondo.

Signore, liberaci da tutto e da tutti. Chi contamina? Che il Signore ci dia la verità per essere liberi. Pentiamoci ogni giorno e siamo fedeli fino alla fine. Nel nome di Gesù, Amen!

PREGHIAMO

Signore, riconosciamo che non lottiamo contro la carne e il sangue, ma contro la malvagità spirituale che regna nelle alte sfere. Dacci la forza della Tua parola comespada per distruggere l'opera malvagia di Satana. Che il Signore ci renda obbedienti e sottomessi alla parola di verità. Signore, questo è il tempo della fine. Tutto sta cambiando sotto i nostri occhi, tranne Te. Ti ringraziamo perché non cambi, non fallisci, sei il nostro salvatore e Signore. Aiutaci a essere fedeli fino alla fine e ad aggrapparci a te. Ti siamo grati per tutte le profezie e gli avvertimenti della Bibbia. Tutto ciò che dici nella Parola si sta realizzando davanti ai nostri occhi. Signore, aiutaci a vegliare e a pregare, in modo da sfuggire a tutto ciò che viene contro di noi nel nome di Gesù. Amen! Dio vi benedica!

30 MAGGIO

IL DIAVOLO È UN BUGIARDO E LO SPIRITO SANTO È VERO!

Sappiamo tutti che il diavolo è un bugiardo. È per questo che Dio ci ha dato lo Spirito Santo per guidarci in tutta la verità. Ma la mia domanda è: permettete allo

Spirito Santo di condurvi attraverso i fatti? È innegabile: permettiamo ad altri di sostituirsi allo Spirito Santo. Cercate l'aiuto dello Spirito Santo perché vi diriga? Molti travestimenti, titoli, etichette, chiese e organizzazioni ci ingannano. Permettete allo Spirito Santo di farvi guidare, parlare o orientare verso la verità? È un grande conforto che ci viene dato. Abbiamo fatto un pasticcio nel giardino dell'Eden disobbedendo a un comandamento. Il diavolo ha trovato molti altri modi per ingannarci.

2 Corinzi 2:11 Per evitare che Satana si avvantaggi di noi, perché non ignoriamo le sue mire.

Satana ha trovato qualcosa di sottile nel giardino dell'Eden per portare avanti il suo programma. È innegabile. Nessuno è disponibile a svolgere il ruolo di ingannatore. Il Diavolo è un bugiardo e ha bisogno di qualcuno che svolga tale ruolo, per ingannare la creazione di Dio e strapparla dalla Sua mano. Le benedizioni di Dio sono sulle Sue creazioni, fatte a Sua immagine e somiglianza.

Genesi 1, 26 Dio disse: "Facciamo l'uomo a nostra immagine, a nostra somiglianza, e abbia dominio sui pesci del mare, sugli uccelli del cielo, sul bestiame e su tutta la terra e su ogni animale che striscia sulla terra".

Il bugiardo sa che abbiamo il dominio su tutto. Il diavolo era interessato solo a ciò che il Signore ha messo nelle nostre mani. Ha progettato di derubarci mentendo e ingannando la creazione. In questo modo, gli uomini perderanno di nuovo i loro diritti. L'ignoranza conta? No, non conta. L'ignoranza è un bene per Satana, così il Diavolo può usare la nostra ignoranza per perire. Siete deperibili se non tenete gli occhi e la mente sul possesso datovi da Dio. Egli ha dato tutti i doni con delle condizioni, quindi memorizzate i vostri "fare" e "non fare".

Matteo 10:16 Ecco, io vi mando come pecore in mezzo ai lupi; siate dunque saggi come serpenti e innocui come colombe.

Dio chiamò il serpente "sottile", che vuol dire "astuto" o "furbo". Quindi, quando incontriamo persone astute e furbe, esse intendono sottrarci qualcosa. Il diavolo può portarvi via qualcosa se non fate la guardia.

Tutti i dispositivi o piani malvagi hanno lo scopo di portarvi via qualcosa. L'unica protezione è la Parola di Dio, la verità. La Parola di Dio è fedele. Il Diavolo è un bugiardo, usa trucchi e inganni. È stato meglio con la guida dello Spirito Santo, stando sulla parola della verità. Non si può sopravvivere in altromodo.

Prestate attenzione al Signore, ascoltate la Sua piccola voce.

Mentre viaggiavo in autostrada in California, un agente di polizia mi ha fermata nel cuore della notte. Ho visto una luce lampeggiante, così ho accostato e mi sono fermata. Il mio orario di lavoro era dalle 16.00 a mezzanotte, e se facevo gli straordinari, l'una o le due del mattino.

Ho sentito la voce dello Spirito Santo che mi invitava a non aprire la portiera dell'auto. L'agente di polizia mi chiese di aprire la portiera. Ho abbassato un po' il finestrino. La sua domanda era strana. Mi ha chiesto una cosa personale, tipo: hai un aspetto familiare. Da dove vieni? Sei un'infermiera ecc. Lo Spirito Santo mi aveva già avvertita, quindi non dovevo obbedire, anche se era vestito come un poliziotto che guidava un'auto della polizia. Quando ho risposto a tutte le sue domande senza aprire la porta, ha sorriso e mi ha detto: "Va bene, vai". Vedete, il diavolo è un bugiardo. Non era un agente di polizia. Se avete lo Spirito Santo, non sarete ingannati dal diavolo. Lo Spirito Santo vi condurrà alla verità.

Una volta, in vacanza, mi trovavo in una camera d'albergo. Volevo fare colazione. Il Signore mi disse di non andare. Avevo fame e pensavo di prenderla in un posto sicuro, ma avevo un'emergenza per tornare senza un piano di vita. Più tardi, ho scoperto che il sito era pieno di criminali. Ero in tournée, quindi dovevo sapere quale albergo avevano prenotato. Dobbiamo capire che il diavolo può impersonare chiunque. Imparate ad amare e a obbedire alla verità. Dove vedete il miracolo? Probabilmente da nessuna parte. Assicuratevi che lo Spirito di Dio vi guidi.

2 Tessalonicesi 2:9 Anche lui, la cui venuta è dopo l'opera di Satana con ogni potenza e segni e prodigi bugiardi, 10 e con ogni inganno di iniquità in quelli che periscono, perché non hanno ricevuto l'amore della verità, per essere salvati. 11 E per questo Dio manderà loro una forte illusione, affinché credano.

La Bibbia dice che molti leader di organizzazioni sono agenti del diavolo.

2 Corinzi 11:3 Ma temo che, come il serpente ha ingannato Eva con la sua astuzia, così la vostra mente si corrompa dalla semplicità che è in Cristo. 14 E non c'è da meravigliarsi: Satana si è trasformato in un angelo di luce.

Ricordate, la benedizione di Dio è stata rubata; l'autorità è stata rubata e cacciata dal Giardino dell'Eden con molte maledizioni.

Una delle peggiori era la morte, la morte eterna all'inferno. Potete ancora una volta addurre la scusa che "oh così e cosà, mi ha ingannato come Eva, essa ha dato delle scuse?"

30 MAGGIO

Genesi 3:13 L'Eterno Dio disse alla donna: "Che cosa hai fatto?". E la donna rispose: "Il serpente mi ha ingannata e io ho mangiato."

Potete dire: "Sono andato in questa chiesa e ora sono all'inferno, che il tale e il talaltro mi hanno ingannato?". Fate attenzione: la massima autorità è la parola di Dio.

Lasciate che lo Spirito di Dio vi guidi lontano dal diavolo bugiardo.

1 Giovanni 4:1 Amati, non credete ad ogni spirito, ma provate gli spiriti se sono da Dio, perché moltifalsi

profeti sono andati nel mondo.

Ho finito di digiunare per tre giorni e tre notti senza cibo e acqua. Di nuovo, Dio mi ha chiesto di digiunare per tre giorni e tre notti per qualcuno che aveva bisogno di essere liberato. Così ho fatto, ma tra un giorno e l'altro ho bevuto dell'acqua. Dissi a Dio che avrei fatto una sola infiltrazione.

Non appena ho fatto l'infiltrazione, lo Spirito Santo mi ha detto che doveva fare un'altra volta per tre giorni e tre notti. "Ti ho chiesto di digiunare per tre giorni e tre notti, senza cibo e acqua per la liberazione di una persona". Così ho fatto per la terza volta. Sono così felice di averlo fatto. A quel tempo, non avrei mai potuto nemmeno immaginare che, nel corso della mia vita, avrei visto il digiuno trasformarsi in una dieta kosher. L'interpretazione ingannevole del diavolo si chiama dieta di Daniele. Il diavolo ha ingannato Eva e non si è ancora fermato? "Ti ho ammaccato la testa con il mio calcagno. Non ho l'Alta Guarigione, ma ho la verità e distruggerò i tuoi dispositivi".

Che il Signore ci dia una visione dell'inferno e del paradiso. Abbiamo bisogno di sentire il fuoco e l'inferno più caldo. Basta fissare la lava incandescente. Potremmo farci un'idea.

A volte mi gratto la testa e mi chiedo dove siano i veri profeti e insegnanti il cui interesse è puramente Dio. Se seguiamo la verità, allora non c'è paura nella scuola o nel centro commerciale, non c'è paura dei rapitori. I bambini possono giocare all'aperto. Il mio Signore ci dà la saggezza; avete bisogno del timore di Dio, non della libertà del mondo. Nessuno gestisce la vostra anima all'infuori di voi. Ho visto droghe, alcolisti, malattie mentali, suicidi, bullismo, depressione, scoraggiamento, e chi più ne ha più ne metta. Vi siete mai chiesti cosa sia successo alla religione di una volta? Vi ricordo che la formazione di Gesù contraddiceva le chiese moderne.

Non entrate nell'edificio quando vedete la croce su di esso; ve ne pentirete. È tempo di aprire la Bibbia e lasciare che lo Spirito Santo ci insegni, ci guidi e ci dia il potere di opporci alla volontà del nemico.

Efesini 6:11 Rivestitevi di tutta l'armatura di Dio per poter resistere alle insidie del diavolo.

Ascoltate lo Spirito Santo. Vi ristorerete, ringiovanirete e tornerete sul binario chiamato "via stretta del cielo". Che lo Spirito Santo sia la voce che ascoltate nel nome di Gesù. Amen!

PREGHIAMO

Grazie Signore per averci dato la Parola come luce, lampada e spada. Aiutaci a seguire lo spirito della verità più che la nostra lussuria e il nostro orgoglio. È il vecchio metodo che il diavolo usa per farci del male. Il Signore ci dona l'amore per noi stessi. Siamo noi a mandare noi stessi all'inferno, non il diavolo o le false chiese. Quindi amate la parola, che è anche lo spirito. Lo spirito di verità è la Parola di Dio. Ci dia audacia, coraggio, sottomissione e obbedienza allo Spirito Santo. Abbiamo bisogno del riposo all'interno e per il nostro Paese. In molte chiese vediamo mancanza di speranza e disperazione, perché Satana ci sta di nuovo ingannando. Il diavolo si camuffa dietro le etichette dell'autorità spirituale. Aiutaci a farci guidare dallo Spirito Santo e solo dallo Spirito Santo nel nome di Gesù. Amen!Dio vi benedica!

31 MAGGIO

COSTRUITE IL VOSTRO ALTARE E NON PERDETELO MAI!

Genesi 12:7 Il Signore apparve ad Abram e disse: "Alla tua discendenza darò questo paese"; e lì costruì un altare al Signore che gli era apparso.

Che cos'è l'Altare?

Un altare è una struttura sulla quale si facevano offerte a una divinità. La parola ebraica per altare è Mizbeah [;eBzim], da una radice verbale che significa "macellare". Dal Dizionario Biblico, il greco rende questa parola come thusiasterion [qusiasthvrion], "un luogo di sacrificio".

Come costruire un altare?

Dio ha dato istruzioni specifiche agli israeliti, poiché non è Dio solo di Abramo, ma anche dei suoi discendenti, che sono molti.

Esodo 20:24 Mi farai un altare di terra e vi sacrificherai i tuoi olocausti, le tue offerte di pace, le tue pecore e i tuoi buoi; in tutti i luoghi dove registrerò il mio nome verrò da te e ti benedirò. 25 E se vuoi fammi un altare di pietra,

non la costruirai in pietra grezza, perché se sollevi il tuo strumento su di essa, l'hai inquinata.

Dio voleva che Abramo costruisse un altare dove il Suo nome sarebbe stato onorato. È vero, Dio conosce il Suo popolo e lo incontra. Quando sono stata in India, ho visto qua e là templi indù per i loro idoli.

Abbiamo anche costruito l'altare dove incontrare il nostro Dio vivente. Dio viene al popolo giusto, santo e obbediente. Viene da chi cerca Dio con tutto il cuore e cammina sul Suo sentiero! Dio è reale. Si ricorda dei nostri luoghi di incontro. Anche Isacco, figlio di Abramo, costruì un altare dove incontrò Dio.

Genesi 26:25a Lì costruì un altare e invocò il nome del Signore.

La promessa di Abramo giunse a suo figlio Isacco e a suo figlio Giacobbe. Giacobbe era appassionato di Dio e delle Sue benedizioni e non del cibo. Suo padre e suo nonno gli avevano testimoniato di Dio. Giacobbe era alla ricerca di questo grande Dio. Il suo desiderio era di avere tutto, ma solo da Dio. Non è bello che qualcuno sia pronto a fare tutto e il contrario di tutto per arrivare a Dio? Sono molto colpita dal mio Dio. So che non tutti vogliono invocare Dio per le loro necessità. Egli vede quanta fede abbiamo nel cuore. Il vostro rapporto con Dio inizia quando vi fidate e credete in Lui. Anzi, lo incontrerete come Dio incontrò Giacobbe.

Genesi 28:13 Ed ecco che il Signore si fermò sopra di essa e disse: "Io sono il Signore, Dio di Abramo, tuo padre",

e il Dio di Isacco: il paese dove giaci lo darò a te e alla tua discendenza; 14 la tua discendenza sarà come la polvere della terra e si estenderà a occidente, a oriente, a settentrione e a mezzogiorno; e in te e nella tua discendenza saranno benedette tutte le famiglie della terra. 15 Ed ecco, io sono con te, ti custodirò in tutti i luoghi dove andrai e ti ricondurrò in questo paese, perché non ti lascerò finché non avrò fatto ciò di cui ti ho parlato". 18 Giacobbe si alzò di buon mattino, prese la pietra che aveva messo come cuscino, la eresse a colonna e vi versò sopra dell'olio. 19a E chiamò quel luogo Betel.

Per ordine di Dio, Giacobbe stava tornando dopo vent'anni nella terra promessa. Dio chiese a Giacobbe di recarsi nel luogo in cui lo aveva incontrato una volta.

Genesi 35:1 Dio disse a Giacobbe: "Alzati, sali a Betel e dimora lì; e costruisci lì un altare a Dio, che ti è apparso quando fuggivi dalla faccia di Esaù, tuo fratello". 7 Giacobbe costruì lì un altare e chiamò il luogo Elbethel, perché lì Dio gli apparve quando fuggiva dalla faccia di suo fratello.

Tutti noi dovremmo costruire il nostro altare. Avevo un'amica che era una potente guerriera. Mi disse che aveva l'altare in un piccolo armadio. Teneva le sue lenzuola e pregava lì quasi tutta la notte. Dio l'ha usata con forza nella Chiesa e anche per me!

Quando Dio mi ha mandata in Texas, inizialmente mi stavo ammalando molto. Mentre mi trasferivo in questo Paese, ho affrontato molte opposizioni.

Essendo sola, il diavolo stava attaccando il mio destino. Poiché mi stavo ammalando molto, mi chiesi se fosse la volontà di Dio a trasferirmi in Texas o se non l'avessi capita. Durante il servizio domenicale in chiesa, il pastore chiamò i santi di Dio a venire all'altare. Disse che quella chiamata all'altare era per i santi di Dio. Capii subito che era per me. Andai all'altare e mi inginocchiai. Mentre pregavo, chiesi a Dio: "Signore, parla con me oggi. È questa la tua volontà che io sia qui, o non sto capendo?"

Anche questa donna guerriera della preghiera stava pregando sull'altare. Si è girata, mi ha messo la mano addosso e ha iniziato a parlare nella lingua dello Spirito Santo e a interpretare. Dio ha parlato attraverso la sua bocca. "Perché dubiti di me; ti ho portata qui. Non puoi fidarti di me?". Continuava a ripeterlo. Mentre pregava, la febbre se ne andò e mi sentii più leggera. Non sapeva cosa mi stesse succedendo.

Mi ha detto che pensava fossi una fumatrice accanita. "Ho sentito l'odore di sigaretta", ha detto. Poi ha detto: "Ho capito che quando sento l'odore di sigaretta, quello è lo spirito della paura. Così ho capito che eri sotto attacco di Satana". Ero così felice per le persone che hanno costruito l'altare.

31 MAGGIO

In seguito, si è allontanata da Dio. Era confusa e oggi non conosco il suo cammino spirituale con Dio. Conservate il vostro altare. Non perdetelo mai. Il diavolo vuole prendere di mira il vostro luogo di incontro.

Avevo un'amica in California. Nel parco, lei pregava e incontrava Dio sotto un albero particolare. Diceva: "Sento sempre Dio in quel posto".

Dobbiamo avere il nostro luogo di incontro con Dio. Il luogo in cui Lo si incontra rimarrà santo di generazione in generazione.

Geroboamo profanò il luogo di Betel e divenne il primo re del Regno del Nord. Il suo motivo era sbagliato. Non voleva che la gente incontrasse Dio, ma che si allontanasse dal Dio vivente. Se si ha un cuore ingannevole, il diavolo mette il motivo e il desiderio sbagliato. Si fece consigliare da altri. Mise dei vitelli e fece degli israeliti degli adoratori di idoli.

I vitelli non sono Dio. Geova Dio li ha portati nella terra promessa dall'Egitto, non i vitelli.

1 Re 12:28 Allora il re prese consiglio, fece due vitelli d'oro e disse loro: "È troppo per voi salire a Gerusalemme; guardate i vostri dèi, o Israele, che vi hanno fatto uscire dal paese d'Egitto". 29 E pose l'uno a Betel e l'altro a Dan.

Un falso dio ha sostituito l'adorazione del vero Dio. Che il Signore ci aiuti a non perdere il nostro motivo.

In seguito, gli israeliti persero la loro patria e furono allontanati dalla terra promessa.

Oggi Dio ci ha promesso l'eletto per le dimore del cielo. Assicuratevi di avere l'altare e pregate giorno e notte. Incontrate Dio nel luogo che ha scelto per contattarvi. Lasciate che i vostri figli vi vedano pregare e invocare Gesù. Lasciate che i vostri figli imparino una cosa da voi: hanno bisogno di un altare per incontrare il loro Dio. Il nostro Dio non lo facciamo d'oro o di pietra. Il nostro Dio ci ha creati. Egli ama anche stare in comunione con noi. Parla con coloro il cui cuore è perfetto nei Suoi confronti. La nostra preghiera è come un profumo, uno dolce. Egli vuole sentire il profumo della vostra preghiera. Venite davanti a Lui e pregate.

Salmi 141:2 La mia preghiera sia esposta davanti a te come incenso e l'elevazione delle mie mani come il sacrificio della sera.

Dio ha un Altare in cielo.

Apocalisse 8, 3 Poi venne un altro angelo e si fermò presso l'altare, con un incensiere d'oro; e gli fu dato molto incenso, perché lo offrisse con le preghiere di tutti i santi sull'altare d'oro, che era davanti al trono. 4 E il fumo dell'incenso, che veniva con le preghiere dei santi, saliva davanti a Dio dalla mano dell'angelo. 5 Poi l'angelo prese l'incensiere, lo riempì del fuoco dell'Altare e lo gettò sulla terra; e ci furono voci, tuoni, lampi e un terremoto.

PREGHIAMO

Signore, nostro padre della fede, Abramo aveva un luogo di incontro. Lo chiamava Altare. Noi desideriamo incontrarti dove possiamo dire: "Signore, questo è il mio altare". Signore, lì veniamo a incontrarti. Dacci un orecchio per ascoltarti. Dacci l'Altare dove le promesse di Dio si rinnovano nella vita nostra, dei nostri figli e dei loro figli. Vogliamo che l'Altare non sia mai sostituito da un motivo sbagliato e che si perdano le nostre promesse. Signore, non vogliamo perdere la nostra benedizione e la nostra terra. Che il Signore ci aiuti a ricordare che il nostro incontro con
Lui è più importante di vitelli, idoli o altro. Percepiamo il motivo della perdita della terra promessa, poiché la gente era affamata di potere. Aiutaci a non ripetere mai gli stessi errori nel nome di Gesù. Amen! Dio vi benedica!

GIUGNO

1 GIUGNO

TEMETE IL GIUDICE GESÙ!

Nel mondo secolare, abbiamo giudici che decidono il bene e il male. Quando le persone sbagliano, devono comparire davanti al giudice. Quando ci si presenta davanti a questo, si sa che la propria vita dipende dal giudizio. Egli può mostrare misericordia o punire o fare ciò che ritiene giusto secondo la legge. Ogni nazione, paese, stato e città ha una legge, un giudice e un sistema giudiziario. Il sistema del mondo deve seguire leggi e statuti. Per far rispettare la legge, è necessario un sistema di supervisori. Ma in ogni governo mondiale, qualcosa manca o non va bene. Abbiamo chiamato Dio giudice anche perché ha un regno. Ha leggi, comandamenti e precetti. Tutti i suoi "sì" e "no" sono per la nostra sicurezza e per il nostro bene. Il nostro Signore è giusto e il giudice supremo, anche rispetto al giudice terreno. Egli è il giudice su tutti i giudici. Il Suo regno è su tutta la terra. Dobbiamo scrivere le Sue leggi nel nostro cuore. Il Signore cerca qualcuno che segua le Sue leggi. Vuole qualcuno che le osservi e le faccia rispettare. Non vuole qualcuno che ne parli, ma che le segua.

Isaia 33:22 Perché il Signore è il nostro giudice, il Signore è il nostro legislatore, il Signore è il nostro re, egli ci salverà.

Il Signore ci ha dato la legge e nulla è al di fuori di essa. Per portare il regno di Dio sulla terra, bisogna osservare la legge e non infrangerla calpestandola. Potrete godere del vostro soggiorno sulla terra se obbedirete alle Sue leggi, ai Suoi comandamenti e ai Suoi statuti. Se non osservate la legge, sarete maledetti e allontanati dalla terra. La Bibbia dice che ogni regno ha il suo giudice nel regno di Dio. Richiede che il giudice cammini secondo la legge. Lo Stato di diritto. Perciò il re renda alla legge ciò che la legge gli dà, cioè il dominio e il potere; "perché non c'è re dove la volontà, e non la legge, esercita il dominio". Così scriveva Enrico di Bracton. Se il giudice infrange la legge, deve essere punito, come dice la legge. Dio è il giudice di tutta la Sua creazione. Ha rivelato il giudizio contro Sodoma e Gomorra. Abramo iniziò ad appellarsi alle città. Dio mostrò le colpe e le trasgressioni di quelle città:

Genesi 18:25 che è lontano da te fare così, uccidere il giusto con l'empio; e che il giusto sia come l'empio, è lontano da te: il giudice di tutta la terra non farà forse il bene?

Dio disse che non avrebbe trovato dieci giusti in entrambe le città se avesse risparmiato le città.

Genesi 18:32 Egli disse: "Il Signore non si adiri e io non parlerò che questa volta: Forse ne troveremo dieci". Ed egli disse: "Non lo distruggerò per dieci."

1 GIUGNO

Il Signore non era pronto a rovesciare la nazione se avesse trovato alcune persone buone. Dio li giudicò in base ai loro peccati. Il peccato di omosessualità porta il giudizio e spazzerà via i peccatori con le loro città. Non c'è rimedio al peccato a meno che non si pentano. Ma le possibilità di pentimento sono molto basse, poiché questo tipo di peccato è direttamente contro Dio.

Romani 1:28 E siccome non volevano conservare Dio nella loro conoscenza, Dio li ha abbandonati a una mente riprovevole, per fare le cose che non sono convenienti;

Nessuno è al di sopra delle leggi e nessuno può sfuggire al Suo giudizio. Il modo migliore è emendarsi. Ma in alcune situazioni, come l'omosessualità, non si può tornare indietro, ma solo il giudizio. Dio diede la terra al discendente di Abramo, dove i peccati di quella città erano oltre la testa. Stavano aspettando il giudizio.

Genesi 15:16 Ma alla quarta generazione torneranno qui, perché l'iniquità degli Amorrei non è ancora completa.

La terra promessa deve raggiungere l'apice del peccato per eseguire il giudizio. Dio può sfrattare le persone dalla terra solo se hanno commesso tale o tal altro peccato. Altrimenti, il Signore non può eseguire il giudizio di evacuazione dalla loro terra.

Deuteronomio 7:1 Quando l'Eterno, il tuo Dio, ti introdurrà nel paese dove andrai a prenderlo in possesso, e avrà scacciato davanti a te molte nazioni, gli Ittiti, i Girguaziti, gli Amorrei, i Cananei, i Perizziti, gli Hiviti e i Gebusei, sette nazioni più grandi e più potenti di te; possiamo rimanere nella terra dei vivi solo se osserviamo le leggi di Dio.

Salmi 127:1 Se il Signore non costruisce la casa, invano lavorano quelli che la costruiscono; se il Signore non custodisce la città, invano veglia il guardiano.

La vostra città può essere sicura e protetta solo se Dio veglia su di essa. Se desiderate che Dio vi protegga, osservate i Suoi comandamenti e le Sue leggi. Non oltrepassate il limite e le Sue leggi. C'è benedizione e sicurezza se viviamo secondo le leggi di Dio. Sentiamo continuamente notizie di stupri, molestie di bambini, fornicazione e adulterio da quando le donne hanno iniziato a togliersi i vestiti. La prima correzione nel Giardino dell'Eden è stata il velo, niente più nudità. Il grembiule non ci protegge, così il Signore ha creato una veste per coprire il male dai nostri occhi. Se non si seguono le leggi di Dio, si assiste al risultato devastante che vediamo oggi. Non stupitevi, ma diventate più saggi.

I vestiti servono a coprire il corpo. Non mettetelo in mostra se non potete permettervi una guardia del corpo. Il diavolo sta facendo del suo meglio per farvi cadere e distruggervi, quindi siate saggi e vivete secondo la parola di Dio. La Bibbia parla di benedizioni se si osservano i requisiti. Le maledizioni sono il giudizio se non si obbedisce a Dio. Commettiamo peccati diversi come individui e come Paesi. Se un individuo pecca, c'è un giudizio di malattia, povertà, carestia, inondazione, peste e altro ancora. Tutte le vostre azioni determineranno l'effetto in cui avete mancato, deviato o trasgredito alle leggi e ai comandamenti di Dio. Quando arriverete all'estremo, sarete esclusi dalla terra che vi è stata data. Dio è il Giudice Capo, con occhi e orecchie per vedere le vostre azioni. Temete Dio e nessun altro. Sarete ristabiliti se temerete il Signore e modificherete le vostre vie.

Dio avvertì la città peccatrice di Ninive. Inviò il Suo portavoce Giona per avvertirli. Geova Dio rivelò un piano di giudizio e di tempo se non si fossero pentiti.

Giona 1:2 Alzati, vai a Ninive, quella grande città, e grida contro di essa, perché la loro malvagità è salita davanti a me.

Dio è giusto e retto. Farà sempre la cosa giusta.

Giona 3:4 Giona si avviò verso la città per un giorno di cammino e, gridando, disse: "Ancora quaranta giorni e Ninive sarà distrutta".

Tutti si pentirono quando ascoltarono la predicazione, dal re alla persona più umile e agli animali. Il Signore vide il cambiamento di azione e il pentimento.

Giona 3:5 Allora il popolo di Ninive credette a Dio, proclamò un digiuno e si vestì di sacco, dal più grande al più piccolo.

Dio ricompensa coloro che lo cercano diligentemente. La terra ha bisogno di pentirsi come Ninive. Inizia con il capo della nazione. Re, regina, primo ministro o presidente. Quando i capi non conoscono il Signore, allora si vede che la terra ha un sacco, non c'è acqua, non c'è cibo, non c'è lavoro, la terra è arida e non c'è nulla che prosperi. Aprite la Bibbia. Cominciate a fare ciò che Dio dice. Riallineate la vostra vita alla Parola di Dio! Ridedicate la vostra vita e il vostro Paese! Il governante deve avere un sano timore di Dio. Il giudizio è per i senza legge, i ribelli e i disobbedienti. Dio non ha scusato nessuno.

1 Pietro 4:17 Poiché è giunto il momento che il giudizio cominci dalla casa di Dio; e se prima comincia da noi, quale sarà la fine di quelli che non obbediscono al Vangelo di Dio?

Il Signore ci giudicherà e ci premierà o punirà in base alle nostre azioni:

2 Corinzi 5:10 Tutti infatti dobbiamo comparire davanti al seggio del giudizio di Cristo, affinché ciascuno riceva le cose fatte nel suo corpo, secondo ciò che ha fatto, sia in bene che in male.

Temete il Giudice della Terra. Il suo nome è Gesù!

PREGHIAMO

Padre celeste, ti ringraziamo per averci dato la possibilità di soggiornare sulla terra. La nostra permanenza è temporanea con una condizione, quindi aiutaci a fare esattamente come hai comandato. Vogliamo vivere ed essere benedetti su questa terra. Aiutaci a seguire la parola di Dio. Il Signore ci dà la saggezza. Dacci veri profeti e maestri che ci spieghino le vie di Dio. Vogliamo trovare le vie di Dio per essere benedetti e avere il riposo eterno in cielo nel nome di Gesù. Amen! Dio vi benedica!

2 GIUGNO

ALLONTANATE L'EGITTO DA VOI!

Ridussero in schiavitù gli Ebrei in un Paese chiamato Egitto. Gli ebrei sopravvissero alla carestia e andarono a Goshen, in Egitto. In seguito, quando Giuseppe passò sotto nuove autorità, divennero schiavi in Egitto. Gli Israeliti, o Ebrei, rimasero qui per 430 anni.

Esodo 12:40 Il soggiorno dei figli d'Israele, che abitavano in Egitto, fu di quattrocentotrenta anni. 41 Alla fine dei quattrocentotrenta anni, lo stesso giorno, tutte le schiere del Signore uscirono dal paese d'Egitto.

Gli israeliti rimasero in Egitto per oltre quattro generazioni! Dio fu misericordioso con i discendenti di Abramo. Un giorno, come il Signore aveva promesso ad Abramo, fece uscire gli Ebrei dalla schiavitù in Egitto. Ci vollero alcune settimane per far uscire gli Ebrei dal Paese, ma ci vollero quarant' anni per far uscire l'Egitto dagli Ebrei. In Egitto, il Signore mostrò molti miracoli agli Ebrei. Gli israeliti sapevano che Dio aveva una lunga mano per salvarli e che manteneva la potente differenza tra il Suo popolo, chiamato israelita o ebreo, e gli egiziani. Che il Signore ci faccia capire che il nostro Dio è un custode dell'alleanza. Egli ricorda l'alleanza per sempre, ma il problema è che noi la dimentichiamo o non riusciamo ad aspettare.

Il Signore ha mostrato miracoli per dimostrare il Suo potere di liberazione. Il vostro Dio può liberare, guarire, provvedere, combattere, liberare e operare meravigliosamente.

Molti devono scrivere tutto ciò che Dio fa per noi, in modo da poterlo ricordare e imparare a non lamentarsi.

Isaia 40:28 Non lo sai? Non hai sentito che il Dio eterno, il Signore, il Creatore dei confini della terra, non si stanca e non si affatica? Non si cerca la sua comprensione.

Questo è il Dio eterno. Egli è Alfa e Omega, principio e fine, primo e ultimo. La Parola di Dio dichiara la Sua sapienza, conoscenza e potenza.

Ricordate, il Signore ha detto che nulla è impossibile; tutto è possibile per Lui. Imparate il vostro Dio obbedendo alla Parola; Egli si dimostra.

Il loro padrone aveva sconfitto gli israeliti in Egitto e loro non avevano via d'uscita. Vedendo tutti i miracoli del Signore, danzarono e si rallegrarono.

Quando hanno visto i problemi, si sono dimenticati di Dio e hanno iniziato a dubitare di Lui. Riportarono le calamità a causa della paura, delle critiche e dei mormorii. Il Signore portò le dieci piaghe come arma per combattere contro gli Egiziani. Dio mostrò la Sua potente mano destra, che significa la mano dei miracoli e della potenza. Dio è Spirito. Non c'è una mano, ma la potenza di Dio è chiamata mano destra.

Il Mar Rosso fu diviso da Dio, che li salvò. Le truppe nemiche furono seppellite nel mare. Queste sono chiamate le opere della mano destra di Dio, perché questa è la potenza di Dio.
Ma gli Ebrei continuavano a dimenticarlo perché l'Egitto era ancora in loro.

Esodo 15: 23,24 Quando giunsero a Marah, non poterono bere delle acque di Marah, perché erano amare; per questo la chiamarono Marah. E il popolo mormorò contro Mosè, dicendo: "Che cosa berremo?"

Nel deserto di Sin, si lamentavano del cibo.

Di che cosa vi lamentate? Ricordate la liberazione di Dio della vostra anima dalla schiavitù dei peccati e delle malattie. Non lamentatevi e non desiderate tornare al vostro vecchio vomito. Che il Signore ci dia un cuore grato. Non c'è nulla in questo mondo. Che il mondo sia fuori dal vostro cuore. Eliminate il mondo dal vostro cuore. Vi porterà in schiavitù per distruggervi. Non ricordate il sapore, l'odore e il tatto del mondo: è spento. Non lamentatevi. Alla fine il Signore si stuferà e voi perderete la vostra salivazione.

Esodo 16:3 I figli d'Israele dissero loro: "Volesse il cielo che fossimo morti per mano del Signore nel paese d'Egitto, quando ci sedevamo accanto ai carnai e mangiavamo pane a sazietà, perché ci avete condotti in questo deserto per far morire di fame tutta questa assemblea. 12 Ho udito le mormorazioni dei figli d'Israele; parlate loro dicendo: "Alla sera mangerete carne e al mattino sarete saziati di pane; e conoscerete che io sono il Signore vostro Dio."

Dio mandò la Manna dal cielo per nutrire gli Ebrei e li coccolò nel deserto, facendo dimenticare loro la dura schiavitù in Egitto.

A Rephidim si lamentano dell'acqua.

Esodo 17:3 Lì il popolo aveva sete di acqua e il popolo mormorava contro Mosè e diceva: "Perché ci hai fatto uscire dall'Egitto per uccidere di sete noi, i nostri figli e il nostro bestiame?"

Cercarono di lapidare Mosè e volevano tornare in Egitto. Vedete, erano liberi dalla schiavitù, ma non da quella interiore.

Il Signore ascoltò il loro reclamo:

6 "Ecco, io starò davanti a te là sulla roccia in Horeb; tu colpisci la roccia e ne uscirà dell'acqua che il popolo potrà bere". E Mosè fece così davanti agli anziani d'Israele.
Tentarono Dio dicendo: "C'è un Dio in mezzo a noi? Quel luogo si chiama Massah (che significa tentazione o prova). Avete Massah dentro di voi? State tentando Dio nella prova o nella fiducia?"

Il Signore si stancò degli Israeliti. Non si sono mai liberati dell'Egitto dal loro cuore. L'Egitto è il mondo. Eliminate il mondo e non parlate del piacere che avete avuto nel mondo. Ricordate la bontà del Signore. Molti si smarriscono dopo aver provato il Suo amore, aver visto la bontà di Dio e la liberazione. Non rimuovere il mondo dal nostro cuore sarà un ostacolo. Rimuovete il mondo dall'interno.

Numeri 14:11 Il Signore disse a Mosè: "Fino a quando questo popolo mi provocherà e fino a quando mi crederà, per tutti i segni che ho manifestato in mezzo a loro? 12 Li colpirò con la peste, li diserederò e farò di te una nazione più grande e più forte di loro".

Dio ha visto il cuore del suo servo, Caleb.

Numeri 14:24 Ma il mio servo Caleb, poiché aveva con sé un altro spirito e mi ha seguito pienamente, lo farò entrare nel paese dove è andato, e la sua discendenza lo possederà.

Dopo avervi salvato dalla Parola, Dio può distruggere, rinnegare e diseredare se non vi allontanate dal mondo.

Numeri 14:28 Di' loro: "Com'è vero che io vivo, dice il Signore, come avete parlato ai miei orecchi, così farò a voi". 29 Le vostre carcasse cadranno in questo deserto, e tutti quelli che erano stati censiti tra di voi, secondo il vostro intero numero, dall'età di vent'anni in su, che hanno mormorato contro di me.

Pentiamoci e ricordiamoci di eliminare il mondo dall'interno. Nel mondo ci sono tristezza, problemi e angoscia. Eliminiamo le lamentele e i mormorii e sostituiamole con parole buone e gentili, dando gloria a Dio.

Siate grati per ogni prova, liberazione e bontà di Dio. Egli fa ogni bene. Se avete un cuore grato, non perderete mai la vostra salvezza. Eliminate il gusto, l'odore e il desiderio del mondo. Così possiamo godere pienamente delle promesse di Dio. Più di cinquemila promesse sono per voi se allontanate l'Egitto da voi.

PREGHIAMO

Signore, siamo fragili e tendiamo a dimenticare. Dimentichiamo ciò che hai fatto per noi ieri. Ma se Ti rendiamo gloria e onore per la potente liberazione, non dimenticheremo mai ciò che hai fatto per noi. Che il Signore ci aiuti a rimuovere l'inganno del mondo dal nostro cuore. C'è la brama degli occhi, della carne e l'orgoglio di vivere nel mondo. Possiamo perdere la nostra salvezza, la guarigione e la liberazione se non la teniamo stretta. Ti ringraziamo per la Tua provvidenza, la pace e il conforto dello Spirito Santo. Ci hai liberato da tutti i nostri nemici e ci hai posto in alto con te. Possa il nostro Signore mettere la lode sulle nostre labbra e la gratitudine nei nostri cuori nel nome di Gesù. Amen! Dio vi benedica!

3 GIUGNO

COME ATTIVARE IL VOSTRO MIRACOLO!

Il Signore Gesù ha detto: "Io sono la via". Se usate la via di Dio e non la vostra, allora attiverete tutte le promesse, compresi i miracoli.

La chiave è l'obbedienza; l'azione richiede la vostra parte per riscattare le promesse.

Dio dice: fate come sembra. Non aggiungete, non sottraete. Capite che è rischioso se lo perdete.

La Bibbia dice in:

Apocalisse 22:18 Poiché io attesto a chiunque ascolti le parole della profezia di questo libro: se qualcuno aggiungerà a queste cose, Dio gli aggiungerà le piaghe che sono scritte in questo libro; 19 e se qualcuno toglierà dalle parole del libro di questa profezia, Dio toglierà la sua parte dal libro della vita, dalla città santa e dalle cose che sono scritte in questo libro.

È facile e sicuro fare come dice Dio.

Una volta, durante la riunione di comunione, il profeta chiese diverse offerte. Una signora ha dato quella cifra per l'offerta e la profezia si è realizzata per lei. Significa che state vendendo la profezia?

La profezia viene da Dio; il profeta non conosce la situazione senza l'intervento di Dio. È il Signore che fornisce informazioni al profeta. Quindi Dio la sta vendendo, oppure voi state attivando la nostra profezia facendo un'offerta, un'offerta sacrificale o un'offerta unica. Per attivare il vostro miracolo, obbedite alla parola del profeta. Comprendete che l'obbedienza è meglio del sacrificio.

1 Samuele 15:22 Samuele disse: "L'Eterno si compiace tanto degli olocausti e dei sacrifici quanto dell'obbedienza alla voce dell'Eterno? Ecco, obbedire è meglio del sacrificio, e ascoltare è meglio del grasso dei montoni."

Dio scelse il Re Saul come re d'Israele. Doveva superare alcune prove per ricevere la carica per sé e per i suoi discendenti. Lavorare per il regno di Dio ha delle regole da rispettare. Anche i profeti, i leviti e i re devono obbedire. Se non si obbedisce, si viene scacciati senza ricevere la benedizione. Vi fornisco alcuni esempi. Dio mandò il profeta Elia a Zarefath da una vedova. Una vedova? Sì, una vedova!

3 GIUGNO

1 Re 17:12 Ella rispose: "Come vive l'Eterno, il tuo Dio, non ho una torta, ma una manciata di farina in un barile e un po' d'olio in una cesta; ed ecco, sto raccogliendo due bastoni per andare a prepararla per me e per mio figlio, affinché la mangiamo e moriamo". 13 Elia le disse: "Non temere, va' e fa' come hai detto; ma prima fammi un po' di torta, portamela e poi preparala per te e per tuo figlio". 14 Poiché così dice l'Eterno, l'Iddio d'Israele: "Il barile di farina non andrà sprecato, né la crociera d'olio verrà meno, fino al giorno in cui l'Eterno manderà la pioggia sulla terra". 15 La donna andò e fece come aveva detto Elia; e lei, lui e la sua casa mangiarono per molti giorni. 16 Il barile di farina non si sciupò e la cisterna d'olio non venne meno, secondo la parola dell'Eterno pronunciata per mezzo di Elia.

Come ha fatto la vedova ad attivare il miracolo? È la vostra azione che lo attiva. Dio sta cercando una vedova, povera, malata e oppressa per compiere il potente miracolo, ma voi siete disposti a fare ciò che richiede?

Quando ero in India, ho sentito molti messaggi sulla donazione. Era l'epoca in cui le persone erano sincere. Ho creduto e ho imparato a condividere. Il miracolo ha iniziato a verificarsi nelle mie finanze quando ho iniziato a donare. Ho donato alle missioni per i lebbrosi, per i ciechi e in altri luoghi.

Do sempre le decime, le offerte e le missioni. Quando ho ricevuto il primo assegno dal nuovo lavoro, l'ho dato a Dio. Ho notato che posso usare, mangiare e godere del mio denaro grazie alla mia donazione a Dio. Malattia, ladri, divoratori e ladri non possono rubare i miei soldi. Gesù ci ha acquistati con il Suo sangue e ora siamo il tempio di Geova Dio. Potreste quindi chiedervi come e dove dare. Ricordate che in questa dispensazione offriamo operai che lavorano per Gesù, poveri, nudi, affamati, orfani e vedove. Il Signore ha rovesciato la tavola e ha detto di costruire un covo di ladri.

Malachia 3:11 Io rimprovererò il divoratore per il vostro bene, ed egli non distruggerà i frutti del vostro suolo, né la vostra vite getterà i suoi frutti prima del tempo nel campo, dice il Signore degli eserciti.

Che il Signore ci dia la comprensione di come attivare i miracoli. Un bambino aveva due pesci e del pane. Li diede a Gesù e attivò il miracolo dell'abbondanza. Se volete l'abbondanza, imparate a dare nei posti giusti dove vedete i soldi nella macchina del denaro.

Conosco alcune persone che non hanno mai imparato a donare nella mano del profeta o a vedere miracoli. Che tristezza! Tutti leggono la Bibbia. Alcuni obbediscono, ma altri sono scettici. Non hanno mai imparato a dare. Contano i soldi come una vedova. Hanno un po' di olio e di farina per mangiare e morire. Imparate a mettere l'olio e la farina per attivare il miracolo. Vedrete un miracolo di sopravvivenza.

Lei ha attivato il suo miracolo facendo la sua parte.

Il Signore è vero e fedele. Alcune persone sono avare, mancano della loro vita, delle loro malattie e della loro miseria.

All'inizio dei miei anni di apprendimento, ho visto che obbedire alla voce di Dio ha portato un risultato fantastico. Soffrivo di gravi problemi di sinusite e non riuscivo a dormire. Durante il servizio di culto, Dio parlò e danzò. Sono saltata dalla sedia e ho iniziato a ballare. Tutto è uscito e ho iniziato a respirare più facilmente. Mi sono sentita sollevata. Non solo, non ho più avuto quel problema.

Lasciate che vi consigli di dire solo poche parole. Come il mio mal di testa, la mia febbre e la mia pressione alta. Non sono vostre; vengono da Satana e devono sparire. Non pretendete le maledizioni delle malattie che il diavolo cerca di darvi. Tutti i bagagli devono essere rimproverati e distrutti da voi nel Nome di Gesù. Che il Signore ci dia la conoscenza di come attivare oltre cinquemila promesse di miracoli.

Ho l'abitudine di imporre le mani sui malati e di pregare per loro.

Vedo l'attivazione della guarigione, della liberazione e del miracolo.

Ogni volta che ricevete una benedizione monetaria o un aumento di reddito, date a Dio per primo e non per ultimo. Vedete cosa succede. Cosa succede quando il Signore scopre che la nazione obbedisce alle leggi e alle vie di Dio?

Malachia 3:12 Tutte le nazioni vi chiameranno beati, perché sarete un paese delizioso, dice il Signore degli eserciti.

Viviamo in un'epoca in cui la nazione sta cambiando le leggi del paese. È più simile al tempo di Daniele.

Ma ricordate, le leggi di Dio prevalgono sulle leggi del paese. È soprannaturale. Nessuno può dire o fare nulla contro il potere supremo di Dio.

Sa come chiudere la bocca del leone. Sa come proteggerci dal fuoco e dall'acqua. Dio è Dio; una superpotenza non può combattere o resistere. Il Creatore del cielo e della terra sa come creare, rovesciare, benedire e maledire. Tutto dipende da voi, sì, da voi. Siete voi che attivate la benedizione e la maledizione sulla terra, sulla vostra terra e sulla vostra vita. Ottenete la conoscenza e la saggezza dall'alto. Aprite la

Bibbia, leggete, studiate e ascoltate l'obbedienza. Dio vi benedirà per vedere molti miracoli. Egli non vi chiama a pensare o a capire, ma ad agire. Facciamo come tutti coloro che hanno creduto e operato alla voce del Dio vivente e hanno stupito il mondo.

Giovanni 21:25 E ci sono anche molte altre cose che Gesù fece, le quali, se dovessero essere scritte tutte, suppongo che nemmeno il mondo stesso potrebbe contenere i libri che dovrebbero essere scritti. Amen!

Come è successo? Qualcuno sapeva come attivare il miracolo. Vi prego di obbedire, poiché richiede la vostra azione. Gesù è lo stesso ieri, oggi e sempre. È il vostro ruolo che fa scendere il cielo sulla terra. Che tutti noi possiamo fare la Sua volontà! Pregate affinché tutti noi abbiamo la Sua via per attivare tutti i miracoli nel nome di Gesù. Amen!

3 GIUGNO

PREGHIAMO

Signore e Salvatore, sappiamo che la via di Dio ha molte benedizioni soprannaturali. Abbiamo bisogno della guida dello Spirito Santo per entrare nel regno soprannaturale. Aiutaci, Signore, a credere e a fare. Credete e agite per ricevere il grande miracolo. Non dipende da nessuno fare cose soprannaturali, ma da voi. Abbiamo bisogno di azioni, quindi aiutaci a fare proprio quello che vuoi tu. Che il Signore faccia molti miracoli per stupire il mondo nel nome di Gesù. Amen! Dio vi benedica!

4 GIUGNO

ABBIAMO UN NOBILE?

Atti 17:10 I fratelli mandarono subito via Paolo e Sila, di notte, a Berea; i quali, venuti di là, entrarono nella sinagoga dei Giudei. 11 Questi erano più nobili di quelli di Tessalonica, perché accoglievano la parola con prontezza di spirito e scrutavano ogni giorno le Scritture per sapere se quelle cose erano vere.

Andate a casa e controllate cosa insegnano e predicano le diverse denominazioni, organizzazioni e non denominazioni, come fece il Bereano? Poiché Giovanni ha scritto nella Parola, non crederei a tutti gli spiriti, dato che abbiamo uno spirito anticristo che opera tra noi. Naturalmente, per quanto riguarda le organizzazioni, le denominazioni ecc., fate attenzione a loro.

1 Giovanni 4:1 Amati, non credete a ogni spirito, ma provate gli spiriti se sono da Dio; perché molti falsi profeti sono usciti nel mondo.

Una volta ascoltato il Signore, attenetevi solo alle Sue istruzioni. La Bibbia è la massima autorità.

La Parola di Dio è al di sopra di tutti i Suoi nomi. Il diavolo lo sa, ma voi lo sapete? Il Signore ha usato la Parola contro il piano del diavolo di tentare la carne di Gesù, la concupiscenza degli occhi e l'orgoglio della vita. Ha usato la parola come una spada e ha distrutto i suoi piani. Se così non fosse, ci ritroveremmo con molte denominazioni, organizzazioni e non denominazioni. Imparate a dividere la Parola di Dio in modo più razionale rispetto alla ricerca di un'autostrada o di una comodità per la mente carnale.

Anche il Profeta può mentire, ma non la Parola di Dio. Ci ha provato sette volte e ci è sempre riuscito.

Quindi non andate dai profeti, dagli insegnanti o da qualsiasi altra cosa li etichettiate quando Dio vi ha parlato direttamente.

1 Re 13:18 Egli gli disse: "Anch'io sono un profeta come te; e un angelo mi ha parlato per bocca dell'Eterno, dicendo: "Riportalo con te in casa tua, perché mangi pane e beva acqua". Ma egli gli mentì."

E gli Angeli? Quando viene direttamente da Dio, non ascoltate gli angeli.

4 GIUGNO

Galati 1:8 Ma se noi, o un angelo dal cielo, vi predicasse un vangelo diverso da quello che vi abbiamo predicato, sia maledetto.

Il diavolo conosce tutta la verità della Bibbia e ha familiarità con il luogo chiamato cielo e la presenza di Dio, ma voi no. Quindi è meglio che torniate a casa, studiate ciò che avete sentito e crediate solo a ciò che la Parola ha detto. Trovate due o più Scritture per stabilire la dottrina. Non lasciatevi influenzare dalle opinioni di qualcuno.

2 Corinzi 11:14 E non c'è da meravigliarsi, perché Satana stesso si è trasformato in un angelo di luce.

Voi stessi ottenete le informazioni corrette dal Signore. Non dipendete dalla profezia o dall'insegnamento delle persone. Nessun insegnante di seminario o profeta è al di sopra del Signore. Entrate nella Parola di Dio. Nessuno cerca Dio in questa epoca e in questo tempo. Spesso riconosco quest'uomo come bugiardo, avido, fariseo o ipocrita. Molti non riescono a vederlo perché devono fare i compiti o sapere di cosa sta parlando. Spesso ho assistito a discorsi di pedofilia, adulteri o ladri, ma nessuno percepisce ciò che si nasconde nella persona, nell'organizzazione o nel pulpito.

Oggi i demoni anticristi sono più sottili nel paese. Entrate nella Parola e studiate per conoscere la verità.

Molti si presenteranno con insegnamenti e dottrine diverse per fuorviarvi. Fate attenzione, non ripetete il carattere di Eva-Adamo.

Genesi 3:1 Il serpente era più astuto di qualsiasi animale dei campi che l'Eterno Dio aveva fatto. Ed egli disse alla donna: "Sì, Dio ha forse detto che non mangerete di tutti gli alberi del giardino?". 2 E la donna disse al serpente: "Possiamo mangiare del frutto degli alberi del giardino: 3 Ma del frutto dell'albero che è in mezzo al giardino, Dio ha detto: "Non ne mangerete e non lo toccherete, per non morire".

Rispondete al falso insegnante come fece Eva? Sapete che Dio non ha detto di non toccare? Dio ha detto di non mangiare. Quando rispondete alla domanda, il diavolo conosce la vostra conoscenza della Parola di Dio. Il diavolo non è mai diretto, ma essendo sottile, vi coglierà nella trappola di mettervi in discussione.

Satana ci intrappola attraverso la nostra lussuria e il nostro orgoglio.

2 Corinzi 8:2 Provvedere alle cose oneste, non solo agli occhi del Signore ma anche a quelli degli uomini.

2 Timoteo 2:15 Studiate per mostrarvi graditi a Dio, operai che non hanno bisogno di essere svergognati, dividendo rettamente la parola della verità.

Ora, ricordate, nulla è al di sopra della Parola. Preparatevi a scontrarvi con l'insegnamento sbagliato del diavolo, che ha iniziato fin dall'inizio. Manda molti all'inferno avendo in mente tutti noi. Sapete cosa dovete fare contro il falso insegnamento? Avete mai sfidato le parole come ha fatto Gesù? Lui era la parola, e i falsi insegnanti e profeti di quel tempo sfidavano Gesù.

Salmo 138:2 Adorerò nel tuo tempio santo e loderò il tuo nome per la tua bontà e per la tua verità, perché hai elevato la tua parola al di sopra di ogni altro nome.

Usate la Parola di Dio e vedrete come il diavolo viene sconfitto. Egli fugge dalla verità, una spada leggera e potente. Amici, dividete la Parola di Dio nell'ordine stabilito da Dio. Non accettate l'inferno per la vostra anima.

Siete voi a detenere le chiavi per mantenere la verità o rifiutarla. In che modo il diavolo vi sta ingannando oggi? Insegnando false dottrine zuccherate e senza potere. Non c'è guarigione, non c'è salvezza, non c'è guarigione del cuore spezzato, eppure le persone cieche e sorde la accettano.

2 Timoteo 3:1 sappiate inoltre che negli ultimi giorni verranno tempi pericolosi. 2 Perché gli uomini saranno amanti di se stessi, cupidi, vanagloriosi, orgogliosi, bestemmiatori, disobbedienti ai genitori, ingrati, empi, 3 privi di affetti naturali, trasgressori di tregue, falsi accusatori, incontinenti, feroci, disprezzatori di coloro che sono buoni, 4 traditori, presuntuosi, esaltati, amanti dei piaceri più che di Dio; 5 avendo una forma di pietà, ma negandone la potenza; da costoro allontanatevi.

Quando Dio vi ha chiamati a svolgere l'opera per Lui, fatevi istruire dai veri profeti e insegnanti. Otterrete i risultati di liberazione, guarigione e guarigione del cuore spezzato per continuare la missione di Gesù. Ogni giorno un nuovo incarico per imparare cose strane. I discepoli di Gesù sono tornati felici e contenti, e lo sarete anche voi.

Geremia 15:16 le tue parole sono state trovate e io le ho mangiate; la tua parola è stata per me la gioia e l'esultanza del mio cuore, perché sono chiamato con il tuo nome, o Eterno Dio degli eserciti.

Salmo 119:162 Mi rallegro della tua parola, come chi trova un grande bottino.

Con pentimento e sincerità, accettate la Parola di Dio.

Matteo 13:23 Ma colui che ha ricevuto il seme nel terreno buono è colui che ascolta la parola e la comprende, il quale porta frutto e produce, chi il centuplo, chi il sessanta, chi il trenta.

Ci opponiamo solo a ciò che si oppone alla parola. Accettiamo la verità solo perché può liberarci dalla tattica e dal piano del diavolo di uccidere, rubare e distruggere.

Da oggi, aprite la Parola di Dio. Ricevete lo Spirito di Dio. Il peccatore deve pentirsi e lavare i propri peccati nel sangue nascosto sotto il nome di Gesù. Il battesimo d'acqua senza nome non ha il potere di rimettere i peccati. Si va sotto l'acqua con le macchie dei peccati e si esce uguali se non si usa il nome di Gesù.

Giovanni 5:6a Questo è colui che è venuto per mezzo dell'acqua e del sangue, cioè Gesù Cristo; non per mezzo dell'acqua soltanto, ma per mezzo dell'acqua e del sangue.

La dottrina di Gesù è nascosta. Persone come Berea la troveranno se la cercano. Non sono le istruzioni di mamma, papà o della famiglia. È l'ordine di Dio attraverso la Parola.

Se cercate, chiedete e bussate, come dice la parola di Dio, il Signore non vi nasconderà nulla. Si

4 GIUGNO

nasconde solo a:

Cor 4:3 Ma se il nostro vangelo è nascosto, lo è anche per quelli che sono perduti; 4 il Dio di questo mondo ha accecato le menti di quelli che non credono, perché non risplenda loro la luce del glorioso vangelo di Cristo, che è l'immagine di Dio.

L'ira di Dio si abbatterà su di loro.

Romani 1:18 Poiché l'ira di Dio si rivela dal cielo contro ogni empietà e iniquità degli uomini, che tengono la verità nell'iniquità.

Abbiate lo Spirito di Dio, che è Vero, per trovare la verità. Essa vi renderà liberi. Sforzatevi di entrare nel sentiero stretto.

1 Corinzi 2, 10 Ma Dio ce li ha rivelati per mezzo del suo spirito, perché lo spirito scruta tutte le cose, anche le cose profonde di Dio. 12 Ora, noi non abbiamo ricevuto lo spirito del mondo, ma lo spirito che è di Dio, per conoscere le cose che ci sono state date gratuitamente da Dio. 15 Ma chi è spirituale giudica ogni cosa, ma non è giudicato da nessuno. Amen!

PREGHIAMO

Signore, dacci il cuore di osservare la parola nell'ordine dato dalla Parola di Dio. È soprattutto una confusione di dottrine religiose. Confonde le persone e impedisce loro di essere liberate, guarite e sanate dai loro cuori spezzati. Abbiamo bisogno della verità per diffondere la buona notizia degli occhi ciechi aperti, delle orecchie sorde aperte, degli zoppi che camminano e dei cuori spezzati guariti. Una speranza meravigliosa per chi è senza speranza. Preghiamo di tenere gli occhi e le orecchie aperti per vedere la verità e di mantenerli diligentemente nel nome di Gesù. Amen.
Dio vi benedica.

5 GIUGNO

CONTINUATE FINO ALLA FINE!

Dio ha bisogno di lavoratori dedicati che vengano ogni giorno a lavorare costantemente. Sono presenti quando si chiama. Sono sensibili alle necessità. Capite, molte persone sincere hanno lasciato un buon esempio di ciò che serve per essere un campione e di ciò che serve per ricevere un trofeo. Tutti voi siete necessari.

Gesù è venuto sulla terra per lavorare e si è impegnato nel piano. Il Signore Gesù ha lavorato tutto il tempo senza riposare e spesso senza nemmeno mangiare. Ha addestrato i discepoli a seguire le Sue orme. Ammiro coloro che fanno la volontà di Dio. Signore, aiutaci a dedicarci alla volontà e all'opera di Dio.

Il nostro Dio è fedele. Che il Signore ci aiuti a capire che ogni successo ha una forza che lo sostiene. La forza è l'autodisciplina e l'attenzione totale. Condizionate il vostro cuore, la vostra mente, la vostra anima, il vostro spirito e la vostra forza per la missione che volete svolgere. Signore, dacci la comprensione di come raggiungere lo standard di Dio.

Ero in visita a un'amica. Le chiesi di posare la mano sulla mia schiena e di pregare. Mentre pregavo, qualcosa si è mosso sulla mia schiena. Non essendo sensibile allo Spirito di Dio, ha tolto la mano e si è messa al lavoro. È una maniaca del lavoro. Poiché ero a casa sua, le chiesi di imporre le mani e di pregare, ma non lo fece mai.

La Bibbia dice:

Marco 16:17c E questi segni seguiranno quelli che credono: nel mio nome scacceranno i demoni; imporranno le mani ai malati e questi guariranno.

Gesù imponeva le mani sulle persone.

Luca 13:13 Le impose le mani e subito la donna si raddrizzò e glorificò Dio.

Marco 7:32 Gli portarono uno che era sordo e impediva di parlare e lo pregarono di mettergli la mano addosso.

Quando pregate per qualcuno, assicuratevi di conoscere le Scritture e lo Spirito di Dio deve guidarvi. Ogni volta che prego, mi assicuro di svolgere il lavoro completo. Le persone che non completano il loro lavoro sono pigre, disattente e insensibili al lavoro per cui Dio le chiama. Le ho detto: "Sorella, qualcosa si è mosso quando hai posato la tua mano sulla mia schiena". Eppure, non le importava. Che tristezza! Si uniscono al club sociale, lavorano duramente ogni domenica e a mezzogiorno.

Perché sostituiamo Gesù a tutte le organizzazioni, denominazioni e non denominazioni?

Non c'è da stupirsi se vediamo il caos e non diamo al Signore la responsabilità.

Se devo seguire Gesù, lo faccio nel modo giusto per darGli gloria. Naturalmente, ci troviamo di fronte a diversi giganti nella terra chiamata chiese. Il mio corpo è la Chiesa. Gesù vive in me e io scelgo di seguire solo Lui.

Ho pregato con diverse persone; hanno visto il potere della preghiera, ma hanno comunque interrotto l'opera di Dio. Vanno all'edificio (lo chiamano chiesa) ma ignorano la missione per cui Dio li ha chiamati.

Il diavolo darà importanza ad altre cose piuttosto che all'incarico di Dio. Le persone non fanno il lavoro assegnato loro da Dio. Mi dispiace per loro. Invece di mettere Dio al primo posto, mettono il lavoro e la chiesa. Molte cose grandiose accadranno se la nostra priorità è secondo le vie di Dio. Se diventate la mano, la bocca e i piedi di Dio, allora Lui vi benedirà. Lo imparo ogni volta che faccio secondo le istruzioni di Dio.

Ricordate che avete già l'autorità nel nome di Gesù, che era vostra e che avete perso nel giardino dell'Eden. Ora avete l'autorità nel nome di Gesù. In secondo luogo, il Signore ha dato potere attraverso il Suo Spirito; quindi, dovete riceverlo.

Non si ha automaticamente, ma una volta fatto il passo indicato da Pietro, pentirsi, battezzarsi nel nome di Gesù e poi ricevere lo Spirito Santo con la prova di parlare in lingue.
È troppo difficile lavorare per Dio? Dio ha detto che se lavorate per Lui, Egli mi prenderò cura di voi.

Ho accettato la volontà di Dio nel 2002. Dio mi ha parlato: tu occupati del mio lavoro e io mi occuperò di te. Da allora ho sempre tenuto Dio al primo posto e mi ha benedetta oltre misura. Ho sempre preferito Dio ed Egli mi ha chiamata a lavorare per Lui. Che il Signore ci aiuti a capire che Dio non mente. Egli è fedele. Dio può fare cose soprannaturali che voi non sapete. Farà qualcosa dal nulla.

Ebrei 6:10 Dio infatti non è ingiusto se dimentica la vostra opera e il vostro lavoro d'amore, che avete dimostrato verso il suo nome, nel fatto che avete servito e servite i santi.

Dio ci ricompensa anche se facciamo poco. Per ricevere un compenso, dobbiamo fare qualcosa. Il Signore farà guarigioni, liberazioni e provvidenze soprannaturali, quindi dobbiamo essere uno strumento operativo nella mano dell'Onnipotente.

Signore, dacci la comprensione della Tua grandezza. Non ti deluderemo.

Anche in questo caso, quella sorella mi ha messo una mano sulla schiena ed è solita frequentare i programmi, pagare le decime e partecipare puntualmente alle feste e alle funzioni. È molto fedele al programma del pastore e alla politica della chiesa, ma non ha tempo per Dio. È per questo che il Signore disse che Maria aveva scelto le cinque pecore sagge giuste e molti altri esempi nella Bibbia.

Sono rimasta molto delusa. Se lavorate per Dio, Egli farà grandi cose per voi e per i vostri figli. Forse pensava che dovessi seguire il programma dell'organizzazione per inserirmi. A dire il vero, è una gran lavoratrice e molto fedele alle attività di costruzione e ai pastori.

Loro la amano molto, ma lei ha deluso Dio. È infedele alla Sua opera. Rendete giustizia al Signore e non sarete mai soli.

Deuteronomio 7:8 Ma poiché il Signore ti ha amato e ha voluto mantenere il giuramento fatto ai tuoi padri, il Signore ti ha fatto uscire con mano potente e ti ha riscattato dalla casa dei servi, dalla mano del faraone re d'Egitto. 9 Sappi dunque che il Signore, tuo Dio, è Dio, il Dio fedele, che mantiene l'alleanza e la misericordia con quelli che lo amano e osservano i suoi comandamenti per mille generazioni; 10 e ripaga quelli che lo odiano in faccia, per distruggerli; non sarà indulgente con chi lo odia, lo ripagherà in faccia. 11 Osserverai dunque i comandamenti, gli statuti e i giudizi che oggi ti comando, per metterli in pratica.

Dovete sapere che il Signore vi ha chiamati perché la sua attività continui. In cambio, Dio benedirà le vostre mille generazioni. Signore, aiutaci a stare in piedi e a insegnare ciò che stiamo perdendo non ascoltando e non camminando secondo il programma del Signore.

I nostri programmi, denominazioni, non denominazioni e organizzazioni mantengono le persone distrutte, dietro le sbarre, sotto l'effetto di droghe, suicidi, persi e feriti. Il nostro Dio è fantastico e farà un lavoro meraviglioso se ascolterete e ubbidirete alla Sua voce. Non cercate il lavoro nell'edificio, ma cercate l'opera di Dio. Un ministro mi ha detto indirettamente che sono il mio pastore e che Dio non mi sta usando. Naturalmente, la buona notizia è che non sto lavorando per le loro tasche o per portare avanti le loro organizzazioni. Mi hanno schernita perché non ho permesso loro di mettermi su un piedistallo e di darmi una posizione. Ma Dio mi ha chiamata a pregare e io l'ho fatto. Ero incurante di tutte le loro molestie e follie. A volte vedo persone su internet sedute nella stessa tana con le gambe ammanettate. Che spreco di vita!

Pensate a cosa potrebbe accadere se uscissimo a fare la volontà di Dio. Non vediamo mai le persone

lavorare, come ha detto il Signore. Avete visto persone che impongono le mani, scacciano i demoni, predicano il Vangelo e vanno di città in città ogni giorno? Questo dovrebbe accadere ovunque. Vedo persone che fanno jogging la mattina presto, che fanno ginnastica, che vanno al lavoro e che i bambini vanno a scuola. Tutti hanno un orario per tutto, tranne che per l'opera di Gesù.

La Bibbia dice:

Matteo 6:33 Cercate prima il regno di Dio e la sua giustizia, e tutte queste cose vi saranno aggiunte.

Il Signore dà la promozione, non la vostra istruzione o la vostra saggezza. Davide era il pastorello che fu promosso re. Ha rispettato il programma di Dio e ha proseguito sotto la Sua direzione. Non impedite a voi stessi e a Dio di stabilire il Suo regno. Nessuno, a parte voi, interferisce con voi stessi.

Esci dalla via del mondo, trova la via di Gesù e continua nella Sua verità per il riposo eterno della tua e delle altrui anime.

Mi piace lavorare per Dio. Lavoro 24 ore su 24. Mi tengo occupata con il Regno. Non importa quando o quante siano le chiamate, io ascolto sempre, prego e assisto alle necessità della gente. Se non lo faccio io, chi lo farà? Che il Signore Dio ci dia operai che lavorino fino a quando il lavoro non sarà completato!

Quanti di noi hanno deluso persone che possono essere malate, sofferenti, oppresse, depresse o altro?

Non guardate da nessuna parte; usate la vostra mano per aiutare. Che i vostri piedi raggiungano luoghi per predicare il Vangelo e toccare i malati! Molte persone pensano al denaro che danno a Dio, ma per il loro hobby non si preoccupano di quanto spendono. Dovete soddisfare il prerequisito per ottenere le Sue promesse. Continuate a lavorare per il Signore finché non avrete finito. Gesù vi ricompenserà per il lavoro ben fatto.

PREGHIAMO

Signore, tu ci hai chiamati e se faremo bene, tu ci sceglierai. Aiutaci a scegliere una parte buona, come Maria. Signore, rendici fedeli come tu sei fedele. Signore, siamo le Tue mani e i Tuoi piedi; vogliamo lavorare per te affinché il Tuo grande nome sia benedetto. Molti lavorano per chiese, organizzazioni e lavori secolari creati dall'uomo in cambio di denaro, ma la ricompensa più alta viene dal lavorare per il Tuo regno. Quando lavoriamo per te, portiamo benedizioni a noi stessi, alle nostre famiglie e alla nostra nazione. Aiutaci a essere sinceri e diligenti e a fare il meglio del meglio per Te, nel nome di Gesù. Amen! Dio vi benedica!

6 GIUGNO

LO SPIRITO DI GELOSIA È UN ASSASSINO!

La gelosia è il peggior nemico di una persona. La gelosia è una condizione malata. È una malattia che uccide se stessi. Si può guarire pregando e digiunando contro di essa.

Qualcuno potrebbe dire che non è geloso di loro, ma Satana ha un nascondiglio in voi.

La gelosia è posseduta da uno spirito folle e ottuso allo stesso tempo... Johann Kaspar Lavater. Come riconoscere se si è gelosi? Vi infastidisce quando qualcuno riceve una benedizione, viene elevato, ottiene risultati e gli accadono cose belle. È una malattia interiore che non sopporta che le cose belle accadano agli altri.

L'amico geloso non sopporterebbe la felicità nella vostra vita. Le persone gelose vogliono sapere sempre cosa succede nella vostra vita. A loro piace essere migliori degli altri, per questo i gelosi sono in competizione con tutti. Devono essere sempre migliori, non sono sicuri della loro relazione e questo si vede nel loro comportamento.

Vi criticheranno e vi butteranno giù.

Ma il Signore è buono. Se volete liberarvi della gelosia, confessatela. Signore, sono geloso e aiutami. Lui vi aiuterà. Dio ti sosterrà. Se lo confessate, il Signore vi purificherà.

1 Giovanni 1:9 Se confessiamo i nostri peccati, egli è fedele e giusto da perdonarci i peccati e da purificarci da ogni iniquità.

Dio è misericordioso.

Proverbio 6:34 Perché la gelosia è l'ira dell'uomo; perciò non risparmierà nel giorno della vendetta. 35 Non terrà conto di alcun riscatto; non si accontenterà, anche se tu farai molti doni.

Il Re Saul era geloso quando sentiva che la gente ammirava Davide. Non poteva sopportare il diavolo dopo aver sentito l'ammirazione del popolo, anche se era la verità. Invece di essere felice di avere Davide nelle sue truppe, il Re Saul voleva ucciderlo. Le persone invidiose vi faranno crollare.

1 Samuele 18:7 Mentre giocavano, le donne si rispondevano l'un l'altra e dicevano: "Saul ha ucciso le sue migliaia e Davide le sue diecimila". 8 Saul si adirò molto e la cosa gli dispiacque; e disse: "Hanno attribuito a Davide diecimila persone e a me non hanno attribuito che migliaia; e che cosa può avere di più se non il regno?". 9 E Saul guardò Davide da quel giorno in poi.

Il Re Saul cercava continuamente di uccidere Davide. Quest'ultimo continuava a fuggire dalla presenza di Saul. Si nascondeva in una grotta, nei boschi e nel deserto. Dio era il suo rifugio e la sua fortezza. Ecco perché Davide scrisse così tanti canti di adorazione, di lode e di rifugio al Signore! Davide vide la morte vicina, ma il Signore preservò la sua vita dalla spada.

Conosciamo il nemico: il diavolo è geloso del Signore. Sa che c'è un solo trono in cielo e desidera averlo. Il diavolo ha architettato un piano per uccidere Gesù, poiché era geloso di ciò che stava facendo sulla terra. Il diavolo fa il contrario della parola di Dio: ruba, uccide e distrugge.

Troverete gelosia tra le persone avide e assetate di potere.

Marco 15:10 Sapeva infatti che i capi dei sacerdoti lo avevano consegnato per invidia.

Hanno ucciso Gesù innocente. La gelosia è crudele e porta all'omicidio.

Ho sentito la storia di una donna che mi disse che un uomo uccise la moglie il giorno in cui stava per separarsi dal marito geloso dopo la loro ultima cena insieme. Vedete, la gelosia è un male; dobbiamo separarcene immediatamente.

Mi sono ricordata che la mia cara amica si comportava in modo odioso nei miei confronti. Non ho mai pensato che potesse essere gelosa perché ero lì per aiutarla in ogni prova e problema. È stata mia amica per anni. Notavo che ogni cosa che dicevo, lei si scagliava contro di me con forza. Pensavo che fosse mia amica, ma portava con sé il demone della gelosia.

È continuato per un po' di tempo. Una volta ho chiesto a Dio di che cosa si trattasse? Perché mi maltratta essendo mia amica? Ho scoperto da Dio che era gelosa. Una notte, Dio mi disse in sogno che questa amica e un'altra donna consanguinea erano gelose di me. Ho sempre pensato che questi due individui avessero delle somiglianze, che non riuscivo a capire, ma il Signore me lo ha rivelato attraverso un sogno. Ho detto grazie, Signore. Non li avrei mai definiti gelosi. Pensiamo che alcuni siano amici, ma non lo sono; lo spirito di gelosia in loro li farà agire e reagire duramente nei vostri confronti.

Vi faccio un altro esempio, quello di Caino. Egli vide Dio accettare l'offerta di suo fratello. Abele era stato giusto e Dio aveva benedetto Abele, ma non Caino. Quest'ultimo era malvagio e fece del male a suo fratello. Lo uccise.

Tutti noi abbiamo dei familiari gelosi che desiderano distruggerci.

Due sorelle, Rachel e Rebecca, avevano lo stesso problema. Rachel era gelosa di Rebecca. Le persone gelose sono sempre in competizione. C'è una natura apparente in loro. La gelosia ha un tormento interiore.

Se soffrite di questa malattia, liberatevene immediatamente. È mortale. Perderete il sonno e la mente per questo. È vero che avete bisogno dell'aiuto del Signore.

La maggior parte delle persone che sono sotto l'effetto della gelosia non sopporta la presenza della persona di cui è gelosa. Per favore, state lontani da loro.

Non c'è medicina che possa aiutare, quindi state lontani da loro se non vogliono essere liberati. Le persone gelose danneggiano e danneggiano la vostra vita. Molti mariti o mogli estremamente gelosi finiscono per uccidersi o divorziare.

Quando il Signore Gesù è venuto sulla terra, ha visto che le autorità spirituali (o, se posso dire, religiose) erano piene di gelosia. Era quando le persone mantenevano l'etichetta della loro posizione con estrema presunzione, conoscendo la Torah ma invidiando Dio. Erano come Satana perché desideravano avere una posizione di potere, controllo e avidità.

Isaia 14:13 Poiché hai detto in cuor tuo: "Salirò in cielo, esalterò il mio trono sopra le stelle di Dio: Mi siederò anche sul monte del convegno, ai lati del settentrione!

Avete un avversario se qualcuno è geloso della vostra cerchia. La gelosia provoca conflitti. Vedrete le lotte tra i gelosi. Se nessuno è geloso, tutto filerà liscio. Se uno viene con uno spirito geloso, saboterà tutto.

In molte famiglie, tra marito e moglie, tra fratelli e sorelle, a scuola, sul posto di lavoro e persino nelle chiese, si possono riscontrare problemi di gelosia.

Prendete le misure necessarie, altrimenti alcune persone malate di mente vi molesteranno o abuseranno inutilmente di voi. Tutti hanno qualcuno contro. Fate attenzione a queste persone malvagie e gelose. Sono individui malati, non c'è nulla di sbagliato in voi, ma la persona gelosa ha la malattia dentro di sé.

Possa il Signore liberare le persone dallo spirito di gelosia e renderle libere. È una malattia che si avvelena dentro di sé. Avendo tutto, non riescono comunque a divertirsi e a essere felici. La gelosia è la cosa peggiore da avere. Si provocano trattamenti ingiusti.

Il più delle volte finiscono in prigione, uccidono qualcuno o impazziscono. I cristiani non dovrebbero avere gelosia, ma la troviamo anche in loro.

Dimenticano 2 Corinzi 7:1. Avendo dunque queste promesse, carissimi, purifichiamoci da ogni sporcizia della carne e dello spirito, perfezionando la santità nel timore di Dio.

Prendetevi cura non solo della gelosia, ma anche di ogni sporcizia interiore. Dio vi benedica.

PREGHIAMO

Signore, la gelosia e l'invidia sono le più pericolose per chi le porta dentro. Aiutaci, Signore, a gioire quando qualcuno viene benedetto. È nostro privilegio essere felici e non tristi quando qualcuno eleva la propria vita. Signore, vogliamo che tu ci dia questo spirito di pace e di amore. Aiutaci a benedire il nostro nemico, sapendo che è la cosa giusta da fare. Apprezziamo Dio per il nostro Padre celeste, che non ha varianti. Chi benedice i suoi figli? Che non ci sia gelosia in noi, nel nome di Gesù! Amen! Dio vi benedica!

7 GIUGNO

IL DIAVOLO USA L'ESTATE COME SCUSA!

In estate vediamo più nudità. È sempre la donna a cadere nella trappola di Satana.

Le donne hanno bisogno di protezione, guida e supervisione per essere guidate. Dio ha scelto Adamo per guidare Eva; invece Eva ha fuorviato Adamo. Questi non ha prestato attenzione. Guardate la nazione in cui l'uomo ha abbassato, ceduto e rinunciato alla propria autorità. Questo dice che l'uomo non vuole svolgere il ruolo di responsabilità che Dio gli ha dato.

Dio dice:

2 Cronache 16:9 Poiché gli occhi del Signore corrono da una parte all'altra di tutta la terra, per mostrarsi forte a favore di coloro il cui cuore è perfetto nei suoi confronti. Hai fatto una sciocchezza; perciò, d'ora in poi, avrai delle guerre.

Se il vostro cuore è imperfetto nei confronti di Dio, avrete molti dolori, guerre, prove e problemi che avreste evitato sentendo, ascoltando e obbedendo a Dio. Non è necessario avere tutti i problemi se impariamo ad ascoltare.

Ebrei 4:13 E non c'è nessuna creatura che non sia manifesta al suo cospetto; ma tutte le cose sono nude e aperte agli occhi di colui con il quale abbiamo a che fare.

Dio vede lo sviluppo a lungo termine di tutto ciò che fate, ma voi no. Come quando Dio vestì Adamo ed Eva, conoscendo la cultura di oggi. A quel tempo non c'erano stilisti di stoffe provocanti, e generazioni pornografiche e ribelli costrette ad adottare e accettare il loro stile di vita. È bastata una sola persona per provocare il diluvio e distruggere il mondo, e oggi non va meglio. La nostra società sta affrontando molti problemi perché disobbediamo alla parola di Dio. L'obbedienza alla Parola di Dio salvaguarda la vita. Abbiamo la totale libertà di scegliere, ma farlo secondo le istruzioni della Bibbia porterà pace, protezione e provvidenze alla nostra vita.

Dio ha dato al Sommo sacerdote un codice di abbigliamento.

Esodo 28:2 Farai delle vesti sacre per Aaronne, tuo fratello, per la gloria e la bellezza. 4 Queste sono le vesti che faranno: un pettorale, un efod, una tunica, un mantello di lana, una mitra e una cintura; faranno vesti sacre per Aronne, tuo fratello, e per i suoi figli, perché mi esercitino l'ufficio di sacerdote. 42 Farai loro dei calzoni di lino per coprire la loro nudità; dai lombi fino alle cosce:

Nel Nuovo Testamento, noi siamo il tempio del Signore. Santi di Dio che si sono pentiti dei peccati, battezzati nel nome di Gesù e hanno ricevuto il Suo Spirito. Come può il Signore vivere nel nostro corpo se non soddisfiamo i suoi standard?

1 Corinzi 6:19 Cosa? Non sapete che il vostro corpo è il tempio dello Spirito Santo che è in voi, che avete da Dio e non siete vostri? 20 Poiché siete stati acquistati a caro prezzo, glorificate Dio nel vostro corpo e nel vostro spirito, che sono di Dio.

Il Signore sa cosa sta facendo, e anche il popolo.

Genesi 3:7 E gli occhi di entrambi si aprirono, e si accorsero di essere nude, cucirono insieme delle foglie di fico e si fecero dei grembiuli.

Ho visto bambini che si coprono dopo aver raggiunto una certa età. Si vestono, coprendo il loro corpo. Oggi, nel nostro Paese, sentiamo parlare di stupri a cielo aperto. La motivazione dello stupro non è che bisogna proteggere il corpo. Satana crea il caos, ma gli uomini si adattano o reagiscono al piano del diavolo. Non è necessario rispondere alle idee di Satana. Ho visitato alcune nazioni in cui una donna può camminare da sola nel cuore della notte. Ho letto avvisi sulle spiagge per indossare abiti modesti. È il Paese che si prende cura delle donne, dato che molte di esse non sanno cosa stanno facendo.

I genitori insegnano e scelgono i vestiti per proteggere i loro piccoli corpi. Ho visto persone cresciute in Paesi modesti trasferirsi in nazioni libere e adattarsi al loro modo di vestire immodesto. Perché? Perché la modestia non era nel loro cuore, erano modeste perché non volevano essere criticate dalla società giusta.

1 Timoteo 2:9 Allo stesso modo, anche le donne si adornino con abiti modesti, con pudore e sobrietà; non con capelli acconciati, né con oro, né con perle, né con abiti costosi.

Oggi il mondo ha più sfide a causa dei media. È stato preso in mano da persone che non hanno la Parola di Dio come guida.

Romani 12:2 Non conformatevi a questo mondo, ma siate trasformati mediante il rinnovamento della vostra mente, per provare quale sia la buona, gradita e perfetta volontà di Dio.

Il nostro Dio non ci ha mai vestiti. Abbiamo camminato nudi finché non abbiamo conosciuto il bene e il male. Dio deve intervenire quando l'umanità disobbedisce ai comandi del Signore. Il tempo dell'innocenza era il migliore. Il crimine non si insinuava perché il Signore conosceva il bene e il male e non era mai entrato nella nostra coscienza.

Anche oggi possiamo ottenere una coscienza pura se ci pentiamo di tutti i nostri peccati, ci battezziamo per lavare i nostri peccati e otteniamo il potere di ricevere il Suo Spirito per combattere il male. Ricordate che il Padre che ci ha creati ha più conoscenza dei media e della società corrotta. Anche le autorità religiose ci fuorviano. Seguite Gesù. Egli ha la verità per condurci, guidarci e liberarci. 2000 anni fa, molti hanno l'hanno abbracciata perché la falsa dottrina non la degradava. La verità ci rende liberi, ma la religione ci intrappola in gabbie, costringendoci a sentirci liberi.

Ho sentito su YouTube che molte donne e bambini vengono rapiti. In un periodo come questo, nulla ferma i delinquenti. È triste, non è vero? Il problema può essere risolto se i veri apostoli, profeti, insegnanti, pastori e predicatori portano avanti la verità.
Dobbiamo edificare il Signore nel nostro corpo.

Efesini 4:12 per il perfezionamento dei santi, per l'opera del ministero, per l'edificazione del corpo di Cristo: 13 finché giungiamo tutti all'unità della fede e della conoscenza del Figlio di Dio, all'uomo perfetto, alla misura della statura della pienezza di Cristo: 14 affinché non siamo più bambini, sballottati da una parte e dall'altra e portati da ogni vento di dottrina, dalle astuzie degli uomini e dalle astuzie dei furbi, che stanno in agguato per ingannare; 15 ma, dicendo la verità nell'amore, cresciamo in lui in ogni cosa, che è il capo, cioè Cristo: 16 dal quale tutto il corpo, ben unito e compattato da ciò che ogni giuntura fornisce, secondo l'efficace lavoro di ogni parte, accresce il corpo per l'edificazione di se stesso nell'amore.

Oggi abbiamo bisogno di un operaio per portare il Regno di Dio sulla terra. Il Regno di Dio è nei cieli, dove vive il nostro Padre celeste. Possiamo averlo sulla terra se abbiamo operai che lavorano per Lui e non per organizzazioni religiose. Amen!

PREGHIAMO

Padre celeste, ti invitiamo a essere il nostro padrone e il nostro Re. Senza di Te siamo perduti. Ti preghiamo di guidarci con i Tuoi veri insegnanti e profeti. Abbiamo bisogno della via della rettitudine per condurci e guidarci alla verità. Tu hai detto che Tu sei la via della verità per la vita eterna. Dacci la verità e l'amore per essa. Rendici maestri di verità per insegnare alla nostra prossima generazione, nel nome di Gesù. Amen! Dio vi benedica.

8 GIUGNO

LA SOLUZIONE È ESTIRPARE LA CAUSA!

Il buon Dio ci ha dato la conoscenza della verità. Ogni seme della parola che piantiamo ha una radice. Satana pianta alcuni dei suoi semi. Se avete della terra intorno a voi, ve ne accorgerete e direte: non l'ho piantata io, da dove viene? Il Signore disse ad Adamo quando trasgredì.

Genesi 3:17 Poi disse ad Adamo: "Poiché hai dato ascolto alla voce di tua moglie e hai mangiato dell'albero di cui ti avevo comandato di non mangiare, maledetto è il suolo per causa tua; ne mangerai con dolore per tutti i giorni della tua vita; 18 ti produrrà anche spine e cardi e mangerai l'erba del campo".

La radice di tutte le maledizioni era una trasgressione.

Una trasgressione è quando si calpesta un comandamento di Dio consapevolmente. Se si trasgredisce, allora si è troppo audaci. Come si può calpestare il comandamento di Dio? Gli uomini sradicano il buon seme di Dio piantato come Sua parola e lo oltrepassano. Le loro azioni fanno sapere a Dio: non mi interessa. Se Dio dicesse di fare una cosa, loro farebbero il contrario. Amici, siamo disobbedienti in questo tempo della fine. Le persone hanno dimenticato di fare ciò che Dio vuole che facciamo. Quando non cerchiamo Dio per la situazione e permettiamo alla nostra carne di prendere il sopravvento, ne subiamo le conseguenze.

Molte famiglie stanno perdendo l'anima dei loro cari perché non si preoccupano di conoscere la radice della distruzione. Invece di trovare l'origine della malattia, trovano la soluzione con le medicine. La medicina non è una soluzione. Trovate il peccato che causa la malattia e poi pentitevi. Cercate le radici che causano le malattie piuttosto che versare lacrime.

Troverete un rimedio se avete dei veri profeti di Dio. Essi non si preoccuperanno dei vostri sentimenti, ma porteranno il messaggio di una cura con audacia.

Dio ha detto che la radice della maledizione sulla terra è la trasgressione di Adamo ed Eva. Nel dolore, mangiamo il nostro pane. Perché? Vediamo spine e cardi che escono dalla terra. La maledizione è arrivata sulla terra a causa della trasgressione di Adamo ed Eva. Noi causiamo molto dolore sradicando il buon seme di Dio dalla nostra vita. Le parole del Signore sono il seme buono.

1 Cronache 10:13 Così Saul morì per la trasgressione che aveva commesso contro l'Eterno, contro la parola dell'Eterno che non aveva osservato, e anche per aver chiesto consiglio a uno che aveva uno spirito familiare, per informarsi su di esso; 14 e non si informò presso l'Eterno; perciò lo uccise e rivolse il regno a Davide, figlio di Iesse.

Che tristezza! La Bibbia è chiara come il bianco e il nero, la vita e la morte, il vero e il falso, la luce e le tenebre. Aiutami, Signore! Cerca le cause profonde e ripara la vita piantando la Parola di Dio. Non ripetere la stessa storia di vita. È il comandamento del Signore e nessuno ha l'autorità di cambiare la parola. Il diavolo ci svia dalla buona guida di Dio data dalla Bibbia. Seguite Gesù seguendo la Sua Parola.

Che il Signore ci aiuti a far cadere la parola come un seme nei nostri cuori e in quelli dei nostri figli per continuare le benedizioni! Dio è buono! È adorabile e ci conduce e guida sempre sulla strada giusta.

Mi sono ricordata di una famiglia in India. Ogni membro della famiglia era maledetto. Qualcuno si suicidava sempre bruciandosi o uccidendosi. La causa era la madre, che viveva una vita peccaminosa. Questo causava ai suoi figli molti problemi. State lontani dalle famiglie maledette. Sappiamo tutti che in famiglia ci sarà sempre qualcuno ribelle, ma non affezionatevi a chi è maledetto. Se vi basate sulla Parola di Dio e obbedite, potete sfuggire alle maledizioni familiari.

Trovate la radice della causa della maledizione e occupatevene. Davide, conoscendo Dio, si prese del tempo per trovare la causa della carestia nel paese. Le vostre azioni possono portare maledizioni e benedizioni. Quindi, quando c'è una maledizione, trovatene la radice e risolvetela. Andate alla fonte della causa e occupatevene. Non ignoratela e non continuate con la maledizione per generazioni.

2 Samuele 21 Ai giorni di Davide ci fu una carestia per tre anni, anno dopo anno, e Davide chiese all'Eterno. E l'Eterno rispose. È per Saul e per la sua casa sanguinaria, perché ha ucciso i Gabaoniti.

I gabaoniti non erano israeliti, ma vivevano nel paese. Il Re Saul non era famoso, così cercò di compiacere gli israeliti. Uccise molti gabaoniti per ottenere il favore degli israeliti. Il Re Saul versò molto sangue innocente, ma il Re Davide si rivolse a Dio.

2 Samuele 21:5 Risposero al re: "L'uomo che ci ha consumati e che ha escogitato contro di noi di distruggerci per non rimanere in nessuna delle coste d'Israele, 6 ci consegni sette uomini dei suoi figli e li appenderemo all'Eterno a Ghibea di Saul, che l'Eterno ha scelto". Il re disse: "Li consegnerò".

Questo ha risolto il problema. Ricordate di non sradicare il buon seme, che è il comandamento di Dio. Se lo fate, vi state preparando ad affrontare i problemi. Solo Dio sa come rimediare al male. Noi dobbiamo fare ciò che è necessario. La nostra azione conta, sradicare la radice cattiva e piantare il seme buono. Che il Signore ci aiuti a non essere troppo audaci e a non portare malattie e maledizioni alla nostra stirpe. Non cercate il denaro. Cercate Dio. Egli è più significativo e migliore del denaro.

Quando vediamo una situazione pericolosa, chiediamo a Dio come risolverla. Andate da Dio e trovate la causa; curatela.

Ultimamente ho visto molti servizi profetici in diverse nazioni. I cristiani visitano le chiese di altri Paesi per trovare la soluzione ai loro problemi. Sono sorpresa quando le persone si fanno aiutare dallo stregone.

Cosa può fare Satana?

Satana invia altri demoni per distruggervi, poiché il suo compito è rubare, uccidere e distruggere. Invece di trovare una soluzione, portano altre malattie e maledizioni. Quando pregate e non trovate subito una risposta, aspettate Dio. Egli arriverà in tempo. Re Saul è il miglior esempio di persona impaziente. Una persona impaziente prende la strada sbagliata. Aspettate il Signore.

Salmi 27:14 Aspetta l'Eterno; fatti coraggio ed egli rafforzerà il tuo cuore; aspetta, dico, l'Eterno.

Tutti noi affrontiamo qualche problema nella vita. Dobbiamo rivolgerci a Dio per trovare una soluzione. Non prendete altre strade. È una perdita di tempo e di denaro. Stiamo causando altri grattacapi e problemi. Molti in India vanno dallo stregone e spendono soldi per risolvere il problema. Quando chiamano, dico loro severamente: "Per favore, smettetela; il diavolo non può guarire, liberare o dare la vita. Lasciatemi pregare Gesù; solo Lui può farlo."

Ricordo che non avevo la verità; mi sentivo sempre confusa, impotente e triste. La tristezza e la rottura derivavano dal fatto che non trovavo la soluzione. Se ci si appoggia a Lui, il Signore risolve e porta pace nella nostra vita. È il Signore che può fare ogni cosa buona attraverso i Suoi profeti.

2 Cronache 20:20b Ascoltatemi, o Giuda e abitanti di Gerusalemme: credete nel Signore, il vostro

Dio, e così sarete stabiliti; credete ai suoi profeti, e così prospererete.

Non riesco a immaginare cosa sarebbe successo ad Adamo-Eva, al Re Saul, al sacerdote Eli e ad altri se avessero agito bene.

Le persone cercano soluzioni attraverso la droga, i divorzi, le sparatorie, gli omicidi e molti altri crimini. Sradicate il seme cattivo e piantate il seme buono, la parola di Dio. Osservate i Suoi comandamenti, precetti e statuti e vedrete la svolta nella vostra vita e nel vostro Paese.

La Parola del Signore (seme) porta benedizioni custodendole nel nostro cuore. Nascondete il seme nel vostro cuore per evitare di peccare e trasgredire.

Che il Signore ci aiuti a sradicare la causa delle maledizioni e a trovare un seme che porti benedizione e pace nel nome di Gesù!

PREGHIAMO

Signore, siamo grati di essere Tuoi figli. Desideriamo che la misericordia e la grazia non si allontanino mai dalla nostra famiglia e da noi. Inclinamo le nostre orecchie a ricevere la Parola di Dio come un buon seme nei nostri cuori. Desideriamo che la Tua parola sia piantata in noi per portare benedizioni. Signore, tu hai la verità, che può liberarci dalle maledizioni. Solo tu hai la verità e non i media. Che il nostro Signore ci aiuti a sradicare la causa e a fornire il rimedio per trasformare la nostra malattia in salute, le maledizioni in benedizione e il dolore del cuore in gioia, nel nome di Gesù. Amen! Dio vi benedica!

9 GIUGNO

IMPARATE A DONARE VOI STESSI!

Imparare a dare. Il dare è il ricevere; è per questo che la Bibbia dice:

Luca 6:38 Date e vi sarà dato; una buona misura, pigiata, scossa e colma, vi sarà data in seno. Con la stessa misura con cui avete misurato, vi sarà misurato di nuovo.

Se si dà come il Signore ha chiesto, c'è un ritorno o una benedizione da parte di Dio. Dare ha un effetto più profondo di quanto si pensi. Il seme riceverà benedizioni se viene dato dove il Signore ha consigliato. Anche le benedizioni arriveranno a molte generazioni. Quindi, ciò che fate ha un effetto esterno sulla famiglia, sulla città e sul Paese. Scoprite la causa del blocco della ricezione. Il peccato di Achan e la perdita del regno del Re Saul sono stati profondi. Se si continua a peccare si può essere cacciati dalla propria terra. Se nel Paese si pratica la stregoneria o si usa una tavola Ouija, anche Hollywood può causare la maledizione generazionale.

I peccati come sparare, uccidere e versare sangue innocente sono un male. La Bibbia dice che la verità può liberarci, ma se credete nella religione vedrete il caos. Non c'è aiuto nella religione. Non c'è Dio nella religione. Sì, c'è molto carisma, ma è tutto quello che avete.

Perché c'è il caos se Dio è lo stesso ieri, oggi e per sempre? Diamo la colpa ai partiti, alla polizia ecc. Chiedete a Dio dove si trova il peccato. Leggete di più la Bibbia. Lo Spirito Santo vi aiuterà a capire. Se qualcuno ha fatto qualcosa di buono, si vede la benedizione, mentre se si vede una maledizione, significa che il peccato è praticato da qualche parte nella famiglia.

Dobbiamo studiare Davide. Il Messia è venuto attraverso la sua discendenza. Studiate Daniele, Giuseppe e Mosè e imparate l'eredità che hanno lasciato. La religione è un serpente che vi parla, ma la verità è anche lo Spirito Santo che vi parla e vi insegna. La religione vi ammanetterà per seguire il programma temporale, o sarete molestati e cacciati via. Rompete la catena e date un calcio al banco e al tavolo per essere liberi.

Uscite e lavorate come ha fatto Gesù e vedete cosa succede. Vedrete il cambiamento nella città e nel paese. Consacrate i luoghi in cui andate. Dedicate il vostro tempo al ministero del Signore. È necessario suonare lo shofar e vedere il giogo della droga e dell'alcol, la catena del peccato e le tenebre spezzarsi. La causa delle benedizioni e delle maledizioni è nelle nostre azioni.

Il Signore ci ha dato autorità e potere attraverso il Suo Spirito nel Suo prezioso nome. Oggi non c'è sicurezza, anche avendo molti sistemi di sicurezza. Ovunque ci sono rapine, rapimenti, sparatorie, uccisioni e stupri alla luce del giorno. È un problema nostro. La Chiesa può aiutare in questa situazione? Il Signore ha rovesciato la tavola e li ha etichettati come ladri che hanno costruito una tana. Perché sostenete i religiosi, le denominazioni e le non denominazioni quando il Signore li ha etichettati come un covo di ladri che raccolgono denaro e ha rovesciato la loro tavola? Andate a dare da mangiare agli affamati, a vestire gli ignudi, a curare la vedova, a visitare gli ammalati e i carcerati. È una responsabilità mia e vostra. Alcuni falsi insegnanti e profeti hanno rubato la verità. Trovatela, siate liberi e liberate gli altri dando loro la verità.

Ricordate che voi siete il tempio, siete la Sua casa. Dio vi ha creati con la Sua mano per vivere in voi. Date retta allo Spirito di Dio e piantate il seme, che è la Parola di Dio. Innaffiare il seme significa pregare e coltivarlo dando loro insegnamenti e indirizzandoli a Gesù.

La benedizione scorrerà se farete ciò che ha fatto Gesù, ma rifiutare le vie di Dio unendosi al club sociale di costruire sotto molti nomi causerà ciò che vediamo oggi. Il mio e il vostro ruolo sono fondamentali. Prendete l'esempio di Gesù, poiché è l'unica via e verità per la vita eterna. Gesù ci ha dato il potere e l'autorità di fare ciò che ha detto. Cercate i veri profeti e insegnanti che non avranno paura di dirvi la verità. Non combatteteli; la scelta è vostra, quindi scegliete bene. Io ho una linea di preghiera, e alcuni la combatteranno perché sono la bocca dei loro falsi predicatori e insegnanti. Essi spengono lo spirito. Alcuni di loro sono la bocca dei loro pastori. Hanno lo spirito di Gezabele e sono anticristi. Non hanno nulla a che fare con l'insegnamento e la guida dello Spirito di Dio. Sono troppo occupati e non entreranno mai nel Suo riposo.

Spesso pensano di essere anti-Elizabeth, ma non lo sono; sono anti-Cristo. Spesso vengono a proteggere la loro religione, a salvaguardare il loro stile di vita e si ergono nella loro carne per venire contro di me. Sono buoni nelle loro vie. La loro famiglia e la loro vita sono maledette e nella loro città ci sono sparatorie, omicidi ecc. Per favore, leggete la Bibbia e obbeditele. Raccogliere dollari vi farà solo del male. Piuttosto prendetevi cura dei vostri figli e nipoti, aiutateli, insegnategli e cresceteli nella via di Dio. Smettete di mandarli alla scuola domenicale e di credere che il vostro lavoro sia finito. Dedicatevi alla vostra famiglia.

I falsi insegnanti dicevano di portare i bambini in chiesa, ma dove sta scritto che bisogna portarli in un edificio nella Bibbia? Dice che voi siete la chiesa; se vivete come tale, voi e la vostra famiglia sarete benedetti. Insegnate loro a imporre le mani e a ungersi l'un l'altro per mostrare loro la lezione, rappresentando la vostra vita di cristiani.

Mostrate loro come scacciare il demonio, come guarire i malati e come portarli fuori per mostrare loro cosa devono fare. La buona notizia del Vangelo è che gli zoppi camminano, i ciechi vedono, i malati vengono guariti e viene data la liberazione da droghe, alcol e sigarette. Non esercitiamo il potere che Dio ci ha dato nel nostro Paese. Per favore, lavorate di più che stare seduti sulla panca ad ascoltare le solite cose, sprecando tempo e denaro. Non state andando da nessuna parte, ma pensate di farlo. I falsi insegnanti e profeti sono quelli da cui dovete stare lontani. Non litigate con Dio. Liberatevi dei demoni delle diverse religioni, organizzazioni e denominazioni. Siate il tempio di Dio e andate di città in città e di paese in paese, portando il risveglio nella terra dei viventi. questo stile di vita non vi porterà in cielo. Il sacerdote era avido e geloso, e lo stesso inganno lo vediamo nei suoi seguaci.

9 GIUGNO

Non sapete che Dio vuole usare le nostre mani e i nostri piedi per prendersi cura dei poveri, delle vedove, degli ignudi, degli affamati e degli affaticati? Non hanno mai insegnato loro ad ascoltare e a obbedire a Dio, ma hanno insegnato loro a trarre beneficio solo dal denaro. Sono gelosi di Dio.

Dio dà posizione, potere, promozione e retrocessione. Quando vi mettete contro la regina, il re o le persone che occupano posizioni di potere, sarete nei guai, ma restate fedeli alla verità. Dio salverà la vostra anima. Uscite dalla vostra zona di comfort, dalle quattro mura della tana, uscite di casa e fate quello che ha fatto Gesù e vedrete cosa succede nella vostra città. Dare la propria testimonianza, uno studio biblico, un tè, un caffè o qualsiasi altra cosa darà ai bisognosi una ragione di vita. Capite che il quaranta per cento delle persone sta perdendo la testa?

Perché? Perché non stiamo facendo ciò che dovremmo. La rete sbagliata porta lo spirito maligno. Insegnatevi a vicenda a connettervi con lo Spirito di Dio. Unitevi a Dio, non all'edificio che chiamano chiesa.

Ricordate che la battaglia è contro il diavolo, gli angeli caduti e i demoni. Quindi insegnate loro a usare la parola, siate insegnanti e imparate facendo ciò che dice il Signore. Non imparerete mai se vi sedete su un banco e vi unite all'organizzazione. Poiché voi siete la chiesa, lasciate che il Signore si serva di voi per battezzare e stendere la mano per ricevere lo Spirito di Dio. Tenete un battistero nel vostro cortile, oppure portateli al fiume e battezzateli. Battezzateli nel nome di Gesù, in modo da lavare i loro peccati nel sangue. Abbiamo bisogno dell'operaio; voi lo siete se vi donate a Dio. Le vie e la volontà di Dio sono l'unica via. Gesù è la via della verità e della vita. Non siate sciocchi a credere in una chiesa, perché Gesù ha detto che voi siete la chiesa e ha acquistato la Sua residenza con il Suo sangue. Ora permettetegli di pentirsi dei vostri peccati e di andare sotto l'acqua nel nome di Gesù per lavare i vostri peccati e ricevere il Suo Spirito. Ho imparato questo quando ho iniziato a predicare e a insegnare. Ho scelto questo piuttosto che la mia laurea per seguire Gesù sotto la pressione delle autorità della denominazione e non. Ho preferito la preghiera all'istruzione superiore.

C'è stato un giorno in cui mi ha mandata fuori. Molti sono chiamati, non tutti sono scelti, ma chi obbedisce alla volontà di Dio è scelto. Non viene scelto chi paga di più o chi va regolarmente nell'edificio che chiamano chiesa, ma chi ascolta e obbedisce alla Sua voce.

Date quello che avete, non argento o oro, ma nel nome di Gesù, sollevateli. Non invitateli mai a una religione. Imponete le mani e pregate su di loro, vedete cosa fa il Signore e solo Lui avrà la gloria. Un edificio non è una chiesa, ma voi lo siete. Le cosiddette autorità vi cacceranno via. Hanno cacciato anche Gesù. Vedrete il risultato quando andrete da un luogo all'altro e farete quello che ha fatto il Signore. Non vedrete droghe, alcool, saccheggiatori ecc. L'ospedale si chiuderà. Date voi stessi, e benedirete trenta, sessanta e cento volte. Le benedizioni arriveranno alla vostra famiglia e al vostro Paese. Abbiate cura di voi, apostoli e profeti. Molte persone vengono a casa mia da diversi Stati. A volte non le conosco, ma devo portarle a stare qui e insegnare loro l'imposizione delle mani e fare molte cose per loro. Quindi, dare se stessi, aprire la propria casa e condividere con chi ha bisogno di aiuto spirituale è dare per il Regno di Dio. Vedrete la benedizione arrivare nei magazzini, la sicurezza di Dio e la moltiplicazione del cibo e del denaro. Gesù ha lavorato, lavorato e ancora lavorato, e noi vediamo molti veri profeti, insegnanti e missionari, ed è nostro compito sostenere e dare direttamente a loro.

Non date il denaro nella tana ai ladri. Nella dispensazione precedente dovevano dare decime e offerte al tempio, ma in quella attuale dobbiamo sostenere gli operai. Date con gioia e con piacere. Date il vostro talento, il vostro denaro e la vostra conoscenza al Regno di Dio. Così, quando date a Dio, Egli vi darà nella misura in cui date, e la stessa misura vi ritornerà. Date con gioia. Date nel modo in cui Gesù ha dato e ci ha insegnato a dare: semplicemente date.

PREGHIAMO

Dobbiamo dare al Signore che ha dato tutto. Aiutaci a dare ai bisognosi, agli affamati e ai senzatetto. Ci hai insegnato a dare noi stessi per insegnare, battezzare, scacciare i demoni, guarire i malati e visitare la vedova e l'orfano. Siamo grati di usare il nostro denaro per piantare nel Regno di Dio, per sostenere gli operai e non i ladri. Aiutaci a leggere e a capire la Parola. Tu hai dato un esempio di donazione e anche noi vogliamo dare nel nome di Gesù. Amen! Dio vi benedica.

10 GIUGNO

DIFFERENZA TRA RELIGIOSO ESPIRITUALE!

C'è una differenza tra persone religiose e persone spirituali. Le persone religiose sanno di Dio, ma le persone spirituali conoscono Dio! Cosa rende sacro un individuo? Essere guidati dalla nostra carne o da altri e non da Dio. La mente religiosa è timorosa e incapace di arrendersi a Dio, come un bambino che dirige Dio piuttosto che il bambino. È un guscio vuoto con solo grandi parole per ingannare se stessi e gli altri.

Che tristezza! Molte persone hanno questo tipo di leader, ma è meglio sviluppare il proprio rapporto con Dio cercandolo.

Facendo da consulente a persone di tutto il mondo, ho imparato che le persone religiose non sono mai entrate in contatto con Dio! Conoscono le Scritture leggendole o memorizzandole, ma non le applicano alla loro situazione. La religione è un terreno superficiale e le persone religiose non si ricordano di Dio quando si presentano prove, problemi o domande. Dio non può servirsi di persone ribelli e centrate su se stesse. Il Signore cerca coloro che sono obbedienti, sottomessi e che si fidano incondizionatamente di Lui. Dio è ricco. Non vuole che gli offriate dei lecca-lecca. Ha detto che possiede il bestiame di mille colline.

Salmo 50:10 Perché ogni animale della foresta è mio, e il bestiame su mille colline. 11 Conosco tutti gli uccelli dei monti, e le bestie selvatiche dei campi sono mie. 12 Se avessi fame, non te lo direi, perché il mondo è mio e la sua abbondanza.

Cosa vuole Dio?

I religiosi ripetono gli errori a causa della loro natura orgogliosa, egoista e arrogante. Non imparano mai e non arrivano mai alla conoscenza della verità! La religione è uno spirito profondo, non insegnabile, indisciplinato e pauroso.

Dio darà loro ciò che desiderano, ma possono perdere tutto se non si arrendono a Lui. L'offerta al Signore è l'inizio del vostro rapporto con Lui. Il Signore vi benedirà e vi amerà. Quando vi sottomettete, il Signore prende il controllo della vostra vita e comanda. Conosciamo il Signore dandogli tutto. Dio vi ha chiamati per usarvi per la Sua gloria. Gli altri possono imparare attraverso la vostra storia di successo che Lui è fantastico.

Persone come Eva, Re Geroboamo, Gezabele e Re Achab hanno dato vita a una religione. Le chiese religiose non hanno prove, segni o meraviglie di Dio, ma solo parole vuote e belle canzoni per intrattenere la carne. È un'attività gestita da uomini e dai loro seguaci. La vostra carne si sente a suo agio perché nessuno Spirito Santo può correggervi e condannarvi. Lo Spirito Santo vi condanna, ma non è lì per accettare regole fabbricate. La vostra carne si sente al sicuro, ma non la vostra anima.

La volontà spirituale permette a Dio di muoversi arrendendosi alla volontà e alle vie di Dio. Lo spirituale vede la mano di Dio. L'amore spirituale di Dio sa che la prova si trasformerà in testimonianza, la malattia in salute e la liberazione dal potere delle tenebre.

Il cammino spirituale con Dio ha una storia da raccontare. Chiedete loro qual è il segreto della loro storia di vita. La mia storia di vita deve dare al diavolo un occhio nero. La mia storia di vita deve dare gloria e benedizioni al Suo grande nome. Deve stupire il mondo.

Ovunque il diavolo costruisce chiese di teologi, sono affari senza lo Spirito di Dio.

In un incontro profetico, il Profeta ha detto a un pastore pentecostale che lui sapeva di Dio ma non Lo conosceva.

Cosa si intende per comprensione di Dio? La risposta è semplice. Non si arrendono mai a Dio per conoscerLo attraverso le prove e i problemi. È la religione vuota e morente che porta alla disperazione.

Non c'è nulla di Dio, ma tutto per se stessi! I timorosi e i disobbedienti a Dio diventano religiosi. La religione è aggiungere e sottrarre alla Parola di Dio.

1 Samuele 15:24 Saul disse a Samuele: "Ho peccato, perché ho trasgredito l'ordine del Signore e le tue parole, perché ho temuto il popolo e ho obbedito alla sua voce".

Le persone che conoscono Dio seguiranno le Sue indicazioni. L'Autore della Bibbia, il Signore Gesù, dirige la loro vita. Tutti noi possiamo avere una testimonianza potente, migliore di quella di Daniele, Shadrach, Meshach e Abdenego, perché abbiamo già pronto il nostro progetto.

Volete seguire il Signore Gesù?

Iniziate la vostra religione andando avanti a Dio. Egli risponderà se chiedete. Non si stancherà di voi, anche se avete delle domande.

Gedeone 6:17 Gli disse: "Se ora ho trovato grazia ai tuoi occhi, dammi un segno che tu parli con me". 36 Gedeone disse a Dio: "Se vuoi salvare Israele per mano mia, come hai detto, 37 ecco, io metterò un vello di lana nel pavimento; e se la rugiada sarà solo sul vello e sarà asciutto su tutta la terra accanto, allora saprò che vuoi salvare Israele per mano mia, come hai detto". 38 E così avvenne: egli si alzò di buon mattino il giorno dopo, mise insieme il vello e strappò la rugiada dal vello, un catino pieno d'acqua. 39 E Gedeone disse a Dio: "Non ti scaldare d'ira contro di me, e non parlerò che di questa volta; lasciami provare, ti prego, solo questa volta con il vello; fa' che ora sia asciutto solo sul vello e che su tutto il terreno ci sia la rugiada". 40 E Dio fece così quella notte, perché era asciutto solo sul vello e c'era la rugiada su tutto il terreno.

10 GIUGNO

Vedete quanto è buono Dio? Ha risposto ogni volta a Gedeone.

Stavo attraversando alcuni cambiamenti significativi nella mia vita. Il Signore aveva un piano per me, anche se io ero contraria. Mi sono sottomessa a Lui chiedendoGli di rivelarlo nel mio sogno e di non lasciarlo vagare. La Bibbia dice che il Signore ci parla in sogno. Dio mi ha parlato in sogno non una volta ma tre giorni di seguito, proprio come avevo chiesto, e mi ha confermato il Suo piano. Era nel piano non appena ho detto: "Mi sono arresa". L'unica condizione era quella di rivelarmi tutto nel sogno. Possa il Signore rimuovere i nostri programmi, la paura, la ribellione e la disobbedienza nel nome di Gesù. Siete al sicuro nel Suo piano. Arrendetevi!

Le persone spirituali non hanno programmi personali. Seguono il piano di Dio e raggiungono il fine previsto.

Camminando secondo il piano di Dio, Egli rivelerà chi ha un cuore perfetto per Lui.

2 Cronache 16:9a Poiché gli occhi del Signore corrono da una parte all'altra di tutta la terra, per mostrarsi forte a favore di coloro il cui cuore è perfetto nei suoi confronti.

Capite Dio obbedendo alla Sua voce. Si impara la via di Dio fidandosi e obbedendo alla Sua Parola. Il Signore ci aiuti a comprendere la voce e la Parola di Dio. La nostra relazione inizia quando ci fidiamo e obbediamo al Signore. Una relazione ha due parti ed entrambe devono camminare insieme. Non è una relazione tra voi e le persone. Se è così, allora si chiama religioso. Ma deve essere tra voi e Dio, se è una relazione giusta. Egli non è un copilota, ma il pilota della vostra vita. Vi porta in alto quanto voi gli permettete di fare. Non la vostra volontà, ma la volontà di Dio di ricevere sorprese, felicità e una fine gioiosa.

Che il Signore elevi la vostra fede come mai prima d'ora! Che il vostro rapporto di coppia sia più sano e solido. Siate il tramite o lo strumento del Suo piano. Il capolavoro verrà fuori se lo permetterete al Signore.

Non siate dei registi. Lasciate che sia Dio a dirigere la storia. Se siete voi a dirigere il piano, finirà nella religione. Se il regista è Dio, il finale sarà felice.

Matteo 25:21 Il suo Signore gli disse: "Ben fatto, servo buono e fedele; sei stato fedele su poche cose, ti costituirò capo di molte cose; entra nella gioia del tuo Signore".

PREGHIAMO

Padre celeste, come il padre desidera i suoi figli, così noi desideriamo te come padre. Oggi ci arrendiamo al nostro egoismo. Aiutaci, Signore. Apri le nostre orecchie e i nostri occhi per vedere e ascoltare la Tua voce. Affidiamo la nostra vita al Tuo piano, non al nostro, ma sia fatta la Tua volontà. Sappiamo che Dio ha intenzione di benedirti e di darti successo sulla terra. Aiutaci ad arrenderci ogni giorno e a fare ciò che ci chiedi. Signore, la Tua parola dice che possiamo chiamarti a fare cose grandi e potenti che non conosciamo. Oggi ti chiamiamo per portarci su quella strada grande e forte. Ci arrendiamo a te, Dio potente, nella Tua potente autorità nel nome di Gesù. Amen! Dio vi benedica!

11 GIUGNO

IMPARATE A COMBATTERE CON NEMICI INVISIBILI!

Siamo chiamati a lavorare per il Re Gesù.

Apocalisse 17:14 Questi faranno guerra all'Agnello e l'Agnello li vincerà, perché egli è il Signore dei signori e il Re dei re; e quelli che sono con lui sono chiamati, scelti e fedeli.

Un nemico invisibile sta combattendo contro il piano del Re Gesù. Entrambi hanno un sistema o un programma. Tutti noi dobbiamo seguire quello per cui scegliamo di lavorare. Leggiamo correttamente il programma di entrambe le parti.

Giovanni 10:10 Il ladro non viene per rubare, uccidere e distruggere; io sono venuto perché abbiano la vita e l'abbiano in abbondanza.

Gesù, come re, è venuto a dare la vita in abbondanza, mentre il diavolo vede tutta la vostra abbondanza e vuole rubare, uccidere e distruggere. Impariamo a proteggere ciò che Dio ci ha dato. Egli ha molti modi per proteggerlo. Vediamone alcuni.

Innanzitutto, dobbiamo conoscere la Parola di Dio e usarla come una spada. Dobbiamo anche usare il potere dello Spirito Santo e l'autorità nel nome di Gesù per prenderci cura della nostra abbondanza. La Bibbia dice che la prima sicurezza è il nostro denaro. Date all'operaio, ai lavoratori del campo, alle vedove, agli orfani, ai poveri, agli ignudi e agli affamati per proteggere il denaro rimanente da Satana. La vostra banca di sicurezza era il magazzino di Dio nella precedente dispensazione, ma ora l'operaio serve a tutti.

2 Corinzi 9:6 Ma io dico questo: chi semina con parsimonia raccoglierà anche con parsimonia, e chi semina con abbondanza raccoglierà anche con abbondanza. 7 Ognuno dia come vuole in cuor suo, non a malincuore o per necessità, perché Dio ama chi dà volentieri.

Luca 6:38 Date e vi sarà dato; una buona misura, pigiata, scossa e colma, vi sarà data in seno. Con la stessa misura con cui avete misurato, vi sarà misurato di nuovo.

Marco 9:41 Perché chiunque vi darà da bere una tazza d'acqua nel mio nome, perché siete di Cristo, in verità vi dico che non perderà la sua ricompensa.

11 GIUGNO

Matteo 10:42 Chiunque darà da bere a uno di questi piccoli una tazza di acqua fredda solo in nome di un discepolo, in verità vi dico che non perderà in alcun modo la sua ricompensa.

Gesù ha detto: "Seguite le mie vie per assicurare le vostre finanze". È meraviglioso che portiate un'offerta per continuare l'opera dell'istruzione di Dio data dal Signore. Dio proteggerà ogni cosa da Satana. Quindi ricordate di fare un'offerta per avere la protezione di Dio sulla vostra vite, sui vostri frutti e sul vostro campo. I divoratori non possono entrare per distruggere ciò che appartiene loro.

Un'altra arma è l'autorità di vincolarli.

Matteo 18:18 In verità vi dico: tutto ciò che legherete sulla terra sarà legato in cielo; e tutto ciò che scioglierete sulla terra sarà sciolto in cielo.

Dio ci ha dato potere e autorità su tutti gli spiriti demoniaci, gli angeli caduti e Satana, per legare e distruggere il loro potere nel nome di Gesù. Per favore, parlate con la vostra bocca per attivarlo. Imparate a usare l'autorità e il potere che Dio vi ha dato.

Impariamo come. Ogni sera, tornando dal lavoro, prego per più di un'ora. Una sera, dopo la preghiera, sono andata a dormire e qualcosa è caduto sui miei piedi. Lo Spirito Santo ha parlato attraverso la mia bocca: "Ti lego, Satana, e spezzo il tuo potere nel nome di Gesù". Ho sentito un urlo di dolore e di sofferenza. Quella notte ho imparato cosa succede quando si pronuncia la Parola di Dio. La parola si accende o prende vita quando si parla. Citare le Scritture ad alta voce dà vita alla parola.

Un'altra arma è quella di invocare il sangue di Gesù. Al lavoro, ho notato che due dipendenti stavano litigando. Lo Spirito Santo mi ha detto di invocare il sangue di Gesù su di loro. Subito si sono calmati e si sono separati. Il diavolo non può attraversare il sangue di Gesù. Il sangue di Gesù distrugge l'opera di Satana. Il sangue ci libera da Satana. Perciò usate il sangue su voi stessi, sulla vostra famiglia, su tutti gli abitanti della terra, sugli edifici e su ogni cosa. Come dici tu, invoco il sangue di Gesù. Esso agisce contro Satana e il suo esercito.

Il sangue di Gesù parla, il sangue ha vita, il sangue ci libera nel nome di Gesù.

Un'altra arma potente è lo shofar, uno strumento dato da Dio. Suonate lo shofar mentre camminate per casa, al mercato o ovunque. Ingoierà i demoni intorno o in casa vostra.

Una volta avevo un forte dolore alla gamba. Il Signore mi chiese di suonare lo shofar in casa. Ho camminato suonando lo shofar con un cellulare in ogni stanza della mia casa. Più tardi, ho fatto un pisolino. Ho sognato che il mio telefono inghiottiva una lucertola strisciante. Quando mi sono svegliata, il dolore era sparito. La lucertola era un demone strisciante che mi procurava dolore. Si attacca a qualsiasi parte del corpo per fare male. Provate diverse cose per il dolore nel corpo. Usate l'olio santo e ungete il corpo dove c'è il male. Ogni giorno ungo il mio corpo con l'olio santo. I problemi spirituali possono essere risolti se si sa quale arma usare.

L'arma della nostra guerra non è carnale, ma potente attraverso Dio. Usate le istruzioni di Dio per distruggere questo diavolo.

Un'altra arma: ungere la casa con l'olio santo leggendo la Parola di Dio. Io leggo i Salmi 91. Mettetelo in pratica ogni giorno. Noterete che la presenza del Signore si farà sentire con forza ovunque ungerete. Le persone saranno libere nella vostra casa. Il demone della droga, della sigaretta, della religione, della malattia e di ogni tipo di oppressione e possessione demoniaca e il suo potere saranno distrutti.

Isaia 10:27 In quel giorno avverrà che il suo fardello sarà tolto dalla tua spalla e il suo giogo dal tuo collo; il giogo sarà distrutto a causa dell'unzione.

Signore, aiutaci a capire come usare armi di guerra semplici ma potenti per la vittoria. Ho avuto potenti testimonianze dell'uso dell'olio dell'unzione. Ne condividerò alcune. Anche voi potete ungere e vedere cosa succede, poi testimoniare agli altri della vostra vittoria.

Una signora indù convertita al cristianesimo aveva un marito arrabbiato. Lei iniziò a mettere dell'olio santo nel loro cibo, lui iniziò a vomitare, tutti i demoni uscirono e lui divenne calmo e dolce con lei.

Un'altra madre e un'altra figlia hanno usato l'olio santo e hanno unto tutta la casa, leggendo quotidianamente i Salmi 91. Il padre e il fratello sono stati liberati dalla droga. Suo padre e suo fratello sono stati liberati da essa. Ho visto in sogno un demone lucertola che moriva dopo aver unto il cortile e seppellito nella terra i vestiti unti di 5 cm per 5 cm. Che meraviglia! Provate a farlo al lavoro, a casa e nella vostra città. Funzionerà. Leggete la Bibbia e mettete in pratica ciò che dice. Se iniziate a usare tutte le armi diverse ovunque, la droga, gli stupri, le malattie, le uccisioni, i furti e tutti i divoratori scapperanno dalla vostra città.

Un'altra arma: ungere i panni da lavare prima di metterli via.

Tengo dell'olio nel mio bagno e, dopo la doccia, ungo il mio corpo con l'olio: un rimedio immediato per distruggere il giogo del nemico. Ungete sempre i malati e pregate mettendo la mano sul malato. Questo è il rimedio di Dio contro il nemico invisibile ed è potente. Potete usarlo se credete e avete fiducia.

Le armi più potenti riguardano la Parola di Dio. UsateLa: per esempio, dite: "Nessuna arma contro di me può prosperare. Io sono il primo, io sono il capo, io sono al di sopra, io sono molto favorito". Pronunciate la Parola di Dio per usare il potere nascosto e vedere il risultato.

Metto la Bibbia come cuscino sotto la testa. Funziona benissimo. Se avete attacchi del diavolo e avete incubi, cesure, camminate notturne, PTSD, ansia o altro, usate la Bibbia come cuscino e il diavolo scapperà. Inoltre, ungetevi la testa con l'olio santo e vedete cosa succede.

Se ho problemi di stomaco, metto una Bibbia aperta sulla pancia. Metto la Bibbia su ogni parte del mio viso o del mio corpo per ottenere vittoria, guarigione e liberazione dal nemico.

Credo che questo vi aiuterà. Seguite le indicazioni e gli insegnamenti dello Spirito Santo per vedere i risultati. Più che leggere, applicate la parola per vedere il suo potente effetto. Conoscete la via di Dio, nel nome di Gesù! Il nemico sarà sconfitto. Alleluia!

PREGHIAMO

Signore, veniamo davanti al Tuo altare. Aiutaci a essere operatori della Tua parola e non solo ascoltatori. Sappiamo che la parola può funzionare se la mettiamo in pratica. Signore, mentre andiamo in questo mondo, aiutaci a ottenere una vittoria. La battaglia appartiene al Signore, ma noi siamo i soldati dell'esercito del Re dei Re, Gesù. Siamo vittoriosi se prestiamo molta attenzione ai Tuoi comandi e alle Tue indicazioni. Ti chiediamo di renderci potenti operai nel campo del Signore. Nel nome di Gesù, vogliamo fare bene il nostro lavoro. Quando torniamo a casa sani e salvi, diciamo Alleluia! Grazie per aver rivelato la verità nel nome di Gesù. Amen! Dio vi benedica!

12 GIUGNO

CHE TIPO DI ESEMPI SIETE?

Tutti noi siamo un esempio per qualcuno. Se siete genitori, siete un esempio per i vostri figli. Qualcuno vi osserva e vi imita.

Qualcuno copia gli attori o le attrici vedendo i loro ruoli. Dall'infanzia a oggi, qualcuno ha influenzato la vostra vita. Il modo in cui parlate, vestite e pensate è il modello di qualcuno che avete imitato.

Giovanni 13:15 Perché vi ho dato un esempio, affinché facciate come io ho fatto a voi.

Dobbiamo seguire l'esempio di Gesù. Nessun altro se non Gesù! Un esempio perfetto del nostro Salvatore. Dodici discepoli seguirono il Signore Gesù, ed Egli disse di seguirLo, ed essi lo fecero.

1 Pietro 2:21 A questo siete stati chiamati, perché anche Cristo ha sofferto per noi, lasciandoci un esempio, affinché seguiate i suoi passi.

Come possiamo seguire le orme di Gesù? Non parlate di ciò che ha fatto Gesù, ma fate ciò che ha fatto Lui. Molte persone sanno come preparare e predicare un grande sermone, ma che dire del loro lavoro? Dobbiamo sempre vedere i frutti del loro lavoro. Quindi, quando seguite Gesù, ricordate che dovete avere uno stile di vita adeguato.

Gesù è venuto a liberare i prigionieri. Il Signore ha guarito il cuore spezzato. Ha scacciato il demonio. È andato di luogo in luogo per occuparsi della situazione e risolverla.

Gesù insegnava agli affamati di spirito, ma insegnava contro le autorità spirituali (in realtà religiose) gelose e avide. Non gli importava dei leader corrotti che governavano la Sua creazione e non aveva paura di dirglielo.

Fate attenzione, Gesù ha detto: seguitemi, quindi dobbiamo seguire solo Lui, non i gruppi religiosi. Gesù ha detto che potremmo fermare la contaminazione nel cristianesimo se diventassimo sale. La gente può capire se siamo luce. Possiamo essere luce se seguiamo Gesù, non un falso profeta, un insegnante o un gruppo religioso.

Avete mai visto i follower di una star del cinema o di un grande attore? Di tanto in tanto, seguono anche qualcuno della scuola, un amico o qualcuno che ammirano.

12 GIUGNO

Molti hanno perso interesse, speranza e fede e si scoraggiano vedendo che l'autorità della Chiesa sta sbagliando. Ricordate, voi siete la chiesa. Lasciate entrare Gesù e permettetegli di gestire la vostravita. L'azione corretta non contaminerebbe. Se mettete il frutto buono con il frutto buono, rimarrà buono. Ma se mettete il frutto cattivo con quello buono, il primo infetterà tutti.

La verità non è contaminante, ma il falso sì. Il falso insegnamento può corrompere tutto. Molti tra me e voi hanno notato che i pastori hanno qualche tipo di contaminazione. Forse favoritismi, parzialità, favoreggiamento verso chi dà i soldi, pregiudizi o semplicemente qualcuno che non piace alla loro famiglia. Il cristianesimo, basato sulla verità, funzionerà, e sappiamo che è l'opera di Dio. Quando vedete autorità ecclesiastiche problematiche, credetemi: i loro figli non dureranno a lungo e si dimenticheranno dei loro nipoti. Hanno già contaminato la loro famiglia. Voi siete la Chiesa. Egli vuole che voi e io facciamo ciò che ha fatto Lui, ed essendo cristiani, dovremmo sapere che gli spiriti maligni si attaccheranno a noi se stiamo facendo del male. Gesù rovesciò i tavoli ed etichettò gli edifici come un covo di ladri, ma noi oggi etichettiamo gli edifici come la chiesa.

Non importa quante volte digiunate, pregate o parlate in lingue, se il vostro stile di vita non corrisponde alla Parola di Dio, non durerete a lungo. Il vostro stile di vita deve seguire la Parola di verità. È il potere della liberazione. La verità ha proprietà di conservazione e vi terrà lontani dal male e dal pericolo. Non badate a chi predica dal pulpito, seguite semplicemente Gesù. Paolo disse: "Seguitemi come io seguo Gesù". Sì, Paolo non stava fermo in un posto. Faceva quello che faceva Gesù e addestrava i suoi discepoli a fare lo stesso.

Il vostro stile di vita è una predicazione quotidiana. Non pensate di non predicare; le vostre azioni, reazioni e stile di vita parlano più delle parole. I modi di fare sono la stessa cosa: bisogna insegnare ai bambini fin da piccoli. Non si può insegnare senza dare l'esempio. Le vostre azioni e reazioni giocano un ruolo importante nell'educazione dei figli. Non guardate le parole delle persone, ma osservate ciò che fanno.

Gesù ha detto che bisogna nascere di nuovo. Perché? Per poter iniziare una nuova vita. È un'esperienza fantastica se si sa come nascere di nuovo. Sapete come nascere di nuovo? Seguite l'insegnamento e la predicazione dei Suoi seguaci, discepoli, profeti e apostoli. Ho vissuto un'esperienza straordinaria il giorno in cui mi hanno battezzata per lavare i miei peccati andando sotto l'acqua, nel nome di Gesù. Mi hanno seppellita come una vecchia peccatrice nell'acqua e mi hanno fatta risorgere come una persona nuova. Voglio che prendiate la strada del libro degli Atti per seguire le istruzioni del Signore Gesù, dicendo che abbiamo costruito sulla dottrina degli apostoli e dei profeti. Il Signore Gesù è la pietra angolare principale, quindi fate tutto nel nome di Gesù. Seguite l'esempio del Battesimo d'acqua e di Spirito Santo del libro degli Atti. Continuate a leggere il libro degli Atti, esso non finirà mai se seguite l'esempio autentico di come i discepoli hanno dato vita all'unica chiesa. Per favore, continuate con il libro degli Atti. Ora abbiamo molti edifici etichettati come chiese, ma non seguono la verità. Non sostituite il libro degli Atti fondando una nuova religione o organizzazione. La storia si ripete attraverso le nostre azioni vere o false. Esse ci aiuteranno a trovare la strada giusta o sbagliata. A prescindere da ciò che dite, siete un esempio di bene o di male. Quindi fate attenzione a come parlate, vestite, agite e vivete.

Una volta qualcuno mi disse che Gesù sarebbe stato misericordioso nei confronti del paese e delle pratiche di uno stile di vita immorale. Questa affermazione mi sorprese! Come potrebbe l'Autore della Parola di Dio permettere a persone empie di entrare nel Suo regno? Che privilegio per loro se si pentono e sono battezzati nel nome di Gesù. Possono avere una nuova vita ottenendo una coscienza pulita.

Fatevi un favore, trovate la Bibbia KJV e studiate la vita di Gesù obbedendo alla Sua Parola. Trovate la chiave per aprire il regno dei cieli; Pietro aveva la chiave e l'ha data a noi: usatela. I discepoli, gli apostoli e i profeti di Gesù sono un esempio dell'esperienza della nuova nascita per entrare nel regno dei cieli.

Non tutti praticano la verità. Non entrate nell'edificio perché vedete una croce. Seguite attentamente il buon esempio e l'insegnamento di Gesù. Non seguite le false denominazioni, le non denominazioni e le organizzazioni corrotte. Se seguiamo Gesù, lavoriamo ancora nelle strade, nelle città e nel Paese, mettendo il mondo sottosopra.

Ricordate che la vostra vita parla. Alle persone piace vedere le vostre azioni. Quando queste ultime e le parole non corrispondono, si crea confusione. Gesù insegnò ai discepoli a fare ogni tipo di lavoro, come quello che stava facendo Lui. Avete bisogno di un edificio quando il Signore ha detto di andare in giro e liberare i prigionieri? Il secondo Adamo, Gesù, ha il piano, ma rimanere in un edificio vi mette dentro e distrugge il piano del Signore Gesù.

Il frutto ha un nome; voi che nome portate? Vedete, la mela, l'arancia e la banana hanno il loro modello, e anche noi. Noi creiamo il nostro modello proprio come un frutto. Portiamo il nome di Gesù.

Matteo 7:15 Guardatevi dai falsi profeti, che vengono a voi in veste di pecore, ma in realtà sono lupi rapaci. 16 Li riconoscerete dai loro frutti. Gli uomini raccolgono forse uva di spine o fichi di cardi? 17, Anche ogni albero buono produce frutti buoni, ma l'albero corrotto produce frutti cattivi. 18 Un albero buono non può produrre frutti cattivi, né un albero corrotto può produrre frutti buoni. 19 Ogni albero che non produce frutti buoni viene tagliato e gettato nel fuoco. 20 Perciò dai loro frutti li riconoscerete.

Siete un esempio di ciò che rappresentate. Non avete un titolo o una posizione, ma il carattere. Una lezione vitale da imparare. Pensate a come il popolo di Dio ha crocifisso il Dio che stava servendo. Semplice. Hanno seguito colui che seguiva la carne e non Dio. Controllate le autorità religiose che seguite. Non seguite quello che si è perso; è molto pericoloso! Credo che Dio abbia una missione per ognuno di noi solo se lo seguiamo. È la stessa missione iniziata nel Giardino dell'Eden. Concentratevi su Gesù. Nessuno tranne Lui!

Avete sentito la parabola dei cinque saggi e dei cinque stolti? Lo stesso momento è arrivato oggi. Cinque saggi seguono il Signore e cinque stolti seguono la loro carne.

Pietro e gli altri discepoli hanno fondato le chiese sulla roccia, cioè sulla rivelazione di Gesù. Egli era il loro esempio. La divulgazione è sapere che Geova cammina nel corpo di Gesù e che il nome salvifico di Geova è Gesù.

Ho notato che gli insegnanti, i supervisori o le autorità malvagie hanno il potere di controllare le persone. Tutto va bene finché i governanti malvagi non prendono il sopravvento, e allora dominano il caos, la divisione, gli sfruttamenti e l'abuso di potere. Non seguite le loro orme. Aspettate il Signore e seguite l'esempio di Gesù.

2 Corinzi 3:2 Voi siete la nostra epistola scritta nei nostri cuori, conosciuta e letta da tutti gli uomini.

Qualcuno può leggere il nostro esempio. Nessuno deve chiedersi: sei un cristiano o un peccatore? Sei musulmano? O chi segui?

Non lasciate che l'agenda delle denominazioni o delle organizzazioni vi contamini. Gesù ha pagato un prezzo enorme, quindi prendete esempio da Lui. Non dovrete mai dire una parola; la gente saprà di chi state seguendo le orme. Amen!

PREGHIAMO

Signore, sappiamo che tu sei l'esempio vivente per noi. Aiutaci, Signore, a seguirti. Vogliamo essere un esempio eccellente in un mondo oscuro e perduto. Ti desideriamo e vogliamo conoscerti sempre di più. Molti conoscono Dio, ma noi vogliamo conoscerti vivendo per te. La Tua parola dice che riconosciamo i nostri frutti, che i nostri frutti siano buoni. Vogliamo tutti i nove frutti e i nove doni dello Spirito. Insegnaci ad amare il nostro nemico e a essere gentili con gli altri. Aiutaci a preservare la Tua parola essendo sale nel nome di Gesù. Amen! Dio vi benedica!

13 GIUGNO

CONFUSIONE TRA IL DONO DELLA LINGUA E IL PARLARE NELLA LINGUA!

È necessario che ci sia chiarezza o comprensione sul parlare in lingue e sul dono (carisma) della lingua. Il dono della lingua trasmette un messaggio all'individuo o al popolo, e l'interpretazione segue.

Facendo riferimento a 1 Corinzi, il capitolo 12 parla di nove doni dello spirito. Si chiama carisma ed è disponibile per tutti coloro che lo desiderano. Non tutti hanno questi nove doni, ma solo coloro che li desiderano.

Mi sono ricordata di aver lavorato con un santo di Dio, che aveva alcuni doni spirituali. La Bibbia dice che è lo stesso Dio, lo stesso Signore e lo stesso spirito che viene in voi ad amministrare per operare. Leggete attentamente che questo viene dato a tutti e a coloro che lo desiderano. Qualcuno deve imporre le mani per trasferire i doni.

1 Corinzi 12:31a Ma desiderate ardentemente i doni migliori.

Quindi tenete distinti i nove doni dello spirito dal battesimo di Spirito Santo. I nove doni dello spirito sono quando Dio viene a farvi compiere operazioni diverse. Permettetemi di nominare questi nove doni: una parola di conoscenza seguita da una parola di saggezza funziona contemporaneamente. I doni di fede, miracolo e guarigione si spiegano da soli. Il discernimento degli spiriti identificherà lo spirito. Lo stesso Spirito di Dio si manifesterà attraverso di voi se avete lo Spirito di discernimento di Dio.

Il dono della lingua e l'interpretazione della lingua funzionano allo stesso tempo. Il dono delle lingue porta il messaggio e Dio si muove su qualcuno per interpretarlo nella lingua. Lingue significa lingua. Se il messaggio arriva, allora si permette a qualcuno di interpretarlo. Non si tratta di una traduzione, ma di un'interpretazione del messaggio.

1 Corinzi 12:30c Tutti parlano con le lingue? Tutti interpretano?

Vedete, la risposta a ogni domanda è no. Non tutti hanno questi doni, ma alcuni sì.

Pochi hanno il dono della lingua. Uno, due o tre al massimo daranno un messaggio in una lingua sconosciuta e uno interpreterà il messaggio, chiunque abbia il dono dell'interpretazione delle lingue. Chiunque ceda allo Spirito di Dio può interpretare. Se nessuno cedesse, non ci sarebbe analisi. Il dono della lingua è necessario. Dio parla alla Chiesa e si serve di uno di loro per interpretare ciò che dice. Interpretare significa spiegare o chiarire, ma non tradurre.

Questi doni sono specialmente per edificare o per correggere o per un messaggio speciale per l'individuo o per i molti. Questo dono rende onore a Gesù come Dio.

Ora parleremo del Battesimo di Spirito Santo che Gesù disse a Nicodemo. Il Battesimo di Spirito Santo vi dà il potere di testimoniare; sarà il vostro maestro, vi guiderà e molto altro ancora. Questa lingua è chiamata in greco Glossa. Parleranno la lingua che è Glossa. Quando si riceve lo Spirito Santo, si chiama battesimo dello Spirito Santo. Glossa indica la lingua o il dialetto usato da una particolare persona, distinto da quello di altre nazioni.

Il Signore vi fa sapere che quando vi battezzerete nel nome di Gesù, riceverete il dono dello Spirito Santo, chiamato anche battesimo dello spirito. Come si fa a sapere che si è ricevuto il battesimo dello Spirito Santo? L'unico modo per saperlo è quando si parla in glossa, una lingua che non avete imparato o che non siete andati a imparare all'università. Lo Spirito di Dio vi dà la parola.

Vediamo alcuni esempi di persone che hanno ricevuto il Battesimo dello Spirito Santo.

Atti 2:7 Tutti si stupirono e si meravigliarono, dicendo l'uno all'altro: "Non sono forse galilei tutti questi che parlano? 8 E come possiamo ascoltare ognuno nella propria lingua, nella quale siamo nati?"

Tutti possono ricevere lo Spirito Santo se si battezzano nel nome di Gesù. Alcuni hanno ricevuto il battesimo dello Spirito Santo prima del battesimo d'acqua nel nome di Gesù. Quindi fate attenzione: è il segno chiave per ricevere lo Spirito Santo.

Il profeta Gioele aveva già profetizzato questo battesimo di Spirito Santo:

Gioele 2:28a In seguito avverrà che io effonderò il mio spirito su ogni carne; i vostri figli e le vostre figlie profetizzeranno, 29 e anche sui servi e sulle ancelle in quei giorni effonderò il mio spirito.

Giovanni 3:5 Gesù rispose: "In verità, in verità ti dico che se uno non nasce da acqua e da spirito, non può entrare nel regno di Dio".

La lingua sconosciuta è un segno dato al discepolo di Dio per riconoscere che la persona ha ricevuto il battesimo dello Spirito Santo.

Dopo la risurrezione, Gesù chiese ai discepoli di aspettare di ricevere il battesimo dello Spirito Santo. Non era stato versato sulla terra prima di allora. Lo Spirito Santo fu versato sulla terra il giorno di Pentecoste.

Marco 16:17a E questi segni seguiranno quelli che credono; 17c parleranno con lingue nuove.

La nuova lingua è la glossa in greco. Ora il giorno di Pentecoste è pienamente arrivato.

Atti 2:4 Tutti furono riempiti di Spirito Santo e parlavano con altre lingue, come lo Spirito dava loro la parola.

Atti 19:6 Quando Paolo impose loro le mani, lo Spirito Santo scese su di loro ed essi parlarono con le lingue e profetizzarono.

Pietro sapeva che Cornelio aveva ricevuto il Battesimo dello Spirito Santo sentendolo parlare in lingue.

Atti 10:44 Mentre Pietro pronunciava queste parole, lo Spirito Santo scese su tutti quelli che ascoltavano la parola. 46 Li udirono infatti parlare con le lingue e magnificare Dio.

Nessuno deve interpretare questo linguaggio. Si chiama battesimo dello Spirito Santo. È stato bello che Dio li abbia riempiti di Spirito Santo il giorno di Pentecoste. Quel giorno sono venute a Gerusalemme persone da tutto il mondo. Hanno sentito ma non hanno capito che sì, è una lingua. È la lingua della preghiera, ma la comprensione rimane muta. Paolo lo spiega bene.

1 Corinzi 14:2 Chi parla in una lingua sconosciuta non parla agli uomini, ma a Dio, perché nessuno lo capisce, ma nello spirito parla di misteri. 4 Chi parla in una lingua sconosciuta edifica se stesso, ma chi profetizza edifica la chiesa. 14 Infatti, se prego in una lingua sconosciuta, il mio spirito prega, ma il mio intelletto è infruttuoso.

Paolo spiega al versetto 18: *"Ringrazio il mio Dio perché parlo con le lingue più di tutti voi."*

Nel 1982 ho ricevuto lo Spirito Santo negli Stati Uniti. Sono arrivata dall'India negli anni Ottanta. Prima di allora, non avevo mai sentito nessuno parlare nella lingua dello Spirito Santo. Mi sono opposta finché non l'ho ricevuta e sperimentata.

Mi piace questo argomento, poiché comprendo i doni degli Spiriti e il dono o battesimo dello Spirito Santo. Oggi, in India, molti sono stati battezzati nello Spirito Santo e parlano in una lingua celeste. Li ho sentiti pregare nella lingua dello Spirito Santo.

Mentre pregate, la vostra lingua di preghiera prende il sopravvento per pregare. Se volete conoscere questo argomento, vi suggerisco di chiedere a chi ne sa qualcosa. Altrimenti sarete fuorviati dall'ignoranza.

Romani 8:26 Allo stesso modo, anche lo Spirito soccorre le nostre infermità, perché non sappiamo che cosa dobbiamo pregare come dovremmo; ma lo Spirito stesso intercede per noi con gemiti che non si possono pronunciare.

Ho pregato per delle persone nella lingua dello Spirito Santo e non sapevo cosa stessi dicendo perché lo Spirito pregava attraverso di me. Prego nella lingua per rafforzare la mia fede. Ho letto questo articolo scritto da un pastore che ha ricevuto lo Spirito Santo.

Dopo di allora, non ha più parlato in lingua. Si sentiva così male, triste, senza speranza e arido. Si è rivolto a un altro pastore, che ha capito il motivo. Il pastore gli spiegò che bisogna pregare in una lingua sconosciuta ogni giorno per un'ora o più, anche se non si capisce. È la vostra lingua celeste.

In seguito otterrete sempre più parole.

Giuda: 20 Ma voi, amati, edificatevi sulla vostra santissima fede, pregando nello Spirito Santo.

Il vostro spirito si rafforzerà e si accumulerà quando continuerete a parlare nella vostra lingua.

PREGHIAMO

Signore, abbiamo bisogno del Battesimo dello Spirito Santo. Ti siamo grati perché hai detto che non ci avresti lasciato senza conforto, ma saresti venuto da noi. Lo Spirito Santo ci insegnerà e ci guiderà in tutta la verità. Ci darà il potere di testimoniare. Ti ringraziamo che ora stai lavorando per noi attraverso di noi. Ti ringraziamo che il Dono dello Spirito Santo è gratuito e prega attraverso di noi per le cose di cui non siamo consapevoli. Che tu, Signore, ci aiuti a non rifiutare ma a ricevere il Tuo Spirito. Come ti hanno rifiutato mentre lavoravi con gli israeliti come Re, poi sei venuto sulla terra in carne e ossa. Ti hanno crocifisso e ora opera il Tuo Spirito, che hanno rifiutato. Ti chiediamo di togliere il paraocchi dalle nostre menti per farci capire, nel nome di Gesù. Amen! Dio vi benedica!

14 GIUGNO

APPROFONDITE PER TROVARE LA RADICE DELLA CAUSA!

La Bibbia è la fonte, la radice e la risposta a tutte le domande. Il nostro meraviglioso Dio sa tutto. Il suo nome è Gesù!

Ebrei 4:13 E non c'è nessuna creatura che non sia manifesta al suo cospetto; ma tutte le cose sono nude e aperte agli occhi di colui con cui abbiamo a che fare.

Isaia 46:9 Ricordate le cose antiche, perché io sono Dio e non ce n'è un altro; io sono Dio e non c'è nessuno come me, 10 dichiaro la fine fin dal principio e fin dai tempi antichi le cose che non sono ancora state fatte, dicendo: "Il mio consiglio resterà e farò tutto ciò che mi piace".

Quando affrontate un problema, assicuratevi di andare dal Signore. Lui ha la risposta e nessun altro. Che il Signore vi dia la direzione!

Qualcuno mi ha detto che il Signore rispondeva alle preghiere e pregava tra le 3 e le 4 del mattino. Potremmo dire: "Signore, è il tempo migliore per dormire". Ma se cercate la risposta, dovete affrontare il sonno e trovare il Signore.

Ho contatti a livello internazionale. Una signora mi ha detto che i dottori stregoni, gli adoratori di Satana e tutti i medium oscuri fanno il loro lavoro di notte. Il Signore sa che il demone riceve un incarico di notte. Il nemico devia il tuo destino prima di incontrare il tuo giorno.

Salmi 77:2 Nel giorno della mia difficoltà ho cercato il Signore; la mia piaga correva nella notte e non cessava; la mia anima rifiutava di essere consolata.

Noi chiamiamo questo la mente inventata per trovare la risposta.

Salmo 6:6 Sono stanco del mio gemito; tutta la notte mi faccio il letto per nuotare; innaffio il mio giaciglio con le mie lacrime.

Andare in profondità per trovare la radice di tutti i problemi: è questo che fa il Profeta di Dio. Il profeta troverà la causa principale e poi i rimedi. Il profeta si connette con Dio e trova la radice, il modo in cui è avvenuta e il rimedio.

14 GIUGNO

In genere, in caso di malattia, le persone si rivolgono a un medico. Questi vi invia a fare esami diagnostici come radiografie, risonanze magnetiche, ecografie, esami del sangue e delle urine.

Se avete maledizioni come il sommo sacerdote Eli, allora non avrete rimedio. Vedrete morire i giovani e, se invecchieranno, soffriranno.

1 Samuele 2:33 Tuttavia non taglierò via dal mio altare ogni tuo uomo; alcuni sopravviveranno per piangere e fare lutto [per la rovina della famiglia], ma tutto il patrimonio della tua casa morirà nei suoi anni migliori.

Perché questo quando Dio benedice il Suo popolo? Cosa ha causato la maledizione alla famiglia del Santo Sacerdote? Cerchiamo di trovare la radice.

Samuele 2:29 Perché scalciate il mio sacrificio e la mia offerta, che ho ordinato nella mia dimora, e onorate i vostri figli sopra di me, per ingrassarvi con la più importante di tutte le offerte di Israele, il mio popolo?

Eli avrebbe dovuto insegnare ai suoi figli le vie di Dio e non guardare altrove quando peccavano. Correggete i vostri figli quando si smarriscono.

Scopriamo le radici del motivo per cui il Re Uzzia divenne lebbroso.

Cronache 26:21a Il re Uzzia fu lebbroso fino al giorno della sua morte e abitò in diverse case, essendo lebbroso, perché fu tagliato fuori dalla casa del Signore.

La lebbra è la maledizione di Dio. Non dovrebbe essere presente nel sacerdote, nel re o nel popolo di Dio. Dobbiamo trovare la radice per eliminarla. Uzzia deve trovare la risposta da Dio e non da altre fonti.

18 Essi affrontarono il re Uzzia e gli dissero: "Non spetta a te, Uzzia, bruciare incenso all'Eterno, ma ai sacerdoti, figli di Aaronne, che sono consacrati a bruciare incenso; esci dal santuario, perché hai trasgredito; e non ti sarà dato onore dall'Eterno Dio". 19 Allora Uzzia si adirò e aveva in mano un incensiere per bruciare l'incenso; e mentre era adirato con i sacerdoti, gli spuntò la lebbra sulla fronte davanti ai sacerdoti nella casa dell'Eterno, accanto all'altare dell'incenso.

Vedete, Uzzia ha trasgredito il comandamento di Dio. Non si trasgrediscono le leggi e i comandamenti di Dio. È la mossa più pericolosa per voi e per la vostra famiglia dopo di voi.

Conoscere le proprie radici significa conoscere le proprie maledizioni o benedizioni. Ricordare e rivedere la condizione. Conoscere e accettare i propri "fare" e "non fare" o affrontarne le conseguenze. Dio ha detto che è lo stesso ieri, oggi e per sempre. Non cercate scorciatoie. Il Signore ci rende audaci nel seguirLo e non audaci nel trasgredire.

Il risultato è lo stesso, dall'alto al basso. Siete un esempio di bene o di male. Ora Uzzia potrebbe aver pensato: "Chi è questo sacerdote? Io sono il re, sono la massima autorità". No, ma Dio è la massima autorità e non un re, una regina, un sacerdote o un sommo sacerdote. Rimanete entro i vostri confini e troverete le benedizioni.

Questa è la storia di Jehoram, figlio del Re Giosafat. Per assicurarsi la sua posizione, Jehoram uccise i suoi sei fratelli. Imparate dal suo esempio.

2 Cronache 21:18 Dopo tutto questo, il Signore lo colpì nelle viscere con una malattia incurabile. 19 E avvenne che, dopo due anni, le sue viscere si staccarono a causa della sua malattia; così morì per una grave malattia.

Dio conosce le vostre ragioni. Siete più grandi di Dio? Fate attenzione! Prestate attenzione al Signore; il giudizio di Dio non indugia più. Pentitevi dei vostri peccati e allontanatevi da essi. Allineate la vostra vita al piano di Dio. Il Signore ci ha chiamati a realizzare il Suo obiettivo e non il nostro. Prestate attenzione alle vostre azioni e reazioni. Non siete al di sopra della legge e dei comandamenti di Dio. Egli è in cielo, ma ha bisogno di qualcuno che si occupi dei Suoi affari sulla terra.

2 Cronache 21:4 Quando Jehoram fu asceso al regno di suo padre, si rafforzò e uccise di spada tutti i suoi fratelli e diversi principi d'Israele. 6 E si mise a camminare sulla via dei re d'Israele, come la casa di Achab, perché aveva in moglie la figlia di Achab, e fece ciò che era male agli occhi dell'Eterno. 7 Tuttavia, l'Eterno non volle distruggere la casa di Davide a causa del patto che aveva fatto con Davide e della promessa di dare luce a lui e ai suoi figli per sempre.

Il Signore protegge la vostra salute, ricchezza, posizione, potere e successo. Il Signore vi ha chiamato con un piano, quindi rimanete connessi osservando i Suoi comandamenti.

Un'altra potente informazione:

1 Timoteo 6:10 L'amore per il denaro, infatti, è la radice di tutti i mali; se alcuni lo desiderano, si sono allontanati dalla fede e si sono trafitti con molti dolori.

Dobbiamo capire che nulla conta se non la nostra vocazione. Mantenere l'integrità e la conoscenza del redentore, del creatore, e salvatore della vostra anima. Tutto dipende da come gestite la vostra vita.

La Bibbia dice che la radice della malattia è un peccato. Trovate la fonte e sradicatela. Se siete affamati di potere, adulteri, bugiardi, malvagi o avete qualsiasi tipo di peccato, rimuovete la radice del male e la malattia scomparirà. Il Signore è fedele e giusto. Che il Signore ci dia l'umiltà.

L'umile confesserà: "Signore, sono colpevole, Signore lo confesso, Signore perdonami". Potete uscire da ogni problema, malattia e maledizione e sarete di nuovo benedetti. Alleluia!

PREGHIAMO

Mio Signore, sappiamo che sei misericordioso. Chiediamo che la nostra famiglia e noi siamo perdonati e lavati nel sangue di Gesù. Signore, confessiamo che la nostra carne non ha nulla di buono. Desideriamo che il Tuo spirito ci conduca, ci insegni e ci guidi alla verità per ricevere le benedizioni di Dio. Signore, vogliamo che il flusso di benedizioni scorra nella nostra discendenza fino ai nostri discendenti. Abbiamo bisogno che Tu sia il nostro protettore, la nostra salute e la nostra speranza. Vogliamo che la radice di tutte le malattie sia rimossa con il nostro pentimento. Ravvivaci e benedicici nel nome di Gesù. Amen! Dio vi benedica!

15 GIUGNO

NON FUNZIONERÀ!

La Bibbia è la verità, quindi per stabilire ciò che afferma, bisogna seguire le istruzioni di Dio senza fare aggiunte o sottrazioni. La scienza, l'astrologia, l'astronomia, la tecnologia, la medicina o la conoscenza satanica non possono sostituire la verità della Bibbia. È stato dimostrato che la Bibbia è l'unica fonte di verità dall'origine. Nulla può sostituire le vie, i piani, le istruzioni, i comandamenti, le leggi e i precetti della Bibbia. Non funzionerebbe se la si cambiasse. Controllate la storia dall'inizio. Eva cercò le sue vie più rapide del comandamento del Signore. Ha fallito con se stessa, con il piano di Dio e con il mondo. Le sue scelte non funzionarono e lei distrusse i piani di Dio. Quando il Signore ci dà informazioni precise, dobbiamo semplicemente seguirle e non fare domande. Le persone che fanno domande sono ribelli, disobbedienti e guidate dall'orgoglio e dalla lussuria, o da Satana. Se si trova un'altra strada, la divulgazione onesta, non funzionerà.

Avendo l'aiuto di Dio onnisciente, siamo più che benedetti. Il proprietario del prodotto conosce i fatti e non la finzione.

La prova di Dio per l'obbedienza consiste nel verificare se si meritano le benedizioni. Godete dei benefici dopo aver obbedito a ciò che il Signore vi ha chiesto di fare. Il piano originale ha più sapore di quello artificiale.

Nostro Signore ha dato molti modi per aiutare la Sua creazione e guidarla nel suo viaggio terreno. Sapete che la scienza, la medicina, le streghe, gli stregoni e i medium non sono basati sulla verità. Fin dall'inizio, la scienza continua a cambiare i suoi libri. Gli astrologi sono stati smentiti. La medicina ha ucciso molti.

La Bibbia si dimostrerà sbagliata o giusta se si sono raccolte le informazioni che pretendono di essere attuate. La Bibbia è la fonte di tutti i tesori a cui tenete.

Non importa dove andrete, la Bibbia è un bene per tutte le età, le culture e i Paesi da realizzare, far fiorire e stabilire. Assicuratevi di capire che la Bibbia non è un libro da mettere in discussione, discutere o lasciare a prendere polvere. La Bibbia non è un libro da leggere per ammazzare il tempo. Aprite il libro aprendo il vostro cuore e la vostra mente. Leggete in preghiera, non osate cambiare aggiungendo o sottraendo. È il libro per i seguaci di Dio.

Scrivetelo. Fallirete se proverete a fare qualcosa di diverso, così dice il Signore. Il vostro futuro sarà come quello di Eva-Adamo, del Re Saul e del sacerdote Eli. Non osate andare contro il Signore.

Anche se Dio vi ha creati e chiamati, vi ha consacrati e usati con forza, potete comunque commettere degli errori. Quando deciderete di prendere una strada diversa da quella del Signore, andrete a fondo. Vi allontanerete dalla terra promessa. Tutti gli incarichi, le nomine e le chiamate saranno sostituiti da coloro che crederanno, ubbidiranno, si arrenderanno e faranno ciò che è stato chiesto.

Non lasciate che la storia della ribellione e della disobbedienza si ripeta nella vostra vita. Che il Signore ci dia un orecchio per ascoltare e occhi per vedere. Non importa chi siete, re, sacerdote, basso o alto, dovrete inchinarvi davanti al Re dei re e al Signore dei signori. Se siete abbastanza saggi, umili e sinceri da vedere risultati significativi senza mettervi nei guai, allora obbedite alla voce di Dio.

Lasciate che vi chieda: siete più intelligenti di Dio? Siete più grandi di Dio? Siete onniscienti, onnipotenti o onnipresenti? Non lo siete. Siete polvere e diventerete polvere.

Guardate la polvere e dite: "Signore, guardo a te per la mia direzione".

Aprite la Bibbia e studiate la vita di un uomo e di una donna di successo. Il successo non è dovuto alla loro intelligenza, ma a colui al quale hanno obbedito. Dio vi protegge le spalle. Hanno chiesto aiuto a Dio. Un mio amico, senza montarsi la testa, segue la Bibbia senza opinioni. Dio non vuole che la tua opinione prevalga sui suoi fatti. Il diavolo e i suoi seguaci hanno opinioni.

Hanno fatto il lavoro contro la verità. Ma chi riconosce il potere e l'autorità dell'alto non ha problemi. È saggio non aggiungere o sottrarre alla Parola. Cosa significa aggiungere o sottrarre alla verità?

Apocalisse 22:18 Poiché io attesto a chiunque ascolti le parole della profezia di questo libro: se qualcuno aggiungerà a queste cose, Dio gli aggiungerà le piaghe che sono scritte in questo libro; 19 e se qualcuno toglierà dalle parole del libro di questa profezia, Dio toglierà la sua parte dal libro della vita, dalla città santa e dalle cose che sono scritte in questo libro.

Allora, siete pronti per la peste o per allontanarvi eternamente dalla presenza di Dio? Siete pronti ad affrontare le tenebre sulla terra e all'inferno per sempre?

La religione di marca sostituisce la verità.

La Bibbia dice, Giovanni 8:32: "Conoscerete la verità e la verità vi farà liberi".

Un sondaggio ha mostrato quante persone si dichiarano cristiane. Si potrebbe dire molti. La popolazione più numerosa del mondo è ancora cristiana. Allora perché le persone sono ancora legate, possedute, oppresse e hanno molti problemi? Semplicemente, le persone hanno preso una scorciatoia chiamata via della religione.

Alcuni sono nati in una famiglia che crede in Gesù. Vedete, la Scrittura è chiara e diretta.

Giovanni 8:31 Allora Gesù disse a quei Giudei che avevano creduto in lui: "Se perseverate nella mia parola, siete davvero miei discepoli".

Dovete continuare a seguire la Sua vera Parola. Non deviate dall'aderire a denominazioni, non denominazioni, organizzazioni o qualsiasi forma di religione.

Aprite la Bibbia, studiate, meditate, obbedite e sottomettetevi alla Parola di verità. Vediamo cosa succede. Vediamo quali sono le pratiche della Chiesa primitiva.

Atti 10:48a E ordinò loro di essere battezzati nel nome del Signore.

Vedete, non è un suggerimento, è un comandamento. Fate senza fare domande.

Romani 9:20 Ma, o uomo, chi sei tu che ti ribelli a Dio? Può forse la cosa formata dire a colui che l'ha formata: Perché mi hai fatto così? 21 Non ha forse il vasaio potere sull'argilla, dalla stessa massa, di fare un vaso per l'onore e un altro per il disonore?

Ricordo che la mia ricerca finì il giorno in cui mi battezzarono nel nome di Gesù, come avevano fatto i profeti, gli apostoli e i discepoli di Dio. Non c'erano dubbi dopo la mia esperienza di ricevere il perdono dei peccati. Mi sentivo più leggera di una volta. Mi sembrava di poter camminare sull'acqua. La pesantezza del peccato come una montagna è stata rimossa mentre uscivo dall'acqua. Wow! Sono felice di averlo fatto, come hanno scritto nella Parola di Dio.

Ho visto tossicodipendenti, alcolizzati, malati e persone immerse nel peccato lavate nel sangue uscire dall'acqua come uomini nuovi.

La Bibbia dice di seguire l'apostolo, il profeta e il discepolo.

Efesini 2:20 e sono edificati sul fondamento degli apostoli e dei profeti, essendo Gesù Cristo stesso la pietra angolare principale.

Le fondamenta sono state gettate nel libro degli Atti. Gli apostoli e i profeti sono stati istruiti nel Nuovo Testamento.

La prima chiesa (la chiesa non è un edificio) continuava nella verità e aveva visto esperienze meravigliose, segni e prodigi. Tenetevi stretti alla verità della Bibbia e liberatevi del falso insegnamento dell'aggiunta e della sottrazione. Per seguire la verità, occorre audacia, coraggio e amore per la verità. La famiglia, gli amici e le persone religiose possono rifiutarvi. Non preoccupatevi: rifiutano sempre i seguaci della verità.

Atti 2:42 E continuarono con costanza nella dottrina degli apostoli e nella comunione, nella frazione del pane e nelle preghiere.

Siate saldi e continuate a seguire il libro degli Atti. Iniziate una vita da nati, prima pentendosi dei propri peccati, poi lavate ogni peccato con l'acqua, battezzandovi nel nome di Gesù e ricevendo il dono dello Spirito Santo. Gesù disse:

Giovanni 14:6 Gesù gli disse: "Io sono la via, la verità e la vita".

Svolgo il ministero a molti cristiani convertiti. Alcuni dei loro familiari non hanno ancora sperimentato il vero Dio Gesù. Molte volte fanno pressione sui nuovi convertiti. Ma la verità è potente: non hanno alcuna paura. Non possono negare l'esperienza della liberazione, della guarigione e del perdono. Non possono negare la rivelazione. Si può uccidere, perseguitare, mettere dietro le sbarre, gettare nel pozzo o bruciare. La verità non può essere negata, discussa, sostituita o compromessa, ma solo obbedita. Sperimentate il potere della liberazione e della guarigione obbedendo alla verità.

PREGHIAMO

Signore, veniamo davanti al Tuo altare, apri i nostri occhi e il nostro orecchio per ascoltare la Tua voce e obbedire. Il Signore parla ai nostri cuori attraverso la Sua Parola di verità! Insegnaci a distinguere giustamente la parola della verità. La verità ha il potere di liberarci da malattie, infermità, schiavitù, catene e tenebre. Non vogliamo una religione, ma una relazione. Che il nostro Signore ci dia la vittoria dirigendoci nella verità assoluta! Che possiamo diventare seguaci di Gesù come esempio vivente e non come religione! Il Signore ci mostri la via della verità per trovare la vita eterna nel nome di Gesù. Amen! Dio vi benedica!

16 GIUGNO

POTERE DELLA CONFESSIONE!

Confessarsi significa riconoscere o rivelare i propri peccati nel sacramento della riconciliazione (Miriam Webster). Una dichiarazione fatta ammettendo la colpa di un reato. Dio conosce già il bene e il male. Se commettiamo un'azione sbagliata, Dio non ci taglierà fuori come peccatori, ma ci darà una via di fuga. Se ammettiamo le nostre colpe o i nostri debiti, Dio ci perdonerà. Dio può perdonare, ma la confessione è fondamentale per scaricare la colpa su se stessi. Confessare l'errore commesso non è una giustificazione. Con la coscienza pulita, si dice: "Ammetto la mia colpa; ti prego, perdonami".

Rendersi conto del peccato o dei debiti e poi ammettere: "Sono colpevole", purificherà la vostra fedina penale in cielo.

Questa è la nostra più potente benedizione da parte di un padre misericordioso e amorevole. Dio sa che non siamo divini, ma che siamo stati fabbricati da Dio con la polvere.

Vediamo alcuni esempi di confessione. Non confessare i peccati ha anche delle conseguenze.

Sappiamo che il Signore è misericordioso. Dio sa di averci

Creati dalla polvere, così ha generato una via di fuga. La confessione è la via di liberazione dai problemi, dalle punizioni e dalle maledizioni.

Esaminiamo le promesse di Dio se ci confessiamo. Se confessiamo le nostre colpe, il Signore ci perdonerà.

Giovanni 1:8 Se diciamo di non avere peccato, inganniamo noi stessi e la verità non è in noi. 9 Se confessiamo i nostri peccati, egli è fedele e giusto per perdonarci e purificarci da ogni iniquità.

Tutti pecchiamo e il prezzo del peccato è la morte, cioè la punizione eterna all'inferno. Ma se dite: "Signore, sono colpevole", sarete fuori dal fuoco dell'inferno.

2 Samuele 11-12 Davide cadde nel peccato di adulterio con Betsabea e poi complottò per uccidere suo marito, Uria. A volte si commette un errore senza riconoscerlo come peccato. Re giusto e gentile, Davide non conosceva le sue azioni.

Il profeta Natan, portavoce di Dio, affrontò Davide.

2 Samuele 12:13 Davide disse a Natan: "Ho peccato contro il Signore". E Natan disse a Davide: "Il Signore ha cancellato il tuo peccato; non morirai".

Mettere via significa scartare o rinunciare. Dio scarterà o rinuncerà al vostro peccato se lo confesserete. Quanto è grande il nostro Dio? Dio sapeva che Davide stava peccando senza riconoscerlo. Molte volte pecchiamo senza sapere cosa stiamo facendo di sbagliato. È bene venire alla presenza del Signore e scoprire dove e come stiamo peccando. Il peccato è causa di malattia. Non siate orgogliosi se volete essere sani. Non siete più saggi di Dio. Se non confessate i vostri peccati, vi fate del male. Siate coraggiosi e affrontate voi stessi. Cercate Dio e dite che siete colpevoli di aver sbagliato. Questo vi aiuterà a ritrovare la salute.

Quando perdete la pace, controllate la vostra coscienza. Molte volte, quando si pecca, la malattia si manifesta nel corpo.

Inoltre, Giovanni 9:31 Ora sappiamo che Dio non ascolta i peccatori; ma se uno è un adoratore di Dio e fa la sua volontà, lo ascolta.

Non è una buona idea nascondere il peccato.

Proverbio 28:13 Chi copre i suoi peccati non prospererà, ma chi li confessa e li abbandona avrà misericordia.

Ricordo quando ho iniziato a lavorare all'ufficio postale. Avevo un supervisore, o un supervisore generale, che mi ha dato filo da torcere. Usava il suo potere per mettersi contro di me. Ero arrabbiata per i suoi giochi sporchi e le sue persecuzioni. Ha usato gli altri per mettermeli contro. Tornavo a casa ogni giorno arrabbiata per le continue molestie e perdevo persino il sonno a causa di questo malvagio supervisore. In quel periodo stavo seguendo delle lezioni bibliche. La lezione riguardava il perdono. Ho pensato a come perdonare. Mi sono detta: se perdonassi, ripeterei la stessa cosa. Così parlai con il predicatore dell'intera questione. Mi disse di ignorarla e di vedere cosa succedeva. Ebbene, un giorno sono andato nella mia stanza e ho detto: "Signore, perdonami, ero arrabbiata con questa donna che era cattiva con me. E l'ho anche ignorata". Da quella notte ho ricominciato a dormire. Non vedete che quando perdonate gli altri, ricevete il perdono? Dio mi ha perdonata per la mia rabbia verso questa donna. Ho confessato a Dio che ero arrabbiata perché mi stava molestando. Nessun problema: Dio ha risolto la questione. La mia confessione ha perdonato il mio peccato di rabbia. Ignorandola, ho dormito bene! La volta successiva che la vidi, non fui disturbata; lei fece tutto il male che era in suo potere, ma io ero libera dalla schiavitù della rabbia.

In seguito, l'azienda ha retrocesso la donna come supervisore. Vendicarsi è compito del Signore. So che non volevo confessarmi perché ero arrabbiata. Pensavo di avere un motivo per arrabbiarmi perché era stata lei a causarlo. Ricordate, il peccato è peccato, non importa di chi sia la colpa. Non sono sicura di poter aiutare a vendicarsi. Devo perdonare e non arrabbiarmi.

Molte persone che non riescono a dire "Signore perdonami, ho sbagliato", avranno qualche tipo di malattia.

16 GIUGNO

Salmo 103:3 Che perdona tutte le tue iniquità, che guarisce tutte le tue malattie, 4 che riscatta la tua vita dalla distruzione, che ti corona di amorevolezza e di tenerezze.

Vedete i benefici della confessione? In primo luogo, si ottiene il perdono e si riceve la guarigione. Il versetto numero quattro dice che nessuna distruzione ha potere su di voi; ricevete amorevolezza e tenerezza. Alleluia!

Che il Signore ci dia l'audacia di affrontare le nostre colpe. Come dice la Bibbia, non c'è ascolto per chi mente. Se dite che è colpa di qualcun altro e non vostra, vi mettete nei guai. Dite: "Mi dispiace, Dio, ho sbagliato".

Subito riceverete il perdono e molte benedizioni da Dio.

Insegnate ai vostri figli a confessare, in modo che diventino sinceri. I bambini sinceri prospereranno, ma se imparano a nascondere i loro difetti, li scopriranno più tardi.

Caino non ha potuto confessare la sua colpa. Si interroga sulla domanda di Dio. Chiedeva: come faccio a saperlo? E risponde: "Non lo so". Se avete il coraggio di rispondere a Dio, non dovete temere le punizioni e le maledizioni dell'inferno.

Genesi 4:12 Quando dissoderai il suolo, esso non ti renderà più la sua forza; sarai un fuggiasco e un vagabondo sulla terra. 14 Ecco, tu mi hai scacciato oggi dalla faccia della terra, e dalla tua faccia sarò nascosto; sarò un fuggiasco e un vagabondo sulla terra, e avverrà che chiunque mi troverà mi ucciderà. 16 Caino si allontanò dalla presenza del Signore e andò ad abitare nel paese di Nod, a est di Eden.

Romani 10:10 Perché con il cuore si crede alla giustizia e con la bocca si confessa alla salvezza.

Salvezza significa guarigione, liberazione e salvezza. Trovate sempre un modo per confessare; vi salverà per l'eternità. Che il Signore ci aiuti a essere sinceri. Nel giorno del giudizio non c'è udienza per i bugiardi, ma solo un biglietto diretto per l'inferno per non aver confessato i propri peccati. Vi consiglio quindi di trovare un luogo e di rivelare tutti i vostri peccati, per poi vedere e sperimentare la misericordia di Dio!

PREGHIAMO

Signore, grazie per averci dato una coscienza per sentire il tormento del peccato. Esso non dovrebbe mai dominare su di noi. Confessiamo le nostre colpe, i nostri peccati e la nostra immoralità. Signore, tu sei fedele nel perdonare tutte le nostre mancanze. Ti preghiamo di perdonarci. Grazie per la grazia e la misericordia della Tua creazione. Vieni a salvarci, Signore, quando ci sentiamo ai minimi termini. Fa' che la Tua compassione e la Tua grazia, Signore, non si allontanino mai da noi. Signore, non toglierci il Tuo Spirito Santo. Abbiamo bisogno del Tuo Spirito di verità che ci guidi e ci conduca fino al cielo. Il nostro Dio è santo e giusto. Dio vuole che siamo onesti, quindi aiutaci, Signore, nel nome di Gesù. Amen! Dio vi benedica!

17 GIUGNO

IL SEGUACE DI GESÙ USA LA SUA AUTORITÀ!

I seguaci di Gesù usano la Sua autorità data da Dio attraverso il Suo nome. I discepoli sono stati addestrati sul campo da Gesù utilizzando l'autorità che gli è stata data. La conoscenza è potere, ma la conoscenza dell'identità di Gesù è più notevole perché offre il suo legame con il Creatore. Gesù ha creato con la Sua mano, non con la Sua parola, per uno scopo particolare, non solo per vagare in questo mondo senza direzione.

Paolo camminava nella Torah e ignorava la disposizione della grazia, e il Messia era perduto. È stato introdotto al Signore rimanendo bloccato dalla cecità. Noi siamo accecati dalla religione e ignoriamo la vera identità rivelata da colui che conosce se stesso, Dio stesso.

Per favore, non andate dai perduti e non etichettatevi come insegnanti, pastori o apostoli. Assicuratevi di seguire Gesù e non la religione stabilita dai serpenti. Se così fosse, rimarreste bloccati e non sapreste come volare anche se qualcuno vi perdesse.

Quando Gesù rivela la Sua identità, vi addestra per mandarvi a lavorare per il Suo regno. La Sua opera è liberare i prigionieri, guarire, liberare e sollevare dalla rovina. Tenete la mano di Gesù; non allontanatevi, non tradite e non cercate il frutto proibito che ha il potere di rendervi come Dio. È tutta una menzogna; quando Gesù dice di non fare qualcosa, allora non fatelo. Perderete di nuovo l'autorità e il potere dopo che Egli vi avrà ristabilito dai peccati di Adamo ed Eva.

Quando Gesù addestrò il Suo popolo, non lo tenne legato alle diverse denominazioni, religioni e sotto l'autorità. La Bibbia dice che, dopo aver sparso il sangue, uscì dal tempio, quindi perché gli edifici in seguito furono arati e distrutti? Non solo, il Signore è entrato nel tempio e ha scavalcato la tavola, li ha chiamati ladri e ha definito l'edificio un covo di ladri. Perché vi piace andare lì, che può mettervi nella gabbia del nome e non poterne uscire? Gesù ha comprato la vostra libertà con il Suo sangue e vi ha chiesto di liberare gli altri. Ancora una volta state seguendo le orme di Eva e Adamo?

È venuto a liberarvi restituendovi le autorità che abbiamo perso nel giardino dell'Eden con la trasgressione. Fate attenzione a obbedire alla Parola. Essa ha il potere di liberarvi e di continuare a liberarvi.

Luca 9:1 Poi chiamò a raccolta i suoi dodici discepoli e diede loro potere e autorità su tutti i demoni e di curare le malattie.

Matteo 10:1 E dopo aver chiamato a sé i suoi dodici discepoli, diede loro potere contro gli spiriti immondi, per scacciarli e per guarire ogni sorta di malattia e di infermità.

Dobbiamo continuare a formare, nominare altri, insegnare loro facendo e dando loro autorità nel nome di Gesù.

Luca 10:1 Dopo queste cose, il Signore ne designò altri settanta e li mandò a due a due davanti alla sua faccia in ogni città e in ogni luogo dove sarebbe venuto.

Gesù non vi impedirà di fare ciò che ha fatto, se lo seguite. Ma vi aggiungerà più potere. Vi aumenterà sempre di più.

Marco 9:39 Ma Gesù disse: "Non glielo impedite, perché non c'è nessuno che faccia un miracolo nel mio nome e che possa parlare male di me con leggerezza". 40 Perché chi non è contro di noi è dalla nostra parte.

Il Signore desidera che usiamo gli autori seguendo il Suo passo fino in fondo. Egli vuole ancora stare con la sua sposa e restituirle tutto ciò che il diavolo, nella sua crudeltà, le ha tolto.

Matteo 28:18 Poi Gesù venne e parlò loro dicendo: "Mi è stato dato ogni potere in cielo e in terra". 20 insegnando loro a osservare tutte le cose che vi ho comandato; ed ecco, io sono con voi tutti i giorni, fino alla fine del mondo. Amen.

Usate l'autorità che vi ha dato nel Suo nome per compiere azioni soprannaturali.

Marco 16:17 E questi segni seguiranno quelli che credono: nel mio nome scacceranno i demoni, parleranno con lingue nuove 18 prenderanno in mano i serpenti e, se berranno qualcosa di mortale, non farà loro del male; imporranno le mani ai malati e questi li guariranno.

Andate a predicare dappertutto, non state seduti in panchina, il Signore vi dà l'autorità.

Marco 16:20 Poi partirono e predicarono dappertutto, mentre il Signore operava con loro e confermava la parola con segni successivi. Amen.

Se credono, si fa un altro passo del battesimo per seppellire i vecchi uomini peccatori per la remissione dei loro peccati, ed essi risorgeranno in una nuova vita se useranno il nome di Gesù durante il battesimo.

Nel 325 d.C., Satana ha portato la confusione della trinità contro Cristo e ha iniziato con una sola Scrittura, che è il titolo di Dio, per mostrarci che c'è un solo nome ma un ufficio diverso. Padre, Figlio e Spirito Santo sono i titoli dell'unico Dio. Un altro nome, ma il nome Gesù contiene tutti i cognomi.

Marco 16:15 Poi disse loro: "Andate in tutto il mondo e predicate il Vangelo a ogni creatura. 16 Chi crederà e sarà battezzato sarà salvato, ma chi non crederà sarà dannato."

Avete l'autorità data con le istruzioni, quindi andate e fate il lavoro.

È venuto anche in noi come Spirito Santo per continuare l'opera di guarigione, di liberazione e di recupero di ciò che è stato tolto, rubato e distrutto.

Atti 1:8 Ma voi riceverete potenza, dopo che lo Spirito Santo sarà sceso su di voi; e mi sarete testimoni a Gerusalemme, in tutta la Giudea, in Samaria e fino all'estremità della terra.

Ovunque andassi, cercavano di legarmi alla gabbia delle loro denominazioni. Inoltre, addestrano molte persone sotto la loro denominazione, organizzazione e non denominazione a lavorare per loro per fare soldi. Il Signore non ha fatto questo, ma li ha semplicemente liberati per lavorare per la promozione del Suo Regno.

Lavorate per Gesù; vedrete e sperimenterete la potenza, l'autorità e l'opera soprannaturale e gioirete.

Marco 2:12 E subito si alzò, prese il letto e se ne andò davanti a tutti, tanto che tutti erano stupiti e glorificavano Dio, dicendo: "Non l'abbiamo mai visto in questo modo".

Il Signore ha e può fare se vi sottomettete e obbedite a Gesù. Continuate a seguire la Sua parola. Cercate, chiedete e bussate; non perdetevi d'animo e non scendete a compromessi. Non arrendetevi e non cedete.

1 Corinzi 2:9 Ma come sta scritto: "Occhio non ha visto, né orecchio ha udito, né sono entrate nel cuore dell'uomo le cose che Dio ha preparato per coloro che lo amano".

Avrete gioia quando vedrete la vita ripristinata e le cose che accadono al di là delle capacità dell'uomo.

Luca 10:17 I settanta tornarono di nuovo con gioia, dicendo: "Signore, anche i demoni ci sono sottomessi per il tuo nome".

La Bibbia vuole che ci rallegriamo per il giusto motivo.

Luca 10:20 Tuttavia non rallegratevi per il fatto che gli spiriti vi sono sottomessi, ma rallegratevi perché i vostri nomi sono scritti nei cieli.

Si può imparare solo seguendo Gesù per continuare la Sua opera. Farete di più.

Giovanni 14:12a In verità, in verità vi dico: chi crede in me, le opere che io faccio.

Credete in una maggiore eccellenza; il cielo è un limite, nulla è impossibile e tutto è possibile. Tutto sta nella conoscenza della Sua parola accurata, seguendo, obbedendo e sottomettendosi.

Pietro, Paolo, Giovanni, Tommaso e gli abitanti della Pentecoste furono battezzati nel nome di Gesù. Ricevettero lo Spirito Santo, andarono lontano e predicarono la salvezza delle loro anime dal lago di fuoco dando autorità nel nome di Gesù e la potenza dello Spirito Santo. Nascere dall'acqua e dallo Spirito è la chiave iniziale per aprire il Regno di Dio.

Usatelo per aprire il Regno di Dio e mostrarlo agli altri per primi, chiedendo loro di pentirsi di tutti i peccati.

PREGHIAMO

Padre celeste, grazie per averci dato autorità nel nome di Gesù. Siamo così felici di poterti seguire ovunque e in qualsiasi momento. Il Tuo amore per riscattarci dal diavolo va oltre la nostra comprensione. Che il Signore ci aiuti a usare le autorità, a liberare tutti e a far scappare il diavolo da noi. Mio Signore, il Tuo nome può guarire, liberare, sanare un cuore spezzato e liberare i prigionieri. Liberaci dal demone della religione, delle organizzazioni, delle denominazioni e delle non denominazioni per andare avanti e fare ciò che hai fatto. Abbiamo bisogno di aiuto e di direzione, Signore. Ci sottomettiamo come ha fatto il discepolo. Abbandoniamo tutti come i discepoli la loro rete per seguirti. Ungici con il Tuo Spirito Santo nel nome di Gesù. Amen! Dio vi benedica!

18 GIUGNO

ELEVATE IL VOSTROSTILE DI VITA SECONDO LE ASPETTATIVE DI DIO!

Il creatore dell'universo ha uno stile, altrimenti non avrebbe fatto il mondo così bello e con diverse varietà. Il cielo, la terra, tutto ciò che ci circonda, sotto la terra e tutte le grandi cose che vediamo o non vediamo fanno parte della mente creativa del creatore. Il Padre Celeste, il nostro creatore, desidera benedire la Sua creazione. Ma i figli non vogliono essere all'altezza delle Sue aspettative. Noi facciamo lo stesso con le aspettative dei nostri genitori terreni, deludendole.

Giobbe aveva uno stile di vita che ha fatto sì che il Signore gli concedesse tutto. È stato definito l'uomo più ricco del mondo, poiché Dio possiede tutto e non ha problemi a darglielo. Il figlio del re non può mendicare il pane o rimanere senza. I figli del Re ricevono il meglio del meglio, e Lui vuole che voi portiate il vostro standard al Suo livello. Basta portare la vostra vita allo standard di Dio obbedendo ai Suoi statuti, ai Suoi comandamenti, e le leggi e di osservare i Suoi precetti. Chi possiede tutto ciò che Egli ha detto, meditando giorno e notte, non vivrebbe mai una vita ordinaria.

Giobbe 1:1 C'era un uomo nel paese di Uz, il cui nome era Giobbe; quell'uomo era perfetto e retto, temeva Dio e rifuggiva il male.

Dio ha protetto l'uomo da ogni lato dall'attacco del nemico.

Giobbe 1:3a così che quest'uomo era il più grande di tutti gli uomini d'oriente.

Dio mantiene alto il livello dei Suoi figli, affinché nessuno possa competere con noi. Il Signore dà e toglie.

Giosuè 1:8 dice che il vostro successo è nell'obbedienza alle leggi e ai comandamenti di Dio e non nella vostra intelligenza. Non provate a fare i furbi. Fallirete da soli. Dio vi rende ricchi.

Proverbio 10:22 La benedizione del Signore arricchisce e non aggiunge dolore ad essa.

La nostra domanda è: come posso ricevere le benedizioni? Il Deuteronomio parla di come riceverle.

Deuteronomio 11:26 Ecco, io pongo oggi davanti a voi una benedizione e una maledizione.

18 GIUGNO

Deuteronomio 30:19 Oggi faccio registrare contro di te il cielo e la terra, perché ho posto davanti a te la vita e la morte, la benedizione e la maledizione; scegli dunque la vita, perché viva tu e la tua discendenza.

Dio sa come tenere lontano il divoratore che vuole uccidere, distruggere e rubare. Quando Dio vi dà istruzioni, non dovete pensare, discutere o mettere in discussione, ma fare, obbedire e sottomettervi. Il riscatto delle promesse non sta nel leggere, ma nel sottomettersi senza pensare.

Deuteronomio 4:6 Osservateli, perché questo mostrerà la vostra saggezza e la vostra intelligenza agli occhi dei popoli, che udranno tutti questi statuti e diranno: "Certamente questa grande nazione è un popolo saggio e intelligente".

Camminare con Dio ci permette di avere la Sua superpotenza, la Sua protezione, la Sua saggezza, la Sua conoscenza, la Sua comprensione, le Sue benedizioni e le Sue ricchezze come forza di trasmissione per portare avanti la nostra vita.

Abramo si affidò al Signore e obbedì. Credere significa impegnarsi o fidarsi di tutto senza fare domande. Abramo credette.

Romani 4:3 Perché cosa dice la Scrittura? Abramo credette a Dio e gli fu contato come giustizia.

Fidandosi di Dio, Abramo si allontanò dalla sua stirpe, dal suo popolo e dalla sua terra.

Ebrei 11:8 Per fede Abramo, quando fu chiamato a partire per un luogo che avrebbe poi ricevuto in eredità, obbedì; e partì, senza sapere dove andava.

Abramo si fidò di Dio ed era pronto a sacrificare il suo unico figlio, che aveva aspettato per cent'anni e che era anche un figlio promesso.

Genesi 13:2 Abram era molto ricco di bestiame, argento e oro.

Come e perché è diventato così ricco? Ha obbedito a Dio e ai Suoi ordini.

Quando vi rendete conto che il Signore è su di voi ed è il creatore, Egli può benedirvi solo se seguite il Suo comando, la Sua guida e il Suo consiglio. Nulla può impedirvi di ottenere la Sua promozione, il Suo onore, le Sue ricchezze e le Sue benedizioni.

Ricordate, le vostre benedizioni sono ancora nel dare, ma nuovi modi di investire nel Nuovo Testamento.

Se volete la benedizione di trenta, sessanta, cento e illimitate, trovate l'operaio di Gesù che lavora come Suo profeta, evangelista, apostolo, insegnante, missionario e pastore. Possono pronunciare le benedizioni di Dio. Loro sono solo un portavoce di Dio che pronuncia, ma Dio vi benedice se fate, obbedite e vi impegnate nella via e nella volontà di Dio.

Matteo 25:34 Allora il re dirà loro alla sua destra: "Venite, benedetti del Padre mio, ereditate il regno preparato per voi fin dalla fondazione del mondo; 35 perché ho avuto fame. Mi avete dato da mangiare; ho avuto sete e mi avete dato da bere: ero straniero e mi avete accolto: 36 ero nudo e mi avete vestito: Ero malato e mi avete visitato: Ero in prigione e siete venuti da me. 37 Allora i giusti gli risponderanno dicendo: "Signore, quando ti abbiamo visto affamato e ti abbiamo dato da mangiare? Quando ti abbiamo visto straniero e ti abbiamo ospitato? Quando ti abbiamo visto nudo e ti abbiamo vestito? 39 Quando ti abbiamo visto malato o in prigione e siamo venuti da te? 40 Il Re risponderà e dirà loro: "In verità vi dico che, se l'avete fatto a uno solo di questi miei fratelli più piccoli, l'avete fatto a me".

Questo re è il creatore e ha compassione, amore, preoccupazione e comprensione per la creazione. Quando vedete persone malate, visitatele. Quando vedete una persona in prigione, non giudicate, ma visitatela e pregate per lei. Se hanno fame o sete, date loro da bere e da mangiare. Se sono nudi, andate a comprare dei vestiti buoni; e quando vedete degli stranieri, ospitateli; se ci sono orfani, siate il loro Padre e provvedete alle loro necessità.

Come dice la Bibbia, il Signore ha uno standard significativo. Se lo seguite osservando tutto ciò che Egli ha detto, il cambiamento arriverà.

Il fratello, geloso e invidioso, vendette Giuseppe. Grazie alla sua integrità, non continuò a essere uno schiavo, ma fu promosso accanto al re. Daniele camminò nel comandamento di Dio e non scese mai a compromessi.

Era il migliore di tutti i maghi, incantatori, astrologi e indovini. Egli vi terrà in cima, al primo posto, a capo e al di sopra se voi lo terrete al primo posto.

L'osservanza dell'alleanza di Dio vi renderà benedetti.

Malachia 3:12 Tutte le nazioni ti chiameranno beata, perché sarai un paese delizioso, dice il Signore degli eserciti.

Il Signore combatterà la vostra battaglia per liberarvi. La vostra prigionia si capovolgerà. Vi libererà e vi renderà prosperi da un giorno all'altro. Cercate Dio, umiliatevi e chiedete perdono per i vostri peccati che vi hanno separati da Lui. "Perdona il mio adulterio, la fornicazione, la stregoneria, la menzogna, l'idolatria, la stregoneria, l'odio, la discordia, l'emulazione, l'ira, la lotta, le sedizioni, le eresie, l'invidia, gli omicidi, l'ubriachezza, i bagordi e simili".

Il male interiore è più pericoloso di quello che ci circonda.

2 Pietro 2:7 E consegnò il giusto Lot, infastidito dall'immonda conversazione degli empi.

La Bibbia lo testimonia.

Genesi 13:5 Anche Lot, che andava con Abramo, aveva greggi, armenti e tende. 6 La terra non poteva sopportarli per farli abitare insieme, perché le loro sostanze erano grandi e non potevano abitare insieme.

Ricordate, Dio vi rende ricchi se lo tenete al primo posto e obbedite ai Suoi comandamenti.

18 GIUGNO

Sapete qual è la richiesta di Dio oggi per voi? Lavate i vostri peccati nell'acqua battezzandovi nel nome di Gesù. Il passo successivo è ricevere il Suo Spirito perché vi custodisca, vi guidi, vi insegni e vi dia potere nel mondo.

Cercatelo attraverso il volume della Sua Parola chiamato Bibbia.

Procuratevi la Bibbia giusta e porterete benedizioni alla terra. Oggi le persone desiderano ciò che vedono nelle riviste, nei negozi e nei cataloghi.

Matteo 6:33 Ma cercate prima il regno di Dio e la sua giustizia, e tutte queste cose vi saranno aggiunte.

È l'aggiunta della macchina del Signore, non la vostra.

Se camminate secondo la volontà di Dio, non cercherete di tirare le gambe agli altri o di parlare contro di loro quando loro salgono in alto mentre voi scendete. Imparate la lezione su come andare più in alto e fate lo stesso. Non uccidete vostro fratello come fece Caino. Non siate gelosi, come il Re Saul, che cercò di uccidere Davide.

1 Pietro 2:9 Ma voi siete una generazione eletta, un sacerdozio regale, una nazione santa, un popolo peculiare, per far risplendere le lodi di colui che vi ha chiamati dalle tenebre alla sua luce meravigliosa; 10 che in passato non era un popolo, ma ora è il popolo di Dio; che non aveva ottenuto misericordia, ma ora ha ottenuto misericordia.

Poiché il Signore Gesù è il Re dei Re e il Signore dei Signori, diventerete Re se lo seguirete con tutto il cuore. Tutto è nelle vostre mani, quindi prestate attenzione al vostro cuore, poiché il cuore è l'origine della vostra vita. Il cuore è un organo vivente ingannevole e malvagio che ha bisogno di molta pulizia dal male per portare dentro di sé il bene.

Proverbio 3:5 Confida nel Signore con tutto il tuo cuore, non appoggiarti alla tua intelligenza. 6 In tutte le tue vie riconoscilo, ed egli dirigerà i tuoi sentieri.

Non riconoscerlo dopo aver sbagliato per non aver seguito il consiglio di Dio. Un grande lavoro è quello di mantenere le proprie vie, il proprio cuore e la propria vita allineati con il Signore.

Salmi 139:23 Scrutami, o Dio, e conosci il mio cuore; provami e conosci i miei pensieri: 24 e vedi se c'è in me qualche via malvagia, e guidami nella via eterna.

Portate il vostro livello alle aspettative di Dio. La Sua aspettativa è alta.

Michea 6:8 Egli ti ha mostrato, o uomo, ciò che è buono; e che cosa esige il Signore da te, se non che tu faccia il bene, ami la misericordia e cammini umilmente con il tuo Dio?

PREGHIAMO

Padre Dio, la Tua attesa per i Tuoi figli è sempre grande. Sappiamo di sbagliare con le nostre vie malvagie. Signore, aiutaci a prendere consiglio prima di tutto con te. Facci continuare a seguire le

Tue leggi, i Tuoi comandamenti e le Tue vie. Vogliamo essere riconosciuti come persone sagge e buone di Dio. La nostra cittadinanza è nei cieli se continuiamo a camminare e a seguirti. Padre nostro, che sei nei cieli, venga il Tuo regno e sia fatta la Tua volontà come in cielo così in terra, nel nome di Gesù. Amen! Dio vi benedica.

19 GIUGNO

DIO È SEMPRE LO STESSO!

Dio non cambia e nulla può e vuole influenzare Dio a cambiare. Dio è misericordioso se seguite il Suo piano. Se accettate il Suo piano di salvataggio, vi perdonerà e vi salverà dal fuoco dell'inferno. Dio ha creato l'inferno per Satana e i suoi angeli caduti. Dobbiamo ricordarci di seguire il piano di Dio per salvare noi stessi e gli altri. Egli non ha fatto e non farà, quindi dobbiamo cambiare secondo la Sua parola. Egli rivela i Suoi piani a tutti coloro che cercano il Suo volto.

Salmi 102:27 Ma tu sei sempre lo stesso e i tuoi anni non avranno fine.

Malachia 3:6 Poiché io sono il Signore, non cambio; perciò voi, figli di Giacobbe, non siete consumati.

Dio è uno, non due, tre o molti. Quindi ricordate che Geova è venuto nella carne come Gesù per versare il sangue. Non significa che Gesù fosse il secondo Dio, ma la manifestazione dello spirito di Dio nella carne per versare sangue. Venne per pagare la pena per i nostri peccati. Aveva bisogno di un prezzo di sangue senza peccato.

Come può un Dio spirito pagare il costo del sangue? Non può, ed è per questo che il Dio Spirito si è fatto carne e ha versato il Suo sangue. Fantastico!

Apocalisse 22: Io sono l'Alfa e l'Omega, il principio e la fine, il primo e l'ultimo.

Dio è tutto ciò che dovete cercare. Avete bisogno di aiuto per trovare la soluzione al vostro problema. Egli è il primo e l'ultimo. Non importa quali siano gli antichi dei e le antiche dee, Geova Dio era prima di loro.

Possono essere obsoleti, ma non quanto il nostro Signore!

Come sapete, il diavolo, il suo angelo caduto e tutti i demoni possono mentire dicendo di essere antichi. Sì, lo sono, ma la creazione non è antica come il creatore. Gli antichi dèi e dee sono spiriti maligni.

Geova Dio è il principio e la fine, il primo e l'ultimo. Nessuno è stato il primo, poi il Signore.

Il Signore ha creato la terra all'inizio. È stato dimostrato che la terra è antica. La storia non è Dio, ma solo una prova della credibilità della parola di Dio. L'ultima parola è del Signore!

Dio è l'unico in cui si deve credere.

Apocalisse 5:12 Dice a gran voce: "Degno è l'Agnello che è stato ucciso di ricevere potenza, ricchezza, sapienza, forza, onore, gloria e benedizione".

Se avete bisogno di potere, rivolgetevi al Signore. Lo Spirito del Signore scese su Sansone ed egli ne massacrò molti. La potenza di Dio arriva quando si riceve il Suo spirito. Potete ricevere lo Spirito Santo perché vi porti sulla strada giusta. Lo Spirito di Dio non cambierà mai; si chiama Spirito di Verità.

Avete bisogno di ricchezze? Il Signore possiede il bestiame su mille colline. Il Signore può moltiplicare i pesci. Acqua, cibo, diamanti, tesori o qualsiasi altra cosa vi serva, l'avrete se credete nel vero Dio, Geova. Trovate Gesù più che interrogarvi sul luogo in cui trovare le ricchezze. Dio è il fornitore. Che cosa manca in una nazione afflitta dalla povertà? Il vero Dio, Gesù.

Tutti i poveri che si sono convertiti a Gesù testimoniano la provvidenza soprannaturale del Signore. I cristiani convertiti dichiarano che non avevamo nulla, ma ora hanno cibo, una casa, un congelatore e persino denaro da prestare. I cristiani non danno soldi per la conversione, ma il Dio dei cristiani è un fornitore se credono nel Provveditore Gesù.

Non pensate mai che i cristiani corrompano le persone perché si convertano al cristianesimo. Noi ci limitiamo a guidare e a fornire le informazioni che riceviamo dal vero Dio. Rivolgendoci al vero Padre, Egli non ci abbandona e non ci lascia morire di fame. Gesù è l'amministratore delegato del mondo e attua una grande gestione per la creazione che lo riconosce come l'unico vero Dio.

Dio è lo stesso in eterno. Nella Bibbia parla della creazione; nessun altro libro religioso contiene queste informazioni. Il Signore Geova ha creato il cielo e la terra. Dio ha creato tutto, ma tutte le uccisioni, le distruzioni e i furti sono opera di Satana e del suo gruppo di angeli e demoni caduti.

Satana non vi farà mai sentire contenti, buoni e soddisfatti. Satana vi farà notare costantemente tutto ciò che non va in voi. Il diavolo vi farà sentire depressi e angosciati. Sa come mentire e deludervi. In breve, una volta che il diavolo vi avrà conquistati, entrerete in un circolo vizioso di confusione. Andate a controllare la nazione che si trova in quel ciclo di desiderio del sistema delle caste, della povertà, delle lingue e delle barriere di classe. Non c'è via d'uscita dalla sua trappola se non il Signore.

Quando uscirete da questi cicli di desiderio, studiate la Bibbia. Lasciate che lo Spirito Santo vi insegni e vi guidi lungo tutto il percorso. Il diavolo ha molti trucchi, dispositivi e piani per tenervi lontani dal Signore. Assicuratevi di non vendervi alle organizzazioni religiose cristiane create dal diavolo. Il nostro Dio ci consegna, ci guarisce, ci salva e ci dona.

È un Dio ricco e che non cambia mai.

Potete essere ovunque, ma se cercate, lo troverete. Potete trovarlo ovunque. Egli ascolterà il vostro grido ovunque e vi aiuterà.

19 GIUGNO

1 Re 20:28 Poi venne un uomo di Dio, parlò al re d'Israele e disse: "Così dice l'Eterno: Poiché i Siri hanno detto: "L'Eterno è Dio dei monti, ma non è Dio delle valli", io consegnerò tutta questa grande moltitudine nelle tue mani e tu conoscerai che io sono l'Eterno".

Quando vi pentite, cioè vi allontanate dal peccato, vivete una vita santa, giusta e timorosa di Dio. Credetemi, il vostro rapporto con Dio sarà incredibile. Sperimenterete la veridicità della Parola. Sperimentare la Sua pace è al di là di noi; solo Dio può darla. Gesù è un Dio amorevole e misericordioso con tutti coloro che cercano la verità.

Svolgo il mio ministero in tutto il mondo e osservo quanto sia grande il nostro Dio per coloro che si rivolgono a Lui. Voi avete la chiave per aprire la ricchezza. Un patto ha due parti; entrambe devono rispettare le condizioni per stabilire il contratto. Dio non cambia mai, quindi chi deve cambiare? Noi, e dobbiamo continuare a pensare a Dio per le Sue benedizioni, altrimenti potremmo perderle.

La povertà non appartiene al popolo di Dio. Egli dà in abbondanza.

Deuteronomio 28:12 Il Signore ti aprirà il suo buon tesoro, il cielo, per dare la pioggia al tuo paese nella sua stagione e per benedire tutto il lavoro della tua mano; e tu presterai a molte nazioni e non prenderai in prestito. 13 Il Signore ti farà diventare la testa e non la coda, sarai in alto e non sarai in basso, se ascolterai i comandamenti del Signore tuo Dio che oggi ti ordino di osservare e mettere in pratica.

La causa del nostro problema non conosce Dio, che è l'amministratore delegato dell'universo. Non dovete preoccuparvi di come si sente Dio, se oggi dorme o è di cattivo umore. Il Dio che vi presento non ha duemila anni, ma viene dall'eternità. È venuto nella carne per versare il sangue duemila anni fa. I Suoi anni non hanno fine. La testimonianza parla di chi è.

Gli israeliti, l'unica nazione che aveva accesso al vero Dio. Poiché essi si allontanarono dalla verità, il Signore fornì il Suo sangue per avere accesso a tutti coloro che credevano in Gesù. Possiamo accedere alla Sua sala del trono lavando i nostri peccati nel sangue di Gesù. Il potere della testimonianza dimostra come Egli incontri persone di tutte le nazioni, con diversi percorsi ed età, per confermare che Egli è un guaritore, un liberatore, un salvatore e un grande Dio. Il creatore del cielo e della terra ha incontrato Abramo. Dio, che è il proprietario dell'universo, non ha bisogno di annunci o presentazioni. Ma alla menzione del Suo nome, le cose si muovono. Confidando nel Suo nome, l'inferno trema. È nostro compito raggiungere i malati. Non c'è bisogno di camminare nelle tenebre. Non c'è bisogno di creare dei o dee d'argento, d'oro o di pietra che non possono aiutare. Il Creatore mi ha assicurato che posso far rinverdire l'arido, far fruttare il brullo e trasformare il deserto in una pozza d'acqua. Quindi, per una ricerca più approfondita, aprite la Bibbia e leggete le testimonianze scritte da secoli. Dio le ha conservate nel libro chiamato Bibbia. Cercate e verificate la sua legittimità. La Sua parola è efficace oggi come lo fu all'inizio. Il grande privilegio è la salvezza, non limitata ai soli israeliti. Il Suo sangue ha dato a tutta la Sua creazione il perdono e la vita eterna. L'unica condizione è sottomettersi e obbedire.

Per secoli, Dio ci ha dato avvertimenti e testimonianze che non cambierà. Quindi, se cambiate, vi do informazioni per trovare la via d'uscita. Il diavolo sta lavorando sulla terra, poiché non è ancora giunta la sua ora di essere gettato all'inferno per l'eternità.

Ascoltate la voce di Dio; il suo nome è Gesù e il suo Spirito si chiama Spirito Santo. C'è solo uno spirito e Dio è quello spirito. Che il Signore ci aiuti a capire chi è mentre soddisfa i nostri bisogni e compie atti particolari per il momento e la situazione in cui si trova per aiutare la Sua creazione. Jehovah ha aggiunto molti aggettivi al nome Jehovah. È uno degli attributi di Dio, non un Dio diverso. Il Suo potere ci ha dato tutto ciò che dobbiamo sapere.

Dio è Santo, autosufficiente, ricco, onnipresente, onnisciente, onnipotente, fedele, saggio e misericordioso. L'elenco può continuare all'infinito. È bravo in tutto. Dio è amore; Dio è buono. Quando lo saprete e inizierete a spostare la vostra attenzione da altri dei e dee, la vostra vita non sarà più la stessa. Egli ha dato promesse, benefici, liberazioni e guarigioni che sono al di là di ogni comprensione. Avete bisogno di una rivelazione per conoscere Gesù. Egli può fare ogni cosa se credete. Non c'è nulla di impossibile se credete. Sta a voi credere, confidare e appoggiarvi alle Sue promesse per reclamarLo.

Come possiamo smettere di lodare e adorare questo Dio grande e immutabile?

PREGHIAMO

Padre celeste, ti ringraziamo. Tu sei lo stesso ieri, oggi e per sempre. Grazie per la Tua sicurezza. Ti ringraziamo per il Tuo potere e il Tuo amore che vanno oltre la nostra immaginazione. Signore, ti ringraziamo per averci creato a Tua immagine e somiglianza per servirTi e amarTi. Ti chiediamo con tutto il cuore di darci il Tuo attributo, affinché il mondo Ti veda in noi. Ti ringraziamo per la Tua nuova misericordia ogni giorno. Ti ringraziamo per la Tua provvidenza e la Tua protezione. Tu sei fedele e non ci deluderai mai, nel nome di Gesù. Amen! Dio vi benedica!

20 GIUGNO
VIVETE PER GESÙ!

Vivete per Gesù in tutte le stagioni dell'anno. Vivete per Gesù in qualsiasi paese, continente o città. Vivete per Gesù in riva al mare, in chiesa, a casa, al mercato, in palestra e in tutti i luoghi. In tutte le occasioni, vivete per Lui. Vivete per Gesù come Lui desidera che la Sua sposa Lo rappresenti nel mondo. Siete la Sua sposa in riva al mare e anche al mercato. Siete la Sua sposa in qualsiasi nazione e camminando in qualsiasi stagione. Non c'è una stagione troppo calda o fredda nel mondo.

C'è un abbigliamento per la sposa di Gesù e un abbigliamento per la prostituta.

Proverbio 7:10 Ed ecco che gli si fece incontro una donna vestita da prostituta e dal cuore subdolo.

La prostituta ha uno stile di abbigliamento. Non è necessario tirare a indovinare dopo aver visto una prostituta con un determinato stile di abbigliamento. Lo si capisce subito. È una prostituta. Ma cosa succede quando la società indossa abiti da prostituta? Vediamo il cambiamento nel mondo: un cambiamento significativo nel pensiero e nell'interesse.

Se vedete una donna musulmana che cammina per strada, nessuno la desidera, ma una donna che cammina mezza nuda, un uomo avrà problemi a guardare la sua carne.

Ho sentito un predicatore dire che una donna inizierà a indossare abiti più corti quando non troverà un fidanzato. Perché? Per poter sedurre l'uomo.

Davide vide la donna nuda e fu attratto dal suo corpo. È nell'uomo che vede il corpo che si scatena la lussuria. Chi è colpevole? Colui che ha fatto sì che il corpo della donna fosse nudo, o colui che ha visto il corpo nudo e ha permesso alla mente sporca di prendere il sopravvento? Giudicate voi stessi.

È la mancanza di conoscenza da entrambe le parti. Dio ha dato la prima lezione nel giardino dell'Eden di indossare una veste disapprovando il grembiule. La mente era innocente prima di mangiare il frutto della conoscenza del bene e del male. Ora i sensi sono incaricati di conoscere il male e il bene. Suscita il desiderio sessuale in un uomo da parte di una donna, mostrando la carne, quindi non dovrebbe. Quindi, quando si viene violentati o molestati sessualmente, è bene informarsi per cambiare. Se i genitori non ne sono consapevoli, sono ugualmente colpevoli. Dio ha dato ai genitori l'autorità totale di educare, formare e insegnare correttamente. Vestitevi in modo da coprire il vostro corpo, siate modesti e insegnate lo stesso ai vostri figli. Sono così felice di essere venuta anni fa negli Stati Uniti, dove insegnano il codice di abbigliamento secondo la Bibbia e non secondo Hollywood. Che il

Signore ci aiuti a proteggere i nostri figli dicendo loro la verità.

La Bibbia ha registrato la testimonianza di Dio sulle azioni delle persone. Dio conosce la differenza tra ribelli e obbedienti.

Genesi 18:19 Poiché lo conosco, egli comanderà ai suoi figli e alla sua famiglia dopo di lui, ed essi osserveranno la via dell'Eterno, per praticare la giustizia e il giudizio; affinché l'Eterno faccia ricadere su Abramo ciò che ha detto di lui.

Genesi 17:9 Dio disse ad Abramo: "Osserverai la mia alleanza, tu e la tua discendenza dopo di te nelle loro generazioni".

Dio ha chiesto ai genitori e ai nonni di insegnare le leggi di Dio ai loro figli e nipoti. Per favore, insegnatele e guidatele, non abbiate paura affinché non vengano violentate o molestate da un estraneo, da un cugino, da un nonno o da un padre. Anche da chiunque possa raggiungerle. La maggior parte dei parenti molesta la maggior parte delle ragazze.

Ho parlato con un'anziana amica. Ha detto che il marito di sua figlia ha fatto qualcosa di sbagliato con le nipotine di sette anni. L'anziana amica ha detto che Elizabeth, la bambina, indossa pochi vestiti. Vedete? Questa signora di novant'anni conosce l'abbigliamento corretto, poiché la sua mente non ha accettato il codice di abbigliamento di Satana. Inoltre, ha detto che il marito di sua figlia è in prigione da tre anni. La figlia ha divorziato dal marito per aver toccato in modo inappropriato il corpicino della figlia. Una bambina è innocente, ma il marito della figlia no. Ma se permettete alla bambina di indossare qualsiasi cosa, non date la colpa all'uomo. Si vestono i figli per coprire il loro corpo.

Ricordo di aver letto un articolo di tribunale su una donna che camminava con un vestito un po' troppo corto. Questo avviene in India, dove le persone sono attente alla modestia. Anche oggi le donne indiane amano la modestia. Ora, ovunque, qualcuno ha la mentalità della prostituta. Madre o nonna, non vestite la vostra figlia piccola per vittimizzare il suo piccolo corpo. Ricordate che Dio ha creato una veste per coprire, non per rivelare il corpo.

Il Signore ha detto che Lui non cambia, quindi per favore non conformatevi agli standard del mondo.

La negligenza di non insegnare provoca ai nostri figli un trauma emotivo!

Questo è tratto dall'Huff post: *"Ogni novantotto secondi, negli Stati Uniti, viene aggredito sessualmente qualcuno. Ciò significa che ogni singolo giorno, 570 donne subiscono violenza sessuale nel Paese."*

Rimanete fuori dai guai vestendo secondo il codice biblico. Non date un invito aperto a un uomo indossando un abbigliamento sbagliato. Copritevi e le persone rispetteranno il vostro corpo. Imparate a rispettare il vostro corpo vestendovi bene.

1 Timoteo 2:9 Allo stesso modo, anche le donne si adornino con abiti modesti, con pudore e sobrietà; non con capelli acconciati, né con oro, né con perle, né con abiti costosi.

Come si sentirà il Signore quando vedrà la Sua creazione camminare mezza nuda? Al Creatore fa più male di quanto immaginiate, perché ha dato istruzioni molto chiare e decise. Ma i vostri genitori e nonni pensano che dobbiate assomigliare al mondo e comportarvi di conseguenza. Che tristezza! Vestirsi bene è saggio. Non è conservatore o antiquato.

Dio ci ha sempre avvertiti dell'effetto e del risultato della nostra disobbedienza e ribellione. Siete troppo audaci se vestite vostro figlio, conoscendone le conseguenze. Siete ignoranti o privi di buon senso? O entrambe le cose?

Quando una donna ha bisogno di un favore, indossa abiti provocanti. Sta semplicemente dicendo: "Sei il benvenuto, fammi un favore". Molte donne non sanno che Dio concede favori. Se facciamo la cosa giusta, non vedremo bambini mentalmente disturbati nella nostra società.

Hanno violentato molte persone e ora non possono funzionare bene. La loro mente è già danneggiata. La società non aiuta molto. Vedo la madre e il padre che camminano con la loro bambina, quasi nuda, dalla piscina alla loro casa. Mi limito a guardare dall'altra parte e non voglio vedere la nudità. Troppo audaci per essere nudi in mezzo alla strada. Preparatevi a vederle rapite e vendute alla prostituzione. Chi lo ha permesso? Non state seguendo le istruzioni corrette date ad Adamo ed Eva. Quando i media rappresentano ragazze nude, hanno bisogno di guardie del corpo. Potete permettervene una? La mente che stupra è carnale e piena di pornografia.

Non dovete violare la vostra libertà. Dio conosce il meglio per la Sua creazione e vi dà leggi e precetti, non consigli. Non è un suggerimento, è un comandamento.

Molte volte mi chiedo: a cosa stai pensando? Cosa indossi mentre cammini in mezzo alla strada? Alcuni obietteranno che si tratta del mio corpo. Faccio quello che mi sento di fare. Bisogna anche essere pronti al giudizio se si violano le leggi di Dio, che ha creato il corpo.

Dio vi ha creati per Lui. Dio è Santo, quindi vestitevi di Santo. Vestirsi in modo non sacro darà a Satana il controllo su di voi. Per tenere lontano il diavolo, basta vestirsi in modo santo e modesto. Imparate dai musulmani; loro ne sanno più dei cristiani in fatto di abbigliamento.

Dio è un giudice, ma voi causate il giudizio contro di voi scavalcando il comandamento di Dio. Dio sa cosa è meglio per voi, mentre il diavolo trova il modo di distruggervi. Godetevi la vita osservando le Sue leggi, i Suoi comandamenti e i Suoi precetti nel vostro cuore. È la cosa migliore per voi e per la vostra piccola anima. Dio ha promesso di custodirvi e nascondervi tra le Sue ali. Vi benedirà solo se sottometterete le vostre vie e la vostra volontà ai comandamenti e alle leggi di Dio. Se trasgredite e disobbedite, allora non siete sotto la Sua responsabilità.

Il giudizio è in arrivo.

Genesi 3: 23 Perciò il Signore Dio lo fece uscire dal giardino di Eden, per dissodare il terreno da cui era stato tratto. 24a Così scacciò l'uomo.

Presto la vita finirà. Il Signore ha detto che morirete sicuramente il giorno in cui mangerete il frutto del bene e del male. Morte significa morte eterna all'inferno. Hai caldo? Conosci l'inferno.

Luca 16:24 Poi gridò e disse: "Padre Abramo, abbi pietà di me e manda Lazzaro, perché intinga la punta del suo dito nell'acqua e raffreddi la mia lingua, perché sono tormentato in questa fiamma".

L'inferno non ha aria condizionata per raffreddare la lingua o il corpo. Pensate quindi a quelle persone che hanno caldo e si vestono nude. Cosa accadrà se andranno all'inferno per non aver coperto il corpo?

Fate attenzione; Dio intendeva quello che ha detto. Che il Signore ci dia la visione lontana dell'eternità per vedere la potenza di Dio che governa nel futuro.

PREGHIAMO

Signore, donaci degli insegnanti che ci rendano consapevoli della verità. La verità può renderci liberi. È un'arma potente contro il nemico. Noi causiamo il giudizio. Se siamo genitori, dobbiamo gestire i nostri figli. Gesù, dai ai nostri amici, familiari, pastori e insegnanti la verità da insegnare. Non ci interessa la menzogna edulcorata; è dannosa per le nostre anime.

I nostri corpi torneranno nella sporcizia, ma le nostre anime soffriranno se non agiamo secondo la parola di Dio. Aiutaci, Signore. Non vogliamo che la nostra famiglia o i nostri cari finiscano all'inferno. Ti ringrazio personalmente per avermi insegnato la Parola di verità. Hai benedetto la mia anima. Sono di passaggio sulla terra, quindi proteggimi dagli inganni, dalle trappole e dai dispositivi di Satana nel nome di Gesù. Amen! Dio vi benedica!

21 GIUGNO
È TEMPO DI DIFENDERE LA VERITÀ!

La verità è l'arma più potente per distruggere la menzogna. Il bugiardo non ha udienza. Va dritto all'inferno. Una volta che si dice la verità, si risolve la questione. La Bibbia dice la verità. Satana è contro la verità. Dio è la verità, ecco perché Satana combatte contro Gesù. È vero che Satana ha paura della verità. Satana mente e i bugiardi non possono stare davanti a Dio.

Giovanni 8:44 Voi siete del diavolo, vostro padre, e le voglie di vostro padre le farete. Egli era un omicida fin dal principio e non dimorava nella verità, perché in lui non c'è verità. Quando dice una menzogna, la dice di suo pugno, perché è bugiardo e ne è il padre.

Gesù è un Dio fedele e Satana fugge da Lui. Satana ha lasciato il corpo di un uomo posseduto quando Gesù gli è passato accanto. L'ombra di Pietro è stata abbastanza potente da guarire, offrire e liberare, poiché Gesù era all'ombra di Pietro.

La vostra presenza sarà abbastanza potente da distruggere il diavolo se vi muovete e vivete in Gesù. Dio è fedele e non c'è menzogna in Lui.

Due o più testimoni devono essere d'accordo, e questo è un affare fatto. Noi ci basiamo sulla Parola di Dio, che è verità assoluta. È un affare fatto. Quando proclamiamo la verità, è tutto a posto.

Alla fine del 1970, stavo terminando i miei studi di legge e, mentre studiavo un caso particolare, lo Spirito di Dio venne da me per spiegarmi il caso. Mi mostrò che se si prende questo caso e si applica questa legge a quella legge, si può vincere il caso. Ho detto: "Sì". Ma il Signore onora solo la legge divina. Il Signore non ha bugie nascoste per corrompere il sistema. Ho visto la menzogna nell'applicazione della legge per quel caso e l'ho capita molto bene. Usando una legge piuttosto che un'altra, avrei vinto. Il Signore mi ha detto che se avessi praticato la legge, avrei mentito.

Ho capito la menzogna. Grazie, Signore. Così, ho accettato un lavoro con una paga molto bassa, ma avrei guadagnato il mio stipendio mensile in un giorno se avessi esercitato la professione di avvocato.

Ho sentito molte critiche sul fatto di non perseguire la legge. Molti hanno iniziato a darmi consigli. Non è necessario esercitare la professione di avvocato, ma semplicemente firmare e autorizzare documenti o questo o quello nel sistema giudiziario.

Una volta ascoltato il Signore, mi ha portato a fare l'avvocato. Il denaro è sfuggente. Inoltre, il

Signore del cielo parla; è l'ultima parola che si vuole sentire. Non vedo un piano migliore del Suo. Il Signore mi ha salvata. Vedete, la verità è quella che dice Dio. Sono così felice che Dio mi parli.

Dio e voi potete avere un rapporto sereno e senza complicazioni solo quando Dio parla e voi ascoltate e obbedite. L'obbedienza è la chiave per continuare la relazione sul sentiero della verità. Il vostro cammino può essere molto agevole se ascoltate e obbedite.

Il diavolo ha paura e mente. Vi fuorvierà mostrandovi l'ostacolo nell'oceano e l'assenza di acqua nel deserto. L'acqua è amara. Affrontate il diavolo facendogli capire che il Signore è venuto e verrà in soccorso. Iniziate a lodare Dio per tutto ciò che ha fatto per voi. Il diavolo scapperà. Scrivete tutto quello che ha fatto e dite che il Signore aggiungerà un altro miracolo per voi. Dio può fare ogni cosa. Nulla è impossibile per il Signore, questa è la verità.

Se la generazione di oggi smette di appoggiarsi ai servizi sociali, all'assistenza e ai buoni pasto offerti dal governo, starà meglio senza di essi. Devono solo stare lontani dall'adulterio, dalla fornicazione, dall'abuso del proprio corpo e non usare il futuro dei bambini. I bambini non dovrebbero servire per avere uno stipendio più alto. Sostenete la vostra famiglia.

Dio vi ha dato due mani per lavorare e una mente brillante. Usatela. Per favore, proteggete le persone, abbiate successo e pensate al loro benessere. I figli non devono sostenere voi, ma voi dovete sostenere i vostri figli camminando nella verità.

Se la nostra società imparasse a fondarsi sulla verità di Dio, il futuro nostro e dei nostri figli sarebbe più luminoso. È un trucco del diavolo per fuorviarvi.

Non vedere l'offerta del diavolo nel pacchetto di denaro, ma vedere il peccato nascosto nella scatola. La nostra fonte deve essere il Signore; la nostra provvidenza deve venire da Geova Jireh. Le Scritture fioriranno nella vostra vita se vi baserete su di esse.

Date a Gesù una possibilità, basandovi sulla pura e semplice verità della Parola di Dio.

La paura, l'avidità o le situazioni ci fanno deviare dalla verità. Che il Signore vi aiuti a stare in piedi! Che il Signore vi dia il coraggio di credere che funziona sempre!

Mi sono ricordata che una collega mi aveva raccontato di essere andata in quasi tutte le chiese di Los Angeles. Non aveva trovato la verità. Era l'amico di una collega. Era una storia triste. Quando mi ha conosciuta, non sapeva in cosa credessi. Ma nel suo comportamento non era un tipo morale. Ho parlato alla collega della verità e le ho testimoniato per più di un'ora. L'unzione l'ha toccata e ha capito che la sua vita era al limite, così si è rivolta al Signore. Ora non può vivere una vita peccaminosa. Così il suo amico era preoccupato, e io ho iniziato a dare lo studio della Bibbia, e lui era deciso a farsi battezzare. Il giorno del battesimo, i demoni lo stavano trascinando e, a un certo punto, dei mostri potenti si sono avvicinati per strappare lui e la Bibbia. Era un momento cruciale, ma grazie alla preghiera dei santi, egli entrò nella zona giusta per sconfiggere il diavolo. Non appena lo battezzarono nel nome di Gesù, i suoi problemi finirono. Aveva assunto droghe, bevuto, commesso adulterio e molte altre cose chiamate peccato. Frequentava persino una chiesa senza la conoscenza di Dio e non aveva nulla a che fare con la verità di Dio.

21 GIUGNO

Dio disse:

Deuteronomio 11:13 Se ascolterete diligentemente i miei comandamenti che oggi vi ordino di amare il Signore, il vostro Dio, e di servirlo con tutto il vostro cuore e con tutta la vostra anima, 14 io vi darò la pioggia del vostro paese al suo tempo, la prima pioggia e l'ultima pioggia, perché possiate raccogliere il vostro grano, il vostro vino e il vostro olio. 15 E manderò erba nei tuoi campi per il tuo bestiame, perché tu possa mangiare e saziarti.

L'adempimento delle promesse bibliche dipende dalla vostra azione e reazione alle leggi e ai comandamenti di Dio.

Hanno battezzato entrambi i collaboratori nel nome di Gesù ed entrambi hanno ricevuto la forza dello Spirito Santo di Dio per combattere le frecce dei malvagi.

È buio pesto là fuori nel mondo. È un buio in cui tutti seguono quello che gli pare. La gente sa di Gesù, ma non Lo conosce. I falsi insegnanti e profeti non mi hanno insegnato a conoscere Dio. Non insegnano mai a mettere in pratica i comandamenti o a stare in piedi su di essi. È questo il motivo per cui le persone cadono nella trappola di Satana.

Il Signore parla allo stesso modo in qualsiasi continente, paese o nazione. Non devia, non varia e non confonde l'idea di cultura, colore e popolo. La verità ha un terreno su cui poggiare senza voragini o lava. Si è dimostrato e si continuerà a dimostrare che l'unico terreno solido è la verità della Bibbia. Vediamo la tattica di Satana attraverso i media, i film o la tecnologia per darvi un piacere momentaneo. Se cercate aiuto per salvare la vostra anima o protezione per la vostra vita, dovete andare alla verità della Bibbia.

I segni e i prodigi dimostrano la solidità della Parola. La testimonianza di poveri, ricchi, bianchi, neri o di qualsiasi nazionalità dimostra che il Signore è vero, guaritore, liberatore, riparatore di cuori e portatore di vita. Il Signore dona pace, gioia, conforto e un creatore di strade. Egli ha dimostrato che nulla è impossibile; tutto è possibile.

Che il Signore ci dia la saggezza di Daniele, la fede di Abramo e la determinazione di Davide a seguire il Signore.

Riceverete ogni giorno la Sua nuova misericordia e la Sua grazia. L'ha detto e lo pensa davvero. Il Signore è il pastore, il fornitore e il custode delle nostre anime, della nostra famiglia, della nostra nazione e del nostro mondo. Dio non ci lascerà mai e non ci abbandonerà mai.

Che possiate proclamare in tutto il mondo la Sua verità nel nome di Gesù. Amen!

Daniele 6:25 Allora il re Dario scrisse a tutti i popoli, nazioni e lingue che abitano su tutta la terra: "La pace sia moltiplicata per voi". 26 Io stabilisco che in tutti i domini del mio regno gli uomini tremino e temano davanti al Dio di Daniele, perché egli è il Dio vivente e stabile per sempre, il suo regno non sarà distrutto e il suo dominio durerà fino alla fine. 27 Egli libera, soccorre, opera segni e prodigi nei cieli e sulla terra, e ha liberato Daniele dal potere dei leoni.

PREGHIAMO

Signore, molti personaggi della Bibbia hanno dimostrato che tu sei il Dio vivente, appoggiandosi alla verità della Tua parola. Signore, usa anche noi. È nostro dovere leggere la Bibbia e obbedirle. La Bibbia è il libro della vita. È il manuale di vita per correggere, riformare e prendere la direzione dell'autostrada del cielo. Signore, abbiamo bisogno della forza della verità per stare in piedi. Tutto trema, cade e si allontana. Ma se stiamo in piedi sulla verità, l'acqua non può seppellirci e il fuoco non può bruciarci. Signore, alza il vessillo contro ogni tempesta della vita. Nascondici sotto le Tue ali e la Tua ombra mentre stiamo in piedi sulla Tua parola di verità, nel nome di Gesù. Amen!
Dio vi benedica!

22 GIUGNO

LUNGA SOFFERENZA DI DIO!

Conosciamo le sofferenze dei genitori. Crescere e prendersi cura di ogni figlio è un lavoro impegnativo.

Ma quando vediamo la pazienza del nostro Signore, va oltre la nostra comprensione. Dio è longanime e aspetta che la Sua creazione si ravveda. Pentirsi significa allontanarsi dalle proprie azioni sbagliate. Queste ultime possono portarci all'inferno. Egli ci parla costantemente in modo diverso, usando persone diverse o bastoni di correzione.

Ho visto persone rendersi conto delle conseguenze della loro ostinazione alla fine della strada. Percepiscono che ora hanno chiuso; è la fine della strada e non possono tornare indietro. Nonostante ciò, Dio ha il potere di perdonare il peccato.

Ricordate l'uomo sulla croce, ha detto.

Luca 23:40 Ma l'altro, rispondendo, lo rimproverò dicendo: "Non temi Dio, visto che sei nella stessa condanna? 41 E noi siamo giusti, perché riceviamo la giusta ricompensa delle nostre azioni: ma quest'uomo non ha fatto nulla di male.

Guardate il ladro sulla croce che disse: "Merito questa punizione perché sono un peccatore". Il peccatore deve dire: "Ho sbagliato ed è giusto che subisca questa punizione. Tu hai ragione, Signore, ma io ho torto. Abbi pietà e perdonami". Quanto poco ci vuole per ottenere il perdono. Bisogna aprire la bocca e confessare. Prima di esalare l'ultimo respiro, il ladro confessò e disse: "Mi dispiace. Perdonami."

42 Ed egli disse a Gesù: "Signore, ricordati di me quando verrai nel tuo regno". 43 E Gesù gli disse: "In verità ti dico che oggi sarai con me in paradiso".

Questo è tutto ciò che serve. Basta confessare. La lunga sofferenza di Dio ci porta al punto in cui diciamo: "Signore, confesso di essere un peccatore". Dio cancellerà tutti i peccati e tu sarai libero di andare. Signore, ricordati di me nel Tuo regno. È il regno di Dio; un peccatore non può entrarvi senza pentirsi e ricevere il perdono dei peccati. La Sua sofferenza sulla terra dimostra che ci ama oltre ogni nostra immaginazione. Il Signore è misericordioso. Liberatevi dall'orgoglio e dite: "Ti prego, aiutami". Sono un peccatore.

Mi sono ricordata del profeta colto in adulterio. Invece di pentirsi, avviò una religione in cui tutti potevano commettere adulterio e praticare la poligamia. L'ha reso legale non pentendosi. Dio chiama questo orgoglio. Pentitevi, confessate e cambiate vita.

Chi soffre a lungo ha tempo.

Matteo 18:22 Gesù gli disse: "Non ti dico fino a sette volte, ma fino a settanta volte sette".

Se si supera il limite stabilito da Dio, si è fuori. Dio proclama il giudizio sulle persone se non cambiano e offre scuse. La confessione con pentimento è la soluzione per voi e per me. Il Signore è lì per perdonare invece di punire.

2 Pietro 3:9 Il Signore non è indolente riguardo alla sua promessa, come alcuni considerano la pigrizia, ma è longanime verso di noi, non volendo che alcuno perisca, ma che tutti giungano al ravvedimento.

Molte volte ci lamentiamo con il Signore dei malfattori. Perché il Signore non si vendica? Signore, ascoltami oggi e vendicati subito del mio nemico. Ricordate cosa provate per tutti i vostri figli? Volete che i vostri figli si salvino, soprattutto quelli che sono colpevoli e vivono uno stile di vita peccaminoso. Pregate perché siete preoccupati per loro. Molti pregano e supplicano per loro per tutta la vita. Voi siete un genitore terreno che si preoccupa, quanto più il vostro Padre celeste veglia? Noi che siamo la Sua creazione dobbiamo ricordare che Egli ha pagato un prezzo più alto. Se Dio può aspettare che uno si penta sulla croce, sul letto di morte o all'ultimo respiro, allora anche noi dovremmo aspettare. Anche la Sua longanimità ha dei limiti. Se non vi pentite, allora ha finito con voi. Rimanete sotto il sette per settanta.

2 Pietro 3:15 E considerate che la longanimità del nostro Signore è salvezza, come anche il nostro amato fratello Paolo, secondo la saggezza che gli è stata data, vi ha scritto.

Il Signore vide Paolo come un cristiano assassino; ne uccise molti. Ma mentre la gente continuava a pregare e a supplicare per Paolo, Dio incontrò Paolo sulla strada di Damasco e lo affrontò. Paolo si pentì e si arrese. Pregate per i più noti e perduti. Un giorno, la supplica di qualcuno porterà loro la salvezza. Siate misericordiosi, gentili e tolleranti.

Romani 2:4 O disprezzi le ricchezze della sua bontà, della sua tolleranza e della sua longanimità, senza sapere che la bontà di Dio ti porta al ravvedimento?

Dobbiamo essere longanimi come Dio. La nostra lunga sofferenza porterà qualcuno al pentimento. Gli israeliti uscirono da una grave schiavitù, dimenticata in un giorno. Cominciarono a lamentarsi, ma Dio fu molto paziente con loro.

Voi direte che sono stati sciocchi: hanno dimenticato anche le botte e la dura schiavitù. Dio portò la libertà con la Sua mano destra e le piaghe per punire gli egiziani. Eppure, mormorii e lamentele erano nelle loro bocche. Questo dimostra da parte nostra quanto facilmente e rapidamente dimentichiamo la bontà di Dio. Se Egli non è clemente, noi non possiamo resistere nemmeno un mese.

Non approfittate mai della Sua longanimità.

22 GIUGNO

Dopo essersi stabiliti nella terra promessa, Dio li ha corretti e predetti inviando i Suoi portavoce chiamati profeti, come Geremia, Osea, Gioele, Amos, Abdia, Giona, Michea e molti altri, per modificare le loro vie. Ciò dimostra che Dio non reagisce e non agisce, ma avverte e usa aste correttive, in modo che ci allontaniamo dalle azioni sbagliate.

Dio vide il re Geroboamo-1 in primo Re e secondo Re, Osea e continuò a istruire il regno del Nord. Ben presto li vide allontanarsi dal Dio vivente per adorare un vitello, costruire idoli e boschetti e andare a caccia degli dei del paese, Baalim, Ashteroth e tutti gli altri. Nell'anno 722 a.C., Dio allontanò Giuda dalla sua terra.

La stessa situazione che vediamo oggi. Abbiamo i veri profeti e insegnanti del Signore che continuano ad avvertirci di pentirci, pentirci e pentirci! Il messaggio dovrebbe essere qualcosa di diverso dalla prosperità. Se ci rivolgiamo al Signore modificando le nostre vie, Egli porterà la prosperità.

Dio ha detto: "Cercate il mio regno e la mia giustizia, e io vi aggiungerò tutto". Ascoltate! Cercate la religione o gli idoli, o cercate la prosperità per una vita semplice.

Dio darà tutto se Lo amiamo con tutto il cuore, la mente, l'anima e la forza. Capite che non succede nulla di immediato per le nostre azioni sbagliate. Se si continua a sbagliare, il Signore avrà il giorno e l'ora in cui far rispettare il giudizio.

Leggete la Parola di Dio e vedrete che Dio ha un limite e non lo rimanda. Non lasciate che Egli vi trovi addormentati.

Luca 21:34 E fate attenzione a voi stessi, perché in qualsiasi momento i vostri cuori non siano sovraccarichi di cibo, di ubriachezza e di preoccupazioni di questa vita, e così quel giorno vi piombi addosso all'improvviso.

Quando Dio ha pronunciato tutti questi avvertimenti e correzioni nella Bibbia, si applicavano anche a voi e a me.

Salmi 94:13 affinché tu lo faccia riposare dai giorni dell'avversità, finché non si scavi la fossa per gli empi.

Mosè supplicò per gli israeliti testardi e dal collo rigido, e Dio li perdonò. La vostra supplica aiuterà Dio nella sua lunga sofferenza.

La vostra lunga pazienza con la preghiera può fare opere potenti. Alla fine, se il male si è spinto troppo oltre e non c'è pentimento nel paese, arriva il giudizio!

Dio ci ama ed è paziente con noi, quindi dobbiamo essere pazienti con gli altri.

Noè costruì l'Arco per circa sessanta settant'anni. Noè, il profeta dei giusti, continuava a predicare al mondo perduto di pentirsi e di rifugiarsi nell'arca per sopravvivere, ma la sua parola cadde nel vuoto. Signore, abbi pietà, apri le nostre orecchie e i nostri occhi. Signore, dacci dei leader come la città di Ninive che proclamino dei digiuni, e il popolo si convertirà da tutto il male così che Dio possa perdonarci.

Salmi 86:15 Ma tu, Signore, sei un Dio pieno di compassione, benevolo, longanime, ricco di misericordia e di verità.

PREGHIAMO

Signore, siamo grati di averTi come nostro Dio. Siamo polvere e torneremo nella polvere. Abbi pietà, o Signore. La longanimità di Dio ci mostra che è il nostro vero padre. Abbi pietà di noi. Dacci il cuore di contare i nostri giorni con saggezza. Dacci un cuore riconoscente per non perdere mai la nostra salvezza. Insegnaci a essere misericordiosi e a soffrire a lungo verso gli altri. Preghiamo per gli altri, specialmente per coloro che ci hanno fatto del male. La tua longanimità è la chiave per far sì che qualcuno trovi la salvezza, quindi aiutaci ad avere longanimità in modo che la nostra preghiera per gli altri possa portare la salvezza a molti nel nome di Gesù. Amen! Dio vi benedica!

23 GIUGNO

QUANDO DIO DICE NO, IL DIAVOLO DICE SÌ!

Il diavolo lavora contro il regno di Dio. Il diavolo non ha un regno, ma mente dicendo di averlo e che il suo regno ha più potere. Il suo regno lavora sulla menzogna e sull'inganno. Dio parla di vita e di morte eterne, che gli uomini non conoscono.

Genesi 2:17 Ma dell'albero della conoscenza del bene e del male non devi mangiare, perché nel giorno in cui ne mangerai morirai sicuramente.

Genesi 3:4 Il serpente disse alla donna: "Non morirai di certo".

Il diavolo mentì a Eva e lei credette alla menzogna. Quando si commette un'azione sbagliata, non si viene giudicati sul posto. Nel giorno del giudizio, vedrete la punizione eterna nel lago di fuoco. Quando vedete persone che fanno ciò che Dio ha detto di non fare e sono ancora vive, vi chiedete perché? È per questo che la gente pensa che sia giusto fare ciò che Dio non permette. Non va bene. Non credete al diavolo: è un bugiardo.

Giovanni 8:44 Voi siete del diavolo, vostro padre, e le voglie del padre vostro le farete. Egli era un omicida fin dal principio e non dimorava nella verità, perché in lui non c'è verità. Quando dice una menzogna, la dice di suo pugno, perché è bugiardo e ne è il padre.

Solo il Signore è fedele. Seguite il Signore! La Sua parola vi salverà dal fuoco eterno dell'inferno.

Giovanni 14:6a Gesù gli disse: "Io sono la via, la verità".

C'è un solo Spirito e Dio è questo Spirito. Dio è lo Spirito di verità. Signore, dicci la verità. Aiutaci a capire che sei reale.

Dio ha detto di non creare idoli. Dio è uno Spirito e il Suo Spirito ha indossato la carne per versare il sangue. Il sangue ha vita; Egli ha dato la Sua vita per la mia vita. Non adorate gli idoli di Maria o di Gesù. La verità può renderci liberi, non la religione del serpente.

Levitico 26:1 Non vi farete idoli, né immagini scolpite, non vi erigerete un'immagine fissa e non metterete in piedi alcuna immagine di pietra nel vostro paese per prostrarvi ad essa, perché io sono il SIGNORE vostro Dio.

Vediamo molti idoli chiamati dei e dee. Anche i cattolici hanno idoli. Noi non creiamo idoli. La Scrittura è chiara. Ma il diavolo avrebbe riempito la terra di soli idoli quando Dio aveva detto di non averne.

Vengo dall'India, dove ci sono molti grandi idoli. La gente crede e adora le immagini fabbricate. Il vero Dio ha detto: non create idoli. Il diavolo dirà: generate idoli di ogni tipo e forma. Il diavolo è un bugiardo. Per favore, non credeteci.

Dio non ha dovuto vestire Adamo ed Eva quando erano nudi e innocenti. Dopo aver mangiato il frutto proibito buono e cattivo, non potevano più rimanere nudi. Ora i loro sensi erano aperti per percepire il bene e il male e non potevano più camminare nudi. Sia Adamo che Eva si fecero un grembiule, che mostrava ancora parte della loro nudità. Scoprire la carne può suscitare il desiderio sessuale peccaminoso dell'uomo. Se un bambino è nudo, va bene. Il bambino è innocente e non sa distinguere il bene dal male. Prima di mangiare il frutto proibito, eravamo ingenui, come un bambino. Ma quando i bambini crescono, devono indossare abiti sufficienti a coprirsi. Il Signore fece ad Adamo ed Eva una veste per coprire completamente la loro nudità. Ora, il diavolo disegna i vestiti per mostrare più pelle, causando adulterio, fornicazione, molestie ai bambini e stupri.

Il diavolo dice che avete caldo, che dovete indossare abiti estivi e sembrare sexy. Viviamo in un Paese in cui tutti si vestono in modo immodesto. Satana si oppone sempre alle istruzioni di Dio. Il diavolo usa un modello per gli abiti immodesti. Non faccio mai acquisti in alcuni negozi; in effetti, faccio acquisti in un negozio specifico solo in inverno. In India mi facevo fare i vestiti su misura per coprire il mio corpo. Il mio corpo è per Gesù.

Guardate i musulmani, gli ebrei, gli amish e i mennoniti. Essi osservano il comandamento del Signore.

Hanno insegnanti eccellenti per far rispettare le leggi di Dio. Egli è buono e conosce il meglio. Ma il diavolo odia la creazione di Dio e fa esattamente il contrario. Vi odia e vi adesca come ha fatto con Eva. Rimanete nella Parola di Dio e mantenete un cuore aperto all'obbedienza. C'è stato un tempo in cui tutti si vestivano in modo modesto. Che il Signore ci dia un orecchio per ascoltare e un cuore obbediente.

Il diavolo ha tentato il Signore Gesù, ma il Signore si è opposto al diavolo usando la Parola di Dio. Dobbiamo opporci al diavolo usando la Parola. Io mi baso sempre sulla Sua Parola. Non ripeto gli stessi errori di Eva, Adamo e di molti altri che hanno seguito il diavolo. Dio non si fa beffe di noi; dobbiamo seguire il Signore Gesù. Il diavolo ha la stessa tattica di proibire. Il Signore ha sconfitto Satana dicendo:

Matteo 4:4 Sta scritto, Matteo 4:7 Sta scritto di nuovo, Matteo 4:10 perché sta scritto.

Il Signore è buono nel darci la Sua parola scritta. Non lasciate che la Parola di Dio prenda polvere. Iniziate a leggerla e usatela contro il diavolo.

Ricordate, il vostro avversario mente, ma il Signore dice la verità. Grazie, Signore. La Parola di Dio è la via. La Parola di Dio è la spada che taglia i piani del nemico. Comandamenti, precetti e leggi del Signore vi strapperanno dalla trappola di Satana. Il diavolo non può fare nulla, ma se siete ignoranti, ne approfitterete. Quindi aprite la Bibbia, scrivetela nel cuore e nella mente e mettetela in pratica quando siete in viaggio. Rifiutate tutte le opportunità del diavolo.

Ho avuto qualche problema quando ho appreso che una donna non dovrebbe indossare i vestiti di un uomo, cioè i pantaloni. È stato un inconveniente, dato che il mio lavoro richiede di stare in piedi, piegarsi e camminare.

A volte le persone commentavano e ridevano di me. Sappiamo che il diavolo usa le persone per intimidirci. Ho detto al diavolo: "Amo Dio e amo anche i miei vestiti da donna e la mia modestia".

Non ho mai vissuto per le chiese, i pastori o le organizzazioni. Abbiamo conservato la Parola di Dio nel nostro cuore. Non ho cambiato il mio stile di vita e il Signore mi ha assistito. Non devo mai adattarmi o seguire gli stilisti di Hollywood.

Il giorno in cui sono arrivata negli Stati Uniti, ho cercato il Signore. Ho imparato mentre Lo cercavo. Nel luogo da cui provenivo non c'erano insegnamenti o persone che conoscessero il Signore. Così, quando ho conosciuto la Parola di Dio, la mia vita è cambiata. Mi è piaciuta molto; è stata una sfida perché avevo sentito molti commenti su di essa. Vivere per Dio significa andare contro il flusso del mondo di Satana. Si entra nella Parola di Dio obbedendo. Per favore, non dite: "Non devo farlo, sono scusato. Non morirei". Noi non siamo divini, ma voi lo sarete se farete come dice. Amo il Signore e capisco che tutto ciò che ha detto è per il mio bene.

In seguito, molti mi hanno ammirata quando sono venuti per la preghiera, lo studio della Bibbia o la consulenza. Non hanno mai dovuto chiedermi: "Sei cristiana?". Alcuni hanno persino detto: "Ho capito che sei una cristiana quando ti ho vista". Vedete, il diavolo è un bugiardo.

Viviamo in un Paese in cui l'adulterio, la fornicazione, il trucco, il vestirsi poco o niente, l'immodestia e il fare ciò che si vuole vanno bene. Non ci sono linee guida. Questo ci ha rovinati e confusi di più come individui e come nazione.

Il giusto è sbagliato, altrimenti vi maltratteranno, ma fate come dice il Signore. Che il Signore sia misericordioso con noi! Sappiamo che il diavolo porta un pacchetto di ciò che il Signore ha detto NO. Dico al diavolo in faccia: vattene, non venire intorno a me; non ho bisogno di nulla da te. Tu non possiedi che un inferno.

La Parola di Dio è nel mio cuore. Vado ovunque in tutto il mondo; non ho problemi con il caldo, il freddo o le riunioni di famiglia.

Voglio essere una cristiana. Lo Spirito Santo deve risplendere in voi e in me. Non ho bisogno di essere conformata a questo mondo, ma mi sono trasformata vivendo e obbedendo alla Parola di Dio. Non c'è una seconda possibilità. Il Signore ha detto: "Pentitevi, cambiate la vostra immagine alla Sua gloria". Non assomigliate, non agite, non odorate e non pensate come il mondo. Non c'è partita per la benedizione di Dio.

Ho visto il diavolo ingannare molti con un nome, denaro, potere ecc. ma tutto ciò che hanno ottenuto è stato l'inferno. Il diavolo introduce ciò per cui Dio ha detto NO per ferire il nostro Signore facendoci apparire confusi, pazzi, feriti, meravigliati, maledetti e sudati. Ma Dio ci avrebbe benedetto se avessimo obbedito al Suo comandamento. Vi avrebbe portato a una fine attesa. Chiedetelo a Daniele, Giuseppe, Davide e molti altri. Dite NO al diavolo e sì al Signore.

PREGHIAMO

Signore, tu sei la nostra luce e la nostra porta. Una persona giusta conosce la Parola di Dio e la mette in pratica. Signore Dio, non c'è nessuno come te e nessuno accanto a te. Signore, donaci un cuore obbediente per benedire i nostri discendenti. Vogliamo che il mondo sia vivibile, sopportabile, assicurato e benedetto per gli altri. Diciamo no al diavolo ma sì al Signore, anche se dobbiamo stare da soli. Che il Signore ci trovi nel mondo per inseguirci e benedirci per aver osservato la Sua Parola nel Nome di Gesù. Amen! Dio vi benedica!

24 GIUGNO

GRANDI CAMBIAMENTI NELLE CHIESE DEL TEMPO DELLA FINE!

Dio onnisciente ci avverte nella Sua Parola dei grandi cambiamenti nel tempo della fine. Un cambiamento avverrà nelle chiese non costruite sulla roccia. Sto parlando delle vere chiese costruite sulla rivelazione di Gesù, chiamate Chiesa sulla roccia. Le persone che continuano nel libro degli Atti sono quelle che non cambieranno.

Timoteo 4:1 Or lo Spirito parla espressamente che negli ultimi tempi alcuni si allontaneranno dalla fede, dando ascolto a spiriti seduttori e a dottrine di diavoli

Timoteo 3:1 sappiate anche che negli ultimi giorni verranno tempi pericolosi. 4 Traditori, presuntuosi, esaltati, amanti dei piaceri più che amanti di Dio; 5 avendo una forma di pietà ma negandone la potenza; da costoro allontanatevi.

Tutti noi confessiamo che siamo nel tempo della fine. Vediamo le persone che vivono nel peccato - un peccato profondo - e frequentano la Chiesa.

Che cosa è successo? Non è il Signore, ma le orecchie pruriginose degli insegnanti che hanno portato i cambiamenti. Abbiamo molti insegnanti tra cui scegliere. Le persone scelgono insegnanti che permettono loro di continuare a condurre uno stile di vita peccaminoso. Dobbiamo cambiare il nostro stile di vita se camminiamo secondo la Parola di Dio. Continuate a seguire la Parola di Dio.

Warren Buffett ha detto: "Il prezzo è ciò che si paga. Il valore è ciò che si ottiene."

Il Signore ha pagato un prezzo enorme per me e per voi sulla croce. Noi, Sua sposa e creazione, gli siamo costati la vita. Il valore che ha pagato è il Suo sangue. Ringrazio il Signore ogni giorno per questo amore inestimabile.

Se io sono così importante, allora anche Lui è importante per me. Obbedite alla Sua parola. La Sua parola funziona a meraviglia se si fa il lavoro di conseguenza.

Molti si sono allontanati dalla verità. È una loro scelta allontanarsi dalla realtà.

Oggi parlerò del digiuno. Esso è essenziale nella vita di un cristiano. Vediamo due o tre esempi di digiuno per stabilire la dottrina del digiuno. Durante questo periodo si trascorre del tempo con il

Signore.

Esodo 34:28 Rimase con il Signore quaranta giorni e quaranta notti, senza mangiare pane né bere acqua. (Mosè)

Deuteronomio 9:18 Mi sono prostrato davanti al Signore, come all'inizio, per quaranta giorni e quaranta notti: Non mangiai pane né bevvi acqua, a causa di tutti i vostri peccati che avete commesso, facendo malvagità davanti al Signore per provocarlo all'ira.

Il digiuno è senza cibo; il pane è cibo e non acqua. Alla presenza divina di Dio, si può sopravvivere senza cibo e acqua. Avete bisogno dell'attenzione di Dio per intervenire in una questione particolare. Gli israeliti praticavano il digiuno non mangiando e non bevendo.

Ester 4:16 Andate, radunate tutti i Giudei che si trovano a Susa e digiunate per me, senza mangiare né bere per tre giorni, né di notte né di giorno: Anche io e le mie fanciulle digiuneremo.

Che cos'è il digiuno? Digiunare significa non mangiare e bere. Se si mangia e si beve, significa che non si sta digiunando. Ha senso? Non cercate una scorciatoia. Il digiuno aggiunge potenza alla vostra preghiera. Permette di combattere il mondo demoniaco e attira l'attenzione di Dio. È necessario cercare due o tre Scritture a sostegno del soggetto per stabilire la dottrina. Non possiamo sviluppare la dottrina biblica utilizzando una sola Scrittura.

Matteo 18:16 Ma se non ti ascolta, prendi con te uno o due altri, affinché sulla bocca di due o tre testimoni sia accertata ogni parola.

2 Corinzi 13:1a Ogni parola sarà stabilita sulla bocca di due o tre testimoni.

Una testimonianza di due o tre persone per stabilire la dottrina per il mondo spirituale o secolare.

Perché il digiuno è essenziale per essere cristiani?

Matteo 17:21 Ma questa specie non esce se non con la preghiera e il digiuno.

Siamo nell'esercito di Dio. Non lottiamo contro la carne e il sangue, ma contro Satana e il suo esercito, i demoni e gli angeli caduti. Se volete potere spirituale, dovete digiunare.

Gesù ha digiunato per poter lavorare efficacemente contro il mondo spirituale nella carne. Il digiuno può vincere la prova della concupiscenza degli occhi, della carne e dell'orgoglio della vita. Mortificare la carne per vincere la battaglia spirituale. La carne ha un forte desiderio, ma quando si digiuna, lo spirito diventa più potente della carne. Non possiamo combattere il diavolo nella carne. Il diavolo e la carne si assomigliano o si intrecciano.

I pagani sapevano come digiunare correttamente? Sì, e lo facevano perfettamente. Perché? Gli israeliti erano un vicino di casa come esempio.

Giona 3:5 Allora il popolo di Ninive credette a Dio e proclamò un digiuno, 7 ed egli lo fece proclamare e pubblicare per tutta Ninive con un decreto del re e dei suoi nobili, dicendo: "Né uomini né bestie, né greggi né mandrie, assaggino alcunché; non si nutrano e non bevano acqua".

Il digiuno è l'assenza di cibo e di acqua. Il risultato notevole di fare un digiuno biblico e non farlo correttamente è pari a zero. Se la Chiesa non digiuna secondo la Parola di Dio, i demoni non escono e la vita non cambia. La droga, la sigaretta, la schizofrenia, il bipolarismo e molte operazioni demoniache sono curabili solo con il digiuno e la preghiera.

Le persone sono possedute e oppresse. Il cristianesimo è sbagliato perché pretende la liberazione? No amici, falsi insegnanti e profeti si insinuano negli edifici chiamati chiese, sostenendo di essere il ministro della luce.

Una volta ho digiunato tre giorni e tre notti. Di nuovo, il Signore mi ha chiesto di digiunare tre giorni e tre notti per una certa persona. Così ho iniziato la seconda volta a digiunare per tre giorni e tre notti. Ora conoscevo solo il digiuno corretto: niente cibo né acqua. Poiché era la seconda volta, decisi di sorseggiare un po' d'acqua dopo due giorni, solo un po'. Pensavo di aver finito tre giorni e tre notti, quindi un po' d'acqua andava bene. Appena ho sorseggiato, il Signore mi ha detto: "Sei di nuovo troppo veloce per tre giorni e tre notti". Solo per un sorso? E perché non si è fermato quando stavo prendendo l'acqua? Così lo feci di nuovo per altri tre giorni e tre notti senza cibo e acqua. Nove giorni interi, senza cibo e acqua. Vedete quanto mi è costato.

Negli anni successivi, ho sentito Daniel digiunare; mi sono detta: che cos'è? È la dieta kosher di cui Dio ha parlato agli ebrei nel capitolo 11 del Levitico. Satana ora sta usando una dieta kosher come digiuno.

Nel libro Daniele 1:8 Ma Daniele aveva deciso in cuor suo di non contaminarsi con la porzione di cibo del re e con il vino che beveva; perciò chiese al principe degli eunuchi di non contaminarsi.

Il capitolo 11 del Levitico parla di cosa mangiare e cosa non mangiare. Daniele viveva a Babilonia e non poteva mangiare cibi impuri. Chiese:

12a Ti supplico, dieci giorni; e che ci diano polpa da mangiare e acqua da bere.

Questo è ciò che Daniele mangiava ogni giorno, ma quando digiunava, vedete cosa mangiava?

Daniele 10:2 In quei giorni, Daniele fu in lutto per tre settimane intere. 3 Non mangiai pane gradevole, né carne né vino entrarono nella mia bocca, né mi unsi affatto, finché non furono compiute tre settimane intere.

Ora, che cosa sta aggiungendo? La sua dieta era ebraica, chiamata kosher, ma il digiuno non era una dieta kosher. Perché? Per ottenere una risposta dal Signore. Il regno celeste si muove quando si digiuna. Il digiuno è pericoloso per il regno del diavolo. Vediamo come Daniele vinse continuando a digiunare.

Daniele 10:12 Poi mi disse: "Non temere, Daniele; dal primo giorno in cui hai posto il tuo cuore a comprendere e a castigare te stesso davanti al tuo Dio, le tue parole sono state ascoltate e io sono venuto per le tue parole. 13 Ma il principe del regno di Persia (cioè Satana) mi ostacolò per un giorno e venti; ma ecco che Michele, uno dei principi principali, venne ad aiutarmi; e io rimasi là con i re di Persia. 14 Ora sono venuto a farti capire che cosa accadrà al tuo popolo negli ultimi giorni; perché la visione è ancora per molti giorni."

Il Signore Gesù ha sconfitto il piano di Satana quando ha digiunato. I cambiamenti significativi avvengono sulla terra se si continua a digiunare e a pregare.

Matteo 4:2 E quando (Gesù) ebbe digiunato quaranta giorni e quaranta notti, fu poi affamato.

Naturalmente, si ha fame quando non si mettono in bocca acqua e cibo. Vedete la confusione, l'oppressione e la possessione nel mondo? Si sta aggiungendo e sottraendo alla Parola di Dio - fuggite dai falsi insegnanti e profeti.

2 Timoteo 4:3 Verrà infatti il tempo in cui non sopporteranno la sana dottrina, ma, seguendo la loro concupiscenza, si procureranno maestri, avendo orecchie pungenti; 4 e distoglieranno l'orecchio dalla verità e si convertiranno alle favole.

PREGHIAMO

Signore, sappiamo che la battaglia è contro la tattica di Satana usata contro di noi. Abbiamo bisogno del Tuo aiuto; solo la verità ci rende liberi, quindi abbi pietà di noi, Signore, che possiamo trovare questa verità facendo come dice. Ti ringraziamo per la forza data dal digiuno senza acqua e senza cibo. Signore, sappiamo che il regno spirituale ha molta malvagità; non è per forza o potenza, ma per lo spirito. Dobbiamo camminare nello spirito per distruggere Satana, che uccide, ruba e distrugge. Signore, ti apprezziamo per i veri insegnanti e profeti. Aiutaci a camminare velocemente e correttamente per vincere la battaglia, nel nome di Gesù. Amen!Dio vi benedica!

25 GIUGNO

CONOSCI DIO O SAI DI DIO?!

Conoscere qualcuno è diverso dal conoscere qualcuno. Molti sanno dell'esistenza di Dio, ma se chiedete loro se Dio può guarirvi, vi risponderanno che sì, può farlo, ma troveranno altre fonti di aiuto oltre a Lui. Noi riceviamo l'introduzione a Dio da qualcuno; poi, arriviamo a conoscerLo tanto quanto loro. Ma conoscere Dio è come una relazione a tu per tu con Lui. Diventa personale quando gli permettete di controllare la vostra vita. Il fatto che Dio controlli lo faccia potrebbe essere una sfida per chi si trova in una zona sconosciuta, perché non conosce il Signore. La testimonianza è un'arma potente per far conoscere il Signore. Quando presentiamo Dio attraverso la nostra esperienza, le persone si chiedono: "Dio può fare questo? Dobbiamo permettere a Dio di operare in ogni ambito per conoscere e vedere la Sua opera straordinaria. Le persone rifiutano Dio per il denaro. A nessuno piace dare offerte o sostenere operai e missionari per portare avanti il lavoro. Ricordate, il Signore può fare solo quello che voi gli date sul territorio. Ultimamente ho pensato a questa Scrittura.

Per la Sua striscia, siete guariti.

Isaia 53: Ma egli è stato ferito per le nostre trasgressioni, è stato contuso per le nostre iniquità; il castigo della nostra pace è stato su di lui, e con le sue ferite siamo stati guariti.

Non abbiamo nulla da pagare; Lui ha pagato per tutto. Grazie, Signore. Ottenere un desiderio più profondo di trovare ciò che è disponibile nel Signore! L'uomo ha avuto una legione di demoni impuri liberati dall'incontro con Gesù. Gesù lo ha trovato nella tomba. Nessuno può domarlo o incatenarlo. Dovremmo avere questo tipo di testimonianza.

Marco 5:5 E sempre, notte e giorno, stava sui monti e nei sepolcri, piangendo e tagliandosi con le pietre.

Gesù chiese a tutti i demoni di andarsene. Ma alla richiesta dei demoni di mandarli nei porci, essi annegarono nell'acqua e furono uccisi. Così il diavolo è venuto a rubare, uccidere e distruggere, ma non hanno potuto uccidere quest'uomo dopo che la sua liberazione è andata a pubblicizzare la potenza di Dio che lo ha reso integro. La testimonianza è così potente ed edificante che molti miracoli avvennero a Gadarenes.

Marco 5:19 Tuttavia Gesù non lo soffrì, ma gli disse: "Va' a casa dai tuoi amici e racconta loro le grandi cose che il Signore ha fatto per te e ha avuto compassione di te". 20 Egli partì e cominciò a pubblicare nella Decapoli le grandi cose che Gesù aveva fatto per lui; e tutti gli uomini si meravigliavano.

Sentirono un uomo che urlava, si tagliava, era violento e nessuno poteva passare di lì. Ora era sano di mente e ascoltava. La sua testimonianza era al di là di ogni comprensione. La nostra testimonianza dovrebbe elevare la fede delle persone nel Dio vivente. Dovrebbe essere chiaro che, sì, il Signore è capace.

Non mescolate con alcune bugie e mescolate con la vostra medicina. attraverso la vostra testimonianza, qualcuno osa toccare la veste o la figlia morta risorgere. Che tipo di Dio state pubblicizzando? Fate conoscere colui che può tutto. Nulla è impossibile e tutto è possibile a Dio.

Luca 8:40 Quando Gesù fu tornato, il popolo lo accolse volentieri, perché tutti lo aspettavano.

Nello stesso momento, una ragazza di dodici anni è stata risuscitata dai morti e la signora che aveva un'emorragia di sangue da dodici anni è stata guarita toccando la veste del Signore Gesù. La vostra testimonianza dà un sapore buono o cattivo nella bocca di qualcuno per il Signore. È necessario conoscere la Bibbia per testimoniare che il Signore è specializzato in tutte le cose impossibili. Frequentate coloro che conoscono Dio. Conoscere Dio e nient'altro. È la relazione che si vuole costruire confidando in Lui. Si conosce qualcuno passando del tempo con lui. Si passa del tempo con Dio leggendo le parole per metterle in pratica.

Non parlate di nulla, ma solo di Dio. Trovate il Signore come ogni personaggio della Bibbia si è fidato di Lui. La testimonianza è solo un riconoscimento aperto. Si parla agli altri e si afferma che la propria esperienza del Signore e la vostra esperienza di Dio sono importanti. La mia fede è stata costruita ascoltando le testimonianze degli altri. Ho iniziato a fare quello che facevano loro e Dio ha fatto lo stesso con me. Il vostro risultato dipende da come percepite Dio.

Ricordo che una signora ha testimoniato, dicendo che voleva che Dio mandasse la neve dove lei era in vacanza, ed Egli l'ha fatto. Quando ero in visita sulla costa orientale, ho chiesto la stessa cosa. Signore, voglio la neve come l'hai mandata per mia sorella e così via. In vita mia non avevo mai visto la neve, se non sulla montagna vicino a casa. Ovviamente, Egli mandò molta neve. Ero felice di vedere la neve mentre guidavo di notte. C'era un bellissimo scenario di neve ai lati e sugli alberi. Guidare sotto un cielo azzurro attraverso la lunga strada dal Canada al New Jersey è stata una notte piacevole.

Chiedete a Dio la guarigione, le cose di cui avete bisogno nella vita o qualsiasi altra cosa, e vedrete come il Signore vi risponderà, provvederà, guarirà, vi libererà e vi accompagnerà. Ho incontrato molte persone divine che conoscevano Dio; mi hanno aiutata a passare a un livello superiore. Quando cerco la mia guarigione, la liberazione o qualsiasi altra situazione, cerco il Signore, ed Egli arriva e guarisce, fornisce, provvede e risolve ogni problema. Dovete costruire una relazione con il Salvatore. Non seguite la strada della religione; è un gioco che fa perdere tempo senza relazione. Non troverete mai Dio attraverso la via della religione. Potreste sperimentarLo occasionalmente, ma non al livello che dovreste. Ora capite perché Dio deve scegliere dodici e poi settanta discepoli per andare a fare tutto il lavoro per presentare il Dio del Nuovo Testamento? È ancora tutto accessibile se non ci si lega alla religione demonizzante dei serpenti. La religione è un freno e un blocco. Non danneggiate mai la vostra anima unendovi alle chiese sacre e diventando senza speranza, senza fede e senza credenti. Dovete permettere a Dio di servirvi. Voi siete la chiesa, non l'edificio.

Atti 17:10 I fratelli mandarono subito via Paolo e Sila, di notte, a Berea; i quali, venuti di là, entrarono nella sinagoga dei Giudei. 11 Questi erano più nobili di quelli di Tessalonica, perché accoglievano la parola con prontezza di spirito e scrutavano ogni giorno le Scritture per sapere se quelle cose erano vere.

Siate diligenti, cercate e ricevete la Parola con prontezza di spirito. Cercate le Scritture ogni giorno, non una volta ogni tanto.

Che il Signore ci aiuti a cambiare le nostre priorità.

Ho sempre voluto conoscere Dio a un livello più alto, più profondo e più ampio. Si può avere Dio quanto si vuole. Potete avere oltre, al di sopra e traboccante. Chiedete di riempire il vostro calice con la Sua potenza e i doni dello Spirito. Condividete con gli altri e lasciate che tutti si nutrano del vostro calice. Lasciate che il vostro calice proclami chi è Lui. Non andate mai con la vostra religione, ma predicate il Regno di Dio con la Sua missione. Essa è quella di guarire i cuori spezzati e i malati, di liberare gli oppressi e gli indemoniati, di scacciare i demoni e di riprendere ciò che avevamo perso nel giardino dell'Eden. Che il Signore ci aiuti. Permettete allo Spirito Santo di essere il vostro maestro, di guidarvi in tutta la verità. Entrate attraverso la porta del tesoro disponibile per voi e per tutti coloro che credono in Gesù. Il Signore sia il vostro pastore, dottore, medico, fornitore e protettore. Tutti i benefici che desiderate sono disponibili per Lui. Che possiate invocare il Signore affinché il non visibile diventi visibile. Permettete che il soprannaturale diventi naturale.

Geremia 33:3 Chiamami e io ti risponderò e ti mostrerò cose grandi e potenti che non conosci.

Lasciate che Dio sia sempre vostro amico. ConoscerLo significa accettare le Sue vie. Questo vi porterà alla radice della verità per l'eternità, nel nome di Gesù.

PREGHIAMO

Signore, siamo grati di conoscerti. Tu sei il nostro re e il nostro pastore, il nostro Signore e la nostra giustizia. Abbiamo bisogno della veste della giustizia. Grazie, Signore, perché la Tua parola ci promette che sarai la nostra guida fino all'eternità. Sì, Signore, vogliamo che tu sia la nostra guida per l'eternità. È meraviglioso poter venire in qualsiasi momento, senza appuntamento, a chiedere il Tuo aiuto. Vogliamo che i nostri figli e nipoti conoscano Dio a un livello più alto per proclamare il Tuo degno nome, il nome al di sopra di tutti, nel nome di Gesù. Amen! Dio vi benedica!

26 GIUGNO

NOI SIAMO IRAPPRESENTANTI DI DIO!

Riconosciamo le persone dalle loro uniformi, dall'auto aziendale che guidano o dalle loro azioni. I membri dei servizi dell'esercito, della marina o dei marines si riconoscono dal loro abbigliamento. La gente riconosce la Polizia dalla sua uniforme o dall'auto che guida. Un uomo con lo stetoscopio è un medico. Non dobbiamo mai chiedere la loro professione.

2 Corinzi 3:1 Cominciamo di nuovo a lodarci? O abbiamo bisogno, come altri, di lettere di encomio a voi, o di lettere di encomio da parte vostra? 2 Voi siete la nostra epistola scritta nei nostri cuori, conosciuta e letta da tutti gli uomini; 3 poiché è evidente che voi siete l'epistola di Cristo da noi amministrata, scritta non con inchiostro, ma con lo Spirito del Dio vivente; non in tavole di pietra, ma in tavole di carne del cuore.

Il profeta ha dato un segno per riconoscere il Dio in carne e ossa, Gesù. Gesù è il Dio in carne e ossa, aprirà gli occhi dei ciechi, guarirà i malati e libererà i prigionieri. Quando la gente vide i miracoli, le guarigioni e le liberazioni, capì che Gesù era il Figlio di Dio, Dio in carne e ossa e non il figlio di Giuseppe. Solo Dio può fare tutto ciò che Gesù ha fatto. Non c'è dubbio che avete la percezione con discernimento per riconoscere Gesù come Figlio di Dio. Il Signore ha anche dato segni e caratteristiche certe per identificare i cristiani. In primo luogo, hanno amore, gioia, pace e longanimità. Sono capaci di perdonare.

I sacerdoti e i sommi sacerdoti non si preoccupavano di Dio, ma solo del potere, della posizione e del denaro.

Hanno riconosciuto Pietro e Giovanni:

Atti 4:13 Ora, quando videro l'audacia di Pietro e Giovanni e compresero che erano uomini non istruiti e ignoranti, si meravigliarono e presero conoscenza di loro, che erano stati con Gesù.

Quando Gesù volle rappresentarsi ad altre città circostanti, inviò dodici e poi settanta Discepoli:

Matteo 10:1 E dopo aver chiamato a sé i suoi dodici discepoli, diede loro potere contro gli spiriti immondi, per scacciarli e per guarire ogni sorta di malattia e di infermità.

Gesù inviò dei discepoli dando loro autorità e potere da esercitare. In seguito, Gesù ne chiamò settanta e li inviò.

26 GIUGNO

Luca 10:1 Dopo queste cose, il Signore ne designò altri settanta e li mandò a due a due davanti alla sua faccia in ogni città e in ogni luogo, dove egli stesso sarebbe venuto. 9 E guarì i malati che vi si trovavano, dicendo loro: "Il regno di Dio si è avvicinato a voi".

Come riconoscere gli eletti inviati dal Signore? Qual è l'azione familiare?

Marco 16:17 E questi segni seguiranno quelli che credono: nel mio nome scacceranno i demoni; parleranno con lingue nuove; 18 prenderanno in mano i serpenti; e se berranno qualche cosa di mortale, non farà loro male; imporranno le mani ai malati e questi guariranno.

Se siete assunti come meccanici e non sapete come riparare, vi chiamerebbero di nuovo? Mai, ma sarete licenziati. Paghereste un chirurgo che non sa come operare? Gli permettereste di operarvi? No, nessuno gli darà un lavoro. Alcune organizzazioni religiose, denominazioni e non denominazioni parlano di guarigione, ma non sono in grado di guarire o di portare frutti. Le persone parlano e gridano alla guarigione e liberazione e parlano in lingue, ma se i segni non sono seguiti, sono contraffatti. Appartengono a un gruppo religioso. Il loro gruppo religioso ha dato loro autorità, posizione e programma. Devono seguire i loro superiori per prendere una decisione. Come sappiamo, ci sono molte denominazioni, chiese e organizzazioni. Se vi unite a loro, dovete parlare, agire e vivere secondo il loro statuto. Dovete rispettare le loro regole e i loro regolamenti. Molte denominazioni non credono nel fatto di ricevere lo Spirito Santo parlando in lingua, come ha detto Gesù, ma insegnano che questo viene dal diavolo. Unendovi alle false chiese del serpente, dovete scartare l'insegnamento di Gesù per seguirle. Non avete scelta.

Quando dite "la mia chiesa", è proprio così, la vostra chiesa, non quella di Gesù. State rappresentando la denominazione e non Gesù. Ho visto tante denominazioni e organizzazioni nascere e chiudere. Molte hanno riscritto la Bibbia, hanno rivisto il loro statuto e i loro seguaci devono rispettarlo. A prescindere da tutto, una volta diventati seguaci di un'organizzazione religiosa, devono sottomettersi alle autorità. Oggi ci sono molte denominazioni. Una volta si diventa cattolici, l'anno successivo metodisti, poi battisti o mormoni.

Le persone continuavano a cambiare a causa del vento delle dottrine. Si veniva riconosciuti con il nome dell'organizzazione e non come cristiani. Per essere chiamati seguaci o discepoli di Gesù, dovete seguirLo. Dio può chiamarvi al Suo servizio se credete a tutto ciò che Gesù ha detto. Ma lo Spirito Santo non può usarvi se frequentate una chiesa battista, cattolica o qualsiasi altra organizzazione religiosa. Se la chiesa non crede nella ricezione dello Spirito Santo, non potete parlare in una lingua. Vi costringeranno a stare in silenzio. Un falso insegnante vi insegnerà che parlare in lingua non è biblico.

Le nazioni circostanti conoscevano e temevano Mosè, Aron e Giosuè, dal momento che il Dio potente li ha usati come segni e meraviglie. La gente vide il miracolo, le piaghe, i segni e i prodigi. La vista del tuono e della gloria della Shekinah ha fatto sì che la gente avesse paura di Dio. Ora siamo noi i rappresentanti di Dio. Ogni cristiano ha il suo programma o quello di Dio. Potete rappresentare Dio in modo diverso, ma l'unica via di Dio rappresenterà Dio. Potete dire: "Signore, lascia che ti aiuti" o "Signore, aiutami a fare il tuo servizio".

I discepoli del Signore pregheranno, digiuneranno, scacceranno i demoni, guariranno i malati e ministreranno alle persone per le loro necessità. Dobbiamo rappresentare il Signore come fecero i dodici e poi i settanta discepoli. Quando si smette di seguire il Signore, si trovano le proprie strade, si crea un'organizzazione e si insegna falsamente, è la fine del ministero di Gesù. Gli spiriti di Gezabele e del re Achab sono responsabili della caduta dell'unica vera chiesa. In questi giorni e in questi tempi, lo spirito del Re Achab e di Gezabele si insinua nelle cosiddette chiese, predicando la prosperità e tutto il resto. Come credere a questo tipo di Gesù? Non è Gesù; è il ministero di Gezabele e del Re Achab a distogliere lo sguardo da Gesù per dirigerlo verso di loro. Il denaro è il loro Dio.

O rappresentiamo il Signore Gesù o qualcos'altro. Le persone si rivolgeranno al Signore se noi rappresentiamo il Signore. La Sua opera continuerà se svolgiamo il nostro compito. Se seguiamo le denominazioni, che si chiamano chiese, allora rappresentate i metodisti, i battisti, i mormoni e i testimoni di Geova, ma non Gesù. Se volete rappresentare Gesù, allora studiate i quattro Vangeli. Seguite il Libro degli Atti o Atti dello Spirito Santo. La gente vedrà Gesù; la gente si rivolgerà a Dio. Conosceranno il Signore attraverso la vostra vita, le vostre azioni e il vostro lavoro. Signore, aiutaci a rappresentarti! La nostra ombra deve lavorare. Il diavolo deve scappare da noi; i malati devono guarire; il cuore spezzato deve guarire. Il mondo intero può essere salvato se rappresentiamo un Dio originale, vero, santo e giusto, mantenendo la Sua missione e seguendo le Sue vie. Rappresentate il Signore Gesù!

PREGHIAMO

Signore, dacci la Tua conoscenza per rappresentarTi. Dacci l'autorità e il potere di scacciare i demoni e di guarire i malati. Questo mondo ha bisogno di liberazione, speranza, salvezza e verità. Solo la verità è potente e non qualsiasi religione, denominazione o organizzazione. Signore, dacci l'audacia e il coraggio di sostenere la Tua causa, anche se siamo osteggiati da molti gruppi religiosi. Che il Signore ci dia la forza dello Spirito Santo per capovolgere il mondo. Portaci di città in città e di Paese in Paese a rappresentare Te e solo Te. Così che la gente possa sapere che Gesù Cristo è un guaritore, un liberatore e un salvatore di questo mondo nel nome di Gesù, Amen!   Dio vi benedica!

27 GIUGNO

SUCCEDE SOLO SE DIO CONCEDE!

Ci sono molte domande sul perché, cosa e come vedere il giudizio di Dio sulle persone o sulla terra. Dio è giusto, retto e santo. Raggiungerete il fine previsto se obbedirete ai suoi comandamenti, alle Sue leggi e ai Suoi precetti. Signore, aiutaci a comprendere le Tue vie! Dio ha dato insegnanti e profeti, quindi non cercate il falso. Non seguite una falsa religione perché Dio non cambia. Dio è lo stesso ieri, oggi e in eterno. Se volete essere benedetti, cercate il Signore.

Sono venuta negli Stati Uniti in cerca di Dio. Ho sempre cercato Dio. Anni fa, una donna mi disse che voleva andare negli Stati Uniti per diventare bianca. Ognuno ha un'intenzione diversa. Non c'è un posto dove il marrone diventa bianco. Ma la mentalità degli esseri umani è un po' folle. È vero che tutti vengono o vengono negli Stati Uniti per motivi diversi. L'attrazione per l'America è la ricchezza, che offre maggiori e migliori opportunità. Ma avete mai pensato al motivo per cui l'America è prospera? L'America è ricca rispetto a molti Paesi.

Dobbiamo conoscere la causa e chi c'è dietro. La mano destra dell'Onnipotente è dietro questo Paese, gli Stati Uniti d'America. Quando hanno dato gloria a Dio, hanno cercato il Suo volto e Lo hanno servito, Dio ha continuato a benedire gli Stati Uniti. La caduta è avvenuta quando la nazione ha voltato le spalle a Dio ed è diventata materialista. Cercando denaro, ricchezza, una casa e tutto ciò che desideravano con gli occhi, la carne e l'orgoglio della vita, persero le benedizioni. Ricordate, Dio ha detto: "Vi porterò al finale previsto".

Salomone fu un re ricco e beato finché servì il Dio Geova. Morì perduto quando i suoi occhi si allontanarono da Dio per passare alla donna e a tutte le cose senza valore. Ma iniziò il suo regno come il re più ricco, più saggio e più prospero. Tenete gli occhi su Gesù: Lui ha tutto.

Il profeta Samuele unse il Re Saul, che ripeté gli errori. Anche se governò Israele per quarant'anni, la sua fine fu triste. Dio lo uccise, non il filisteo; Dio usò il filisteo per eliminarlo dalla terra dei vivi. Cambiate il vostro vocabolario. Dite: Dio mi ha usato per fare questo e quello. Non prendetevi mai la gloria; allo stesso modo non date gloria ai cosiddetti dei e dee.

1 Cronache 10:1 Ora i Filistei combatterono contro Israele, e gli uomini d'Israele fuggirono di fronte ai Filistei e caddero uccisi sul monte Ghilboa. 6 Così Saul morì, i suoi tre figli e tutta la sua casa morirono insieme.

Il filisteo uccise il Re Saul e i suoi figli, cosa che Dio permise. Perché Dio permette il giudizio su di lui?

1 Cronache 10:13 Così Saul morì per la trasgressione che aveva commesso contro il Signore, contro la parola del Signore che non aveva osservato, e per aver chiesto consiglio a uno che aveva uno spirito familiare, per domandare di lui; 14 ma non chiese al Signore; perciò lo uccise e rivolse il regno a Davide, figlio di Iesse.

Quando vedrete il giudizio dei morti per malattie, suicidi, uccisi da armi da fuoco, imparate che è il Signore. Trasgredire il comandamento di Dio vi farà perdere la protezione. Cercate nel vostro cuore e pentitevi. Cambiate la vostra vita per ricevere il perdono. Non scegliete il male; obbedite al Signore. Altrimenti, la vostra fine con i vostri figli sarà triste e cattiva senza rimedio. Che il Signore ci renda umili, che diciate "Signore perdonami e salvami". Trovate il profeta o il portavoce di Dio che non si preoccupi dei vostri sentimenti, ma che estirpi il peccato che causa a voi e alla prossima generazione un giudizio. Desiderate la misericordia e non il giudizio.

Fate attenzione quando scegliete il potere; cercate di essere migliori degli altri, non pugnalate alle spalle i vostri fratelli, amici o suoceri e insegnate ai vostri figli a danneggiare i vostri suoceri. Non lavorate contro il Signore. Non siate prevenuti, non fate favoritismi, ma siate giusti. Sbagliare è camminare su una strada pericolosa. Non avete un futuro luminoso; Dio sta usando qualcuno per puntare la freccia verso di voi e i vostri figli. Non lasciate che gli dei e le dee pagane abbiano la gloria, ma il vero Dio che ha detto: "Siate santi perché io sono santo". Dio si servirà degli adoratori di idoli per distruggervi se rifiutate il vero Dio e i Suoi comandamenti. Non pensate ai vostri affari, ma temete Dio. Non allontanatevi dalla Parola di Dio. La Bibbia non è un libro da leggere, ma un libro da osservare. Non lasciare che la Sua parola si allontani dalla vostra bocca. Nessuno è in difetto. Nessuno è contro di voi, se non le vostre vie e la vostra disobbedienza. Gli occhi del Signore vanno e si formano per vedere chi ha un cuore perfetto per Lui.

Il Signore Gesù è giudice, giudicherà, connivente e si va di notte a consultare uno Spirito familiare. Dio vi osserva. Il Suo giudizio non ostacolerà più nulla. Guardatevi intorno, tsunami, lava, terremoto. Dio ha bisogno di filistei per spararvi dalla Sua terra? Il proprietario del pianeta non sta ritardando, ma aspetta che vi pentiate e vi rivolgiate a Dio. Vi sta osservando. Dio vi ha protetto dalla pistola, dalla malattia, e ora pensate di essere ricchi e a posto. Un giorno, le frecce del Signore vi coglieranno senza rimedio. Molti non vedranno il domani, quindi non vantatevi, controllate il vostro cuore e pentitevi. Dio sa cosa sta facendo. Pronti a incontrare Dio con un cambiamento di cuore e di vita.

1 Cronache 10:9 Dopo averlo spogliato, presero la sua testa e la sua armatura e la mandarono nel paese dei Filistei, tutt'intorno, a portare notizie ai loro idoli e al popolo. 10 Poi misero la sua armatura nella casa dei loro dèi e fissarono la sua testa nel tempio di Dagon.

I Filistei pensavano che i loro dei e le loro dee distruggessero il nemico; il Signore abbia pietà. Tutte le informazioni corrette sono nel libro in bianco e nero chiamato Bibbia, il manuale della vita. Dio ha fatto tutto, mentre i pagani pensano che siano stati i loro dei e le loro dee. Quando siete al massimo, scegliete, ottenete le benedizioni di Dio, state all'erta e scavate in profondità per cercare Dio e le sue vie. Molti cercano una religione facile e uccidono i veri maestri come Paolo, Pietro e Gesù Cristo, per iniziare una religione di serpenti. Alcuni, avendo il prurito alle orecchie, cercano falsi profeti e insegnanti per continuare le loro vie malvagie. Ma nel giorno del giudizio, sarete scioccati e sorpresi. Perché Dio ha detto: "Io non cambio". Daniele osservò le leggi, i precetti, i comandamenti e gli statuti del Dio vivente e non deviò a Babilonia. Dio ha protetto Daniele dal Leone, ma non il suo avversario che progettava contro di lui. È Dio che fa tutto. Sì, Daniele non deve pregare il suo Dio per trenta giorni. Daniele disse che questo era inaccettabile. Io scelgo Dio al posto della mia vita.

Vivete negli Stati Uniti?

In una società libera, vestirsi poco o niente, bere, adulterio, fornicazione, tutto va bene. Si cambia poiché la nazione non condanna né impedisce. Andate a cercare in giro. Cosa succede a loro e ai loro figli? Non possono vivere metà della loro vita. È stato rapito e portato in schiavitù sessuale. Che il Signore ci dia saggezza e comprensione. Non accumulate su di voi i falsi profeti e insegnanti. Se si sono allontanati dalla verità, fuggite da loro. Il giudizio è per il re, la regina, i pastori, i profeti Eli, il Re Saul e voi. Nessuno è scusato. Fate attenzione! Il Signore vi ha dato molto. Non conformatevi a questo mondo adottando Hollywood e Bollywood. Perché non diventate modelli di Dio come la regina Ester, la moabita Ruth o Giuseppe in Egitto? Che il Signore ci aiuti a fissare i nostri occhi su di Lui. La nostra fine è il giudizio se disobbediamo. Ricordate che nessuno è scusato, nemmeno voi. Non potete sfuggire alla Sua decisione. Ma Dio aiuta coloro che lo riveriscono.

Daniele 6:22 Il mio Dio ha mandato il suo angelo e ha chiuso le bocche dei leoni, perché non mi facessero del male; poiché davanti a lui sono stato trovato innocente, e anche davanti a te, o re, non ho fatto del male.

Non offendete nessuno quando vivete per Dio tra i pagani o negli Stati Uniti. Egli vi metterà al sicuro dai cosiddetti sacerdoti, dal sommo sacerdote, dai pagani e da tutti coloro che si oppongono al Signore. Il giudizio contro il Re Saul portò al trono il re Davide. Il Signore disse che aveva trovato il figlio di Jessie, che era pazzo di Geova Dio. Amava il Signore con tutto il cuore, la mente e l'anima. Sarete provati, aggrappatevi a Dio e ne uscirete come oro. Solo Dio può aiutarci a sfuggire alla spada, al fuoco, ai leoni e alla morte. Succede solo se Dio lo permette. Che il Signore vi dia un sano timore di Dio nel nome di Gesù. Amen!

PREGHIAMO

Signore, tu sei il controllore dell'universo. Non c'è nulla di nascosto da te. Tutto ciò che arriva a noi deve passare da te per essere approvato. Il Signore ci dà la conoscenza della verità e il timore del Signore, sapendo che è un fuoco che consuma. Il Signore è sempre lo stesso. Il Suo trono è in cielo e ci guarda sempre. Le tenebre non possono nasconderci da Lui. Egli conosce le motivazioni e le intenzioni del nostro cuore. Signore, donaci un cuore pulito per le giuste ragioni. Vogliamo essere ricchi delle benedizioni del Signore. Che il Signore ci dia saggezza e percezione dall'alto! Tutti i tesori che abbiamo sono in Lui, nel nome di Gesù. Amen! Dio vi benedica!

28 GIUGNO
NON POSSEDETE NULLA!

La buona notizia è che non possedete nulla, quindi non raccogliete troppo sulla terra. Molti aspirano a molte cose sulla terra. Alcuni cercano denaro, titoli di studio, affari, potere, posizione, ricchezza ecc. Molti hanno un doppio lavoro. So che alcune persone lavorano dieci ore al giorno. La buona notizia è che un giorno Dio lo porterà via. Quando la vostra dimora temporanea sulla terra finisce, non portate nulla con voi.

Luca 12:18 E disse: "Questo farò: Abbatterò i miei granai e ne costruirò di più grandi, e lì darò tutti i miei frutti e i miei beni. 19 E dirò all'anima mia: "Hai molti beni accumulati per molti anni; mettiti comodo, mangia, bevi e stai allegro". 20 Ma Dio gli disse: "Stolto, questa notte ti sarà richiesta l'anima; e allora di chi saranno quelle cose che hai messo da parte? 21 Così è chi accumula tesori per sé e non è ricco verso Dio.

Non viviamo sulla terra per sempre. Tutto ciò che raccogliete non può venire con voi. Che il Signore ci aiuti a investire saggiamente il nostro tempo, la nostra vita e il nostro denaro! Quello che raccogliete è per qualcuno! Qualcuno godrà di ciò che avete raccolto. Imparate a camminare e a pensare come se foste un fiore o un'erba. Non lasciate che i vostri piedi si posino sulla terra. Se avete una ricchezza e non riuscite a usarla, questa è la malattia legata a essa. La maledizione legata alla vostra raccolta. Se non potete usarla, avete raccolto la ricchezza per qualcun altro. Saranno altri a goderne e non voi.

Ebrei 13:5a La vostra conversazione sia priva di cupidigia e siate contenti delle cose che avete.

C'è un luogo in cui dovreste raccogliere le vostre ricchezze. Il ricco aveva tanto e il povero non aveva nulla. L'uomo ricco lasciò il mondo e implorò una goccia d'acqua. Il primo aveva bisogno di aiuto per portare la sua acqua, il suo congelamento e la sua fontana nel luogo in cui era diretto. Il luogo in cui nessuno desidera trovarsi. Amici, ricordate che avete tempo per cambiare e imparare a condividere. Molti ladri nella tana vi ammalieranno per godere della vostra ricchezza. Vi consiglio di usarla per il Regno. Ho detto che la ricchezza data da Dio investe nei poveri, nella vedova, nell'orfano e negli operai di Dio. Investite quello che potete nel Suo regno. Sarete eternamente ricchi in cielo.

Ho visto morire dei giovani. Il figlio del proprietario di un casinò è morto e ha messo dei soldi nelle sue mani. È saggio? Date ai bisognosi, a quelli che il Signore considera poveri, nudi, affamati e orfani. È morto un giovane milionario. Nella sua bara hanno messo un'auto, milioni di dollari e oro. Sembra una follia! Nel luogo in cui si sono diretti non possono essere utilizzati. La Bibbia dice che la terra appartiene a Dio. Tutti i tesori della terra appartengono al Signore. Egli può dare a chi vuole.

Avete letto il Salmo 24:1, un Salmo di Davide. La terra è dell'Eterno e la sua pienezza; il mondo e coloro che lo abitano.

È di Dio e non vostro.

Deuteronomio 10:14 Ecco, il cielo e il cielo dei cieli è l'Eterno, il tuo Dio; anche la terra, con tutto ciò che contiene.

Dio è buono. È generoso con chi vuole. È tutto Suo e dona. Si pensa di essere proprietari, ma non lo si è. Non siamo noi i proprietari, ma Dio ci ha permesso di avere la nostra tavola temporanea sulla terra.

La chiave è godere finché si vive sulla terra:

Salmi 37:4 Deliziati pure nel Signore, ed egli ti darà i desideri del tuo cuore. 5 Affida al Signore la tua via, confida pure in lui, ed egli la porterà a compimento.

Delizia significa essere morbidi e malleabili. Siate flessibili e lavorabili nella mano di Dio; allora, Egli vi darà ciò che desiderate.

Tutto ciò che Dio dà, mangiate, bevete e godete.

Ecclesiaste 6:1 C'è un male che ho visto sotto il sole. È comune tra gli uomini: 2 Un uomo a cui Dio ha dato ricchezze, beni e onori tali da non fargli mancare nulla per la sua anima di tutto ciò che desidera, eppure Dio non gli dà il potere di mangiarne, ma ne mangia un estraneo: questa è vanità ed è una malattia maligna.

Proverbio 11:24 C'è chi disperde eppure aumenta; e c'è chi trattiene più del dovuto, ma tende alla povertà.

Ottenere di più è meno cruciale di dove si dona. Date in luoghi dove ricevete molti ritorni. Ho sentito dire che alcune persone ricche hanno investito denaro dove molti riceveranno continuamente benedizioni. Che bello! Non hanno dato tutto ai loro figli e nipoti, ma ai bisognosi.

Alcuni vincitori del lotto o uomini ricchi danno soldi ai loro figli e nipoti. Di conseguenza, spendono per avere amici, droghe e lusso. E adesso? Ci si pente. Troppo tardi! Avete rovinato la loro vita. Vi spiego come investire il denaro per ricevere le benedizioni del Signore.

Matteo 25:34 Allora il Re dirà loro alla sua destra: "Venite, benedetti del Padre mio, ereditate il regno preparato per voi fin dalla fondazione del mondo". 35 Perché ero affamato e mi avete dato da mangiare, avevo sete e mi avete dato da bere: ero forestiero e mi avete ospitato; 36 nudo e mi avete vestito: Ero malato e mi avete visitato: ero in prigione e siete venuti da me. 37 Allora i giusti gli risponderanno dicendo: "Signore, quando ti abbiamo visto affamato e ti abbiamo dato da mangiare?

Quando ti abbiamo visto straniero e ti abbiamo ospitato? Quando ti abbiamo visto nudo e ti abbiamo vestito? 39 Quando ti abbiamo visto malato o in prigione e siamo venuti da te? 40 E il Re risponderà dicendo loro: "In verità vi dico: in quanto l'avete fatto a uno solo di questi miei fratelli più piccoli, l'avete fatto a me".

Leggete e rileggete finché non fate prima le cose giuste. Se Dio vi dà con generosità, anche voi date con generosità. Il Signore ama il buon samaritano più del sacerdote e del levita, che si sono allontanati di corsa dal bisognoso. È vostra e mia responsabilità aiutare i bisognosi. Non passate dall'altra parte e non scappate per derubare voi stessi. Sapete che quando aiutate, avrete di più in cielo?

Dio dà sulla terra per mettervi alla prova. Egli osserva come usate la vostra ricchezza. Pensate a voi, a voi stessi, ai vostri figli e nipoti, o pensate ad altri? Mi piace andare incontro a coloro che non potranno mai darmi indietro. Ci sarà un po' di felicità se fornirete loro scarpe, calze in inverno, un bicchiere d'acqua e generi alimentari per la loro famiglia e i loro figli a basso reddito. Alcune vedove e i loro figli mangeranno se darete loro del cibo.

A volte i ricchi si vantano dei loro sprechi e non si curano dei poveri. I poveri, i mendicanti, gli ignudi e gli orfani porteranno benedizioni più incredibili se li sosteniamo.

Vado in una casa di riposo e porto vestiti, una coperta o qualsiasi cosa sia necessaria. Amano proclamare le benedizioni per me. Dicono che Dio ti dà di più, così tu dai di più agli altri. Ne sono felice. So che non possono andare al negozio. Alcuni non hanno figli e altri non vengono a trovarli. Quindi è nostra responsabilità aiutare. Ricordate sempre il Buon Samaritano: Dio lo ammirava. Riconoscete il dettaglio dato da Dio alle persone bisognose. Giobbe, l'uomo più ricco della terra, disse: "Non possiedo nulla su questa terra":

Giobbe 1:21 E disse: "Nudo sono uscito dal grembo di mia madre e nudo vi ritornerò; il Signore ha dato", e l'Eterno ha portato via; sia benedetto il nome dell'Eterno.

PREGHIAMO

Signore, ti ringraziamo per la Tua generosità. Hai condiviso con noi le Tue ricchezze e i Tuoi tesori. Signore, donaci una natura generosa per compiere la Tua opera con amore, non con rancore. Che il Signore ci aiuti a spendere le nostre ricchezze con i malati, i bisognosi, i poveri, gli assetati, le vedove e gli orfani. Signore, tu ci hai dato tutto quello che abbiamo. La ricchezza è la nostra prova, quindi aiutaci, Signore. Che il Signore ci fornisca la conoscenza e il timore di Dio per essere saggi amministratori della ricchezza di Dio! Tutto appartiene a Lei e non a noi. Egli ha sempre usato le Sue ricchezze per i bisognosi, i poveri e la vedova. Alla fine, ha ricevuto il doppio. I suoi figli non hanno bisogno di mendicare. Quindi, Signore, è tutto Tuo. Mostraci come usarla per assicurarla e moltiplicarla, nel nome di Gesù. Amen! Dio vi benedica!

29 GIUGNO

NON PREDICATE, MA INSEGNATE CON L'ESEMPIO!

Avete sentito alcuni genitori che fanno continuamente prediche ai loro figli? Se si continua a parlare loro, non funzionerà. Alcuni pastori, predicatori e santi fanno la stessa cosa. Se sei un buon predicatore, è un bene, ma non vai da nessuna parte se non c'è un potere, un segno e un prodigio. Se insegnate a una persona dalla Parola di Dio, funziona, ma se praticate la Parola di Dio, allora ci sarà una prova della vostra predicazione.

Gesù insegnava costantemente. Insegnava al mattino presto, sulla montagna e in riva al mare. Quindi Gesù è stato l'insegnante più eccellente. I bambini imparano da ciò che fate e non da ciò che predicate. I vostri figli osserveranno e seguiranno la vita che vivete. Non c'è bisogno di chiedere: chi è la tua mamma o il tuo papà? Lo sanno dal loro comportamento. Il frutto non cade lontano dall'albero. È il detto che non c'è bisogno di dipingere i bambini con il grimaldello. Ha tutti i suoi colori.

Quando vediamo un discepolo di Gesù, sappiamo che era un seguace di Gesù. Facevano quello che faceva Gesù. Tranne uno, Giuda. Tutti abbiamo una pecora nera nella nostra famiglia, giusto? Gesù insegnò in montagna, in riva al mare e nel tempio.

Matteo 5:2 Allora egli (il Signore Gesù) aprì la bocca e insegnò loro, dicendo.

Matteo 7:29 Egli infatti li ammaestrava come uno che ha autorità e non come gli scribi. 28 E quando Gesù ebbe terminato questi discorsi, il popolo si stupì della sua dottrina.

Marco 2:13 Poi se ne andò di nuovo in riva al mare e tutta la folla ricorse a lui ed egli li ammaestrava.

Il Signore Gesù insegnava con autorità, potenza e dimostrazione. Il vostro insegnamento è semplicemente una parola e non è la Parola di Dio se non c'è un segno e una meraviglia.

Elevatevi con la frequenza dello Spirito Santo. Non limitatevi a preparare la lezione, ma sostenetela con l'azione della Parola di Dio. Pregate e digiunate per permettere a Dio di essere presente nel vostro insegnamento e nella vostra predicazione.

Insegno sempre e ovunque. Vedo il risultato e la potenza della parola che si rivela e opera se obbediscono.

L'altro giorno stavo parlando con una signora convertita di nome Zila. Si chiedeva perché queste signore non avevano nulla e ora hanno tutto. Hanno cibo, una moto e ora stanno costruendo delle case. Ora conosco quelle signore. Ho spiegato che la chiave è la Parola di Dio. Usate le istruzioni della parola per aprire un tesoro, facendo ciò che è scritto. Dio non è parziale.

Vuole tutto, ma ha bisogno di aiuto per capire il dono, l'offerta e la missione. Le altre due signore sono sempre pronte a dare. Soprattutto una signora che ha un marito fedele che dona generosamente. Entrambi si sono convertiti dal culto degli idoli al Dio vivente. La signora Lena e suo marito, Hemesh, sono buoni cristiani. Condividono sempre la loro testimonianza per dare gloria a Dio. La signora Lena ha detto: "Io guadagno 12.000 rupie e mio marito ne guadagna 27.000. Abbiamo preso 1200 dalla mia paga e 2700 da quella di mio marito. Li abbiamo dati alla Chiesa". Inoltre, lei fornirà tutti i pastori visitatori. Ha detto: "Prima mi procuravo un po' di generi alimentari, ma ora abbiamo una moto, un congelatore e abbiamo costruito una grande casa nel villaggio con il terreno circostante. Abbiamo molto cibo in casa". Si è chiesta cosa fosse successo. Dare a Dio apre la finestra del cielo. Così, mentre condividevo questo con la signora Zila, lei mi ha detto che avrei fornito 2.000,00 Rupie per il ministero. La sera stessa ne ha ricevute 1500. Ho detto che abbiamo bloccato il nostro tesoro, non bloccate le vostre benedizioni. Imparate a dare. Se si obbedisce alla Parola, si perdono tutte le benedizioni. Attuare la Parola di Dio è la chiave. Avete il potere di perdere la vostra benedizione. Lei ha capito molto bene. Alcune di queste persone non sanno né leggere né scrivere. Io spiego la Parola di Dio e loro la ricevono. Le persone imparano se insegniamo loro la verità. Sono pronti a scacciare il demone. La loro testimonianza è straordinaria. Perché? Stanno imparando la Parola obbedendo. Per essere salvati bisogna obbedire alle istruzioni scritturali per la salvezza.

Un altro giorno stavo parlando con una signora. Ha detto che siamo figli di Dio, che il diavolo non può toccarci. Ho forse detto che il diavolo non può toccarci? Non credete a questo falso insegnamento. Il diavolo può farlo, ma noi dobbiamo saper usare la spada (la Parola di Dio) per tagliare il diavolo. Se il diavolo non può influenzarci, allora non abbiamo bisogno della parola, che è la spada. Giusto? Ho chiesto come possiamo avere la vittoria senza la guerra. Abbiamo una vittoria perché non abbiamo altro che la guerra. Impariamo a combattere indossando l'armatura di Dio e la fede come scudo. Il diavolo combatte giorno e notte per venire contro il regno di Dio. Viene contro i suoi santi, riconoscendoci come l'esercito di Dio. Insegnate bene. Così le ho insegnato a legare ogni demone in quel luogo e a ungere il posto. Coprite voi stessi e tutti gli operai con il sangue di Gesù nel nome di Gesù. Continuate a seguire la Parola di Dio. Vedrete la differenza. Prendete la posizione che vi spetta. Nessuna arma creata contro di me può prosperare. Comandate che l'arma di Satana torni al nemico nel nome di Gesù.

Una delle nuove convertite è una grande seguace del Signore. Segue la Parola come dice. Suo marito, il signor Mahesh, venne a sapere che l'uomo che aiutava stava tramando e pianificando contro di lui. Andò a corrompere un direttore perché rimuovesse Mahesh e mettesse lui al suo posto. Quando Mahesh lo ascoltò, rimase molto deluso. Ma si è affidato alla parola di Dio e ha parlato costantemente: "Nessun'arma creata contro di me può prosperare". Portò la pace e l'altra persona fu odiata duramente in quel posto per aver cercato di pugnalare alle spalle il signor Mahesh.

Vedete, la Parola di Dio compie un'opera potente solo se si parla. È per noi e per chiunque creda. Quindi, quando vedete persone di successo, percepite che stanno facendo qualcosa di giusto.

Non dubitate, ma credete. Ricordate che l'insegnamento deve essere supportato dai risultati. Tengo sempre in macchina l'olio santo, la Bibbia e gli abiti da preghiera. Insegno e do l'olio benedetto e gli abiti da preghiera in modo che gli altri possano fare lo stesso.

La signora Lena ha ottenuto così tanto favore sul lavoro che la gente ha iniziato a credere in Gesù. Il suo supervisore ora è molto gentile con lei. Prima era sempre arrabbiato con lei. Molti dei suoi colleghi hanno iniziato ad andare in chiesa. Ha detto che aveva dato la Bibbia a un collega. Viene con la Bibbia e legge quando trova il tempo. Ha iniziato a dare l'Olio Santo. Anche i figli dei colleghi hanno iniziato a credere. Tutto sta nel credere e nel mettere in pratica la parola. Una collega di nome Madhavi ha detto: "Mia nuora ha tentato il suicidio". Non voglio che si agiti quando svolgo il ministero. Lei disse: "Prenderò la Bibbia e l'olio", e lo fece. La nuora ha ascoltato e capito le parole della suocera. Insegno a Lena, a Zila e a tutti coloro che riesco a raggiungere. Quando vivono l'insegnamento, ricevono una testimonianza. Quest'ultima è molto importante. A prescindere da tutto, vi prego di insegnare la verità. Non fate prediche, non funzionerebbe.

Che lo Spirito Santo ci insegni tutta la verità. Devo avere una testimonianza facendo la parola pronunciata da Dio. Il nostro Dio è fedele e potente. La Sua parola deve essere portata attraverso la nostra testimonianza. Il nostro Dio sta cercando qualcuno il cui cuore sia perfetto nei suoi confronti, in modo da poter dimostrare che è genuino, potente, un fornitore, un custode, un guaritore, un liberatore e un salvatore.

Questa è la Parola di Dio e non la parola dell'uomo. Ha bisogno di qualcuno come Abramo, Isacco, Israele, Daniele, Davide, Ruth e Maria per continuare a dimostrare che la parola funziona se si crede e si mette in pratica. Alleluia! Il nostro Dio vuole che obbediate alla Sua parola. Vuole che siate benedetti. Insegnate la parola a voi stessi applicandola. FAI DA TE. Fate da soli. Sarete benedetti.

Una signora convertita disse: "Sapete, questi cristiani bevono, sono poveri e fanno tutto male. Sono maledetti. Noi evitiamo di andare nelle loro chiese". Ho detto che non li biasimerei. Andate da un vero insegnante e da profeti per imparare la verità. Prego Dio di suscitare molti operai, insegnanti fedeli e veri profeti nel tempo della fine.

Avrà bisogno di qualcuno che rompa la tradizione che ha danneggiato il regno di Dio. Pregate che Dio susciti alla fine molti Daniele, Shadrach, Meshach e Abdenego per insegnare la parola di Dio. Mostrate loro che il Dio del cielo è vero insegnando la parola in azione. Che il Signore vi benedica tutti e vi dia veri insegnanti e veri profeti. Nel nome di Gesù. Amen!

PREGHIAMO

Signore, la Tua parola è viva se obbediamo. Signore, donaci la fede di nostro padre Abramo. Signore, quando apriamo la Bibbia, apriamo i nostri cuori e le nostre menti per ricevere. Sappiamo che il Signore può fare meraviglie se mettiamo in pratica la parola anche oggi. Abbiamo molti ostacoli che ci distraggono, ma possiamo superarli tutti attuando la Parola. Non c'è persona o epoca in cui il diavolo non si sia scagliato contro la sua tattica, quindi rendici consapevoli di tutto questo. Rendici più saggi come un serpente e innocui come una colomba. Fa' che la nostra vita sia d'insegnamento mentre obbediamo di cuore alla Parola di Dio nel nome di Gesù. Amen! Dio vi benedica!

30 GIUGNO

NON SONO IMPRESSIONATO DALL'IDEA DEL DIAVOLO!

Dio ha creato il mondo con la Sua potenza e la Sua mente geniale. Ha creato con la Sua mano voi e me con uno straordinario potere creativo per lavorare, camminare e comunicare con Lui. Non lo prendo alla leggera; amo la Sua idea di camminare e parlare con il creatore, il solo Dio. Il Dio ultrapotente, creativo, onnipresente, onnisciente e onnipotente conosce il futuro, il presente e il passato. Non possiamo nascondergli nulla. Le tenebre, laggiù, sopra o sotto, non possono essere tenute nascoste, poiché Egli ha creato tutto con il Suo potere e il Suo scopo.

Il diavolo è anche potente, molto più informato e definito più saggio di Daniele.

Ezechiele 28:12 Figlio d'uomo, fai un lamento sul re di Tiro e digli: "Così dice il Signore Dio: tu hai sigillato la somma, piena di sapienza e perfetta nella bellezza. 13 Tu sei stato in Eden, il giardino di Dio; ogni pietra preziosa era il tuo rivestimento, il sardio, il topazio, il diamante, il berillo, l'onice, il diaspro, lo zaffiro, lo smeraldo, il carbuncolo e l'oro; la fattura dei tuoi tabernacoli e delle tue pipe fu preparata in te nel giorno in cui fosti creato. 14 Tu sei il cherubino unto che ricopre, e io ti ho posto così; sei stato sul monte santo di Dio; hai camminato su e giù in mezzo alle pietre di fuoco.

Il Signore ha creato Satana, un cherubino bello, saggio, intelligente e unto, non un semplice cherubino. Non avete a che fare con un essere spirituale ordinario, ma con un'intelligenza potente e resa straordinaria per un grande scopo. Un unico Spirito, Dio ci ha creati tutti. Gli uccelli, le creature acquatiche, gli uccelli dell'aria, gli uomini e gli esseri spirituali come gli Angeli, gli angeli arcani ecc. hanno forme diverse con molte caratteristiche. Dio ha limitato tutte le creazioni in potenza; Dio l'ha data. Comprendete che la creazione non è superiore al creatore. Dio ha creato l'uomo e la donna con la Sua mano, poi li ha benedetti. Dio ha messo tutte le Sue opere sotto le mani degli uomini e ha dato loro autorità.

Di Satana, invece, non abbiamo alcuna informazione sul suo stadio di caduta. Ma certo, invisibile all'uomo, Satana era presente quando il Signore istruì l'uomo sul suo piano. Satana si avvicina e si rivolge a Eva nel momento in cui il frutto arriva nella sua stagione. A proposito, non si trattava di una mela. Una volta che il Diavolo scopre il "NO" per gli esseri umani, fa in modo di far fare loro la stessa cosa. Satana crea degli espedienti per attirarli attraverso il suo piano malvagio e il suo vocabolario ingannevole. Il Signore dice no alla fornicazione. Satana dà denaro per sostenere il fornicatore dando denaro. Se i bambini nascono da uomini diversi, si dà del denaro a ciascun bambino per aiutarlo. Se si riceve l'AID, si ottengono abbonamenti gratuiti per l'autobus, denaro, cure mediche ecc.

Voglio che sappiate che il diavolo non mi ha impressionato. Non importa quanti milioni, miliardi o bilioni offra, non è nulla in confronto alle promesse del Signore. Si sente parlare di suicidi, di malattie mentali, di cancro e di malattie allettate dal piano di Satana.

Quando guardate e sentite i suoi piani allettanti in TV e partecipate, siete una facile preda dei trucchi del diavolo. Siamo carne e abbiamo dei limiti, ma se conosciamo i nostri NO e i nostri sì, possiamo vivere in perfetta salute, protezione, provvidenze e privilegi che vanno oltre ogni immaginazione.
Il diavolo è un divisore, un architetto del male, e trama trappole e fossati per ogni persona. Un momento dirà questo e un altro momento qualcos'altro. Non è mai vero, responsabile o puro nei suoi affari. Satana pensa solo a come contaminare la sposa di Dio, togliendola dal progetto che Egli ha creato per lei. Voi e io siamo i Suoi progetti, ed egli ha creato un luogo eterno per vivere e trascorrere l'eternità riuniti. Allo stesso modo, Dio ha creato l'inferno e un lago di fuoco per Satana, gli angeli caduti e le persone che seguono il suo piano.

Dio ha il piano di benedire, proteggere, provvedere e nutrire, mentre il Diavolo ha il piano di maledire e di togliervi dalla protezione di Dio per distruggervi. Il diavolo è un avversario che non dovrebbe impressionare nessuno su questa terra.

Tutti i soldi, il glamour, Hollywood, la musica, le ville, l'oro, i diamanti, la fama, l'istruzione, i giochi e la gloria che ha creato creando una piattaforma mediatica sono temporanei.

Niente è reale. Date uno sguardo alla loro vita. È un guscio vuoto. Hanno più problemi di quanti se ne possano immaginare. Hanno creato più problemi al mondo di quanti ne possiate pensare. Nessuna delle offerte di Satana è per salvare la vostra anima dal fuoco eterno dell'inferno. Per vostra informazione, egli sa cosa sta facendo, ma, in quanto bugiardo, vuole tenervi all'oscuro di dove siete diretti. Se ascoltate il piano di Satana, vi condurrà all'inferno per sempre. E voi avete risposto al piano di Satana dal momento che avete fatto la vostra scelta.

Tenete gli occhi su Dio, sulle Sue istruzioni, ed è un bel progetto. Espandere il territorio. Dovremmo fare un piano per conquistare le anime avendo nove doni dello spirito, guarendo i malati e liberando dalla bocca di Satana e dalle sue trappole. Dovremmo predicare ciò che Dio ci ha proibito. Se lo praticate, il proibito vi separerà con maledizioni, quindi evitate di trasgredire. Il pentimento è la chiave. Lavate i vostri peccati nel Nome di Gesù e ricevete la forza dello Spirito Santo per il resto del viaggio.

Una cosa è certa: Satana è un dramma, un bugiardo, il padre della menzogna, un esperto nell'ingannare e un maestro nel pianificare la distruzione di tutto ciò che può divorare. Il dizionario KJV dice che divorare significa mangiare con avidità, mangiare famelicamente, come un predatore o come un uomo affamato.

Pensate di vincere seguendo il piano di Satana? Potete essere impressionati da ciò che il diavolo vi offre, ma voi, i vostri figli, le vostre finanze e il vostro talento sono il mercato di Satana. Il suo piano ha funzionato perché lavora sulla brama della vostra carne, nient'altro. Non può dare nulla, ma vuole che lavoriate duramente per arricchire il diavolo usando la vostra mente, il vostro talento, la vostra mano, il vostro denaro ecc. Siete schiavi di Satana e lui è il vostro padrone.

Ciò che avrebbe dovuto e dovrà tenervi lontani dalla sua trappola è trovare la verità e la via per la verità e la vita attraverso Gesù Cristo.

Eva, Adamo, Salomone, Re Saul e altri che hanno rifiutato il piano di Dio, i profeti e gli insegnanti di Dio onnipotente, sono affamati di potere. Il vero popolo di Dio conosce la Parola di Dio vivendo, osservando e mostrando i risultati.

Il risultato del piano di Satana è quello di farvi impelagare con i demoni, il suicidio, l'oscurità, le uccisioni, la distruzione della vostra famiglia e, alla fine, l'inferno bruciante dove il vostro padrone è diretto. Non seguite il diavolo: ha una trappola nel dare il meglio che pensate.

Sono stata in molti luoghi, ma una cosa che manca è il Vangelo. Il Vangelo è una buona notizia che dobbiamo portare nella nostra città, nella prossima contea, nel Paese vicino e nella maggior parte del mondo. La buona notizia è che gli occhi ciechi si aprono, i sordi sentono e i peccati sono perdonati se credono a Gesù, si battezzano e ricevono lo Spirito Santo. In verità, disse il Signore, nati di nuovo, vi dico di credere nel Signore Gesù Cristo e nei suoi insegnamenti e di seguiro. Il Suo fedele discepolo e profeta ha gettato le fondamenta e ha continuato a costruire su quelle fondamenta, mattone dopo mattone. Contro queste fondamenta, l'inferno non può prevalere. Non illudetevi di seguire diverse denominazioni, organizzazioni e chiese non denominazionali: esse stanno costruendo. Voi siete la chiesa. Ancora una volta, non lasciatevi ingannare e intrappolare da false dottrine, profeti e insegnanti.

Se non ci sono liberazione, guarigione o miracoli, allora fate un passo avanti per cercare, bussare e chiedere. È il modo per sottrarre l'anima al piano ingannevole di Satana. Aprite la Bibbia, pregate, mettete in pratica la verità e continuate a cercare la liberazione dalla trappola. Troverete un entusiasmante piano di restaurazione per voi, per la vostra famiglia e per gli altri. È una benedizione piacevole, autentica ed eterna per Dio. Il piano di ripristino della vita di Gesù Cristo può aiutarvi a trarre tutti i benefici. Per il Signore Gesù siete importanti, ma nel piano di Satana non lo siete. Noi, esseri umani, siamo cibo per Satana. Egli è affamato e va in giro come un leone ruggente e affamato. Scappate quando vedete che il diavolo tenta, intrappola e inganna con i suoi progetti, programmi e metodi. Non c'è nulla di buono nel Diavolo. Nessuno dei piani di Satana è attraente o promettente per le persone sagge. Guardatevi intorno, persone intrappolate. Dio ci chiede di dare loro la buona notizia. Imponete le mani, guarite i malati e liberateli dai demoni dell'alcol, della depressione e del cancro. Il diavolo li ha legati. Sta usando le nostre famiglie e i nostri cari per divorarvi. Non prendete parte consapevolmente o al suo piano. Ciò costerà la vostra vita, la vita della vostra famiglia, tutte le vostre benedizioni date da Dio e i vostri privilegi.

Cosa ne pensate di tutto il tempo trascorso a conseguire una laurea, a fare molti lavori e ad avere tutto quello che avete, ma la fine è l'inferno? Il diavolo non possiede nulla, ma vi offre finta gloria, relazioni malsane, malattia e distruzione per voi e per i vostri cari.

Ricordate che il sangue di Dio vi ha comprati. So che Dio è uno Spirito, ma si è temporaneamente rivestito di carne per versare il sangue. Il sangue ha vita e Lui lo ha dato per i vostri peccati, così voi ricevete la vita. Il Suo piano di salvezza è semplice: pentirsi, battezzarsi nel nome di Gesù e ricevere lo Spirito Santo. Ora siete nati dall'alto e potete entrare nel regno dei cieli se continuate a seguire la Sua parola. Amen!

PREGHIAMO

Padre celeste, ti preghiamo di custodirci, guidarci e proteggerci dal piano di distruzione di Satana. Nascondici nel Tuo sangue, nella Tua ombra. Il Tuo nome, Gesù, è il nostro nascondiglio. È una solida torre per coloro che confidano nel nome salvifico di Gesù. Il Signore è il custode della nostra anima se confidiamo in Lui. Il Signore ha un piano per noi come individui. Signore, guidaci verso il Tuo piano in modo da trovare riposo per le nostre anime. Troviamo sicurezza dai dispositivi di Satana e andiamo avanti nel nome di Gesù! Amen! Dio vi benedica!

LUGLIO

1 LUGLIO

POSSO ENTRARE?

Il Signore vi chiede: "Posso entrare nel tuo cuore? Ti ho formato come mio tempio e tu sei la mia casa. Ti prego, fammi entrare". Avete costruito una casa? Volete abitare in essa? Voi direte: "Sì, ho pagato o pregato per averla. È mia. Ho la chiave e posso entrare e uscire. Ho dei documenti e ho speso dei soldi. C'è un documento in mio possesso: questa è la casa che possiedo. La mia casa è il luogo in cui vivo. Posso decorare la mia casa e comprare cose belle per essa. È mia. Ho l'autorità di fare ciò che mi piace. Posso mettere un bel giardino, la cucina, il pavimento, il soffitto e la pittura. Ho investito una fortuna in questa casa". Lasciate che vi dica che dovete ancora investirci la vostra vita. Il Signore sta dicendo che ha investito il Suo sangue per la vostra vita, che ha vita. Voi siete il Suo tempio e la Sua casa.

1 Corinzi 3:16 Non sapete che siete il tempio di Dio e che lo Spirito di Dio abita in voi?

Dio vi ha creati, siete la struttura dove il Signore Gesù vuole vivere. Glielo permetterete? AccoglieteLo. Che il Signore vi aiuti a comprendere lo scopo di avervi come suo edificio!

Ebrei 3:6a. Ma Cristo come un figlio sulla sua casa; di chi siamo noi

1 Corinzi 6:19 Cosa? Non sapete che il vostro corpo è il tempio dello Spirito Santo che è in voi, che avete da Dio e non siete voi stessi?

Dio vuole vivere dentro di voi. Liberatevi di tutte le cose cattive che non vi appartengono. Il Signore Gesù ha detto di pentirsi, Giovanni Battista ha detto di pentirsi, i dodici discepoli hanno detto di pentirsi e Pietro ha detto lo stesso e di entrare nell'acqua per lavare tutti i vostri peccati. Il peccato e Dio non hanno alcun rapporto. Adamo ed Eva peccarono e Dio ruppe la comunicazione. Quando peccarono non avevamo il sangue dell'Agnello Gesù, ma ora ce l'abbiamo. Il battesimo nel nome di Gesù non è una cerimonia; è la sepoltura della vecchia natura di Adamo e il risorgere come nuova creatura. Sapete che il Signore sta costruendo la nuova casa, ma prima la casa sporca, il luogo sporco, la casa peccaminosa, deve essere demolita nell'acqua con il battesimo nel nome di Gesù. Solo voi potete dire cosa succede nella sepoltura in acqua quando uscite dall'acqua. Che voi possiate avere una nuova storia e che vi dia un edificio fresco, pulito e santo dove lo Spirito Santo possa abitare!

Alleluia! Ho visto persone pentirsi dei loro peccati e poi pulire i loro peccati con il battesimo in acqua nel Nome di Gesù Cristo. Lo ringrazio per il Suo sangue perché io, mia madre, mio fratello e tutti quelli che ho visto entrare in acqua ne siamo usciti con la coscienza pulita. Si chiama "nascita dell'acqua".

Il sangue di Gesù è più di quello di un toro, di una capra o di una pecora. Il sangue degli animali non può togliere i miei peccati. Se la vostra casa, che è il corpo, è sporca, pulitela.

Confessate i vostri peccati. La confessione di ogni peccato ha un potere purificante. Quando dite: "Signore, sono colpevole di menzogna, imbroglio, orgoglio, gelosia, arroganza e superbia. Signore, ho trasgredito il tuo comandamento. Sono un peccatore". Il Signore Gesù è fedele nel perdonarvi. Allora lava via tutte le macchie e le rughe causate dai peccati invocando il nome di Gesù Cristo. Ne uscirete puliti. Il Signore laverà i vostri peccati nel sangue nascosto dietro il nome di Gesù. Che il Signore vi aiuti a obbedire ai Suoi comandamenti. Non opponetevi alla Sua preziosa via! Che il Signore ci aiuti a diventare spirituali e non religiosi, obbedienti e non disobbedienti! Accogliete il Signore in una casa pulita e mangiate con noi nel nome di Gesù!

Giovanni 14:18 Non vi lascerò senza conforto: Verrò da voi.

Quando lo Spirito Santo viene a voi, è Gesù. Il Suo spirito viene ad abitare in voi. È per questo che Pietro ha detto:

Atti 2:38 Allora Pietro disse loro: "Pentitevi e ciascuno di voi sia battezzato nel nome di Gesù Cristo per la remissione dei peccati e riceverete il dono dello Spirito Santo".

Permettete a Dio di venire da voi. Rimproverate il demone delle sigarette, dell'alcol, delle droghe, dell'adulterio, della fornicazione, della menzogna, dell'imbroglio, dell'avidità e dell'amore per il denaro, che è la radice di ogni forma di violenza e di ogni male. Il Signore bussa: aprite la porta del vostro cuore. Lasciatelo abitare nella Sua casa. Non siate come Eva e Adamo, interessati a UNA sola cosa proibita e che rifiutano tutte le benedizioni. Non ripetete la storia del fallimento. Dio ha promesso di benedirvi se vi attenete alle Sue condizioni. È la volontà di Dio a benedirvi; fate della Sua volontà la vostra volontà.

2 Corinzi 7:1 Avendo dunque queste promesse, carissimi, purifichiamoci da ogni sporcizia della carne e dello spirito, perfezionando la santità nel timore di Dio.

Preparate il vostro corpo. Il Signore ha costruito un luogo abitabile per il proprietario, il Re, il Santo.

Apocalisse 3:20 Ecco, io sto alla porta e busso; se qualcuno ascolta la mia voce e apre la porta, io entrerò da lui e cenerò con lui ed egli con me.

Rendete il corpo immacolato e pulito nei dettagli, in modo che il Signore possa entrare. Molti hanno chiuso la porta a Gesù aprendo la porta alla falsa religione. Accettano di nuovo la religione del serpente e deviano dalla vera via di Gesù verso la via larga. Cerchiamo di trovare la retta via.

Matteo 7:14 Perché stretta è la porta e angusta la via che conduce alla vita e pochi sono quelli che la trovano.

Retta via significava anche ristretta. C'era un solo frutto proibito. Ora il nostro continuo peccare ha causato molte condizioni e regole. Ricordate che noi traviati rimaniamo in quella zona ristretta, una via stretta che non permetterà alla vostra casa di essere danneggiata. La vostra casa ha bisogno di manutenzione, ha bisogno del tocco del Signore. Basta dire: "Signore, toccami; il mio peccato mi ha portato la malattia. Sono io il peccatore. Ti prego, fammi sentire la Tua veste. Ti prego, mandami la Parola perché io guarisca". Dite: "Voglio ringraziarti, dammi la gratitudine nel mio cuore perché io possa essere integro. Voglio che la mia casa, il mio corpo, la mia anima e il mio spirito siano interi, completi e integri. Voglio che tu venga a stare in una casa bellissima. Senza rughe, senza macchie e senza rotture".

Romani 12:1 Vi esorto dunque, fratelli, per le misericordie di Dio, a presentare i vostri corpi come un sacrificio vivente, santo, gradito a Dio, che è il vostro servizio ragionevole. 2 E non conformatevi a questo mondo, ma siate trasformati mediante il rinnovamento della vostra mente, per provare quale sia la buona, gradita e perfetta volontà di Dio. 3 Infatti, per la grazia che mi è stata data, dico a ogni uomo che è tra voi di non pensare a se stesso più di quanto debba pensare, ma di pensare sobriamente, secondo la misura che Dio ha dato a ogni uomo per la sua fede.

Voi siete importanti per il Signore. Quando era al Calvario, pensava a voi. Vuole che usiate il Suo sangue per pulire la Sua casa e il Suo tempio con un sangue purificante, migliore di qualsiasi detergente. Il sangue di Gesù può cancellare ogni peccato e malattia profonda. Che il Signore ci trovi, saggi amministratori, per mantenere la Sua casa degna della Sua dimora! Che il Signore ci dia occhi per vedere tutti i difetti, le imperfezioni, le mancanze, i fallimenti, le debolezze, le colpe, le imperfette mancanze da rimuovere! Egli bussa. Chiede. Gesù è un gentiluomo. Viene e bussa. Ma il ladro, Satana, entra dalla porta di servizio senza permesso. Chiudete la porta sul retro, aprite la porta di casa vostra e lasciate che Lui si prenda cura di voi; nel nome di Gesù, Amen!

PREGHIAMO

Signore, io sono la Tua residenza, il Tuo tempio e la Tua casa; ti prego di entrare. Ti prego, resta con me. Ti prego di condurmi, guidarmi, insegnarmi e darmi potere. Tu sei il padrone della Tua casa. Grazie per essere venuto nella Tua abitazione. È per misericordia di Dio che hai dato il Tuo sangue per lavare i nostri peccati se usiamo il Tuo nome "Gesù" nel battesimo. Aiutaci a non rifiutare mai il Tuo sangue prezioso, che è nascosto sotto il nome di Gesù. Voglio che la mia ombra guarisca e liberi molti, poiché tu vivi in me. Non sono io, ma il Signore che vive in me e può fare molto. Sono crocifisso con Cristo. Il mio desiderio di carne e spirito è mortificato, così che il Signore possa vivere in me. Signore, vieni nel Tuo tempio. Il mio corpo è la Tua casa. Apro il mio cuore per accoglierti nel nome di Gesù. Amen! Dio vi benedica!

2 LUGLIO

PREGATE PER I VOSTRI GOVERNANTI!

Innanzitutto, chi sono i nostri governanti? I nostri governanti nel Paese sono il Primo Ministro, il Presidente, il Re, la Regina, il Principe, il Faraone o l'Imperatore. Nel mondo spirituale, i sacerdoti sono oggi chiamati pastori. I sommi sacerdoti sono chiamati oggi vescovi o sovrintendenti. Le cariche governative erano lo sceriffo o la polizia, i giudici, il governatore e il sindaco. Nel sistema scolastico universitario, abbiamo un preside o un direttore del consiglio di amministrazione. Solo per indicare per chi pregare. La Bibbia dice che Satana si impossessa di queste persone in autorità per guidare il suo programma malvagio. Il diavolo ha bisogno di persone che portino avanti il suo programma. Tutti i piani del diavolo sono volti a distruggere il programma di Dio. Che il Signore ci dia saggezza, un cuore obbediente e amore per Dio e per il Suo regno! Non pensare mai che gli errori vadano bene. Non va bene al cento per cento.

Galati 5:9 Un po' di lievito (= peccato) lievita tutta la massa. Una piccola bugia, un imbroglio, un orgoglio e una trasgressione sono un peccato. Non esiste un peccato grande o piccolo. Il peccato è un peccato. E il salario del peccato è la morte (=fuoco eterno dell'inferno per l'anima). Il Signore ci fa capire che è fondamentale. Che il Signore ci dia il coraggio e l'audacia di fare il bene! C'è un governo in cielo. Il suo regno è stabilito per sempre, ed Egli è ora e per sempre il re.

Dobbiamo pregare contro l'autorità satanica sulle nazioni e sulle chiese. Quindi pregate per loro. Perché dobbiamo pregare?

Efesini 6:12 "Infatti non lottiamo contro la carne e il sangue, ma contro i principati, contro le potenze, contro i dominatori delle tenebre di questo mondo, contro la malvagità spirituale nelle alte sfere."

1 Timoteo 2:1 Esorto dunque, prima di tutto, a fare suppliche, preghiere, intercessioni e ringraziamenti per tutti gli uomini; 2 per i re e per tutti quelli che hanno autorità, affinché possiamo condurre una vita tranquilla e pacifica in tutta pietà e onestà. 3 Perché questo è buono e gradito agli occhi di Dio, nostro Salvatore; 4 il quale vuole che tutti gli uomini siano salvati e giungano alla conoscenza della verità.

Abbiamo bisogno di pace e tranquillità sulla terra. Se vi guardate intorno, osservate ciò che sta accadendo in molte nazioni. Molte persone in diversi Paesi sono disperse, in fuga dalla spada, dalla carestia o dalla guerra. È questo il momento in cui dobbiamo svegliarci e pregare. Dobbiamo avere un giardino, una torre e una montagna di preghiera e pregare sempre. Abbiamo una tana con molti nomi aperta una volta alla settimana e servizi infrasettimanali. I veri profeti, insegnanti e apostoli devono preparare i discepoli affinché l'esercito di Dio venga contro il programma malvagio dei loro governanti.

Ester, essendo una regina, sapeva come prepararsi contro il piano di Satana. L'agenda diabolica pianificata attraverso Haman l'Agagita, il nemico degli ebrei, fu distrutta. Si trattava del segreto più connivente messo in atto da Haman. Ma il guerriero della preghiera indossò l'armatura e iniziò a martellare il cielo. Dio ha detto che nulla è impossibile; ascoltate dal cielo per rovesciare i piani di Satana. Nessun'arma formata contro il popolo di Dio ebbe successo mentre digiunava e gridava. La preghiera andava costantemente al cielo. È necessario pregare per le nazioni. Molte di esse hanno la legge o fanno la legge per distruggere il popolo di Dio. In India, vogliono eliminare il cristianesimo. Hanno bruciato apertamente le Bibbie delle chiese e picchiato i cristiani e i pastori. Per capire chi c'è dietro a tutto questo? Milioni di demoni malvagi, Satana e angeli caduti hanno intenzione di combattere contro il popolo di Dio vivente. Abbiamo bisogno dell'attuale Regina Ester per proclamare il digiuno per l'India e per molte altre nazioni. Molte, anche quelle cristiane come gli Stati Uniti, il Regno Unito e l'Europa, quelle musulmane come l'Egitto e l'Indonesia, altre come la Corea del Nord e molti Paesi africani, devono affrontare la persecuzione. L'unico modo è pregare e digiunare. Un altro giorno il profeta Alph Lukau ha detto: "Per favore, tutti i cristiani preghino, si uniscano con un solo accordo e una sola mente. Tutti gli indù, i buddisti, i musulmani e il satanismo verranno contro i cristiani. Dobbiamo riunirci tutti per pregare. Conosciamo la profezia di Gesù per il tempo della fine."

Luca 21:34 E fate attenzione a voi stessi, perché i vostri cuori non siano sovraccarichi di cibo, di ubriachezza e di preoccupazioni di questa vita, e così quel giorno vi piombi addosso alla sprovvista. 35 Perché come un'insidia verrà su tutti quelli che abitano sulla faccia della terra. 36 Vegliate dunque e pregate sempre, affinché possiate essere ritenuti degni di sfuggire a tutte queste cose che avverranno e di presentarvi davanti al Figlio dell'uomo.

Non è forse così vero? Ovunque si mangia, si beve, ci si abbuffa e si bada al mondo. Andare in un edificio che chiamano chiesa va bene, ma fino a lì si può andare. Seguire Gesù non è all'ordine del giorno. È un argomento dimenticato. Che il Signore ci dia una scossa per svegliarci a pregare. Atalia e sua madre, Gezabele, governano nel mondo spirituale e secolare. Il Signore ha dato il trono al seme di Davide, ma qualcuno ha portato Atalia come regina dal regno settentrionale di Israele al regno meridionale. Fate attenzione: il vostro sovrano può essere pericoloso.

2 Re 11:1 Quando Atalia, madre di Acazia, vide che suo figlio era morto, si alzò e distrusse tutta la stirpe reale.

Che il Signore ci dia un sacerdote e un sommo sacerdote come Jehoiada.

2 Re 11:15 Ma il sacerdote Jehoiada ordinò ai capitani delle centinaia, agli ufficiali dell'esercito, e disse loro: "Fatela uscire (Athaliah) senza i campi, e chi la segue uccidetelo di spada". Poiché il sacerdote aveva detto: "Non sia uccisa nella casa dell'Eterno".

Ora capite che abbiamo bisogno che i nostri leader spirituali e secolari siano guidati da Dio onnipotente. Che il Signore svegli i nostri leader perché prendano in mano la situazione, facendo appello al digiuno e alla preghiera.

Matteo 24:21 Perché allora ci sarà una grande tribolazione, quale non c'è stata dall'inizio del mondo fino a questo tempo, né mai ci sarà. 22 E se quei giorni non fossero abbreviati, nessuna carne sarebbe salvata; ma per gli eletti quei giorni saranno abbreviati.

Il Signore Nostro ha pregato prima di affrontare la prova più impegnativa sul Calvario. Ha pregato e ha ricevuto aiuto. Dio è venuto in carne e ossa e ci ha dato un esempio. Lui non aveva bisogno di aiuto, ma nella carne tutti abbiamo bisogno di forza e Gesù ci ha insegnato che dobbiamo pregare per essere aiutati.

Luca 22:44 Ed essendo in agonia, pregava più intensamente; e il suo sudore era come grandi gocce di sangue che cadevano a terra.

Dobbiamo imparare a pregare. Abbiamo bisogno di pregare, di farlo senza sosta, cioè senza fermarci, e di pregare per primi.

Luca 22:43 Gli apparve un angelo dal cielo che lo rafforzò. 46: E disse loro: "Perché dormite? Alzatevi e pregate, per non entrare in tentazione.

Signore, donaci capi come Davide e Daniele, sommi sacerdoti come Jehoiada e Gesù Cristo, il Dio in carne e ossa. Ricordo che anni fa, quando vivevo in California, dovevamo affrontare una situazione familiare. Quando una strega entra nella tua famiglia per matrimonio, porta il caos. Due dei miei fratelli stavano affrontando delle difficoltà di salute. Mia madre pregava giorno e notte. Mia madre era una potente guerriera della preghiera. Abbiamo vinto perché era una guerriera della preghiera giusta. Il diavolo fa del suo meglio per danneggiare i suoi figli e il loro progresso, ma la donna che prega riceve l'aiuto del cielo. Ha sconfitto il diavolo con l'aiuto del potente Dio. Abbiamo distrutto il piano della strega con la preghiera e il digiuno. In seguito, quella strega ha sofferto di gravi malattie.

Era il mio giorno libero, così comprai alcuni libri in un negozio di libri cristiani. Quando sono tornata a casa, mia madre mi ha detto: "Oggi ero sdraiata a letto e ho tossito, così i miei occhi si sono aperti". Ha detto che ha visto una luce brillante come il sole in casa, e un Angelo era in piedi sul suo letto e il sole dietro di esso. La sua mano si allungava in avanti su di lei. Chiuse gli occhi e, qualche minuto dopo, li riaprì. Vide l'Angelo piegato mentre usciva dalla finestra, e il sole proveniva dalla finestra laterale. La sua preghiera, giorno e notte, ha portato la risposta a entrambi i suoi figli. Il nostro Dio è reale. Vuole aiutarvi, ma dovete gridare. Volete prendervi il vostro tempo e pregare per la situazione futura? Vigilate e pregate per voi stessi e per gli altri. Che possiamo fuggire e vivere una vita serena nel nome di Gesù. Amen!

PREGHIAMO

Padre nostro celeste, veniamo umilmente davanti al Tuo seggio di misericordia per trovare aiuto da Te. Il nostro aiuto viene da nostro Signore. Rovescia l'agenda e il piano del nemico per andare contro il Tuo popolo che è chiamato con il Tuo nome. Il Tuo avvertimento per il tempo della fine è chiaro: ci troveremo di fronte a un tempo cattivo che non c'è stato prima e non ci sarà dopo. Chiediamo una vita di preghiera come quella di Daniele e del Re Davide per sfuggire al piano malvagio di Satana. Signore, dacci l'onere e il desiderio di pregare come mai prima d'ora. Uniamoci in tutto il mondo e preghiamo per vincere e rovesciare il piano di Satana, nel nome di Gesù. Amen! Dio vi benedica!

3 LUGLIO

PREPARAZIONE PER IL TEMPO DELLA FINE!

Signore, donaci la conoscenza e la devozione per prepararci a incontrare il Creatore! Il Signore è il nostro Creatore. Ha creato la Sua sposa con un tocco personale. Avete letto l'annuncio matrimoniale? Il requisito è la pelle chiara, l'aspetto gradevole, la conoscenza di questo o quello, l'età, l'altezza e la provenienza. Quante condizioni! Ascoltando gli altri, percepisco le esigenze dello sposo o della sposa. Impariamo anche dalle conversazioni in famiglia. In un'epoca diversa, uomini e donne hanno richieste, scelte ed esigenze diverse per il giusto candidato alla vita. La donna pensa che il coniuge debba guadagnare una certa somma di denaro. Deve possedere una casa, un'auto e un'istruzione, quindi Dio è uno sposo. Dio non vuole caos in cielo. Ha detto che Sua moglie, la Sua sposa, deve seguirLo, amarLo e fare tali e quali cose. Controlliamo i suoi requisiti. Ogni uomo e ogni donna hanno un'aspettativa; se vivete con consapevolezza, potete farcela. Le persone sposate con successo vivono con la consapevolezza che i loro coniugi li trattano al meglio. Dobbiamo conoscere le cose da fare e da non fare, le simpatie e le antipatie, l'approvazione e la disapprovazione del Signore, il nostro sposo. È facile se ci concentriamo su come soddisfare i Suoi bisogni.

Amos 4:11 Ho abbattuto alcuni di voi, come Dio ha abbattuto Sodoma e Gomorra, e voi siete stati come un tizzone strappato al fuoco; eppure non siete tornati a me, dice il Signore. 12 Perciò ti farò così, o Israele; e poiché ti farò così, preparati a incontrare il tuo Dio, o Israele. 13 Perché, ecco, colui che forma i monti, che crea il vento, che dichiara all'uomo i suoi pensieri, che fa le tenebre del mattino e calpesta gli alti luoghi della terra, il Signore, il Dio degli eserciti, è il suo nome.

È il mondo di Dio. Imparate le Sue scelte con requisiti e condizioni. Alcune persone promiscue sono disattente. Dio ha detto che non cambia; sono lo stesso, quindi è nostra responsabilità cambiare. Se volete incontrare Dio e trascorrere l'eternità con Lui, non cercate le chiese sante. Cercate uno mandato dal Signore, chiamato vero profeta e autentico maestro.

Marco 6:18 Infatti Giovanni aveva detto a Erode: "Non ti è lecito avere la moglie di tuo fratello".

Giovanni Battista venne a correggere le vie del mondo aperto lasciate dal sacerdote, dai tributi e dal sommo sacerdote gelosi, avidi e assetati di potere.

Levitico 18:16 Non scoprirai la nudità della moglie di tuo fratello: è la nudità di tuo fratello.

La Chiesa è la sposa di Gesù. Egli viene a prendere la Sua sposa. Sta cercando colui che può rendere Gesù felice e orgoglioso.

Proverbio 12:4 Una donna virtuosa è una corona per suo marito, ma quella che si vergogna è come marciume nelle sue ossa.

La moglie marcia porterà dolore, ma la virtuosa porterà Lui gioia e corona. Non è una cosa seria? Trova una moglie, non un coltello. La suocera rifiuta una nuora sciolta, ribelle o malvagia. La suocera non cerca una persona che sappia cantare bene o che sia molto istruita o bella. Cerca una persona che sia come lo zucchero nell'acqua, che sia virtuosa e che faccia bene per la famiglia. Anche il Signore cerca le persone virtuose per stare con Lui per l'eternità. Signore, aiutaci a prepararci come Tue spose! Lavoro per Dio a livello internazionale. Il Signore ha definito alcune persone analfabete, brutte, non istruite, incapaci di parlare, camminare, vestirsi, prive di attrattiva e di moda. Ma quando parlo con loro, vedo il loro amore per il Signore. Parlano solo del Signore.

Sono pronte a lasciare tutto e tutti per il loro Dio, che è il loro futuro sposo. Che il Signore ci faccia capire perché le madri rifiutano alcune donne come mogli dei loro figli. Semplicemente, sono spine nel fianco! Lavorerà contro la famiglia del marito, contro la suocera e la cognata. Non è altro che un dolore. La sua presenza porta con sé comportamenti malsani, sgradevoli, gelosi e di sottile isolamento. Anche il nostro Dio non vuole questo tipo di sposa.

Il nostro Dio vuole intorno a sé una sposa amorevole, dolce e gentile. Amo pregare e soprattutto ascoltare la Sua voce. La mia comunicazione con il Signore è sempre stata equilibrata. Egli si presenta a me nel modo che meno vi aspettate. Il Signore mi parlerà, mi spiegherà e mi aiuterà in modo meraviglioso. Spero che comprendiate la sensazione di Adamo ed Eva prima di cadere nella trasgressione. Non posso spiegare quanto sia bella la presenza di Dio! Non mi basta mai pregare, digiunare, parlare e lodarlo. Come si fa? Basta soddisfare la richiesta del Signore e si è già in viaggio con il proprio sposo Gesù Cristo. Non potete capirlo se siete promiscui, ribelli, malvagi e disobbedienti. Si comincia con genitori esemplari che crescono figli puliti, santi e giusti.

Proverbio 31:10 Chi può trovare una donna virtuosa? Perché il suo prezzo è di gran lunga superiore ai rubini. 11 Il cuore di suo marito si affida a lei con sicurezza, così che non avrà bisogno di bottino.

Che il Signore trovi in noi un carattere inestimabile da ammirare. C'è una sposa che è migliore dei rubini. La moabita Ruth era la sposa ideale. Il Signore e il popolo la ammiravano e la ricompensavano con benedizioni. Un nobile potente e ricco, Boaz, la sposò. Non c'è da chiedersi perché il Signore cerchi una sposa virtuosa. Se trovi una moglie pessima, allora darai grattacapi, dolori e dispiaceri a te e alla tua famiglia. Esaù scelse la donna di quella terra e fu un dolore per la famiglia.

Genesi 27:46 Rebecca disse a Isacco: "Sono stanca della mia vita a causa delle figlie di Heth; se Giacobbe prende in moglie una delle figlie di Heth, come quelle che sono le figlie del paese, che vantaggio mi darà la mia vita?

È il fatto che il Signore non prenderà chi non rientra nei suoi standard. Lui ha lo standard; se volete essere scelti, preparatevi.

1 Timoteo 2:8 Voglio dunque che gli uomini preghino ovunque, alzando mani sante, senza ira e senza dubbi. 9 Allo stesso modo, anche le donne si adornino con abiti modesti, con pudore e sobrietà; non con capelli acconciati, né con oro, né con perle, né con abiti costosi; 10 ma (cosa che si addice alle donne che professano la pietà) con opere buone.

1 Pietro 3:5 Così infatti anticamente si adornavano anche le donne sante che confidavano in Dio, stando sottomesse ai loro mariti.

Il Signore cerca una donna saggia. Le loro lampade sono piene d'olio, pronte a incontrare lo sposo in qualsiasi momento. Noi dobbiamo prepararci a incontrare il Signore. Egli sta arrivando, non conosco l'ora e il momento, ma è alla porta.

Matteo 25:6 A mezzanotte si gridò: "Ecco, lo sposo viene; andategli incontro". 7 Allora tutte le vergini si alzarono e accesero le loro lampade. 10 E mentre esse andavano a comprare, venne lo sposo; e quelle che erano pronte entrarono con lui alle nozze; e la porta fu chiusa.

Che la Sua sposa si prepari all'incontro con Lui! Lavate i vostri peccati battezzandovi nel nome di Gesù. Le sue macchie scompariranno. Sarà anche benedetta con una coscienza pulita e un cuore nuovo.

Efesini 5:26 per santificarla e purificarla con il lavaggio dell'acqua mediante la parola, 27 per presentarla a sé come una chiesa gloriosa, senza macchia, né ruga, né alcunché di simile, ma santa e senza macchia. Nel nome di Gesù! Amen!

PREGHIAMO

Signore, grazie per aver pagato il prezzo per la Tua sposa. Grazie per essere entrato come Spirito Santo per condurre, guidare e insegnare. Che Signore eccellente sei! Fa' che riempiamo la nostra mente con le Tue parole, in modo da pensare e agire come te. Siamo noi che abbiamo bisogno di cambiare, quindi aiutaci, Signore. Il nostro grazioso Signore è andato a preparare il posto per la Sua sposa e presto verrà a riceverla. Signore, non c'è nulla che tu ci abbia nascosto. Il Signore ci dà un cuore e una vita premurosi. Ci hai dato la vita e l'abbondanza con la promessa futura di vivere con te dove sei. Aiutaci a tenere la nostra lampada pronta per incontrarTi, nel nome di Gesù. Amen! Dio vi benedica!

4 LUGLIO

PORTARE IL FARDELLO DELLA NAZIONE!

Dovremmo avere un fardello per le nazioni e anche adottare un Paese per cui pregare. Dio ci ha dato dei compiti. È nostro compito pregare gli uni per gli altri. Il nostro compito è pregare per le persone che sono legate all'interno della nazione e non sanno come essere libere. Per anni ho pregato per la Corea del Nord; ho studiato come e chi pregare. Solo Dio libera la nostra prigionia.

Salmo 126:1 Un canto di gradi. Quando l'Eterno fece tornare la cattività di Sion, noi eravamo come quelli che sognano.

Il popolo di Dio è stato prigioniero in Egitto, a Babilonia e in tutto il mondo. C'è un motivo per cui le persone diventano prigioniere. Il Signore può liberarle attraverso la vostra preghiera o quella di qualcun altro. Che il Signore ci dia il fardello di pregare per le persone confinate nella loro patria, sotto qualche potere delle tenebre, o da qualcuno! È nostro dovere e privilegio gridare a Dio e liberarle. Solo Dio può liberare i prigionieri. Si può essere legati alla casa, alla malattia o alla povertà. Ci sono molti tipi di prigionia. Satana ci lega, ma Dio ci libera. Se siete chiamati, gridate e pregate contro di essa. Non dovete accettare la vostra situazione. Ricordate che dovete chiedere aiuto ed esso arriverà.

Luca 4:18 Lo Spirito del Signore è su di me perché mi ha unto per predicare il Vangelo ai poveri; mi ha mandato a guarire i cuori spezzati, a predicare la liberazione ai prigionieri e il recupero della vista ai ciechi, a rimettere in libertà i feriti.

Quando la Corea del Sud non conosceva Gesù, era povera. Molti missionari sono andati in questo Paese e hanno pregato sulla montagna. All'inizio uccisero molti missionari mentre predicavano il Vangelo in Corea del Sud.

Molti ministri hanno pregato affinché Dio aprisse il cuore della Corea del Sud. Le persone hanno iniziato a rivolgersi al Signore e la nazione è diventata ricca. Il Signore è prospero; se credete, Dio può trasformare la vostra povertà in prosperità. Nessun dio o dea, ma solo il Signore Gesù! Gli ebrei sono stati schiavizzati e perseguitati in Egitto; hanno gridato al Signore Geova Dio.

Esodo 3:9 Ecco dunque che il grido dei figli d'Israele è giunto fino a me; ho visto anche l'oppressione con cui gli Egiziani li opprimono.

4 LUGLIO

Deuteronomio 26:7 Quando abbiamo gridato all'Eterno, Dio dei nostri padri, l'Eterno ha ascoltato la nostra voce e ha guardato la nostra afflizione, il nostro lavoro e la nostra oppressione.

L'ebreo, schiavo, impotente e legato, non può aiutare, ma il Dio del cielo sì. Vediamo molte nazioni intorno a noi; conosciamo la situazione, schiavi, senza Dio, nelle tenebre, nella povertà, nell'analfabetismo e nelle malattie. È nostro compito pregare per queste persone. Dobbiamo gridare al Signore. Dobbiamo chiedere il peso di pregare per i prigionieri, poiché sappiamo che il nostro Dio Gesù è venuto a liberarli. È mio compito pregare per tutti gli afflitti. Ho saputo della Corea del Nord, ho sentito la loro situazione disperata e ho avuto il peso di pregare per loro. Li teneva prigionieri in un modo che nessuno poteva immaginare. Situazioni di isolamento. La loro autorità li rende incapaci di avere qualsiasi tipo di conoscenza delle altre nazioni. I coreani non hanno TV, radio o telefoni non collegati per conoscere un altro Paese. Non possono uscire dal governo. Quindi cosa sanno? Niente! Qualunque informazione forniscano le loro autorità, essa è ciò in cui credono. Quando ho ricevuto informazioni da un amico coreano su quanto sia malata, malnutrita e povera la nazione, ho capito che dovevo gridare al Signore. Che Lui ci dia l'onere di pregare per gli altri che non possono aiutarsi da soli.

Se vengono sorpresi a scappare dalla nazione, l'esercito li riporterà in patria e l'esercito sparerà loro e il popolo applaudirà.

Se scoprono che qualche membro della famiglia parla contro il governo, lo uccideranno o dovranno andare nel campo di lavoro con tutti i membri della famiglia per alcune generazioni. Il trattamento e la tortura sono orribili. Ho iniziato a ottenere sempre più informazioni. Ho scoperto che hanno la cataratta anche nei bambini. Il cibo è disponibile per i loro soldati militari. I soldati sono molto sani, così possono combattere per la loro nazione per mantenere il Paese in schiavitù. Non sanno chi sia Gesù. Il loro leader ha detto: "Io sono Dio, adoratemi". Non si può passare davanti alla loro enorme statua senza adorarla. Quando ci si sveglia al mattino, per prima cosa ci si deve inchinare ai leader che affermano di essere degli dei. Così queste persone credono che i leader della nazione siano Dio e non uomini. Il leader ha scritto molti libri e ha fatto loro il lavaggio del cervello.

Amici, pensateci due volte e mettetevi in questa situazione. Io sono libera, ma spesso penso a queste persone e prego. Con la tecnologia di oggi, mi collego al computer e vedo, leggo e guardo la situazione. No, la Corea è una zona riservata, quindi non ho trovato informazioni. Ma almeno sappiamo per cosa pregare. Ho pregato perché, Signore, nessuno osi stare sul loro suolo; se lo fa, sarà arrestato. Non c'è modo di uscire da quella terra. È la paura nel cuore. Immaginate quanto sia grave. Quando ho iniziato a pregare per loro, molti anni fa, ho iniziato a sentire molti resoconti eccellenti. Molti sono scappati, molti hanno trovato il Signore Gesù. Gesù non ha bisogno di un passaporto o di un visto per salvarli. Gli Angeli sono liberi di andare. Dio può toccarli e nasconderli nelle loro ali. Ho sempre pregato perché queste persone avessero disposizioni soprannaturali, protezione, liberazione e aiuto. So che Gesù ha il potere di liberare i prigionieri. Allora perché no? Dio può farli uscire con le ali di un'aquila. È possibile che Dio possa nasconderli dai soldati che pattugliano il loro confine. Dio può salvarli dalle pallottole e dal fiume freddo. Ho pregato per la loro sicurezza in altre nazioni. Quando alcuni scappano dalla Corea del Nord, gli altri Paesi non approfittano della situazione. È come un pericolo imminente quando assumono qualcuno per lavorare e minacciano di deportarlo invece di pagarlo.

C'è sempre una spada che pende su di loro! Ho iniziato a studiare e a informarmi per pregare in quella direzione. Il Signore è misericordioso! Se gridiamo, Dio ascolterà il nostro grido. Ma bisogna gridare per chiedere aiuto.

Una volta, un oculista andò ad aiutare. Molte persone non riuscivano a vedere a causa di una cataratta. Dissero che volevano la vista per vedere i loro bravi leader. Davvero? Non conoscono le altre nazioni e i loro leader. Il Signore è misericordioso e benevolo, risponde sempre se preghiamo e gridiamo. Se si sente tagliare la testa a qualcuno, non si riesce a dormire ma si grida a Dio. Anche io pregherò tutta la notte. Prego molte notti per persone che conosco o non conosco. La loro situazione era abbastanza orribile da far muovere il mio cuore a compassione. Se il Signore ascolta la mia preghiera, allora perché no? Prego Dio di mandare l'Angelo ad aprire la porta della prigione per liberare il prigioniero. Credo che uno di questi giorni il Signore renderà accessibile la Corea del Nord e altre nazioni. Il Signore è disposto, guarda in basso ed è pronto ad aiutare se qualcuno lo invoca. Qualcuno deve gridare. Dio ha detto nella Sua Parola: "Posso muovermi solo nella misura in cui voi me lo permettete". Dio è impotente se voi non chiamate, non permettete, non date, non consegnate.

Studiare le necessità del Paese, vedere la situazione e martellare il cielo. Dite: "Signore, le nazioni hanno bisogno di te". Molte volte il vostro problema sarà risolto se porterai il Suo fardello. Non c'è da stupirsi che il mondo sia così legato perché non ci preoccupiamo abbastanza di invocare Dio. Permettete la Sua potente provvidenza, la liberazione, la guarigione e il Suo tocco. Vedete che differenza fa. Perché tanti sono nudi, suicidi, in prigione, poveri, malati, oppressi, posseduti? Che il Signore ci dia il fardello di adottare una persona, una famiglia, una città o un Paese per cui pregare nel nome di Gesù! Amen! Dio vi benedica!

Giobbe 42:10 Il Signore ha trasformato la prigionia di Giobbe in un'altra esperienza quando pregò per i suoi amici: inoltre, il Signore diede a Giobbe il doppio di quanto aveva prima.

PREGHIAMO

Padre nostro celeste, sei sceso per liberarci dal peccato, dalla malattia, dalla paura, dai demoni e da molti problemi e condizioni. Aiutaci, Signore, a portare il fardello in modo da poter usare il potere dello Spirito Santo e l'autorità per i bisognosi. Che il Signore ci dia il desiderio di pregare per coloro che non sanno chi è Gesù. Una nazione governata dai malvagi, tenuta sotto sbarre di ferro, ha bisogno di salvezza. Che il Signore liberi questi prigionieri! Preghiamo per coloro che sono legati da qualsiasi tipo di dipendenza, abuso, oppressione o altro. Possa il Signore soddisfare i bisogni di tutti e liberarli nel nome di Gesù. Amen! Dio vi benedica!

5 LUGLIO

VIVERE NEL CONFINE DI DIO!

Sarà una benedizione se vivremo all'interno dei confini dati da Dio. Godete del Signore e delle Sue benedizioni. Cercate di non andare oltre. Ricordate che non vi esonererebbe. Guardate il mondo. Cosa ne è risultato? Sappiamo che il Signore dà le benedizioni, ma ricordate le cose da fare e da non fare per rimanere nelle benedizioni.

Molti sono immersi nel peccato e non conoscono le leggi, i precetti e i comandamenti di Dio. Siete oche?

Geremia 17:11 Come la pernice si siede sulle uova e non le cova, così chi ottiene ricchezze, e non per diritto, le lascerà per tutti i suoi giorni e alla sua fine sarà uno stolto.

Dio ha dato la Torah al popolo quando è uscito da una cultura di molti dei, l'Egitto, per adorare il Dio Santo. Dio ha portato gli israeliani nel luogo del latte e del miele. Non scegliete di violare le leggi di Dio. Egli creò Adamo ed Eva, diede loro una barriera e loro la scavalcarono. Non oltrepassate il confine.

Tutte le benedizioni hanno un versetto cruciale da obbedire per continuare a ricevere le benedizioni. Tutte le benedizioni hanno confini, restrizioni, indicazioni e un manuale da osservare e rispettare. Le persone mondane non amano i confini.

Le persone amano seguire Hollywood, gli amici ingiusti, le vie religiose e la loro lussuria.

Quando mettete al mondo dei figli, è vostra responsabilità insegnare loro le vie di Dio per continuare a ricevere le benedizioni.

Non è compito di un pastore, di un insegnante o di un profeta, ma di un genitore formare e insegnare ai propri figli. Dio non è cambiato e non cambierà mai. Mosè fu istruito dalla mamma della babysitter e divenne un seguace di Geova Dio.

Pensate che Dio vi abbia dato la terra promessa per vivere come volete. No, Dio ha dato la Torah al popolo ebraico: L'insegnamento o la guida rivelata da Dio per l'umanità. Dio ci ha chiamati, ma ci ha anche dato sessantasei libri chiamati Bibbia. Perché vuole che voi conosciate le cose da fare e da non fare per continuare a ricevere le benedizioni. Nel giardino dell'Eden le persone erano nude. Ora assicuratevi di essere coperti, cioè di non mostrare il vostro corpo. Altrimenti, la vostra bambina sarà molestata, violentata e rapita per la prostituzione. Il suo corpicino deve essere nascosto con dei vestiti, perché il diavolo e i demoni vogliono usare il corpicino per distruggere. Il lavoro del diavolo è rubare, uccidere e distruggere. Prima degli anni Ottanta, ho vissuto in India, dove si amava la modestia. I genitori avevano il buon senso di coprire i corpi delle bambine e dei bambini. Si circondano quando escono dalla doccia. Si mostrano timidi se si vede qualche parte del corpo. Non ho mai sentito o pensato che qualcuno avesse fatto cose sconvenienti al corpo dei bambini.

Ho sentito che l'India ha iniziato a togliere i vestiti e ora le donne non vengono rispettate. Wow! Se volete essere stuprate o molestate, scegliete vestiti immodesti.

Dio ha detto di stare attenti, lo stilista del diavolo ha detto: hai caldo e indossa vestiti comodi. Davvero? I genitori hanno la colpa di essere ignoranti. Un membro della famiglia sta violentando molti corpi nudi delle bambine.

Vivere con la consapevolezza. Rimanere al limite. Mia madre era sexy ma non ha mai camminato nuda. Il diavolo gioca con le nostre piccole menti.

Le persone che erano solite infrangere la Legge giudiziaria o la Halakha hanno avuto qualche frustata, al massimo trentanove. Perché? Per rispettare le leggi. Per non bruciare all'inferno in modo permanente. Non vogliamo essere fuorviati da Satana, che è un bugiardo. Potreste dire che non vedete il diavolo; vedete i vostri genitori, la vostra famiglia o la televisione. Ebbene, siete chiamati a seguire il Creatore. Scegliete di seguire Lui e non il diavolo distruttivo.

Il diavolo ha reso molti individui ricchi, poveri, sani, malati e con il cuore spezzato e li ha mandati all'inferno. Molti bambini si trovano in difficoltà, dietro le sbarre, per strada o sotto l'effetto della droga. Il nostro primo compito è insegnare ai nostri figli le leggi del Signore e non le vie del mondo. Non ho la televisione e non desidero guardare un mondo incasinato. Come disse il serpente, mangiate il frutto e sarete come Dio. La vita è breve. Non dimenticate l'olio nella lampada. Il diavolo vi deruberà ingannandovi.

Le benedizioni diventeranno storia se si disobbedisce al Signore. La casa, l'auto, la libertà e l'abbondanza di cibo spariranno. Ho avuto la chiave della casa, l'auto, il cibo nella dispensa, la doccia, ma ho dimenticato di seguire la Parola di Dio, che mi avrebbe impedito di perdere tutto. Avrei tenuto la Parola di Dio al primo posto nella vita, e questo non vuol dire che io pregassi e digiunassi. Ero modesta, non amavo il cinema, l'alcol, la droga, l'adulterio, la menzogna, l'inganno e il furto. Avevo molti ristoranti. Ora lotto per un pasto e per l'acqua, senza un posto dove posare il capo.

Ricordate: Giudici 2:19 Quando il giudice fu morto, essi tornarono e si corruppero più dei loro padri, seguendo altri dèi per servirli e prostrarsi a loro; non cessarono dalle loro azioni né dalla loro ostinazione. 20 L'ira del Signore si accese contro Israele e disse: "Perché questo popolo ha trasgredito la mia alleanza che avevo comandato ai loro padri e non ha dato ascolto alla mia voce".

Per ricordare, Dio tenne un albero e disse di non mangiare un certo frutto, e loro cosa fecero? Lo mangiarono, naturalmente. Tenete gli occhi sulla parola di Dio. Siete benedetti, va bene. Siete liberi, va bene; ora state guardando dappertutto, adottando tutto ciò che il diavolo presenta e pensando che non ci sarà alcuna punizione o sentenza. Nessun giudizio? Non sarete cacciati dalla vostra casa o dal vostro lavoro, dalla terra e nemmeno dalla terra. Andate a vedere: molte nazioni sono state spazzate via. Oggi le città sono bruciate. Dico oggi, non nel passato. Non c'è nemmeno bisogno di leggere la storia.

5 LUGLIO

Capite che oggi il Signore vi ha protetti, aspettando che tu cambi? Ma il diavolo osserva dove andate, cosa guardate e cosa desiderate; io e voi abbiamo delle regole da seguire e delle regole da non seguire. Il saggio sa che deve vivere entro i limiti e rimane con un cuore integro. Non è forse così chiaro che partiremo da questi luoghi e andremo alla destinazione che avete scelto uno di questi giorni? Il vostro destino è deciso da voi e non da Dio.

Dio disse ad Adamo ed Eva:

Genesi 2:17 Ma dell'albero della conoscenza del bene e del male non devi mangiare, perché nel giorno in cui ne mangerai, morirai sicuramente. (morte eterna all'inferno)

Ogni peccato è una trasgressione; il peccato ha un destino e voi ne pagherete le conseguenze.

Romani 6:23a Perché il salario del peccato è la morte; la morte è una pena infernale eterna senza uscita.

Permettetemi di consigliarvi di tenere gli occhi sulla Parola di Dio, di seguirla, di esercitarla. Soffrirei di più per camminare in modo santo e retto che per bruciare all'inferno.

1 Timoteo 4:8 L'esercizio fisico, infatti, giova poco; ma la pietà giova a tutto, avendo la promessa della vita presente e di quella futura. 9 Questo è un detto fedele e degno di ogni accettazione. 10 Perciò noi ci affanniamo e soffriamo la riprovazione, perché confidiamo nel Dio vivente, che è il Salvatore di tutti gli uomini, specialmente di quelli che credono.

Molti non capiscono, perché hanno trovato una cerchia di amici e chiese che non osano perdere il vostro denaro, non vi correggono e non si preoccupano. Oh, beh... State pagando il loro stile di vita lussuoso per mandarvi all'inferno? Troppo intelligente? Leggete la Parola di Dio e aprite la Bibbia, scritta per voi per non ripetere gli stessi errori. Le benedizioni sono condizionate e non permanenti.

1 Corinzi 10:11 Or tutte queste cose accaddero a loro come esempi; e sono state scritte per ammonirci, su cui sono giunti i confini del mondo.

Romani 15:4 Infatti, tutte le cose che sono state scritte prima del tempo sono state scritte per la nostra istruzione, affinché, grazie alla pazienza e al conforto delle Scritture, potessimo avere speranza.

Una mia compagna di università mi ha chiesto: "Leggi i tuoi libri universitari?". Mi vedeva sempre leggere la Bibbia. "Beh, non quanto la Bibbia! Do la priorità all'istruzione di Dio rispetto al mio libro di studio. Sono più che benedetta se tengo Dio al primo posto". Amen!

PREGHIAMO

Signore, veniamo davanti a te nel nome di Gesù. La nostra mente informatica deve essere completa della Tua Parola. Che il Signore ci aiuti e ci dia fame e sete della Parola! La nostra anima ha bisogno di essere guidata verso il cielo, quindi aiutaci, Signore, a concentrarci su di te. Lava i nostri peccati nel sangue. Che meraviglioso Salvatore! Ti diciamo grazie, Signore, per il Tuo sangue. Lavaci in esso per togliere i nostri peccati, dacci un cuore pulito, insegnanti fedeli e profeti da tenere sulla pista del cielo. Rendici un esempio eccellente per questo mondo morente. Dacci un'anima, una conoscenza e una mente sagge per ricordare i nostri confini nel nome di Gesù. Amen! Dio vi benedica!

6 LUGLIO

OPERE DEL DEMONIO!

Molte persone religiose non hanno idea del mondo degli spiriti. Satana sta lavorando; Satana, molti demoni e angeli caduti lavorano per il regno delle tenebre.

Studiate il vostro nemico. Se non conoscete il regno delle tenebre, esso lavorerà contro di voi. La conoscenza è potere. È per questo che la gente studia, studia e studia. Vogliono più soldi e una posizione più alta. Se sapessero che il vero successo non è tutta la conoscenza del mondo, ma la conoscenza del Dio onnipotente, allora prenderebbero in mano la Bibbia e la studierebbero di più.

Proverbio 24:5 Un uomo saggio è forte; sì, un uomo di conoscenza aumenta la forza.

Isaia 33:6 La saggezza e la conoscenza saranno la stabilità dei tuoi tempi e la forza della salvezza; il timore del Signore è il suo tesoro.

Salmo 119:66 Insegnami il buon senso e la conoscenza, perché ho creduto ai tuoi comandamenti.

Conoscere l'Onnipotente, il mondo invisibile, il Re Gesù e il Suo Regno e Satana, il dominatore delle tenebre e i suoi collaboratori.

Ogni regno ha dipendenti, aiutanti, ministri, amministratori, posizioni diverse e lavoratori. Il re o il principe ordina ai propri lavoratori in base all'obiettivo o alla missione del regno.

Il regno di Dio ha un programma per benedire, fornire e dare alla Sua creazione una vita bella, prospera e di successo.

Il regno di Satana è chiamato regno delle tenebre, il cui programma è uccidere, rubare e distruggere. Il diavolo lavora sulla menzogna e sull'inganno.

Si sta meglio con il Signore Gesù, il Re di tutti i Re e il Signore di tutti i Signori. Il nostro compito è concentrarci sul Signore. Che il Signore ci dia la saggezza nella vita misurata come vapore, erba rispetto all'eternità.

Imparate l'opera di Satana, degli angeli decaduti ed empi e di tutti i demoni, che sono le opere delle anime perdute per Satana. Ogni individuo ha un incarico, una capacità, un potere e un'abilità diversi dagli altri: senza dubbio sono tutti spiriti e non hanno carne. Gesù, il Dio onnipotente, sapeva come combattere con loro.

Marco 5:6 Ma quando vide Gesù lontano, corse ad adorarlo, 7 e gridando a gran voce disse: "Che ho da fare con te, Gesù, Figlio del sommo Dio? Ti scongiuro per Dio che tu non mi tormenti". 8 Gli disse infatti: "Esci da quell'uomo, spirito immondo". 9 E gli chiese: "Qual è il tuo nome?"

Ed egli rispose: "Il mio nome è Legione, perché siamo in molti".

Il Signore ha ordinato agli spiriti lontani di uscire. Se capite che Dio vi ha dato il potere, potete anche ordinare al diavolo di uscire. Ha detto che la nostra ora non è ancora arrivata, non tormentateci. Quindi il tempo dei demoni deve ancora passare nel lago di fuoco. Sono sotto il controllo di Satana e dell'angelo caduto. Devono operare secondo l'incarico dato da Satana.

Conoscete i demoni, gli angeli caduti e Satana per combattere la battaglia. In India non conoscevo il mondo degli spiriti maligni. Ho letto la Bibbia, ma non ho mai visto chiese religiose che scaccino i demoni o che fanno quello che facevano Gesù e il Suo discepolo. Non è un peccato? Ho sentito solo storie senza dimostrazioni. Così la maggior parte delle persone si rivolge allo stregone o all'imam musulmano per ottenere aiuto spirituale. Perché non cercate Dio? Digiunate, pregate e trovate veri profeti e insegnanti del Signore Gesù. Signore, ti prego, mandaci uomini e donne pieni di spirito. Andate da coloro che possono aiutarvi con il dito di Dio e non di Satana.

Nel 1999 ho affrontato una battaglia con la mia salute e stavo cercando Dio. La preghiera e il digiuno mi aiutavano a diminuire il dolore, ma volevo liberarmi completamente dalla sedia a rotelle. Volevo occuparmi dei miei affari. Prima ero da sola e non facevo quasi nulla. Ero piena di fede e pensavo: "Signore, io ho fede, ma i tempi sono importanti durante la prova". Sì, la mia fede era alle stelle, ma il tempo del Signore è sempre coinvolto se si tratta di una prova. Il Signore si è rivolto a questa signora nella Chiesa e le ha detto: "Sorella, Elizabeth Das sta attraversando una prova e ne uscirà come oro".

Dio ha preparato questo profeta e guaritore per aiutarmi in questo periodo. Il Signore mi ha messo in contatto con quest'uomo di Dio. Sono andata da lui per essere guarita e ho ricevuto la guarigione. Ci è voluto del tempo per completare la guarigione: è ancora in corso. Come ha promesso il Signore, "un giorno correrò. Lavorerò di sicuro!".

È il tempo del Signore. Molti hanno sentito come il Signore mi ha guarita. Hanno iniziato a venire da questo fratello, che si chiamava fratello James. Ha molti doni potenti di guarigione, liberazione e altro.

Quando la gente cominciò a venire da lui, disse che molti indiani erano posseduti. Io dissi: "Visto che non abbiamo lo Spirito di Dio, verrà un altro spirito". Disse che gli indiani erano molto riservati; dovevano sempre parlarti all'orecchio e poi ti chiedevano: "Per favore, non dirlo a nessuno".

Vi consiglio di smascherare il diavolo, di confessarvi e di purificarvi. Nessuno avrà una piattaforma per i pettegolezzi. Il diavolo deve scappare quando viene scoperto. Il diavolo odia la luce, quindi porta la questione alla luce parlando con la persona giusta. Una volta che il diavolo viene scoperto, scappa.

Dopo che ho ricevuto la guarigione, molti hanno ricevuto la guarigione e la liberazione dagli spiriti maligni. Il mio processo ha portato guarigione e liberazione a molte nazionalità e persone religiose.

Ho visto molti essere guariti e liberati. Vorrei condividere una testimonianza.

Una giovane indiana è venuta nel negozio di fratello James. Era sposata da quasi dieci anni. Aveva un figlio, forse di otto mesi, che poi abortì. Da quasi quattro anni non aveva più le mestruazioni. Si lamentava sempre di dolori allo stomaco. Andò da molti medici, prese medicine e fece molti esami diagnostici. Nessuno mostrava alcun problema. Il referto indicava che era normale.

Mentre il fratello James la controllava per individuare eventuali spiriti, i suoi occhi divennero vitrei e i demoni iniziarono a manifestarsi in lei. Quando chiese al diavolo il nome, il mostro glielo diede. Questa signora venne con il marito ed egli disse che una sua amica si era suicidata bruciandosi con quel nome. Era la sua migliore amica e questa signora era proprio lì mentre stava morendo. Quando la sua vita è uscita, è entrata nel corpo dell'amica.

Allora fratello James chiese al demone che cosa stesse facendo nel suo corpo. Il demone rispose che era geloso di lei e non voleva che fosse felice. "Ho ucciso il suo bambino e ho fermato le sue mestruazioni."

Il compito dei lavoratori di Satana è quello di uccidere, rubare e distruggere, come richiesto dal loro capo. Dopo la morte, non sono parenti o amici; comandano ai demoni di uscire dal corpo. Non avete nulla a che fare con una persona che si è persa nei peccati e muore.

Molti hanno incontri con persone morte perdute come familiari, amici o altro. Una volta che se ne sono andati, se ne sono andati. Non fate alcun rituale come il lume di candela o altre cose. Dite al loro demone di andarsene e di non farsi vedere in giro nel nome di Gesù, nemmeno in sogno.

Il giorno in cui fratello James ha scacciato il demone, la sera stessa le sono iniziate le mestruazioni e i dolori allo stomaco sono scomparsi. Suo marito non riusciva a trovare un lavoro e il Signore li ha benedetti con un buon impiego. Hanno anche acquistato una nuova auto. Il diavolo è un freno, un blocco e un ostacolo al nostro progresso. Questa signora è stata fantastica. Ha testimoniato e ha dato a Dio tutta la gloria. Dovete dare gloria a Dio, o passerete anche di peggio. So che alcuni non vogliono dire che i demoni sono usciti dal loro corpo. Dobbiamo conoscere le opere di Satana, degli angeli decaduti o empi e dei demoni. Possiamo contrastarli e distruggerli come fece il Signore Gesù e il Suo discepolo pieno di Spirito. Sono così felice che Egli mi abbia dato il potere di fare lo stesso. Non credete a falsi insegnanti, profeti o altri che non conoscono il mondo dello Spirito. Imparate e sconfiggete il regno delle tenebre che lavora contro di noi. Nel Nome di Gesù! Amen! Dio vi benedica!

PREGHIAMO

La conoscenza del Signore ci rende potenti e autorevoli nel mondo; altrimenti, siamo ignoranti. Il cristianesimo del Signore si occupa solo della verità. È la parola di Dio più accurata, ma si occupa solo della vostra istruzione nella Bibbia. Desideriamo avere la verità e nient'altro che la verità. È il nostro Dio che ha detto di non cambiare. Quindi, Signore, benedici con la Tua parola e la potenza dello Spirito Santo per vincere ogni battaglia. Signore, solo tu sai tutto, perciò Ti chiediamo di aiutarci a obbedire a ciò che dice la parola di Dio. Che il Signore ci benedica con più luce e potenza per contrastare tutte le opere di Satana! Amiamo il Signore nostro Dio. Addestraci per il Tuo esercito a lavorare secondo le Tue vie, il Tuo programma e la Tua direzione per ottenere ogni guarigione, liberazione e vittoria nel Nome di Gesù. Amen! Dio vi benedica!

7 LUGLIO

PERCHÉ IL CRISTIANESIMO È DIVENTATO IMPOTENTE?

Avete mai pensato che il cristianesimo non corrisponde a ciò che dice la Bibbia? O che il cristianesimo non mantiene l'opera di Gesù Cristo e dei Suoi discepoli?

Non sto parlando di predicare o insegnare, ma di rivendicare apertamente la potenza di Dio in una potente operazione per fare un grande miracolo, una guarigione, una profezia e una liberazione. Occhi ciechi aperti, orecchie sorde aperte, zoppi che camminano, paralizzati, storpi, arti mancanti guariti. Portate il cristianesimo al livello della Bibbia per vedere cosa afferma. Il cristianesimo diventa impotente perché i cristiani dimenticano di connettersi con il Dio potente.

Avete sentito dire: molta preghiera, molta energia? Allora meno preghiera, meno energia. È così. Io e voi non possiamo fare cose soprannaturali, ma solo Dio può. Siete impotenti se non vi mettete in contatto con Colui che fa tutto.

Una volta, in un mio sogno, stavo camminando nel buio e qualcuno camminava con me. Nello Spirito sapevo che il Signore stava camminando con me. Allora mi sono chiesta: questo significa la tempesta oscura della vita o la prova o la notte? Ho visto molti indiani che camminavano; erano in bicicletta. Il Signore ha detto: "No, è mattina presto sulla costa orientale, a New York". Ha iniziato a dire che l'induismo stava arrivando sulla costa orientale, poiché gli indù sono coerenti nel culto degli idoli. Si tramandano di generazione in generazione. Quando mi sono svegliata, ho iniziato a pregare, Signore; sono venuta contro la loro coerenza nell'adorare gli idoli.

Dio mi disse: "Non pregare così". Ho iniziato a pregare affinché si addormentino e non si sveglino presto al mattino per adorare gli idoli. Il Signore ha detto di no; ho pregato per un modo diverso di distruggere questo sogno spaventoso. Il Signore continuava a dirmi: "No, no, no". Ho detto: "Aiutami, Signore, come posso pregare?"

Ha detto di pregare affinché il Signore metta l'amore per Gesù nel cuore dell'Hindu. Ho pensato che fosse molto semplice. Ma l'ho condiviso con altri guerrieri della preghiera. Una sera, tutti abbiamo iniziato a pregare contro questa futura agenda di Satana sulla costa orientale. Ora dovevo condividere il modo in cui Gesù mi aveva chiesto di pregare. Ma una delle signore pregava intensamente mentre lo Spirito di Dio la colpiva. Eravamo tutti in profonda preghiera. Una sorella ha detto: "Dobbiamo solo pregare che il Signore metta l'amore per Gesù nei loro cuori". Ho detto: "Sì, è il Signore".

Da quando ho pregato, ho anche chiesto di pregare affinché il Signore metta l'amore per Gesù nel cuore di Hindu. La coerenza è onnipotente, si chiama onnipotenza. Voi o Daniele, che pregate tre volte al giorno, sperimenterete la potenza di Dio in azione. Possiamo vedere la superpotenza di Dio in azione se preghiamo senza sosta, se preghiamo tre volte.

Daniele 6:10 Ora, quando Daniele seppe che la scrittura era stata firmata, entrò in casa sua; e, essendo le finestre della sua camera aperte verso Gerusalemme, si mise in ginocchio tre volte al giorno, pregò e rese grazie al suo Dio, come aveva fatto in precedenza.

Sembra che Daniele non abbia mai cambiato il tempo della preghiera sentendo la notizia che la sua vita era in pericolo. Questa è coerenza. Voglio dire, che uomo impavido. Ha pregato dicendo loro che non sarebbe stato cambiato. "Sul mio cadavere, diavolo, sto pregando e se mi metti alla prova, fai pure". Abbiamo bisogno di questo tipo di persone senza paura per pregare un Dio onnipotente e vivente. Se pregate i falsi dei e le dee con costanza, essi metteranno in atto il loro potere. Il mondo spirituale è quello reale. Pregando e facendo rituali, il loro potere delle tenebre entrerà in funzione per nuocere.

Supponiamo che siate connessi con un unico vero Dio, che è chiamato onnisciente, onnipotente, onnipresente, il Dio della pace, il fornitore, il guaritore, il creatore, il salvatore, il Dio che era, che è e che sarà per sempre, Geova Jairah, il grande Io Sono, il consolatore. In questo caso, la luce del mondo, se ci si collega a questo Dio onnipotente, non c'è fine a ciò che può accadere. Per vedere il Dio potente in azione, dobbiamo fare proprio quello che hanno fatto gli ubbidienti per vedere le prestazioni soprannaturali di Dio. La maggior parte delle persone non approfitta di questo grande Dio. Non vogliono entrare in contatto con Lui, ma effettuare una breve preghiera a pranzo o a cena. Alcuni pregano un po' qua e là.

Gli adoratori di idoli non vedono risultati significativi, ma vengono educati alla costanza. Cosa succede se si dimentica di caricare il telefono? Il telefono è inutile. Se frequentate un edificio chiamato chiesa e leggete la piccola Bibbia, anche voi siete impotenti. Ma se trovate un posto e pregate senza sosta, una ricarica con Dio onnipotente, vedete cosa succede. Vedete il potere della preghiera senza sosta. La preghiera è un collegamento con il Signore, che fa il soprannaturale. È specializzato nell'impossibile e fa miracoli. Verrà nello show per fare tutto in un attimo per far sapere al mondo che "Io sono quello che sono. Non c'è nessun Dio accanto a me". La comprensione del cristianesimo diventa impotente perché le persone dimenticano di connettersi con il Dio potente. Non importa dove vi troviate, connettetevi con il Signore e vedrete la mossa di Dio in azione. La religione, le denominazioni e le non denominazioni hanno reso il cristianesimo impotente perché vi hanno disconnesso dal Signore Gesù. Lui solo può gestire la vostra professione con conoscenza e saggezza. Oggi vi esorto a prendere sul serio la vostra attività, a smettere di collegarvi a chiese, organizzazioni, posizioni e altre agende, a ricollegarvi al grande Dio Gesù e a vedere cosa fa il Signore. Egli ha detto: "Io non sono cambiato, quindi perché voi siete cambiati?". Dio Onnipotente ci ha dato questo privilegio di connetterci con Lui, e se non lo usate significa che avete licenziato Dio Onnipotente. Avete legato la Sua mano. Avete rifiutato l'Unico Dio. Vi prego di riconnettervi con Lui per vedere il cambiamento sulla terra. La Terra, dove io e voi viviamo, ha solo problemi. Poiché non siamo connessi, non chiamiamo Colui che può fare tutto.

Invitate Dio mentre andate in bicicletta, correte, fate esercizio fisico e guidate. Iniziate a pregare per almeno un'ora al giorno e aumentate gradualmente. Leggete regolarmente la Bibbia. Non rendete Dio impotente. Vedete che Esther, il Re Davide, si sono collegati a Dio e hanno visto la potente opera di Dio in funzione? Vedrete lo stesso se permetterete alla Sua autorità e al Suo potere di operare. Se vi collegate al Signore, l'acqua non può seppellire, il fuoco non può bruciare, il leone è impotente e la potenza del male si inchina davanti al Signore. Avete un ruolo importante nel Suo regno se decidete di connettervi con Dio.

Proprio come coloro che si sono legati a Dio nelle difficoltà hanno visto il piano del nemico rovesciato. Hanno lavorato valorosamente e hanno visto la liberazione. Volete dare il permesso a Dio? Collegatevi di nuovo a Lui, facendo sì che Dio sia di nuovo Dio. Pensate prima a Dio per le necessità della nazione o della comunità. Portatelo a Lui e lasciate che Dio se ne occupi. Inserite la preghiera nel vostro programma e pregate. Non mettetelo all'ultimo posto quando non c'è altra fonte, ma pregate per primi. Anche i musulmani pregano cinque volte e sono molto disciplinati. Chiedete aiuto contro la droga, l'alcol, i divorzi e molti problemi in casa, anche nelle nostre nazioni. Ci chiediamo perché, grattatevi la testa, invece chinate il capo e parlate con il Creatore e vedrete che l'assassino, il ladro, il distruttore Satana scapperà da noi.

Davide disse in Salmi 55:17 sera, mattina e mezzogiorno, io pregherò e griderò ad alta voce, ed egli ascolterà la mia voce.

Se preghiamo, Dio può distruggere tutte le piaghe, il cancro, l'oppressione, la possessione, le malattie, la droga, il suicidio e l'alcol. Il vostro nemico è invisibile e potente, abile, con molti strumenti. Voi non potete, ma il Signore può distruggere il diavolo e il suo piano. Per favore, potete pregare? Che il Signore ci dia pastori, evangelisti, madri e padri che pregano! Ammiro quei pastori che pregano continuamente, dimostrando la potenza di Dio in azione. Le persone volano in quelle chiese per ricevere guarigioni, liberazioni e parole dal Signore. Oggi, riconnettiamoci con il Dio potente affinché il mondo sappia che il cristianesimo è vero e potente.

PREGHIAMO

Signore, sappiamo che hai il potere di fare tutto e il contrario di tutto se portiamo la questione al Tuo altare. Il Signore ci dà il desiderio di pregare. Dacci lo Spirito di preghiera perché possiamo farlo. Signore, se preghiamo, il caos sparirà. La causa dei guai, dei problemi, dell'ansia, dell'angoscia, delle malattie e delle tenebre è che siamo una generazione senza preghiera. Oggi, però, ci riconsegniamo a te. Senza di te nulla è possibile. Entriamo con fede, dando tutto a te, sapendo che il nostro salvatore farà meraviglie sulla terra. Il Signore fa ancora cose belle, perché il mondo possa dire che Gesù è il Dio vivente. Grazie, Dio onnipotente, per essere così meraviglioso con noi. Benedici il Tuo popolo oggi; ascoltaci oggi nel nome di Gesù. Amen! Dio vi benedica!

8 LUGLIO

RENDETELO CONTAGIOSO!

Considero tutto ciò che si dice un gran parlare, ma il cristianesimo è il discorso di Dio e ha senso. Se si fa ciò che "così dice il Signore". È il discorso del Signore alla Sua creazione. Se i Suoi figli, la Sua creazione, ascoltano e fanno ciò che dice, allora il Dio dei cristiani può diventare molto contagioso. Il cristianesimo è il rimedio a tutti i problemi, le domande, le difficoltà, le situazioni, le malattie, la liberazione, il soprannaturale e la soluzione dell'impossibilità. Se avete l'autorità che il Signore ha dato al Suo discepolo, allora sono la conoscenza o gli eventi che accadono nel mondo che cambiano la vita, la mente, il cuore e il mondo. Malattie come la tosse, il raffreddore, i virus, l'influenza e molte altre sono contagiose e circolano nell'atmosfera. Dio sa come curare e aiutare. Come sappiamo, la dimostrazione della potenza in Egitto dimostra che il nostro Dio non è parziale, ma può guarire, curare, liberare, custodire, proteggere e molto altro ancora. Se qualcuno vede la potenza di Dio in funzione, che lo rende vero e onesto, credo che molti si convertiranno al cristianesimo. Quando Gesù predicava, quante persone venivano ad ascoltarlo?

Luca 12:1a Nel frattempo si era radunata una moltitudine innumerevole di persone, tanto che si calpestavano a vicenda.

Leggiamo del miracolo dei pesci, delle guarigioni e delle liberazioni intorno al Signore Gesù. La Sua predicazione era così contagiosa che si diffuse a macchia d'olio tra la gente, di città in regione.

La prima volta che ho vissuto l'esperienza del battesimo in acqua nel nome di Gesù è stata inspiegabile, indescrivibile e mi ha lasciata di stucco. Ammirai ciò che mi era accaduto. Tutta la mia fatica nel cercare la verità stava diventando un'esperienza. Ero parte di ciò che leggevo. Non era la parola, ma era la parola che accelerava. Le parole diventavano vive quando iniziavo a obbedire. Che il Signore ci dia questa esperienza di prendere la parola così com'è! Non diluite la Parola di Dio data e prescritta. Non aggiungete e non sottraete. Non si può fare del male e non funzionerebbe. Quando Gesù passava, tutti volevano vederlo e toccarlo. Anche la Sua ombra era molto efficace.

Luca 6:19 E tutta la folla cercava di toccarlo, perché da lui usciva una virtù che li guariva tutti. Quando Pietro passò di lì:

At 5,15 Al punto che portavano i malati per le strade e li facevano sdraiare su letti e giacigli, affinché almeno l'ombra di Pietro, passando, ne adombrasse qualcuno.

Quanto può diventare contagioso il cristianesimo se si ha il cuore di obbedire senza alcuna condizione.

Quando Pietro battezzò le persone nel nome di Gesù:

Atti 2:41 Allora quelli che accolsero volentieri la sua parola furono battezzati; e in quello stesso giorno furono aggiunte loro circa tremila anime. 47 lodavano Dio e godevano del favore di tutto il popolo. E il Signore aggiungeva ogni giorno alla chiesa coloro che dovevano salvare.

Atti 4:4 Tuttavia molti di quelli che udirono la parola credettero; e il numero degli uomini era di circa cinquemila.

Vedete quanto erano contagiosi i pentiti, i battezzati nel nome di Gesù e i ricchi di Spirito Santo? Gesù era contagioso e lo erano anche i Suoi discepoli. La gente si fida di tutto e di più. È questa la situazione di oggi. Oggi le persone portano la malattia nelle chiese? Se dovete continuare a seguire Gesù, il Signore userà il vostro corpo come Sua chiesa e l'inferno non potrà prevalere su di esso. Cosa e come è avvenuto il drastico cambiamento? Sono le nostre aggiunte e sottrazioni alla Parola di Dio. Chi è al comando si divide e smette di insegnare e di seguire Dio, e allora la Parola diventa inapplicabile. Avete ucciso il cristianesimo con le vostre false credenze. Falsi insegnanti e falsi profeti hanno distrutto il cristianesimo. È una confusione di massa e una produzione di massa del prodotto non contagioso del vero cristianesimo.

I marchi di vero nome con falsi insegnanti e profeti diminuiranno il numero di credenti. Per favore, non accettate nulla di scorretto o basato su una menzogna. Ho sempre creduto che dovrebbe funzionare se si segue quanto comandato dalla Bibbia. Ho sempre messo in dubbio. Una volta i testimoni di Geova e gli insegnanti avventisti del settimo giorno si sono arrabbiati con me. Ho chiesto, e i falsi insegnanti non sapevano la risposta e se ne sono andati da casa mia, mettendomi in difficoltà. Volevano che seguissi la dottrina del serpente. Io lo so bene. Devo seguire Gesù. Non c'è altro modo per farlo. Astenetevi dal seguire qualcuno che si è perso. Vi ingannano con il servizio che ti offrono. Fanno di tutto e di più per avvicinarvi al loro edificio. Ma io non cerco il loro aiuto, i loro servizi e il loro favore.

Il mio aiuto viene dal Signore. Credo nel soprannaturale, negli Angeli e in tutto ciò che Gesù ha detto. Quindi non corrompetemi o manipolatemi; non funzionerebbe. Che il Signore abbia pietà di coloro che scendono a compromessi per il pezzo di pane e le piccole trenta monete d'argento. La Bibbia non dice che le tangenti accecano la persona? Sì, lo dice. Leggono la Bibbia e fanno esattamente il contrario. Non riesco a capirli, visto che il Signore ha detto di cercare, chiedere e bussare. Molte volte ho detto e sentito che questo tipo di cristiani non ci piace. C'è qualcosa che hanno adottato e rimosso per diventare inefficaci e divisi nel mondo. Ricordate, seguire l'uno vi farà agire, parlare e pensare come lui. Hollywood, Bollywood e molti personaggi di spicco sono diventati influenti e contagiosi nel mondo, nel Paese e nei luoghi. Da quando ho scoperto la verità, molti si sono rivolti al Dio vivente. Non conquisterò mai anime per la chiesa o per le organizzazioni, e vi chiedo di starne alla larga, o deluderete molti. Lavorate per il Regno seguendo le istruzioni di Gesù.

Efesini 2:20 e sono edificati sul fondamento degli apostoli e dei profeti, essendo Gesù Cristo stesso la pietra angolare principale.

Atti 2:42a E continuarono a seguire con costanza la dottrina degli apostoli.

Paolo, Giovanni e Gesù mettono in guardia:

Galati 1:8 Ma se noi, o un angelo dal cielo, vi predicasse un vangelo diverso da quello che vi abbiamo predicato, sia maledetto.

L'inizio di Galati era grandioso, ma fu stregato dai falsi insegnanti e profeti. State lontani da quelli influenti nelle chiese, ma allontanatevi dal potere che ha reso Dio e la Sua opera non efficaci.

Giovanni 4:1 Amati, non credete a ogni spirito, ma provate gli spiriti se sono da Dio; perché molti falsi profeti sono usciti nel mondo.

Dare falsi prodotti di Dio non funzionerà e sentirsi truffati e impotenti.

2 Timoteo 3:5 avendo una forma di pietà, ma rinnegandone la potenza.

Da costoro, ogni volta che vado, predico la verità e vedono l'effetto della verità. Si chiedono perché non sappiamo cosa compie. I falsi insegnanti e i falsi profeti vi intossicano. Prima ho avuto una domanda sulla veridicità del cristianesimo. Il cristianesimo è vero se si segue la Parola di Dio e non i gruppi religiosi delle denominazioni e delle non denominazioni. È interessante notare che quando le persone hanno bisogno di guarigione per liberazione o di aiuto spirituale, mi chiamano sempre, il che funziona. Alcuni mi chiamano quando hanno bisogno di aiuto spirituale. Non devo mai fare pubblicità. Sanno dove trovare aiuto. Il cristianesimo è contagioso, ma non è una religione di marca deviata, aggiunta o sottratta.

Mia madre mi diceva sempre di pregare per lei quando si ammalava. Diceva che non c'era bisogno di chiamare nessuno. Perché? La verità stava lavorando attraverso di me. Si sentiva sempre bene quando pregavo per lei. Il suo udito migliorava. Mia madre aveva fede. Dava sempre gloria a Dio ed era benedetta. La religione pensa che la gloria spetti a una persona. No, è il Signore, e solo Lui può fare tutto. La gloria appartiene solo al Signore. Tenete la verità nei vostri vasi. Ho visto una chiesa in Africa: l'uomo era unto e la gente voleva toccare la sua mano. Perché? Perché l'uomo di Dio stava predicando e insegnando la verità. La chiesa era gremita e stava arrivando un'ambulanza. Wow! Il cristianesimo è contagioso. Seguite e mantenete la verità.

PREGHIAMO

Signore, sappiamo che sei venuto a stabilire sulla terra la potente potenza contagiosa di Dio che opera meraviglie. Vogliamo l'originale, che hai stabilito nel Nuovo Testamento. È l'atto dello Spirito Santo compiuto dai Discepoli. Lasciate che il libro degli Atti continui da noi; vogliamo seguire voi e non qualsiasi denominazione. Il diavolo è un bugiardo e ha fatto molti cambiamenti nella Parola di Dio per renderla inefficace. Vogliamo essere contagiosi curando il prodotto genuino sottoponendo te e la Tua parola. Grazie a coloro che ti seguono. Testimoniamo che sta ancora funzionando e rende le persone libere, guarite e in grado di trovare una direzione. Ti ringraziamo per la verità nel nome di Gesù! Amen! Dio vi benedica!

9 LUGLIO
CHI È RESPONSABILE?

Sappiamo che a nessuno piace assumersi le proprie responsabilità. Quando Dio accusò Adamo, non disse: "Mi dispiace di aver sbagliato o di aver peccato". Il frutto proibito era una valutazione della sottomissione di Adamo ed Eva. Avevano sbagliato, ma vediamo come risposero a Dio. Fate attenzione a cosa e come rispondete a Dio o a chiunque altro.

Genesi 3:12 L'uomo disse: "La donna che hai dato per stare con me, mi ha dato dell'albero e io ne ho mangiato". Adamo addossò tutta la colpa a Eva. 13 Il Signore Dio disse alla donna: "Che cos'è questo che hai fatto? E la donna rispose: "Il serpente mi ha ingannato e io ho mangiato".

Eva addossò tutta la responsabilità al serpente. Così nessuno volle assumersi la responsabilità della trasgressione. Se la legge vi ordina di fare o di non fare, ricordate che siete voi i responsabili delle vostre azioni. Nessuno tranne voi! Non date la colpa a nessuno. La confessione è una soluzione potente per la trasgressione. Dio sa che siete in difetto, ma voi non vedete che è così.

La Bibbia è il manuale di vita se si vuole quella eterna. È il mio manuale di vita. Contiene informazioni eccellenti per una vita abbondante. Dobbiamo studiare e conoscere la Bibbia. È l'insieme delle informazioni per tutto ciò che dobbiamo affrontare sulla terra. Dio ha creato e controlla la terra, che vi piaccia o no. È una vostra scelta obbedire a Dio se volete una vita eterna, abbondante e di successo sulla terra. Molti avrebbero voluto fare le scelte giuste se avessero conosciuto le conseguenze. La persona non vede le sue vie, che sono vie malvagie, e i risultati che ne derivano. Il vostro progetto o desiderio preso attraverso la via biblica o obbedendo al piano progettato dal Signore avrà un eccezionale risultato soprannaturale di cui godere. Guardate alcuni membri ribelli della famiglia, la loro vita e le loro scelte tristi e sbagliate. Una vita disobbediente è una vita maledetta. Il Signore ha detto: "Scegli la mia istruzione o segui la tua. Vi do piena autorità per vivere sulla terra, ma dovrete anche rispondere delle vostre azioni."

Deuteronomio 30:19 Oggi faccio registrare contro di te il cielo e la terra, perché ho posto davanti a te la vita e la morte, la benedizione e la maledizione; scegli dunque la vita, perché viva tu e la tua discendenza.

Dio mantiene la terra e il cielo come Sua testimonianza.

Non importa come giustifichiate le vostre azioni, alla fine siete voi quelli da biasimare. Nessuno tranne voi! Che il Signore ci aiuti ad aprire la Bibbia, sì, la Bibbia! Aprite e leggete la Bibbia per trovare ciò che vi renderà più ricchi o, ignorando, più poveri.

Genesi 13:2 Abram era molto ricco di bestiame, argento e oro.

Chi era responsabile di questo? Abramo fece le scelte giuste.

Giacomo 2:23 Si adempì la Scrittura che dice: "Abramo credette a Dio e gli fu imputato come giustizia; e fu chiamato amico di Dio".

Il Re Jehoram divenne re dopo suo padre, il re Giosafat, la cui morte fu insolita.

2 Cronache 21:19 E avvenne che, dopo due anni, le sue viscere si dissolsero a causa della sua malattia; così morì per le gravi malattie. E il suo popolo non fece per lui un rogo come quello dei suoi padri.

Ora, questa malattia deve avere un qualche legame con il peccato. Vediamo perché e cosa ha fatto. Chi ne era responsabile?

2 Cronache 21:12 Gli giunse uno scritto da parte del profeta Elia, che diceva: "Così dice il Signore, Dio di Davide, tuo padre: Perché non hai camminato nelle vie di Giosafat, tuo padre, né nelle vie di Asa, re di Giuda, 13 ma hai seguito la via dei re d'Israele, hai fatto andare a puttane Giuda e gli abitanti di Gerusalemme, come le prostituzioni della casa di Achab, e hai ucciso i tuoi fratelli della casa di tuo padre, che erano migliori di te: 14 Ecco, il Signore colpirà con una grande piaga il tuo popolo, i tuoi figli, le tue mogli e tutti i tuoi beni: 15 e avrai una grande malattia delle tue viscere, fino a che le tue viscere non cadranno a causa della malattia di giorno in giorno.

Il cielo e la terra hanno registrato le sue azioni. Se non scegliete bene, le malattie spunteranno nel vostro corpo una dopo l'altra. Potete prendere delle medicine, ma la cura viene da Dio. Se diventate responsabili e dite: "Perdonami, Signore, mi sto allontanando dalle mie vie malvagie", Dio misericordioso vi perdonerà. Ricordate che Dio è più potente di voi. Scegliete bene, temete Dio e abbiate saggezza. Quando mi ammalo, controllo sempre il mio zaino. C'è qualche peccato di mezzo? Molte volte la rabbia, il perdono, la menzogna, il furto, l'omicidio, la disobbedienza, la gelosia e l'orgoglio hanno un punto cieco. Non conoscere il peccato può causare molte malattie dolorose. Prendetevi cura del peccato confessandolo e allontanandovene. I vostri disturbi scompariranno. Ho visto molti battezzati nel nome di Gesù, e come i loro peccati sono stati perdonati e lavati, hanno ricevuto anche la guarigione. Si sono assunti la responsabilità delle loro azioni sbagliate e hanno trovato una via d'uscita. Assumetevi la responsabilità di ciò che fate o ignorate.

Aggeo 1:6 Avete seminato molto e avete raccolto poco; mangiate, ma non avete abbastanza; bevete, ma non siete sazi; vi vestite, ma non c'è nessuno che si scaldi, e chi guadagna il salario lo mette in un sacco bucato.

Chi è responsabile delle loro azioni? Nessuno tranne loro! Ricorrete ai veri profeti; Egli vi affronterà senza paura. Leggete la Parola di Dio, che parlerà al vostro cuore. Ascoltate lo Spirito Santo. Vi guiderà. Avete molto aiuto per prendervi cura di voi, se lo permettete.

Aggeo 1:2 Così parla il Signore degli eserciti: "Questo popolo dice: "Non è venuto il tempo di costruire la casa del Signore". 3 Allora giunse la parola del Signore per mezzo del profeta Aggeo, dicendo: 4 "È forse giunto il tempo per voi di abitare nelle vostre case a cielo aperto e questa casa giace abbandonata? 5 Ora dunque così dice il Signore degli eserciti.

Considerate le vostre vie.

Se ci si stabilisce in un Paese conservatore dove il peccato è un grosso problema, si vive su un confine. Ma se si vive in una nazione libera, allora è un problema. Vivete con la Parola di Dio. Non seguite Satana. Ricordate: paese libero o paese limitato, ma il Signore vi ha dato precetti, leggi e comandamenti. Siete liberi di obbedire o disobbedire al costo della vostra scelta di guadagno o perdita. Siete responsabili di tutto ciò che scegliete, fate, ignorate o trascurate. Che il Signore ci dia un cuore saggio. Dio non ha scusato nessuno. Re, sacerdote, sommo sacerdote, Gesù come Dio in carne e ossa, povero, ricco, libero o legato, tutti abbiamo le stesse responsabilità. Siamo responsabili dei nostri problemi, delle nostre malattie, dei nostri guai o delle nostre complicazioni. Quello che vedete allo specchio? Non vorresti una vita serena, benedetta, mentalmente, emotivamente e spiritualmente sana? Mia madre era coraggiosa, si prendeva le sue responsabilità in casa con i suoi figli. Era prudente, si svegliava presto per cucinare, si assicurava che avessimo cibo e spese per la scuola e l'università e non si tirava mai indietro. Tutti noi, ma soprattutto io, le siamo grati. Molti si sono sposati e i loro figli hanno goduto delle benedizioni che lei portava. Non ha mai pensato a cosa o come l'avrebbero ricompensata. Non c'è da preoccuparsi, è il Signore che l'ha ricompensata molto.

Quando ero in visita in India, molti dicevano che nessuno dei propri figli o nuore li teneva. Ho risposto che solo se sapeste che bella vita ha vissuto fino al giorno in cui Dio l'ha promossa in cielo. È il Signore che ci onora, ed è fedele. Assumetevi la responsabilità del vostro operato. Se vivete in una bella casa, avete un ottimo lavoro e guadagnate bene, come e cosa state facendo? Non pensate che Dio abbia dei punti ciechi come voi. Dio è buono! Assicuratevi di dire che siete responsabili delle vostre azioni malvagie e chiedete perdono. Riceverete la pace e le benedizioni.

Chi è responsabile per coloro che sono morti nella loro malattia? Nessuno, non il vostro coniuge, il vostro vicino, ma voi stessi, responsabili di tutto. Diventate maturi per assumervi la responsabilità.

PREGHIAMO

Padre celeste, grazie per la Bibbia. È il libro più bello che abbiamo. La Bibbia contiene amore, luce, cibo per l'anima e molto altro. Dobbiamo immergerci in profondità nella Parola e imparare a ricevere le benedizioni. Aiutaci a leggere e a digerire nella nostra dieta quotidiana. È un libro eccellente e vivificante per chiunque creda e obbedisca, perché la Tua parola dice che nel giorno del giudizio essa ci giudicherà. Un libro sarà aperto al giudice. Che il Signore cancelli i nostri peccati e i nostri debiti nel Suo prezioso sangue. Abbiamo il compito di prenderci cura dei nostri vicini, dei nostri figli e dei nostri genitori. Siamo responsabili dei poveri. Aiutaci a diventare maturi e responsabili nel nome di Gesù. Amen! Dio vi benedica!

10 LUGLIO
C'È UNA LOTTA GIUSTA!

Tutti dobbiamo sopravvivere, quindi dobbiamo superare tutte le cose che si oppongono, bloccano e resistono. Tutti noi abbiamo delle lotte e dei combattimenti nella nostra vita. Ciò che rende una persona di successo è colui che lo persegue o lo cerca e lo caccia.

Quando è contro la creazione umana del creatore amorevole, allora il diavolo lo prenderà di mira. Ma avrete successo se la vostra forza interiore, il coraggio, la perseveranza e la concentrazione rimarranno su un obiettivo.

Mia madre voleva educare i suoi figli e ha fatto di tutto per farlo. Lavorava come infermiera a tempo pieno e come mamma a tempo pieno. Si sa che una mamma a tempo pieno è 24 ore su 24, sette giorni su sette. Ha lavorato duramente, con molte difficoltà fisiche, per perseguire il suo obiettivo. Ha seguito da vicino i suoi figli, i loro studi e la loro vita privata. Le ho parlato del mio argomento e lei sapeva tutto di me. Lavorava mentre parlava, mi ascoltava e mi consigliava. So che lo faceva per tutti i suoi figli. Mia madre aveva un obiettivo per il nostro futuro. Ha lottato per questo. Non si è mai tirata indietro o ha fatto marcia indietro. Che il Signore la benedica!

Il nostro Dio dà a chi Lo cerca diligentemente.

Ebrei 11:6b e che egli premia coloro che lo cercano diligentemente.

Timoteo 6:12 Combatti il buon combattimento della fede, tieni stretta la vita eterna, alla quale anche tu sei stato chiamato e che hai professato bene davanti a molti testimoni.

Tutti coloro che il Signore chiama sperimenteranno la battaglia. Parlo con molti cristiani convertiti. Vedere il loro impegno e la loro mentalità mi dà più fiducia per il loro futuro.

Se non c'è lotta nella vostra vita, non c'è futuro. Si vince solo se si combatte. Se volete essere un leader o qualcuno, allora combattete contro il nemico e il suo esercito.

Credete nel vostro sogno che si realizzerà se continuate ad andare avanti e non mollate. I codardi perdono perché abbandonano l'obiettivo.

Paolo scrisse una lettera a Timoteo e a tutti noi. A Roma lo decapitarono per aver predicato la verità. L'imperatore, essendo omosessuale, rifiutava l'insegnamento di Paolo. Alla fine, gli fu tagliata la testa. Wow!

Timoteo 4:7 Ho combattuto un buon combattimento, ho terminato il mio corso, ho conservato la fede; 8 per questo mi è stata riservata una corona di giustizia, che il Signore, il giusto giudice, mi darà in quel giorno; e non a me soltanto, ma anche a tutti quelli che amano la sua apparizione. Paolo può dire di aver raggiunto il suo obiettivo.

2 Corinzi 5:8 Siamo fiduciosi, dico, e disposti in qualche modo ad assentarci dal corpo per essere presenti con il Signore.

Paolo ha detto: "Desidero vedere Gesù". Paolo ha fatto un lungo elenco delle sue battaglie. Ha combattuto giustamente. Alla fine Paolo ha vinto.

In 2 Corinzi 11:23: "Sono forse ministri di Cristo?" Io sono di più: in fatiche più abbondanti, in flagranze superiori alla misura, in prigioni più frequenti, in morti più frequenti. 24 Dai Giudei ho ricevuto cinque volte quaranta flagranze, tranne una. 25 Per tre volte sono stato battuto con le verghe, una volta sono stato lapidato, tre volte ho subito un naufragio, una notte e un giorno sono stato negli abissi; 26 in molti viaggi, in pericoli di acque, in pericoli di briganti, in pericoli da parte dei miei connazionali, in pericoli da parte dei pagani, in pericoli in città, in pericoli nel deserto, in pericoli nel mare, in pericoli tra falsi fratelli; 27 in fatiche e dolori, in veglie frequenti, in fame e sete, in digiuni frequenti, in freddo e nudità.

Una volta presa la decisione, non si scende a compromessi. Se la vostra fede è per una buona ragione, per lo scopo di Dio, riceverete l'aiuto del cielo. Siete solo un rappresentante di Dio onnipotente che dimostra la sua potenza vivendo e praticando la Parola di Dio. Diventate un personaggio della nuvola di testimoni di cui parla il capitolo 12 di 1 Corinzi. Davide combatté molte battaglie; Dio fu testimone di Davide, che versò molto sangue. Lo hanno etichettato come uno che ha ucciso diecimila persone. La sua fede, la sua sottomissione e la sua fiducia nel Signore fecero di Davide un grande re d'Israele durante la monarchia. Il Messia uscì dalla discendenza di Davide. Nessuno ottiene un titolo senza combattere.

La battaglia si vince in ginocchio esercitando la parola di Dio. Ricordate sempre che non potete vincere con il giusto combattente. Dio gli copre le spalle. Il Re Saul, il filisteo, Amalek, Golia, l'orso, il leone e molte altre nazioni non avevano alcuna possibilità di vittoria intorno al Re Davide. Prima di arrivare al trono, un piccolo pastorello continuò a combattere con tutti coloro che si opponevano alle sue pecore, al suo Paese, Israele, o al nome del Dio Geova.

Che cos'è una lotta giusta? Quando ci si batte per la cosa giusta e si combatte quando qualcuno si oppone.

Mia madre era cristiana, sincera, gentile, generosa, compassionevole e giusta. Ha lottato per tutti noi e per i poveri colleghi dove lavorava. Il suo superiore ha testimoniato per lei. Era la donna più sincera e onesta. Cosa significa che non ha avuto battaglie? Sì, molte, ma è rimasta sul terreno della verità e ha lasciato che il diavolo se la prendesse con lei. Non è mai scesa a compromessi con il falso o con l'errore. Il Signore Dio le copriva le spalle. La mamma ha detto: "Diavolo, inchinati. Non lo farò. Sono in piedi sulla verità e sul terreno santo".

Non scendete a compromessi con il diavolo o con i suoi seguaci, come il Re Anima, il sommo sacerdote Caifa, Anano, il Re Erode e tutti gli ebrei. Il Signore Gesù non si è tirato indietro, ma ha combattuto sulla croce e ha dato la vita per noi.

Molti hanno sacrificato la loro vita per seguire la verità. Vedete, nulla è facile. C'è una battaglia, ma bisogna aggrapparsi al Signore. Lui ci accompagnerà fino in fondo. Che il Signore ci benedica e ci rafforzi per tutto ciò che stiamo attraversando! Nessuna battaglia ha vittoria senza l'aiuto del Re Gesù. Non si può mai vincere senza il sostegno del Signore onnipotente. L'avversario si presenta come un leone ruggente, ma Dio può chiuderne la bocca.

Il risultato sarà sorprendente. Qualcuno che ha difeso il proprio Dio ha dato la testa di Golia all'uccello dell'aria. Dio ha rimosso il Re Saul perché voleva distruggere il piano di Dio. Dio lo eliminò mentre cercava di eliminare Davide. Non c'è da stupirsi che la fine della prova sia così cruciale, perché è quando si sente che si sta perdendo. Morirete. Non vedrete le promesse future, ma aspetterete. La battaglia è contro la vostra fede; non vi sarà fatto alcun male se manterrete la fede.

Tutti i giusti hanno vinto, secondo il capitolo 11 degli Ebrei. Leggetelo più volte come promemoria. L'unica lotta giusta è quella per cui vale la pena combattere. Rimanete sulla parola e rimanete in contatto con il Signore in tutte le vostre giuste battaglie nel nome di Gesù! Amen! Dio vi benedica!

PREGHIAMO

Signore, tu ami i giusti. I figli dei giusti non menderanno mai il pane. Che tutti noi possiamo avere la corazza della giustizia! Rimanere sulla parola onesta di Dio sul campo di battaglia. La nostra nazione può essere benedetta se ci basiamo sulla parola di Dio, che è incrollabile. Signore, fa' che il nostro Paese applichi le giuste leggi del giusto Dio. Signore, dacci coraggio e audacia come Daniele, Davide e altri che hanno combattuto giustamente. Ti ringraziamo, Signore, per la Tua parola. Insegnaci a essere giusti. Che il Signore giusto dia alla nostra casa, famiglia, città e nazione la Sua giustizia per prosperare e benedire nel nome di Gesù. Amen! Dio vi benedica.

11 LUGLIO

IL DIAVOLO HA RIMOSSO CON SUCCESSO IL SANGUE!

Il diavolo ha avuto una riunione con i suoi angeli caduti dopo la crocifissione di Gesù. Disse: ora il sangue è disponibile, ma come impedire l'accesso al sangue dell'agnello? Se non lo facciamo, le porte dell'inferno non prevarranno.

Matteo 16:15 Disse loro: "Ma voi chi dite che io sia?". 16 Rispose Simon Pietro e disse: "Tu sei il Cristo, il Figlio del Dio vivente". 17 Rispose Gesù e gli disse: "Beato te, Simone Barjona, perché non te l'ha rivelato la carne e il sangue, ma il Padre mio che è nei cieli. 18 E ti dico anche che tu sei Pietro e su questa pietra edificherò la mia Chiesa e le porte degli inferi non prevarranno contro di essa. 19 E ti darò le chiavi del regno dei cieli e tutto ciò che legherai sulla terra sarà legato nei cieli e tutto ciò che scioglierai sulla terra sarà sciolto nei cieli."

Il diavolo conosce il segreto di Gesù, rivelato solo dalla rivelazione. La rivelazione di Gesù come Messia è chiamata il terreno della roccia. Se avete costruito la chiesa sul terreno della rivelazione di Gesù, allora Satana non può prevalere contro di essa. Satana ha detto: "Ora giochiamo a cambiare la parola di Dio in modo ingannevole. Facciamo sorgere molti falsi insegnanti, profeti e i loro seguaci. Non facciamo mai sapere loro chi è Gesù. La maggior parte dei credenti proviene comunque da una nazione con molti dei. Quindi facciamo di Gesù non l'unico Dio, ma il secondo Dio". Il diavolo sa che per gli ebrei sarà una sfida, ma per i gentili è facile. Se facciamo dello Spirito Santo il terzo Dio, diventerà una trinità e spiegheremo che è tre in uno.

Wow! Rimuovere meravigliosamente il nome di Gesù. Gesù è il nome di un agnello sacrificato. Il sangue è nascosto sotto questo NOME.

Atti 10:43 A lui rendono testimonianza tutti i profeti, dicendo che per mezzo del suo nome chiunque crederà in lui riceverà la remissione dei peccati.

In secondo luogo, Dio ha nascosto il sangue remissivo sotto il nome di "Gesù".

1 Giovanni 5:6 Questo è colui che è venuto per acqua e sangue, cioè Gesù Cristo; non per acqua soltanto, ma per acqua e sangue. Ed è lo spirito che rende testimonianza, perché lo spirito è verità.

Quando Satana e gli angeli caduti hanno discusso di questi argomenti, hanno detto che il sangue non era necessario. Il sangue di Gesù è vivo e spaventoso. Il sangue ha vita. Il sangue di Gesù rimuoverà i loro peccati con una nuova coscienza, così la morsa del male, il potere del peccato con la memoria, si cancellerà. Gesù verrà come Spirito Santo in loro; saranno potenti. Gesù vivrà in loro. Satana ha detto che il libro degli Atti contiene più di tre scritture per stabilire la dottrina del battesimo nel nome di Gesù. Tutti sanno che per stabilire la dottrina abbiamo bisogno di due o più Scritture. Quindi il battesimo è difficile da sostituire con una sola Scrittura.

Matteo 28:19 Andate dunque e ammaestrate tutte le nazioni, battezzandole nel nome del Padre, del Figlio e dello Spirito Santo.

Chi ci crederà? Dal momento che più di tre Scritture sostengono il nome del battesimo di Gesù.

1° Atti 2:38a Allora Pietro disse loro: "Ravvedetevi e ciascuno di voi sia battezzato nel nome di Gesù Cristo per la remissione dei peccati".

2a Scrittura At 10,48: "E comandò loro di essere battezzati nel nome del Signore".

La terza volta i discepoli di Giovanni furono battezzati la seconda volta nel Nome del Signore.

Atti 19:5. All'udire ciò, furono battezzati nel nome del Signore Gesù.

Satana disse inoltre: Paolo, il vostro discepolo che si è convertito a Gesù, è stato battezzato nel capitolo 9:18 degli Atti. Paolo disse alla gente.

Atti 22:16 E ora perché indugi? Alzati, fatti battezzare e lava i tuoi peccati, invocando il nome del Signore.

Queste sono le peggiori scritture per il mio regno delle tenebre. Satana ha molti problemi con queste scritture. Un seguace del diavolo ha detto: "Ma la chiave del nostro regno è dividere e governare". Questo pagano convertito non conosce la profezia di un unico Dio che viene nella carne per dare il sangue senza figlio per il mondo nel libro di Isaia. Così rappresentiamo Geova, Gesù e lo Spirito Santo, tre dèi, dividendo un Dio in tre dèi. Se distruggiamo il primo comandamento, il nostro lavoro è ben fatto.

Deuteronomio 6:4 Ascolta, o Israele: Il Signore, nostro Dio, è un solo Signore.

Ora è un progetto. Abbiamo bisogno di molte persone per fare questo lavoro. Che l'apostasia di Alessandria inizi il progetto per l'anticristo! Buon lavoro! Rimuovete tutte le scritture che provano che Gesù è Dio in carne e ossa.

Abbiamo un Dio manifestato in carne e ossa.

1 Timoteo 3:16b Dio si è manifestato nella carne.

Oh, cambiate anche Dio con "lui". Ora nessuno conoscerà mai la verità. In secondo luogo, non hanno la rivelazione di Gesù e i nostri istituti teologici formeranno falsi insegnanti e profeti, missionari ed evangelisti. Faranno un buon lavoro. Bene, date soldi e bocca perché possano combattere contro la verità.

I nostri angeli e demoni caduti useranno i giochi delle scritture come abbiamo fatto con Eva. Sconfiggeremo facilmente l'unico Dio in carne e ossa come Gesù Cristo e i suoi seguaci. Permetteremo a questi pastori di fare quello che vogliono. Possono essere bugiardi, adulteri, ubriaconi, fornicatori, avidi, e così via. Va bene! Basta che non insegnino la verità; allora possiamo rovesciare il sangue di Gesù. Chiediamo loro di usarlo e di confonderli dicendo: "L'ha detto Gesù".

Matteo 28:19 Andate dunque e ammaestrate tutte le nazioni, battezzandole nel nome del Padre, del Figlio e dello Spirito Santo.

Quando non avranno più la rivelazione di Gesù, sarà facile. Una volta che il nome di Gesù sarà scomparso, allora il sangue sarà fuori. Quando le nostre false chiese cristiane e i miei seguaci daranno filo da torcere ai credenti di un solo Dio e alle chiese piene di Spirito Santo, battezzate nel nome di Gesù, i miei seguaci fuorviati entreranno in scena e rifiuteranno la verità perché inietteremo loro la dottrina velenosa della Trinità. Vedete che successo abbiamo avuto in Galati? Paolo ha costruito sulla realtà, ma noi abbiamo mandato i nostri falsi insegnanti e profeti. Paolo era arrabbiato con la chiesa di Galati.

Galati 3:1 O stolti Galati, chi vi ha stregato perché non obbediate alla verità, davanti ai cui occhi è stato esposto con evidenza Gesù Cristo, crocifisso in mezzo a voi? 2 Solo questo vorrei sapere da voi: "Ricevete lo spirito mediante le opere della legge o mediante l'ascolto della fede? 3 Siete così stolti? Avendo cominciato nello spirito, siete ora resi perfetti dalla carne?

Iniziamo il nostro progetto prima che tutti scoprano la verità che Giovanni, l'amato di Gesù, ha avvertito da quando ha saputo che abbiamo iniziato il nostro lavoro nelle chiese di Dio.

1 Giovanni 4:1 Amati, non credete a ogni spirito, ma provate gli spiriti se sono da Dio; perché molti falsi profeti sono usciti nel mondo. 2 In questo modo conoscete lo Spirito di Dio: Ogni spirito che confessa che Gesù Cristo è venuto nella carne è da Dio; 3 e ogni spirito che non confessa che Gesù Cristo è venuto nella carne non è da Dio; e questo è lo spirito dell'anticristo, di cui avete sentito dire che sarebbe venuto; e già ora è nel mondo.

Satana ha un piano per ingannare molti. Una volta a Los Angeles, gli adoratori di Satana hanno incontrato un credente di Dio, battezzato nel nome di Gesù e una signora piena di Spirito Santo. La signora seguace di Satana ha detto: "La nostra gente di chiesa sta digiunando, pregando e mandando demoni ai pastori, ai predicatori e agli evangelisti perché cadano in adulterio finanziario". In quel periodo, molti predicatori sono caduti in relazioni e nella trappola degli scandali finanziari. Almeno non dovrebbero predicare, insegnare, liberare e guarire. Così la gente va in chiesa e ne esce così com'è. In seguito, li faremo possedere da molti demoni, in modo che non abbiano alcuna possibilità di credere. Il diavolo ha detto che sa che ha sempre funzionato, anche con Adamo ed Eva. Funzionerà se diventiamo coerenti nell'ipocrisia, nella menzogna e nell'imbroglio.

Quanti dei nostri seguaci appartengono oggi a molte denominazioni, organizzazioni e non denominazioni? Satana disse: "Ero in cielo, c'era un solo trono, un solo Dio, e ho tremato, ma il nostro progetto era di trasformare un Dio in tre e di distruggere il programma di Dio per la Sua creazione. Eliminando il nome, elimineremo con successo il sangue che toglie i loro peccati. Diremo: Gesù ha detto: Padre, Figlio e Spirito Santo, e loro non cercheranno nemmeno il nome. Rimuovendo il nome di Gesù si rimuove il sangue, e non arriverebbero in paradiso.

Ora cercate la verità se non vi piace seguire una religione. Troverete la verità e sarete liberi!

11 LUGLIO

PREGHIAMO

Padre nostro, che sei nei cieli Sia santificato il Tuo nome. Il nome di Geova Dio nel N.T. è Gesù. È il nome più alto di tutti i nomi precedenti di Geova Dio. Ogni ginocchio si inchinerà e ogni lingua confesserà il nome di Gesù. Tutti i demoni tremano davanti al nome di Gesù. Malati, posseduti, oppressi, guariscono nel nome di Gesù. Il nostro Dio Geova ha preso il nome più alto di salvezza, "Gesù", alla fine dei tempi. Dove saremo chiamati se ci battezzeranno in questo nome prezioso? Questo nome ha autorità in cielo, in terra e sotto terra. Ci inchiniamo davanti a questo nome. Gesù significa "salvatore di Geova", nostro maestro, redentore. Il Tuo nome è bello; il Tuo nome trasforma il dolore in gioia, la bellezza in cenere e guarisce chi ha il cuore spezzato. Grazie, Signore, nel nome di Gesù! Amen! Dio vi benedica!

12 LUGLIO

GUARDATE I FRUTTI!

Esaminiamo i frutti per riconoscere l'albero. Il nome dell'albero ha valore, come hanno valore i frutti. Abbiamo anche i frutti dello spirito e della carne. I frutti della carne sono l'orgoglio, la gelosia, l'adulterio, la menzogna, la droga e l'alcol, tutte manifestazioni del male. Così come nessuno cercherebbe la mela su un albero spinoso. Non aspettatevi alcun prodotto dal male. Le persone che camminano nello Spirito hanno i loro frutti:

Galati 5:22 Ma il frutto dello spirito è amore, gioia, pace, longanimità, dolcezza, bontà, fede, 23 mitezza, temperanza: contro di essi non c'è legge.

Quando le persone si pentono e si battezzano nel nome di Gesù, lavano i loro peccati nel sangue. Dopo di che, ricevono lo Spirito Santo e iniziano a camminare nello Spirito. Le persone guidate dallo Spirito hanno buoni frutti. Le persone buone hanno prodotti belli. I buoni genitori si prendono il tempo necessario per formare bene i figli. Vivono continuamente bene e parlano della Parola di Dio alle orecchie dei figli.

Matteo 7:16 Li riconoscerete dai loro frutti. Gli uomini raccolgono forse uva dalle spine o fichi dai cardi? 17, Ogni albero buono produce frutti buoni, ma l'albero corrotto produce frutti cattivi. 18 Un albero buono non può produrre frutti cattivi, né un albero corrotto può produrre frutti buoni. 19 Ogni albero che non produce frutti buoni viene tagliato e gettato nel fuoco. 20 Perciò dai loro frutti li riconoscerete.

I prodotti dei genitori malvagi saranno malvagi. Non importa quanta educazione ricevano, i loro figli non possono essere buoni. Se la madre è malvagia, la figlia sarà una crudele ben addestrata. Chiedete ai figli del serpente: il coniglio è i vostri genitori?

No, li vedete e scappate. Il serpente vi morderà; un serpente non vede i figli di Dio o Satana. È la loro natura, è nel loro sangue. Il vostro frutto dimostra ciò che siete. Quando vivevamo in India, anche in America, mia madre era molto perspicace e ci diceva di parlare e non parlare con le persone. Ci parlava della persona. Una volta che la mamma diceva cose terribili su di essa, ci allontanavamo. Le società malvagie possono contaminarci. Mia madre aveva questa conoscenza delle persone. Pensate quindi se avete coniugi malvagi, cosa può succedere? Se la nonna è una strega, lo sarà anche la figlia e la formerà allo stesso modo. La produzione di genitori malvagi non può essere buona.

Deuteronomio 7:3 Non farai matrimoni con loro; non darai tua figlia a suo figlio e non prenderai sua figlia per tuo figlio. 4 Perché distoglieranno tuo figlio dal seguirmi per servire altri dèi; così l'ira del Signore si accenderà contro di te e ti distruggerà all'improvviso.

Perché non dovremmo mescolarci alla compagnia del male? Il nostro Dio è Santo e noi dobbiamo essere Santi per servire il Dio Santo. Se sposate un coniuge ribelle, malvagio, geloso ed empio, diventerete come lui e anche i vostri figli saranno come voi. Produrrete la vostra specie. Dio ci ha avvertito di tenerci lontani dal male. Se volete contaminare la famiglia, prendete donne o uomini di quel tipo. Contageranno non solo i loro figli, ma chiunque entri in contatto con loro. Io sono cauta con le mie compagnie, anche se sono parenti. Non dobbiamo mescolarci o frequentarci perché non c'è un terreno comune. Ma pregate per loro.

La Bibbia ci avverte di stare attenti ai falsi profeti e insegnanti. Come si fa a sapere se è impreciso o accurato? Identificando i frutti. Non sono buoni se li vedete parlare bene ma vivere male o pensare male. Fuggite da loro.

Matteo 7:15 Guardatevi dai falsi profeti, che vengono a voi in veste di pecore, ma in realtà sono lupi rapaci. 16 Li riconoscerete dai loro frutti. Gli uomini raccolgono forse uva dalle spine o fichi dai cardi? 17, Così pure ogni albero buono produce frutti buoni, ma l'albero corrotto produce frutti cattivi.

Come si producono buoni frutti.

Efesini 5:9 (Perché il frutto dello spirito è in ogni bontà, giustizia e verità).

Bontà + Rettitudine + Verità sono gli ingredienti per i frutti dell'amore, della gioia, della pace, della longanimità, della gentilezza, della bontà, della mitezza, della fede e della temperanza. Quando si osservano questi caratteri, si sa che sono prodotti di Dio. Se trovate un bugiardo, un ingannatore, un malvagio, un peccatore e un ingiusto, state lontani da lui.

Una mia collega universitaria mi ha detto che potevo riconoscere un cristiano nella folla di migliaia di persone. Allora le ho chiesto "come?". Mi ha risposto che vedeva la luce sui loro volti. Mi ha anche detto che aveva un vicino di casa cristiano e che i suoi figli erano disciplinati. In certi momenti i genitori chiamavano e loro andavano subito. Non dicevano mai più tardi o tra un minuto, ma subito.

Ammiro i missionari. Hanno dato vita all'ostello in India. Coloro che sono usciti sotto i missionari erano disciplinati. Il loro stile di vita, le loro abitudini alimentari, di sonno e di lavoro sono esempi viventi. I missionari hanno piantato il seme della Parola di Dio nel loro cuore! È il seme che si semina nel cuore a crescere. Spesso mi dispiace per i figli dei malvagi; credo che i bambini non sbaglino mai, ma i genitori ostili piantano semi malvagi. Avvelenano le loro piccole anime e le rendono esattamente come loro. Il sabotatore è dentro di noi, non una forza esterna, ma interiore. Un familiare velenoso sarà geloso di voi, mentirà e sarà malvagio. Si ammalano a causa di tutta la cattiveria che hanno dentro. Fate attenzione! Pulite la vostra casa. Fate una buona pulizia.

2 Corinzi 7 Avendo dunque queste promesse, carissimi, purifichiamoci da ogni impurità della carne e dello spirito, perfezionando la santità nel timore di Dio.

Hanno lodato Ruth Moabita per i suoi frutti.

Ruth 3:11 Ora, figlia mia, non temere; ti farò tutto ciò che desideri, perché tutta la città del mio popolo sa che sei una donna virtuosa.

So che i frutti non possono rimanere nascosti. Non ci si può nascondere se si è malvagi, e non ci si può nascondere se si è virtuosi. Le uniche persone cieche siete voi? Non lasciatevi ingannare; la luce vi smaschererà, per quanto possiate essere bravi a ingannare e a mentire. Non potete dire a Dio: "Sono un fico secco" quando siete una spina nel fianco. Quindi cambiate pentendovi e confessandovi al Signore! Confessate a Dio ciò che siete, ed Egli vi perdonerà. Dio verrà ad aiutarvi come Spirito Santo. La Parola di Dio vi trasformerà se le permetterete di lavorare per voi. Non credete a Satana; Dio può cambiarvi. Fa di voi un albero buono e vi fa fruttare. Sarete una benedizione per molte nazioni. E abbiate pace con il Signore.

Ezechiele 47:12 Lungo il fiume, sulla sua riva, da questa e da quella parte, cresceranno tutti gli alberi da mangiare, la cui foglia non appassirà e il cui frutto non si consumerà; darà nuovi frutti secondo i suoi mesi, perché le loro acque sono uscite dal santuario; il loro frutto sarà per il cibo e la loro foglia per la medicina.

PREGHIAMO

Signore, veniamo davanti al Tuo altare per ringraziarti. La parola di Dio è uno specchio, la parola di Dio è un seme. Fa' che sia piantata nel buon terreno del nostro cuore. Signore, ti siamo grati per la Tua parola, che vogliamo far crescere nei nostri cuori. Ti ringraziamo per averci dedicato il Tuo tempo, per darci il Tuo comandamento e la Tua via della giustizia. Il Tuo amore va oltre. Cerchiamo ogni giorno di essere come te. Siamo grati per il buon Dio. Egli ha tutto ciò che ci serve per imparare. Tu sei l'esempio della manifestazione di tutti i frutti. Ti amiamo, Signore, per tutto quello che hai fatto per noi. Ti preghiamo di darci la Tua gioia come forza. Incoraggiaci e rafforzaci a portare il frutto dell'amore e della pace. Ti ringraziamo, soprattutto per averci dato la tua pace nel nome di Gesù. Amen! Dio vi benedica!

13 LUGLIO

NON FERMATEVI, ANZI, SPINGETE!

Questo è ciò che ho visto negli ultimi decenni. Le autorità religiose stanno in piedi, osservano come dittatori e fanno da spettatori. Si predica poco, si insegna, si canta, si impongono le mani, e poi si va a casa. Un lavoro non è ben fatto, ma deve essere fatto. Se si lavora, si va avanti finché non si finisce il lavoro. Quando si crescono i figli, si svolge il compito finché non è completo. Non mettiamo al mondo dei figli, li lasciamo da qualche parte e torniamo a casa. Quando lavoriamo per Gesù, dobbiamo finire il lavoro. Non vediamo i frutti della liberazione, della guarigione e della salvezza. Non sto parlando di ciò che le denominazioni e le non denominazioni dicono sulla salvezza. È tutto sbagliato, Gesù ha detto: seguitemi. Seguite solo Lui, perché voi siete la Chiesa e non la tana che il ladro ha fatto. Il nuovo ruolo si impara facendo, praticando e agendo, non stando seduti nel banco della tana.

Annunciamo sempre il numero di persone battezzate nel nome di Gesù e di persone che hanno ricevuto lo Spirito Santo.

Tutti sono nati nel regno, senza sapere che si sono arruolati nell'esercito senza addestramento. Invece di seguire Gesù, devono seguire le regole delle autorità e deviare. Sono bambini senza genitori. Nessuno vuole prendersi cura e crescere i bambini. Hanno picchiato i neonati e non hanno nessuno che li aiuti e li protegga.

Il Signore ha misericordia di noi. Il Signore Gesù è venuto sulla terra per dare un esempio. Egli ha formato i discepoli e li ha incoraggiati, istruiti e serviti in ogni momento. Non li ha mai persi di vista. Al giorno d'oggi, quando il servizio religioso è finito, vanno a casa. Nessuno si preoccupa del loro benessere spirituale, né di chi li tormenta o di chi è tormentato da un demone. Quando piangono, diciamo: "Cresci". Pensiamo che staranno bene. I pastori sono impegnati nei loro hobby. Nessuno può osare dire nulla, altrimenti si viene guardati a vista, messi alle strette e buttati fuori.

Gesù ha rovesciato la tavola e li ha chiamati ladri?

Innanzitutto, vorrei ricordarvi che il diavolo non è cambiato. Satana sa che la razza umana nella carne ha la concupiscenza: quella degli occhi e l'orgoglio della vita. La missione del diavolo, fin dall'inizio, è distruggere e trovare un nuovo piano d'azione con nuove strategie per uccidere e rubare la creazione di Dio.

Voglio condividere la mia esperienza. Una volta, durante un servizio di culto, il diavolo mi è venuto addosso come un vestito stretto. Mi ha attaccata. Il diavolo lottava con me e io con lui. Mi sembrava di lottare con un essere fisico. Se non avessi lottato e non l'avessi calpestato sotto i miei piedi, mi avrebbe portato a terra e avrebbero chiamato il 911 e mi avrebbero mandata all'ospedale. Il mio continuo digiuno, la preghiera e la collaborazione con discepoli saldi mi hanno dato potere e conoscenza.

Ero così contenta che quando ho sentito quell'attacco, sono andata in una zona di guerra di contrattacco e ho sconfitto il demone. Ha lasciato la chiesa. Dopo la chiesa, sono uscita e mi ha attaccata fuori dalla chiesa. Quella settimana ho lottato duramente con il diavolo. Ho imparato una nuova lezione e ho scoperto che il diavolo aspetta fuori per venire contro le persone.

Cosa può succedere a un nuovo convertito? Le cosiddette autorità ecclesiastiche scaricate in acqua significavano battezzate nel nome di Gesù, ma non sono mai state addestrate per la battaglia. Non è forse un peccato che questa festa del quadro, del tè e del pranzo non abbia alcun potere, ma indebolisca e fuorvii i santi? Li rende più ignoranti in materia di guerra. Gesù ha tenuto i Suoi discepoli e ha insegnato loro a pregare, a liberare e a guarire. Il Signore ha dato loro ogni tipo di addestramento alla guerra. È per questo che il mondo riconosce i discepoli di Gesù come persone che mettono il mondo sottosopra.

Atti 17:6 Non avendoli trovati, attirarono Giasone e alcuni fratelli dai governanti della città, gridando: "Sono venuti qui anche quelli che hanno messo sottosopra il mondo".

In un'altra occasione, una nuova convertita portò il marito posseduto. Egli cadde a terra davanti a me. Iniziai a scacciare i demoni. Mi è venuto contro con forza, ma nel nome di Gesù mi ha distrutta, perché avevo muscoli spirituali più forti del diavolo. Vedendolo a terra, hanno chiamato il 911 e lo hanno mandato in ospedale. È vero. Nessuno sapeva cosa fare. Il medico può scacciare il demonio?

Le persone sul pulpito non conoscevano la battaglia spirituale; sapevano solo tenere una conferenza. Attenzione, un demone non ha cambiato la sua dottrina, ma noi sì. Il diavolo ha lo stesso programma: uccidere, rubare e distruggere. Ma noi seguiamo la carne e l'orgoglio e cerchiamo di apparire migliori degli altri. Frequentando la chiesa, non succede nulla. Vi suggeriranno di andare da un medico che vi metterà sotto cura per l'oppressione demoniaca. Tutte le battaglie sono demoniache. Legioni di demoni lavorano nell'esercito di Satana sotto gli angeli caduti.

Vanno in chiesa, ma non parlano del diavolo, dei demoni e degli angeli caduti, del digiuno, della preghiera, dell'ospedale, della casa di cura, del carcere, della prigione o di ciò che ha fatto Gesù. Cantano una canzone: "Ho ricevuto lo Spirito Santo"; e per cosa? Solo per saltare e ballare e fare la figura degli scemi. Che il Signore abbia pietà di noi.

La mia casa è chiamata la casa delle danze, dei salti, del tè, delle prove del coro, della raccolta di denaro, la casa del ladro e del divertimento. Dovremmo avere una casa di preghiera. Ma poi ha affari e un'ora, una volta al mese o alla settimana, di preghiera o altro?

Amici, cercate i veri insegnanti e profeti che non smettono di pregare e insegnare dopo che siete stati battezzati nel nome di Gesù e avete ricevuto lo Spirito Santo. Ma vi allenano su come combattere la guerra e vi equipaggiano con l'armatura. Cercate un mentore che vi addestri nella Parola come spada, luce, cibo, lampada, digiuno corretto, pentimento, comunione e tutta la verità. Che vi porti a prepararvi sul campo contro il regno delle tenebre. L'unico fatto che ha il potere di liberarvi.

Posso consigliarvi di amare la vostra anima e di smettere di seguire i pastori perduti, i falsi insegnanti e i profeti? Dio ha detto di cercare, il che significa desiderare, chiedere e bussare. Non fermatevi o ristagnate nella falsa dottrina delle religioni, in parte buone e in parte false. Vi diranno di non andare di chiesa in chiesa; questo si chiama controllo totale o incantesimo. Potete andare alle loro conferenze, alle riunioni tra donne o uomini e a tutte le loro attività ecclesiastiche, ma non nei luoghi in cui trovate la liberazione.

Il diavolo disse: "Tu appartieni a Paolo, non hai bisogno di ascoltare Pietro". Il sommo sacerdote disse: "Non ascoltate Gesù, è pazzo, ha un demonio". Chi ha un demone, chi ha uno spirito omicida per uccidere Gesù, chi ha avidità, gelosia e spirito maligno? Potete dirmelo? Non credete a nessuno se non al Signore. Non lasciatevi ingannare dal titolo.

Efesini 4:11 Ad alcuni ha dato degli apostoli, ad altri dei profeti, ad altri degli evangelisti, ad altri ancora dei pastori e degli insegnanti; 12 per il perfezionamento dei santi, per l'opera del ministero, per l'edificazione del corpo di Cristo.

Il titolo non significa nulla. Guardate i frutti, perché molti sono falsi. Osservate cosa fanno durante la settimana e quali hobby hanno. Non permettete a nessuno di mungervi, fuorviarvi o ammaliarvi.

La vostra responsabilità è quella di distruggere l'assassino, il ladro e il distruttore ottenendo muscoli spirituali. Diventate abili nell'uso della Parola, che è spada, luce, cibo, lampada e martello. Nulla viene prima della Bibbia. Aprite la Parola di Dio per conoscere e comprendere ciò che dice il Signore. Lasciatevi riempire dalla Parola di Dio e vedrete cosa succede.

Una piccola colazione a base di Parola vi accompagnerà solo durante il giorno. Avete bisogno di mangiare e bere lo Spirito Santo. Sarebbe utile avere tutta la verità. Sono così felice di non essere rimasta bloccata sul monte di Oreb come gli ebrei. Sono stati nel deserto per molti anni. Cambiate il vostro pensiero, atteggiamento, stile di vita, desiderio e modo di cercare Dio. Il mondo degli spiriti, che non conoscete e non vedete, sta combattendo contro di voi. È chiamato il regno delle tenebre.

Frequentare una chiesa che è una tana o un edificio potrebbe farvi ristagnare, a meno che non vi troviate in un edificio dove avvengono segni e prodigi soprannaturali.

Il pastore e la chiesa pregano, digiunano e si preparano ad andare in questo mondo per predicare e insegnare il Vangelo. Non scegliete di essere bloccati, fermati e ingannati dalla vostra scelta di religione o organizzazione. Qual è il problema? La risposta è nello specchio; guardatevi. Capirete che non dovete dare la colpa a nessuno se non a voi stessi. Il Signore ci aiuti a superare il fuoco, le mura di ferro, la tempesta, l'acqua, le prove e i problemi. Non trovate altra via che quella di Gesù. La religione è un gigantesco freno, un blocco e un ostacolo. Vi prego di non crederci. Credo nel pentimento e nel battesimo nel nome di Gesù e ho bisogno che lo Spirito Santo mi conduca, mi guidi, mi insegni e mi dia potere. Non voglio credere a ciò che le chiese religiose mi dicono che è tutto qui e che non c'è niente oltre.

Sono rimasta sorpresa quando ho visto e sentito il demone parlare dal corpo della persona. Sono cresciute le gambe e le mani, e le persone hanno partorito. Il profeta ha dato informazioni sul nome con l'indirizzo e il numero di telefono. Ha spezzato lo spirito di stregoneria. Ha dato il nome della persona che ha fatto la stregoneria. Oh mio Dio, ho detto: "Wow! So che ci sono doni spirituali della parola di conoscenza con un'espressione di saggezza per farci sapere tutto, ma non ho mai visto". Quando ho visto e sentito, mi si sono aperti gli occhi. È stato come un sogno che si è avverato. Grazie a Dio, non ho lasciato che nessuna autorità religiosa mi ammaliasse. Lo Spirito di Dio mi conduce in quei luoghi. Voglio sempre di più. Non mi fermo, ma vado avanti nel nome di Gesù!

PREGHIAMO

Signore, ti ringraziamo. Possiamo fare molto di più di quello che hai detto. Ti preghiamo di darci tutti e nove i doni spirituali.

Siamo gli ambasciatori di Gesù per far sapere al mondo che questo Dio ha il potere di risolvere tutti i nostri problemi. Basta credere che Dio può e vuole. Che possiate aiutarci a continuare nella Sua meravigliosa luce per promuovere il regno di Dio. Vogliamo essere gli operatori del regno di Dio e rendici i migliori, fedeli e sinceri nel nome di Gesù! Amen! Dio vi benedica!

14 LUGLIO

IO PORTO IL VOSTRO FARDELLO; VOI PORTATE IL MIO!

Dio ci ha dato un lavoro per il Suo Regno. Lavorare per il Re vi darà grazia e gioia. Sarete promossi accanto al Re. Camminerete come dei reali. La gente salutava Haman. Lui e la sua famiglia erano molto favoriti. Il Re Gesù ci ha chiamati a lavorare per Lui. Chiamati da Dio, dobbiamo svolgere il compito con sincerità. Dobbiamo essere fedeli al nostro Re affinché il Suo regno si espanda con un sistema dinamico. State lavorando per il Signore Gesù o per la promozione della Chiesa? Lavoriamo ciecamente sotto l'agenda e il dominio dell'organizzazione. Lavoriamo senza l'approvazione di Dio. Abbiamo bisogno di ricordare qual è il nostro compito? Quante persone pregano e fanno l'esatto contrario di ciò che Dio dice? Non c'è da chiedersi perché il diavolo stia vincendo. Perché l'operaio che Dio ha messo sulla terra è troppo intelligente, troppo orgoglioso e non riesce a comprendere la volontà e la via del Signore. Se riuscite a entrare in contatto con Dio e a scoprire la volontà di Dio, non pensateci due volte. Per favore, non dite: "Lo farò". Fatelo e basta. Molte persone mi chiamano per un consiglio. Io trasmetto il messaggio di Dio, ma alcuni continuano a fare il contrario. Superate gli ostacoli esterni e interni e seguite ciò che Dio vi dice.

Le persone non vedono Dio, il Suo consiglio e la Sua consulenza. Trascurando, distruggono il piano superiore, che li avrebbe portati a una fine attesa. Mi ha telefonato una signora di nome Lola; era angosciata dalla sua decisione. Le ho detto che non era la volontà di Dio. Mi disse che voleva eliminare gli affari, ma ora aveva bisogno di aiuto. La volta successiva ha chiamato e ha fornito buone scuse per continuare l'attività. Disse: "Oh, se faccio questo, allora guadagnerò i soldi per andare a fare quello che fate voi". Beh, io ho fatto il lavoro missionario da quando Dio mi ha chiamata a farlo. Lei ha dato una scusa. Ho sempre voluto lavorare per Gesù, ma nelle mie condizioni?

Lady Lola ha detto che ha sbagliato prima e che eravamo in grossi guai.

Dio ci ha fatto uscire miracolosamente dall'enorme debito. Questo significa che ripetete lo stesso errore? Capite il punto? Era indebitata. Non pensava alla via di Dio. Invece, diceva: "Sto facendo un favore a Dio. Se la mia attività è consolidata, allora mi rivolgerò ad altri. Amico mio, le persone si preoccupano della carriera, del denaro e degli affari, ma danno a Dio un lecca-lecca in cambio di tangenti. Non funziona. Dio cacciò il Re Saul da quando commise il primo e il secondo errore con gli Amaleciti. Dio disse: "Ti sostituirò con Davide. Egli mi ascolterà e farà ciò che gli chiederò". Il nostro compito è quello di portare il Suo fardello. Perché il regno ha bisogno di un operaio? Per il progetto del Signore di stabilirsi sulla terra.

Luca 10:7 E rimanete nella stessa casa, mangiando e bevendo quello che vi danno, perché l'operaio è degno del suo lavoro. Non andate di casa in casa.

A Dio non interessa il piano del Re Saul. Egli disse: "Distruggo tutto come chiede il tuo Signore, ma ne tengo qualcuno da sacrificare".

Dio ha detto: "Non mi interessano le vostre pessime scuse. Voglio qualcuno che faccia esattamente ciò che gli ordino". Dio disse: "Tu lavora per me e io mi prenderò cura di te". Un altro giorno ho incontrato una signora nella casa di riposo. Mi ha detto: "Ti prego, prega per le mie finanze. Faccio tre lavori e ho ancora bisogno di aiuto finanziario". Le ho detto: "Lei finanzia con il Signore. Paghi come ci ha chiesto il Signore nel Nuovo Testamento?". Lei ha risposto di no, quindi il suo denaro era maledetto. Una maledizione significava che Dio mandava la Sua potenza a danneggiare.

Malachia: 3:9 Voi siete maledetti con una maledizione, perché mi avete derubato, anche tutta questa nazione. Il versetto 11 spiega che se non si dà ciò che appartiene a Dio, Egli non rimprovererà il divoratore.

Distruggeranno terra, frutti e campi. Volete questo? Quando vi rivolgete a Dio, dovete insegnare ai bambini il modo corretto. Se siete troppo occupati, cosa succede? Babysitter, qualcun altro si occuperà dell'educazione dei vostri figli. Ad alcune donne piace il proibito.

Ciò che vede, lo desidera, e alla fine i suoi figli vengono persi e cresciuti da uno della sua specie. Scusate, sentite cosa dice il Signore o dite che avete un'idea migliore? Posso dare più soldi alla chiesa. Dio ha detto: "Fai quello che ti ho chiesto di fare". Sto cercando qualcuno che presti attenzione e segua le mie istruzioni. Dio non ha bisogno del vostro aiuto. Le persone obbedienti e sottomesse possono espandere il Suo regno. I non udenti distruggeranno il piano soprannaturale di Dio. Perché c'è tanto caos? Qualcuno ha un'idea migliore di Dio. Non osate scegliere il rifiuto come il sommo sacerdote Eli, Eva-Adamo, Esaù e molti altri. Dio vi ha dato un'istruzione: seguitela.

Genesi 18:19 Poiché lo conosco, egli comanderà ai suoi figli e alla sua famiglia dopo di lui, ed essi osserveranno la via dell'Eterno, per praticare la giustizia e il giudizio; affinché l'Eterno faccia ricadere su Abramo ciò che ha detto di lui.

Deuteronomio 6:7 Li insegnerai diligentemente ai tuoi figli e ne parlerai quando sarai seduto in casa tua, quando camminerai per strada, quando ti coricherai e quando ti alzerai.

Leggete queste Scritture ripetutamente finché non riuscite a osservarle con precisione. La responsabilità dei vostri figli è affidata a voi, non agli insegnanti o ai pastori. Molti sono più intelligenti di Dio e hanno scelto una strada per cui i loro figli non troveranno mai la via del Signore. Voi frequentate la chiesa seguendo il loro programma; i vostri figli si allontaneranno ancora di più dal Signore. Aprite dunque la Bibbia senza discutere, dibattere, aggiungere e sottrarre. Prendete la parola così com'è.

Gesù disse:

Matteo 11:28 Venite a me, voi tutti che siete affaticati e oppressi, e io vi darò riposo. 29 Prendete il mio giogo su di voi e imparate da me, perché io sono mite e umile di cuore, e troverete riposo alle vostre anime. 30 Perché il mio giogo è facile e il mio carico è leggero. Qual è il Suo fardello? Perché

Gesù è venuto su questa terra? Per riscuotere il vostro denaro, per avere una buona casa, automobili, affari e sicurezza finanziaria.

Vediamo.

Luca 4:18 Lo Spirito del Signore è su di me perché mi ha unto per predicare il Vangelo ai poveri; mi ha mandato a guarire i cuori spezzati, a predicare la liberazione ai prigionieri e il recupero della vista ai ciechi, a rimettere in libertà i feriti.

Cosa chiese Gesù al suo discepolo di fare:

Matteo 10:7 E mentre andate, predicate, dicendo: Il regno dei cieli è vicino. 8 Guarite i malati, mondate i lebbrosi, risuscitate i morti, scacciate i demoni: gratuitamente avete ricevuto, gratuitamente date.

È questo che state facendo? Oppure vi alzate e fate quello che volete? Cosa fanno tutti i nuovi convertiti del Signore Gesù?

At 2:42 E continuavano con costanza nella dottrina e nella comunione degli apostoli, nella frazione del pane e nelle preghiere. 46 Ed essi, continuando ogni giorno di comune accordo nel tempio e spezzando il pane di casa in casa, mangiavano con gioia e di cuore,

Dalla mattina alla sera, prego, insegno, svolgo il ministero alle persone, scaccio il demonio, guarisco i malati e visito l'ospedale e i luoghi di convalescenza. Quando conquisto un'anima, chiedo loro di fare ciò che Dio ha detto. Do loro una Bibbia a olio, prego con loro e insegno loro la Parola di Dio. Loro fanno lo stesso e vedono il risultato. Se andate domenica dopo domenica per decenni fino alla fine della vostra vita, a cosa serve? Trovate la via di Gesù studiando la Sua Parola. La via della religione o della denominazione o del seguire le chiese non funzionerà. Come ha detto Dio, prima pregate, non bevete caffè, non guardate la TV, non lavorate come schiavi di Satana e poi stressatevi. Alla fine, cancro, infarto e ictus. Si può sfuggire se si lavora al proprio incarico da parte di Dio.

Ora leggete e obbedite alle seguenti Scritture, questo è il vostro incarico con benefici.

Matteo 6:33 Cercate prima il regno di Dio e la sua giustizia e io vi aggiungerò tutte queste cose.

Vi assicuro per tutti, in più. Siate umili, fermatevi e cambiate le vostre vie, che sono malvagie, non importa come le giustifichiate. Gesù è la via. Ascoltate la Sua piccola voce.

PREGHIAMO

Signore, ci presentiamo davanti al Tuo altare confessando i nostri peccati, la nostra disobbedienza e la nostra ribellione. Perdona i nostri peccati. Oggi ci allontaniamo dalle nostre vie malvagie per portare il Tuo fardello delle anime perdute, dei malati e degli afflitti, degli indemoniati e degli oppressi, per raggiungere tutti gli smarriti. Signore, desideriamo che i nostri figli e nipoti trovino la strada se camminiamo sul Tuo sentiero. Aiutaci a ritrovare la strada del Calvario. Ci rididichiamo e seguiamo il Tuo piano nel nome di Gesù. Amen! Dio vi benedica!

15 LUGLIO

SIATE VIOLENTI NELLO SPIRITO E NON NELLA CARNE!

Vediamo spargimenti di sangue e violenza ovunque. Chi deve essere distrutto è colui che ci sta uccidendo. Il Signore ci ha chiesto di distruggere il nostro nemico, Satana, e il suo esercito. Ma ci sta usando per metterci gli uni contro gli altri. Vediamo che le carceri, i penitenziari e persino i centri di detenzione minorile sono pieni. Vediamo molta violenza nelle case, nelle strade, nelle città e in tutto il mondo. Perché? Perché non conosciamo le mosse del diavolo.

2 Corinzi 2:10 A chi perdonate qualcosa, perdono anch'io; perché se ho perdonato qualcosa, a chi l'ho perdonata, per il vostro bene l'ho perdonata nella persona di Cristo; 11 per evitare che Satana si avvantaggi di noi, perché non ignoriamo le sue mire.

Se perdonate l'avversario, non ucciderete con una pistola o un coltello. Le nazioni non si bombarderanno a vicenda.

Essendo ricco sulla terra, il diavolo corrompe per attuare il suo piano distruttivo. Ha dato a Giuda trenta monete d'argento per uccidere Gesù. Si può dire che non è stato il diavolo, ma il Sommo Sacerdote, i Giudei, i Farisei e i Sadducei. Chi sedeva nelle sinagoghe e ricopriva posizioni influenti. Questa persona, che teneva il lavoro nel tempio, chiamato chiesa o, nel linguaggio del Signore Gesù, tana al giorno d'oggi, si vendeva per denaro e portava la violenza nel mondo.

Se non vi insegniamo il bene, cadrete sulle tracce di Satana. Il diavolo sta acquistando tutti coloro che possono negoziare con la verità e lavorare per il suo regno. Ho visto il tempo scivolare via. Molti uccidono i bambini. Le famiglie e le città non riposano la notte per paura. Che cos'è questo caos? Semplicemente non si cammina nello spirito!

L'operazione nella carne provoca tumulti.

Galati 5:19 Ora, le opere della carne sono manifeste: adulterio, fornicazione, impurità, lascivia, 20 idolatria, stregoneria, odio, discordia, emulazioni, ira, lotte, sedizioni, eresie, 21 invidie, omicidi, ubriachezze, bagordi e cose del genere; e di queste cose vi ho già detto, come vi ho detto anche in passato, che chi fa queste cose non erediterà il regno di Dio.

Lo Spirito di Dio ci chiede di eliminare tutte le concupiscenze della carne, degli occhi e dell'orgoglio nella vita. Pensate che Dio operi su di voi; no, è Satana. Oggi le persone vanno in chiesa e non devono cambiare. Cioè, non c'è alcuna differenza nel loro stile di vita. Perché? Nessuno predica di pentirsi.

15 LUGLIO

Cosa significa pentirsi? È la presa di coscienza del peccato del passato, di cui si è dispiaciuti. Si cambia di 180 gradi rispetto alla vita peccaminosa precedente. Ecco il punto: lo spirito di pentimento è un dono, che si vedrà nello stile di vita dei peccatori pentiti. I peccatori sono incuranti o non si pentono di ciò che fanno. Sono la mano, la mente e le gambe di Satana. Non importa se si va in chiesa o se si sta sul pulpito, sul re o su qualsiasi altra persona. Il programma di Satana è quello di uccidere, rubare e distruggere; voi siete la vittima dei suoi dispositivi.

La nostra società non percepisce il peccato, i santi, i trasgressori, il bene, il male, la luce, le tenebre, la malvagità, il santo o l'empio. In questo momento sbagliato, la gente è vittima di Satana. Il Paese è in immensa agitazione, confusione e tumulto. Dio ha detto di mortificare la carne e di camminare nello spirito. Eva si sarebbe allontanata dall'albero. Allontanarsi dall'albero piuttosto che nutrire la propria carne con la lussuria. Chi controlla tutti i divorzi, le bande, i disordini familiari, le malattie, i suicidi e i problemi governativi? Camminiamo nel desiderio carnale, desiderando tutto ciò che Dio dice no, noi diciamo sì. Ora è tardi per alcuni di loro per tornare sulla retta via.

Dio ha detto che se camminate nello spirito:

Galati 5:22 Ma il frutto dello spirito è amore, gioia, pace, longanimità, dolcezza, bontà, fede, 23 mitezza, temperanza: contro di essi non c'è legge. 24 E quelli che sono di Cristo hanno crocifisso la carne con gli affetti e le concupiscenze. 25 Se viviamo nello spirito, camminiamo anche noi nello spirito. 26 Non siamo desiderosi di vana gloria, provocandoci e invidiandoci a vicenda.

Se camminate nello spirito, non soddisfate la brama. Sfiderete la strategia del diavolo. Avevo dei problemi alla gola che non miglioravano. Ho pensato che forse era la tiroide. Quando andai a cena fuori, la mia amica mi chiese di quel problema. Mi ha mostrato il punto in cui si trovava la tiroide. Mi disse che forse avevo lo streptococco. La volta successiva mi chiese: "Come stai?". Le ho risposto che stavo pregando. Mi disse di andare da un medico qualsiasi e di fare un esame. Altrimenti, sarebbe dannoso per le mie corde vocali. Per un attimo mi ha scosso. Ma ho una grande fede, che ho usato come scudo contro la sua affermazione, che è arrivata come un dardo infuocato. Quella mattina presto, in preghiera, ho messo la mano sulla gola e ho pregato. Ho sentito il Signore dire: "Sii violenta, riprenditi". Tu hai guarito 2000 anni fa. Ho detto che lo avrei fatto. Avrei colpito il diavolo con la spada della parola.

Matteo 11:12 Dai giorni di Giovanni Battista fino ad oggi il regno dei cieli subisce violenza e i violenti lo prendono con la forza.

La Parola di Dio mi ha dato la forza di combattere il diavolo. Ho iniziato a legare la malattia nel nome di Gesù. Ho detto: "Esci dalla mia gola. Il mio corpo è il tempio di Geova Dio. Nessuna arma formata contro di me può prosperare. Quando è troppo è troppo. Prendi il tuo bagaglio e vattene!". Indovinate un po'? Stavo bene. Che il Signore ci aiuti a diventare violenti e a pronunciare con fede la giusta parola di Dio. Il diavolo scapperà. Il diavolo può farvi del male solo se non usate con fiducia la parola. Se sapete come reclamare, dovete sapere che tutte le promesse sono per voi. L'ignoranza è una malattia. In passato, il diavolo ha cercato di farmi venire il cancro, di mettermi su una sedia a rotelle, di farmi venire la tonsillite e molte altre malattie nel mio corpo.

Ma oh diavolo, io vengo contro di te nel nome di Gesù. Io lego e sbatto il diavolo fuori dalla contea; vattene. Hai perso duemila anni fa, nel nome di Gesù.

Siate tutti là fuori, dichiarandovi autocristiani, usando la Parola di Dio, suonando lo shofar in casa vostra, ungendo la vostra casa e facendo una guerra decisiva per distruggere il nemico. Funziona quando si lega il demonio e si dice: "Spezzo il tuo potere".

L'ho fatto una volta e ho sentito l'urlo dell'inferno. Wow! esclamai. Vorrei che i nostri sensi spirituali funzionassero come quelli fisici, ma non è così. Così il diavolo ci inganna. Basta fare ciecamente quello che ci viene indicato nella Parola di Dio. Farlo e basta. Che il Signore ci aiuti a essere obbedienti!

Un altro giorno, una persona mi ha chiamato per pregare per sua suocera. Ho detto: perché non lo fai tu? Sei cristiana da qualche anno! Lei rispose: "L'ho fatto, ma ho avuto un attacco al petto". Le ho detto di essere violenta con il diavolo, di ordinargli di uscire. Apri la porta e digli che non è il benvenuto. Per favore, non toccarmi. Sono guarita e integra per il segno di Gesù.

Non è lo spacciatore, non è il governo, non sono i coniugi, i figli, i colleghi di lavoro o le persone, ma è il diavolo che si nasconde dietro il vostro dolore. Mi metto sempre ai quattro lati e ordino al diavolo di fuggire dalla mia vita. Lascia stare la mia famiglia. La mia materia è sotto il sangue. Vengo contro tutte le maledizioni, gli incantesimi, le stregonerie, le malattie, la povertà, la droga, l'alcol, gli stupratori, gli assassini, gli abusatori di umanità e gli accusatori del fratello; distruggo tutti i vostri programmi di uccidere, rubare e distruggere nel nome di Gesù.

Rilascio l'esercito degli angeli del Dio vivente. Il sangue di Gesù è ciò che uso per coprire tutto. Nel nome di Gesù mi oppongo alla depressione, al diabete, all'HB, ai reni, all'infarto, all'influenza, al cancro e a tutte le malattie. Rilascio guarigione, miracolo, salvezza e liberazione. Imparate a usarlo. Non dite che il Signore sa, può e vuole. No, fate ciò che vi viene chiesto, bussate e cercate.

Luca 10:19 Ecco, io vi do il potere di calpestare i serpenti e gli scorpioni e tutta la potenza del nemico; e nulla vi farà mai del male.

La guerra spirituale può essere vinta solo con il digiuno, la preghiera e la parola. Quindi preparatevi invece di iscrivervi alle chiese. Amen!

PREGHIAMO

Signore, ti siamo grati per averci dato il potere su tutte le malattie, le infermità, lo scorpione e il serpente nel Tuo nome. Non può farci del male se camminiamo nello spirito e mortifichiamo la carne, che è la concupiscenza degli occhi, della carne e l'orgoglio della vita. Che il Signore ci benedica con la verità, che è la chiave per sconfiggere tutte le forze demoniache e il regno di Satana. Che il Signore metta nei nostri cuori l'amore per la verità! Il nostro Dio ha dato il Suo sangue, che ha vita. Ti siamo grati, Signore. Che il Signore ci dia il desiderio e l'amore per Gesù Cristo come nostro Signore e Salvatore! Il nostro Signore ha fatto tutto. Facciamo quello che serve per riaverlo. Signore, facciamo violenza al diavolo; riprendiamolo nel potente nome di Gesù. Amen! Dio vi benedica!

16 LUGLIO

UN FALSO TESTIMONE SUBIRÀ UNA PUNIZIONE!

Se c'è una persona malvagia in famiglia, o sul pulpito, nel sistema giudiziario, nel dipartimento di polizia o negli uffici governativi, aspettatevi il caos. Ci saranno spergiuri o bugiardi, truffatori o falsificatori. Parleranno ingiustamente contro gli altri!

Esodo 20:16 Non testimonierai il falso contro il tuo prossimo.

Dio vuole che siamo sinceri come Lui, questo è il nono comandamento di Dio dato nella Bibbia. Il bugiardo prima o poi testimonierà contro di voi e il popolo di Dio soffrirà per questo. Ma non c'è da preoccuparsi! Ricordate la donna malvagia Gezabele? Suo marito, il Re Achab, voleva la vigna di Naboth, ma Naboth non voleva perdere la sua eredità. Il Re Achab aveva una moglie malvagia. Progettò di uccidere Naboth. Avete una nuora o una moglie ostile o qualcuno in casa vostra? Questa perfida adultera era una donna molto religiosa. Ho detto religiosa, non spirituale. Conosceva le leggi di Dio. Avete bisogno di due o più testimoni che attestino che avete parlato contro Dio e contro il Re. Con due testimoni possono mettervi a morte. Si chiama legge sulla blasfemia.

Se ci sono persone malvagie nella vostra casa, sul pulpito, nel sistema giudiziario, nel dipartimento di polizia o negli uffici governativi, scoprite che ci sarà il caos. Che il Signore ci protegga dalla malvagia Gezabele, dal malvagio sovrano Re Achab e dalla loro figlia produttrice di malefici Athaliah. Il Re Achab era un uomo debole. Portò molta malvagità e spargimento di sangue nel Paese di Israele. Gezabele architettò un piano da parte del figlio di Belial (= drago o Satana) per aiutare i testimoni. Il suo sporco obiettivo era uccidere un uomo innocente. Ha persino proclamato un digiuno. Vedete le persone religiose digiunare e pregare per poter mentire? Non riuscite a crederci? Progettò di distruggere Naboth, ma come? Vediamo.

1 Re 21:10 e gli mise davanti due uomini, figli di Belial, perché testimoniassero contro di lui, dicendo: "Tu hai bestemmiato Dio e il re". Poi lo condusse fuori e lo lapidò, perché morisse. 11 Gli uomini della sua città, gli anziani e i nobili che abitavano nella sua città, fecero come Gezabele aveva mandato loro e come era scritto nelle lettere che aveva inviato loro. 12 Proclamarono un digiuno e misero Naboth in alto tra il popolo. 14 Poi mandarono a dire a Gezabele che Naboth è stato lapidato ed è morto.

Ecco cosa disse Dio.

Esodo 23:1 Non farai una falsa denuncia; non metterai la tua mano con l'empio per essere un testimone ingiusto.

Gezabele, essendo una regina malvagia, pensava di sfuggire al giudizio di Dio. Leggete questo e pensateci due volte prima di architettare un piano malvagio. State lavorando contro il Signore onnipotente. Non stupitevi se vi aspetta il giudizio e morirete come degli stolti. Comprendete la posizione di un vero profeta. Essi sono i messaggeri del Signore per proclamare il giudizio di Dio. Opporsi ai governanti malvagi è fondamentale. Elia era un profeta; ricevette la parola da Dio onnipotente e si recò dal Re Achab.

1 Re 21:19 Gli parlerai dicendo: "Così dice il Signore: Hai ucciso e te ne sei impossessato?". Re 21:20 E gli parlerai dicendo: "Così dice il Signore: Nel luogo in cui i cani hanno leccato il sangue di Naboth, leccheranno il tuo sangue, anche il tuo". 20 Allora Achab disse a Elia: "Mi hai trovato, o mio nemico?". Ed egli rispose: "Ti ho trovato, perché ti sei venduto per operare il male agli occhi del Signore. 21 Ecco, io farò venire il male su di te, ti toglierò la tua discendenza, taglierò via da Achab colui che piscia contro il muro e colui che è chiuso e abbandonato in Israele, 22 e renderò la tua casa come la casa di Geroboamo, figlio di Nebat, e come la casa di Baasha, figlio di Ahijah, per la provocazione con cui mi hai fatto arrabbiare e hai fatto peccare Israele. 23 Anche di Gezabele il Signore parlò, dicendo: "I cani divoreranno Gezabele presso le mura di Jezreel. 24 Colui che morirà di Achab in città lo mangeranno i cani; e colui che morirà nei campi lo mangeranno gli uccelli del cielo.

La Bibbia dice che il Re Achab morì in battaglia senza la protezione di Dio. Dio mise al suo posto Jehu come re, ed essi gettarono la regina Gezabele dall'alto, e il cane leccò e mangiò la sua carne. Il cane leccò il sangue del Re Achab. Dio osserva e si vendicherà. Il Sinedrio portò falsi testimoni contro Gesù senza peccato e proclamò il giudizio di morte. Non abbiate mai paura di un falso testimone. Il momento più pericoloso è quando ci sono autorità spirituali e secolari malvagie, bugiarde e ingannevoli. Essi governeranno in modo corrotto. Seguite le leggi di Dio.

Matteo 26:59 Ora i capi dei sacerdoti, gli anziani e tutto il consiglio cercavano una falsa testimonianza contro Gesù per metterlo a morte.

Non credete ai leader religiosi. Sono pericolosi se non camminano nei Suoi comandamenti! Interpreteranno male la legge per corrompere il popolo.

Matteo 26:63 Ma Gesù tacque, e il sommo sacerdote rispose e gli disse: "Ti giuro per l'Iddio vivente, che tu ci dica se sei il Cristo, il Figlio di Dio". 64 Gesù gli disse: "Tu l'hai detto; ma io vi dico che d'ora in poi vedrete il Figlio dell'uomo seduto alla destra del potere e venire sulle nubi del cielo". 65 Allora il sommo sacerdote si stracciò le vesti, dicendo: "Ha detto una bestemmia; che bisogno abbiamo ancora di testimoni?" Ecco, ora avete udito la sua bestemmia. 66 Che ne pensate? Essi risposero: "È colpevole di morte".

Figlio di Dio significava Dio stesso in carne e ossa.

Dio non ha un Figlio, ma 1 Timoteo 3:16 dice che Dio si manifesta nella carne per versare il sangue per i nostri peccati. Gesù non era il figlio di Giuseppe, ma l'unico Dio che camminava in mezzo al

Suo popolo. Un credente di Dio disse a Gesù: "Come puoi essere Dio? Abbiamo un solo Dio. Tu ti sei fatto Dio proclamando il Figlio di Dio".

Cosa succede al falso testimone?

Deuteronomio 19:18 I giudici faranno un'inchiesta diligente; ed ecco, se il testimone è un falso testimone e ha testimoniato falsamente contro suo fratello, 19 gli farete quello che egli aveva pensato di fare al suo fratello; così allontanerete il male di mezzo a voi. 20 Quelli che restano ascolteranno, avranno paura e non commetteranno più un simile male in mezzo a voi.

Non dispiacetevi per i falsi testimoni quando saranno puniti. Il nostro Dio è reale. Io sono una testimone di prima mano. I malvagi riceveranno il giudizio. Dio non rispetta le persone. Che il Signore Dio dia al Suo popolo coraggio e audacia! Non temete mai i falsi testimoni. Vincerete se siete giusti. Dio vi copre le spalle. È chiamato l'Uomo della Guerra. Combatterà per voi. Giusti, siate coraggiosi, non mollate mai e non arrendetevi mai. Il vostro Signore non dorme e non riposa mai. Vi osserva in ogni momento. Tenete la testa alta, perché la vostra redenzione si avvicina.

L'anno scorso ho pregato per un medico che aveva ricevuto tutte le false accuse. Hanno interrotto la promozione. Sua moglie ha parlato con un'infermiera cristiana. Lei mi ha contattata e io ho pregato su di lui al telefono. Il medico non stava vincendo perché aveva delle false accuse. Mentre parlavo, sembrava infelice. Ho pregato il Dio onnipotente Gesù. Egli sa come riscattare i giusti dai falsi testimoni. In seguito, il medico ha vinto la causa ed è stato promosso. Che meraviglia! Alleluia!

PREGHIAMO

Nostro Dio grande e misericordioso che benedice mille generazioni di rettitudine. Proteggici da tutti i malvagi falsificatori. Il Tuo nome è la nostra torre forte, il rifugio dei giusti per la sicurezza. Nascondici sotto le Tue ali da tutti i malvagi e gli ingiusti. Questo è il tempo della fine; le persone hanno una forma di pietà e non una vera pietà. Non hanno timore di Dio. Ma il Signore innalza il livello di salvaguardia. Che il Signore ricordi al Suo popolo che Egli è lo stesso ieri, oggi e in eterno! Che il Signore faccia risplendere il Suo volto su di voi e protegga voi e i vostri cari dai falsi testimoni. Possa il Signore invertire il giudizio contro il nemico oggi, nel nome di Gesù. Amen! Dio vi benedica!

17 LUGLIO

LE MALEDIZIONI NON FUNZIONANO SULLE PERSONE BENEDETTE!

Quando il Signore vi benedice, nessuna maledizione può agire contro di voi. Quando fate il bene e ricevete la benedizione del Signore, allora le vostre benedizioni sono assicurate da Dio onnipotente. Ricordate, le benedizioni sono un punto di guadagno per aver fatto ciò che Dio onnipotente vi ha comandato. La maledizione è l'opposto, ed è proibita. Nessuno maledice chi Dio ha benedetto. Non incolpate nessuno quando non fate la vostra parte per ricevere le benedizioni da Dio. Che il Signore ci guidi a ricevere facilmente le benedizioni. Le benedizioni sono un favore o un dono concesso da Dio. Il Re Balak chiamò l'indovino Balaam per maledire Israele. Il piano di Balak per maledire Israele non riuscì. Dio ha potere su tutti i poteri della terra. Qualunque cosa si faccia, non funzionerà se c'è il dito di Dio.

Numeri 22:6 Suvvia, ti prego, maledicimi questo popolo, perché è troppo potente per me; forse prevarrò e li sconfiggeremo e li scaccerò dal paese, perché so che chi benedici è benedetto e chi maledici è maledetto.

Balam non poteva maledire, ma benedire. Dio, che ha creato le labbra e la lingua, sa come controllare. Non si può maledire o danneggiare ciò che Dio ha scelto. Se mai cercate, cercate le benedizioni. Io voglio sempre essere ricca, ma con le benedizioni di Dio.

Numero 23:8 Come potrei maledire chi Dio non ha maledetto? O come potrei denunciare chi il Signore non ha denunciato?

Che il Signore ci aiuti a benedire coloro che sono benedetti da Dio! Benediciamo coloro che sono chiamati da Dio. Quando Dio Onnipotente nomina delle persone per i Suoi servizi, esse sono benedette se lo fanno con diligenza e sincerità. Abramo credette in Dio. Dobbiamo credere in Lui per ricevere le benedizioni. Non pensate mai che avere molti soldi in banca significhi essere benedetti. Il denaro ha le ali.

Proverbio 23:5 Vuoi posare i tuoi occhi su ciò che non è? Perché le ricchezze si fanno certamente le ali; volano via come un'aquila verso il cielo.

Dio ha scelto Abramo perché ha creduto in Dio. Abbiamo anche una Bibbia. Se leggete e credete obbedendo, vi riconnetterete per attingere tutte le benedizioni di Abramo, Isacco, Israele e alcune extra. La Bibbia è il libro vincente. Se vi fidate, credete e obbedite. Oh mio Dio, i pastorelli possono diventare re, le persone schiavizzate diventano libere, si moltiplicano le ricchezze, le rocce possono far uscire l'acqua, l'autostrada sarà nell'oceano e il vostro nemico sarà sepolto nell'acqua. Se volete saperne di più, aprite la Bibbia e leggete voi stessi.

Genesi 12:1 Or il Signore aveva detto ad Abram: "Vattene dal tuo paese, dalla tua parentela e dalla casa di tuo padre, verso un paese che io ti indicherò; 2 e farò di te una grande nazione, ti benedirò, renderò grande il tuo nome e sarai una benedizione: 3 e benedirò quelli che ti benediranno e maledirò quelli che ti malediranno; e in te saranno benedette tutte le famiglie della terra.

Abramo era un uomo di fede. Se siete fedeli a Dio, vedrete le benedizioni di Dio.

Proverbi 28:20a Un uomo fedele abbonderà di benedizioni.

Studiare l'esempio per imparare a proteggerci dalle maledizioni e ricevere benedizioni. Se osservate i comandamenti, i precetti, le leggi e gli statuti di Dio, sarete benedetti. Nessuno può maledirvi se non voi stessi, per non aver fatto ciò che dovevate fare. Abbi pietà di noi, Signore. Il Signore è sorprendente! Egli ha chiamato ognuno di noi. Dio non vi getta sulla terra senza direzione, senza istruzioni e senza il manuale di vita. C'è solo una cosa negativa: non siamo robot. Se lo siamo, allora possiamo dare la colpa a qualcuno. Dio ci ha fatti di terra, liberi di scegliere. La sporcizia è la cosa più sporca se ci si gioca la vita.

Il Signore ci aiuti ad amare noi stessi e a camminare nello Spirito. Carne e Spirito camminano in contrasto. Molte volte non vediamo il risultato e ci inganniamo. Nessuno lo sa e nessuno lo saprà; la buona notizia è che Dio vede sempre. Sente quello che dite alle orecchie degli altri e come giocate la partita. Quando siete maledetti, trovate il vostro zaino e controllate. Confessate il vostro errore e dite: "Signore, perdonami e aiutami". Quando siete benedetti, benedite chi cammina rettamente.

Deuteronomio 11:26 Ecco, io pongo oggi davanti a voi una benedizione e una maledizione; 27 una benedizione, se obbedirete ai comandamenti del Signore vostro Dio, che oggi vi comando; 28 e una maledizione, se non obbedirete ai comandamenti del Signore vostro Dio, ma vi allontanerete dalla via che oggi vi comando, per andare dietro ad altri dei che non avete conosciuto.

Quando ottenete una promozione o una benedizione, imparate a mantenerla. Ho sentito parlare dell'uomo ricco che chiedeva acqua a Lazzaro. Ma quando quest'ultimo era povero e afflitto, il ricco non se ne curò. Quindi, quando avete la possibilità di benedire, benedite gli altri, non trattenete la mano. Non siate così avari, non siate immeritevoli. Stavo parlando con un vero amico cristiano; mi ha detto che i fratelli della mia modista sono divorziati e la moglie di un fratello è morta. Quando questo fratello cristiano ha avuto problemi finanziari, il fratello ricco ha riso e non lo ha mai aiutato. Hanno criticato il suo stile di vita. Hanno commentato: "Perché vai in giro a pregare per la gente?". I fratelli criticavano i suoi figli, la moglie e la mamma. Ma il fratello cristiano continuava a fare ciò per cui era stato chiamato. Ora Dio ha ribaltato tutto: sono senza soldi, non hanno un posto dove vivere, lavorano come schiavi per una fidanzata, e tutti i soldi e le grandi case sono spariti. I bambini si drogano. Ma i figli di questi fratelli cristiani sono adorabili, lavorano. I loro nipoti sono bravissimi a scuola. Fare la cosa giusta davanti a Dio vi porterà grandi benedizioni.

Mia madre era una donna retta. Ha attraversato molte prove, fisiche e finanziarie, ma ha sempre sostenuto la verità. Mia madre ha sofferto molto, ma Dio, che lei serviva, ha trasformato tutto in benedizioni. Ricordate: aspettate sempre. C'è un giorno di paga. A cosa serve se hai tutto e vai all'inferno a bruciare per sempre? A prescindere da tutto, rimanete in piedi sulla Parola di Dio. È un terreno solido e benedetto. Andrete sempre bene. Mantenete le vostre benedizioni. Nessuna autocritica funziona agli occhi di Dio. Aprite la Bibbia, leggete cosa dice il Signore e fatelo. Il Re Saul, il Re Salomone e molti altri re hanno iniziato bene, ma hanno continuato alla fine. Il Re Davide fece dall'inizio alla fine ciò che piaceva al Signore. Scelse le benedizioni. Il Re Davide subì il castigo per le sue azioni sbagliate ma, essendo un re saggio, si aggrappò a Dio e non Lo lasciò andare. Guardate cosa può accadere oggi se scegliamo di seguire i Suoi comandamenti e statuti, di osservare le Sue leggi e i Suoi precetti: tutto il caos, il disordine e l'agitazione che stiamo vedendo si capovolgeranno e il Signore benedirà la nostra terra, la nostra famiglia, i nostri figli, la nostra salute e il nostro Paese. Che il Signore abbia pietà di noi e ci dia veri maestri e profeti che ci guidino accanto ad acque tranquille per nutrirci e sfamarci nel Suo verde pascolo. Che il Signore vi benedica con un cuore saggio per scegliere la benedizione oggi, nel nome di Gesù! Amen!

PREGHIAMO

Dio nostro che sei nei cieli, ti chiediamo di benedire la Tua eredità. Il Signore ci consiglia di fare le scelte giuste per ricevere le benedizioni. Vogliamo la benedizione eterna della salvezza. Aiutaci a insegnare ai nostri figli a obbedire ai Tuoi comandamenti, statuti, precetti e alle Tue leggi, affinché ricevano le Tue benedizioni. Come dice la Tua parola, chi benedice Israele, anche Dio lo benedirà. Israele, ti benediciamo. Signore, benedici tutto il Tuo popolo affinché noi riceviamo le Tue benedizioni. Provvedere ai loro bisogni e sostenerli è ciò con cui li benediciamo. Ti benediciamo, Signore, perché sei il nostro Dio e ci hai scelto. È una benedizione per noi servirti. Ti ringraziamo per aver protetto le nostre benedizioni nel nome di Gesù! Amen! Dio vi benedica!

18 LUGLIO

DIO VI METTERÀ ALLA PROVA IN OGNI MOMENTO!

Il Signore ha un progetto di prova per tutti coloro che chiama, dal Re al più piccolo. Dobbiamo superare tutte le prove prima di ricevere l'incarico. Il candidato migliore che si dimostrerà capace verrà rimosso e sostituito. Dio non assumerebbe chi non è adatto al lavoro. Quando Dio chiama, significa prepararsi alla prova e al test. Prestate attenzione alla Sua voce, alle Sue condizioni, alla promozione e al fallimento, quindi alla rimozione dall'incarico.

Dio chiamò Abramo a essere il padre delle nazioni:

Genesi 17:4 Quanto a me, ecco, la mia alleanza è con te e tu sarai padre di molte nazioni. 5 Non ti chiamerai più Abram, ma il tuo nome sarà Abramo, perché ti ho fatto padre di molte nazioni.

Prima di dare queste promesse, Dio chiamò Abramo fuori dal suo luogo di origine. In seguito Dio gli chiese di sacrificare il suo unico figlio sul monte Moriah:

Genesi 22:1 Dopo queste cose, Dio tentò Abramo e gli disse: "Abramo"; ed egli rispose: "Ecco, sono qui".

Abramo ha superato la prova:

Genesi 22:10 Abramo stese la mano e prese il coltello per uccidere il figlio. 11 L'angelo del Signore lo chiamò dal cielo e gli disse: "Abramo, Abramo"; ed egli rispose: "Eccomi". 12 Poi disse: "Non stendere la mano sul ragazzo e non fargli nulla, perché ora so che tu ami Dio, visto che non mi hai nascosto il tuo figlio, il tuo unico figlio".

Abramo guardò dietro di sé. C'era un ariete. Lì fece l'ultimo sacrificio. L'ariete era il simbolo di Gesù Cristo. Isacco rappresentava il mondo.

Il fratello di Giuseppe lo vendette come schiavo prima di mettersi con il Faraone. In seguito, Giuseppe fu molestato e accusato dalla moglie del suo padrone. Giuseppe era fedele a Dio. Giuseppe sapeva che infrangere le leggi, gli statuti, i comandamenti e i precetti era un peccato contro il Signore. E voi?

Genesi 39:9 In questa casa non c'è nessuno più grande di me; e non mi ha nascosto nulla all'infuori di te, perché tu sei sua moglie; come posso dunque fare questa grande malvagità e peccare contro Dio?

Dio ha favorito Giuseppe in prigione. Avendo ricevuto da Dio l'incarico di interpretare il sogno, Giuseppe interpretò il sogno del Faraone. Trovò il favore di essere accanto al Faraone. Nelle vie di Dio, il male è concepito solo per la promozione, la prigione dove è stata la promozione.

Dio ha liberato Giuseppe dalla prigione:

Genesi 41, 39 Il faraone disse a Giuseppe: "Poiché Dio ti ha mostrato tutto questo, non c'è nessuno così discreto e saggio come te; 40 tu sarai a capo della mia casa e secondo la tua parola tutto il mio popolo sarà governato; solo sul trono sarò più grande di te". 41 Il faraone disse a Giuseppe: "Vedi, ti ho posto a capo di tutto il paese d'Egitto.

Giuseppe è il simbolo di Gesù Cristo. Egli salvò e preservò il popolo di Dio durante i periodi di carestia. Il Signore Gesù ci ha salvato con la crocifissione alla stessa età e ha salvato l'umanità.

Poi arrivò Maria. Era una donna coraggiosa. Era pronta a portare in grembo Gesù. Si sottomise al piano e alla volontà di Dio. Lo Spirito di Dio aveva bisogno del corpo per concepire. Sarebbe stata lapidata se fosse stata ritenuta colpevole, ma sapendo che il Signore era il suo protettore, trascurò tutte le conseguenze.

Quando giunse il momento, Gabriele arrivò nella città di Nazareth, una vergine sposata a un uomo di nome Giuseppe.

Luca 1, 28 L'angelo le si avvicinò e le disse: "Salve, tu che sei molto favorita, il Signore è con te; tu sei benedetta fra le donne". 30 L'angelo le disse: "Non temere, Maria, perché hai trovato grazia presso Dio". 31 Ed ecco, concepirai nel tuo grembo, partorirai un figlio e lo chiamerai Gesù. 32 Sarà grande e sarà chiamato figlio dell'Altissimo, e il Signore Dio gli darà il trono di Davide suo padre, 33 e regnerà per sempre sulla casa di Giacobbe 34 Allora Maria disse all'angelo: "Come avverrà questo, visto che non conosco uomo?"

Secondo la legge ebraica, hanno lapidato Maria. Maria fu coraggiosa e non si curò delle critiche. Disse:

38 Maria disse: "Ecco la serva del Signore; avvenga per me secondo la tua parola". E l'angelo si allontanò da lei.

Vi preoccupate solo delle persone e delle critiche. Non preoccupatevi, abbandonatevi a Dio. La verità può mettervi nei guai e tirarvi fuori da essi. Tutti noi dobbiamo passare attraverso una qualche forma di prova.

Prima di ricevere una doppia benedizione, Giobbe perse tutto. Dio ha cercato di ottenere un lavoro in ogni momento della sua vita.

Giobbe 1:3 Il suo patrimonio era costituito da settemila pecore, tremila cammelli, cinquecento gioghi di buoi, cinquecento asine e una famiglia molto numerosa, tanto che quest'uomo era il più grande di tutti gli uomini d'Oriente.

Giobbe superò la sua prova e ricevette:

18 LUGLIO

Giobbe 42:12 Il Signore benedisse l'ultima fine di Giobbe più del suo inizio, perché egli aveva quattordicimila pecore, seimila cammelli, mille gioghi di buoi e mille asine. 13 Aveva anche sette figli e tre figlie. 15a In tutto il paese non si trovavano donne così belle come le figlie di Giobbe.

Vedete, tutto è tornato doppio!

1 Pietro 1:7 affinché la prova della vostra fede, essendo molto più preziosa dell'oro che perisce, anche se viene provata con il fuoco, si riveli a lode, onore e gloria all'apparizione di Gesù Cristo.

Nessuno raggiunge la vetta, senza prove. Atalia, la malvagia figlia di Gezabele, raggiunse una posizione di rilievo grazie al suo sottile espediente. Alla fine, il giudizio! Dio la uccise con una morte dolorosa. Il Re Saul fallì tutte le sue prove e, quando giunse il momento, Dio disse: "Basta con le prove; hai fallito tutto e sarai eliminato". Davide sostituì il Re Saul, anche se questi cercò di ucciderlo. Dio ha tenuto Davide al sicuro. Che meraviglia! La prova vi renderà e non vi spezzerà. La prova è il piano di Dio in cui dimostrate di poter prendere il più alto ordine di Dio. Senza aggiungere o sottrarre! Dio è abbastanza potente da tenervi lontani dalla spada, dal leone, dalla tigre, dal fuoco e dall'acqua. Niente, in nessun modo, vi danneggia.

Nel 1999 ho affrontato un processo infuocato senza conoscerne l'esito. Il mio lavoro e la mia salute erano andati perduti. Non ho mai saputo che cosa avesse in serbo per me. Conoscevo solo la guarigione, così chiesi a Dio se c'era stato un peccato che aveva impedito la mia guarigione. Il Signore, nella Sua misericordia, è venuto da questa signora che pregava di prima mattina. Il Signore ha detto a Sua sorella Elizabeth Das che stava attraversando una prova infuocata. Ne sarebbe uscita come un oro. Dio disse: "Elizabeth Das", dato che c'erano tre Elizabeth in chiesa. Ho chiesto: "Che cosa ho fatto di male a Dio? Perché non vengo guarita?". La signora non lo sapeva, ma disse che anche Dio aveva detto che non aveva fatto nulla di male. Il Signore ha anche detto che la amavo molto, il che ha infastidito la signora! Dio non è così grande e si prende ancora cura di persone come noi? Sì, arrivò il giorno. Il Signore mandò un fratello che aveva i doni della guarigione, impose le mani e io la ricevetti. Non solo, molti andarono da lui e tutti furono liberati, guariti e alleggeriti.

Il nostro Dio ha un piano per voi. Egli vive come voi. Lasciate che vi dica: evitate di ripetere gli errori. Imparate ad appoggiarvi a Dio. Egli rinnoverà la vostra forza. Egli sa come portarvi a riva se superate la prova. Non dovete uccidere o calpestare qualcuno per andare più in alto. Basta che superiate la prova che Lui vi ha lanciato. Egli rinnoverà la vostra forza come un'aquila. Che il Signore vi dia la forza di superare tutte le prove, comprese quelle infuocate, nel nome di Gesù!

PREGHIAMO

Signore, grazie per essere vero e fedele. Signore, sei andato sul Calvario e hai fatto tutto. Satana ci proverà in ogni momento, ma aiutaci a confidare in te per uscirne vittoriosi. Hai ottenuto il nome di Gesù al di sopra di tutti i nomi precedenti. Sei chiamato il Re dei Re e il Signore dei Signori. Ti prego di darci la forza di superare tutte le nostre prove. Dacci la Tua saggezza, la direzione e il potere per sostenere ciò che hai richiesto. Il nostro Dio è fedele. Il Signore ha ricompensato tutti coloro che sono usciti dalla prova. Tu sei un Dio fedele, rendici tali. Saremo stanchi, ma Dio sa come tirarci fuori da questa situazione. Se superiamo la prova, Egli ci sistemerà su un terreno inamovibile. Ti ringraziamo, Signore, perché sei con noi nella prova della nostra fede. Tu sei buono e fedele. Vogliamo essere come te nel nome di Gesù. Amen! Dio vi benedica!

19 LUGLIO

UN SOGNO NECESSITA DI INTERPRETAZIONE E CONOSCENZA!

Un sogno che si fa durante il sonno. Molti sognano durante il sonno; alcuni di questi hanno un significato, altri no. Prestate quindi attenzione a quel sogno. È essenziale. Una volta ho sognato un serpente; era sabato notte. La mattina era domenica, ed ero in chiesa. Un predicatore mi disse: "A proposito, se sogni un serpente, significa che c'è Satana". Sapevo che la sua informazione su un serpente non aveva nulla a che fare con il suo insegnamento, ma mi stava dando un'informazione da parte di Dio. Essendo un vaso disponibile in quel momento, informò la congregazione del significato del serpente. Non sapeva chi l'avesse sognato. Ho capito che Dio mi stava parlando. Molti sogni svaniranno, ma quello di Dio lascerà una forte impronta nella vostra mente. La Bibbia parla del sogno e di chi può interpretarlo.

Genesi 40:8 Gli dissero: "Abbiamo fatto un sogno e non c'è un interprete". Giuseppe disse loro: "Le interpretazioni non appartengono forse a Dio? Ditemele, vi prego."

Dio interpreta i sogni del Suo popolo. Prestate attenzione quando fate un sogno. Anche le persone che non conoscono Dio fanno dei sogni. Dio ci parla in molti modi. Uno è il mio sogno. Una notte ho sognato che ero con i miei familiari e ho avuto un incidente d'auto. Nel sogno ho visto due serpenti uscire dalla recinzione e cercare di attaccarci, ma nessuno di noi è stato morso. La stessa notte in cui abbiamo avuto un incidente d'auto, due ubriachi sono usciti e hanno cercato di avventarsi contro ciascuno di noi, ma eravamo salvi. Grazie, Signore! Sappiamo che la Bibbia è l'informazione accurata che Dio dà alla Sua creazione. Vi preghiamo di prestare attenzione quando fate un sogno. Bisogna agire. Molte volte, anche il diavolo vi fornirà un sogno.

Ecclesiaste 5:7 Perché nella moltitudine dei sogni e delle parole ci sono anche le vanità; ma tu, Dio, temiti.

Zaccaria 10:2 Poiché gli idoli hanno parlato di vanità, gli indovini hanno visto una menzogna e hanno raccontato falsi sogni; essi confortano invano; perciò se ne vanno per la loro strada come un gregge, sono turbati perché non c'è pastore.

Chiedete un vero pastore mandato da Dio. Poiché anche molti falsi detengono questo titolo. Se avete molti sogni e incubi, agite contro i demoni. Suonate lo shofar e leggete la Bibbia ad alta voce. Ungete voi stessi e ogni cosa. Ricordate che nel nome di Gesù avete l'autorità di legare e scacciare i demoni.

Ricordate, riempite il luogo con lo Spirito di Dio dopo averlo scacciato. Potreste dire: "Come?". Invitate in casa vostra lo Spirito Santo, l'Angelo preoccupante, l'Angelo custode e l'Angelo ministro. Fate sempre una preghiera di pulizia spirituale nella vostra casa. Ciò che mettete a disposizione sarà il vostro ospite. Ricordate che il mondo reale è spirituale e non fisico. Le nostre azioni, reazioni e produzioni appartengono al mondo spirituale. Quando si fa un sogno divino, c'è la presenza di Dio.

Genesi 28:12 Poi sognò ed ecco una scala posta sulla terra, la cui cima arrivava fino al cielo; ed ecco gli angeli di Dio che salivano e scendevano su di essa. 16 Giacobbe si svegliò dal sonno e disse: "Certo, il Signore è in questo luogo e io non lo sapevo". È lo stesso sogno quando si sogna due volte lo stesso soggetto, anche se in modo diverso. Dio stabilisce che questo sogno abbia luogo.

Genesi 41:1a Alla fine di due anni interi, il faraone sognò. 5 Dormì e sognò una seconda volta.

Genesi 41:32 Per questo il sogno fu raddoppiato a Faraone due volte, perché la cosa è stabilita da Dio e Dio la realizzerà in breve tempo.

Quando sognate, chiedete a un interprete dei sogni di interpretarli. Giuseppe interpretò il sogno del Faraone. Dio ha spesso dato alla gente un sogno e ha usato i pagani per interpretarlo. Dio può usare un asino per parlare. Può usare chiunque. Dio non fornì un sogno a Gedeone, ma a un uomo di Madian, che ne conosceva il significato. Gedeone ascoltò il sogno e l'interpretazione. Ricevette la forza e la fiducia per andare in battaglia contro Madian.

Giudici 7:13 Quando Gedeone fu giunto, ecco che un uomo raccontò un sogno al suo compagno e disse: "Ecco, ho sognato un sogno ed ecco che una pagnotta d'orzo è caduta nell'esercito di Madian, si è avvicinata a una tenda, l'ha colpita fino a farla cadere e l'ha rovesciata, cosicché la tenda è rimasta a terra. 14 I suoi compagni risposero: "Questa non è altro che la spada di Gedeone, figlio di Joash, uomo d'Israele, perché nelle sue mani Dio ha consegnato Madian e tutto l'esercito". 15 Quando Gedeone udì il racconto del sogno e la sua interpretazione, adorò, tornò nell'esercito d'Israele e disse: "Alzati, perché il Signore ha consegnato nelle tue mani l'esercito di Madian".

Dio non ha mai smesso di parlare al Suo popolo. Maria era sposata con Giuseppe e si è trovata con un bambino. Giuseppe, essendo un uomo giusto, cerca di allontanarla in segreto. Ma l'eccellente piano del Signore gli fu rivelato in sogno.

Matteo 1, 20 Ma mentre pensava a queste cose, ecco che gli apparve in sogno l'angelo del Signore che gli disse: "Giuseppe, figlio di Davide, non temere di prendere con te Maria, tua moglie, perché ciò che è concepito in lei viene dallo Spirito Santo".

Un saggio ricevette in sogno un avvertimento da Dio dopo aver fatto dei doni e aver adorato Gesù. Dio chiese loro di tornare in un modo diverso per rovesciare il piano malvagio del Re Erode.

Il sogno necessita di interpretazione e conoscenza!

Matteo 2:12 Avvertiti in sogno da Dio che non dovevano tornare da Erode, partirono per il loro paese per un'altra strada.

Dio ha sconfitto il piano del nemico. Molti re si rivolgevano a indovini, maghi e astrologi per cercare un aiuto spirituale. Dio ci ha dato qualcuno che può interpretare i nostri sogni e le nostre visioni. È stato profetizzato da Gioele.

Gioele 2:28 E in seguito avverrà che io effonderò il mio spirito su ogni carne; e i vostri figli e le vostre figlie profetizzeranno, i vostri vecchi sogneranno sogni, i vostri giovani vedranno visioni.

Il Signore ha versato lo Spirito Santo nel giorno della Pentecoste.

Pietro interpretò la profezia di Gioele:

Gioele 2:28 dice che questa profezia si è avverata quando le persone hanno ricevuto lo Spirito Santo.

Accettate lo Spirito Santo. Cercatelo. Forse vi è estraneo, ma è accurata. Fidatevi della Parola di Dio obbedendole. Accettatela. Prima di venire negli Stati Uniti, non avevo sentito nessuno parlare in lingue. Mi rifiutavo, ma grazie a Dio non ho mai smesso di cercare Dio. Cerco ancora Dio; è lo Spirito Santo che guida, non voi che guidate lo Spirito Santo. Per interpretare visioni e sogni, bisogna ricevere lo Spirito Santo.

Pietro disse: Atti 2:14b che questo sia noto a voi e che ascoltiate le mie parole: 15 Perché questi non sono ubriachi, come voi supponete, visto che è solo la terza ora del giorno. 16 Ma questo è ciò che fu detto dal profeta Gioele: Ricevete la forza dall'alto. Amen!

PREGHIAMO

Padre celeste, grazie per averci riempito con il Tuo spirito. Esso è lo spirito della verità. Ci conduce a tutta la verità e ci permette di comprendere il sogno. Grazie per il giorno di Pentecoste, in cui hai inviato il Tuo Spirito, e noi possiamo riceverne centoventi. Siamo consapevoli dell'insegnamento perfetto per ricevere lo Spirito Santo. Parlare in lingua è l'unica prova che abbiamo di avere il Tuo Spirito. Ti ringraziamo per la lingua celeste. Ti ringraziamo per la Tua parola che conferma l'importanza del sogno. Lo Spirito Santo parla, avverte, istruisce, rivela, guida e ci benedice con una potente arma speciale per distruggere il nemico. Ti ringraziamo per la Tua stretta relazione con il tuo popolo, nel nome di Gesù. Amen! Dio vi benedica!

20 LUGLIO

COSA PORTA LA LUCE O LE TENEBRE NEL MONDO?

La Bibbia dice che la Sua parola è luce e lampada per i vostri piedi.

Salmo 119:105 Sia la luce che la lampada devono dare luce. Vivendo e obbedendo, Dio porta la luce nella nostra vita. Ci sentiamo felici, soprattutto al mattino quando sorge il sole e arriva la prima luce. Ci sentiamo gioiosi e vivaci. Ci svegliamo e sentiamo gli uccelli cantare, i fiori gioire e ci sentiamo favolosi e gioiosi.

La Bibbia dice che Gesù è.

Giovanni 12:46 Io sono venuto come luce nel mondo, perché chiunque crede in me non rimanga nelle tenebre.

Vivere secondo la Parola di Dio crea luce. Seguire Gesù è seguire la luce, e anche noi diventiamo luce. Le persone si sentono senza speranza e depresse nelle tenebre. Dio ha creato il cielo e la terra e subito ha creato la luce.

Genesi 1:2 La terra era priva di forma e vuota, e le tenebre erano sulla faccia degli abissi. E lo Spirito di Dio si mosse sulla faccia delle acque.3 E Dio disse: "Sia la luce"; e la luce fu.

Dio è luce 1 Giovanni 1:5 Che cos'è l'oscurità? L'oscurità è l'assenza di luce. Ogni giorno svolgo un ministero per le persone in India. Dio onora la mia preghiera. I nuovi convertiti vengono molestati da colleghi, familiari e datori di lavoro. Non sanno cosa rispondere e si lamentano con me. Io insegno ciò che dice la Parola di Dio. Fanno quello che dico e vedono i risultati. Oggi ho parlato con Lena. Ha detto che quelli che mi disturbavano mi stanno aiutando. Coloro che mi dicevano di mangiare cibo offerto agli idoli e mi obbligavano a pronunciare il nome dei loro cosiddetti dèi stanno andando in chiesa. Ho detto: "Gloria al nostro Dio! Egli è buono!"

Ha detto che le colleghe hanno iniziato a portare il materiale da cucire alla mia macchina quando hanno saputo che stavo digiunando. Un collega mi disse che avrei dovuto digiunare il venerdì seguente. Lena ha raccontato che le persone che mi prendevano in giro hanno ascoltato la mia testimonianza e hanno iniziato a frequentare la chiesa. Hanno iniziato a chiedermi di pregare per la loro situazione familiare e i loro problemi. Ho detto che Dio sta ribaltando la situazione. Oggi mi ha detto che noi siamo la luce se viviamo per Gesù e obbediamo. Ho detto: "Sì, è vero. Siamo la speranza per coloro che sono nelle tenebre.

Matteo 5:16 La vostra luce risplenda davanti agli uomini perché vedano le vostre opere buone e glorifichino il padre vostro che è nei cieli.

Lena è una generosa donatrice, mi dice sempre che ho dato 500 rupie e che ho dato grano e denaro ai diversi ministeri. Ha detto che non avevo una casa; ora ne ho costruita una. Come? Solo con Dio! Lena ha detto che la mia testimonianza e la mia vita sono luce per molti. Satana ama l'oscurità. A Satana non piace essere smascherato. Dobbiamo smascherare Satana e portarlo alla luce, così il diavolo non avrà una piattaforma. Il posseduto dal demonio ama stare nell'oscurità. Al demone piace stare in una stanza buia. Se tenete tutte le tende chiuse, il diavolo verrà. Aprite la finestra e la tenda e fate entrare la luce.

Uno dei miei amici mi ha spiegato che se si prende in mano la roccia in una giornata di sole, si vedrà il verme sotto di essa. Perché? Perché il diavolo ama l'oscurità. Il diavolo fa male al buio.

Efesini 5:8 - Perché un tempo eravate tenebre, ma ora siete luce nel Signore: camminate come figli della luce.

La Bibbia è una luce vivente per coloro che sono seduti nelle tenebre. Se obbedite, l'esito sarà preciso come dichiarato e promesso nella Parola di Dio. Il nostro Dio è reale. I nuovi cristiani convertiti raccontano che prima adoravano quasi 33 milioni di idoli artificiali sordi e muti. Tutti hanno qualcosa che ti fuorvia. È difficile uscire da rituali, caste, costumi e sistemi di povertà. Che il Signore porti la luce alle nazioni che sono nelle tenebre.

Gesù è la luce. La Sua parola vivente può manifestare la luce nel mondo attraverso di noi. Sono circondata da cristiani e vedo la luce su coloro che praticano la Parola di Dio. Quando smettono di praticare la verità, le tenebre si affacciano sui loro volti. Notate l'aspetto delle persone che pregano molto: hanno un chiaro bagliore di luce su di loro. Il giorno dopo aver ricevuto lo Spirito Santo, andai al lavoro. Una delle mie colleghe mi disse: "Hai ricevuto lo Spirito Santo". Ho risposto di sì. Dio mi ha riempito di Spirito Santo ieri. Ho chiesto come faceva a saperlo. Lei ha detto: "Vedo la luce che brilla attraverso di te". Ho detto: "Wow! Ma come fai a dirlo?". Lei mi ha detto: "Sono qui da molto tempo e vedo la differenza".

Proverbio 6:23 - Perché il comandamento è una lampada, la legge è una luce e i rimproveri sono la via della vita:

La pelle di Mosè risplendeva quando si trovava alla presenza di Dio onnipotente.

Esodo 34;35a I figli d'Israele videro il volto di Mosè e la pelle del suo volto brillò.

Pregate dove incontrate il Signore e risplenderete della Sua luce. Il giorno in cui mia madre ha ricevuto lo Spirito Santo al pronto soccorso, ho visto il suo volto cambiare e risplendere. In quel momento non riuscivo a capire. Stavo pregando su di lei, ma non riusciva a parlare la sua lingua mentre riceveva lo Spirito Santo. Non capivo cosa stesse dicendo. Più tardi ho capito e ho detto: "Oh, Signore, hai riempito mia madre con lo Spirito Santo". Molti anni fa, un evangelista dell'India meridionale di nome Pardeshi si recò nello Stato del Gujarat. La battezzò nel Nome di Gesù. Così la mamma è nata dall'acqua e ora dallo Spirito Santo.

Non vivete di privilegi; sottomettetevi alle vie e alla parola di Dio. Sarete sulla strada della luce e diventerete luce. Il diavolo fuggirà da voi. Esso odia la luce e odierà voi. Una lampadina non ha bisogno di essere dipinta. Se diventate la luce, non avrete bisogno di nulla. Le persone non vogliono vivere per Dio o hanno dimenticato le leggi e i comandamenti di Dio. Vogliono sbarazzarsi della Bibbia, andare in chiesa e vivere nella carne? Piena di bugie, gelosia, orgoglio, avidità e malvagità. Non siete stanchi di stare male, di essere sempre gli stessi, senza risultati concreti nella vostra vita? Prendete contatto con Dio obbedendo alla verità. Il Signore ci ha chiesto di essere la Sua luce. Potete cambiare il mondo vivendo in modo santo e giusto, obbedendo ai Suoi comandamenti e alle Sue leggi. Il mondo sta cercando la luce. Le tenebre scompariranno quando risplenderete per Gesù.

Matteo 4:16 Il popolo che sedeva nelle tenebre vide una grande luce, e a quelli che sedevano nella regione e nell'ombra della morte spuntò la luce.1 7 Da quel momento Gesù cominciò a predicare e a dire: "Convertitevi, perché il regno dei cieli è vicino".

Predicate il Vangelo e vivete in base a esso. Vedrete il cambiamento nella vita delle persone a voi legate. Il vostro peggior nemico vi chiederà di pregare per lui nei momenti bui. Ho visto persone chiamarmi mentre attraversavano i momenti più bui. Mi cercano quando hanno bisogno di pregare. Noi siamo luce e la nostra luce deve risplendere. Aprite la Bibbia, non solo per leggere, ma per obbedire alle Sue leggi e ai Suoi comandamenti, in modo che questo mondo si illumini nel nome di Gesù. Le tenebre sono l'assenza di luce. Siate voi la luce di questo mondo. Amen

PREGHIAMO

Padre nostro, sei venuto sulla terra come luce. Hai lasciato a noi il Vangelo della vita e della luce da predicare. Aiutaci a pentirci e a obbedire ai Tuoi comandamenti e alle Tue leggi. È la lampada e la luce per noi e per gli altri, come lo sei stato tu in questo mondo. Dio ci aiuti a insegnare ai nostri figli la Legge e i comandamenti di Dio. Aiutaci a insegnare loro la Parola di Dio, affinché non passino mai un periodo buio della loro vita. Così diventeranno la luce per gli altri. Ti ringraziamo per averci dato la Parola di Dio. Fa' che la nostra opera risplenda in modo che questo mondo dia al nostro Dio gloria, onore e lode nel nome di Gesù. Amen! Dio vi benedica!

21 LUGLIO

SEMPLICI ISTRUZIONI PER LA LIBERAZIONE!

Che cos'è la liberazione? Liberazione significa liberare dalla schiavitù di qualsiasi tipo di spirito maligno. Significa liberare o sganciare dalla prigionia. Noi disapproviamo che qualcuno sappia che abbiamo o abbiamo avuto uno spirito maligno dentro di noi. A volte i cristiani non capiscono che lo spirito può arrivare se c'è un vuoto o una cavità in noi. Questo non significa che non possiamo liberarci dei demoni. Avete l'autorità di ordinare allo spirito maligno di uscire dal vostro corpo, dalla vostra casa, dal vostro luogo o da qualcuno. Lo Spirito maligno può entrare nel corpo di chiunque anche solo aprendo la bocca.

Un amico mi ha dato dei dolci e io mi sono ammalata dopo averli mangiati. Ho chiesto a Dio cosa mi avesse fatto ammalare. Dio mi ha mostrato il demone dei dolci. Credo che debbano aver fatto un'offerta di cibo agli idoli. Mi sono alzata e li ho buttati via. Pregate su tutto il cibo che mettete in bocca, anche sulle bevande. Chiedete a Dio di ricoprirlo di sangue e di benedirlo.

Molte persone religiose hanno uno spirito malvagio in loro in una forma distintiva. Stavo pregando per una signora con l'asma e Dio ha mostrato che si trattava di un attacco di uno spirito maligno. Alle persone piace dare un nome medico, ma Gesù lo etichetterà come un attacco demoniaco. Una donna era piegata e Gesù l'ha etichettata come un demone?

Luca 13:11 Ed ecco una donna che aveva uno spirito di infermità da diciotto anni, era prostrata e non poteva in alcun modo sollevarsi. 12 Gesù, vedendola, la chiamò a sé e le disse: "Donna, sei sciolta dalla tua infermità". 13 E le impose le mani; e subito la donna si raddrizzò e glorificò Dio.

Vedete un demone in questo caso? Ma aveva un demone delle afflizioni. Cosa le farà il medico? Le persone hanno paura delle critiche se scoprono che hai un demone. Lasciate che vi dica che ho scacciato il demone dagli altri e l'ho scacciato da me stessa e dalla mia casa. Se non ne siete consapevoli, allora ne avete molti in voi. Solo voi non lo sapete. Le persone vanno in chiesa, dove sono fuorviate da falsi insegnamenti. Il demone più gigante è quello della religione. In quelle chiese, i demoni si sentono a loro agio. Non si manifesterà perché la maggior parte di loro è posseduta da spiriti maligni. Un demone ama stare in compagnia!

2 Corinzi 7:1 Avendo dunque queste promesse, carissimi, purifichiamoci da ogni impurità della carne e dello spirito, perfezionando la santità nel timore di Dio.

21 LUGLIO

La Bibbia dice che ci si pulisce dalla carne e dallo spirito. Lo spirito è l'aria. L'acqua, il cibo, il guadagno, il peccato, la visione di cose orribili e molti altri modi possono entrare nel nostro corpo. Quindi scacciate il demonio da voi stessi. Questo è il mio e il vostro lavoro. L'artrite, la pressione, il cancro e molte malattie sono attacchi demoniaci al corpo. La scienza medica li etichetta in modo diverso. Abbiate pietà! Non ne usciremo mai se non li scacciamo. Il Signore è buono! Ha detto che dopo aver ricevuto lo Spirito Santo, vi ha dato il potere di scacciarli.

Un rimedio semplice: stendete la mano e ordinate al demone, alla malattia o a qualsiasi altra cosa di uscire. Ora non limitatevi a farlo una, due o tre volte. Ho unto mia madre con l'olio e ho pregato su di lei ogni volta che era possibile. Non aveva più dolori alle articolazioni quando stava da me. Fatelo ogni giorno fino a quando non avrete scacciato tutto. Leggete le potenti Scritture.

Giovanni 3:20 Perché chiunque fa il male odia la luce e non viene alla luce, per non essere rimproverato delle sue opere. 21 Ma chi fa la verità viene alla luce, affinché siano rese manifeste le sue opere, che sono state fatte in Dio.

Leggere i Salmi 91 mentre si unge la casa con l'Olio Santo. Parlare con potenza e autorità. La Parola di Dio è l'unica arma offensiva contro Satana e il suo regno. Non andate da falsi pastori, vescovi o evangelisti, perché non camminano nello Spirito. Vi guideranno in modo errato. Fate come dice la Parola per ottenere il risultato della liberazione. Dico sul serio.

La Signora e sua madre hanno unto la Casa con l'Olio Santo, leggendo il capitolo 91. Il demone dell'alcool, della droga e dell'ateismo si è dissolto. Che il Signore ci renda esecutori e non uditori. Mettete gocce di Olio Santo nell'acqua, nel cibo ecc. Funzionerà se lavorate la parola. Le parole hanno bisogno di un'azione di lavoro, non solo di essere lette. Tutte le persone piene di Spirito Santo possono scacciare i demoni. Se fate come vi dico, il demone uscirà dalla persona. Dio è meraviglioso. Non fatevi mai coinvolgere da stregoni, vizi o spiriti familiari: vi distruggeranno. I cristiani religiosi vanno di notte dallo stregone e dall'indovino. Se li affrontate, vi combatteranno e vi morderanno. Vanno di notte pensando che nessuno veda, ma Dio sì. Il potere delle tenebre è un mondo spirituale invisibile. Dite: "Ti lego, Satana, nel nome di Gesù, e spezzo il tuo potere". Poi perdete lo Spirito Santo, invitate un angelo custode, preoccupante, minaccioso e potente. Copritevi con il sangue di Gesù.

Perché i cristiani hanno uno Spirito maligno? Alcuni ne hanno molti perché rifiutano la verità. Preferiscono le religioni. Lo Spirito ama frequentare gli stessi demoni.

Giovanni 8:31 Allora Gesù disse a quei Giudei che avevano creduto in lui: "Se perseverate nella mia parola, siete davvero miei discepoli; 32 conoscerete la verità e la verità vi renderà accessibili".

Alle persone religiose non piace sapere di avere il demone dell'avidità, della menzogna, dell'adulterio, dell'alcol e molti altri tipi di demoni. A loro piacciono gli spiriti familiari. Se li affrontate, litigheranno come hanno fatto in passato con Gesù.

Giovanni 8:33 Gli risposero: "Noi siamo la discendenza di Abramo e non siamo mai stati schiavi di nessuno; come fai a dire che sarete resi liberi?". 34 Gesù rispose loro: "In verità, in verità vi dico che chiunque commette il peccato è servo del peccato".

Significa che avete lo stesso tipo di demone in voi se peccate. Gli indemoniati non sanno di essere posseduti e hanno bisogno di essere liberati. Ho imparato a conoscere il nome di Gesù, il battesimo, che non avevo mai sentito. Sono stata battezzata nel nome di Gesù e ne sono uscita sentendomi leggera. Tutti i peccati sono stati rimossi e mi sono sentita leggera. È stata la prima esperienza che ho fatto.

Ho finito tutta la Bibbia quando ero in seconda superiore e ho continuato a leggerla. Tuttavia, non ho mai visto il battesimo solo nel nome di Gesù. Satana ha fondato molte chiese che combattono il nome di Gesù nel battesimo. Tutti i demoni usciranno se si pronuncia quel nome nell'acqua. Molte malattie, alcool, droghe, bugie, adulteri e demoni malvagi sono emersi quando sono stati battezzati nel nome di Gesù. Quando sono stato battezzata, sapevo che era facile essere liberata dalle sigarette, dall'alcol e dalle droghe, ma non dal demone della religione.

Grazie a Dio, nella Sua grande misericordia mi ha liberato dallo spirito religioso dell'anticristo. Non sono più religiosa. Ungete voi stessi con l'olio consacrato e la vostra famiglia per vedere il risultato e la potenza della parola. Dio fa l'opera, non voi. Io faccio tutto quello che mi chiede il vero profeta. Vado in giro a ungere la mia casa, a mettere abiti di preghiera sottoterra, panni di preghiera su porte e finestre. La religione non accetterà mai le vie di Dio. Gesù ha affrontato, io ho affrontato e voi affronterete questo spirito anticristo che opera attraverso il gruppo religioso. Seguite la voce dello Spirito Santo. Vi dirà cose strane ma non impossibili. Obbedite alla Sua voce.

Atti 19:12 Così che dal suo corpo furono portati ai malati

fazzoletti o grembiuli, e le malattie si allontanarono da loro e gli spiriti maligni uscirono da loro.

Ungete o tenete in mano i vestiti dei malati mentre si prega. Ungete e pregate sui regali che fate. Io lo faccio sempre. Anche l'ombra di persone consacrate funziona. Ma quanto è assurdo?

At 5,15 Al punto che portavano i malati per le strade e li deponevano su letti e giacigli, affinché almeno l'ombra di Pietro che passava di lì facesse ombra ad alcuni di loro.

PREGHIAMO

Signore, se facciamo come è detto, è tutto merito Tuo. Crediamo che la parola di Dio faccia miracoli se esce dalla Tua bocca. Mostrerà al mondo quanto è meraviglioso il nostro Dio. È venuto a liberare i prigionieri. La liberazione è solo nel nome di Gesù. Portiamo il nome di Gesù con riverenza. Sappiamo che ha funzionato nel passato di coloro che hanno dedicato la loro vita a te. Noi ti dedichiamo la nostra vita. Padre nostro celeste, ti chiediamo nel nome di Gesù, di liberare da tutti i demoni delle malattie e delle infermità che stanno ascoltando questo video nel nome di Gesù. Amen! Dio vi benedica!

22 LUGLIO

HA BISOGNO DI UNA CONSACRAZIONE TOTALE!

Daniele, Davide, Mosè, il Signore Gesù e molti altri avevano una consacrazione totale. Se volete essere usati con forza per Dio, dovete consacrarvi al Signore. Tutti dicono: "Voglio essere come Gesù", "Voglio essere come lui o lei". Mi state solo dicendo che volete seguire le orme di queste grandi persone. Se passate attraverso la stessa prova di Daniele, Davide e Mosè, o come scegliete di essere, potete farlo. Siete pronti? Voglio essere come Giuseppe. Questo significa che volete passare attraverso la prova di Giuseppe. Ora ditemi, volete essere come Giobbe? Assicuratevi che quello che chiedete sia la dedizione, la prova e il loro test.

Come sapete, quando vediamo i loro risultati e le loro promozioni, diventiamo gelosi e vogliamo quella posizione. Non ci interessa affrontare le prove per ottenere ciò che desideriamo. Rifiutiamo tutti i dolori, la dedizione e la vita dura di quelle persone.

Che il Signore ci dia saggezza davanti a ciò che chiediamo e desideriamo. È facile desiderare, ma a nessuno piace pagarne il prezzo. Caino voleva la benedizione, ma doveva essere più attento a portare al Signore il sacrificio adeguato. Caino uccise suo fratello invece di fare il sacrificio appropriato. Non massacrate Abele. Molti sommi sacerdoti portarono i giudei e il Sinedrio a mettersi contro Gesù, il Salvatore del mondo.

Siete pronti per tutte le prove? Voi invece desiderate ciò a cui siete chiamati. Ha fatto una prova speciale solo per voi per ricevere le benedizioni da Dio. Ho sempre pregato: "Signore, voglio essere come Abramo, Giuseppe, Daniele" ecc. Una volta il predicatore mi ha spiegato: "Non pregare per essere come lui o lei, perché riceverai tutte le prove della persona che desideri essere". Dio ti ha ascoltata e vedrai che tutte le prove verranno da te. Intendo dire che tutti i leoni, le persone malvagie si metteranno contro di voi. Avete dimenticato quello che avete chiesto. Potreste dire: no, ho chiesto di essere come Daniele. Egli ha attraversato prima tutte le opposizioni, il rifiuto e poi la tana del leone. Quindi non urlate o piangete; pensate a ciò che avete chiesto. Non mi interessa tutto questo fuoco, l'acqua impetuosa, i leoni e i problemi del rifiuto. Non voglio le angherie di mio fratello, del mio compagno di campagna. Allora, chiedete qualcosa solo con il pensiero. Quando vedete qualcuno promosso, ascoltate prima la sua testimonianza. Com'è il suo stile di vita?

Ho visto Benny Hin o il mio pastore Grant; ho detto che mi piacerebbe sapere come vivevano. Vivevano per Dio fino in fondo. Il pastore che sente e vede il mondo degli spiriti, che amministra con nove doni dello Spirito, ha uno stile di vita da Gesù. Prega e studia la Parola di Dio in continuazione. Dio li usa in tutto il mondo. Ho sentito il pastore Alph Lukau dire che una volta ha digiunato tutto l'anno. Egli invita la chiesa a digiunare per una settimana o per quaranta giorni. Prega sempre e rimane in contatto con Dio. Dio gli dà il nome, l'indirizzo, la data di nascita e tutto ciò che riguarda la persona a cui presta il ministero. Oh mio Dio, dirò che lo voglio.

A cosa serve se non si può scacciare il demonio o guarire i malati? Qualche settimana fa, sorella Nile ha chiesto di pregare per una persona in coma. Mentre pregavo, ho visto una serata rilassante e dei bellissimi fiori viola. Ho continuato a pregare e ho visto che Gesù era proprio lì. Ho detto a questa cara sorella Nile quello che avevo visto. Le ho detto che stava tornando a casa. Dio la sta promuovendo e Gesù la sta aspettando. Qualche giorno dopo, mi ha scritto che la donna per cui avevo pregato era morta. Mi ha detto che ha condiviso la mia visione con la nipote, che l'ha condivisa con sua madre. La signora Nilo si è ricordata di ciò che ho visto nella visione mentre pregava per questa persona. Il giorno del funerale, la figlia si è girata e ha detto a sorella Nile: "Vedi che ci sono tutti fiori viola?". Ho chiesto a sorella Nile a che ora era partita? Mi ha risposto che erano circa le 22.00. Quel giorno, mentre pregavo, ho detto di aver visto una bellissima luce serale. Non posso descrivere la splendida serata, ma mi è piaciuto molto quello che ho visto. Lady Nile disse: "Voglio sapere come vedi". Così, mentre pensavo a ciò che desideravo, Dio mi disse che aveva bisogno di dedizione. Tienimi al primo posto nella stagione, sempre fuori stagione. Lascia e metti da parte tutto. Offri un sacrificio gradito al Signore.

Le persone sono troppo occupate e vogliono lavorare per Dio nelle loro condizioni. Mi sveglio alle 3.50 del mattino, a volte anche prima, e prego. Effettuo un digiuno regolare prolungato e settimanale senza cibo e acqua. Preghiamo tutta la notte. Potete dire che lo faccio, ma questo richiede un'attenzione completa e una dedizione. Non desidero essere come qualcuno, ma come Gesù. Voglio scacciare il demonio, guarire i malati e predicare il Vangelo con segni e prodigi. Proprio quello che sono chiamata a essere.

Romani 12:1 Vi esorto dunque, fratelli, per le misericordie di Dio, a presentare i vostri corpi come un sacrificio vivente, santo, gradito a Dio, che è il vostro servizio ragionevole. 2 E non conformatevi a questo mondo, ma siate trasformati mediante il rinnovamento della vostra mente, per provare quale sia la buona, gradita e perfetta volontà di Dio. 3 Infatti, per la grazia che mi è stata data, dico a ogni uomo che è tra voi di non pensare a se stesso più di quanto debba pensare, ma di pensare sobriamente, secondo che Dio ha distribuito a ogni uomo la misura della fede.

Ricordo che, crescendo, i nostri cugini trascorrevano del tempo con noi durante le vacanze estive. Dicevano ai loro genitori: "I figli della zia sono molto obbedienti". Mia zia diceva che non lo erano. Diceva ai suoi figli: "Avete sempre parole come aspetta la mamma, vieni mamma e vieni dopo un'ora quando vi ho chiamato centinaia di volte". Mi sono ricordata di una vera storia d'infanzia. Avevano avvertito molte volte un ragazzo di non stare sul treno veloce vicino alla porta. Ma lui lo faceva lo stesso. Una volta abbiamo sentito che un ragazzo è morto su un treno veloce, la sua testa ha colpito la colonna. Quando la gente ha sentito, ha capito subito chi era la persona. Possiamo evitare molti incidenti, morti immature, problemi e prove se impariamo ad amare Dio con tutto il cuore, la mente, l'anima e la forza. Ad ascoltarlo e a rispondere subito.

Luca 11:28 Ma egli disse: "Sì, trave, beati quelli che ascoltano la parola di Dio e la osservano".

Dio può diventare sovrano, controllore e guida sulla terra come lo è in cielo! Nessun carcere, nessuna prigione, nessun suicidio, nessun avvocato e l'ospedale sarà chiuso. Tutto il disordine dimostra che stiamo seguendo Eva e Adamo e non Dio. Chiediamo a Dio di seguirci. State aiutando Dio? Non è così triste? Stiamo ripetendo la storia del Re Saul, del saggio Re Salomone e di Giuda? Imparate ad arrendervi; Dio non ha bisogno del vostro aiuto, basta seguire il Suo piano. Dio vi ha mandato sulla terra con il Suo piano.

Geremia 29:11 Perché io conosco i pensieri che penso verso di voi, dice il Signore: pensieri di pace e non di male, per darvi una fine attesa.

Volete che i pensieri e il piano per la pace vi portino a una fine attesa? Vi terrà lontani dal male, dall'affanno e dal non raggiungere la riva. Ascoltate la piccola voce immobile.

Geremia 29:12 Allora mi invocherete, andrete a pregarmi e io vi ascolterò.

Dio vuole darci pace, conforto e uno stile di vita più elevato. Dio ha ciò che i vostri occhi non hanno mai visto e le vostre orecchie non hanno mai sentito. Sarebbe meglio se aveste pietà di voi stessi. Decidete di seguirLo. Consacrate la vostra vita oggi stesso! Che il Signore ci dia la saggezza dall'alto! Non è forse Dio così buono? Che il Signore ci aiuti a ricominciare da capo. Una vita è gradita al Signore!

Matteo 6:33 Cercate prima il regno di Dio e la sua giustizia, e tutte queste cose vi saranno aggiunte. 34 Non pensate al giorno dopo, perché il giorno dopo penserà alle cose di se stesso. È sufficiente il male del giorno.

PREGHIAMO

Signore, ti portiamo il nostro sacrificio di autocompiacimento. Il Tuo piano è quello a cui attingiamo. Ti vogliamo nella nostra barca. Prendi le redini della nostra vita e governala secondo il Tuo piano. Signore, ti siamo grati per averci scelto. Sii il nostro padrone, che ci protegge dal male e dal pericolo e ci benedice oltre. Nessuno come te ha un progetto migliore e più grande per noi. Ti dedichiamo la nostra vita, sii il padrone della nostra vita. Padre nostro celeste, grande è la Tua misericordia e la Tua bontà. Ti ringraziamo per tutto ciò che hai fatto e farai nel nome di Gesù. Amen! Dio vi benedica!

23 LUGLIO

SE LE FONDAMENTA SONO DISTRUTTE!

Che cosa sono le fondamenta? Le fondamenta sono una base per la costruzione di un terreno, un sostegno o una radice. Esistono molte definizioni della parola fondamento. Osservate ciò a cui si applica.

Salmo 11:3 Se le fondamenta sono distrutte, cosa può fare il giusto?

Dio non può aiutare quando le fondamenta sono distrutte. La Bibbia è il libro delle fondamenta. Esse decadono o si distruggono se si aggiungono, si sottraggono e si stravolgono le parole. Assicuratevi di leggere la Parola di Dio senza diluirla. Che il Signore ci aiuti a capire che è la Parola di Dio e che nessuno ha l'autorità di cambiarla.

1 Corinzi 3:11 Nessuno infatti può porre altro fondamento all'infuori di quello che è stato posto, cioè Gesù Cristo.

Ora, chi ha gettato le fondamenta della Chiesa del Nuovo Testamento? Andiamo alla Bibbia e troviamo la risposta. Non Gesù, poiché è venuto a versare il sangue per i nostri peccati e a essere un esempio per noi. Il sangue senza peccato ha una vita per tutti i peccatori. Ma chi ha gettato le fondamenta?

Efesini 2:20 e sono edificati sul fondamento degli apostoli e dei profeti, essendo Gesù Cristo stesso la pietra angolare principale.

Le Scritture di cui sopra mostrano che gli apostoli e i profeti hanno gettato le fondamenta. Noi dobbiamo costruire su di esse. A Pietro, avendo una rivelazione del Messia, fu data la chiave per aprire il Regno di Dio. Non possiamo gettare un altro fondamento. Se lo facessimo, avremmo una nuova religione, che non funzionerebbe. Funzionerebbe al contrario delle fondamenta già gettate. Molti ne hanno gettate di diverse e stanno costruendo chiese. I mormoni, i testimoni di Geova, i metodisti, i battisti e altre chiese hanno iniziato con il loro titolo e hanno gettato le loro fondamenta. Non funzionerà.

Troviamo le basi che il profeta e l'apostolo hanno posto nel libro degli Atti il giorno di Pentecoste. Possiamo costruire la chiesa sullo stesso fondamento a Corinto, a Galati, a Colossi, in India o in qualsiasi altra parte del mondo. La prima cosa da fare è battezzare le persone con pentimento. Le persone devono rendersi conto e riconoscere i loro peccati e pentirsi. Una volta fatto questo, devono essere battezzate nel nome di Gesù per rimuovere la macchia o la cicatrice dei peccati.

23 LUGLIO

Vediamo come funziona.

Atti 2:38 Allora Pietro disse loro: "Pentitevi e ciascuno di voi sia battezzato nel nome di Gesù Cristo per la remissione dei peccati e riceverete il dono dello Spirito Santo".

Imparate la corretta fase di fondazione:

1. Pentirsi;

2. battezzatevi nel nome di Gesù per cancellare i vostri peccati;

3. ricevete lo Spirito Santo.

Atti 2:41 Allora quelli che accolsero volentieri la sua parola furono battezzati; e nello stesso giorno furono aggiunte loro circa tremila anime.

Tremila ebrei si aggiunsero pentendosi, battezzandosi nel nome di Gesù e ricevendo lo Spirito Santo. Tutti coloro che avevano ucciso Gesù o che avevano acconsentito a ucciderLo piansero e i loro peccati furono rimessi per intero.

Atti 8:12 Ma quando credettero a Filippo che predicava le cose riguardanti il regno di Dio e il nome di Gesù Cristo, furono battezzati, uomini e donne. 16 (Perché non era ancora caduto su nessuno di loro; solo loro furono battezzati nel nome del Signore Gesù).

La chiesa di Samaria fu costruita sulle stesse fondamenta del pentimento, del battesimo nel nome di Gesù e della ricezione dello Spirito Santo. La prima Chiesa pagana iniziò nella casa di Cornelio, con le stesse fondamenta. Pietro o Paolo non possono cambiarle.

Atti 10:44 Mentre Pietro pronunciava queste parole, lo Spirito Santo scese su tutti quelli che ascoltavano la parola. 48a E comandò loro di essere battezzati nel nome del Signore.

Vediamo se hanno cambiato le basi quando hanno trovato i discepoli di Giovanni Battista, battezzati da questi. Paolo incontrò i discepoli di Giovanni Battista a Efeso, già battezzati con il battesimo di ravvedimento. Devono costruire la chiesa sulla base degli apostoli e dei profeti.

Atti 19:2 Disse loro: "Avete ricevuto lo Spirito Santo da quando avete creduto?". Ed essi gli risposero: "Non abbiamo nemmeno sentito dire se c'è uno Spirito Santo". 3 Ed egli disse loro: "In che cosa siete stati battezzati?". Ed essi risposero: "Al battesimo di Giovanni". 4 Allora Paolo disse: "Giovanni ha veramente battezzato con il battesimo di ravvedimento, dicendo al popolo di credere in colui che sarebbe venuto dopo di lui, cioè in Cristo Gesù". 5 Quando udirono questo, furono battezzati nel nome del Signore Gesù. 6 E quando Paolo ebbe imposto loro le mani, lo Spirito Santo venne su di loro ed essi parlarono con le lingue e profetizzarono.

Secondo la Bibbia, il fondamento non può cambiare. I discepoli di Giovanni Battista stavano entrando nell'era della grazia. Dovevano costruire la loro chiesa su un fondamento stabilito di pentimento, battesimo nel nome di Gesù e infusione dello Spirito Santo. La prima volta mi battezzarono con il titolo di Padre, Figlio e Spirito Santo. Posso dirlo correttamente? Non era un battesimo, ma un'aspersione, poiché il battesimo significava andare sotto l'acqua, immergendosi. Che il Signore ci svegli; dobbiamo correggere le nostre strade, siamo ancora in tempo.

La salvezza è gratuita. Gesù ha pagato il prezzo.

At 4,12 E non c'è salvezza in nessun altro, perché non c'è altro nome sotto il cielo dato tra gli uomini per mezzo del quale dobbiamo essere salvati. (Gesù-vs. 10)

La comprensione delle fondamenta deve rimanere la stessa. Seguite le istruzioni date da Pietro nel libro degli Atti. Non avendo una rivelazione di Gesù, molti hanno gettato fondamenta diverse. Non funziona, perché la Bibbia dice di non porne altre. Potete trovarvi in qualsiasi nazione, continente o luogo, ma dovete comunque pentirvi, battezzarvi nel nome di Gesù per lavare i peccati e ricevere la forza dello Spirito Santo. Dio ci ha avvertito che molti anticristi distruggeranno le fondamenta. È già successo. Molte denominazioni ecclesiastiche non continuano a seguire la dottrina degli apostoli e dei profeti. Un'organizzazione ha iniziato su un fondamento diverso. Lo scheletro è il fondamento del nostro corpo fisico. Possiamo cambiare il naso, sollevare gli occhi, togliere la pelle in più, ma non possiamo cambiare lo scheletro.

Paolo conferma: 1 Corinzi 3:11 Nessuno infatti può porre altro fondamento all'infuori di quello che è stato posto, cioè Gesù Cristo.

I falsi insegnanti e i profeti hanno posto un altro fondamento, ed è per questo che i bugiardi, gli ubriaconi, i ladri, i malati e gli indemoniati non hanno liberazione o guarigione. Che il Signore li aiuti a rivolgersi alla Roccia di Gesù Cristo. Siate come Efesini, Ebrei, Corinzi e Galati, che hanno costruito la chiesa sul fondamento posto dagli apostoli e dai profeti come Paolo e Pietro. Se non siete stati battezzati per lavare i vostri peccati o in qualsiasi altro modo, pentitevi e battezzatevi nel nome di Gesù, che non sarà la seconda o la terza volta, ma il modo corretto, e riceverete la potenza dello Spirito Santo. Dio vi benedica.

Matteo 16:18 E ti dico anche che tu sei Pietro e su questa pietra edificherò la mia Chiesa e le porte degli inferi non prevarranno contro di essa.

PREGHIAMO

Padre celeste, ci presentiamo davanti a te sapendo che la Parola di Dio non può cambiare. Non possiamo alterare le fondamenta. Signore, ti chiediamo di far girare i nostri cuori su un fondamento vero, in modo da poter essere forti. Fa' che tutto il male che c'è in noi sia lavato via nel nome di Gesù. Riempici con lo Spirito Santo per continuare a costruire sulle giuste fondamenta. Padre celeste, ti prego di rimuovere il potere dei demoni religiosi dal Tuo popolo. Dacci un cuore umile affinché non gettiamo altre fondamenta, ma costruiamo correttamente battezzando nel nome di Gesù per lavare i nostri peccati nel nome di Gesù. Amen! Dio vi benedica!

24 LUGLIO

DECIDETEVI!

Niente può fermare chi ha deciso. Il diavolo non può toccare o tentare chi ha preso una decisione. Ci sono molte altre parole per indicare il motivo inventato, deciso, impegnato; scopo perseguito, determinato.

Un uomo con un obiettivo, una determinazione e uno scopo nel cuore non può essere facilmente smosso. Non si possono scuotere le persone con uno scopo. Abbiamo un nemico, il diavolo, che ha un esercito di angeli caduti, chiamati demoni. Il loro compito è quello di farvi conoscere molte cose, quindi fate attenzione. Non possiamo piegarci alla nostra volontà, alla lussuria e all'orgoglio permettendo che ci vengano proibite. Sono loro che ci allontanano dal sentiero e dalla via giusta. Abbiamo un aiuto con le luci e le lampade chiamate Parola di Dio per mantenervi sulla retta via.

Una volta stabilito, nessuno vi suggerirà o ostacolerà. La vostra mente, così come l'avete creata, ha la forza interiore per sfuggire a tutto ciò che vi si oppone.

Il diavolo è un principe dell'aria. Una volta che decidete di digiunare, pregare o leggere la Parola e predicare, nessuno può fermarvi. Quando siete distratti da qualcosa, sapete che non siete determinati o decisi.

Giacomo 1:8 Un uomo dalla doppia mentalità è instabile in tutte le sue vie.

La vita disciplinata o il discepolo ha questo tipo di vita. Qualsiasi cosa o persona non li distrarrà.

Guardate come vivono.

Luca 14:26 Se uno viene a me e non odia suo padre, sua madre, sua moglie, i suoi figli, i suoi fratelli e le sue sorelle, e anche la sua stessa vita, non può essere mio discepolo. 27 E chi non porta la sua croce e non viene dietro a me, non può essere mio discepolo.

Si concentrano sul progetto o sulla vocazione che hanno. Tutti ne abbiamo una. C'è chi risponde con determinazione e chi invece vaga. Una volta che si risponde, non ci si guarda indietro, qualunque cosa accada. Seguirete la strada anche se è accidentata, spinosa, rocciosa, piena di problemi e di prove.

Matteo 7:24 Perciò chi ascolta questi miei detti e li mette in pratica, lo paragonerò a un uomo saggio che ha costruito la sua casa sulla roccia.

Ho notato che in chiesa i bambini giocano ai loro giochi e siedono persino accanto ai genitori. Ora pensate: come stanno educando i genitori i bambini? Li presentano come soldati per il regno di Gesù o li educano a non prestare attenzione in chiesa? Quando ero piccola, i nostri genitori ci insegnavano a non fare rumore mentre pregavamo. Non permettiamo ai bambini di giocare mentre pregano. La vita richiede più attenzione e disciplina quando preghiamo in famiglia. A prescindere da tutto, questo è il fondamento di base da insegnare. Quando crescono, sapranno come concentrarsi.

Luca 9:62 Gesù gli disse: "Nessuno che abbia messo mano all'aratro e si guardi indietro è adatto al regno di Dio".

I bambini cresciuti da genitori meravigliosi hanno una vita disciplinata. Questi non avranno molti problemi a concentrarsi o a focalizzarsi sulla loro vita.

Daniele, Mosè o Giosuè non hanno avuto problemi ad affrontare la prova. Erano determinati a morire o a vivere, e nulla li avrebbe scossi o smossi. Hanno deciso di seguire il piano del Signore.

Il Signore ama questo tipo di persone. Sono affidabili. Dio le posizionerà dove si può essere sopraffatti e sorpresi. Vi chiederete come facciano le persone schiavizzate a occupare una posizione così elevata, come faccia questa persona schiavizzata a ottenere tutti i favori e i benefici. La persona asservita ha deciso di fare le scelte giuste. La determinazione a non temere il fuoco, l'acqua, la fame, la sete o qualsiasi cosa gli capiti a tiro. Una volta decisi, il Signore interverrà nella vostra questione. Vedrete il soprannaturale. Il Dio celeste non vuole qualcuno che pensi ogni giorno in modo diverso. Si muove a tentoni. Scappa dai problemi. Le persone determinate conoscono Dio. Non c'è bisogno di piangere vedendo leoni, fuoco, acqua, tempesta e spada. Fate quello che piace a Dio, visto che avete deciso.

Sfideranno la mossa del diavolo. Gesù è venuto con un'unica mente sulla terra per sacrificarsi e darci la vita più ricca. Quando seguite Gesù, dovete concentrarvi sul Suo piano più che sul vostro, senza bisogno di guardarvi intorno. Il mondo ha molte reti da pesca, ma voi dite: "No, diavolo, non ne ho bisogno; sto passando. Ho deciso e non torno indietro. Non c'è nulla al mondo che possa sedurmi". Molti sono tornati al mondo, sono morti di depressione, suicidio e perdita, e l'inferno li ha accolti.

Ho sentito la storia di molti che erano grandi predicatori e cantanti di culto, che hanno perso per le donne, il denaro, il potere e la posizione. Sono morti persi nella droga, senza più tornare al Calvario.

Una volta seguite le vie e i passi del Signore, assicuratevi di arrendervi a Dio senza tornare indietro. Non otterrete altro che dolore, sofferenza, maledizioni e inferno bruciante.

Come sapete, le persone che seguono Gesù non sono timorose; la loro mente è decisa. Sono pronte a combattere contro il diavolo. Vivono una vita sacrificale per lo scopo che hanno scelto. Che il Signore ci dia una mente pronta.

È la vita della vittoria, del soprannaturale e della pace. Che il Signore ci aiuti a capire che la prova e il test non sono nulla per chi ha deciso.

Nessun vento di dottrina può farli vacillare. Non è Lui a svegliarli e a pensare a cosa e come si sentiranno. È il Signore che decide il loro futuro e il loro progetto.

Dio li prende nel Luo piano. Dio si è fidato di Giobbe, di Abramo e dei suoi discendenti. Volete che Dio si fidi di voi? Decidetevi.

Alcune paure di confessare qualcosa portano problemi a controllarle. Certo, solo per farvi capire cosa intendete con quello che avete appena detto quando tutto va bene. I soldi sono in tasca, il cibo è in tavola, la salute è buona. Il matrimonio è bello, e allora tutto va bene.

Che il Signore ci aiuti. Tutti abbiamo problemi, ma chi vede il risultato positivo è colui che ha deciso.

Chi è indeciso farà una fine terribile, senza rimedio, perché non ha fede nel Signore. Il Signore è lì se si ha fiducia. L'unica differenza è che potete fuggire, essere aiutati, liberati o guariti se avete deciso di fidarvi del Signore. Avrete migliaia di promesse da reclamare e godrete della libertà in Gesù. Avete legioni di Angeli che vengono a ministrare, salvare, rafforzare e aprire la porta della prigione. Che il Signore ci liberi da tutta questa instabilità mentale e di vita nel nome di Gesù. Dio vi benedica!

PREGHIAMO

Padre celeste, ti ringraziamo per tutti gli esempi che hai dato nel capitolo 11 degli Ebrei di coloro che avevano deciso. Non era la situazione a decidere il destino, ma la decisione presa. Signore, aiutaci a essere pronti nelle stagioni a seguire Gesù. Possiamo riscattare le nostre promesse se restiamo fermi, immobili e determinati nel mondo di Dio. È il terreno permanente e fermo, l'unico su cui siamo al sicuro. Tutti gli altri sono barche che affondano. Così il nostro Padre celeste ci tiene per mano mentre teniamo gli occhi su di te. Confidiamo di seguirTi mentre le altre vie sono larghe e ci portano alla distruzione. Signore, benedici il nostro cuore e la nostra mente per fare la Tua perfetta volontà. Grazie, nel nome di Gesù. Amen! Dio vi benedica!

25 LUGLIO

SIETE VOI A PROGETTARE LA VOSTRA VITA!

La vostra scelta e la vostra determinazione devono essere sagge. A prescindere da ciò che si dice o da chi si trova la colpa, il punto fondamentale è che siete voi a progettare la vostra vita. Nessuno vi obbliga, ma siete voi a diventare il vostro progettista. Dio è un maestro architetto, se glielo permettete. Molti hanno pianificato la loro vita in modo preciso! Hanno progettato la loro vita e Dio li ha benedetti. Molti hanno ripetuto gli stessi errori fino alla morte. Non imparano mai. Avendo il libero arbitrio, Dio onnipotente ci ha avvertito delle conseguenze. Possiamo fare tutto ciò che vogliamo, a parte pianificare una vita senza rischi.

Sansone fu chiamato da Dio e gli fu dato un potere soprannaturale. Il potere aveva un segreto nascosto, ma l'uomo non era un saggio progettista. La scelta della prostituta fu la fine della storia della vita di Sansone. Sansone fu un pessimo architetto nella sua vita. Corruppero la prostituta con 1.100 monete d'argento per sedurre Sansone.

Giudici 16:15 Ella gli disse: "Come puoi dire: Ti amo, se il tuo cuore non è con me? Tu ti sei preso gioco di me queste tre volte e non mi hai detto dove risiede la tua grande forza". 16 E quando lei lo incalzava ogni giorno con le sue parole e lo sollecitava, tanto che la sua anima era irritata fino alla morte, 17 egli le raccontò tutto il suo cuore e le disse: "Non ho il rasoio sulla testa, perché sono stato un nazareno a Dio fin dal grembo di mia madre; se mi faccio rasare, la mia forza se ne andrà, diventerò debole e sarò come un altro uomo".

Non mantenete una relazione con il nemico della vostra anima e del vostro Dio. Comprendete che Sansone ha portato calamità e danni a se stesso. Non date la colpa a nessuno se non a voi stessi. Il modo in cui parlate, pensate, agite, scegliete e vivete avrà un effetto per tutta la vita. Che il Signore vi aiuti a essere abili progettisti dove potete sentirvi dire "ben fatto".

Proverbio 18:16 Il dono di un uomo gli fa posto e lo porta davanti a grandi uomini.

La regina d'Etiopia portò molti doni al Re Salomone.

1Re 10:10 Ella diede al re centoventi talenti d'oro, spezie in grande quantità e pietre preziose; non ci fu più un'abbondanza di spezie come quella che la regina di Saba diede al re Salomone. 13 Il re Salomone diede alla regina di Saba tutto ciò che ella desiderava, oltre a ciò che Salomone le aveva dato dalla sua regale elargizione. Allora la regina si voltò e se ne andò nel suo paese, lei e i suoi servi.

25 LUGLIO

Il Signore ci dà la saggezza per progettare la nostra vita nel regno di Dio per avere posizioni giuste e belle. Chiedete a Lui di darvi la conoscenza; è gratuita. Il viaggio della vita avviene una volta sola. Ci sono molte insidie e fossati che ci intrappolano. Chiedete al Signore di darvi la saggezza per guidare la vita con grazia.

Proverbio 22:29 Vedi un uomo diligente nei suoi affari? Egli si presenterà davanti ai re; non si presenterà davanti a uomini meschini.

Ogni giorno, pronunciate le Scritture di benedizione sulla vostra vita. Dite: "Sono molto favorito, sono benedetto oltre ogni misura. Sono il primo, sono il capo; credo che tutto sia possibile. Sono sano e integro. Sono il figlio del re". Progettate la vostra vita, nessuno escluso. Non date la colpa del vostro disordine agli altri. Siete voi la causa di tutta la confusione. I fedeli faranno del loro meglio se Dio darà loro qualsiasi talento. Potete usare le vostre capacità, non nascondetevi. Non rovinate la vita dietro a donne stravaganti, come fece il Re Salomone. O Sansone, che andò dietro a una prostituta.

Siate saggi e agite di conseguenza.

Matteo 25:21 Il suo Signore gli disse: "Ben fatto, servo buono e fedele; sei stato fedele su poche cose, ti costituirò capo di molte cose; entra nella gioia del tuo Signore". 22 Anche colui che aveva ricevuto due talenti venne e disse: "Signore, tu mi hai dato due talenti; ecco, ho guadagnato altri due talenti oltre a quelli". 23 Il suo Signore gli disse: "Ben fatto, servo buono e fedele; sei stato fedele su poche cose, ti renderò padrone di molte cose; entra nella gioia del tuo Signore".

Il nostro Dio ci ha dato doni e talenti; se non li avete, chiedete e Dio vi fornirà in abbondanza.

Proverbio 2:6 Perché l'Eterno dà saggezza; dalla sua bocca escono conoscenza e intelligenza.

Chiedete la saggezza in qualsiasi ambito della vostra vita. Lui ve ne darà una. Non è fantastico? Molte volte non so cosa dire o fare. Prego subito: "Signore, aiutami a dire o a fare qualcosa senza causare conflitti". Dio inizia subito a darmi le parole. Visito anche luoghi diversi. Ho bisogno di scoprire la loro personalità. Chiedo sempre a Dio di fornirmi le parole giuste per dare una benedizione. La nostra vita ha una sola possibilità e dobbiamo progettarla con cura per ricevere il premio in terra e in cielo. Nessuno avrà una seconda vita. Mettete la vostra vita nelle mani di Dio ogni mattina. Lasciate che Dio disegni il vostro futuro e la vostra presenza in modo che possiate vedere il capolavoro.

La saggezza è la cosa principale.

Giacomo 1:5 Se qualcuno di voi manca di sapienza, la chieda a Dio, che dà a tutti gli uomini con liberalità e non fa complimenti, e gli sarà data.

Progettate la vostra vita in modo da vivere come una regina o un re. Daniele, l'uomo della saggezza, è particolarmente amato! Come ha ottenuto questo titolo?

Daniele 6:10 Ora, quando Daniele seppe che la scrittura era stata firmata, entrò in casa sua; e, essendo le finestre della sua camera aperte verso Gerusalemme, si mise in ginocchio tre volte al giorno, pregò e rese grazie al suo Dio, come aveva fatto in precedenza.

Un altro modo di progettare la propria vita è collegarsi al cielo.

Daniele 10:2 In quei giorni, Daniele fu in lutto per tre settimane intere. 3 Non mangiai pane gradevole, né carne né vino entrarono nella mia bocca, né mi unsi affatto, finché non furono compiute tre settimane intere.

Daniele ha progettato la sua vita in modo che il mondo vedesse la mano di Dio.

Daniele 6:26 decreta che in tutti i domini del mio regno gli uomini tremino e temano davanti al Dio di Daniele, perché egli è il Dio vivente e stabile per sempre, e il suo regno è quello che non sarà distrutto, e il suo dominio sarà fino alla fine.

Progettate la vostra vita con l'abilità di Gesù, con la saggezza di Dio e fate il miglior uso dei talenti che vi sono stati dati, poiché siete voi i progettisti della vostra vita. Dio vi benedica!

PREGHIAMO

Padre celeste, grazie per essere il nostro prezioso Dio. Grazie per averci dato tutta la forza per continuare questa vita limitata sulla terra. Sei stato buono con noi. Ti chiediamo una grande saggezza e conoscenza per fare ciò che ci fa diventare dei capolavori della nostra vita. Quando le persone vedono la nostra vita e dicono: "Wow, il loro Dio è reale". Dio è reale, punto. Ti ringraziamo, Signore, per essere un Dio così straordinario. Rendici fedeli a te per fare, dire e vivere secondo il piano generale progettato in cielo per noi, nel nome di Gesù. Amen! Dio vi benedica!

26 LUGLIO

LA VIA DI DIO È FACILE E SOPRANNATURALE!

La Bibbia dice: chi conosce la via di Dio?

Romani 11:34 Chi ha conosciuto la mente del Signore o chi è stato suo consigliere?

Isaia 40:13 Chi ha diretto lo Spirito dell'Eterno o è stato suo consigliere e lo ha ammaestrato?

Possiamo vagare dall'ospedale alla città, al paese e alla nazione in cerca di una risposta. Ricordate che solo il Signore può darvene una precisa. Potreste pensare che Dio non esista perché non Lo vedete. Che il Signore apra i nostri occhi per vedere tutte le attività del mondo spirituale. Dio è Spirito. Adoratelo in Spirito e verità. Non createvi alcuna forma o genere di idoli. Dio è Spirito; Gesù è la manifestazione dello Spirito di Dio. Troverete l'aiuto dello Spirito di Dio ovunque andiate. Egli può fare tutto senza l'aiuto di nessuno. Molti pensano che, quando preghiamo, dobbiamo vederlo o sentirlo. Sì, molti lo fanno. Molti vi diranno che vedono gli Angeli. Il pastore guidato dallo Spirito Santo vede sempre l'angelo nelle persone. Si può vedere se si hanno gli occhi spirituali aperti.

Luca 22:43 Gli apparve un angelo dal cielo che lo rafforzò.

Molti non vedono, ma il Signore manda gli Angeli ministri per fornire l'aiuto di cui avete bisogno. Daniele era uno di loro che si è affidato alle vie soprannaturali di Dio.

Daniele 10:12 Poi mi disse: "Non temere, Daniele, perché dal primo giorno in cui hai posto il tuo cuore a capire e a castigare te stesso davanti al tuo Dio, le tue parole sono state ascoltate e io sono venuto per le tue parole. 13 Ma il principe del regno di Persia mi ostacolò per un giorno e venti; ma ecco che Michele, uno dei principi principali, venne ad aiutarmi; e io rimasi là con i re di Persia. 14 Ora sono venuto a farti capire che cosa accadrà al tuo popolo negli ultimi giorni, perché la visione è ancora per molti giorni.

Daniele non conosceva la visione quando è arrivata, ma il Signore ha mandato un Angelo a consegnargli la comprensione. La Via di Dio è soprannaturale. Ho incontrato una cristiana convertita. Diceva che i demoni che adorava prima la tormentavano, ma nessuno psichiatra poteva aiutarla. Le ho dato consigli, preghiere e ministeri. Quella sera, dividevamo la stanza. Nel cuore della notte ho sentito dei rumori. Mi svegliai e vidi molte donne che correvano verso la sua testa. Questi demoni femminili hanno molte mani, che si muovono verticalmente in senso antiorario. Come ho notato, lei stava dormendo profondamente. Dio ha aperto i miei occhi spirituali per vedere l'attività del mondo degli spiriti intorno a lei. Era solita adorare molte mani, le cosiddette dee.

Ora, frequentava le chiese sacre, dove non poteva ottenere la liberazione!

Come sapete, il falso insegnante crede che non si possa essere oppressi o posseduti. Il giorno dopo l'ho condiviso con lei e con gli altri. L'ho invitata alla nostra riunione e ho scacciato tutti i demoni. Ha sperimentato una potente liberazione. Dio è venuto a liberare i prigionieri. Capite bene che si trattava di una prigionia. Il demonio lavora nella vita delle persone. Voi pregate velocemente e scacciate i demoni nel nome di Gesù. Vi ha dato l'autorità nel nome di Gesù e la potenza attraverso lo Spirito Santo. Dio li libererà attraverso di voi. L'istituto psichiatrico non vuole e non può essere d'aiuto. Molti si spazientiscono e corrono davanti al Signore. Credete nelle vie soprannaturali di Dio.

Aspettate, ha detto che l'avrebbe fatto.

Genesi 18:11 Ora Abramo e Sara erano vecchi e ben provati dall'età, e la cosa cessò di essere con Sara come le donne. 13 Il Signore disse ad Abramo: "Perché Sara rideva, dicendo: "Dovrei io di certo partorire un figlio, che sono vecchia? 14a C'è qualcosa di troppo difficile per il Signore?

Che il Signore ci aiuti a comprendere le Sue vie. È semplice e soprannaturale. Volete permettere e aspettare nella via di Dio? Dipendete da Dio per le malattie fisiche, i problemi della vita e le condizioni circostanti, e sperimentate che l'impossibile diventa possibile.

Dio visita e invia aiuto attraverso i suoi Angeli.

Genesi 21:1 Il Signore visitò Sara come aveva detto e il Signore fece a Sara come aveva detto. 2 Sara concepì e partorì ad Abramo un figlio nella sua vecchiaia, nel tempo stabilito di cui Dio gli aveva parlato. 3 Abramo chiamò il figlio che gli era nato e che Sara gli aveva dato, Isacco.

Molti miei amici e persone hanno avuto visite di Angeli. Ho visto e sentito la voce di Gesù molte volte. Sono consapevole del mondo spirituale e delle sue attività. Mi ha parlato in sogno, come sapete che fa. Dio è specializzato in tutte le cose impossibili. Non c'è bisogno di scoraggiarsi, ma di avere fiducia e di aspettare, non c'è bisogno di deviare nella direzione sbagliata. Rimanete sulla strada della preghiera, del digiuno e dell'attesa di Dio. Se Lui ha detto o promesso, bisogna aspettare e credere finché non si riceve. È la garanzia del Signore. Nessuno, tranne voi, può mettere fine alle Sue promesse non accettando. Ricordate, chi aspetta Dio piace al Signore. CercateLo con la preghiera e il digiuno.

Atti 10:1b A Cesarea fu chiamato Cornelio, un centurione della banda detta degli Italiani, 2 un uomo devoto, che temeva Dio con tutta la sua casa, che faceva molte elemosine al popolo e pregava sempre Dio. 3 Egli vide in una visione, evidentemente verso l'ora nona del giorno, un angelo di Dio che entrava in lui e gli diceva: "Cornelio". 4 Quando lo guardò, ebbe paura e disse: "Che c'è, Signore? Ed egli gli rispose: "Le tue preghiere e le tue elemosine sono state poste come memoriale davanti a Dio".

L'angelo fornì le indicazioni e gli indirizzi del luogo in cui Pietro avrebbe dovuto ricevere istruzioni su come essere salvato. Dio risponderà se cercate. Non abbiate fretta di Dio. Rimanete nella direzione dell'Altissimo. La nostra modalità religiosa è la cosa peggiore della nostra vita.

Sappiamo che tutto Dio è troppo lontano e che posso farlo. Sento che mi perderò se non ho la direzione dello Spirito Santo. Camminare in pace porta a una vita bellissima quando è Lui a dirigerci. Una vita vittoriosa porta gioia quando il Signore è al comando. Non vediamo altro che il Signore che si muove, che fa e che rende le cose possibili. Anche Pietro riceve una visita dal cielo. Grazie, Signore. Pietro ha ascoltato il resoconto di Cornelio:

Atti 10:30 Cornelio disse: "Quattro giorni fa ho digiunato fino a quest'ora; all'ora nona ho pregato in casa mia, ed ecco che mi si è presentato davanti un uomo vestito di abiti splendenti.

Che ispirazione! È possibile per chi prega, digiuna e aspetta Dio. Si può pregare, pregare e pregare, ma anche imparare ad aspettare Lui. Egli vi porterà sulla via soprannaturale. Nessuno tranne Dio! Il cielo si aprirà solo per voi per dirigere, guidare, proteggere e provvedere. La via soprannaturale di Dio è facile.

PREGHIAMO

Signore, ti ringraziamo. Tu sei reale e vero. Vedremo il soprannaturale nella nostra vita e nel nostro cammino se ti aspettiamo. Il nostro Dio rende possibile tutto l'impossibile. Il nostro Signore è Spirito e vede il mondo spirituale. Questo mondo si muove quando digiuniamo, preghiamo e aspettiamo. Preghiamo e digiuniamo per vedere tutto ciò che abbiamo bisogno di sapere nella nostra direzione. Il Padre celeste, il nostro prezioso Signore, è la nostra guida e istruttore soprannaturale. La nostra vita potrebbe essere molto più serena e gioiosa se imparassimo ad aspettare di ricevere indicazioni da te. Ti amiamo e ti benediciamo per tutto ciò che stai facendo, anche se non vediamo con i nostri occhi fisici. Caro Signore, in anticipo, ti diciamo grazie nel nome di Gesù. Amen! Dio vi benedica!

27 LUGLIO

I SUSSURRATORI CREANO IL CAOS!

Fate sempre attenzione! La gente di Dio parlerà apertamente, ma Satana sussurrerà all'orecchio. La mia famiglia non ha avuto questa esperienza, poiché nulla rimaneva nascosto a mia madre. Ma stanno incontrando alcune persone che sono silenziose in un gruppo come se non sapessero come parlare. Parlano solo all'orecchio perché parlano sempre male. Se questo tipo di persona vive in casa vostra, come un amico o un collega, assicuratevi di essere molto prudenti. I sussurratori usano la bocca di tutti e si serviranno di voi sussurrandovi all'orecchio.

Proverbio 16:28 Un uomo avaro semina zizzania, e un mormoratore separa i principali amici.

Se vedete questo tipo di persona, scrivetelo; ci sarà una divisione in famiglia o ovunque vada. Proteggete il vostro orecchio da questo mormoratore malvagio. Ho visto questo tipo di persona. Una madre ha detto a sua figlia che era malvagia. Non appena entra, aspettatevi il caos. Parlerà in ogni orecchio e l'armonia sarà fuori dalla porta.

Permettetemi di consigliarvi: perché siete così ignoranti, sciocchi o poco intelligenti da permettere alla vostra bocca di seguire l'agenda di Satana? Dite loro di farlo da soli. In ogni famiglia ci sarà un sussurratore malvagio. Arriverà con un motivo sbagliato e, se non siete saggi, approfitterà della vostra bocca fingendosi innocente e interpretando il ruolo di Satana.

Ecclesiaste 5:14 Non chiamarti mormoratore e non stare in agguato con la tua lingua, perché una vergogna immonda è sul ladro e una condanna malvagia sulla doppia lingua.

State lontani da chi fa la spia. Hanno bisogno di un orecchio, e il vostro orecchio non dovrebbe essere la vittima. Ho notato che con certe persone le cose cambiano subito. Ci chiediamo cosa sia successo. Tutto andava bene quando è arrivato questo tornado improvviso. Sì, chi sta zitto e dolce usa l'orecchio e la bocca di chi è carnale. Chi sussurra si serve di chi ha la bocca larga ed è emotivamente immaturo. Non preoccupatevi mai di queste persone. Non hanno molto successo nella loro malvagità. Ma fate attenzione se avete una moglie o un marito che sussurra e rimane dolce, ma usa la vostra bocca per i suoi programmi malvagi. Dite: "No, state lontani dal mio orecchio". Osservateli: vi soffiano l'aria nell'orecchio e si comportano come se tutto andasse bene.

Se dovete incontrarli, visto che sono di famiglia, pregate che il Signore ribalti il loro piano contro di loro. Alcuni usano la bocca dei figli soffiando aria cattiva.

Proverbio 26:20 Dove non c'è legna, si spegne il fuoco; così dove non c'è un chiacchierone (mormoratore), cessa la contesa.

Se avete un familiare di questo tipo, non aspettatevi la pace. Imparate a tenerli lontani dalle vostre orecchie. È vostro compito stare alla larga da questo personaggio malvagio. Ricordate che i serpenti soffiano aria prima di pungere. Il sussurratore è proprio così. Non c'è bisogno del loro favore. Useranno un linguaggio che gronda miele, ma fuggite da loro. Difendete la verità.

So che i sussurratori vengono e si impossessano del vaso debole. Quello facilmente influenzabile, a cui piacciono le parole dolci. Per esempio, usano parole come: "Oh, tu sei il migliore", "brillante", "sei meglio di tua sorella" o "così e così". Dite al diavolo che vi chiede la vostra opinione: "Capisco il tuo programma. Non ho bisogno di paragoni con la mia famiglia. Non sono migliore di nessuno". Ma i sussurratori useranno questa tattica. State alla larga se avete un coniuge, una mamma, un amico, una famiglia o una persona qualsiasi. Divideranno e governeranno.

Proverbio 18:8 Le parole di un chiacchierone sono come ferite e scendono nelle parti più interne del ventre.

Per favore, pensateci due volte prima di farvi parlare all'orecchio. Scappano da me. Io rispondo con un pugno. Percepisco queste persone da quando ho lo Spirito Santo. Sono le più pericolose, come una bomba nucleare. Non saranno adatti a nessuno, ma sono anche pericolosi per se stessi, per la loro famiglia e per chi diventa una loro vittima. Pregate per loro, dice Gesù; ciò che dicono all'orecchio lo rende nullo. Rimandate a loro tutto ciò che dicono. Restituite ai mittenti. Nessuna arma formata contro di noi potrà mai prosperare nel nome di Gesù.

Non siate vittime di un sussurratore. Essi hanno bisogno dell'orecchio di qualcuno. Qualcuno che ami i pettegolezzi. Alcuni non hanno giudizio, percezione o discernimento. I sussurratori separano gli amici e la famiglia. Saranno puniti.

La maggior parte delle separazioni di amici, delle rotture di famiglie e della messa a repentaglio della vita delle persone è dovuta a chi racconta, a chi sussurra e a chi è chiamato pettegolo.

Teneteli lontani. Separano famiglie e amici e causano ferite profonde. Sono i figli di Satana.

Ricordate cosa dice il Signore.

Matteo 5:9 Beati gli operatori di pace, perché saranno chiamati figli di Dio.

Romani 14:19 Cerchiamo dunque di seguire le cose che favoriscono la pace e quelle con cui ci si può edificare a vicenda.

Se avete un coniuge o un familiare di questo tipo, pregate per loro e non sostenete le loro mormorazioni. Ricordate che potete fermarlo non rispondendo alla tattica o al piano del nemico. Avranno bisogno della mano di Dio per vedere il miracolo in loro. Non importa quello che dite, la malattia che portano è peggiore del cancro. Danneggia le famiglie e si diffonde rapidamente come un virus.

Le persone sagge reagiscono sempre dopo aver raccolto informazioni accurate con una mente sana. Ma soprattutto sanno da dove provengono le menzogne, le affermazioni e le storie. È lo stesso che ha la personalità del serpente e i frutti di Satana.

Grazie a Dio, mia madre era saggia e perspicace. Ci ha messo in guardia da questo tipo di persone conniventi. Anche dopo anni, ho sempre ricordato il suo consiglio. Se vedo questi pettegoli, mi allontano o non rispondo alla telefonata. Potete rispondere a questo fuoco selvaggio da lontano. Non bruciatevi, perché nessuno può reggere il fuoco senza bruciarsi.

È successo a una mia compagna di università e ho dovuto intervenire. C'era un problema coniugale irrisolto. Per anni hanno chiesto consiglio a leader religiosi, amici e familiari. Una volta mi sono seduta accanto al marito, che non era pronto ad accettare la mia amica dopo essere stato sposato per anni. Usai la stessa tattica di accusa che lui usava contro la moglie. Gli feci credere di essere privo di carattere e immorale, poiché era quello che il sussurratore gli diceva all'orecchio di sua moglie. Indovinate un po'? Ha funzionato. Penso che lo Spirito Santo mi abbia usata con forza. Poiché la parola ha influito sull'intera faccenda, ha riportato a casa la moglie e adesso stanno ancora insieme.

Hanno usato l'arma del pettegolezzo contro l'orecchio del marito della mia amica. Io ho usato la stessa arma contro di lui. Durante gli anni dell'università, avevamo un'amica in comune e lei voleva avere questo particolare amico come fratello. Non è successo, così questa amica malvagia ha messo una brutta accusa all'orecchio del marito della sua amica. Il marito disse: "Non ho niente a che fare con mia moglie". Sono felice di aver avuto il coraggio di abbattere il muro di separazione.

Ora hanno un buon matrimonio, un figlio saggio e una nuora meravigliosa. Lei è ancora riconoscente. Una cosa buona degli indù è che sono molto riconoscenti. Ancora oggi si ricorda di me. Non solo lei, ma tutta la famiglia mi tratta come se fossi una di loro. Non ho paura del sussurratore. Prego e dico di tornare ai mittenti. Che il Signore usi la loro parola contro di loro, nel nome di Gesù. Amen!

PREGHIAMO

Padre celeste, veniamo davanti al Tuo altare. Signore, porta nella nostra casa il costruttore di pace. I costruttori di pace portano pace, armonia e unità nella nostra famiglia. Signore, chiudiamo bene la nostra porta contro ogni mormoratore. Tienili lontani dalla nostra famiglia e da noi. Ti preghiamo di mantenere la nostra famiglia circondata da veri operatori di pace. Sappiamo che i mormoratori saranno una puzza in famiglia. Inconsapevolmente, danneggiano più se stessi che gli altri o coloro che hanno preso di mira. Dacci la percezione e il discernimento per stare alla larga nel nome di Gesù. Amen! Dio vi benedica!

28 LUGLIO

VAGHERETE IN AREE SELVAGGE!

Vagare in aree selvagge significa non progredire, non andare da nessuna parte, attraversare il tempo del deserto senza futuro. Perché il Signore permette loro di camminare avendo più di cinquemila promesse? Il Signore vi aiuti a leggere la Bibbia e a comprenderla. Studiate la Bibbia affinché la storia non si ripeta. Nulla vi arriva gratuitamente. Se è così, allora rimanete a letto. Il caffè arriverà. Rimanete in casa; raggiungerete il vostro destino. Cosa ne pensate? Siete robot? I comportamenti umani sono imprevedibili. Felice quando tutto va bene, l'uomo si lamenta in caso di piccoli problemi.

Ricordo che in California una signora di nome Elizabeth mi stava aiutando quando ero malata. Frequentavamo la stessa chiesa. Una volta venne a pulire e sembrava triste e depressa. Le chiesi: "Perché sei triste?". Mi disse che il suo gatto era malato, che aveva pregato e che Dio non l'aveva guarito. Si è poi lamentata che non dovrei credere in Dio. Ha detto che era arrabbiata con Dio. Ho chiesto se era per il suo gatto. Davvero? Ero malata, avevo continui collassi e stavo per perdere il lavoro. Non riuscivo a dormire per giorni, e se dormivo, era solo per poche ore. Senza circolazione sanguigna, la mia mano si intorpidiva. Mi teneva sveglia e dopo non riuscivo a dormire. Non potevo camminare, quindi dovevo usare una sedia a rotelle. Ho perso la memoria a causa del dolore. Non c'era alcun sollievo nel mio corpo!

Il Signore mi aveva promesso la guarigione. Dopo aver aspettato pazientemente per anni, mi sono chiesta perché non fossi guarita. Dio conosce i nostri cuori, così ho chiesto al Signore la Sua promessa. Una notte chiesi perché non venivo guarita. Il mattino seguente, di buon'ora, il Signore venne a parlare con Elizabeth mentre era in chiesa a pregare. Più tardi, quel giorno, la signora Elizabeth venne a pulire la mia casa. La vita di preghiera di Elizabeth era eccellente, ma il problema era la fede. Gesù disse a Elizabeth che la sorella Elizabeth Das stava attraversando una prova di fuoco. È un processo lungo. Le voglio molto bene. Non ha fatto nulla di male e ne uscirà come oro. Elizabeth ha detto che era gelosa quando il Signore ha detto: "Le voglio molto bene". In quella chiesa avevamo tre Elizabeth, per questo il Signore ha menzionato il mio cognome. Elizabeth mi disse che era gelosa quando il Signore disse: "Voglio molto bene alla sorella Elizabeth Das". Quando il gatto non veniva guarito, questo la faceva arrabbiare. Mi ha anche confessato di non voler credere in Dio perché non ha guarito il suo gatto. Si può pensare che voglia ottenere il beneficio senza soddisfare i requisiti? Qui ha visto la mia prova, come era difficile per me andare in giro e non potevo svolgere le mie routine quotidiane.

Un'altra volta si è arrabbiata perché non potevo lavorare. Ha detto che le faceva male la schiena, ma nonostante questo lavorava. Wow! Ora la pagavo per il suo lavoro; non lavorava gratis. Non mi stava facendo pagare di meno; la stavo pagando bene. Elizabeth voleva sentire le parole "servo buono e fedele, molto amato, amico di Dio". Qualcosa che Lui ha usato per Davide, Abramo o Daniele. Ora, vedete la personalità di Caino, Esaù e Re Saul? Le persone hanno bisogno di ottenere ciò che desiderano ricevere? Chi può rispondere siete voi e solo voi. Il Signore non rispetta le persone né i pregiudizi. Il Signore non vede il colore della vostra pelle, la vostra parentela, il vostro denaro o il modo in cui guardate il mondo. Quando state attraversando una prova, Dio vede il vostro cuore, il vostro atteggiamento e la vostra reazione. Gli Ebrei hanno vagato per quarant'anni nel deserto dopo essere usciti dalla schiavitù dell'Egitto. Vediamo alcune parole che hanno pronunciato. Quando si ricevono benedizioni, si è liberi da malattie, povertà, sofferenze, problemi e schiavitù, ci si dimentica quando arriva la prova.

Esodo 14:11 Essi dissero a Mosè: "Perché non c'erano tombe in Egitto, ci hai portato a morire nel deserto? Perché hai fatto così con noi, per portarci fuori dall'Egitto? 12 Non è forse questa la parola che ti abbiamo detto in Egitto, dicendo: "Lasciaci in pace, perché possiamo servire gli Egiziani"? Perché era meglio per noi servire gli Egiziani che morire nel deserto.

Ancora una volta si lamenta, pur vedendo molti miracoli e provvidenze:

Esodo 15:23 Quando giunsero a Marah, non poterono bere delle acque di Marah, perché erano amare; per questo fu chiamata Marah. 24 Il popolo mormorò contro Mosè, dicendo: "Che cosa berremo?

Esodo 16:2 Tutta la comunità dei figli d'Israele mormorò contro Mosè e Aronne nel deserto: 3 I figli d'Israele dissero loro: "Volesse il cielo che fossimo morti per mano del Signore nel paese d'Egitto, quando ci sedevamo accanto ai vasi di carne e quando mangiavamo pane a sazietà, perché ci avete condotti in questo deserto per far morire di fame tutta questa assemblea".

Dopo aver visto molti miracoli, di nuovo, niente acqua a Rephidim: testimoniano la loro reazione.

Esodo 17:3 Lì il popolo aveva sete di acqua; il popolo mormorava contro Mosè e diceva: "Perché ci hai fatto uscire dall'Egitto, per uccidere di sete noi, i nostri figli e il nostro bestiame?". 4 E Mosè gridò al Signore, dicendo: "Che cosa devo fare a questo popolo? Sono quasi pronti a lapidarmi".

Il loro capo Mosè era nei guai per il comportamento folle degli Ebrei. Dio odia lamentarsi e mormorare. Chi lo fa invita al rifiuto e alla punizione e perderà le promesse. Mostrate fede in Dio, che può fare tutto.

Numeri 11:1 Quando il popolo si lamentò, il Signore si dispiacque; il Signore lo ascoltò, si accese d'ira e il fuoco del Signore divampò in mezzo a loro e consumò quelli che si trovavano all'estremità dell'accampamento.

Dio sa come contare.

Numeri 14:22 perché tutti quegli uomini che hanno visto la mia gloria e i miei miracoli che ho fatto in Egitto e nel deserto, mi hanno tentato in queste dieci volte e non hanno ascoltato la mia voce.

Dio ha pazienza, ma dopo sette volte settanta, siete finiti. Aspettate la punizione. Avete superato il limite.

Numeri 14:27 Fino a quando sopporterò questa malvagia comunità che mormora contro di me? Ho sentito le mormorazioni dei figli d'Israele, che mormorano contro di me.

Le parole hanno potere; scegliete le vostre parole con saggezza. In ogni caso, dovete imparare e ricordare la Sua bontà. Egli è reale. Le sue promesse sono condizionate e hanno bisogno della Sua partecipazione positiva. Le vostre parole parlano del vostro carattere. Fate attenzione a sceglierle. Diranno ciò che siete. Dio è Dio, che ci crediate o no.

Numero 14:26 Il Signore parlò a Mosè e ad Aaronne, dicendo: "27 Fino a quando sopporterò questa malvagia comunità che mormora contro di me? Ho udito le mormorazioni dei figli d'Israele, che mormorano contro di me. 28 Di' loro: "Com'è vero che io vivo, dice il Signore, come avete parlato ai miei orecchi, così farò a voi: 29 Le vostre carcasse cadranno in questo deserto e tutti quelli che erano stati censiti tra voi, secondo il vostro numero complessivo, dall'età di vent'anni in su, che hanno mormorato contro di me.

Indovinate un po'? La vostra parola vi terrà nel deserto o vi salverà dalle terre selvagge.

PREGHIAMO

Padre celeste, aiutaci a essere sempre grati. Non dimenticheremo mai le Tue benedizioni. Dacci il cuore saggio per conoscere e gli occhi per vedere la Tua mano misericordiosa sulla nostra famiglia e su di noi. Siamo sulla terra grazie alla Tua amorevole misericordia che si rinnova ogni giorno. Dacci occhi per vedere e orecchie per ascoltare. Un cuore riconoscente è ciò di cui abbiamo bisogno. Ti ringraziamo nel bene e nel male. Ti offriamo il sacrificio della lode, sapendo che la prova serve a farci e non a spezzarci. La nostra fede sarà provata e ci fornirà muscoli potenti. Che il Signore ci conceda un cuore credente in tutte le prove! Tutti noi dobbiamo passare attraverso la prova e ne usciremo come oro se manteniamo la fede, perciò il Signore suggelli la nostra fede nel nome di Gesù. Amen! Dio vi benedica!

29 LUGLIO

PERCHÉ NON VEDIAMO IL SOPRANNATURALE?

Quando la luce non funziona, controlliamo tutti i collegamenti. Per la luce dobbiamo collegare i fili in modo accurato. Come sapete, il fornitore dello spirito è Dio. Lo spirito può fare miracoli, guarigioni e opere potenti se ci connettiamo con la Sua condizione.

Zaccaria 4:6b Non per forza né per potenza, ma per il mio spirito, dice il Signore degli eserciti.

Quando lo Spirito di Dio scese su Davide, questi danzò. Davide uccise anche molti in guerra. Sansone distrusse molti Filistei. Pregando, incontrerete lo Spirito Santo.

Atti 1:14a Tutti costoro continuavano di comune accordo a pregare e a supplicare.

Atti 2:4a E tutti furono riempiti di Spirito Santo, se si entra in contatto con lo SPIRITO, allora si possono compiere opere potenti.

Paolo, Pietro e tutti coloro che hanno compiuto opere potenti sono stati in contatto con Dio. Se non vedete miracoli nell'edificio, cercate con chi si sono collegati. Questo è un invito aperto a tutti coloro che sono disposti e pronti a lavorare con il Signore. Potreste dire: "Sì, prego", ma allora mi chiedo quale sia il livello di preghiera. Il nostro legame dimostrerà il livello di unzione, di Spirito Santo e di potenza di Dio in funzione.

C'è stato un periodo in cui ero malata. Allora, pregavo ogni giorno perché non riuscivo a dormire. Mi ricordo che una volta il Signore mi chiese di andare all'altare. Mi diressi lentamente verso di esso. Il Signore me l'ha chiesto, così sono andata anche se avevo difficoltà. Mi sedevo sempre nell'ultimo banco. Mentre salivo, ho visto delle persone che slittavano nello spirito. Non capivo, ma continuavo a pensare a quello che era successo. Più tardi, una signora mi disse che avevo frequentato la chiesa per molti anni e non avevo mai sperimentato lo Spirito di Dio. Ma un giorno, mentre lei passava, ho sentito la potenza di Dio. Mi disse che era la prima volta che incontravo lo Spirito Santo. Mi sono ricordata di quel giorno. Ho imparato che la mia continua vita di preghiera mi collegava alla sala del trono. Camminavo molto vicino al Signore. Pregavo sempre! Mi sembrava di essere sempre nella sala del trono di Dio.

In quel periodo usavo anche il cuscino per il collo per avere un po' di sollievo. Mentre pregavo, tenevo la mano su di esso. Dopo la mia guarigione, ho viaggiato in India con esso. Al ritorno, avevo bisogno di riavere il mio cuscino. La signora che aveva il mio cuscino lo usava quella notte per dormire. Ebbene, aveva dei rumori martellanti e dei dolori alla testa che sono scomparsi. Mi disse che mi aveva vista usare il cuscino mentre pregava. Risposi: "Sì, è stata un'unzione a rompere il dolore alla testa".

Mentre passavo di qui, la gente si è messa a slittare nello spirito. Perché? Ho digiunato e pregato ogni giorno quando ero malata, così ho ricevuto l'unzione su di me. Oggi è una benedizione poter assistere a funzioni religiose dal vivo in altre nazioni. Non sono predicatori di prosperità. Pregano giorno e notte per entrare in contatto con Lui. Un pastore con una congregazione prega continuamente. Settimane e mesi di preghiera e digiuno! I miracoli, i segni e i prodigi sono quotidiani. Possiamo vedere una potente mossa dello Spirito, una liberazione e una guarigione mai viste. Solo se preghiamo e ci connettiamo di nuovo con Dio. Le persone associate a Dio vedono segni e prodigi.

La preghiera è una connessione con Dio. Mettetevi in contatto con il Signore attraverso la preghiera. Volete vedere cosa faceva la Chiesa primitiva? Iniziate a pregare e a digiunare. Se frequentate l'edificio senza preghiera e senza potere, non fate altro che perdere tempo. Non c'è bisogno di perdere tempo. Non vedrete occhi ciechi e orecchie sorde aprirsi. Gli zoppi camminano, i demoni escono e il potere delle tenebre viene distrutto. Il Signore vuole fare tutto; è la missione che ci ha lasciato. Ricollegatevi al Signore. Pregate e pregate! Un tempo ero religiosa, ma ho sempre permesso allo Spirito Santo di condurmi e guidarmi. Possiamo vedere una gloria maggiore in questo tempo finale se ci colleghiamo con Dio in preghiera. Voi siete la chiesa, quindi mettetevi in contatto con il Signore in ginocchio. Una chiesa che è un edificio non è connesso. Tutto ciò di cui ha bisogno è Dio. Egli ha detto: "Non darò la mia gloria a nessuno". Nessuna denominazione battista, metodista, dell'Alleanza, cattolica o organizzazione può ottenere la gloria. Gesù è la via. Come ha fatto Pietro a uscire di prigione e a sfuggire all'uccisione? La potenza soprannaturale viene solo dall'alto.

Atti 12:5 Pietro, dunque, fu tenuto in prigione; ma la Chiesa pregava senza sosta per lui.

Collegatevi per liberarvi del caos sulla terra. Trovate il luogo in cui incontrate Dio. Andate a pregare su quella montagna dove trovate il Dio di Abramo, Isacco e Giacobbe. Non è troppo tardi. Che il Signore vi aiuti a trovare la via del ritorno. Nessuno vi porta al soprannaturale. Io pregavo sempre. Molte volte mio fratello veniva a dirmi "Amen" nell'orecchio. Ha detto che ogni volta che mi vedeva, stavo pregando. Molte volte gli amici mi chiedono: quando studio? Poiché frequentavo un istituto scientifico, dovevo studiare molto, ma pregavo molto. Non mi sono preoccupata dell'esame, ma della preghiera. La preghiera è ciò che dobbiamo insegnare ai nostri figli. La nostra vita di preghiera deve essere la prima e più importante. Ogni carne deve essere in contatto con Dio.

Atti 4:31 Quando ebbero pregato, il luogo in cui erano riuniti fu scosso e tutti furono riempiti di Spirito Santo e pronunciarono la parola di Dio con franchezza.

Se pregate, allora solo voi potete resuscitare i morti. Solo Dio può fare il soprannaturale, e nessuno. Riprendete la vostra arma della preghiera. Sarebbe meglio se non la metteste mai giù. Prima di tutto, pregate e non fermatevi mai. Cosa potete fare senza la preghiera?

In questa dispensazione, Dio si presenta per quello che è attraverso segni e meraviglie - non c'è da stupirsi se le carceri sono piene: divorzi, droghe e suicidi nella terra. Il diavolo non ha paura di pastori, predicatori, santi, apostoli, profeti e insegnanti. Credo che il demonio rida di loro. Satana dice: "Non preoccupatevi, voi tutti demoni, queste chiese sono mie; le ho rese senza preghiera e senza potere; sono mie".

Atti 9:40 Ma Pietro li fece uscire tutti, si inginocchiò e pregò; e rivolgendosi al corpo disse: "Tabitha, alzati". Ed ella aprì gli occhi e, vedendo Pietro, si alzò a sedere.

Se volete che le fondamenta di tutte le false religioni, denominazioni e organizzazioni vengano distrutte, mettetevi in contatto con colui che ha il potere di operare meraviglie. Il Dio soprannaturale abbatterà tutte le false credenze fondate sul nome della Bibbia. Quindi, associatevi a Dio.

Atti 16:25 A mezzanotte Paolo e Sila pregavano e cantavano lodi a Dio, e i prigionieri li ascoltavano. 26 E all'improvviso ci fu un grande terremoto, tanto che le fondamenta della prigione furono scosse; e subito tutte le porte furono aperte e le fasce di tutti furono sciolte.

Che il Signore ci trasformi mentre siamo in ginocchio, ci mostri i luoghi e ci dia il nome e l'indirizzo della strada e il numero di telefono. Ci aiuti a viaggiare nello spirito. Posso fare qualcosa solo con la mia vita di preghiera al mattino presto e alla sera tardi.

Una volta stavo pregando per una signora musulmana. Ho visto tutte le divinità indù e ho iniziato a rimproverare quei demoni. Lei mi disse che era bramina prima di convertirsi alla religione musulmana e che tutte quelle cosiddette divinità le adorava. Non la conoscevo; l'ho incontrata a casa di qualcuno. Se volete lavorare per Dio, dovete connettervi con il Super Dio per fare il soprannaturale, altrimenti state perdendo tempo. La religione non vi porterà a Dio o al cielo. Spiegate il Vangelo dimostrando di scacciare i demoni, di guarire i malati e di fare tutte le cose soprannaturali indicate nella Bibbia. Si entra in contatto con Dio in ginocchio. Che il Signore vi benedica con saggezza e vi liberi dal demone della religione.

PREGHIAMO

Padre celeste, vorremmo essere come te. Come hai detto nella Parola di Dio, possiamo fare più di quanto hai fatto tu. Crediamo e desideriamo farlo. Signore, benedicici con la verità; liberaci dal potere delle tenebre. Vogliamo che la nostra ombra e il nostro fazzoletto lavorino contro il diavolo. La nostra mano diventi la Tua. Fa' che il fuoco esca dalle nostre mani per bruciare le malattie e le infermità. C'è un livello maggiore di potere disponibile grazie al sangue di Cristo. Il Tuo sangue parla per noi e noi ti ringraziamo per il sangue. Amiamo la Tua potenza dello Spirito Santo che vive in noi per mostrare al mondo che sei l'originale, vero e unico Dio, nel nome di Gesù! Amen! Dio vi benedica!

30 LUGLIO

LA SAGGEZZA DÀ PACE!

Che cos'è la saggezza? La saggezza è buon senso, intelligenza, prudenza o giudizio. Dobbiamo usare la saggezza quando affrontiamo qualsiasi situazione.

Un genitore, un funzionario o un normale impiegato ha bisogno di saggezza o di buon senso per lavorare in modo efficiente. Vivendo in questo mondo, abbiamo semplicemente bisogno di saggezza. Il Re Salomone chiese la saggezza del re per regnare sul popolo di Dio. Quest'ultimo gliela diede generosamente. Cosa sarebbe successo se avesse chiesto la saggezza per gestire la sua vita personale? Imparate dal Re Salomone e chiedete la saggezza per tutte le questioni che vi riguardano.

1 Re 10:23 Così il re Salomone superò tutti i re della terra per ricchezza e saggezza.

Tutti abbiamo bisogno di saggezza quando affrontiamo questioni diverse. Ho chiesto a Dio la comprensione quando sono andata a fare shopping. "Prendi in mano le mie labbra e la mia ruota, così da agire con abilità". Ho sempre chiesto saggezza per fare il meglio delle mie capacità. Prego, Signore, di mettermi in grado di fare un lavoro. Il Signore può fare cose nuove se lo chiediamo. Non è quello che ha detto? "Ogni giorno rendo uniche tutte le cose." Ricordate che Dio dà la saggezza in modo generoso.

Attingete al nuovo giorno e alla nuova misericordia semplicemente chiedendoglielo.

Giacomo 3:17 Ma la sapienza che viene dall'alto è prima pura, poi pacifica, mite, facile da trattare, piena di misericordia e di buoni frutti, senza parzialità e senza ipocrisia.

La Bibbia è un manuale, l'istruzione di Dio per la Sua creazione che Segue le sue vie. La nostra breve vita può essere distrutta se non abbiamo una linea guida dal nostro Creatore. Il Signore ci aiuti a ricevere la saggezza dall'alto per ricevere ricchezza, tesoro, successo e benedizione. La conoscenza è accessibile a chiunque la chieda. Il senso o il giudizio di Dio farà il suo dovere. Dio dona generosamente la sapienza a tutti coloro che la desiderano e la richiedono. Il nostro Dio è buono.

Proverbio 4:7 La saggezza è la cosa principale; perciò procurati la saggezza; con tutto il tuo avere procurati l'intelligenza.

Molti sanno fare i loro affari! Vediamo alcuni gestire la vita con la sapienza di Dio. Chiedete la conoscenza di Dio per fare tutto il vostro lavoro.

Giacomo 1:5 Se qualcuno di voi manca di sapienza, la chieda a Dio, che dà a tutti [gli uomini] liberamente e non esige nulla, e gli sarà data.

Il Re Davide ha attraversato una prova a ogni passo prima di raggiungere il trono. Dio promise a Davide di salire sul trono e lo unse. Ora capite perché il Signore ha unto Davide in giovane età. Ha dovuto combattere a lungo con il Re Saul e con Israele prima di raggiungere il trono promesso. Che il Signore ci dia saggezza prima di ricevere la nostra promessa. A volte la riceviamo senza problemi e senza nappe. Il diavolo cercherà di bloccarci, fermarci e ostacolarci quando stiamo cercando di raggiungere le promesse. Durante le prove e le battaglie, dobbiamo agire e reagire con discrezione. Che ne direste di lavorare per il vostro nemico, soprattutto se è il re, il supremo o colui che ha potere su di voi? Potreste dire: "Signore, abbi pietà. Signore, dammi la saggezza per fare i miei affari", giusto? Sì, lo farei anch'io. Il nostro problema è che dobbiamo chiederla. Il nostro problema è che pensiamo di essere maturi. È nostra abitudine seguire tutti. Il vostro nemico può riconoscervi e temervi solo se avete una protezione dall'alto. Altrimenti, essendo un re, può rimuovervi, sostituirvi, uccidervi e mettervi dietro le sbarre. Che il Signore ci aiuti e ci dia saggezza in tutti i nostri affari.

1Samuele 18:12 Saul ebbe paura di Davide, perché il Signore era con lui e si era allontanato da Saul. 13 Perciò Saul lo allontanò da lui e lo nominò suo capitano su un migliaio di persone; egli uscì ed entrò davanti al popolo. 14 Davide si comportò con saggezza in tutte le sue vie, e l'Eterno era con lui. 15 Perciò, quando Saul vide che si comportava con grande saggezza, ebbe paura di lui. 16 Ma tutto Israele e Giuda amavano Davide perché usciva ed entrava davanti a loro.

Davide fu chiamato l'uomo secondo il cuore di Dio. Il Signore è buono. Cercava qualcuno che potesse osservare i suoi comandamenti, come non aveva fatto il Re Saul. Quando Dio chiama, ascoltatelo e lavorate come vi chiede. Concentratevi, chiedete la forza. Amen!

Apocalisse 5:12 e 7:12 dicono che Dio ha la saggezza, quindi può darvi di occuparvi dei suoi affari.

Nessuna saggezza è migliore di quella di Dio. Chiedo sempre la saggezza in ogni piccola o grande questione. Non scavalcate Dio se fate tutto perché sapete farlo, provate a chiedere a Dio di mostrarvi la Sua strada. Vedrete nuove idee per gestire la stessa attività. Come sapete, il mondo sta avanzando. Perché? Perché qualcuno prega per avere la saggezza di prendere le cose in modo diverso. Che il Signore dia a tutti noi la sua saggezza per gestire la nostra attività, in modo da vedere miracoli ogni giorno. È la Sua promessa. Nella concordanza greca di Strong, la saggezza è un'abilità, un'intelligenza, un'intelligenza e un apprendimento. Possiamo avere tutto ciò che desideriamo. Basta chiedere, credere e avere fiducia. Dio può mostrarci e insegnarci in molti modi unici. Quando si ha a che fare con le persone, alcune sono sagge e altre conniventi. Ma se usate Dio contro tutti gli schemi e le tattiche, sarete sempre al di sopra, in testa e vincenti.

Proverbio 21:12 Il giusto considera con saggezza la casa dell'empio, ma Dio abbatte l'empio per la sua malvagità.

Aspettate di vedere la mano di Dio muoversi contro i vostri nemici. Per abbattere il vostro nemico, imparate la via di Dio. Satana viene definito più saggio di Daniele. Daniele era saggio. Ma il diavolo ha la saggezza per rovinare. Se qualcuno nella vostra famiglia è come un diavolo, aspettate Dio. Egli abbatterà il piano di Satana contro di voi.

Daniele 28:3 Ecco, tu (Satana) sei più saggio di Daniele; non c'è segreto che ti possano nascondere.

Ricordate che il diavolo lavora da secoli per rovesciare il piano di Dio. Se impariamo ad aspettare e a fare esattamente ciò che Dio ci ha chiesto, non cadremo, non rimarremo intrappolati e non saremo conquistati. Il diavolo si è scagliato contro la creazione di Dio con successo, poiché gli uomini non facevano gli affari di Dio come Egli aveva comandato. Quindi, l'unico modo per sfidare Satana, il saggio serpente, è fare esattamente ciò che Dio ha chiesto. Non c'è altro modo che sconfiggere il diavolo attraverso le ingegnose vie di Dio. Prego contro ogni demone strisciante che cerca di entrare nella nostra famiglia. Prego e digiuno, così il Signore distrugge il nemico. Portatelo a Dio; Lui lo consumerà. Che possiate trovare la saggezza di Dio. Che il Signore dia la Sua saggezza contro ogni piano di Satana per sconfiggere la sua tattica.

PREGHIAMO

Padre Celeste, abbiamo bisogno di un cuore obbediente per sconfiggere l'agenda di Satana. Il diavolo è più saggio, ma tu hai la saggezza più grande. Chiediamo la saggezza dall'alto per seguire i Tuoi statuti, le Tue leggi e i Tuoi comandamenti per essere conosciuti come persone intelligenti sulla terra. La Tua parola dice: "Il timore dell'Eterno è l'inizio della saggezza; una buona intelligenza hanno tutti quelli che eseguono i suoi comandamenti; la sua lode dura per sempre". Vogliamo un sano timore di Dio. Dona più conoscenza del nostro nemico per sconfiggere tutti gli schemi del nemico. Ti amiamo e ti benediciamo per una generosa offerta di sapienza. Nel nome di Gesù. Amen! Dio vi benedica!

31 LUGLIO

ARRENDETEVI A GESÙ!

Il Padre delle nazioni Abramo, Isacco e Giuseppe ha ricevuto le promesse di Dio e si è arreso alla Sua volontà. Gesù disse: "Non la mia volontà, ma la tua volontà sia fatta".

Dio si è manifestato nella carne per dare l'esempio. Si offre fino alla morte in croce. Isacco, Giuseppe e Gesù avevano tutti la stessa età quando erano in piedi per salvarsi o sacrificarsi. Isacco rappresentava il mondo e il padre della fede, Abramo, ha provato a sacrificare il figlio. Gesù era l'agnello e non è stato sostituito dall'agnello nel bosco, ma era l'agnello.

Tutti si arresero, e il Signore aveva un piano finale per Giuseppe con la resa. Isacco si arrese quando aveva trent'anni. Hanno crocifisso Gesù a quell'età.

La prima lezione più impegnativa è quella di imparare ad arrendersi. Dico sul serio.

Ci sarà un momento in cui Dio cercherà di riscattare le benedizioni. Vuole qualcuno che possa dire: "Mi arrendo a te". Prima di tutto, la volontà di Dio si compie in voi attraverso di voi. Egli vi consegnerà tutto ciò che volete e desiderate. Nessuno può nascondersi e trovare una via di fuga dal Signore. Se non vi arrendete, sarete chiamati perdenti come il sacerdote Eli, Giuda e molti altri che pensavano di essere al di sopra di Dio.

Andare in chiesa non è importante quanto conoscere la volontà di Dio e abbandonarsi a essa. Perché vediamo molte chiese e non abbiamo alcun risultato atteso? Quando ero in India, non volevo amici cristiani. Mi sono sempre tenuta lontana da loro. Sotto il titolo di cristianesimo, ho trovato molte bugie, inganni e forme di pietà.

La situazione è la stessa ovunque. La differenza è che noi mettiamo una tavola della nostra denominazione con la menzogna e l'inganno nella lingua.

Dio vi vuole, siete la Sua sposa. Ha creato la terra solo per farvi vivere. Vi ha creati e benedetti il giorno in cui vi ha creati. La volontà di Dio è che siate benedetti, prosperi, saggi, ricchi, superiori, primi e che troviate il favore ovunque andiate. Ma la prima cosa che dovete imparare è arrendervi. Conosco alcune persone che non hanno mai imparato ad arrendersi e la loro vita è un disastro. Molti di loro non riescono a trovare un marito, un buon amico o la benedizione di Dio. Il motivo è che non hanno mai imparato ad arrendersi. Invidiano i loro fratelli, come fece Caino. Cercano di distruggere come il fratello di Giuseppe, ma non vogliono emendarsi. La Bibbia dice: "Il mio popolo, chiamato con il mio nome, si umili". Il primo passo è liberarsi dell'orgoglio. La storia avrebbe preso una piega diversa se Lucifero fosse stato modesto.

Lo stesso risultato vale per il popolo di Dio, non per il popolo del mondo, ma per quello di Dio. È sorprendente che chi va in chiesa preghi e raccolga parole che si adattano al suo stile di vita. Non è sorprendente? La Parola di Dio è un buffet o è una parola da mangiare e digerire? Le persone hanno un'insufficienza spirituale. Non prendono la Parola di Dio per istruirsi, perfezionarsi, guidarsi e correggersi. Pensano che tutto sia sbagliato perché sono fuorviati dal non arrendersi a Dio. Cosa sarebbe successo al sacerdote Eli se si fosse arreso e avesse osservato? Tutti i suoi discendenti sarebbero sfuggiti alla maledizione di avere gli occhi deboli, di morire in giovane età, di mendicare un tozzo di pane e di trascorrere giorni dolorosi sulla terra! Dio avrebbe dato a Eli e ai suoi discendenti tutto.

Questa generazione è chiamata adultera, che lapida i veri profeti e insegnanti. Perché? Questa generazione non può sottomettersi a Dio. Questa generazione avrebbe lapidato, crocifisso o distrutto Giovanni Battista e Gesù. Nessuno è pericoloso come il cosiddetto cristiano ribelle e non sottomesso. Dio ha detto: "Sii umile e arrenditi. Non insegnate al mio popolo una religione sbagliata e non fate ribellioni come voi".

Arrendetevi al Signore e io guarirò voi e la vostra terra. Quanto perdiamo se non ci arrendiamo? Molto, vero? Sappiamo come distorcere le Scritture per mettere in cattiva luce Gesù. I sacerdoti esperti di Torah, Levi, il sommo sacerdote, gli scriba e i farisei facevano lo stesso. La generazione di tergiversatori cresciuta dal falso profeta e dagli insegnanti è la stessa. Queste persone orgogliose, arroganti, religiose e ribelli possono solo operare nello spirito di distruzione e di omicidio. Dio non è e non può ottenere gloria, poiché non può camminare in mezzo a loro. Se vengono a trovarmi, ungo sempre la mia casa e ordino ai demoni religiosi di andarsene. Molti lasceranno cadere lo spirito demoniaco e inizieranno a distruggere la casa.

Trovo che le persone usino la Bibbia per coprire i loro stili di vita ribelli e disobbedienti.

Matteo 16:24 Poi Gesù disse ai suoi discepoli: "Se qualcuno vuol venire dietro a me, rinneghi se stesso, prenda la sua croce e mi segua. 25 Perché chi vorrà salvare la propria vita, la perderà; e chi perderà la propria vita per causa mia, la troverà. 26 Infatti, che giova a un uomo guadagnare il mondo intero e perdere la propria anima? O che cosa darà un uomo in cambio della sua anima? 27 Perché il Figlio dell'uomo verrà nella gloria del Padre suo con i suoi angeli, e allora ricompenserà ciascuno secondo le sue opere.

Il nostro lavoro conta. Gesù non chiede altro che di abbandonarvi a Lui. Egli può portarvi fino alla fine prevista. Nessun vero Dio può fare del male ai suoi figli. Il vostro Padre celeste sa come benedirvi. Dovete fidarvi e arrendervi per ricevere altre incredibili benedizioni. Volete evitare di ripetere tutti i vostri errori. Ricordate, se vi arrendete, Egli vi darà la forza di un'aquila. Correrete senza stancarvi. Il nostro Dio sa come esaudire i vostri desideri e le vostre aspettative.

Vediamo molti divorzi, persone dietro le sbarre, tormentate, che cadono negli stessi fossati e rimangono impigliate nella rete. Perché non vi arrendete e non date la vostra testimonianza come Abramo, che si arrende fino al sacrificio del suo unico figlio? Dio non aveva perso la testa quando gli chiese di sacrificare suo figlio. Quale sarebbe la vostra risposta se vi chiedesse di sacrificare qualcosa?

Nulla arriva senza la fiducia e l'abbandono alla volontà di Dio. A tutti noi piace iniziare vedendo prima il risultato. Prima ci si arrende e si superano tutte le prove e i test per vedere il risultato.

Giacomo 4:8 Avvicinatevi a Dio ed egli si avvicinerà a voi. Purificate le vostre mani, o peccatori, e purificate i vostri cuori, o doppiogiochisti.

Se vi arrendete con la vostra volontà e il vostro desiderio, Dio farà cose grandi e potenti che non avete mai sentito e immaginato. Solo arrendetevi; ogni paura vi lascerà e verrà la pace. Che il Signore vi dia la determinazione di credere e confidare.

Proverbio 3:5 Confida nel Signore con tutto il tuo cuore, non appoggiarti alla tua intelligenza. 6 In tutte le tue vie riconoscilo, ed egli dirigerà i tuoi sentieri. Amen!

PREGHIAMO

Signore, come dice la Tua parola: "Poiché conosco i pensieri che penso verso di voi, dice il Signore, pensieri di pace e non di male, per darvi una fine attesa".

Questo può accadere solo se ci arrendiamo. È il primo passo della fede. Aiutaci, Signore, a sottometterci. Crediamo che tutti coloro che si arrendono alla volontà di Dio vedranno un risultato significativo. Grazie per averci dato il privilegio di scegliere. Signore, dacci la saggezza di farlo sotto la Tua guida e protezione. Possiamo portare grandi benedizioni a noi stessi, alle nostre famiglie e a questo mondo. Signore, tu sei un padre naturale, il pastore che ci terrà alla Tua ombra se ci arrendiamo. Ci arrendiamo a te, nostra famiglia. Che il Tuo nome sia la solida torre per nasconderci e salvarci nel nome di Gesù. Amen! Dio vi benedica!

AGOSTO

1 AGOSTO

PERCHÉ L'OPERA DI DIO NON È COMPIUTA?

Qual è la Sua opera?

Gesù disse. Marco 16:15 Poi disse loro: "Andate in tutto il mondo e predicate il Vangelo a ogni creatura. 17 E questi segni seguiranno quelli che crederanno: nel mio nome scacceranno i demoni, parleranno con lingue nuove 18 prenderanno in mano i serpenti e, se berranno qualche cosa di mortale, non farà loro male"; imporranno le mani ai malati e questi guariranno.

Ma Satana ha dato vita a una falsa dottrina e ha addestrato le persone a non fare ciò che Gesù ha fatto. Il Signore ha scritto le istruzioni di lavoro in bianco e nero nel libro chiamato Bibbia, perché l'uomo potesse leggerlo e comprenderlo. Perché è venuto Gesù? Cosa ha fatto sulla terra e cosa vi ha chiesto di fare?

1 Timoteo 1:15 Questo è un detto fedele e degno di ogni accettazione: Cristo Gesù è venuto nel mondo per salvare i peccatori, tra i quali io sono il principale.

Giovanni 10:10b Io sono venuto perché abbiano la vita e l'abbiano in abbondanza.

Giovanni 9:39 Gesù disse: "Per il giudizio, io sono venuto nel mondo perché quelli che non vedono vedano e perché quelli che vedono siano resi ciechi".

Il Suo piano di lavoro sulla terra è quello di liberare i prigionieri dalle malattie, dalle infermità e dai peccati. La creazione di Dio era ed è tuttora tenuta in scacco dal diavolo. Il Signore ha guarito, liberato e insegnato. Ha addestrato i dodici e poi i sette a fare lo stesso dando loro potere e autorità nel Suo nome "Gesù". Invia i santi preparati nel mondo per guarire e liberare la Sua creazione. Ora capite dove voglio arrivare. Alcuni credono che se sono salvati, non posso essere malati. Se siete malati, allora avete l'assicurazione del medico Gesù. Egli ha preso trentanove frustate perché voi possiate essere guariti. Dio vi ha dato il potere di scacciare tutti i demoni, le malattie e le infermità. Aprite gli occhi e credete che voi, non i peccatori, potete fare tutto il lavoro. Cosa manca? La fede! Sono sorpresa di come i ciechi guidino i ciechi e fuorviino gli altri. Allontanatevi dai falsi insegnanti e profeti: vi guideranno male.

Ecco perché Gesù ha detto:

Matteo 10:16 Ecco, io vi mando come pecore in mezzo ai lupi; siate dunque saggi come serpenti e innocui come colombe.

1 AGOSTO

Quando predicate, incontrerete lupi, serpenti e scorpioni. Verranno contro di voi. Si tratta di falsi insegnanti e profeti.

Luca 10:2 Perciò disse loro: "La messe è veramente molta, ma gli operai sono pochi; pregate dunque il Signore della messe che mandi operai nella sua messe".

Il Signore Gesù, mentre saliva dopo la risurrezione, ha dato istruzioni di andare a fare discepoli della verità. Ha detto che vi darà potere. Vi equipaggerà per l'opera. La Bibbia dice che lo spirito dell'anticristo operava al tempo dei discepoli. Ma questo spirito opera ora a livelli e numeri maggiori. Giovanni l'amato, Paolo e un altro discepolo hanno sempre messo in guardia dallo Spirito anticristo. Gesù ha detto che la Sua opera può continuare se ho degli operai. Che cos'è un operaio? Un uomo e una donna che lavorano, un lavoratore che insegna la parola di Dio. Dove sono questi operai? Dove lavorano? Pensate perché c'è tanto caos dappertutto. Perché le persone sono legate? Perché nessuno va in giro per il mondo a portare la Buona Novella. Perché i bar sono pieni di alcolisti? Dov'è l'operaio di Dio? Perché non sono venuti a lavorare? Dio ha detto che li ha assunti. Dove sono? Le autorità religiose giocano a golf, vanno in vacanza nel mondo, pescano, cacciano e maltrattano le pecore del Signore. Tutti si godono il mondo con i vostri soldi. Hanno aspettato il loro messia e ora dicono che ci vuole troppo tempo per tornare.

Il digiuno è impegnativo, quindi stravolgete le Scritture e rendetelo facile per la carne. La preghiera e la lettura della Bibbia sono noiose. Amano predicare, purché non debbano cambiare. Girano intorno ai cespugli, tralasciando la questione che interessa a Dio. Le denominazioni, le organizzazioni e i pastori fondano chiese per seguire loro, non Gesù. Sono diventati dipendenti dagli hobby; sono diventati seguaci, ma non di Gesù. Cosa sta succedendo sulla terra? Chiamati da Dio, ma i desideri sono tutti proibiti. Vi siete chiesti perché i divorzi, perché la dipendenza dalla droga, perché tutto il male, perché tanta cattiveria, uccisioni, sparatorie e tanti saccheggiatori? Qualcuno che dovrebbe lavorare non è ancora venuto a lavorare.

Il Signore ci renda fedeli e buoni. Pregate e chiedete per gli operai. Chiedo ogni giorno che ci mandi il vero profeta e gli autentici insegnanti come quelli che lavoravano a Corinto, in Galazia, a Efeso, a Filippopoli, nelle collisioni, in Asia, in Europa e in ogni continente. Istruiti dal Signore Gesù, chiamati discepoli e poi apostoli, hanno lavorato nei loro incarichi. Questi continuano la vera dottrina e lavorano nel mondo. È lo stesso lavoro che sto facendo io. Scacciare i demoni e guarire i malati. Non spiegare il Vangelo. Non possiamo spiegarlo, ma se state seguendo le orme di Gesù, allora dimostrerete i Vangeli.

Ho partecipato ad alcuni servizi religiosi in cui ho visto veri profeti dimostrare il Vangelo. Cercavo lo stesso. Oggi la Bibbia è un business multimilionario. Svegliatevi, seguite Gesù e non seguite le cosiddette chiese, denominazioni e organizzazioni. Se non vedete lo Spirito Santo all'opera, siete sotto un falso insegnante, una denominazione, una chiesa e dei falsi profeti. Non sono interessata a questa menzogna di Satana. Accettate la verità. Sono andata nell'edificio che chiamano chiesa, dove ho visto i cristiani malati, oppressi, posseduti e pieni di maledizioni. Se lavorate per Gesù, la droga, i bar, l'alcol e molte altre attività di Satana chiuderanno. Ottenete la verità ricevendo lo Spirito Santo per continuare il libro degli Atti. Uno dei segni è che parleranno in lingue. Gesù ha dato il segno al discepolo. Se non parlano in lingua, non guariscono i malati e non scacciano i demoni, allora hanno le loro religioni e organizzazioni. Non state seguendo Gesù, ma le religioni e le denominazioni di Satana. Inoltre, nelle loro chiese ci sono persone malate e possedute da demoni.

Ho scacciato i demoni nel nome di Gesù da molti cristiani. Molti hanno uno spirito familiare e lo amano. Per favore, state lontani da loro; combatteranno e verranno contro di voi. Non avete ancora continuato nella dottrina degli apostoli e dei profeti. Avete interrotto il libro degli Atti unendovi a religioni e false filosofie. Il libro degli Atti è costituito dagli atti dei discepoli che hanno seguito Gesù. Come Giovanni Battista ha scoperto che Gesù è colui che devono seguire.

La sua opera, Giovanni 11:3b Va' e ripeti a Giovanni le cose che hai udito e visto: 5 I ciechi ricevono la vista e gli zoppi camminano, i lebbrosi sono purificati, i sordi odono, i morti risuscitano e ai poveri viene predicato il Vangelo.

Ora, anche noi possiamo essere discepoli se facciamo quello che Giovanni Battista ha sentito fare a Gesù. Gesù non è mai diventato un teologo e ha detto: "Predico, insegno e scrivo molti libri". Egli ha mostrato il Vangelo esibendosi! Prima di lasciare il mondo, Gesù risorto ha detto: "Vedrete lo stesso segno che c'è in...".

Marco 16:15 fino all'ultimo versetto, allora credete che stiano lavorando per me. Se non lo vedete, allora fuggite da loro.

Perché vediamo il caos?

Molti oppressi, posseduti, malati, malattie, cancro e attacchi di cuore sono scritti nel libro del Deuteronomio. Satana ha un risveglio tra il popolo di Dio! Satana ha fatto più discepoli, ha fondato molte organizzazioni denominazionali e ha conquistato molti per continuare il suo programma di rubare, uccidere e distruggere. Aprite gli occhi. Andate a lavorare nel mondo, che è il campo del Signore. Molti hanno bisogno di voi; Gesù lavorerà con voi confermando la Sua potenza per recuperare il mondo perduto. Amen!

PREGHIAMO

Padre celeste, apri i nostri occhi e le nostre orecchie. Non sei venuto per divertirti, ma per lavorare per la Tua creazione. Per guarire i cuori spezzati, liberare i prigionieri di Satana da malattie, droghe, maledizioni e cecità spirituale. Signore, ci chiedi di fare lo stesso, dandoci potere su Satana e sulla sua opera. Signore, ti chiediamo perdono perché non abbiamo seguito te, ma i templi e Satana hanno fatto religione. Aiutaci a seguirti come è scritto nella Parola di Dio. Ci hai dato il potere di aiutare la Tua creazione e non di fondare molte denominazioni e religioni per mantenere la creazione cieca, malata e posseduta dai demoni. Signore, noi ci pentiamo e preghiamo per fare la Tua perfetta volontà come molti discepoli hanno seguito e fatto. Così la parola libera da tutte le tenebre. Noi siamo la luce se seguiamo solo te. Padre nostro celeste, vogliamo portare la Tua missione sulla terra, aiutaci, Signore, nel nome di Gesù. Amen! Dio vi benedica!

2 AGOSTO

POTERE DELLA VERITÀ!

Che cos'è la verità? La verità è la realtà, l'attualità, la correttezza, la verità dei fatti o la franchezza. Qual è il contrario della verità? È la menzogna, la falsità, la finzione o la disonestà. La Bibbia dice che Gesù è la via della verità. E se trovate la verità, Gesù, potete essere liberi.

Giovanni 8: 31 Poi Gesù disse ai Giudei che avevano creduto in lui: "Se rimanete nella mia parola, siete davvero miei discepoli; 32 conoscerete la verità e la verità vi farà liberi".

Che cos'è la verità? La PAROLA di Dio è la verità. Se si segue rigorosamente ciò che dice, si può essere liberi dalla schiavitù, dalle malattie, dalle dipendenze e dal potere di Satana. Tutti i versetti della Bibbia sono la chiave per aprire il tesoro. Funzionano se si ha il coraggio di aprirli obbedendo ad essi.

Giovanni 17:17 Santificali per mezzo della tua verità: la tua parola è verità.

Salmo 119:160a La tua parola è vera fin dal principio.

La vita sulla terra e la vita eterna, che inizia dopo la morte, saranno buone se imparerete ad amare la verità. Essa ha il potere di salvarvi dall'inferno. Quando direte la verità, Dio vi salverà dal fuoco dell'inferno e dallo zolfo. Il bugiardo non ha udito. Sì, avete sentito bene: il bugiardo non ha udito, quindi dite la verità. Non distorcete la parola di Dio e non dite che il Signore ama e perdona. Non può mandare la Sua creazione all'inferno. Leggiamo la Scrittura.

Apocalisse 21:8 Ma i paurosi, gli increduli, gli abominevoli, gli omicidi, i puttanieri, gli stregoni, gli idolatri e tutti i bugiardi avranno la loro parte nel lago che brucia con fuoco e zolfo, che è la seconda morte.

Il Signore ha creato il cielo per le persone sincere. Come l'ufficiale di correzione sulla terra può correggervi, più tardi dovrete affrontare il giudizio. L'obbedienza alle Scritture vi porterà alla verità, alla liberazione e alla guarigione. Che il Signore ci renda amanti della verità! Scoprite la verità e nient'altro. Come dice la Parola di Dio, sarete liberi se obbedirete alla verità. Leggo e applico le Scritture per impararle. Come dice la Parola di Dio, battezzate nel nome di Gesù e il vostro peccato sarà lavato via.

Atti 22:16 E ora perché indugi? Alzati, fatti battezzare e lava i tuoi peccati, invocando il nome del Signore.

Il giorno in cui mi battezzarono, il sangue nascosto sotto il nome di Gesù lavò i miei peccati. Sono uscita dall'acqua con una coscienza nuova. I miei peccati sono stati lavati via e mi sono sentita più leggera di una piuma. Mi sembrava di poter camminare sull'acqua.

Non ho mai avuto questa esperienza quando hanno asperso l'acqua con i titoli (Padre, Figlio e Spirito Santo sono titoli di un unico Dio). Provate a crederci. Potreste trovare molti modi, dato che Satana ha istituito molte religioni, denominazioni e chiese. Non ne ho paura, perché il demone della religione può distruggervi se non ci cascate. La Bibbia dice che obbedire alla verità vi renderà liberi. Ogni religione ha la forma della pietà, ma nega il potere della verità. Come? Negando la verità, che è l'unica arma potente. La Parola di Dio è vera e la nostra spada è l'unica arma offensiva. Il diavolo è proprio il contrario della verità. È chiamato bugiardo e vi dirà di mentire. Ma attenzione:

Giovanni 8:44 Voi siete del diavolo, vostro padre, e le voglie del padre vostro le farete.

Egli è stato un omicida fin dal principio e non ha dimorato nella verità, perché non c'è verità in lui. Quando dice una menzogna, la dice di suo pugno, perché è un bugiardo e ne è il padre.

Tutto ciò per cui Dio è a favore, il diavolo è contro. Avete incontrato questo tipo di persona? Se dite la verità, un bugiardo dirà che è sbagliata. Se correggete i bambini, essi si scaglieranno contro di voi. Alcuni si oppongono alla verità. Sono i figli di Satana, gli operatori del male, i seguaci delle tenebre, che mentono e mentono. Non c'è verità nel diavolo, ed egli consiglia.

Il diavolo disse a Eva: "Mangia il frutto. Non morirai". Perse la benedizione e fu cacciata dal Giardino per faticare e sudare con tutte le maledizioni annesse. Una benedizione è in bianco e nero. Fate come dice. Ma sperimenterete le maledizioni dopo essere usciti dalla verità. Non ascoltate i falsi insegnanti e profeti: sono loro i fuorvianti. Amate voi stessi e credete nell'insegnamento del Signore. Amo la verità. La Bibbia dice: Scaccia i demoni, guarisci i malati. I diabolici daranno loro medicine e consiglieranno tutto tranne che di stendere una mano, ungere con olio e digiunare per scacciare i demoni. Troveranno una scusa: non posso digiunare. Non è facile. Dio può chiedere qualcosa di complicato?

No, mai, ha digiunato per giorni. È normale, poiché vediamo Paolo digiunare molte volte e, in un'occasione, ha digiunato per tre giorni senza cibo e acqua. Mosè non mangiò né bevve due volte per quaranta giorni e notti. Ester e tutti gli ebrei hanno digiunato per tre giorni e tre notti senza cibo e acqua. Anche la contea vicina, Ninive, digiunò correttamente. Come fanno a sapere che non devono bere e mangiare quando digiunano? Hanno imparato dagli Ebrei; erano un paese vicino. Se andate da qualche parte, accettate ogni dottrina solo se la trovate supportata da due o tre Scritture.

La Bibbia è chiara, la dottrina può essere stabilita solo da due o tre Scritture che la sostengono. Signore, rendici amanti della verità. La verità è l'unico potere per liberarci dal fuoco dell'inferno, dalle malattie, dalle patologie, dal diavolo e dalla sua menzogna. Che il Signore ci benedica per obbedire alla Sua parola, che è la verità, per santificare e liberare da ogni schiavitù nel nome di Gesù.

Avevo un'amica in India. Era un'adoratrice di idoli. Suo padre era un autore. Ho sempre parlato loro di Gesù. Una volta, suo padre disse: "Trovo la pace quando leggo la Bibbia". Vedete, la Parola di Dio dice che solo Gesù ci dà pace e nessun altro. Una signora convertita andò a pregare per la casa di una sua parente, che aveva perso il marito. La giovane donna divenne vedova e i suoi figli rimasero senza padre. Questo cristiano convertito visitò e pregò per la vedova. Essa disse: "Volevo che una cristiana convertita venisse a pregare per me". La vedova disse: "Sento la pace quando lei prega per me". La Bibbia dice che dà la sua pace. Ho la Sua pace. Ovunque vada, la do agli altri, visto che ce l'ho. La madre di una mia amica era in comunione con la lettura di libri religiosi indù. Era alla ricerca della pace. Una volta ho posato la mia mano su di lei e si è sentita in pace. Ha sperimentato per la prima volta la pace di Gesù. Mi chiese di restare con lei mentre ero in tournée in India.

Le persone portano i demoni e lasciano il caos in casa vostra quando vengono a trovarvi. Ho notato un disordine quando qualcuno mi ha fatto visita. Il demone si manifesterà, le cose si romperanno e voi sperimenterete l'assassino, il ladro e il distruttore. La Bibbia è un resoconto accurato di Dio per noi. Non mantenete alcun rapporto con il male e il demonio. Abbiate amore per la verità; se non c'è, la parola dice:

2 Tessalonicesi 2:11 E per questo Dio manderà loro una forte illusione, perché credano a una menzogna, 12 affinché siano tutti dannati quelli che non hanno creduto alla verità, ma si sono compiaciuti dell'iniquità.

Illusione forte significa errore, interpretazione errata o incredulità. Il diavolo rappresenterà una menzogna e Dio vi permetterà di credere se non riceverete la verità. E sarete dannati. Che cos'è la dannazione? Una punizione infinita all'inferno! Perché le persone seguono una religione? Dio manderà falsi insegnanti e profeti se non avete amore per la verità.

1 Giovanni 2:21 Non vi ho scritto perché non conosciate la verità, ma perché la conosciate e perché nessuna menzogna viene dalla verità.

Amate la verità per essere liberi dal fuoco dell'inferno. Amate la verità per essere liberi dalle malattie e da Satana, nel nome di Gesù. Amen!

PREGHIAMO

Signore, vogliamo l'amore per la verità nei nostri cuori. Gesù è la via della verità. Il nostro nemico, Satana, è un bugiardo. Signore, liberaci dal male, aiutaci ad amare la verità, a essere liberi dal diavolo, dalle sue tattiche, dai suoi trucchi e dall'inferno. È della Tua parola che abbiamo bisogno nel nostro cuore. Nel nostro cuore c'è l'origine della vita. La Bibbia è l'unica fonte della verità. Aiutaci a usare, leggere, meditare, obbedire e amare la verità. Dio ci dà la libertà da ogni male. Aiutaci ad amare e a obbedire alla verità. Essa rende libero chiunque la ami. È universale se si crede, si riceve e si ama la verità per essere liberati. Sì, vogliamo liberare gli altri con la Tua verità nel nome di Gesù. Amen! Dio vi benedica!

3 AGOSTO

DOPPIO PER IL DISTURBO!

Quando Satana porta problemi e sfida la nostra fede, state attenti. Dio vi benedirà doppiamente. I giusti soffriranno accuse, ma resistete.

Dio sostituirà la perdita con una doppia benedizione.

Isaia 61:7 Per la vostra vergogna avrete il doppio, e per la confusione si rallegreranno della loro parte; perciò nel loro paese possederanno il doppio; gioia eterna sarà per loro.

Il programma di Satana è quello di mettervi in difficoltà accusando e dando la colpa ai fratelli.

Apocalisse 12:10c, che li accusa davanti al nostro Dio giorno e notte.

Vi chiedete e vi domandate: "Non ho fatto nulla e perché tutti vengono contro di me?". Se il vostro nemico lancia continuamente accuse e false accuse contro di voi, allora la fine di Satana è vicina. Ma chi ha accusato falsamente avrà una doppia benedizione.

Zaccaria 9:12 Volgetevi verso la fortezza, prigionieri della speranza; anche oggi dichiaro che vi renderò il doppio.

Sono contenta per le persone che hanno visto le benedizioni di Dio alla fine della prova. Sono stati provati e ne sono usciti come oro. Il nostro più grande esempio è Giobbe. Dio disse:

Giobbe 1:1 C'era un uomo nel paese di Uz, il cui nome era Giobbe; quell'uomo era perfetto e retto, uno che temeva Dio e rifuggiva il male. 8 Il Signore disse a Satana: "Hai considerato il mio servo Giobbe, che non c'è nessuno come lui sulla terra, un uomo perfetto e retto, che teme Dio e rifugge il male?"

Capite come il diavolo rappresenta Giobbe? Il diavolo ha un argomento e degli occhi per dimostrare che Giobbe si sbaglia.

Giobbe 1:9 Allora Satana rispose al Signore e disse: "Giobbe teme forse Dio per nulla? 11 Ma stendi ora la mano e tocca tutto ciò che possiede, ed egli ti maledirà in faccia".

Il diavolo è un bugiardo. Ha sfidato l'affermazione di Dio. Il diavolo sa come disegnare un'immagine terribile di voi, ma il Signore sa come distruggerlo. Dio conosce il vostro cuore. Il Signore ha permesso che tutti i problemi comprendessero Giobbe come un uomo sincero e giusto.

Giobbe 23:10 Ma egli conosce la via che prendo; quando mi avrà provato, ne uscirò come oro.

Stavo attraversando un processo, iniziato nel 1999. Il Signore mi ha dato la stessa Scrittura il giorno in cui ho camminato. Il nostro Dio sa come difenderci. Ha dimostrato che tutto ciò che pensavo era sbagliato. Durante la malattia fisica, ho perso il lavoro. Non avendo un lavoro, pensavo che non avrei mai avuto una casa nuova. Se mantengo la mia casa, sarà sufficiente. Dimenticavo l'auto nuova, visto che stavo per perdere l'auto e la casa. In seguito, Dio mi ha guarita, mi ha benedetta con una casa più grande e mi ha dato una nuova auto.

Quando si attraversa una prova, si pensa di essere soli e non si vede un futuro roseo. Dio è lì per ribaltare la situazione e restituirvi il doppio. Ho ricevuto tutti i mobili nuovi perché li ho lasciati a chi ha comprato la mia casa. Dio mi ha chiesto di dare tutto a lui. Dio è nel business delle benedizioni, se glielo permettete.

Vediamo quale lavoro è stato perso.

Giobbe 1:3 Il suo patrimonio era costituito da settemila pecore, tremila cammelli, cinquecento gioghi di buoi, cinquecento asine e una casa molto grande; quest'uomo era il più grande di tutti gli uomini d'Oriente.

Giobbe 42:12 Così il Signore benedisse l'ultima fine di Giobbe più del suo inizio, perché egli aveva quattordicimila pecore, seimila cammelli, mille gioghi di buoi e mille asine.

Dio vi restituirà il doppio se perdete a causa di una falsa accusa. Dio è meraviglioso. Può fare quello che ha fatto per gli altri. Daniele ricevette una posizione più alta e il suo nemico scomparve definitivamente dai suoi occhi. Gli egiziani hanno dato tutte le cose preziose agli ebrei e, alla fine, sono finiti nell'oceano. Giuseppe raggiunse la posizione più alta, anche se la donna fece false accuse. E i suoi fratelli, essendo gelosi, cercarono di ucciderlo. Il nemico vi sta semplicemente spingendo verso una promozione per ottenere una doppia benedizione e testimonianza. Che il Signore vi conceda forza, coraggio e resistenza nelle prove!

Giobbe 8:7 anche se il tuo inizio è stato piccolo, la tua ultima fine dovrebbe aumentare in modo significativo.

Alleluia! Che il Signore vi dia il doppio per il disturbo! Il Signore può rovesciare il piano del nemico e portarvi in una posizione più elevata. Dio conosce i nostri cuori, ma il diavolo vi dipinge al contrario di ciò che siete. Satana porta false accuse e illazioni. Pregate, Signore, di ritornare ai mittenti. Dovete gioire ed essere felici perché la vostra fine sarà migliore.

Mia madre ha lavorato duramente e ha sopportato molte prove finanziarie, familiari e di salute. Ma ha vissuto fino a novantotto anni e ha visto i suoi nipoti e pronipoti. Si è presa cura di lei perché la sua vita ha avuto molte prove, ma la sua rettitudine ha portato grandi benedizioni alla sua vita. Il Signore sa come benedirci. Ci benedice prima del nostro nemico.

Salmo 23:5 Tu prepari una tavola davanti a me in presenza dei miei nemici; ungi d'olio il mio capo; il mio calice trabocca.

Che il Signore vi dia resistenza durante la prova. Sono così felice che serviamo il Dio vivente, ed Egli sa come tirarci fuori dalla prova e dai problemi e benedirci oltre.

Salmo 40:2 Mi ha tirato fuori da una fossa orribile, dall'argilla fangosa, ha posto i miei piedi su una roccia e ha stabilito i miei passi. 3 Mi ha messo in bocca un canto nuovo, una lode al nostro Dio; molti lo vedranno, temeranno e confideranno nel Signore. 4 Beato l'uomo che fa del Signore la sua fiducia e non rispetta i superbi, né quelli che si volgono alla menzogna.

Tutta la gloria a Dio. Continuate a superare le prove; sarà alle vostre spalle. Dio conosce i conti e darà una doppia benedizione. Non dovete tenere il conto delle perdite e dei guadagni. Dio toglie e sostituisce con il doppio. Il Signore sa come vendicare il vostro nemico e toglierlo per sempre dai vostri occhi. Non è fantastico? Quando attraversiamo prove e problemi, ci chiediamo: dov'è Dio? Forse vi lamentate e piangete, ma non piangete più. Egli farà piangere il vostro nemico, vi salverà dall'agenda dei nemici e vi metterà in un posto più alto. Pensate a una promozione e a una doppia benedizione, e ringraziate Dio per il vostro nemico. Se non avete un nemico, non avete benedizioni. Amen. Che il Signore vi benedica doppiamente per tutti i vostri problemi nel nome di Gesù. Amen!

PREGHIAMO

Signore, vediamo quanto sei fedele. Hai benedetto la nostra piccola vita. Signore, salvaci dalle false accuse e recupera la nostra vita dal nemico. Padre nostro celeste, ti preghiamo per coloro che stanno affrontando il processo di accuse e denunce fraudolente. Dà loro forza. Prepara la tavola davanti al nemico e salvali con una doppia benedizione. Fa' che il nemico cada, rimosso e scomparso, per aver dato problemi ai giusti. Che il Signore si dimostri fedele. Egli sa come benedire e salvare la Sua creazione che ama il Signore con tutti i cuori, le menti, le anime e le forze! Vi ringraziamo. Hai sempre mantenuto la tua nel nome di Gesù. Amen! Dio vi benedica!

4 AGOSTO

CRISTIANO MATURO!

Ci sono fasi che dobbiamo attraversare prima di raggiungere la maturità. Essa non è una questione di età, anche se si dice che un uomo o una donna sono pienamente adulti a una certa età. I frutti maturano in una stagione specifica. Dopo l'addestramento, una persona raggiunge lo stadio in cui viene chiamata uomo o donna matura. Come nel cristianesimo, l'uomo e la donna di Dio vengono definiti maturi dopo alcuni anni di prove e di esami. Una persona matura e pienamente sviluppata può assumersi la responsabilità di un compito. La definizione di maturità data da Cambridge è: diventare più sviluppati mentalmente ed emotivamente e comportarsi in modo responsabile o indurre qualcuno a farlo.

Nella fase finale, una persona viene addestrata, saltata e sviluppata per assumersi le proprie responsabilità. È la fase in cui si è in grado di dare una risposta adeguata.

Nel Regno di Dio, Gesù ha inviato persone preparate. Ha insegnato loro come lavorare nel Suo campo. Erano mature per il motivo e lo scopo per cui erano state chiamate.

Efesini 4:11 Ad alcuni ha dato degli apostoli, ad altri dei profeti, ad altri degli evangelisti, ad altri ancora dei pastori e dei maestri, 12 per il perfezionamento dei santi, per l'opera del ministero, per l'edificazione del corpo di Cristo: 13 finché tutti giungiamo all'unità della fede e della conoscenza del Figlio di Dio, all'uomo perfetto, alla misura della statura della pienezza di Cristo: 14 affinché non siamo più bambini, sballottati da una parte e dall'altra e portati da ogni vento di dottrina, per mezzo delle astuzie degli uomini e delle astuzie che stanno in agguato per ingannare.

Per trovare la verità, bisogna trovare i veri apostoli, profeti, evangelisti, pastori e insegnanti che ci aiutino a sviluppare il nostro cammino con Dio. Così le false dottrine non ci ingannano. Quando Gesù, che era il Dio di Geova, camminava sulla terra, nessuno lo conosceva come Dio. Hanno travisato la verità ed è diventata una religione. Il nostro compito è fare ciò che il Signore si aspetta da noi.

Il cristianesimo in azione!

Giacomo 1:22 Ma siate facitori della parola e non uditori soltanto, ingannando voi stessi.

Questo è il primo passo della maturità. Ci porterà a uno sviluppo completo del nostro cammino. L'uomo è maturo a diciott'anni, ma il cervello si sviluppa a venticinque anni. Il frutto matura in un momento specifico. La profezia ha un tempo di maturazione. Ogni cosa cresce al momento stabilito per realizzare lo scopo e la ragione della creazione.

Galati 4:4 Ma quando venne la pienezza del tempo, Dio mandò il suo Figlio, fatto da donna, fatto sotto la legge.

Gesù stava per nascere, ma il fattore tempo era determinante. Aspettare il tempo stabilito dal creatore.

Lo Spirito di Dio promesso è arrivato al momento stabilito. Nulla può accadere prima del tempo e della stagione stabiliti dal Signore. Se vi affrettate prima del tempo e della stagione, non funzionerà. Una mela può avere un buon sapore se è sviluppata e maturata. Non si può piantare o raccogliere prima del tempo.

Atti 2:1 Quando fu giunto il giorno della Pentecoste, erano tutti insieme nello stesso luogo. 2 E all'improvviso si udì dal cielo un suono come di un vento impetuoso e potente, che riempì tutta la casa dove erano seduti.

Ricordate che non potete affidare l'opera di Dio a persone immature e non preparate. Distruggeranno l'opera di Dio. Che cosa succede se permettete a chiunque o a chiunque di lavorare per l'azienda, di lavorare per Dio o di mettere mano al Paese? Ci sarà un notevole disordine, scompiglio e confusione. Saulo, poi chiamato Paolo, uccideva i cristiani.

Fu nominato vaso scelto. Ma il tempo non era maturo, perché Saul aveva bisogno di correggere il suo modo di pensare. Il suo cervello aveva delle informazioni e una comprensione sbagliate. È come dare una pistola carica a un bambino, come dare una macchina a bambini non abbastanza alti per vedere o guidare. Paolo fu chiamato, ma andò in Arabia prima di mandarlo sul campo, per un periodo di addestramento.

Galati 1:17 Non sono salito a Gerusalemme da quelli che erano apostoli prima di me, ma sono andato in Arabia e sono tornato a Damasco. Paolo accolto da apostoli e altri 18 Poi, dopo tre anni, salii a Gerusalemme per vedere Pietro e rimasi con lui quindici giorni.

Paolo era un vaso scelto.

Atti 9:15 Ma il Signore gli disse: "Va' per la tua strada, perché egli è un vaso eletto per me, per portare il mio nome davanti ai Gentili, ai re e ai figli d'Israele".

Paolo aveva bisogno di essere più maturo per il compito a cui era stato chiamato.

La Bibbia dice:

Galati 1:23 Ma avevano solo sentito dire che colui che ci perseguitava nei tempi passati ora predica la fede che un tempo aveva distrutto.

Saulo, l'assassino dei cristiani che vengono chiamati, deve essere addestrato, istruito ed equipaggiato prima di essere inviato in missione.

Si può operare un paziente solo se si riceve una formazione da chirurgo. Vediamo molti incidenti, malintesi e confusione nel cristianesimo. Ci sono molte divisioni e religioni in autorità che si sono etichettate come apostoli, insegnanti, profeti, pastori ed evangelisti immaturi, ignoranti, inesperti e impreparati alla chiamata. Il segno primario del Vangelo non è solo spiegare o insegnare, ma anche dimostrare. Nella guerra spirituale è necessario un soldato esperto. Che il Signore ci dia un potente guerriero spirituale con visioni, sogni e sensi spirituali attivi! Il lavoro può essere fatto se le persone giuste vi insegnano e vi addestrano. L'istruttore deve essere chiamato e scelto dal Signore. I prescelti si eserciteranno, studieranno e cercheranno di essere abili nella chiamata. Tutti i santi maturi e di successo porteranno il frutto. Devono predicare il Vangelo con segni a seguito. Scacceranno i demoni, guariranno i malati, apriranno gli occhi ai ciechi e le orecchie ai sordi. Dio lavora solo con i cristiani maturi, non con tutti quelli che dicono di essere cristiani.

Ricordate che siamo in guerra con Satana e la sua coorte. Un soldato maturo e addestrato può andare in battaglia. Altrimenti, Satana li sconfiggerà e si ritireranno, feriti. Possono anche danneggiare gli altri perché non hanno la conoscenza, la saggezza, l'abilità e la comprensione della Parola di Dio.

2 Timoteo 2:15 Studiate per mostrarvi graditi a Dio, operatori che non hanno bisogno di essere svergognati, dividendo rettamente la parola della verità.

Che il Signore ci aiuti a raggiungere la nostra maturità nel nome di Gesù. Amen!

PREGHIAMO

Padre nostro, abbiamo bisogno del Tuo spirito per insegnare la Parola. Aiutaci a praticare la Parola per raggiungere la maturità. Signore, sappiamo che Gesù è il Dio vero e vivente. Dacci più operai che abbiano la rivelazione di Gesù. Fa' che il Signore ci mandi veri operai per continuare la missione di liberare i prigionieri. Usateci per guarire e liberare. Il nostro Dio spezza ogni giogo dalle spalle. Parliamo di libertà per il popolo di Dio. Basta con il giogo, le catene, il peso della religione e l'ignoranza. Che il Signore ci benedica e ci aiuti a raggiungere la nostra maturità nel nome di Gesù. Amen! Dio vi benedica!

5 AGOSTO

ABBIATE PASSIONE PER OTTENERE UNA MEDAGLIA!

Che cos'è la passione? Passione significa rabbia cieca, un'emozione forte e difficilmente controllabile. Amore, desiderio, affetto, zelo, ossessione, mania o crocifissione. Per raggiungere il successo è necessario avere passione. Osserviamo il successo in TV, al computer, nei giochi, nella vita reale, come scienziato o in qualsiasi campo. Chiunque raggiunga il successo ha una passione incontrollabile per ciò che fa. L'appassionato ignora gli arresti, i blocchi o le forze interiori che gli si oppongono. Supereranno ogni ostacolo, impedimento e difficoltà per raggiungere l'obiettivo. Che il Signore ci dia la passione per Gesù Cristo per seguire i Suoi passi!

L'assassino, chiamato Saulo di Tarso, aveva una passione per il suo unico Dio. In seguito, lo dimostrò morendo a Roma per il Signore Gesù. La rivelazione del Messia dimostrò la sua passione per Gesù Cristo. Un Paolo monoteista, cioè credente in un unico Dio, non riusciva a capire perché la gente si rivolgesse subito a Gesù. Gesù era lo stesso Dio in cui credeva Saulo di Tarso. La controversia era che Geova vestito di carne e chiamato Gesù non era conosciuto da Paolo. Lo Spirito Dio Geova si è manifestato nella carne come Gesù Cristo, chiamato Figlio di Dio, Messia, unico salvatore. Saulo di Tarso aveva passione per il suo Spirito Dio. Paolo uccise perché pensava che gli ebrei si fossero allontanati dal primo comandamento.

Deuteronomio 6:4 Ascolta, o Israele: Il Signore nostro Dio è un solo Signore": Ma l'esperto di Torah Saulo di Tarso scoprì che questo era l'unico che stava aspettando, vedete come cambiò.

At 26,7 A questa promessa sperano di giungere le nostre dodici tribù, che servono Dio giorno e notte. Per questa speranza, re Agrippa, sono accusato dai Giudei.

L'idea sbagliata di non conoscere la verità si chiama ignoranza. Paolo ne è il principale esempio. Che il Signore ci dia una comprensione di Lui, in modo da camminare in armonia! Ma lasciate che vi ricordi anche che avete bisogno di una passione per la verità. Essa vi porterà su quella strada come Damasco, dove potrete incontrare il vostro Creatore per correggervi. Molti seguono la chiesa o lo fanno senza avere una passione per essa. Gesù ha svolto il suo ruolo di salvatore perché aveva una passione per la Sua creazione. Come si può fare ciò che Gesù ha fatto per la Sua creazione se non si ha passione? Ma Paolo si vanta della sua passione per Cristo. Ha scritto:

2 Corinzi 11:21 Io parlo come se fossimo stati deboli, come se fossimo stati rimproverati. Tuttavia, dove c'è qualcuno che è audace (parlo a vanvera), lo sono anch'io. 23 Sono forse ministri di Cristo?

(Parlo da stolto) Io sono di più; nelle fatiche sono più abbondante, nelle striature più grande, nelle carceri più frequente, nelle morti più frequente. 24 Dai Giudei cinque volte ho ricevuto quaranta colpi, tranne una. 25 Una volta sono stato battuto con le verghe, una volta sono stato lapidato, tre volte ho fatto naufragio, una notte e un giorno sono stato negli abissi; 26 in viaggi frequenti, in pericoli di acque, in pericoli di briganti, in pericoli da parte dei miei compatrioti, in pericoli da parte dei pagani, in pericoli in città, in pericoli nel deserto, in pericoli nel mare, in pericoli tra falsi fratelli; 27 nelle fatiche e nei dolori, nelle veglie frequenti, nella fame e nella sete, nei digiuni frequenti, nel freddo e nella nudità, 28 oltre alle cose esterne, a quelle che mi assalgono ogni giorno, la cura di tutte le chiese. 29 Chi è debole e io non sono debole? Chi è offeso e io non brucio? 32 A Damasco il governatore sotto il re Aretas teneva la città dei damasceni con una guarnigione, desideroso di catturarmi: 33 E attraverso una finestra, in una cesta, fui fatto scendere dalle mura e sfuggii alle sue mani.

L'uomo di Tarso, Saulo, era un uomo cambiato con un nome diverso, Paolo. Non è incredibile ascoltare e vedere la vita di un uomo cambiato e ammirarlo? Solo gli appassionati ottengono quella medaglia e la massima ammirazione da parte di Dio.

Paolo, Pietro, Giovanni, Daniele, il Re Davide, Mosè e molti grandi personaggi che vediamo nella Bibbia avevano una grande passione per Dio.

Ebrei 12:1 Perciò, visto che anche noi siamo circondati da una così grande nuvola di testimoni, lasciamo da parte ogni peso e il peccato che ci assale così facilmente, e corriamo con pazienza la corsa che ci è posta davanti.

Guardare gli sport ci stupisce per il modo in cui giocano. Come? La loro passione per il gioco è insopprimibile.

Non hanno deciso una mattina di presentarsi per giocare. Hanno dedicato la loro vita a raggiungere un luogo che toglie il fiato agli spettatori. Ogni momento e movimento di cantanti, ballerini, giocatori, attori, attrici, passione e sforzo non distratto li ha portati in alto. Nessuno ci arriva finché non ha quell'amore intransigente per le cose che desidera. Molte volte leggiamo, sentiamo o guardiamo la parte e gridiamo "wow"! Se impariamo a conoscere il tempo, lo sforzo, il sacrificio e la storia di come hanno raggiunto la loro medaglia ci aiuterà ad ammirarli con rispetto. Io dico "wow, Signore!" Non otteniamo, stabiliamo o riceviamo nulla senza dolore. Molte volte, i cervelloni, gli invidiosi o alcune persone amano ottenere la gloria rubando il credito alla produzione del nostro lavoro. Ma date credito a ciò che è dovuto. Che il Signore ci dia la passione per Gesù! Facciamo il miglior valore della vita insignificante che ci è stata concessa. Questo mondo desidererà la stessa passione che dovrebbe avere. È l'eredità che viviamo della nostra vita. Abbiamo bisogno di coraggio, audacia, impavidità e passione per andare avanti. Ho viaggiato in luoghi in cui mi sono chiesta come ho fatto? È il mio amore e la mia passione che mi hanno portata nella parte più remota del mondo. Non mi porto avanti, ma la passione per lo Spirito e la verità di Dio mi rende inarrestabile. Non voglio guardare da nessuna parte se non alla croce e guardare il cammino che si apre miracolosamente. Una nuova autostrada, strade e oceano si dividono e io continuo a navigare per raggiungere il mio obiettivo. Una vita senza passione è come un marinaio senza direzione in un oceano. Le persone non puntano o si concentrano sulla medaglia, ma sulla passione che hanno.

Che il Signore ci aiuti ad avere una mente pronta e un'attenzione totale per andare avanti con la nostra passione! Lascerà un'eredità di successo a chi ha una passione simile. Il Signore non ha esentato nessuno dal soffrire, dalla sofferenza e dal perdere la vita per la propria passione.

Gesù disse: Matteo 16:25 Perché chi vorrà salvare la propria vita, la perderà; e chi perderà la propria vita per causa mia, la troverà. 26 Infatti, che giova a un uomo guadagnare il mondo intero e perdere la propria anima? O che cosa darà in cambio della propria anima?

Che il Signore ci dia la passione per la nostra vocazione! Ricordate che è per la gloria del Re Gesù. Molti ne trarranno beneficio. La mia passione per Gesù è grande e grandiosa, costi quel che costi. È tutto per Lui e niente per me. Che il Signore vi renda come Gesù, che ha una grande passione per la Sua creazione! Lo dimostra sulla croce, in ogni frustata che ha preso e in tutto il lavoro che ha fatto con una notevole opposizione. Il Signore vi benedica e vi benedica con la passione per LUI.

PREGHIAMO

Padre nostro, abbiamo bisogno del Tuo spirito per insegnare la parola. Aiutaci a praticare le parole per raggiungere la maturità. Signore, sappiamo che Gesù è il Dio vero e vivente. Dacci più operai che abbiano la rivelazione di Gesù. Che il Signore ci mandi operai fedeli per continuare a liberare i prigionieri. Usaci per guarire e liberare. Il nostro Dio spezza ogni giogo dalle spalle. Parliamo di libertà per il popolo di Dio. Basta con il giogo, le catene, il peso della religione e l'ignoranza. Il Signore ci benedica e ci aiuti a raggiungere la nostra maturità nel nome di Gesù. Amen!

Dio vi benedica!

6 AGOSTO

BENEDIZIONE E MALEDIZIONE DERIVANO DALLE VOSTRE AZIONI!

L'esito della vita dimostra che siete obbedienti o ribelli. Le vostre azioni porteranno maledizioni o benedizioni nella vostra vita e sulla terra. La vostra sottomissione alla parola di Dio porterà alla terra pioggia, sicurezza, provviste, salute e aiuto soprannaturale da parte del creatore. Il creatore di questo mondo ci ha permesso di rimanere sul Suo pianeta chiamato terra. Vivete sul pianeta terra rispettando le condizioni di Dio e non le vostre. Se sbagliate, sarete spazzati via a poco a poco.

Dio si occupò del peccato delle nazioni Ittiti, Girghesiti, Amorrei, Cananei, Perizziti e Hiviti. Il proprietario della terra ha chiesto alla Sua creazione (l'umanità) di fare la cosa giusta agli occhi di Dio. Se il proprietario vi chiede di fare qualcosa, fatelo. Evitate di prendere la strada che potrebbe sfrattarvi. Quando ci si allontana dal servire il Dio vivente e si inizia a compiacere la carne, il Signore ha le stesse norme e regolamenti per ogni singolo gruppo di nazioni.

Deuteronomio 7:1 Quando il Signore, il tuo Dio, ti farà entrare nel paese dove andrai a prenderlo in possesso, e avrà scacciato davanti a te molte nazioni, gli Ittiti, i Girguaziti, gli Amorrei, i Cananei, i Perizziti, gli Hiviti e i Gebusei, sette nazioni più grandi e più potenti di te;

Esodo 23:30 A poco a poco li scaccerò di fronte a te, finché tu sia accresciuto ed erediti il paese.

Ogni vostra azione e reazione è annotata in cielo.

Apocalisse 20:12 Poi vidi i morti, piccoli e grandi, stare in piedi davanti a Dio; e i libri furono aperti; e un altro libro fu aperto, che è il libro della vita; e i morti furono giudicati da quelle cose che erano scritte nei libri, secondo le loro opere.

Daniele 7:10 Un torrente di fuoco usciva e si sprigionava davanti a lui; migliaia di persone lo assistevano e diecimila volte diecimila stavano davanti a lui; il giudizio fu fissato e i libri furono aperti.

Non potete nascondere nulla al Signore. Non pensate mai che qualcuno abbia visto le vostre azioni. Dio le ha già viste!

Ebrei 4:13 E non c'è nessuna creatura che non sia manifesta al suo cospetto; ma tutte le cose sono nude e aperte agli occhi di colui con cui abbiamo a che fare.

Luca 8:17 Infatti non c'è nulla di segreto che non sia reso manifesto, né nulla di nascosto che non sia conosciuto e diffuso.

Lasciate che la Parola di Dio chiarisca tutte le agende nascoste. Altrimenti vivete in un mondo immaginario. Siate realisti. Tutti i modi ingannevoli e segreti sono etichettati come ipocrisia o inganno. La vostra vita e i vostri figli dopo di voi devono essere educati alla via di Dio, che ha creato la terra. Come sappiamo, nessun altro pianeta è adatto a farvi vivere.

Salmo 115:15 Voi siete benedetti dal Signore che ha fatto i cieli e la terra.16 I cieli, anzi i cieli, sono del Signore; ma la terra l'ha data ai figli degli uomini.

Visitate il cimitero e guardate a che età muore la gente di oggi. Oggigiorno muoiono molti giovani. A vent'anni non ci sono più.

Salmo 55:23 Ma tu, o Dio, li farai precipitare nella fossa della distruzione; gli uomini sanguinari e ingannatori non vivranno la metà dei loro giorni, ma io confiderò in te.

Mosè visse fino a 120 anni. Davide visse a lungo.

1 Cronache 29:28a Morì in buona vecchiaia, sazio di giorni, di ricchezze e di onori.

Salmi 37:11 Ma i miti erediteranno la terra e si delizieranno nell'abbondanza della pace.

Astenetevi dal trovare una scorciatoia attraverso la religione, i falsi insegnanti e i profeti. Vi rovineranno. Abbiate amore, timore e riverenza per il proprietario e creatore della terra.

Non c'è niente di meglio che ricevere favore, protezione e benedizioni. La via migliore è Gesù. Nessuno tranne Gesù!

Deuteronomio 29:9 Osservate dunque le parole di questo patto e mettetele in pratica, affinché possiate prosperare in tutto ciò che fate.

Una volta superata la concupiscenza degli occhi, quella della carne e l'orgoglio della vita, è facile ricevere le benedizioni. Solo se le vostre prestazioni sono conformi ai comandi, alle leggi, ai precetti e agli statuti di Dio:

Deuteronomio 30:9 L'Eterno, il tuo Dio, ti renderà abbondante in ogni opera della tua mano, nel frutto del tuo corpo, nel frutto del tuo bestiame e nel frutto del tuo paese, perché l'Eterno si rallegrerà di nuovo su di te per il bene, come si è rallegrato sui tuoi padri.

Le persone dimenticano Dio quando ricevono cibo, beni e tutto ciò che il loro cuore desidera. Dio diventa secondario. Le persone devono recuperare la capacità di ascoltare la voce del Signore. Non importa chi siete, dovete mantenere le vostre azioni e reazioni giuste. Che il Signore ci aiuti e ci faccia seguire le Sue leggi e i Suoi statuti!

Ricordate che è essenziale osservare i comandamenti e gli statuti di Dio e insegnare alla generazione successiva a continuare i benefici. La vostra azione è il fattore principale del vostro destino. I destini si scelgono in base alle proprie azioni e mai in base a Dio. Dio benedice sempre.

Numeri 32:13 L'ira del Signore si accese contro Israele e li fece vagare nel deserto per quarant'anni, finché tutta la generazione che aveva fatto del male agli occhi del Signore fu consumata.

Quando si vede la terra giudicata, spazzata via, lava, terremoto, tsunami, piaghe, grandine e molti altri problemi, si vede che gli abitanti della terra fanno reagire la terra. Il giusto giudizio deriva dalle vostre azioni.

Levitico 18:28 affinché la terra non sputi anche voi, quando la contaminate, come ha sputato le nazioni che erano prima di voi.

Dio ha avuto la stessa condizione fin dall'inizio.

Apocalisse 3:16 Poiché dunque sei tiepido e non sei né caldo né freddo, io ti sputo fuori dalla mia bocca.

Che responsabilità avete? Non impegnatevi nel programma della chiesa. Non comprate Dio con le vostre decime, offerte, sacrifici di carne, coca cola o altro. Dio vuole che siate responsabili per continuare a ricevere le Sue benedizioni. La Terra non ha alcuna tolleranza per le vostre azioni negligenti, per la violazione delle leggi, dei comandamenti e dei precetti di Dio. Che il Signore ci dia veri profeti e insegnanti per tenerci sulla retta via! È nostro compito cercare la verità e non deviare da essa. Non ignorate Dio perché è una cosa seria. Si tratta di perdere persino la terra. Rettificate le vostre azioni oggi. Correggete le vostre vie e amate il vostro Creatore. Il Signore ci ha insegnato come agire se vogliamo essere benedetti.

PREGHIAMO

Padre celeste, ti ringraziamo. Grazie per averci dato la Tua parola come lampada e luce per trovare la strada del cielo. La via di Gesù ha una speranza di vita e di affermazione per voi e per la prossima generazione. Aiutaci, Signore, a custodire la Parola con ogni diligenza. Sappiamo che lo Spirito Santo è l'aiuto e il conforto più significativo per vivere correttamente. Che il Signore ci dia la saggezza di Daniele, Davide e Mosè per chiamarci come uno di quelli buoni e fedeli! Uno di quelli a cui Dio ha detto: "Ti do questa terra in eredità per te e per i tuoi figli". Che il Signore ci dia questo desiderio di andare avanti nel timore del Dio altissimo, nel quale non c'è alcuna divergenza! Controlliamo le nostre vie e i nostri cuori per trovare Dio e le Sue vie per essere benedetti nel nome di Gesù. Amen!

Dio vi benedica!

7 AGOSTO

COME FINISCE LA DISPENSAZIONE?

Che cos'è la Dispensazione? L'ordinamento divino degli affari del mondo. Un ordine o un'epoca divinamente stabiliti: l'antica dispensazione mosaica, o ebraica; la nuova dispensazione evangelica, o cristiana.

Si contano tre dispensazioni: quella patriarcale, quella mosaica o ebraica e quella cristiana. (Tratto dagli Strumenti di studio della Bibbia) Dispensazione significa gestione, sistema o disposizione. Dio governa la terra dal cielo con le Sue leggi, i Suoi comandamenti, i Suoi precetti e i Suoi statuti per tempi ed epoche specifiche. Se si seguono, si possono ricevere i benefici. Dio ha governato la terra con un solo comandamento nella dispensazione dell'innocenza. Non mangiate il frutto dell'albero proibito. Non è così semplice?

Genesi 2:17 Ma dell'albero della conoscenza del bene e del male non devi mangiare, perché nel giorno in cui ne mangerai, morirai sicuramente.

Che cosa significa la morte? La sua morte non è fisica, ma è la morte eterna della vostra anima.

Ora, dopo aver mangiato il frutto proibito:

Genesi 3:7 Gli occhi di entrambi si aprirono e si accorsero di essere nudi; allora cucirono insieme foglie di fico e si fecero dei grembiuli.

Ora devono vestirsi e andare a terra. Non sapevano nulla di come si lavora la terra, di come si suda, di come si partorisce con molto dolore e di come si mangia il pane del sudore. Wow! Rompendo l'ordine, la dispensazione dell'innocenza finì. Gli esseri umani hanno la disobbedienza nella carne. Se il comandamento di Dio non controlla la carne, allora ci si allontana da Dio. Infrangere il comandamento di Dio ha portato a grandi lotte. La dispensazione dell'innocenza finì e dopo di essa iniziò la dispensazione della conoscenza del bene e del male. La seconda dispensazione fu chiamata dispensazione della coscienza. La dispensazione del governo umano iniziò dopo aver distrutto la terra con un diluvio. Noè e la sua famiglia la iniziarono con la promessa di non essere distrutti di nuovo dal diluvio e di poter mangiare carne, mettendo gli arcobaleni come promemoria per non uccidere gli esseri umani con il diluvio.

Genesi 6:11 Anche la terra era corrotta davanti a Dio e il mondo era violento. 12 Dio guardò la terra ed ecco che era corrotta, perché ogni carne aveva corrotto la sua strada sulla terra. 13 E Dio disse a Noè: "La fine di ogni carne è giunta davanti a me, perché il mondo è pieno di violenza per mezzo loro; ed ecco, io li distruggerò con la terra".

Poi diede inizio alla dispensazione della promessa ad Abramo, che credette al Signore. La prova dimostrò la fede di Abramo. Ricevette l'assicurazione di figli e nazioni. Ricevette la benedizione per la sua discendenza. Dio promise ad Abramo: "Benedirò chi ti benedice e maledirò chi ti maledice". Il segno dell'alleanza era la circoncisione. La quinta dispensazione è chiamata dispensazione della legge, che fu abolita prima che il Signore Gesù versasse il Suo sangue sul Calvario. Geova Dio trattò con il Suo popolo eletto, le leggi israelite, per mostrare al mondo che l'osservanza della legge di Dio porta benedizioni sulla terra. Osservate la legge.

Deuteronomio 4:40 Osserverai dunque i suoi statuti e i suoi comandamenti che oggi ti ordino, affinché vada bene per te e per i tuoi figli dopo di te e affinché tu possa prolungare i tuoi giorni sulla terra che il SIGNORE, il tuo Dio, ti dà per sempre.

Deuteronomio 28:1 Se ascolterai diligentemente la voce dell'Eterno, il tuo Dio, per osservare e mettere in pratica tutti i suoi comandamenti che oggi ti ordino, l'Eterno, il tuo Dio, ti porrà in alto sopra tutte le nazioni della terra.

Anche questa dispensazione è terminata, poiché l'uomo ha disobbedito ai comandamenti e agli statuti di Dio.

Malachia 2:11 Giuda ha trattato a tradimento e un abominio è stato commesso in Israele e a Gerusalemme, perché Giuda ha profanato la santità del Signore che amava e ha sposato la figlia di un dio straniero.

3:5 Mi avvicinerò a voi per giudicarvi. Sarò testimone contro gli stregoni, contro gli adulteri e i falsi giurati, contro coloro che opprimono il salariato, la vedova e l'orfano di padre e che distolgono lo straniero dal suo diritto e non temono me, dice il Signore degli eserciti.

Ricordate che Dio intende ciò che dice e dice ciò che intende. È bello praticare e ricordare a se stessi le cose da fare e da non fare, perché non c'è altra via che il Signore. La storia dimostra che tutte le diverse dispensazioni vincono la dispensazione della grazia. Noi abbiamo il sangue del Salvatore e non degli animali. Che il Signore ci aiuti a capire che non possiamo lasciare che la storia reciti! Svegliatevi e aprite la vostra Bibbia aprendo il cuore, gli occhi e l'orecchio. Dio ha paragonato il tempo della fine con il tempo di Noè, di Lot e della venuta di Cristo. Conosciamo la sesta dispensazione come dispensazione della Grazia, del Vangelo o di Dio.

Efesini 3:2 Se avete sentito parlare della dispensazione della grazia di Dio che mi è stata data a voi.

Colossesi 1:25 di cui sono ministro, secondo la dispensazione di Dio che mi è stata data per voi, per adempiere la parola di Dio;

1 Corinzi 9:17 Perché se faccio questa cosa volentieri, ho una ricompensa; ma se contro la mia volontà, mi è stata affidata la dispensazione del Vangelo.

La Bibbia ha profetizzato che questo finirà quando il popolo di Dio si allontanerà dalla verità.

Segni di fine per la dispensazione della Grazia o di Dio:

1 Timoteo 4:1 Ora lo Spirito dice espressamente che negli ultimi tempi alcuni si allontaneranno dalla fede, dando ascolto a spiriti seduttori e a dottrine di diavoli; 2 dicendo menzogne con ipocrisia; avendo la coscienza scottata da un ferro rovente.

La ricorrenza del nostro comportamento. Ricordate ciò che il Signore ha detto:" "Io giudicherò. Io non cambio. Pensate che vada bene, visto che è passato troppo tempo? Mangiare, bere e fare quello che si faceva al tempo di Noè. Che il Signore ci dia saggezza e percezione del bene e del male! Dobbiamo continuare a seguire la Parola di Dio, a vegliare e a pregare di più. Dobbiamo obbedire a ciò che Dio dice. In ogni dispensazione, il Signore ha mantenuto la via di fuga per i giusti. In questa dispensazione ci deve essere un'arca per la giustizia. Quindi preparatevi battezzando nel nome di Gesù; è l'arca per questo tempo.

1 Pietro 3:20 I quali a volte sono stati disobbedienti, quando la longanimità di Dio ha atteso ai giorni di Noè, mentre si preparava l'arca, dove poche anime, cioè otto, furono salvate dall'acqua. 21 La stessa figura per la quale anche il battesimo ci salva ora (non la rimozione della sporcizia della carne, ma la risposta di una buona coscienza verso Dio) mediante la risurrezione di Gesù Cristo.

PREGHIAMO

Padre nostro celeste, veniamo davanti a te; ti preghiamo di essere misericordioso. Siamo responsabili del giudizio e della fine di ogni dispensazione. Ti preghiamo di darci un cuore sincero per obbedire e osservare il Tuo comandamento di portare avanti la Tua parola. La nostra responsabilità è quella di fare la nostra parte, e non mancheremo mai a noi stessi e agli altri. Sappiamo e crediamo che Dio non cambia mai, ma noi sì. Rendici più simili a te per fare la Tua perfetta volontà. Tutte le Tue parole sono valide e dobbiamo mantenerle, qualunque cosa accada. Aiutaci a mantenere te stesso per primo obbedendo alla Parola di Dio. Siamo nella migliore dispensazione da quando il sangue del Salvatore si è fatto ombra per noi. Grazie per il Tuo Sangue nel nome di Gesù. Amen! Dio vi benedica!

8 AGOSTO

CHE COSA SONO LA RELIGIONE, LA DENOMINAZIONE E LE ORGANIZZAZIONI?

Che cosa sono la religione, la denominazione e le organizzazioni?

Quando si ritira o si sostituisce Dio e si presenta la propria religione. Io, me e non Dio sono ciò che è. È un grande aiuto per il regno di Satana. È consuetudine che il seguace contribuisca a fondare una denominazione o un'organizzazione. Una volta che vi unite e vi impegnate, li aiutate a fondare una religione.

La maggior parte delle persone religiose va in chiesa e segue le regole che gli sono consone. Molti pagano decime e offerte, in modo che le loro chiese continuino a funzionare. Una volta che si rispettano le loro condizioni, si è i benvenuti. Ma se seguite Dio, un leader religioso vi caccerà via. Subirete molestie dirette e indirette. Quando Satana si impadronisce del pulpito, l'organizzazione si sostituisce a Dio, lentamente ma inesorabilmente. Ci sono molti culti in tutto il mondo, con nomi diversi.

Molto tempo fa, ho letto la newsletter dell'Alta Sacerdotessa di Satana che affermava che per portare il regno di Satana, dobbiamo conquistare le persone che sono in maggioranza, cioè i cristiani. Satana ha usato il modo più ingannevole fin dall'inizio. La religione è una deviazione dalla verità. Il cristianesimo è seguire Gesù, non le denominazioni o le non denominazioni.

Il modo più cospirativo di rappresentare la Parola di Dio. Satana distorce e travisa i comandamenti, i precetti, le leggi e gli statuti di Dio per distruggere l'intero piano di Dio.

Satana è più saggio di Daniele.

Ezechiele 28:2 Figlio d'uomo, di' al principe di Tiro: "Così dice il Signore DIO: Poiché il tuo cuore è livido e hai detto: "Io sono un Dio, mi siedo sulla sede di Dio, in mezzo ai mari", tu sei un uomo e non un Dio, anche se hai posto il tuo cuore come il cuore di Dio: 3 Ecco, tu sei più saggio di Daniele; non c'è segreto che ti possano nascondere; 4 con la tua saggezza e con la tua intelligenza ti sei procurato ricchezze, hai messo oro e argento nei tuoi tesori.

Si capisce che il diavolo non è un gioco. Il diavolo fa cadere chi cammina nella carne. Questa ha tutte le brame degli occhi e della carne ed è piena di orgoglio. Se una persona cammina nella carne, il diavolo la cavalca. Il diavolo mangia la sporcizia e dipende da essa; ricordate che Dio vi ha fatto di polvere. Se un individuo vive nel peccato, questo è il cibo per Satana.

Una volta il diavolo prosperava in cielo. Ha avuto accesso fino al giorno in cui l'arcangelo Michele lo ha cacciato dal paradiso. Aveva l'esperienza di avere la verità, di camminare e di obbedire a Dio. Satana conosce il nostro potere collegandosi alla sala del trono di Dio. Una volta che si ha accesso a Dio, si ha tutto. Il potere della sala del trono è ancora accessibile se si obbedisce alla voce di Dio.

Era la sua argomentazione.

Giobbe 1:10 Non hai forse fatto una siepe intorno a lui, alla sua casa e a tutto ciò che possiede da ogni parte? Hai benedetto il lavoro delle sue mani e il suo patrimonio è aumentato nel paese.

Satana progettava di sbarazzarsi della siepe e di avere accesso a rubare, uccidere e distruggere Giobbe.

L'unico modo per farli cadere è distoglierli dai comandamenti e dai precetti di Dio. Non si tratta di un attacco diretto, ma di dare un contentino prendendo le benedizioni. Il diavolo non ci convince mai a non credere in Dio, ma distorce la Parola di Dio. Trova la nuova formulazione ingannevole della Sua Parola. Molte traduzioni della Bibbia, tranne la KJV, sono deviazioni dalla verità.

La Bibbia ci avverte se aggiungiamo o sottraiamo la Parola di Dio. Pagare comporta una conseguenza significativa. Avendo un libro chiamato Bibbia di sessantasei libri, abbiamo una notevole responsabilità nel continuare a scavare, vivere, obbedire e sottometterci a Dio. L'autorità religiosa si considera al di sopra di Dio. La religione, l'organizzazione e la denominazione vi costringeranno ad aderire alla loro predicazione e al loro insegnamento. In caso contrario, dovrete affrontare la persecuzione.

È meglio che vi mettiate in contatto con Dio leggendo la Bibbia e obbedendole. È l'unico potere di Dio che può distruggere l'influenza della religione, operando attraverso molti che hanno ritirato Gesù e hanno permesso al diavolo. Volete imparare la Bibbia? Allora fate come dice. Imponete la mano ai malati, scacciate i demoni, guarite gli afflitti, aiutate gli indigenti e i bisognosi, visitate le vedove e gli orfani, aprite gli occhi ciechi e le orecchie sorde.

Conoscete la strada di Eva, Adamo e Re Saul. Per gli uomini del tempo di Noè, la corruzione e la violenza erano esattamente ciò che viviamo oggi. Croci e chiese di diverse denominazioni e organizzazioni non significano nulla. Finché li segui, va bene, ma non allora sentirete la forza della persecuzione e del coalizzarsi contro di voi. Il popolo delle denominazioni butterà fuori il discepolo della verità.

Fate attenzione. Una volta scartata la verità, una parte della verità non ha più valore. La Bibbia dice di non aggiungere e di non sottrarre. Il Signore ci dia l'audacia di Davide, il coraggio di Giosuè e l'umiltà di Mosè. Ne abbiamo bisogno in questo momento, in questa stagione e in questa epoca. I leader religiosi costringeranno il popolo di Dio a credere alla menzogna. Diventate vittime o preparatevi a ricevere molestie e accuse. Chi vi crederà quando riceverete accuse dal sacerdote, dal sommo sacerdote e da tutti i leader teologici della Chiesa? Che il Signore cammini con voi e parli con voi per farvi sapere che Lui è Dio e non queste sante chiese, autorità, denominazioni e organizzazioni. La religione è un bel modo di dire: credo in Dio ma obbedisco a colui che ha sostituito Dio.

La preghiera ci mette in contatto con Dio. Vengono attaccati ogni volta che invito le persone a pregare, oppure il leader religioso e la moglie li invitano a fare un gioco.

Hanno allontanato definitivamente i guerrieri della preghiera da me. Non si collegano con Dio. Divertiamoci. Quando ci mettiamo in contatto con Dio, allora Satana è in grande difficoltà. La preghiera è parlare con Dio. La preghiera è la relazione con Dio. Una volta scollegati, ci si trova in una zona senza Wi-Fi per la connessione al regno celeste. Satana è chiamato il più saggio. Molti leader religiosi si sono sostituiti a Dio e hanno creato milioni di miscredenti. Invece di portare avanti i comandamenti, le leggi e i precetti di Dio, portano avanti l'agenda del diavolo: inizialmente solo due esseri umani e una tattica per scacciarli. Ora, per il nostro tempo, ci vogliono molte tattiche, religioni, organizzazioni e denominazioni ecclesiastiche per sostituire la verità. Abbiamo una forma di pietà. Le chiese hanno l'orchestra e i programmi più armoniosi per ingannare i santi. La chiesa è un'azienda che fa soldi sulla terra. La missione di Dio, che consiste nel liberare i prigionieri, nel rendere la bellezza una cenere, nel guarire chi ha il cuore spezzato, nel guarire i malati, nel perdere i prigionieri e nel rompere il giogo, è uscita dalla porta. Nessuno scava, cerca, chiede o bussa perché i leader sono caduti. È stato a lungo dimenticato che i cristiani devono trovare l'armadio e pregare per trovare Dio. Rivolgersi a Dio e vedere la Sua volontà. Il tè, il pranzo e la pesca sostituiscono la verità. Il problema più grande è che lo shopping, il mangiare, il bere e il lavorare sono essenziali. I leader vogliono tutte le decime e le offerte per divertirsi, fare vacanze, cacciare, giocare a golf, avere belle macchine e tutto il meglio. Come è successo? Gesù di Nazareth ha lasciato il discepolo. Essi soffrono, vengono picchiati e sono in prigione.

Predicavano il Vangelo con il segno e la meraviglia che seguivano. Se siete malati, andate dal medico, prendete le medicine e sprecate i vostri soldi.

Non preoccupatevi, una volta che vi hanno fatto il lavaggio del cervello, è facile che la generazione successiva non sappia di cosa si tratta. In particolare non li si lascia pregare, così non hanno alcun legame con Dio. Non leggere la Parola di Dio, così nessuno sa cosa dice il Signore. Dire sempre il mio pastore, la mia chiesa e la mia denominazione: sono io e io. Cosa è successo a Gesù? Gli abbiamo dato la possibilità di andare in pensione. Questo si chiama business sofisticato di Satana, religione, denominazioni, organizzazioni o chiese. Aprite la Bibbia, leggete e pregate.

PREGHIAMO

Padre celeste, veniamo al Tuo altare nel nome di Gesù. Ti abbiamo chiesto umilmente di aiutarci, di guidarci in tutta la Tua verità e non nella religione. Sappiamo che il potere è nella verità e che la Tua parola è vera. Insegnaci a dire: "È scritto" quando un nemico viene come religione per deviarci dalla verità. Che il Signore ci dia la Sua Parola, che è l'unica arma offensiva per distruggere il piano del diavolo. Che il Signore ci aiuti e ci dia il segnale di luce verde e rossa per sapere se procedere o fermarsi vedendo il pericolo! Il nostro Dio ci ha praticamente mostrato la via della verità e della vita. Grazie per la parola vivente di Dio che ci vivifica, nel nome di Gesù. Amen! Dio vi benedica!

9 AGOSTO

SIGNORE, RENDIMI UMILE!

Un'altra parola che indica l'umiltà è mite. Che cos'è l'umiltà? Umile significa mite, sottomesso. Il contrario è orgoglioso e arrogante! Se Dio vuole governare sulla terra, ha bisogno che si sia sottomessi a Lui, ai Suoi comandamenti, statuti e precetti. Così Dio può governare sulla terra come in cielo. Vi prego di chiedere umiltà e di ubbidire alla Sua voce! Dio vuole che la Sua creazione sia benedetta, guidata e protetta da Lui. Ha un piano, ma c'è qualcuno abbastanza umile da portarlo avanti? Le persone umili cercano Dio. Gli umili porteranno avanti la voce di Dio.

Numeri 12:3 (L'uomo Mosè era molto mite, al di sopra di tutti gli uomini che erano sulla faccia della terra).

Mosè, essendo umile, è stato messo da Dio davanti al Faraone e al suo popolo in Egitto. Come sapete, Dio vi porta in alto e vi abbatte se diventate arroganti. Quando salite in alto, fate attenzione, rimanete umili e non siate così orgogliosi da essere cacciati via come il Re Saul e il sommo sacerdote Eli. Ricordate che non siete nessuno davanti al potente Dio, non importa quanto sia alta la vostra posizione. Dio potente vuole che qualcuno ascolti e porti avanti il Suo progetto e il Suo piano sulla terra.

Una volta ho sentito Dio che mi chiedeva di andare a casa del mio vicino. Avevo appena visitato l'India e avevo un piccolo regalo per una coppia di anziani. Quando bussai, lei aprì la porta e mi fece entrare. Le ho dato un regalo e lei mi ha dato la triste notizia della morte del marito, avvenuta pochi giorni prima. Ero così felice di aver sentito Dio che mi chiedeva di farle visita. Era triste e piangeva. Ero lì per confortarla e pregare. Che il Signore ci usi quando il Suo popolo ha bisogno di conforto e di preghiera. Se lo facciamo, il diavolo non potrà approfittare delle situazioni. Possiamo evitare di pentirci se siamo abbastanza umili da ascoltare Dio.

Molte volte sentiamo che Dio non è giusto. Ci chiediamo perché Dio, essendo gentile e amorevole, abbia permesso tutte le cose brutte. Non è Dio, ma noi siamo orgogliosi e arroganti. Dio non ci ha reso dei robot, ma ci ha dato il libero arbitrio. Ascoltate Dio, aiutatevi e sappiate che il Signore vi proteggerà e provvederà.

Dio si è servito di Mosè per portare avanti l'ampio progetto di portare le persone schiavizzate nella terra promessa. Egli guida con successo questa moltitudine attraverso il deserto, poiché il regista è Dio. Essendo Mosè umile, Dio lo ingaggia per portare diverse piaghe all'Egitto. L'Egitto e il mondo impararono che il Dio di Abramo, Isacco e Israele era il Dio vivo e vero. La terra appartiene a Dio.

Egli governa l'universo. Non cambia. Il Signore Dio ci aiuti a essere umili. AscoltateLo, in modo che possa mostrare al mondo che è un Dio vivente, amorevole e premuroso. Potete trasformare il mito di Dio in realtà.

Daniele ha permesso a Dio, non temendo la sentenza della Tana del Leone. È vero che a volte, stando sulla parola di Dio, si cammina contro l'autorità, il potere e il flusso del mondo. Ascoltate e non temete altri che il Signore. Dio non può servirsi di voi se ascoltate, del coniuge, della concupiscenza della carne e degli occhi, dell'orgoglio o di chiunque altro tranne che di Dio. Egli si serve di chi ascolta e obbedisce. Con i comandamenti, gli statuti, i precetti, le leggi sacre e la dieta kosher, la vita santa degli ebrei è stata progettata dal Signore. È per gli umili che devono accettare e obbedire per essere benedetti. Dio vuole benedirvi, ma siete abbastanza umili da permetterglielo? Dio non può operare attraverso la ribellione, la disobbedienza o chi rifiuta Dio. È tutto Dio e niente di voi; allora si compia la volontà del Signore sulla terra.

Proverbio 22:4 Dall'umiltà e dal timore del Signore derivano ricchezza, onore e vita.

1 Pietro 5:6 Umiliatevi dunque sotto la potente mano di Dio, perché egli vi esalti a suo tempo.

Mosè è stato definito umile perché ha fatto esattamente ciò che Dio gli ha chiesto.

Esodo 11:3b Inoltre, l'uomo Mosè era molto importante nel paese d'Egitto, alla vista dei servi del faraone e del popolo.

Mosè era accanto al Faraone, ma amava Dio al di sopra del potere e della gloria. Non gli interessavano i tesori del mondo. Che il Signore ci dia la saggezza! La Terra sarà bruciata. Siamo qui per una ragione e una stagione. Il successo sulla terra dipende dalla vostra azione e reazione alla parola di Dio.

At 7:22 Mosè era stato istruito in tutta la sapienza degli Egiziani ed era potente in parole e in opere.

Il grande Dio ha il desiderio di benedire la Sua creazione. Il Signore sta scegliendo la Sua futura moglie per stare con Lui per sempre. Che il Signore ci dia un senso di responsabilità.

Il nostro umile gesto è una benedizione futura per le nostre prossime e future generazioni.

Quando le persone ricevono delle benedizioni, diventano orgogliose. Devono ricordare come e chi le ha date. Qual è la fonte delle benedizioni? Da dove provengono? La nostra prima responsabilità è che, se vogliamo continuare a ricevere le nostre benedizioni, dobbiamo temere il Signore e insegnare ai nostri figli e nipoti i comandamenti e i precetti di Dio onnipotente. Dobbiamo innanzitutto insegnare loro la Parola di Dio, la preghiera e la riverenza per il nostro Dio.

Matteo 18:4 Chiunque dunque si umilierà come questo piccolo bambino, sarà il più grande nel regno dei cieli.

Non ci dovrebbero essere parole come perché, cosa, perché io, come, o ostacoli di paura, situazione quando Dio ci ha chiesto di fare. Sì, signore, è la parola che dovremmo usare.

Matteo 23:12 Chi si esalta sarà abbassato e chi si umilia sarà esaltato.

Molti sono saliti su un trono e su una posizione, ma hanno dimenticato come continuare nella benedizione di Dio. La cosa più importante è essere bassi e umili, non scivolare verso il basso.

Le persone scendono subito in basso quando sviluppano orgoglio, superbia e arroganza. Ricordatevi del Signore, che è uno degli esempi più straordinari di umiltà. Gesù era Dio in carne e ossa. Spirito, Dio ha camminato nella carne.

Filippesi 2:5 Sia in voi questa mente, che fu anche in Cristo Gesù: 6 il quale, essendo in forma di Dio, non ritenne una rapina l'essere uguale a Dio; 7 ma, non avendo alcuna reputazione, assunse la forma di servo e fu fatto a somiglianza degli uomini; 8 e, trovato in sembianze di uomo, umiliò se stesso e si fece obbediente fino alla morte, anche alla morte di croce. 9 Perciò Dio lo ha anche altamente esaltato e gli ha dato un nome che è al di sopra di ogni nome: 10 perché al nome di Gesù si pieghi ogni ginocchio, delle cose del cielo, delle cose della terra e di quelle sotto terra; 11 e perché ogni lingua confessi che Gesù Cristo è il Signore, a gloria di Dio Padre.

Il nostro Dio è umile, si è preso molte punizioni insopportabili, derisioni, frustate e insulti, ma essendo umile, ce l'ha fatta. Il Signore Gesù ha detto che è finita! Che il Signore ci dia un cuore umile. L'umile non vuole dimostrare e nemmeno pensare di dimostrare. Lascerà che Dio faccia il Suo lavoro. È Dio che vi porta in alto se siete umili. Siate umili.

PREGHIAMO

Padre celeste, grazie per essere venuto nella carne a versare il sangue per me, affinché io abbia la vita eterna. È il Dio potente che ha sofferto e non si è protetto. Che il Signore nostro Dio ci dia un cuore umile. Egli esalta l'umile. Ci sottomettiamo alla volontà di Dio e non alla nostra. Sia fatta la Tua volontà. Sappiamo che, Signore, dobbiamo essere umili per compierla. Il Signore ci dà un cuore umile. Signore, voglio che il Tuo piano sia stabilito e che il programma del diavolo sia distrutto. Aiutami a fare ciò che vuoi, nel nome di Gesù. Amen! Dio vi benedica!

10 AGOSTO

RICORDATE, DIO VIENE PRIMA DI TUTTO!

Dio viene sempre al primo posto, a prescindere da tutto. Non cercateLo quando avete tempo o avete un bisogno disperato. Molte persone tengono Dio come contorno. Dio non è mai o non sarà mai al secondo posto. Egli è sempre al primo posto nella nostra vita. Molte volte Lo mettiamo da parte, Lo dimentichiamo finché non ne abbiamo bisogno. Cosa ci vuole per metterLo al primo posto? Ci vuole tutto di voi per tenerLo in questa posizione.

Ascribe, che era un esperto della Parola o della Torah, pose a Gesù una domanda: "Qual è la prima cosa che dobbiamo tenere nel nostro cuore, nella nostra vita e nella nostra mente?"

Marco 12:29 Gesù gli rispose: "Il primo di tutti i comandamenti è: Ascolta, o Israele: il Signore nostro Dio è un solo Signore; 30 e amerai il Signore tuo Dio con tutto il tuo cuore, con tutta la tua anima, con tutta la tua mente e con tutta la tua forza; questo è il primo comandamento. 31 E il secondo è simile: "Amerai il tuo prossimo come te stesso". Non c'è altro comandamento più grande di questi.

Dio ci istruisce sulle priorità della nostra vita. Il Signore ha un ordine e noi dobbiamo essere in quell'ordine.

Parlate con Lui per prima cosa al mattino presto e non più tardi nel corso della giornata, quando affrontate le prove e i problemi. Fate la doccia nel pomeriggio, bevete il caffè più tardi o vi lavate i denti nel pomeriggio? No, fate la prima cosa. Ricordate, venite al Signore al mattino per distruggere il piano del nemico. Ricevete al mattino presto la benedizione di Dio per portare avanti la vostra giornata. Frequentate prima il Signore, venite alla Sua presenza. Chi si è allontanato da Dio? Voi. Non allontanatevi dal Signore. Egli è sul trono e vi assiste se gli parlate.

1 Timoteo 2:1 Esorto dunque a fare innanzitutto supplice, preghiere, intercessioni e ringraziamenti per tutti gli uomini.

Questo è ciò che dobbiamo fare per prima cosa. Pregate per la vostra famiglia, per il governo e per le persone che vi circondano. Il malvagio dominatore delle nazioni è seduto in luoghi elevati, quindi per favore pregate contro tutte le attività malvagie. Ci sono leader religiosi che siedono in luoghi elevati. Vi crocifiggeranno se non li seguite. Pregate per poter seguire Gesù. Nessuno deve essere trascurato. Il movimento avviene sulla terra, secondo le vostre suppliche.

La Bibbia dice in:

Proverbi 16:3 Affida le tue opere all'Eterno e i tuoi pensieri si consolideranno.

Non date il vostro pensiero a Dio dopo, quando perdete, ma all'inizio. Lasciate che sia Lui ad avviare il vostro pensiero per elevarvi con la direzione di Dio. Signore, aiutaci a capire le Sue vie. Egli vuole darci tutto se lo teniamo al primo posto. Riconoscete il Suo potere, la Sua saggezza per portarci alla fine prevista. Solo se ci impegniamo per primi e non per ultimi quando sbagliamo.

Matteo 6:32 (Perché di tutte queste cose cercano i pagani), perché il Padre vostro celeste sa che avete bisogno di tutte queste cose. 33 Ma cercate prima il regno di Dio e la sua giustizia, e tutte queste cose vi saranno aggiunte. 34 Non pensate dunque al giorno dopo, perché il giorno dopo penserà alle cose di se stesso. Il male del giorno è sufficiente.

Se mettete Dio al primo posto, il vostro bisogno sarà soddisfatto. La vostra vita non sarà come quella dei pagani che sudano e si sforzano sempre. Il pagano fa molto per ottenere ciò che desidera. Ma noi cristiani otterremo il meglio, prima di tutto, senza faticare. Dio sta espellendo nella Sua diversa parabola. Non si è limitato a dire parabole, ma ha anche dato una dimostrazione usando due pesci e moltiplicandoli.

Mi sono ricordata che qualcuno ha raccontato la storia vera di una vedova. Un predicatore venne a casa sua per farle visita. Le disse: "Vorrei cucinare per te". Quando si voltò, si ricordò che non c'era l'olio per friggere il cibo. Era turbata e non sapeva cosa fare. Vide davanti ai suoi occhi che l'olio cominciava a riempirsi nella bottiglia. Non è forse tutto questo Dio? Il nostro Dio non è un mendicante, ma un fornitore. Non siamo noi a dare il cibo a Dio, ma è Lui che ce lo dà.

Tenere Dio al primo posto non riguarda l'olio o la farina, ma il corpo, l'anima, lo spirito, i figli, il governo, la nazione e tutto ciò che si possiede. Egli farà del bene, poiché Dio è buono.

Qual è il significato di "tenere Dio al primo posto"? Significa osservare i Suoi comandamenti, i Suoi statuti e le Sue leggi. Solo così la nazione può essere definita benedetta.

Esodo 19:5 Se dunque obbedirete alla mia voce e osserverete il mio patto, sarete per me un tesoro particolare al di sopra di tutti i popoli, perché tutta la terra è mia: 6 e sarete per me un regno di sacerdoti e una nazione santa. Queste sono le parole che dirai ai figli d'Israele.

Posso dire che potete ricevere tutti i vostri desideri se tenete Dio al primo posto? Le vostre priorità sono tutte sbagliate.

Ho ascoltato la testimonianza del predicatore visitatore. Ha detto che da piccolo era povero. Così, quando tornava da scuola, chiedeva del cibo. Sua madre gli disse: "Vai a chiedere a Dio di provvedere a te". Questa famiglia era cristiana e devota. Così il ragazzo non esitò. Andò a pregare sull'altare di famiglia. Mentre pregava, sentì un grande scoppio. Cominciò a guardarsi intorno. Andò in giardino e vide che un grande pesce si stava muovendo. Un uccello fece cadere il grosso pesce dalla sua bocca. L'oceano era vicino, quindi l'uccello volava con il pesce in bocca e lo fece cadere proprio nel suo giardino. Ha ricevuto il cibo. Quanto è buono il nostro Dio?

Egli è meraviglioso. Tenetelo al primo posto. Si prenderà cura di tutti i vostri bisogni.

Sto svolgendo il ministero con un giovane bramino. Sta per convertirsi a Gesù. Parla a Gesù come a suo padre. In qualche modo, ha trovato Dio, o Dio ha trovato lui. Stava parlando con un altro indù che aveva perso il lavoro. Il bramino gli ha detto: "Prega mio padre, ti darà il lavoro". L'indù rispose: "No, non lo farò". Il giovane bramino disse: "Se non lo fai, parlerò con mio padre. Ti darà un lavoro entro trenta giorni". L'uomo ottenne un lavoro e disse: "Vorrei incontrare tuo padre". Ora il Signore ascolta coloro che lo rispettano per primi.

Volete mettere Dio al primo posto e vedere cosa succede? Persone come Daniele, Mosè, Enoch, Noè, Abramo e molti altri che hanno tenuto il Signore al primo posto hanno dimostrato al mondo che Dio rende possibile l'impossibile. Che il Signore ci dia il coraggio di entrare nell'acqua, per vedere il miracolo della separazione dell'oceano! Vediamo spostare la montagna, risorgere i morti e creare una via dove non c'è. Che ogni strada storta si raddrizzi e che fontane di benedizione irrompano nella vostra vita! Non avremmo bisogno di carceri, prigioni, sistemi di sicurezza, dipartimenti di polizia o giudici. Le preoccupazioni per la salute, le finanze, le provviste, le malattie scompariranno. Che il Signore ci dia la comprensione di tenerLo al primo posto per godere della vita sulla terra. Che il Signore ci dia la saggezza di scegliere la priorità e di vedere arrivare le disposizioni soprannaturali. Alleluia! Tenete Dio al primo posto nella vostra vita, nel nome di Gesù. Amen!

PREGHIAMO

Signore, aiutaci a seguire la Tua parola senza fare domande. Il nostro Dio ha detto che nulla è impossibile; tutto è possibile se si crede. Il nostro compito è far sapere al mondo e a noi stessi che Dio onnipotente ha bisogno di qualcuno che creda in Lui. Siate attori e attrici come Ester, Maria, Elisabetta, Daniele, Jabez e altri grandi personaggi che si sono fidati della Parola di Dio. Dio li ha tenuti come popolo peculiare e benedetto al di sopra di tutte le nazioni. Molti hanno ereditato la benedizione di Abramo, Isacco e Israele tenendo Dio al primo posto. In questo mondo dobbiamo affrontare delle sfide. Molte crisi, ma oggi decidiamo di mettere da parte tutto e di mettere Dio al primo posto per far sapere al mondo che Dio non è cambiato. Abbiamo trovato dei giocattoli e ci siamo impegnati. Ci stiamo umiliando e ci stiamo allontanando dalle nostre vie, che sono malvagie verso di te, nel nome di Gesù. Amen! Dio vi benedica!

11 AGOSTO

PAROLA FRUTTUOSA!

La parola di Dio è un seme. Una volta piantata nel cuore, cambierà la vostra vita. L'albero crescerà e vedrete i frutti. Il Signore ci insegnerà a usare la parola come un seme! Credete che sia un seme? Dio fa tutto, ma ha bisogno di un terreno adatto. Noi siamo quel terreno, se permettiamo alla Parola di cadere nel nostro cuore e, con la preghiera, la accogliamo. Diventerà un albero e molti uccelli potranno rifugiarsi su di esso. Siamo fatti di polvere, quindi siamo terra.

Matteo 13:1 In quello stesso giorno, Gesù uscì di casa e si mise a sedere in riva al mare. 2 E si radunarono presso di lui grandi folle, tanto che egli entrò in una nave e si sedette, mentre tutta la folla stava sulla riva. 3 Ed egli parlò loro di molte cose in parabole, dicendo: "Ecco, un seminatore andò a seminare; 4 e mentre seminava, alcuni semi caddero lungo la strada, e gli uccelli vennero e li divorarono: 5 Alcuni caddero su luoghi sassosi, dove non c'era molta terra; e subito spuntarono, perché non avevano terra profonda; 6 e quando il sole si alzò, furono bruciati; e poiché non avevano radici, appassirono. 7 Alcuni caddero tra le spine e le spine spuntarono e li soffocarono: 8 Ma altre caddero in un terreno buono e portarono frutto, chi il centuplo, chi il sessanta per cento, chi il trenta per cento. 9 Chi ha orecchie per intendere, intenda.

L'effetto del terreno sul seme

Il terreno non è tutto uguale, ce ne sono molti tipi. Preparate il terreno rimuovendo i detriti. Coltivare il terreno con la preghiera e il digiuno per renderlo pronto a ricevere la parola. Non è colpa del seminatore, ma del ricevente. Dio dichiara quattro terreni:

1. La strada
2. Luoghi pietrosi
3. Luoghi spinosi
4. Terreno buono

Qui Dio parla del nostro stile di vita. La stessa parola di Dio ricevuta su basi diverse creerà altri effetti sul seme. Prima di aprire la Bibbia, pregate. Fa' che la Tua Parola entri nel mio cuore e operi nella mia vita. Sveltiscimi attraverso la Tua Parola. Fa' che la Tua Parola diventi la mia lampada, la mia luce e il mio cibo. Non è la parola che è un seme, ma ciò che le persone fanno con il seme. Signore, rendici destinatari della Tua Parola e fecondi nel nome di Gesù. La Parola di Dio diventa efficace se la riceviamo su un buon terreno. Ricevere la Parola con il giusto motivo e atteggiamento.

In primo luogo, rimuovi dal nostro cuore tutte le menzogne, la gelosia, la malvagità, l'inganno e la cattiveria.

1. Il seme di strada è la gente che non ha mai capito la Parola, anche se la conosce. È indispensabile trovare ottimi insegnanti e pastori che spieghino la Parola di Dio. In caso contrario, il diavolo arriverà e vi metterà in difficoltà.

2. I luoghi pietrosi rispondono alla parola, ma quando arrivano i problemi e le prove, si feriscono, si arrabbiano e si allontanano dalla verità. Tornano indietro, litigano, si arrabbiano e si risentono. Questo tipo di persone è infruttuoso. Sono come una spina nel fianco. Litigano, discutono, si arrabbiano e si amareggiano per la loro situazione.

3. Il terreno spinoso è costituito dalle persone mondane che si preoccupano molto del mondo. Quando il vostro tempo è consumato dal mondo, il denaro, le ricchezze, la concupiscenza degli occhi, la carne e l'orgoglio della vita soffocano la Parola di Dio in loro. La Parola di Dio non ha spazio per crescere in loro, poiché il loro stile di vita frenetico la blocca. Stare al passo con gli altri e cercare le cose rende la vita affollata. Queste persone non possono produrre frutti perché non hanno tempo per Dio.

4. Quando il terreno è buono:

    23 Ma colui che ha ricevuto il seme nel terreno buono è colui che ascolta la parola e colpisce; e questo porta frutto e produce, chi il centuplo, chi il sessanta, chi il trenta.

    Se la applichiamo, è un'eccellente spiegazione del terreno in cui ricevere la Parola di Dio e del suo effetto sulla vita. Quando ascoltate la Parola, mettetela in pratica. Questo è esattamente ciò che Dio ci sta dicendo. Non solo chi ascolta, ma anche chi fa! Se attuate la Parola di Dio, la metterete in pratica. Non ci si preoccupa di dimenticare. Si formeranno dei muscoli spirituali. Le persone che meditano sulla Parola di Dio giorno e notte sono quelle che hanno la speranza di portare frutto. Pensate alla Parola manifestata in carne e ossa, Gesù Cristo. Quanto porta i frutti? Manifestazione del frutto della guarigione, della liberazione, dell'apertura degli occhi e delle orecchie, dei morti risuscitati, della scomparsa della lebbra ecc. Possiamo vedere lo stesso tipo di frutti nel popolo di Dio che ha un buon terreno. Molti nuovi convertiti portano il frutto perché si innamorano di Dio e sono pronti e disposti a fare qualsiasi cosa per Lui. Dio cerca persone che lascino il mondo e si rivolgano a Lui. Il Signore ci rende portatori di frutti.

    Se una persona è cambiata, lo dimostrerà nel suo comportamento e nel suo stile di vita. Le cose vecchie sono passate e tutto è diventato nuovo. Non c'è più tempo e desiderio del mondo e delle cose del mondo. Il loro argomento e soggetto sono Dio e Dio soltanto. Non sono teologi, ma operatori della Parola. Essa opera in loro e attraverso di loro. Il portatore di frutto non spiega, ma dimostra la Parola. Ha la testimonianza della guarigione e della liberazione. È sicuro che farà lo stesso per gli altri se riceveranno la Parola. Il portatore di frutti parla del tipo di terra. Non si può testimoniare senza portare il frutto. Non vedo come il predicatore possa diventare blu, rosso e viola. Si tratta di qualcosa di diverso da quanto conosci il greco e l'ebraico. Quanta esperienza o quale laurea avete? È il frutto. I frutti dei cristiani dimostreranno che seguono Gesù. I seguaci di Gesù sono dimostrati dalle loro opere, non solo dalla citazione della Parola. La Bibbia dice sempre che il frutto è un segno. Quale segno vedete su un melo? Le mele, giusto? Il Signore Gesù chiese ai discepoli di Giovanni Battista di vedere i frutti. Che tipo di lavoro e di frutto stava producendo:

Matteo 11:2 Ora, quando Giovanni ebbe udito nella prigione le opere di Cristo, mandò due dei suoi discepoli, 3 e gli disse: "Sei tu colui che deve venire, o ne aspettiamo un altro?". 4 Gesù rispose loro: "Andate e mostrate di nuovo a Giovanni le cose che avete udito e visto: 5 I ciechi ricevono la vista e gli zoppi camminano, i lebbrosi sono purificati, i sordi odono, i morti risuscitano e ai poveri viene predicato il Vangelo. 6 E beato chi non sarà offeso in me.

Avete un buon terreno? State portando gli stessi frutti che Gesù diede a Giovanni Battista? Seguite colui che porta questi frutti. In caso contrario, si tratta di una strada spinosa e di un terreno sassoso dove il seme è caduto senza speranza di produrre frutti. Che il Signore ci dia una comprensione divina della Sua Parola per trovare la verità nascosta nel libro chiamato Bibbia! La Parola che cambia la vita ha un potere che cambia il mondo. Operate e permettete alla Parola di crescere su un buon terreno, nel nome di Gesù.

PREGHIAMO

La Sua parola fa miracoli se glielo permettiamo. È la forza del terreno e la forza della Parola. Chiediamo che il terreno sia fruttifero per la Parola di Dio, in modo da portare frutti buoni e divini nel nome di Gesù. Signore, preghiamo affinché il terreno sassoso, spinoso e cattivo se ne vada e produca il terreno buono. La Parola è pronta a ricevere sul terreno buono. Il nostro terreno è delizioso per crescere e portare frutto. Influenziamo in modo significativo il mondo e non solo la Parola su di noi. Mio Signore, la Tua parola è buona, ma se noi siamo buoni e grati alla Parola per crescere, per cambiare gli altri. La Parola di Dio ha bisogno di un terreno. Facciamo in modo di essere quel terreno, in modo da portare frutti trenta, sessanta e centuplicati, nel nome di Gesù. Amen! Dio vi benedica!

12 AGOSTO

È COSÌ FACILE!

Quando Dio dice che è facile, non bisogna mai pensare che sia difficile. Ma quando si devia dalla via di Dio, trovare una strada che si allontana da Lui rende tutto più complicato. Essa è l'unica, la migliore e la più diretta. Quando Dio venne sulla terra, insegnò e dimostrò. La prima cosa che disse fu di pentirsi, cioè di allontanarsi dai propri peccati. Dio e il peccato non hanno una piattaforma comune. Dio non è sulla piattaforma del peccato e il diavolo non è sulla piattaforma della giustizia. I due ruoli sono opposti: uno lavora nella luce e l'altro nelle tenebre. Il nostro Dio lavora con la luce. Anche quando non ha molto senso, non bisogna razionalizzare, ma obbedire. Non è compito vostro pensare. È il Suo pensiero per voi e voi dovete andare avanti. Il Dio soprannaturale pensa e fa cose soprannaturali che vanno oltre l'uomo naturale.

Salmo 18:30 Per quanto riguarda Dio, la sua via è perfetta; la parola del Signore è provata; egli è un sostegno per tutti quelli che confidano in lui. 31 Chi è Dio se non il Signore, chi è una roccia se non il nostro Dio? 32 È Dio che mi cinge di forza e rende perfetta la mia via. 33 Egli rende i miei piedi come quelli di una cerva e mi fa salire sulle mie alture. 34 Egli insegna alle mie mani a fare la guerra, in modo che un arco d'acciaio sia spezzato dalle mie braccia. 35 Mi hai dato anche lo scudo della tua salvezza; la tua destra mi ha sorretto e la tua dolcezza mi ha reso grande. 36 Hai allargato i miei passi sotto di me, perché i miei piedi non scivolassero.

Dio chiese a Mosè di andare in Egitto per far uscire gli schiavi, i discendenti di Abramo. Mosè eseguì l'ordine di Dio, e vedete come Dio operò con forza contro il potente Paese d'Egitto. Il faraone usò il potere e la forza più violenti contro gli ebrei. Ma il Signore ha combattuto contro il potere di Satana per liberarli. Gli ebrei non possono essere liberi se Dio non li rende accessibili. Nessuna delle opere di Dio può essere compresa da un essere umano naturale. Basta obbedire per rendersene conto.

Giovanni 8:36 Se dunque il Figlio vi farà liberi, sarete davvero liberi.

Quando un uomo perde il sentiero di Dio, cammina nelle tenebre più complete. È sotto il controllo di un altro potere, quello delle tenebre. Ma per liberare il prigioniero è necessario qualcuno più potente di Satana, Gesù Cristo. Altri giorni ho parlato con un giovane in India; aveva paura di un pagano intorno alla sua casa. Gli indù volevano mettere l'idolo nella sua proprietà. La paura si è impossessata del suo cuore. Quando ho pregato, si è liberato completamente. Dobbiamo imparare la via di Dio per liberare le persone. Quando prego sulle persone, uso l'olio per ungerle e poi prego. Se la persona è vincolata da una malattia o da un disturbo, sarà libera e sperimenterà luce, stanchezza o vertigini. L'unzione spezza la catena o il giogo. Fate come indicato nella Parola di Dio. Non pensate che Satana sia facile. Può essere sconfitto solo se si segue la via di Dio. Aprite la Bibbia. Fate esattamente come dice. Il Signore chiese all'uomo di andare a una piscina per lavarsi gli occhi. Quando obbedì, i suoi occhi si aprirono e vide. È difficile?

Giovanni 9:7 Gli disse: "Va', lavati nella piscina di Siloam" (che significa, per interpretazione, "Inviato").

Non limitatevi a sentire, ma agite anche. Fate esattamente come dice. Ho sempre visto un risultato significativo quando la Parola di Dio o il profeta mi hanno chiesto di fare. Lo faccio e basta, senza discutere, senza bisogno di spiegazioni. Faccio molti abiti da preghiera e li regalo. Una volta il profeta mi ha chiesto di farlo. Ho unto e pregato su un pezzo di stoffa, poi ho fatto dei pezzi da 5 x 5 cm e li ho messi nel terreno. Questo mi ha tolto di dosso tutto il tormento di Satana. È semplice! La via d'uscita più semplice.

La Bibbia non è il libro dei dibattiti, è il libro di un incarico. Ha detto di pregare senza sosta. Allora, volete pregare e basta? Tutto ciò che sta accadendo, i rapimenti, la violenza delle bande, i suicidi, la città e il Paese che cadono a pezzi, dimostra che hanno sostituito la verità di Dio. E chi l'ha restituita, io e voi? Il rapporto è che non funziona.

La visitatrice era seduta in chiesa. Quando iniziò il culto, il demone che era in lei non riuscì a sopportare la potenza di Dio. È andata sotto il banco, muovendosi come un serpente. Qualcuno mi ha chiesto di mettere la mano sotto, così l'ho fatto. Ho tenuto gli occhi su di lei e le ho chiesto di pronunciare il sangue di Gesù.

Sembrava fuori di sé. Mi teneva la mano con le sue lunghe e spaventose unghie. La signora cercò di dire "il sangue di Gesù", anche se inizialmente non ci riusciva. Mentre continuavo a legare il demone e a scacciarlo, lei riuscì a dire "il sangue di Gesù". Era libera. Quando le ho chiesto di adorare Gesù, ha ricevuto lo Spirito Santo. Dio l'ha riempita di Spirito con la prova di parlare nella loro lingua. È così facile.

Nel 2015 mi trovavo in India e, durante una riunione a Naroda, ho messo una mano su un uomo per pregare e lui è caduto. Più tardi ho scoperto che il Signore aveva liberato quell'uomo dall'alcol. Era un alcolizzato da vent'anni. È così facile. Come mai è successo perché sono partita dagli Stati Uniti? No, io prego e digiuno come è scritto esattamente nella Bibbia.

Una volta ho chiamato l'India per una signora che era malata. La sua famiglia è un'adoratrice di idoli, quindi molti demoni l'hanno attaccata. Quando ho pregato su di lei al telefono, il demone l'ha lasciata ed è guarita. Vedete, è facile. Chi fa questo, Dio? Non si adora l'opera della propria mano. Adorate un solo vero Dio; il suo nome di salvezza in questa dispensazione è Gesù.

Un giorno la signora portò la nipote a casa mia. Si tagliava e aveva tentato il suicidio molte volte. Iniziai a svolgere il ministero e pregai su di lei tre volte. Ha iniziato a sentirsi bene. È così semplice. Questo genere di cose viene fuori attraverso la preghiera e il digiuno. Fate il digiuno biblico e la preghiera. Ungete i vostri figli e nipoti, imponete la vostra mano e pregate su di loro ogni giorno.

Il Signore vi ha dato potere attraverso lo Spirito Santo e autorità nel Suo nome, "Gesù".

12 AGOSTO

Una signora di nome Brandy aveva tutti i figli senza lavoro. I suoi figli si trasferirono con la moglie e i figli a casa della signora Brandy. I suoi figli facevano uso di droghe e altre dipendenze. Il giorno in cui ho pregato, tutti i ragazzi hanno trovato un lavoro, il che è stato positivo. La preghiera retta ottiene molto. Che cos'è la giustizia di Dio? È seguire la Parola di Dio. Gesù è il nome più alto di Geova Dio in carne e ossa. Il nome di Dio è potente. Nessun altro nome. Fidatevi del nome Gesù. Mi sono ricordata di aver lavorato tra gli asiatici; molti venivano a pregare. Io pregavo semplicemente e loro guarivano. Se hanno un problema, il Signore lo risolve. È così facile.

Prima di pregare per un nuovo convertito, mostro due o tre Scritture a sostegno delle mie azioni. La Bibbia dice che servono due o più testimoni per stabilire la dottrina. Quando sono pronti a lavarsi dai peccati e a cambiare vita, allora vanno sotto l'acqua e si battezzano nel nome di Gesù. Ricordate, la Bibbia conosce solo il battesimo nel nome di Gesù. La reputazione è importante; questa è la via di Dio. I battezzati escono dall'acqua come nuove creature, poiché essa lava via il peccato nel sangue nascosto sotto il nome di Gesù. Anche la malattia e la dipendenza da droghe e alcol se ne vanno. È così facile. La verità è potente e molto semplice.

Prendete la parola di Dio così com'è e applicatela. La Sua potenza opera attraverso la fiducia e l'obbedienza, anche in condizioni di carestia, nemici, leoni, fuoco, tigri, malattie o altro. Fate come dice la Parola di Dio e vedrete la salvezza. Salvezza significava guarigione, liberazione e salvezza. Che bello! La via di Dio è facile e vincente. Scacciare il demonio è un gioco da ragazzi se si digiuna, si prega e si cammina rettamente. Che il Signore ci aiuti a seguire Dio; si ottiene una vita semplice come il giardino dell'Eden prima del peccato. Niente fatica, sudore, pericoli, maledizioni, ma solo pace, provviste, salvezza e benedizioni. La via di Dio è semplice se la si segue tutta. È così facile! Dio vi benedica!

PREGHIAMO

Signore, le nostre vie hanno reso questo mondo senza Dio. In esse ci affanniamo giorno e notte. Non abbiamo riposo e le nostre vie sono piene di difficoltà, maledizioni, malattie, oppressione e possessione di demoni. Allora, Signore, come dice la Tua parola, seguirti è facile, perché tu sei sulla strada per aiutarci, provvedere e benedirci. Sappiamo che la storia ha dimostrato, e anche oggi, che la Tua parola è potente come prima. Non c'è discussione su questo, ma noi chiediamo di sottometterci ad essa. È la strada più facile che hai preparato per noi. Che il Signore ci dia l'obbedienza alla voce di Dio, che è la parola di Dio. La via del nostro Dio è più alta e più accessibile, perciò aiutaci a credere e a obbedire. Dacci un occhio d'aquila, una passione come Davide, la forza di Sansone e la determinazione di Daniele per attingere alla via di Dio. È il modo migliore per far sapere al mondo che è facile. Dio è un superpotere e soprannaturale. Non pensate che sia al di là di tutto. Signore, aiutaci a fare come hai detto nel nome di Gesù. Amen! Dio vi benedica!

13 AGOSTO

PER IL VOSTRO BENE, NON TOCCATE IL GIUSTO!

Zaccaria 2:8 Poiché così dice il Signore degli eserciti: "Dopo la gloria mi ha mandato alle nazioni che vi hanno rovinato, perché chi vi tocca, tocca il pomo del suo occhio".

Per la vostra sicurezza, non mettetevi contro i giusti. Dio combatterà la battaglia per loro. La Sua mano destra compie un'opera potente. La mano destra significa potere. Quindi, se volete che il giudizio si abbatta su di voi, allora andate contro i giusti, ma se volete misericordia, grazia e benedizioni, non toccateli mai.

Mia madre ha assistito alla morte improvvisa di tutti coloro che si sono accaniti contro di lei. Stavano bene e improvvisamente sono morti. Vedete, Dio è per i giusti. Non giudicate, non tramate e non sussurrate all'orecchio contro i giusti, perché Dio si prenderà gioco di voi. Attenzione: se alzate gli occhi contro gli onesti o puntate il dito, cadrete. Ricordate: la promozione viene dal Signore.

Mi sono ricordata di quelli che hanno litigato con me, sono stati degradati o feriti e non hanno potuto lavorare. La loro famiglia è stata distrutta. Una volta ho pregato molto intensamente perché qualcuno si era messo contro la mia famiglia. La settimana successiva, un loro familiare si è suicidato. Una signora ci ha molestato senza motivo, è stata attaccata all'improvviso ed è morta. Non solo uno, ma molti membri della sua famiglia sono morti suicidandosi. State lontani dalla famiglia maledetta. Non sposatevi o, se siete divorziati, liberatevi del legame con una famiglia maledetta. Che il Signore stacchi la vostra anima dalle persone maledette! È triste, non è vero? Il vostro desiderio è il loro, poiché la vostra anima è legata a quelle persone. Ma io stacco la vostra anima dalle persone maledette nel nome di Gesù.

I babilonesi udirono, videro e notarono l'opera potente del Dio ebraico. I Babilonesi riconobbero il Dio ebraico. Avevano la storia di Daniele, che Dio aveva salvato dai leoni e che il suo nemico aveva distrutto tramando e pianificando contro di loro.

Hanno ascoltato la notizia del salvataggio di Shadrach, Meshach e Abdenego da una fornace ardente. Ma le persone che li toccarono bruciarono nella fornace ardente. Tornate ai mittenti. Non scavate per il popolo di Dio: ci cadrete dentro. Geova Dio era a Babilonia contro il principe di Babilonia. Il principe Satana assegnò il suo principato contro gli ebrei in Babilonia. Il Dio degli ebrei combatté contro ogni nemico. I babilonesi fallirono, furono distrutti e retrocessi. Quindi ricordate, quando vedete il piano di Satana contro di voi, rallegratevi; Dio distruggerà quei malvagi. Dio ha detto che la vendetta è Sua.

Assicuratevi che se la persona è cristiana, non sto parlando di una persona nominale, ma veramente timorata di Dio, giusta, allora non toccatela.

Chi può salvarvi da questo grande Dio? Egli può usare tsunami, lava, terremoto, fuoco, grandine e molte altre armi per togliervi dalle posizioni e persino dalla terra. I malvagi vivono come all'inferno. Le malattie causate dai loro peccati, la mancanza di pace, di salute e molti problemi interni ed esterni rendono la loro vita miserabile.

Ricordate Zeresh, la moglie di Haman, il grande sovrano vicino al re di Babilonia che osò venire contro l'ebreo Mardocheo, disse:

Ester 6:13 Haman raccontò a Zeresh, sua moglie e a tutti i suoi amici tutto ciò che gli era capitato. Allora i suoi saggi e Zeresh sua moglie gli dissero: "Se Mardocheo è della stirpe dei Giudei, davanti alla quale hai cominciato a cadere, non prevarrai contro di lui, ma cadrai sicuramente davanti a lui".

Haman aveva una posizione di rilievo a Babilonia, ma Dio lo ha rovesciato. La promozione viene da Dio. Se ricevete una promozione, siate giusti e rimanete umili. Siete finiti se toccate il popolo di Dio, che grida, prega e digiuna.

In seguito Haman, che aveva cercato di distruggere tutti gli ebrei di Babilonia e voleva distruggere Mordechai, fu impiccato al patibolo che aveva costruito per Mordechai. Alleluia!

Per il vostro bene, non toccate mai i giusti. Essi sanno come invocare Dio, pregare, digiunare e gridare. Dio vi giudicherà. Prenderanno la vostra posizione e voi tornerete alla polvere.

Ho visto il giudizio del Signore sul mio nemico. Dio si vendica. Lavorando in India o negli Stati Uniti, tutto è uguale. Si tratta di uno o di tutti, di una famiglia o di un estraneo. Il Signore ha l'arma per spazzare via uno o tutti, sia che si tratti di un re, di una regina o di una persona comune.

Che il Signore vi incoraggi a essere giusti. Non scoraggiatevi quando vedete bugiardi malvagi e ingiusti che tramano, pianificano e scavano. Si stanno danneggiando da soli. Nessun'arma formata contro i giusti può prosperare. Per trovare la relazione di Daniele, Davide, Giuseppe, Mosè e il popolo d'Egitto. Dio sa come abbattere il nemico. Che il Signore ci dia una vita di preghiera e di digiuno per entrare in contatto con Lui. Portare il problema nella sala del trono risolverà la questione. Il giudice supremo prevarrà sul nostro nemico. Nessuno può liberare il nemico del giusto quando Dio pronuncia il giudizio.

Ricordiamo che gli Egiziani seguirono con i carri per impadronirsi degli schiavi ebrei. Dio li seppellì nell'acqua. Giudizio eterno! Non vedrete più il vostro nemico.

Alcuni anni fa, gli indiani indù si sono scagliati contro i cristiani. Hanno preso di mira i cristiani e li hanno perseguitati. Posso ricordarvi che il nostro Signore è lo stesso ieri, oggi e in eterno? La gente iniziò a pregare e a digiunare contro la persecuzione. Dio mandò un terremoto e distrusse coloro che picchiavano i cristiani.

Dio ha eliminato tutti coloro che hanno combattuto contro il Suo popolo. A vendicarsi è il Signore. E loro sparirono. Il nostro Dio è in India, in America, o anche nel ventre di un pesce per salvare Giona.

Fate le cose per bene, a prescindere da tutto. Pregate per il popolo di Dio. Imparate a gridare a Dio.

Salmi 34:4 Ho cercato l'Eterno ed egli mi ha ascoltato e mi ha liberato da tutte le mie paure. 17 I giusti gridano e l'Eterno li ascolta e li libera da tutti i loro problemi.

O voi giusti, non preoccupatevi, anche se cadete. È solo per elevarvi.

Dio è il potere supremo. Quando vedrete il re, i vostri capi, la famiglia, le nazioni e il nemico sollevarsi contro di voi, Dio li giudicherà. Spariranno. Dio ha l'ultima parola, non i vostri nemici. Il nemico può tramare, sussurrare, scavare e costruire forche per impiccarvi. Che il Signore gliele rigiri nel nome di Gesù.

Voi malfattori, ingiusti, bugiardi, ingannatori, bocca e mente di Satana, attenti al giudizio di Dio. Dio è contro di voi e vi troverà. Le tenebre non possono nascondervi. Non potete fuggire dal giudizio. Dio vi troverà e vi distruggerà. Abbiate un sano timore del Signore.

Prego per tutti gli ingiusti. Il Signore dona il timore di Lui. Che il Signore vi benedica con una mente sana, vi liberi dall'iniquità e vi salvi. Per il bene di noi stessi, non toccate mai i Giusti. Amen!

PREGHIAMO

Padre celeste, come hai detto tu, perdona coloro che ti usano male. Perdoniamo il nostro nemico. La vendetta è Tua. Quindi, Signore, perdoniamo il nostro nemico; portiamo i nostri problemi, il nemico e il nemico della croce sul Tuo altare. Aiutaci, Signore. Gridiamo e preghiamo con digiuno per la situazione che si sta creando contro i giusti. Il Tuo popolo è perseguitato, ucciso e distrutto ovunque. Signore, ti portiamo le nostre suppliche. Dio di Abramo, Isacco e Israele, sorgi per salvare, liberare e aiutare il Tuo popolo. Manda un aiuto dall'alto per salvare i giusti e benedirli. Noi dipendiamo da te. Tu sei lo stesso ieri, oggi e per sempre. Ci affidiamo a te per tutte le questioni, le situazioni e i problemi. Ti prego, Dio onnipotente, aiutaci a sconfiggere il nostro nemico con il suo piano malvagio nel nome di Gesù. Amen! Dio vi benedica!

14 AGOSTO

RISPOSTA ALLA PAROLA DI DIO!

Quando la Parola di Dio viene a voi, come reagite, agite, pensate e rispondete? La vostra azione e la vostra risposta sono essenziali quando la Parola di Dio viene a voi. Il Signore ama mandare gli unti per aiutare il piano che vi riguarda; un aiuto speciale per voi. Il vostro compito è quello di ricevere e cambiare. È adatto a voi. Quando Dio mandò Giovanni Battista, egli non aveva altra scelta che correggere il re, la regina, il popolo, il sacerdote, Levi e la gente perduta. Ma la donna malvagia, Erodiade, uccise Giovanni Battista perché non le interessava essere corretta. Ricevette la correzione con la carne e uccise il profeta di Dio. Una donna adultera è pericolosa per il giusto popolo di Dio. Essa esercita il suo potere per distruggere l'opera di Dio sulla terra. Le persone che uccisero il Signore Gesù ascoltarono Pietro e si punsero il cuore. Cambiarono le loro azioni pentendosi.

Atti 2:36 Sappia dunque con certezza tutta la casa d'Israele che Dio ha fatto di quel Gesù, che voi avete crocifisso, sia il Signore che il Cristo. 37 Ora, all'udire ciò, si sentirono pungere il cuore e dissero a Pietro e al resto degli apostoli: "Uomini e fratelli, che cosa dobbiamo fare?". 38 Allora Pietro disse loro: "Pentitevi e ciascuno di voi sia battezzato nel nome di Gesù Cristo per la remissione dei peccati e riceverete il dono dello Spirito Santo".

Davide, essendo re, commise adulterio e uccise l'ittita Uria. Dio mandò il profeta Natan ad affrontare Davide. Come re spirituale e timorato di Dio, Davide ascoltò Natan e si pentì. Non pensò che il profeta Natan lo stesse prendendo di mira o odiando. Il messaggio viene da Dio, poiché Egli ama il Re Davide e conosce il suo cuore. Non arrabbiatevi se il messaggio viene da Dio. Diventate umili, inginocchiatevi e chiedete a Dio di perdonarvi.

2 Samuele 11:4 Davide mandò dei messaggeri, la prese, si avvicinò a lui ed egli giacque con lei, perché era stata purificata dalla sua impurità; poi tornò a casa sua. 15 E scrisse nella lettera: "Mettete Uria in prima linea nella battaglia più accesa e ritiratevi da lui, perché sia colpito e muoia".

Affrontare il vostro peccato significa farvi sapere che Dio non è bieco. In Lui non c'è alcuna variazione. Dio dà una posizione; rimanete sulla strada giusta.

13 Davide disse a Natan: "Ho peccato contro il Signore". E Natan disse a Davide: "Il Signore ha cancellato il tuo peccato; non morirai".

Ci sono due tipi di ricevitori: uno riceve con la carne.

La carne ha una natura, come Satana. Adulterio, fornicazione, menzogna, gelosia, malvagità, disobbedienza, ribellione. Questo non vuole e non può ricevere il messaggio del profeta. Non vedete l'uomo di Dio come un uomo comune, ma temete l'uomo di Dio. Egli deve dire ciò che Dio vuole che voi sentiate.

L'altro riceve dallo spirito. Le persone spirituali vedono, conoscono e ascoltano la verità. Riceveranno e agiranno. O cercano la giustizia di Dio. È il Signore che parla e non l'uomo. Quando Dio chiama per il Suo regno, vi addestrerà per essere adatti alla chiamata. Rispettate la correzione di Dio. Abbiamo bisogno di un cambiamento interiore. Solo Dio può farlo, se voi collaborate con Lui. Quando ascoltate i veri maestri e profeti, siate pronti ad ascoltare ciò che Dio ha da dire e nessuno. Chi è la vostra strada? Gesù o Satana? Ricordate che Dio è interessato a voi per rendervi più adatti al cielo. Se così non fosse, Egli ha nominato l'autorità per correggervi. Come si è avvicinato Gesù alla gente e quali sono state le loro reazioni?

Matteo 12:23 Tutto il popolo era stupito e diceva: "Non è costui il figlio di Davide?". 24 Ma quando i farisei lo udirono, dissero: "Costui non scaccia i demoni se non per mezzo di Belzebù, il principe dei demoni".

Gesù, essendo Dio, ha compiuto un'opera potente e l'autorità che gli è stata assegnata ha detto qualcosa del genere? Gesù dice loro cosa sono. 34a O generazione di vipere, Signore, rivolgiti in Matteo 23 agli Scribi e ai Farisei, che erano ipocriti. Gesù ha detto la verità. Poiché Egli è il vero Dio e costruisce la chiesa sulla verità, se amate la menzogna e siete ipocriti, costruite il vostro marchio di chiesa. Gesù userà la stessa parola che ha usato per il sacerdote, il sommo sacerdote, lo scriba, le frasi e le persone in autorità. Non aspettatevi questa parola.

Matteo 25:21 Il suo signore gli disse: "Ben fatto, servo buono e fedele; sei stato fedele su poche cose, ti costituirò capo di molte cose; entra nella gioia del tuo signore".

Il Signore vi aiuta, accogliendo il vostro spirito. Il vostro successo e il vostro fallimento dipendono da come e cosa fate quando ricevete il messaggio di Dio.

Romani 8:5 Perché quelli che sono secondo la carne badano alle cose della carne, ma quelli che sono secondo lo spirito alle cose dello spirito. 8 Perciò quelli che sono nella carne non possono piacere a Dio.

Dio conosce l'inizio e l'eternità. Ci ha dato il libero arbitrio. Le scelte che facciamo sono nostre e non di Dio. Non siamo robot, per questo ci corregge. Dio sa che esistono l'inferno e il paradiso. Fa del Suo meglio per correggerci, affinché non finiamo all'inferno. Che il Signore vi aiuti ad amare voi stessi! Dio può aiutarvi, ma se scegliete male non aiutate voi stessi. Non cercate le chiese in cui il peccatore è sul pulpito. Un fifone o un codardo non possono insegnarvi. Non sono abbastanza forti per vivere bene. Dobbiamo sottomettere la carne; se non ci riuscite, non siete abbastanza forti per guidare.

Isaia 46:9 Ricordate le cose antiche, perché io sono Dio e non ce n'è un altro; io sono Dio e non c'è nessuno come me, 10 dichiarando la fine fin dal principio e fin dai tempi antichi le cose che non sono ancora state fatte, dicendo: "Il mio consiglio resterà valido e farò tutto ciò che mi piace".

Dio non è un dittatore, ma un padre. Trovate un vero profeta, pastore, insegnante e uomo di Dio che non abbia pregiudizi, peccatori o malvagi. Andate dove l'uomo di Dio ascolta da Dio e presenta senza interpretazioni personali. Che il Signore faccia di voi un ricettore della Parola! Nessuno vuole che voi andiate all'inferno, ma che vi prendiate cura di voi stessi. Amate la vostra anima e potete dire: "Ti prego, aiutami, Signore"? Vivere nell'empietà non vi aiuterà. Venite con coraggio all'altare di Dio.

Ebrei 4:16 Veniamo dunque con coraggio al trono della grazia, per ottenere misericordia e trovare grazia per aiutare nel momento del bisogno.

Ricevere la Parola con una mente sana vi cambierà. Dobbiamo cambiare se vogliamo entrare in Paradiso.

PREGHIAMO

Signore, veniamo davanti al Tuo altare e ti chiediamo di darci il vero profeta, gli insegnanti e i pastori. Vogliamo che l'uomo e la donna unti di Dio ci aiutino a crescere. Vogliamo che la Parola di Dio sia la spada a doppio taglio che taglia il male nell'area in cui abbiamo bisogno di un intervento. Lascia che la Tua parola operi e che un potente cambiamento avvenga dentro di noi. Poiché siamo Tuoi discepoli, voglio seguire le Tue orme. Trasformaci in modo da arrivare al cielo. Ti ringraziamo. Tu sei il Padre e ti prendi cura della Tua creazione. Donaci l'amore per la Parola. Fa' che essa scenda nel cuore e cresca, faccia uscire ogni impurità e ci renda puri, giusti e santi per servire il Dio giusto e santo nel nome di Gesù. Amen! Dio vi benedica!

15 AGOSTO

L'APPROVVIGIONAMENTO ARRIVA QUANDO SI LAVORA!

Se andate a lavorare come ha fatto Gesù, tutto ciò di cui avete bisogno verrà da Dio, proprio come ricevete lo stipendio se lavorate. Cosa ci chiede Dio di fare o cosa dobbiamo fare sul campo?

Marco 16:20 Poi partirono e predicarono dappertutto, mentre il Signore operava con loro e confermava la parola con segni successivi. Amen!

Quindi, mentre andate a scacciare i demoni, a guarire i malati e a predicare il Vangelo, Gesù opererà con e attraverso di voi. Gesù opererà attraverso la vostra mano sui malati e scaccerà il demonio. Dio sta lavorando e fornisce conoscenza e saggezza.

Dio fornisce la parola di conoscenza dell'indirizzo. Parola di saggezza su come sopravvivere al tempo della carestia.

1 Re 17:8 La parola del Signore gli fu rivolta, dicendo: "9 Alzati, va' a Zarefath, che appartiene a Zidon, e dimora là; ecco, io ho ordinato a una vedova di sostenerti". Giunto a quell'indirizzo, Elia incontrò una vedova. Elia disse. 11 Mentre ella andava a prenderlo, egli la chiamò e le disse: "Portami, ti prego, un tozzo di pane nella tua mano". 13 Elia le disse: "Non temere; va' e fa' come hai detto; ma prima fammi un po' di torta e portamela, e dopo preparala per te e per tuo figlio". 14 Poiché così dice il Signore, Dio d'Israele: "Il barile di farina non andrà sprecato e la cesta d'olio non verrà meno, fino al giorno in cui il Signore manderà la pioggia sulla terra".

Il rifornimento arrivò quando Elia eseguì il comando di Dio. Egli non dà mai suggerimenti, ma comandamenti. Posso dire: volete uscire, per vedere cosa succede se lavorate secondo il Suo comando? Abbiamo riempito l'inferno e non il diavolo. Non andiamo a visitare i carcerati, i malati, gli indemoniati, gli oppressi, le vedove e i bisognosi. Nessuno si preoccupa della vedova, che non può dare perché è povera. La mentalità della maggior parte dei leader religiosi è quella di trovare persone con denaro. Egli è il Geova Jireh, il nostro fornitore solo se si fa come Lui ci ha chiesto. Il nostro Dio ha dato a Pietro l'informazione di andare a casa di Cornelio. Egli andò con le informazioni fornite sopra, che aggiunse il primo gentile alla Chiesa. L'approvvigionamento arriverà se vi muovete. Il lavoro, la Sua disposizione, la conoscenza e la saggezza di cui abbiamo bisogno arriveranno.

Una signora si fece coraggio e cercò di andare a trovare Gesù.

Matteo 9:20 Ed ecco che una donna, malata di emorragia da dodici anni, gli venne dietro e toccò il lembo della sua veste; 21 perché diceva tra sé: "Se solo toccassi la sua veste, sarei guarita". 22 Ma Gesù lo fece voltare e, vedendola, disse: "Figlia, consolati; la tua fede ti ha guarita". E la donna fu risanata da quell'ora.

Dio provvederà alla vostra guarigione se toccherete l'orlo della Sua veste. Ricevete la vostra necessità mentre svolgete l'opera di fede. Le persone si sono aggiunte alla chiesa di Colossi, di Galati, di Corinto, di Efeso e dell'Asia quando Paolo e Pietro hanno predicato a quelle persone. Uscite; il Signore provvederà a rifornire le persone di provviste soprannaturali. Il nostro Dio è buono. La Sua piattaforma è fenomenale. Il Signore è specializzato in tutte le cose impossibili da creare e fornire. Ciò di cui avete bisogno è agire sulla Parola dopo averla letta e studiata.

Matteo 15:22 Ed ecco che una donna di Canaan, uscita dalle stesse coste, gli gridò dicendo: "Abbi pietà di me, Signore, figlio di Davide; mia figlia è gravemente colpita da un demonio".

Ella convinse il Signore anche se Lui non voleva. Il suo tentativo persistente portò alla liberazione della figlia.

28 Allora Gesù rispose e le disse: "O donna, grande è la tua fede; sia per te come vuoi". E la figlia fu ristabilita da quell'ora stessa.

Non è forse Dio a fare tutto? Stamattina ho parlato con un giovane bramino indù. Mi ha detto che ha sentito suo padre, che è la voce di Gesù. Sta leggendo la Bibbia e ha trovato la pace. Era felicissimo! Il bramino ha detto: "Voglio lo Spirito Santo e voglio anche battezzarmi per lavare i peccati". Vive in India. Sono sempre disposta a insegnare e predicare ovunque. Come ha fatto Dio a metterlo in contatto con me? Una volta Dio ha parlato a un bramino perché andasse in una chiesa particolare dove la signora che stava fuori mi conosceva. Lei gli ha fatto una predica e gli ha dato il mio numero. Siamo entrati in contatto. Dio gli ha chiesto di andare in una zona specifica, lui l'ha fatto ed è stato associato a me negli Stati Uniti.

Una volta qualcuno mi ha regalato una centrifuga per verdure. Non avevo tutti gli aggeggi e gli accessori. Era necessario un taglio diverso per le verdure. Un anno dopo, Dio mi chiese di andare in un negozio particolare che non mi piaceva. Quando ci andai, trovai tutti gli utensili a prezzi molto bassi. Il nostro Dio è un fornitore. Ascoltate la Sua voce e fate quello che vi ha chiesto. Se volete che questo mondo sia cambiato, salvato, guarito e liberato, fate come è scritto nel libro degli Atti. Dio è buono. Se andate e vi sforzate di farlo, allora tutto andrà per il meglio.

Luca 10:1 Dopo queste cose, il Signore ne designò altri settanta e li mandò a due a due davanti alla sua faccia in ogni città e luogo, dove egli stesso sarebbe venuto. 17 E i settanta tornarono di nuovo con gioia, dicendo: "Signore, anche i demoni ci sono sottomessi per il tuo nome".

La guarigione e la liberazione sono arrivate man mano che andavano e lavoravano. Sono andata all'ospedale con un'altra signora per pregare per un uomo malato. Prima di ciò, ho fatto un sogno, ho visto una scritta sbiadita e confusa, ma una parola era chiara, ed era "FEGATO". Nel sogno ho pronunciato un'altra parola, mentre la scritta scompariva. Ma di nuovo la scrittura è tornata e nel sogno ho scritto una parola "FEGATO".

Alcune settimane dopo, ci recammo in molti ospedali per pregare sui malati. Chiesi alla signora informazioni sulla malattia di questo individuo. Mi rispose che non lo sapeva. Quando ho raggiunto l'ospedale, le ho chiesto di aiutarmi a capire il mio sogno sul fegato. Mi ha risposto: "Sì, è il mio fegato". Dio mi ha mandata due volte da quest'uomo che non conoscevo. Non frequento quella chiesa, quindi non ho alcun legame con le sue malattie. Ma un'altra signora frequenta la stessa chiesa e mi ha chiesto di andare a pregare per questo signore. Che meraviglia! Mentre andavo, avevo una scorta di conoscenza e la potenza di guarigione di Dio. Gesù lavora con me per compiere l'opera. Più tardi ho saputo che Dio ha guarito il suo fegato e che è tornato in chiesa.

Quando andiamo a fare shopping, in vacanza, in chiesa e nei luoghi in cui vogliamo andare, che ne dite di andarci come Gesù ha detto e scacciare un demone, guarire i malati, visitare la vedova orfana, insegnare e predicare? Quando le persone sperimenteranno la potenza soprannaturale di Dio, aggiungeranno Cornelio, Galati, Collisioni, Corinzi e altri. Vedremo anche persone che verranno a toccare le nostre vesti. Aspettano che la nostra ombra passi su di loro; i morti risorgeranno, la lebbra si purificherà, le malattie scompariranno e Dio fornirà tutto ciò di cui avete bisogno. Dio ha un potere soprannaturale, guarisce, libera e aiuta le persone.

Il giovane bramino mi ha detto che se suo padre gli darà la conoscenza e lo Spirito Santo, allora andrà in tutto il mondo a dire che Gesù è il vero Dio. Ha detto: "Ho l'esperienza, ma devo dirlo agli altri". È pronto a partire. Vedo che Dio sta fornendo le persone per aiutarlo. Andate mentre lavorate; Dio provvederà a tutto ciò di cui avete bisogno. Che Dio vi benedica.

PREGHIAMO

Signore, la Tua parola dice che non ci sarà mancanza, povertà o malattia nel nostro campo se lavoreremo per te. Noi vogliamo lavorare per te. Abbiamo capito che non ci hai chiamato a frequentare la chiesa, ma ad andare a predicare il Vangelo dimostrando la potenza di Dio! Lascia che il Signore usi la nostra piccola mano per guarire i malati, provvedere e toccare qualcuno che soffre. Signore, vogliamo che tu mandi molti operai ad andare a lavorare, in modo che la gente veda che, sì, tu fornisci ancora la nostra salute, la nostra guarigione e le nostre provviste. Come hai detto tu, l'operaio è degno della sua ricompensa. Crediamo che provvederai a tutti i nostri bisogni. Avremo bisogno di qualcosa quando andremo in giro a portare la Tua parola. È il Dio che fornisce il raggiungimento, la conoscenza, il miracolo, la profezia, il discernimento e tutti i nostri bisogni quotidiani. Grazie, Signore. I discepoli avevano bisogno di qualcosa in più da quando sono andati a lavorare per il Signore. Confidiamo in te per i nostri bisogni mentre usciamo anche noi nel nome di Gesù. Amen! Dio vi benedica!

16 AGOSTO

UN PIANO DI VITA È D'OBBLIGO!

Pianificate la vostra vita nei limiti della Parola di Dio, in modo che il diavolo non possa tirarvi fuori con i suoi trucchi.

La Parola di Dio dice che Dio ha un piano più alto del vostro. Sì, ce l'ha. Possiamo leggere il piano, agire di conseguenza e prosperare se pianifichiamo secondo la volontà di Dio. Se vi viene chiesto di fare certe cose, programmate di farle. Il nostro problema è che vogliamo trarre beneficio senza considerare il piano dell'Altissimo. Il problema è pianificare per opporsi al piano di Dio. Dio aveva un bel progetto per Israele, ma Israele lo ha disatteso e ha chiesto il re. Il Signore disse: "Sarò io il vostro re e nessun altro".

1 Samuele 8:4 Allora tutti gli anziani d'Israele si radunarono e vennero da Samuele a Ramah, 5 e gli dissero: "Ecco, tu sei vecchio; i tuoi figli non seguono le tue vie; ora facci un re che ci giudichi come tutte le nazioni". 6 Ma la cosa dispiacque a Samuele quando dissero: "Dacci un re che ci giudichi". Samuele pregò l'Eterno.

Dio fece uscire Abramo dalla sua terra. Egli credeva che Dio avesse promesso di essere il loro capo, la loro guida, il loro padre e il loro Dio. Ma la sua discendenza, ora una moltitudine, era diversa da quella di Abramo. Ma le promesse e la misericordia di Dio sono così grandi che il Signore li ha mantenuti e benedetti. Anche se la Torah, l'aiuto del sacerdote, del sommo sacerdote e di Levi continuavano a fare un piano sopra il piano di Dio. Israele ha inquinato il Santo Dio e il Suo Santo nome. La natura distruttiva dell'umanità è il fatto che abbiamo fatto un piano al posto del piano di Dio. Siete migliori, più saggi o più intelligenti di Dio?

7 L'Eterno disse a Samuele: "Ascolta la voce del popolo in tutto ciò che ti dice; perché non hanno rigettato te, ma hanno rigettato me, perché non regni su di loro". 8 Secondo tutte le opere che hanno fatto dal giorno in cui li ho fatti uscire dall'Egitto fino a oggi, con le quali mi hanno abbandonato e hanno servito altri dèi, così fanno anche con te. 9 Ora, dunque, ascolta la loro voce; ma protesta ancora solennemente con loro e mostra loro come sarà il re che regnerà su di loro.

Siate sensibili al piano del Signore e fate in modo di adeguarvi al Suo.

Supponiamo che siate chiamati a realizzare un progetto per il regno come Mosè, allora imparate a obbedire senza idee personali. Amate voi stessi e siate sensibili alla guida di Dio. Non pensate mai che il libero arbitrio significhi che siete liberi di commettere i vostri errori. Libero significa che vi ha offerto il cielo, le benedizioni e le provvidenze, ma non ha fatto alcun progetto al di fuori dei confini di Dio. Dio vi ha dato il libero arbitrio. Scegliete quello che volete, ma preparatevi ad affrontarne le conseguenze.

Dio scelse Ester come regina. Era prudente, conosceva e comprendeva la volontà di Dio. Agì in spirito per distruggere il piano di Satana. Possiamo pianificare esattamente di tuffarci nel progetto di Dio? Non abbiamo alcuna resistenza a navigare. La navigazione sarà accessibile quando il Signore sarà nella barca.

Gli ebrei erano in agonia perché i babilonesi tramavano per distruggere il popolo di Dio. Se Ester avesse scelto di divertirsi e di pianificare al posto del piano di Dio, il suo popolo sarebbe stato ucciso. Non pensate mai che vi abbia scusati. Anche voi avete degli obiettivi e dovete preparvi ad andare avanti nella giusta direzione per giovare a voi e alla vostra prossima generazione.

Ester 4:14 Infatti, se in questo momento tieni la pace, da un'altra parte si presenterà ai Giudei l'allargamento e la liberazione, ma tu e la casa di tuo padre sarete distrutti; e chi sa se sei venuta nel regno per un tempo come questo?

Così Esther ha pianificato di farlo bene. Vedo i piani delle persone senza pensare. Sappiamo che il nostro Dio è venuto con un piano. Non possiamo svegliarci e dormire senza un obiettivo, uno scopo, un motivo o un'intenzione. La creazione richiede comunemente molte cose. Non alcune, ma tutte! La preghiera è la prima. È il modo in cui Dio ci riconnette e ci tiene al corrente del Suo piano di guida. Dobbiamo avere cura o essere abbastanza sensibili da riconoscere la Sua autorità.

Uscite e intervistate le persone. Potrebbero rispondere: "Non conosco Dio, sono incerto o credo senza convinzione". Non è come Paolo; il Signore lo colpì e parlò. Ehi, aspetta, state giocando contro di me, Geova Dio. Ora ripianificate nella giusta direzione.

Il nostro Dio ha l'ultima parola; il nostro Dio è reale e sa come aiutare, provvedere e curare.

Ester salvò la stirpe del Messia per mantenerla in vita. Giuseppe ha mantenuto in vita gli ebrei agendo e pianificando la sua vita secondo il piano di Dio.

Mi sono ricordata di quando Dio mi ha dato questa verità. Ho lavorato al piano di Dio, bene!

2 Timoteo 2:15 Studiate per mostrarvi graditi a Dio, operatori che non hanno bisogno di essere svergognati, dividendo rettamente la parola della verità.

La pianificazione specifica è facoltativa, ma la pianificazione dell'anima deve essere saggia. La vostra anima ha un destino se non siete intelligenti e attenti nel pianificare la vostra vita.

Dio ha creato l'inferno per il diavolo e i suoi angeli. Non possono pensare di andare da nessuna parte se non all'inferno.

Matteo 25:41 Poi dirà anche a quelli della sinistra: "Andate via da me, maledetti, nel fuoco eterno, preparato per il diavolo e i suoi angeli".

Le nostre azioni possono decidere il nostro destino. C'è una vita dopo questa vita di carne. La vita della carne è come tutti i nati per morire fisicamente. È la polvere che torna alla polvere. Ma il destino della vostra anima e delle altre anime può essere cambiato se seguite il piano di Dio. Secondo la parola di Dio. Se tutti facessimo come dice e come ci chiede Dio, allora molti non brucerebbero per l'eternità. Che il Signore ci svegli. Abbiamo bisogno di riorganizzare la nostra vita secondo la volontà di Dio. Abbiamo bisogno di essere indirizzati, per non ritrovarci smarriti, feriti o danneggiati. Il Signore ci aiuta a essere saggi.

Dio ci ha dato il Suo Spirito Santo perché ci aiuti a pianificare la nostra vita.

Giovanni 16:13 Ma quando verrà lo Spirito della verità, egli vi guiderà in tutta la verità, perché non parlerà da sé, ma dirà tutto ciò che avrà udito; e vi mostrerà le cose future.

Il Signore vuole ancora proteggerci e guidarci. Il padre di un'anima viva vuole che abbiamo quell'aiuto e quella forza per navigare la nostra vita in un porto.

Molti sono morti, come Paolo, Pietro, Tommaso, Giacomo e il Signore Gesù. Conoscete il piano di Dio per allontanarsi dalla terra per aver sostenuto la verità. Per portare avanti il giusto piano di Dio servono persone coraggiose e audaci che abbiano la convinzione e la determinazione di sostenere la volontà di Dio. Pianificare di diventare ricchi, dottori e ingegneri è un buon piano. Ma pianificare la propria vita per l'eternità è il migliore di tutti. Quindi, amici, la pianificazione della vostra vita è d'obbligo, ma il miglior piano per l'anima porta benedizioni eterne. Amen.

PREGHIAMO

Signore, non lasciare che la nostra vita navighi nella giungla di questo mondo. Abbiamo perso il mondo perché abbiamo dimenticato di incontrare il nostro Creatore per avere aiuto nel progettare la vita. Dio ha già programmato il nostro piano generale prima che nascessimo. Abramo, Isacco e Israele hanno pianificato la vita secondo la volontà e il piano di Dio. Hanno visto e anche la loro generazione, in seguito, ha trovato le promesse di Dio. È il nostro desiderio, poiché si dice che chi crede nel Signore e nei Suoi progetti, comandamenti, precetti e leggi avrà un grande successo sulla terra e per l'eternità. La vita dipende dalle nostre scelte. Dacci un cuore saggio, un orecchio per ascoltare e una mente sana per pianificare la nostra vita nella volontà di Dio, nel nome di Gesù. Amen! Dio vi benedica!

17 AGOSTO

NON TOCCATE LA MIA GLORIA!

Dio si sta servendo di voi? Dio usa molte persone per fare qualcosa per qualcuno. È Dio che si serve di noi, quindi per favore date gloria a Dio. Che il Signore ci insegni a essere umili. La personalità e la qualità di Satana sono molto malate. L'auto-penalizzazione di un atteggiamento glorioso vi porterà in basso.

Avete mai visto qualcuno che si vanta sempre? Si vantano di ciò che fanno. Dicono: "È merito mio. È stata una mia idea, ho aiutato io e io, io e io". Questo tipo di discorso li glorifica invece di dare gloria a Dio. Che il Signore li chiuda, in modo che non si facciano ulteriormente male. Nel mondo, tutti aiutano qualcuno. Se siete auto-glorificatori, allora lasciate che vi legga questo.

Isaia 42:8 Io sono l'Eterno, questo è il mio nome; la mia gloria non la darò a nessun altro, né la mia lode a immagini scolpite.

Isaia 48:11 Per il mio bene, per il mio bene, lo farò; perché come potrebbe essere inquinato il mio nome? E non darò la mia gloria a un altro.

Vivo tra veri cristiani e li sento dire che "È Dio; mi ha guarito, ha provveduto, mi ha dato; sono grato a Dio per la sua misericordia". È tutto Dio, Dio e Dio.

Quando vado da qualche parte, prego o profetizzo, o le persone ricevono una liberazione, faccio sapere loro che sono un vaso di Dio e che Egli mi sta usando per la Sua gloria.

Dobbiamo lavorare per guarire i malati, gli afflitti, i poveri, gli orfani, gli indemoniati e gli oppressi. Prego che Dio in cielo faccia ciò che noi preghiamo. Posso dire che fa più di quanto preghiamo, chiediamo e pensiamo?

Il nostro Dio è colui che lo fa, ma le nostre benedizioni arrivano se siamo la Sua mano o la Sua bocca. Chiunque abbia la testa a posto non si prenderà la gloria.

Ricordo che al mio lavoro c'era un uomo alcolizzato. Era il fidanzato di una ragazza che conoscevo. Un giorno venni a sapere della loro relazione scellerata, così ho interrotto la nostra amicizia. Ma prima di farlo, ho pensato, devo parlare con loro, visto che ho saputo del loro stile di vita immorale. È mio compito far sapere loro che Dio non è contento. Prima l'ho invitata molte volte in chiesa, ma la sua scusa era che il suo ragazzo non voleva andarci. Le ho detto: "Va bene". Così l'ultima volta le ho parlato di Gesù. Le ho fatto da testimone per due ore. L'ho convinta del suo stile di vita immorale.

Mi ha detto di venire a tenere uno studio biblico, cosa che ho fatto. In seguito, il suo ragazzo è stato liberato dallo stile di vita empio. Entrambi si sono sposati e hanno iniziato a vivere una vita retta.

La moglie si arrabbierà. Il suo ragazzo beveva, si drogava e aveva molte cattive abitudini, che sono state eliminate dopo che ho iniziato lo studio biblico. La moglie si arrabbia e dice: "Perché non mi dai gloria e non menzioni il suo nome?". Non ho avuto alcun problema perché ho sempre testimoniato Gesù. Non posso liberare, guarire o salvare nessuno. Ma questa signora voleva la gloria. Suo marito era andato in molte chiese religiose perché cercava aiuto. In qualche modo, le nostre strade si sono incrociate e Dio ha ascoltato la mia preghiera e il mio digiuno per liberare quest'uomo.

Posso dire che è opera di Dio e non mia? Io sono un recipiente disponibile. Il Signore ci ha lasciato questo compito. Se avete la mente giusta, potete dire: "Sì, è il mio compito e devo farlo".

La Bibbia parla e ci ricorda che non possiamo fare nulla, ma Dio ci ha dato l'autorità. Essa e il potere che ci sono stati dati sono per la Sua gloria, non per la nostra. Ringraziamo tutti coloro che ci aiutano. Li ricompensiamo o li benediciamo dando loro gratitudine. È la cosa migliore avere un cuore grato. Ma se qualcuno cerca di ricattarvi o di comprarvi dicendo che sono loro, è così.

Allora dico di fare una passeggiata e di andare avanti; non è così.

La Bibbia dice: "Se non dai gloria a Dio, la roccia griderà". Dio ha dato all'asino una bocca per parlare, allora perché non a noi visto che abbiamo già una bocca?

Ricordate sempre quando le persone hanno questo tipo di personalità che è un frequentatore di chiese, un guerriero della preghiera, un pastore, un evangelista, un missionario o che detiene qualsiasi titolo senza riconoscere la grandezza di Dio.

Il giorno in cui ho ricevuto lo Spirito Santo, ho percepito di non essere nulla. Ho sentito che la mia esistenza era insignificante, piccola come un puntino. Le persone che conoscono Dio, camminano con Lui e lo temono sono quelle che riconoscono la Sua forza, il Suo potere, la Sua grandezza, la Sua misericordia e il Suo amore.

Gli uomini e le donne di Dio che hanno svolto un ruolo di potenza sapevano che era Dio a fare tutto, non loro. Un applauso a Dio, non al Sé.

Esodo 15:3 Il Signore è un uomo di guerra; il Signore è il suo nome.

Il Signore disse a Giosuè:

Giosuè 1:5 Nessuno potrà resistere davanti a te per tutti i giorni della tua vita; come sono stato con Mosè, così sarò con te; non ti lascerò e non ti abbandonerò.

Ora leggete la seguente Scrittura. Vedete il vostro nome? È Dio a cui va tutta la gloria. Ma se Dio si è servito di voi, rallegratevi e siate grati a Lui. Date gloria a Dio e solo a Lui.

Efesini 3:20 Ora, a colui che è in grado di fare in modo sovrabbondante tutto ciò che chiediamo o pensiamo, secondo la potenza che opera in noi, 21 a lui sia la gloria nella chiesa per mezzo di Cristo Gesù per tutti i secoli, senza fine. Amen!

Vado in giro a pregare per le persone, prego al telefono, visito l'ospedale, le case, i paesi e i villaggi. Aiuto molte persone bisognose. Molti non mi hanno mai visto. Chi mi mette in contatto con queste persone bisognose? È la mano di Dio che raggiunge i bisognosi. Non penso e non penserò mai che io, me stessa, o sempre me stessa. È tutto Dio che raggiunge il bisogno usando me.

Se io gli do gloria, allora Dio lo farà.

Salmi 33:13 Il Signore guarda dal cielo, osserva tutti i figli degli uomini. 14 Dal luogo della sua dimora guarda tutti gli abitanti della terra. 15 Egli modella i loro cuori allo stesso modo; considera tutte le loro opere. 16 Non c'è re che si salvi grazie alla moltitudine di un esercito; un uomo potente non viene liberato da molta forza. 17 Un cavallo è una cosa vana per la sicurezza; e non si libera nessuno con la sua grande forza. 18 Ecco, l'occhio del Signore è su quelli che lo temono, su quelli che sperano nella sua misericordia; 19 per liberare la loro anima dalla morte e per mantenerli in vita nella carestia. 20 L'anima nostra aspetta il Signore: egli è il nostro aiuto e il nostro scudo. 21 Il nostro cuore si rallegrerà in lui, perché abbiamo confidato nel suo santo nome. 22 La tua misericordia, Signore, sia su di noi, secondo la nostra speranza in te.

Ricordate di dare gloria a Dio. È Lui che fa tutto, ma ci ha dato il potere attraverso il Suo Spirito. Egli opera attraverso di noi; non siamo noi a fare il miracolo, la guarigione, l'aiuto, le provviste o il nutrimento, quindi date gloria a Dio. Amen! Dio vi benedica!

PREGHIAMO

Signore, ti ringraziamo perché la Gloria di Dio scende quando adoriamo e onoriamo riconoscendo la Tua potenza e il Tuo potere. Il creatore del cielo e della terra merita lode, onore e gloria. Siamo i Tuoi vasi e i Tuoi operai per far sapere a questo mondo che, Signore, tu sei buono e stai facendo tutto da solo. Siamo il Tuo portavoce, la Tua mano e i Tuoi piedi per proclamare la Tua potenza e la Tua gloria. Usaci, portaci dove la gente trova e conosce questo grande Dio. Il nostro Dio ci ha creati a sua immagine e somiglianza per dargli gloria. Signore, sii misericordioso e aiutaci a portare la gloria. Hai detto: "Non toccate la mia gloria", quindi diamo a te la gloria e a nessun altro. Siamo grati che il nostro Dio sia Santo, giusto, onnipotente e che opera meraviglie per ricevere la Gloria nei secoli dei secoli nel nome di Gesù. Amen Dio vi benedica.

18 AGOSTO

GESÙ HA TUTTA L'AUTORITÀ!

Il Signore ha compiuto tutti i miracoli soprannaturali, le guarigioni e le liberazioni per Sua volontà e potenza. Il Signore ha operato contro tutte le autorità religiose. Gesù è la massima autorità. Non ha bisogno dell'approvazione di nessuno. Nessuno può dire al Signore Gesù: "puoi o non puoi". Nessun potere è più significativo del Suo potere; tutti appartengono a Lui. Egli ha dato il potere e lo ha tolto a chi ha voluto. Dio camminava sulla terra, creato dalla potenza della Sua Parola. Egli ha la massima autorità sulla Sua creazione.

Luca 13:11 Ed ecco una donna che aveva uno spirito di infermità da diciotto anni, era prostrata e non poteva in alcun modo sollevarsi.

Il Signore Gesù compì una guarigione di sabato, così i capi ipocriti della sinagoga impazzirono. Dissero alla gente di non venire a chiedere guarigioni di sabato. Come si può essere malati se si è alla presenza di Dio? Se nell'edificio non c'è Gesù, allora sì, anche voi sarete seduti malati per diciott'anni. Una storia triste! Che il Signore vi aiuti a capire che non si tratta dell'edificio o del titolo della chiesa. Voi siete una chiesa. Lasciate che lo Spirito di Dio fluisca attraverso di voi; allora farete quello che ha fatto Gesù. Il diavolo usa anche il titolo di pastore, apostolo, profeta, insegnante, evangelista, missionario e santo di Dio. Il diavolo non può fare alcuna liberazione e guarigione e liberare le persone.

Ogni giorno parlo con molte persone che stanno combattendo una battaglia spirituale. Anche oggi ha chiamato una signora che si lamentava perché qualcuno le tirava l'alluce o i piedi. Ha detto che ha avuto un attacco dall'invisibile. Suo marito è morto qualche anno fa e lei si lamentava che le aveva tirato le gambe e le dita dei piedi. Lo stesso è accaduto a questa preziosa signora, a sua nipote e a suo nipote. Ha anche detto che aveva forti dolori dal collo in giù.

Le ho detto che deve avere l'autorità per usarlo. Lei ha detto: "Autorità come cosa?". Le dissi: "Comanda a quel diavolo di uscire nel Nome di Gesù". Lei disse che non sapeva di poterlo fare. Ho detto che se posso farlo io, può farlo anche lei. Così, dopo aver pregato alcune volte, il dolore se ne andò. Ha detto che andava in chiesa ogni domenica, ma stava perdendo la speranza. Molte cose stanno entrando in casa e hanno molti problemi. Ho pregato sul posto, ordinando ai demoni di uscire; i demoni se ne sono andati e sono venuti in pace nella casa.

Le insegnai il potere dello Spirito Santo, il lavoro dei demoni, degli angeli caduti e di Satana. Capì che si trattava di un angelo decaduto, poiché lo spirito non poteva fare quel tira e molla. Un demone, che è uno spirito malvagio, ha bisogno di un corpo. I demoni sono lo spirito dell'anima perduta senza corpo che usa il corpo di una persona vivente. La signora è stata piegata per diciott'anni, non è mai mancata in chiesa, è stata piegata.

Gesù disse:

Luca 13:12 Quando Gesù la vide, la chiamò a sé e le disse: "Donna, sei sciolta dalla tua infermità". 13 E le impose le mani; e subito la donna si raddrizzò e glorificò Dio.

Per questo è venuto Gesù. Ci ha dato l'autorità di far valere il potere nel mondo per distruggere l'opera del nemico. Se frequentate un'organizzazione, una denominazione o una non denominazione e non vedete un'opera soprannaturale, fate i bagagli e andate via. Non guardate indietro. Seguite Gesù, iniziate a uscire e fate ciò che il Signore vi ha chiesto di fare. Lo Spirito Santo vi addestrerà, insegnerà, guiderà e darà potere. Non siate ipocriti e non ingannate voi stessi. Satana mette in scena attori e attrici che si comportano come se fossero reali per fuorviarvi.

Cosa può accadere se i giudici, la polizia e le autorità non usano il loro potere per fermare i crimini, fermare i trasgressori e non perseguire? Guardatevi intorno; cosa vedete? Crimini, uccisioni e sparatorie? Qualcuno non sta facendo bene il suo lavoro.

Allo stesso modo, Satana ha assegnato persone a pulpiti, organizzazioni, chiese e denominazioni in cui non dovrebbero usare il potere di Dio. Non ne hanno la capacità. Vi diranno di andare a casa. Oggi è domenica, giorno di sabato. Non possiamo guarirvi. Vergogniamoci se crediamo alla menzogna di Satana. Se siete malati e dovete cercare un medico o una medicina, allora siete anche voi tra coloro che sono stati ingannati dall'ipocrita. Sono chiamati Attori di Satana.

Giovanni 5:16 Perciò i Giudei perseguitavano Gesù e cercavano di ucciderlo, perché aveva fatto queste cose in giorno di sabato. 17 Ma Gesù rispose loro: "Il Padre mio opera e io opero". 18 Perciò i Giudei cercavano di più di ucciderlo, perché non solo aveva violato il sabato, ma aveva anche detto che Dio era suo Padre, facendosi uguale a Dio.

Figlio di Dio significava Dio stesso in carne e ossa. Gli ebrei aspettavano il Messia, ma non hanno mai conosciuto il mistero della nascita di Gesù. Ci sono molti misteri da conoscere. Se lo facciamo, non diventeremo nemici della Croce. Non dobbiamo abusare del potere, chiamando e dando un titolo. Il titolo non significa nulla. Non mi piace il titolo. Ma quando esco e lavoro per Gesù, le montagne si spostano.

Un altro giorno andai all'ospedale di Plano, in Texas. Una signora è rimasta lì per molto tempo. Sua madre ha detto che si trattava di un intervento chirurgico e che i pazienti rimanevano solo due giorni, ma lei è rimasta lì per alcune settimane. Ho pregato e ora è a casa. Per favore, non datemi le vostre regole e i vostri regolamenti. Ho un'unica autorità su di me, che è Gesù Cristo. Il Suo Spirito, chiamato Spirito Santo, mi guida e mi insegna. Quindi non ho bisogno di ipocriti che mi dicano cosa fare e cosa non fare. Basta seguire Gesù.

Dio ha tutta l'autorità. Non preoccupatevi di un programma artificiale. Imparate a usare l'autorità data da Dio e a trovare quella giusta. Seguite la Bibbia. Il diavolo dirà: non devi venire a guarire, o non sei malato. Non ascoltatelo. Il diavolo è già sconfitto. Ditegli di sedersi. Perché tanti si drogano, si suicidano, divorziano, vanno in ospedale, hanno il cancro e sono malati? Perché il Signore vi ha dato lo Spirito Santo? Per potersi mettere in mostra parlando in lingua? Lo Spirito Santo è la forza che ci è stata data per operare sulla terra. Una menzogna di Satana funziona solo se si crede che un attore ipocrita stia recitando dal pulpito.

Non lasciatevi ingannare da falsi insegnanti e profeti.

Luca 10:19 Ecco, io vi do il potere di calpestare i serpenti e gli scorpioni e tutta la potenza del nemico; e nulla vi potrà in alcun modo ferire.

Come dice la Bibbia, usate il potere per guarire, liberare e rendere liberi i prigionieri. Spetta a voi e a me riceverlo. Non sottomettetevi a nessuna religione o organizzazione. Leggete la Bibbia e sottomettetevi a Dio.

Giacomo 4:7 Sottomettetevi dunque a Dio. Resistete al diavolo ed egli fuggirà da voi.

Gesù ha l'autorità; sottomettetevi a Lui. Egli vi darà potere. È Sua volontà usarci. Vuole che voi usiate il riferimento per compiere un'opera più grande. Dategli tutto e Lui vi userà. Se seguite la perdita, sarete fuorviati. Ostacolerete la vostra fede e anche quella degli altri. So che questo è vero perché lavoro ogni giorno per Gesù. Il Signore non è mai cambiato, ma Satana chiede di costruire una chiesa. La gente vi fuorvierà, ma non Dio.

Matteo 28:18 Poi Gesù venne e parlò loro dicendo: "Mi è stato dato ogni potere in cielo e sulla terra. 19a Andate dunque e ammaestrate tutte le nazioni, 20 insegnando loro a osservare tutto ciò che vi ho comandato; ed ecco, io sono con voi tutti i giorni, fino alla fine del mondo". Amen.

PREGHIAMO

Signore, veniamo davanti al Tuo altare sapendo di avere tutto il potere se crediamo. Lo facciamo e agiamo come discepoli che ti seguono. Il nostro Dio è adorabile e ha fatto opere incredibili. Vogliamo fare lo stesso affinché le persone malate, oppresse e possedute nel mondo siano libere e liberate. Nostro Signore ha dato ogni autorità nel Suo prezioso nome. Grazie per averci dato lo Spirito di Dio, che è lo Spirito Santo, per fare la potente opera di guarigione e liberazione. È mio compito liberare i prigionieri, far camminare gli zoppi, far vedere i ciechi, far sentire i sordi, poiché mi hai dato l'autorità. Il Signore sta facendo e continuerà se ci sottometteremo alla volontà di Dio e non a quella della religione. Il nostro Dio ha pagato un prezzo enorme, e noi dobbiamo fare lo stesso se vogliamo continuare la Sua opera. Grazie per averci dato autorità nel Tuo prezioso nome, Gesù. Amen!

Dio vi benedica!

19 AGOSTO

AGITE DA SAGGI E NON DA SCIOCCHI!

La saggezza è un must per i cristiani. Agite in modo sensato e non come sciocchi. Giocherete come stolti camminando nella carne, nell'orgoglio e nella lussuria. Vivete nel rispetto delle leggi di Dio vi eviterà molti dolori e mal di testa. La saggezza del Signore aiuta. Non cercate nel mondo una risposta. La saggezza o il pensiero mondano rendono ridicoli. Fate un favore ai vostri figli e date loro la saggezza attraverso la PAROLA DI DIO! Il manuale di vita del nostro Dio, la Bibbia, è pieno di saggezza. La vita non si può ripetere. La vita non tornerà in un'altra forma. Una volta finita si attende il giudizio. Non c'è nessuna incarnazione, di sicuro. Perciò insegnate ai vostri figli la Parola di Dio essendo buoni osservanti e seguaci di Cristo. Se seguite la Parola di Dio e la osservate con tutto il cuore, sarete una luce per i vostri figli e non una pietra d'inciampo. I genitori saggi insegnano la saggezza attraverso il loro stile di vita. Poiché i figli imparano e seguono i genitori.

Che cos'è la saggezza? Secondo la concordanza di Strong, è intuizione, abilità (umana o divina), intelligenza. La saggezza è l'applicazione della conoscenza. Il Re Salomone era un re saggio. Aveva una sapienza divina data da Dio, poiché l'aveva chiesta. Anche voi potete chiedere la saggezza. Io la chiedo in ogni situazione.

Come un re di Israele, doveva risolvere il caso di due prostitute. Re Salomone doveva trovare la vera madre. Una prostituta perse il bambino schiacciandolo sotto il suo seno. Ma essendo un re saggio, usò la lungimiranza data dall'alto per trovare chi fosse la madre legittima. La questione necessitava della saggezza o dell'aiuto divino da applicare alla situazione per rendere giustizia al caso. Un problema o una preoccupazione possono essere risolti se sono evidenti, ma se non lo sono, è necessaria la saggezza del Supremo.

1 Corinzi 12:8 Perché a uno è stata data dallo Spirito la parola della sapienza; a un altro la parola della conoscenza dallo stesso Spirito.

Questi due doni lavorano insieme. È un dono dato da Dio. I versetti 4, 5 e 6 dicono lo stesso Signore, lo stesso spirito e lo stesso Dio, poiché c'è un solo Dio che ha tre manifestazioni per scopi diversi in una dispensazione diversa. È solo UN DIO. Non dividete mai l'UNO in TRE. Si creerà molta confusione su religione, organizzazione, denominazione e chiese. Nessuna di esse funzionerà. La saggezza di Dio viene dall'alto.

Giacomo 3:17 Ma la sapienza che viene dall'alto è prima pura, poi pacifica, mite, facile da trattare, piena di misericordia e di buoni frutti, senza parzialità e senza ipocrisia.

19 AGOSTO

L'opposto della saggezza sono la stupidità e la follia. Agire con saggezza significa non prendere decisioni affrettate. Riflettete sulla questione. Non buttatevi nella mischia per prendere decisioni affrettate. Avete mai visto persone che si buttano a capofitto in ogni occasione che gli si presenta? Queste persone ripetono l'errore. Alcuni consigliano tutto, ma la loro vita dice che non hanno saggezza. Fate attenzione, non consigliate se non siete saggi. Quando vi trovate di fronte a una situazione che non vi riguarda, rivolgetevi a una persona intelligente. Fatevi consigliare da loro. Spesso la questione è di là da venire e tutti noi abbiamo bisogno di prendere una decisione. Io prego sempre per la saggezza e mi rivolgo a Dio se ho un problema. Lui ha tutta la conoscenza e l'aiuto.

Proverbio 2:6 Perché il Signore dà la sapienza; dalla sua bocca escono la conoscenza e l'intelligenza. 7 Egli accumula la sana saggezza per i giusti; è una fibbia per quelli che camminano rettamente. 8 Egli custodisce i sentieri del giudizio e preserva la via dei suoi santi.

Sapete che potete chiedere la saggezza per il progetto che avete intrapreso? Chiedete la conoscenza per essere dei genitori, degli insegnanti o qualsiasi altro compito che avete intrapreso. La vita diventa più facile.

Giacomo 1:5 Se qualcuno di voi manca di sapienza, la chieda a Dio, che dà a tutti gli uomini con liberalità e non fa complimenti, e gli sarà data.

Il Re Salomone aveva una tenera età. Sapeva che, essendo un re, avrebbe avuto bisogno della saggezza necessaria per gestire il regno datogli da Dio. Chiese al Dio saggio, Geova, di concedergli la Sua saggezza.

2 Cronache 1:11 Dio disse a Salomone: "Poiché questo era nel tuo cuore e non hai chiesto ricchezze, beni o onori, né la vita dei tuoi nemici, né hai chiesto lunga vita. Tuttavia, hai chiesto saggezza e conoscenza per te stesso, affinché tu possa giudicare il mio popolo, sul quale ti ho costituito re; 12 la saggezza e la conoscenza ti sono state concesse; e io ti darò ricchezze, beni e onori, come non ne hanno avuti i re che sono stati prima di te, né ne avranno dopo di te.

Prima di affrontare la mia giornata, chiedo sempre a Dio di darmi la saggezza e la conoscenza necessarie per rispondere a tutte le telefonate che mi arrivano. È il ministero di Dio e io devo lavorare con saggezza. È il Suo ministero e con la Sua saggezza io lavoro. La vita ha un grande significato se applichiamo la saggezza di Dio a ogni situazione e prima di prendere ogni decisione. Non dopo aver fatto confusione, ma prima di prendere decisioni! Ho molti amici anziani che, come sapete, non hanno paura di dire la verità. Mia madre era come un'amica. Era una donna saggia. Si sa che i figli cresciuti da donne sagge sono soprattutto buoni. Ho detto soprattutto perché a volte ci sono delle eccezioni. Ma la donna sciocca cresce figli devastanti che danno dolore. Se vengono come coniugi dei vostri figli e delle vostre figlie, che il Signore abbia pietà. Sembra che impongano la loro stupidità ai loro figli.

Pregate per loro senza sosta e continuamente. Rompete questo spirito. I miei amici anziani sono ancora vivi e mi parlano ancora. Mi danno ancora consigli. Non è bello? Ho notato che la vita delle persone sagge è un libro aperto, ma per le persone stupide la loro vita è un silenzio. Fanno le loro follie dietro la porta, nascondendo tutto. Non vogliono consigli, ma verranno da voi nella loro confusione. Alcuni non imparano mai. Continuate a ripetere.

Gesù ha tutta la saggezza per gestire il cielo. Dio ha creato la terra e noi per il Suo grande piano con la Sua comprensione. Abbiamo bisogno di questa saggezza per portare avanti il Suo programma. Il mondo può funzionare bene se abbiamo persone sagge a capo della nazione, dello Stato, della città, della scuola e del sistema giudiziario. La saggezza porta pace e sicurezza alla terra. Porta prosperità alle nazioni! Il risultato di un'azione è una testimonianza più grande di quella che si cerca di dare a se stessi. Allora, volete chiedere a Dio di darvi la saggezza?

Proverbi 24:3a Con la saggezza si costruisce una casa; la saggezza è una cosa principale.

Quindi gestite sempre la vostra vita, la vostra famiglia, i vostri affari con saggezza. Sarete benedetti e affermati. Che il Signore ci conceda la Sua saggezza nel nome di Gesù.

PREGHIAMO

Signore, sappiamo che la sapienza che viene dall'alto è pura, poi pacifica, mite, facile da trattare, piena di misericordia e di buoni frutti. Desideriamo la Tua comprensione. Dacci la saggezza. Non in un solo ambito, ma in tutte le nostre questioni, abbiamo bisogno di conoscenza. Preghiamo anche perché la nostra nazione abbia un governante saggio. Abbiamo bisogno di saggezza per tutti coloro che hanno a che fare con noi. Chi ha a che fare con noi in qualche modo? La conoscenza è più preziosa dei rubini e dell'oro. La nostra vita è una volta sola. Per vivere sulla terra secondo il Tuo piano, desideriamo la Tua saggezza. È gratuita se la chiediamo. Hai promesso: chiedi e ti sarà dato. Costruiamo la nostra casa sulla Tua saggezza condivisa nel nome di Gesù. Amen! Dio vi benedica!

20 AGOSTO

AVETE RICEVUTO LO SPIRITO SANTO?

Perché la Bibbia parla dello Spirito Santo? La Bibbia indica come riceverlo. Ci sono molte discussioni, argomenti e malintesi sulla ricezione dello Spirito Santo. È necessario accogliere lo Spirito Santo per entrare nel Regno di Dio. Il Signore Gesù lo spiega al maestro d'Israele. Il maestro deve imparare a insegnare agli altri. Si è chiesto come entrare nel Regno dei Cieli.

Giovanni 3:3 Gesù rispose e gli disse: "In verità, in verità ti dico che se uno non nasce di nuovo, non può vedere il regno di Dio".

Chi ascolta per la prima volta, come Nicodemo, deve conoscere il significato di "nascere di nuovo". Significa nascere dall'alto.

5 Gesù rispose: "In verità, in verità ti dico che se uno non nasce da acqua e da spirito, non può entrare nel regno di Dio. 6 Ciò che nasce dalla carne è carne e ciò che nasce dallo spirito è spirito".

Il versamento dello Spirito Santo era stato profetizzato dai profeti di Dio, Gioele, Ezechiele e altri. Era quindi molto atteso.

Gioele 2:28 In seguito avverrà che io effonderò il mio spirito su ogni carne; i vostri figli e le vostre figlie profetizzeranno, i vostri vecchi sogneranno sogni, i vostri giovani vedranno visioni: 29 E anche sui servi e sulle ancelle in quei giorni effonderò il mio spirito.

Viviamo in un'epoca in cui Dio ha riversato il Suo spirito su di noi. I credenti devono andare in giro a insegnare agli altri perché anche loro possano nascere di nuovo. Molti vi dissuaderanno dal ricevere lo Spirito di Dio perché non lo hanno. Io non sapevo che cosa avevo il privilegio di avere, così il Suo Spirito è venuto per condurmi, guidarmi, insegnarmi e darmi potere. Lo Spirito Santo ci dà potere perché è lo Spirito di Dio.

Atti 1:8 Ma voi riceverete potenza, dopo che lo Spirito Santo sarà sceso su di voi; e mi sarete testimoni a Gerusalemme, in tutta la Giudea, in Samaria e fino all'estremità della terra.

Dio è spirito e c'è un solo spirito.

Efesini 4:4a C'è un solo corpo e un solo spirito, Dio è Spirito.

Giovanni 4:24 Dio è uno Spirito.

Lo Spirito di Dio abita in voi quando ricevete lo Spirito Santo.

Giovanni 14:16 Poi pregherò il Padre ed egli vi darà un altro Consolatore, perché rimanga con voi per sempre.

Il consolatore è lo Spirito Santo. Sì, per sempre. Non per pochi giorni, non vi sarà tolto.

Giovanni 16:13 Ma quando verrà lui, lo spirito della verità, vi guiderà in tutta la verità, perché non parlerà da sé, ma dirà tutto ciò che avrà udito; e vi mostrerà le cose future.

Dio ha profetizzato attraverso:

Ezechiele 37:14 Metterò il mio spirito in voi, vivrete e vi collocherò nel vostro paese; allora saprete che io, il Signore, l'ho detto e l'ho eseguito, dice il Signore.

La battaglia costante di Satana è quella di fermare l'opera di Dio. Egli fuorvia, spiega e non permette che il potente Dio venga a dimorare in voi. Non credevo nemmeno nel parlare in lingue come prova della ricezione dello Spirito Santo. Frequentavo chiese religiose che insegnavano contro di esso. Ma grazie a Dio, ciò che avevo rifiutato per ignoranza è arrivato a me. Il nostro modo di pensare deve spesso essere cambiato mettendo informazioni corrette sulla Parola di Dio. Il nostro Dio vuole vivere dentro di noi. Non rifiutatelo. L'unico segno di aver ricevuto lo Spirito Santo è parlare in lingue. È il vostro linguaggio di preghiera.

Atti 2:1 Quando il giorno della Pentecoste fu pienamente compiuto, si trovarono tutti insieme nello stesso luogo.

4 E tutti furono riempiti di Spirito Santo e cominciarono a parlare con altre lingue, come lo Spirito dava loro la parola.

Poi Pietro predicò il primo messaggio alla nascita di una nuova chiesa, il giorno di Pentecoste. Tutti coloro che avevano crocifisso Gesù rimasero stupiti e si pentirono.

Atti 2:38 Allora Pietro disse loro: "Ravvedetevi e ciascuno di voi sia battezzato nel nome di Gesù Cristo per la remissione dei peccati e riceverete il dono dello Spirito Santo". 39 Poiché la promessa è per voi, per i vostri figli e per tutti quelli che sono lontani, quanti il Signore, il nostro Dio, ne chiamerà.

Promesse dello Spirito Santo per tutti coloro che vengono aggiunti alla Chiesa di Dio. Non accontentatevi di meno. Se vi hanno battezzato nel nome di Gesù, avete bisogno dello Spirito Santo. I samaritani ascoltarono il messaggio e ricevettero Gesù, poi si battezzarono nel nome di Gesù. Ma lo Spirito Santo non era ancora sceso su di loro.

Atti 8:14 Ora, quando gli apostoli che erano a Gerusalemme vennero a sapere che la Samaria aveva ricevuto la parola di Dio, mandarono da loro Pietro e Giovanni; 15 i quali, una volta scesi, pregarono per loro, affinché ricevessero lo Spirito Santo; 16 (poiché non era ancora sceso su nessuno di loro; solo che erano stati battezzati nel nome del Signore Gesù). 17 Allora imposero loro le mani ed essi ricevettero lo Spirito Santo.

Atti 10:44 Mentre Pietro pronunciava queste parole, lo Spirito Santo scese su tutti quelli che ascoltavano la parola. 45 E quelli della circoncisione che avevano creduto si stupirono, quanti erano venuti con Pietro, perché anche sui Gentili era stato riversato il dono dello Spirito Santo. 46 Infatti li udirono parlare con le lingue e magnificare Dio.

I gentili ricevettero lo Spirito Santo parlando in lingue e poi venendo battezzati nel nome di Gesù. Ma i discepoli di Giovanni Battista non hanno mai sentito parlare dello Spirito Santo e sono stati ribattezzati correttamente, cioè nel nome di Gesù.

Atti 19:2 Disse loro: "Avete ricevuto lo Spirito Santo da quando avete creduto?". Ed essi gli risposero: "Non abbiamo neppure sentito dire se c'è lo Spirito Santo". 5 Udito questo, furono battezzati nel nome del Signore Gesù. 6 E quando Paolo ebbe imposto le mani su di loro, lo Spirito Santo venne su di loro; ed essi parlavano con le lingue e profetizzavano.

Non voglio che vi perdiate questa potente esperienza. Gesù ha detto: "Uno dei segni dei miei seguaci è vederli parlare in lingue". Gesù può ingannare? Non lo farebbe, ma lo faranno i falsi insegnanti, i profeti, le chiese, i pastori e le organizzazioni.

Marco 16:17a E questi segni seguiranno quelli che credono; 17c parleranno con lingue nuove.

Assicuratevi che vi battezzino nel nome di Gesù e che riceviate lo Spirito Santo parlando in lingue: è l'unico modo per nascere di nuovo. Le porte dell'inferno non possono prevalere se costruiamo la Chiesa sulla roccia, che è la rivelazione di Gesù Cristo. Amen! Trovate qualcuno che vi battezzi nel nome di Gesù per la remissione dei peccati. Poi ricevete lo Spirito Santo con la prova di parlare in lingue. Allontanatevi da coloro che non hanno lo Spirito Santo e non credono nella verità. Sono chiamati falsi insegnanti e falsi profeti. Ho frequentato quelle chiese e so come operano. Le chiese morte hanno uno Spirito anticristo! Non avete nulla da fare lì. Avete ricevuto lo Spirito Santo? Se no, avete bisogno di Esso! Ricordate, voi siete la chiesa e non l'edificio.

PREGHIAMO

Padre celeste, grazie per la Tua parola. Essa è la testimonianza. Ti ringraziamo per la storia del libro degli Atti. Secondo Efesini 2:20, costruiamo le nostre chiese sul fondamento degli apostoli e dei profeti. Gesù Cristo è la pietra angolare principale. Signore, ti ringraziamo per averci dato permanentemente il consolatore, la guida e l'insegnante. Grazie, Spirito Santo, per averci dato il potere di scacciare i demoni, di guarire i malati e il potere di testimoniare. Lo Spirito Santo non è parlare in lingua, ma è il segno della ricezione dello Spirito Santo. Senza lo Spirito Santo non possiamo entrare in Paradiso. Grazie per averci dato lo Spirito Santo nel nome di Gesù. Amen!

Dio vi benedica!

21 AGOSTO

I VOSTRI LEADER VI RENDERANNO PROPRIO COME LORO!

Scegliete i leader giusti. Il vostro stile di vita è la dimostrazione dell'avere un leader buono o cattivo. Ho sempre avuto amici moralmente intelligenti e disciplinati. Che siate d'accordo o meno, tutti seguiamo qualcuno. Io sono una che impara, quindi frequento coloro che sono ottimi insegnanti. Mi piace sedermi intorno a chi può darmi buoni insegnamenti. Quando esco a pranzo con la mia amica, lei mi insegna a mangiare particolari cibi contadini. Ho imparato molto da lei perché è un'insegnante esperta.

Abramo era un buon leader, poiché i suoi seguaci, Isacco e Giacobbe, si sono rivelati figli timorati di Dio. Il carattere dei seguaci dei buoni leader è testimoniato dal loro stile di vita. I seguaci del Signore Gesù lo hanno dimostrato compiendo grandi opere. Non è chi diventa tremendo o orribile, ma chi è il loro leader.

Gezabele aveva una figlia di nome Athalia. Era cattiva, malvagia, religiosa e uccideva come lei. La madre malvagia, essendo un leader, produrrà il suo tipo. Il ruolo della madre è più importante di quello del padre, in quanto rimane nelle orecchie. Possiamo dire qualsiasi cosa, ma quando vediamo i figli o i nipoti di qualcuno, possiamo dire tale padre tale figlio e tale madre tale figlia. Quando siamo piccoli non abbiamo scelta, ma quando cresciamo sì. Per favore, state lontani dai capi famiglia malvagi, non attaccatevi a loro.

Mosè e Giosuè hanno un addestramento militare e la guida di Dio. Hanno cresciuto il popolo di Dio con le vie e le istruzioni di Dio.

Il vostro istruttore o leader deve essere onesto, morale e obbediente alla verità. Non seguite leader malvagi, infidi e corrotti. Sarà il caos. La vita sarà un disastro. Nessuno può prendersi la colpa se non i leader e i seguaci.

Matteo 15:14 Lasciateli stare: sono ciechi che guidano i ciechi. E se il cieco guida il cieco, entrambi cadranno nel fosso.

Ho sempre mantenuto dei buoni amici e ho imparato dai loro stili di vita. Ho notato che se non sono buoni, la vostra vita sarà negativa. A scuola avevo un'amica musulmana e il suo stile di vita mi ha colpita. Era sempre in pari con i suoi compiti. Osservando e adottando le sue abitudini e il suo stile di vita, sono diventata la prima in uno studio della mia classe. Lei condivise con me il suo piano di studio, che io adottai e presi un buon voto. Abbiamo bisogno di una buona guida da parte di un leader di successo. Dio è buono. Ho anche seguito i suoi modi di servire il mio Dio. Non ho accolto il suo, ma ho iniziato a leggere la Bibbia e a pregare perché lei pregava sempre e non saltava nessuno. Non tenete amici indisciplinati. Ho iniziato a pregare di più, a leggere la Parola e a seguire le vie di Dio.

Giudici 2:7 Il popolo servì l'Eterno per tutti i giorni di Giosuè e per tutti i giorni degli anziani che sopravvissero a Giosuè e che avevano visto tutte le grandi opere dell'Eterno che egli aveva fatto per Israele. 8 Giosuè, figlio di Nun, servo dell'Eterno, morì all'età di centodieci anni.

Ora i buoni capi e gli anziani di Israele sono morti. Israele si è smarrito ed è finito in fondo alla collina. Molte persone hanno iniziato a pregare e a digiunare con noi, ma ora ci sono persone diverse. Alcuni si sono addormentati! Perché? Hanno iniziato a seguire coloro che non avevano le loro priorità in ordine.

Innanzitutto, pregate; il legame con Dio è essenziale. Se lo fate, siete pronti per la vittoria. Molti incontrano il diavolo senza avere la copertura e la protezione di Dio. Hanno bisogno di aiuto per capire chi seguire. Se i vostri leader non pregano, i vostri genitori non lo fanno, allora dimenticate la priorità della preghiera. State seguendo qualcuno la cui priorità non è Dio. Fate attenzione, allontanatevi da loro.

Giudici 2:17 Eppure non vollero dare ascolto ai loro giudici, ma andarono a prostituirsi ad altri dèi e si prostrarono a loro; si allontanarono in fretta dalla via in cui camminavano i loro padri, obbedendo ai comandamenti del Signore; ma non fecero così.

Aprite la Bibbia, leggete, studiate, meditate e seguite le istruzioni. Lasciate perdere tutto, seguite Gesù. Perché no, visto che la Bibbia dice:

Luca 9:23 E disse a tutti: "Se qualcuno vuol venire dietro a me, rinneghi se stesso, prenda la sua croce ogni giorno e mi segua".

Non dimenticate che Gesù, essendo Dio, derubricato in carne e ossa, è venuto a versare il sangue e anche a darci un esempio.

Pietro 2:21 A questo siete stati chiamati, perché anche Cristo ha sofferto per noi, lasciandoci un esempio, affinché seguiate i suoi passi.

Fate di Gesù la vostra guida. Lui ha pregato e anche voi avete lo avete fatto. Dio in carne e ossa ha pregato, ma ha anche risposto alla preghiera. Ha pregato per dare l'esempio, così preghiamo anche noi. Gesù ha predicato il Vangelo, ha scacciato i demoni, ha guarito i malati, ha aperto gli occhi ai ciechi, ha guarito le persone con il cuore spezzato e ha risuscitato i morti. Ora dobbiamo continuare le Sue missioni. Gesù ha iniziato la missione dopo che Giovanni Battista lo aveva battezzato. Dobbiamo battezzare per la remissione dei peccati nel nome di Gesù. Il nome è Gesù, perché sappiamo che c'è un solo nome. Padre, Figlio e Spirito Santo non sono il nome, ma il titolo di un unico Dio che svolge funzioni speciali. Trovate la parola o studiate il piano di salvezza riportato nel libro degli Atti. Studiate la Bibbia perché ci sono molti falsi insegnanti e falsi profeti che ingannano le persone. Sono chiamati Anticristi e vi fuorvieranno.

Pietro 2:1 Ma c'erano anche falsi profeti tra il popolo, così come ci saranno falsi maestri tra voi, che in segreto introdurranno eresie dannose, rinnegando persino il Signore che li ha comprati, e si procureranno una rapida distruzione. 2 E molti seguiranno le loro vie perniciose, per cui si parlerà male della via della verità.

Non andate al loro studio biblico o all'edificio che chiamano chiesa, a meno che non vogliate essere ingannati. Voi, essendo una chiesa, seguite Gesù. Seguite i veri profeti, insegnanti, pastori e apostoli che fanno quello che ha fatto Gesù. Ma se non è così, fuggite da loro. L'apostolo Giovanni ha avvisato quando era vecchio. Sapeva che Satana stava lavorando per ingannare le persone. Sapete che il diavolo è un bugiardo, un ingannatore e un distorsore della Parola di Dio. A molti piace seguire questa facile strada. Nel primo secolo, Giovanni, essendo l'unico apostolo sopravvissuto, mise in guardia loro e noi.

1 Giovanni 4:2 In questo modo conoscete lo Spirito di Dio: Ogni spirito che confessa che Gesù Cristo è venuto nella carne è da Dio: 3 e ogni spirito che non confessa che Gesù Cristo è venuto nella carne non è da Dio; e questo è lo spirito dell'anticristo, di cui avete sentito dire che sarebbe venuto; e già ora è nel mondo.

Cercate i leader giusti, anche se dovete viaggiare molto. Ne va della vita o la morte della vostra anima.

PREGHIAMO

Padre celeste, ti ringraziamo per averci dato apostoli, evangelisti, profeti, insegnanti e pastori. Ti preghiamo anche di darci la percezione di conoscere il vero e il giusto. Tieni il falso e l'ingannatore lontano dalla nostra vita. Noi amiamo te e noi stessi, perciò il Tuo piano non è mai stato distrutto. Molti hanno distrutto il piano di salvezza di Dio facendosi guidare da falsi leader. Tu eri là fuori in missione e anche noi vogliamo perseguire la Tua missione. Vogliamo leader saggi, giusti e santi che non abbiano paura di seguirti. Possiamo capovolgere il mondo se abbiamo dei leader che seguono il Signore. Signore, abbiamo bisogno che tu sia la nostra guida. Grazie per lo Spirito Santo, un aiuto, un insegnante e una guida per tutta la verità. È l'aiuto più grande per continuare a percorrere la strada giusta nel nome di Gesù! Amen! Dio vi benedica!

22 AGOSTO

COS'È LA BESTEMMIA?

Bestemmiare significa parlare in modo empio o male di Dio o di una divinità. Le parole irriverenti o i discorsi contro Dio sono blasfemia. Queste leggi sono comuni ai musulmani e agli israeliti.

Levitico 24:16 Chi bestemmia il nome del Signore sarà certamente messo a morte e tutta la comunità lo lapiderà; anche lo straniero, come chi è nato nel paese, quando bestemmia il nome del Signore, sarà messo a morte.

La bestemmia coinvolge la divinità. Qualsiasi nazione che pratichi questa legge può mettervi a morte con due o tre testimoni. La pena di morte ha bisogno di due o tre testimoni. Non funziona se ce n'è uno solo.

Molti bugiardi hanno usato questa legge sulla blasfemia per sbarazzarsi di persone innocenti.

Luca 12:10 Chiunque dirà una parola contro il Figlio dell'uomo, gli sarà perdonato; ma a chi bestemmia contro lo Spirito Santo non sarà perdonato.

Questo è fondamentale, sapendo che alla fine Dio vi punirà direttamente all'inferno. Nessun ascolto per il bestemmiatore!

Ricordate che la massima autorità è Dio. Se avete una domanda, aspettate Lui. Soprattutto non andate dai falsi insegnanti e profeti. Anche molti operatori di miracoli che scacciano i demoni saranno all'inferno. Fate attenzione!

La Bibbia dice che il nome di Gesù è Santo, riverito nel Battesimo.

Giacomo 2:7 Non bestemmiano forse il degno nome con il quale siete stati chiamati?

Hanno lapidato molti in base a questa legge. Un esperto della Legge o un maestro della Torah ha detto a Gesù che è una bestemmia se si perdonano i peccati. Solo Dio può perdonare il peccato.

Chi ha un problema? Colui che rivendica i maestri nella Torah, potente autorità in Israele.

Quando portarono un uomo con la paralisi attraverso il tetto, Gesù lo guarì e disse:

Luca 5:20c Uomo, ti sono perdonati i tuoi peccati. 21 Gli scribi e i farisei si misero a ragionare, dicendo: "Chi è costui che dice bestemmie? Chi può perdonare i peccati se non Dio solo?

Sì, era Dio in carne e ossa, ma il maestro della Torah conosceva la Torah ma non il Dio al suo interno.

Oggi siamo carenti: conosciamo la Bibbia e crediamo, ma non lo Spirito Santo. Perché? Andiamo dai falsi pastori, predicatori, vescovi ed evangelisti.

Non parlate contro lo Spirito Santo: è reale. È un peccato di bestemmia e non sarà mai perdonato da Dio.

Naboth non voleva rinunciare alla sua vigna perché era la sua eredità da Dio.

1 Re 21:2a Achab parlò a Naboth dicendo: "Dammi la tua vigna".

Le donne e gli uomini religiosi malvagi abusano della legge sulla bestemmia per ottenere vantaggi personali. Gezabele e molti falsi, ingiusti ed empi faranno lo stesso.

1 Re 21:9 Essa scrisse nelle lettere: "Proclamate un digiuno e ponete Naboth in alto tra il popolo; 10 e ponete davanti a lui due uomini, figli di Belial, che testimonino contro di lui, dicendo: Hai bestemmiato Dio e il re. Poi portatelo fuori e lapidatelo, perché muoia".

La storia si ripete. La mente dell'uomo è criminale. Dio dà la vita, ma Satana uccide, ruba e distrugge. Ogni volta che Dio propone un piano migliore per salvare la Sua creazione, il diavolo si oppone a Dio. Dio è venuto nella carne per versare il sangue per la nostra vita. Il diavolo distrugge il piano eliminando il sangue, eliminando il nome di Gesù. Satana cambia la parola di Dio, distorce, rimuove e usa falsi insegnanti e profeti. Molti di loro sono ignoranti e non conoscono la verità. Per favore, non leggete la Bibbia corrotta. Usate la versione di Re Giacomo, che contiene lo Spirito Santo.

Trovate dei veri insegnanti che parlino in una lingua che significa che hanno lo Spirito Santo. Inoltre, dovrebbero essere guidati dallo Spirito. L'aiutante dato da Dio. Lo Spirito Santo è un insegnante e una guida che vi darà potere e vi condurrà a tutta la verità. Non lasciate che i falsi insegnanti e i profeti spieghino la cosa con molti che dicono che si ha quando non si parla in lingua.

Perché Pietro e Giovanni vennero a porgere la mano? (Atti 8:17)

Perché Pietro disse che avevano ricevuto lo Spirito Santo? (Atti 2:38)

Non vedete lo Spirito, ma lo sentite parlare in lingue.

Perché Paolo impose le mani ai discepoli del battesimo di Giovanni? (Atti 19:6)

Perché Cornelio e la sua famiglia parlarono in lingua quando ricevettero lo Spirito Santo? (Atti 10:46)

Perché in centoventi ricevettero lo Spirito Santo e parlarono molte lingue? Fate attenzione agli insegnanti ignoranti.

Gli insegnanti del diavolo stanno maledicendo lo Spirito Santo. Frequentavo gli stessi tipi di chiesa, ma continuavo a cercare. Siate aperti a Dio. AspettateLo; Egli vi darà il Suo Spirito. È gratuito e potente. Non c'è niente di simile. Credetemi, sono stata felice quando l'ho ricevuto. Ho parlato in una lingua e ho molte, molte lingue perché lo Spirito parla attraverso di me.

Dio disse al suo discepolo: "Aspetta". Io vi dico: "Aspettate, riceverete lo Spirito Santo con la prova del parlare in lingua".

Le persone peggiori hanno autorità in organizzazioni, denominazioni e non denominazioni. Sono interessati alle donazioni per mancanza di conoscenza.

Ebrei 6: 4 È infatti impossibile che coloro che sono stati un tempo illuminati, che hanno gustato il dono celeste e che sono stati resi partecipi dello Spirito Santo, 5 e che hanno gustato la buona parola di Dio e le potenze del mondo a venire, 6 se cadono, si rinnovino di nuovo fino al ravvedimento, poiché crocifiggono di nuovo per se stessi il Figlio di Dio e lo mettono apertamente in disgrazia. 8 Ma ciò che porta spine e rovi è rigettato ed è vicino alla maledizione; la sua fine è di essere bruciato.

Dio ha cercato di salvarci, ma gli uomini lo rifiutano. In questo tempo della fine, Geova è venuto in carne e ossa e Gesù si è preso la colpa. In base alla legge sulla blasfemia, hanno crocifisso la Sua carne. Dovremmo essere noi, ma Lui si è assunto la responsabilità. Si è preso i peccati e, sotto la legge della bestemmia, ha dato se stesso. Gesù non ha fatto nulla di male, non è stato trovato alcun peccato né alcuna malizia, ma è stato crocifisso dallo stesso sacerdote ignorante, dal sommo sacerdote e dal loro seguace. È una ripetizione: continuiamo a rifiutare le vie di Dio. Impariamo a rifiutare il dono dello Spirito Santo seguendo insegnanti, predicatori e pastori ignoranti! Signore, abbi pietà di noi. Invece di aspettare, cercare, chiedere e bussare, andiamo dove possiamo inserirci ed essere approvati dalla falsa autorità. Seguite la Bibbia e l'insegnamento degli apostoli e dei profeti nel Nuovo Testamento; Gesù è la pietra angolare principale.

Matteo 26:64 Gesù gli disse: "Tu hai detto; tuttavia io vi dico che tra poco vedrete il Figlio dell'uomo seduto alla destra del potere e venire sulle nubi del cielo". 65 Allora il sommo sacerdote si stracciò le vesti, dicendo: "Ha detto una bestemmia; che bisogno abbiamo ancora di testimoni? Ecco, ora avete udito la sua bestemmia. 66 Che ne pensate? Essi risposero: "È colpevole di morte".

Avete visto come hanno applicato la legge della bestemmia per dare la pena di morte al Signore Gesù? Fate attenzione a seguire Gesù e la Sua Parola. Lasciate che lo Spirito di verità vi insegni. Aspettate, non cadete nella mano di Dio. La legge sulla bestemmia fa paura. Sarete puniti eternamente all'inferno. Pregate il Signore Gesù di aiutarvi, nel nome di Gesù. Amen!

PREGHIAMO

Signore, la nostra storia dice che abbiamo continuamente fallito con Dio. Aiutaci a non ripetere la storia. Abbiamo bisogno del Tuo aiuto. Manda i Tuoi veri insegnanti, riempiti e guidati dallo Spirito. Desideriamo portare la verità. Dio mi ha dato il Vangelo per predicarlo al mondo perduto. Aiutaci a condurli all'eternità in cielo insegnando la verità. Apri la nuova porta della testimonianza. Metti in te fame, sete e amore. Vogliamo che tutti siano partecipi dello Spirito Santo. È come l'acqua da bere. Nessuno avrà più sete dopo aver ricevuto lo Spirito. Molti si sono compromessi, delusi o hanno rinunciato. Signore, riempili con il tuo Spirito, rinfrescali. Il nostro Dio è generoso, ama entrare e bussa alla porta del nostro cuore. Ti prego, vieni al Signore e dimora in noi per sempre, nel nome di Gesù. Amen! Dio vi benedica!

23 AGOSTO

BELLEZZA!

La definizione di Google di bellezza è legata a forma, dimensione o colore. Ci sono molte definizioni di bellezza. La bellezza è umiltà, senso dell'umorismo, fiducia in se stessi, intelligenza o molti altri modi in cui si vede la bellezza in una persona. Ho visto la donna più bella di Los Angeles, mentre andava in autobus la mattina su Wilshire Boulevard. Quando sono arrivata negli Stati Uniti, ho preso l'autobus per andare al lavoro. Ho visto delle belle ragazze sull'autobus. Ho guardato e ho pensato: "Wow, queste ragazze sono bellissime". La bellezza è un must in questo fine. Ho visto una donna che sa come vestirsi, truccarsi e imparare a sistemarsi i capelli. Le signore erano bellissime ogni giorno. È così che ci si deve comportare. Alcune sono semplicemente nate belle! La bellezza è ammirevole e la bellezza viene da Dio.

Ma al giorno d'oggi, avere una TV e tutti questi trucchi, dermatologi, cosmetici e molte altre cose, compreso il vestirsi, rendono una persona bella. Ma a Dio interessa la bellezza interiore. Abbiamo un concorso di bellezza in cui sono richiesti istruzione, intelligenza, forma, altezza, peso e talento.

A Dio interessa questa bellezza? Esaminiamo la parola e ciò che Dio dice sulla bellezza.

Proverbio 31:30 Il favore è ingannevole e la bellezza è vana; ma una donna che teme il Signore, sarà lodata.

Le donne timorate di Dio vivono in modo retto e santo agli occhi del Signore. Molti pensano che si debba essere giusti agli occhi della società. Maria era una donna timorata di Dio e non si preoccupò quando seppe che avrebbe concepito il Signore essendo nubile. Non ha mai temuto la legge della lapidazione, né le critiche o il rifiuto di Giuseppe. Non era ancora sposata. Ma temeva Dio e disse: "Così sia".

Nell'Antico Testamento, cercando il futuro re che avrebbe sostituito il Re Saul, Samuele vide un uomo di bell'aspetto e pensò:

1 Samuele 16:7 Ma il Signore disse a Samuele: "Non guardare al suo aspetto o all'altezza della sua statura, perché l'ho rifiutato; perché il Signore non vede come vede l'uomo; perché l'uomo guarda l'aspetto esteriore, ma il Signore guarda il cuore".

Conosco alcune donne che si guardano allo specchio centinaia di volte e comprano molti vestiti per poter vedere qualcun altro al posto della loro brutta faccia nello specchio. Abbiate fiducia nel vostro aspetto. Puntate sulla Parola di Dio.

23 AGOSTO

Ecclesiaste 3:11a Ha fatto ogni cosa bella a suo tempo.

In un determinato periodo e in una determinata stagione, gli alberi sono bellissimi. I miei amici mi hanno detto che allora mi piaceva l'albero senza foglie. Sono rimasta scioccata. Sapete perché? La bellezza è nell'occhio di chi guarda, secondo il dizionario inglese. Ho percorso alcune autostrade in California. Ogni giorno le montagne avevano un aspetto diverso, ma sempre bellissimo. Sono passata di lì per due decenni, ma non ho mai visto lo stesso aspetto della collina. Dall'estate, dalla pioggia, dall'inverno, dalla nebbia e quando c'è un incendio, ha sempre un aspetto bellissimo. Mentre guidavo in autostrada e mi godevo la vista della montagna, vedevo e lodavo Dio per il bellissimo paesaggio. Ho detto: "Dio, guarda queste bellissime montagne. Sono bellissime. Hai fatto un dipinto mozzafiato, Signore!"

Salmo 96:9 Adorate il Signore nella bellezza della santità; temete davanti a lui, tutta la terra.

Non riesco a cogliere la bellezza con la mia fotocamera. Non può giustificare la sua brillantezza.

Non è questa la bellezza che Dio ammira e desidera.

Salmo 149:4 Perché il Signore si compiace del suo popolo; abbellirà i miti con la salvezza.

I miti ascolteranno il Signore e si sottometteranno alla Sua volontà e alla Sua via. Il nostro Dio può abbellire l'obbedienza con la salvezza. Avete mai visto qualcuno che fa uso di droghe, alcol, è malato di cancro e fa continuamente del male? Sembrano stressati, oppressi, brutti e posseduti. Hanno un aspetto orribile. Queste persone possono essere cambiate se Dio le guarisce da malattie e infermità. La liberazione da tutti i tipi di demoni della droga, dell'alcol, delle sigarette e del cancro cambia l'aspetto esteriore. Ricordo che quando vivevo in India, un profeta veniva a visitare la nostra famiglia. Il suo aspetto era brutto. Ha testimoniato di essersi convertito a Dio leggendo un giornale che gli è volato addosso. Era un incubo per la polizia. La gente era stufa di lui. Ubriacone, trasgressore, e chi più ne ha più ne metta. Ma questo foglio, che gli è volato addosso, era una pagina della Bibbia. Quando iniziò a leggere, la parola divenne viva, toccò il suo cuore e lo trasformò.

Mi sono trasferita negli Stati Uniti e sono tornata a visitare l'India. Dopo la messa, stavo cercando alcuni libri cristiani per mia madre. Mentre guardavo i libri in una libreria cristiana, il proprietario della libreria mi ha detto: "Lascia che ne compri quanti ne vuole, questa libreria è sua". Ho alzato lo sguardo e ho pensato che non c'era nessuna libreria in India. Non riuscivo a capire chi fosse questa persona. Venne da me e disse: "Sorella, mi chiamo fratello Daniel". Non potevo crederci, perché aveva cambiato il suo aspetto esteriore. La differenza era come il bianco e il nero o il giorno e la notte. Non riuscivo ancora a credere che il suo aspetto potesse cambiare così tanto.

Molte volte, frequentando la Chiesa apostolica, ho visto persone uscire dall'acqua nel nome di Gesù con un aspetto diverso. Cosa è successo sotto l'acqua? Quest'acqua li rende belli? L'acqua ha fatto un'eccellente operazione chirurgica non solo sull'aspetto cosciente ma anche su quello esteriore. Quest'ultimo cambia quando i peccati vengono lavati e si viene liberati da malattie e demoni.

È il Signore che ha detto: "Egli abbellisce i miti con la salvezza". Salvezza deriva dalla parola salvato. La parola greca è Sozo, che significa guarigione, liberazione e redenzione.

Il diavolo tenta la sua tattica per farvi apparire brutti e sporchi, ma il Signore ci lava nel sangue. Il sangue di Gesù è vivificante. È sotto il Suo nome quando si viene battezzati usando il nome di Gesù. Dio ci dà la bellezza e non la bellezza mondana. Potete fare tutti i tipi di chirurgia facciale, lifting e trucco, ma cercate di entrare nell'acqua nel nome di Gesù. Prima di tutto, pentitevi. Pentirsi significa cambiare stile di vita. Il vostro aspetto cambierà. Il Signore è il miglior dermatologo ed estetista.

Isaia 61:3 per dare a coloro che sono in lutto in Sion bellezza per la cenere, olio di gioia per il lutto, veste di lode per lo spirito di tristezza, affinché siano chiamati alberi di giustizia, la piantagione del Signore, perché egli sia glorificato.

Siete alla ricerca della bellezza? Cercate quella interiore. Molti ammireranno la bellezza interiore che traspare dal vostro viso. Se siete felici, sereni e gioiosi, il vostro viso cambierà. Lo specchio del vostro cuore è il vostro volto. Se il vostro cuore è pulito, pieno di gioia, pace, amore, longanimità, dolcezza, gentilezza e bontà, allora sarete belli.

Ho notato che una donna piena di gelosia, orgoglio e invidia sembra brutta. Mi dispiace, ma è così. Vedo sul loro volto tutto il male.

Proverbio 14:30 Un cuore sano è la vita della carne, ma l'invidia è la putrefazione delle ossa.

L'invidia genera una sorta di oscurità e le ossa si deteriorano. Anche la forma e l'aspetto cambiano.

Che il Signore ci aiuti ad avere una bellezza interiore.

1 Timoteo 2:9 Allo stesso modo, anche le donne si adornino con abiti modesti, con pudore e sobrietà; non con capelli acconciati, né con oro, né con perle, né con abiti costosi; 10 ma (cosa che si addice alle donne che professano la pietà) con opere buone.

PREGHIAMO

Signore, desideriamo e cerchiamo la bellezza interiore. Essa porta alla bellezza esteriore, che si ammira. Possiamo essere più belli se abbiamo la salvezza di Dio. Liberandoci dai peccati che causano malattie e oppressioni demoniache, saremo bellissimi. Grazie per la bellezza sacra. Non è quello a cui la gente aspira, ma noi ci sforziamo di apparire puliti, puri e santi per averti nella nostra vita. Tu risplendi sui nostri volti. Il Signore dona la Sua pace, il Suo amore e la Sua gioia che risplendono sui nostri volti. Grazie per aver dato bellezza alla cenere. Desideriamo la mitezza del cuore, perché tu possa abbellirci. Il popolo di Dio ha la bellezza che il mondo cerca. Ti ringraziamo ancora per averci abbellito nel nome di Gesù. Amen! Dio vi benedica!

24 AGOSTO

MARIA MEDITAVA NEL SUO CUORE!

Cosa meditava Maria nel suo cuore? Maria nascose la conversazione celeste in esso. La condivise con coloro che avevano bisogno di ascoltare. Non la condivise con la sua famiglia. Ma Elisabetta, sua cugina, lo sapeva, poiché era una delle prescelte dall'Onnipotente, padre eterno e principe della pace. Era la madre di un precursore di Dio. Concepì e partorì lo spirito di Elia, chiamato Giovanni Battista. Rivelò il piano a coloro che avevano bisogno di ascoltare e lo nascose a coloro che non dovevano ascoltare. Alleluia! Il nostro Dio sa quale cuore è trasparente e onesto.

Un uomo di nome Zaccaria si trovava nell'ufficio del sacerdote. Era un sommo sacerdote che lavorava nel tempio. Significa qualcosa? Non significa nulla se non si crede nel messaggio celeste. La materia celeste ha bisogno di una risposta da parte di qualcuno che creda nell'impossibile e nel soprannaturale. Richiedono di credere in Dio, che può sceglierli per realizzare il piano di Dio.

Le donne potenti, coraggiose e sagge come Maria ed Elisabetta sono diverse dalle normali ebree nominali. Entrambe le donne erano devote e conoscevano Dio. L'esperienza non è necessaria quanto la reazione alla stessa. Il nostro Dio vuole che qualcuno creda e si sottometta al Suo piano. Sì, Dio ha bisogno solo di qualcuno che creda, obbedisca e si sottometta. Voi credereste, obbedireste e vi sottomettereste?

Lasciate che vi dica che quando Giuseppe venne a sapere del concepimento del bambino nel grembo di Maria, non sapeva come fosse successo. L'uomo naturale Giuseppe pensò che lei avesse commesso un errore. Maria non aveva comunicato come aveva concepito il bambino. Il Signore fece sognare Giuseppe perché voleva nasconderla dal giudizio di adulterio. La punizione per adulterio è la lapidazione.

Ma il Signore lo rivelò in sogno e Giuseppe si lanciò nel piano. Dio conosceva Giuseppe in cielo come un uomo giusto. Qual è la sua reputazione in cielo? Daniele fu chiamato l'amato di Dio. Non era solo un orante o un guerriero della preghiera, ma anche un uomo che si preoccupava sulla terra per il potente Dio. Un atto di coraggio, di audacia e di saggezza per stare da solo e dire: così sia. Senza preoccuparsi di leggi, conseguenze, problemi e prove. Obbedire e sottomettersi al Signore, credendo che nulla è impossibile a Dio. È il piano e la via soprannaturale di Dio, non il nostro. Vediamo la mentalità della gente quando Maria portava in grembo il nostro Signore Gesù. Dio li conosceva come una generazione di vipere!

Chi è stato il responsabile della generazione dei raschiatori? I leader di quel tempo e di quell'epoca. I leader religiosi erano molto interessati alla tradizione sviluppata dagli studiosi. Fate attenzione alla tradizione, è la più pericolosa. Il Signore Gesù ci mette in guardia dalla tradizione.

Marco 7:13 rendendo vana la parola di Dio per mezzo della vostra tradizione, che avete trasmesso; e molte cose simili fate.

Paolo camminava sulla terra in quel periodo ed Egli disse:

Galati 1:14 e ha guadagnato nella religione dei Giudei più di molti miei pari nella mia nazione, essendo più zelante delle tradizioni dei miei padri.

Oggi la situazione è la stessa. Gli studiosi hanno accettato la tradizione per rendere inefficace la Parola di Dio. Non hanno praticato il battesimo, secondo:

Matteo 28:19. È l'introduzione di tre ruoli dello stesso Dio come Padre, Figlio e Spirito Santo. Nella formula del battesimo è stato usato il nome al singolare. Il nome è Gesù, un nome di un solo Dio per la nuova dispensazione. La Bibbia ha bisogno di due o tre testimoni per stabilire la dottrina.

Oggi abbiamo lo stesso problema. Crediamo ai falsi insegnanti e profeti. Aprite la vostra Bibbia per studiare l'argomento. Trovate due o più Scritture a sostegno della dottrina. In caso contrario, state seguendo una tradizione stabilita da falsi insegnanti e profeti.

Giovanni 11:45 Allora molti dei Giudei che erano venuti da Maria e avevano visto le cose che Gesù faceva, credettero in lui. 46 Ma alcuni di loro andarono per la loro strada dai farisei e raccontarono loro le cose che Gesù aveva fatto. 47 Allora i capi dei sacerdoti e i farisei si riunirono in consiglio e dissero: "Che facciamo? Poiché quest'uomo fa molti miracoli. 48 Se lo lasciamo in pace, tutti gli uomini crederanno in lui; e i Romani verranno e ci toglieranno il luogo e la nazione.

Oh, mio Dio, riuscite a credere a queste persone? I leader religiosi e gli studiosi si preoccupano del reddito, del potere e della posizione e non della vostra malattia, guarigione e liberazione. Perché? Dio li conosce in cielo come generazione di raschiatori. Il cielo conserva il vostro record con il vostro nome.

Giovanni 19:15 Ma essi gridavano: "Via lui, via lui, crocifiggetelo". Pilato disse loro: "Devo crocifiggere il vostro re?". I capi dei sacerdoti risposero: "Noi non abbiamo altro re che Cesare."

Questa è la situazione quando Maria diede alla luce Gesù. Nessuno era pronto a credere in Dio, ma gli esperti della Torah l'hanno usata per ottenere vantaggi e benefici personali. Hanno portato la tradizione per farvi sentire bravi. Leggete e obbedite alla Parola di Dio. Oggi ci troviamo di fronte alla stessa mentalità. Non sono interessati alla verità, ma alla tradizione, ai falsi profeti e agli insegnanti. I falsi insegnanti e profeti di oggi hanno crocifisso Gesù e la Sua verità. Prima erano solo Eva, poi gli ebrei e ora i gentili a fare il loro monopolio. Pochissimi crederanno e ubbidiranno al piano di Dio. Non abbiate paura se vi mettono fuori dal loro edificio.

Si dice chiesa all'edificio, ma ricordate: in questa dispensazione siete una chiesa, non un edificio.

In questo periodo, Dio si servirà di donne come Maria ed Elisabetta, la moglie di Zaccaria, poiché la generazione dei raschiatori non ha mai camminato con Dio ma con la tradizione dei sacerdoti, degli anziani, dei farisei e degli scribi. Avevano rimosso il Dio onnipotente. Non sostituitevi a Dio. Ci sarà un credente sulla terra come Daniele, Giuseppe, la regina Ester e Ruth che prenderà il suo posto. Una donna e un uomo coraggiosi, in sintonia con Dio e non con la tradizione. Dio ha bisogno di qualcuno obbediente e sottomesso al Signore. Grazie, Signore.

Allo stesso modo, Zaccaria, il sacerdote, non credette. Avete questo tipo di individui come leader religiosi che non credono alla Parola di Dio e hanno stabilito il loro regno?

Dio ha maledetto la loro lingua; non diranno la verità. Elisabetta era credente, ma non suo marito, che era un sommo sacerdote. Egli sentì l'Angelo Gabriele dare la notizia di Giovanni Battista che arrivava attraverso sua moglie. Egli disse: "Sono vecchio e anche mia moglie".

Luca 1:20 Ed ecco, tu sarai muto e non potrai parlare fino al giorno in cui queste cose si compiranno, perché non hai creduto alle mie parole, che si compiranno a suo tempo.

I capi religiosi lavorano contro il piano di Dio. Hanno dimenticato di custodire e meditare su ciò che devono. Non c'è bisogno di annunciare a quelle persone che non hanno alcuna importanza per il piano di Dio. Dio parla a coloro che hanno orecchio per ascoltare. Il cielo sta annunciando oggi molte eccellenti notizie a coloro che sanno ponderare le cose di Dio. Ma non c'è bisogno di dirlo agli stolti. Che il Signore susciti molte persone audaci e coraggiose che si alzino e non abbiano paura di questi pulitori.

PREGHIAMO

Signore, sappiamo che nel nostro tempo si sta concludendo una dispensazione di grazia. Come la storia si ripete, si sta ripetendo anche nel nostro tempo. Signore, sappiamo che la missione completa di Dio è tramontata. In questo tempo e in questo giorno, nessuno va più alle organizzazioni, alle denominazioni e agli edifici non confessionali per essere guarito o liberato, per una profezia o un miracolo. È finita per noi come una semplice routine religiosa. Il nostro Dio è buono e parlerà a chi si collega e crede. Il nostro Dio sa come pubblicare la salvezza e chi usare. Che il nostro Dio ci trovi credenti fedeli e servi saggi e sottomessi. Signore, hai portato la salvezza scegliendo donne intelligenti, coraggiose e audaci come Maria ed Elisabetta. Signore, fa' che possiamo essere una di loro in questo tempo della fine, nel nome di Gesù. Amen! Dio vi benedica!

25 AGOSTO

LA VERITÀ RICHIEDE SACRIFICIO!

La verità è ciò con cui il Principe della terra, Satana, ha un problema. Il Principe della terra vuole il maggior numero di divisioni, religioni, dèi e dee, ateismo e tutti i tipi di modi, forme e modi ingannevoli per portarvi all'inferno.

Paolo era un uomo legato alla tradizione e aveva bisogno di essere liberato da essa. La religione è una schiavitù che ci separa dalla sequela del Signore Gesù. La religione è la schiavitù di Satana. È un blocco e un freno. Non importa quello che si dice, è fondamentale quando si naviga con la propria barca e non si sa da che parte andare. Colui che è il capitano della vostra barca o l'aiutante è perduto. Era il caos quando Paolo portava molti alla distruzione, pensando che i discepoli di Gesù avessero sbagliato. L'obiettivo e lo scopo erano giusti, ma la tradizione era un limite e una schiavitù. Uscite dalla tradizione, dalla religione, dalle chiese, dall'organizzazione e dal potere di controllo dell'autorità perduta nel mondo religioso. Per stabilire un affare o una questione spirituale è necessaria una solida base. Avete bisogno di una conoscenza perfetta e di una dedizione al cento per cento per avviare la vostra dottrina. Potete risolvere qualsiasi problema, situazione e difficoltà se lavorate per Dio, dichiarandoLo onnipotente, soprannaturale, onnipotente e onnisciente. Nulla è impossibile, quindi assicuratevi di dimostrarlo.

La gente non apprezza i vostri discorsi, ma desidera vedere le prove. Se affermate che Egli guarisce, libera e rende liberi i prigionieri, perché ci sono così tanti malati, molti in ospedale, posseduti, oppressi e perduti nel mondo? In qualche modo Satana ha controllato molte menti e le ha di nuovo ingannate a predicare, non vedendo segni e prodigi, ma solo semplice fede e convincimento. Tenendo la Bibbia in mano, conoscendo le Scritture e giustificando che "Non faccio nulla di sbagliato, sono un buon cristiano".

Una volta che si è fuorviati e ammaliati, diventa più difficile cambiare. È necessario che Dio onnipotente vi incontri sulla via di Damasco. Inoltre, avete bisogno di qualcosa che vi dia un appetito per la Parola di Dio. Avete bisogno di qualcuno che metta una goccia di sangue mescolata allo Spirito Santo nelle vostre orecchie e nei vostri occhi, in modo che possiate vedere e sentire. Vi siete persi in una grande giungla religiosa, credendo a tutte le bugie e alle manipolazioni. La religione, la denominazione e l'organizzazione sono una giungla oscura e fitta. Permettete allo Spirito Santo di insegnarvi, guidarvi e mettervi in grado di sfuggire a questa menzogna.

25 AGOSTO

Dio non può usarvi. Non sto dicendo che la vostra organizzazione, denominazione o chiese, ma Dio non può. Rivelate l'identità di Gesù, altrimenti sarete perduti come Saulo.

Pietro ha detto che sapeva chi era. "So che non sei il figlio di Giuseppe. Sei il Messia tanto atteso. So che sei colui che Isaia ha profetizzato. Non sei il figlio di Maria, ma sei il Figlio di Dio, venuto a salvare la sua creazione. So che la Torah parla di Dio che viene e si vendica in Isaia 35."

Isaia 6:9 è lei; so che un Dio dovrebbe venire sulla terra per liberarci, guarirci, salvarci e salvarci dalla morte dell'inferno. So che sto camminando con Lui, poiché Lui sta facendo tutto, e sto vedendo tutti i segni e mi chiedo cosa abbia scritto il Signore nella Parola.

Isaia 61:1-2 "Lo Spirito del Signore Dio è su di me, perché il Signore mi ha unto per annunciare una buona novella agli umili; mi ha mandato a fasciare il cuore spezzato, a proclamare la libertà ai prigionieri e l'apertura del carcere a quelli che sono legati; 2 a proclamare l'anno accettevole del Signore e il giorno di vendetta del nostro Dio; a consolare tutti quelli che fanno cordoglio".

Vedo che il compimento della profezia dell'Antico Testamento è nel Nuovo Testamento. Vedo che la Parola è Dio che cammina nella carne. Tu, Dio, sei venuto per occuparti della guarigione, della liberazione e della salvezza. Vedo Geova Dio che cammina con me, derubato in carne e ossa. So chi sei. Tu sei il Messia, l'unto, il Principe della pace, il Dio potente, il salvatore del mondo, e io sono grande. Ho il privilegio di essere uno dei tuoi seguaci.

Sono pronta a morire. Hanno crocifisso Pietro a testa in giù e ha dato la vita per la verità. La verità è che Dio è venuto sulla terra in carne e ossa.

Un altro era un eletto di nome Saul, che non mi conosceva ma aspettava la mia venuta in carne e ossa. Ma non sa che è passato. Ha perso l'opportunità di incontrarsi e di conversare con il Signore. Ma ama la tradizione del suo antenato; è un uomo devoto, può fare qualsiasi cosa, anche uccidere se qualcuno si allontana dal credere nell'UNICO VERO Dio. Saul era così devoto. Amava Dio con tutto il cuore, la mente, l'anima e la forza. La devozione può essere buona, ma pericolosa se non si sa a chi si è devoti, chi sono i propri idoli e chi si sta seguendo. La vostra devozione ha bisogno di qualche ripasso e la vostra conoscenza ha bisogno di qualche spiegazione e comprensione del Divinatore. Geova Dio ha detto: "Riorganizzate la vostra tradizione con un nuovo mentore chiamato Gesù Cristo. Quando vi sceglierò, visto il vostro zelo, dovrò addestrarvi e parlarvi. Portate il mio nome e diffondete la mia parola, ha bisogno di tutti voi, ma dovete incontrarmi faccia a faccia". Ho incontrato Mosè e Isaia. Ho camminato sulla terra per oltre tre decenni per formare e insegnare. Li ho chiamati e ho dato loro potere, comandamenti e istruzioni e li ho addestrati bene. Ora, se vi mando Paolo onoscendo il vostro cuore, che amate la vostra tradizione. E il miglior avvocato ti ha formato, l'esperto di Torah Gamaliele, la principale autorità del Sinedrio. Dovete conoscermi. Non potete parlare di me se non mi conoscete.

Avete sentito che qualcuno parla sempre di noi senza sapere, soprattutto di quelli legati alla tradizione e alla religione? Io ero lì, legata a religioni e tradizioni, cieca e sorda. Non mi sarei mossa e non avrei creduto a nessuno. Abbiate pietà. Perché credete a quei falsi insegnanti, pastori e profeti? Abbiate pietà della vostra anima. Essa vi incolperà per il giorno del giudizio, mandandola all'inferno. Non dite alla vostra anima mi dispiace; è troppo tardi. Brucerà e si lamenterà per l'eternità.

Paolo è un prescelto, coraggioso, audace e ha una conoscenza potente, ma non può essere mandato nel mondo per gli affari di Dio. Non può insegnare, guarire e consegnare senza cambiare e risolvere la sua confusione su Gesù. Posso dire che ci sono molti che si sbagliano di grosso e voi gli credete? State uccidendo e crocifiggendo Gesù di nuovo. Non conoscete Gesù e non permettete che la Sua missione di salvezza, guarigione, liberazione e redenzione abbia successo. Per favore, toglietevi dalla Sua strada. Avete trovato una via attraverso le vostre denominazioni, non denominazioni e organizzazioni. Non accettate di compiacere quelle autorità. Pregate per loro e non seguitele se non hanno rivelazioni di Gesù. Credete a Dio, ma non credete a Gesù: Geova Dio è venuto a risolvere il pasticcio di Adamo ed Eva.

State ripetendo gli stessi errori di Adamo ed Eva? Dio disse che il giorno in cui avessero mangiato il frutto sarebbero morti. Che cosa intendeva con "morire"? La distruzione della loro anima all'inferno. Essi vissero a lungo ed ebbero molti figli. Anche voi state facendo lo stesso? Perché? Vi costerà la vostra anima e la vostra generazione dopo di voi. È una punizione infernale per l'eternità. Che il Signore vi dia il coraggio e l'audacia di difendere la verità. Vi liberi dal potere della concupiscenza degli occhi e della carne. L'orgoglio è un pericolo per la vostra anima. Prendete il sorso dell'umiltà e il rifiuto delle persone in autorità. Prendete la via di Damasco; prendete l'istruzione, l'addestramento della prova fatta e l'addestramento alla tribolazione per voi. Così imparerete a dividere accuratamente la parola della verità. Che il Signore vi aiuti a capire che c'è un prezzo da pagare. Una cosa che non vi costa nulla ha poco valore, ma se pagate un costo elevato, la apprezzerete. Significherà molto per voi se vi costerà l'orgoglio e la brama della carne e degli occhi. Che il Signore vi benedica.

PREGHIAMO

Il nostro sacrificio è così poco rispetto al vostro. Il nostro Dio è grande e potente per conoscere la strada che ci sta portando. Sappiamo che la Parola di Dio è la massima autorità e che imparare attraverso lo Spirito Santo è il modo migliore. Quindi, insegnate allo Spirito Santo cosa intendete con ogni scrittura per ogni argomento. La Tua Parola è l'ultima autorità, non chiunque, chiese, insegnanti o pastori. Signore, parlaci; noi ti ascoltiamo e ci sottomettiamo a te. Vogliamo essere persone che non si preoccupano della vita e muoiono per la verità. Essi sacrificano la loro vita per portare e mantenere la verità su questa terra. Avremo la battaglia, ma sappiamo che la verità ci rende liberi. Grazie, Signore, per il sacrificio di te stesso. Benedici la nostra audacia e il nostro coraggio nel sostenere la PAROLA nel nome di Gesù. Amen! Dio vi benedica!

26 AGOSTO

IL PUNTO DI CONTATTO!

È essenziale toccare l'unto per ricevere il miracolo. La corrente scorre fino al punto di contatto per accendere la luce. Tutto il lavoro attraverso la giunzione principale diffonde la potenza dell'elettricità ovunque. La signora dovette arrivare al punto in cui toccò la veste di Gesù per essere guarita. Gli uomini cadevano su Gesù per toccarlo. L'ombra toccava le persone per far fluire la potenza di guarigione e liberazione. Dobbiamo trovare il punto di contatto.

Vedete la potenza nel punto di contatto.

Marco 5:30 E Gesù, sapendo subito che la virtù era uscita da lui, lo girò nel torchio e disse: "Chi ha toccato le mie vesti?"

Quando avete l'unzione di Dio, il punto di contatto è la vostra stoffa e la vostra ombra. Quando toccate il punto e siete guariti o liberati, sapete che vi è successo qualcosa. Lasciate che Dio sia Dio. È Lui che dovete toccare. Quando andate a pregare, trovate il luogo in cui sapete di aver sentito la sala del trono. È successo qualcosa nel vostro corpo. La Parola di Dio conferma che avete bisogno di toccare. L'unzione con olio è un punto di contatto.

Marco 6:13 Scacciarono molti demoni, unsero con olio molti malati e li guarirono La guarigione ha bisogno del tocco di un bollore santo. È il punto di contatto con i malati, e i malati guariscono dai peccati.

Giacomo 5:14 C'è qualche malato tra voi? Chiami gli anziani della chiesa e preghino su di lui, ungendolo con olio nel nome del Signore; 15 la preghiera della fede salverà il malato e il Signore lo risusciterà; e se ha commesso dei peccati, gli saranno perdonati.

Dobbiamo farlo secondo la Parola di Dio per vedere il risultato. Oggi sono andata in chiesa con una mia amica a Mesquite, in Texas. egli ha portato alcune bottiglie di olio d'oliva e mi ha detto di pregare su di esse. Devo dare quest'olio alla mia congregazione. Dobbiamo praticare la Parola se vogliamo piacere a Dio. Egli è la massima autorità. Entrambe abbiamo messo le mani, abbiamo pregato e benedetto l'olio. Lei fa come le insegno. Nella chiesa di oggi c'era una pastora che ha detto alla mia amica: "Sei un'insegnante. Tu insegni e dai un ministero a molti". L'abbiamo incontrata la prima volta, almeno io l'ho incontrata la prima volta. Ma lei ha praticato la Parola di Dio e ha servito entrambe in un modo di cui tutt'e due eravamo gioiose. Se non toccate la sala del trono, i Suoi abiti e la Sua Parola agendo come dice la formula, non avrà effetto su di voi. Il punto è toccare per ricevere l'unzione, che spezza il giogo e nient'altro. Posso dire che non state facendo quello che dice Dio, ed è per questo che state girando in tondo? Seguire chi non sa cosa sta facendo complica la vita. Perché la gente corre e cade su Gesù per toccarlo? Questa è la parte mancante della nostra vita. Diventiamo compiacenti alle persone e non a Dio.

Matteo 14:35 Quando gli uomini di quel luogo lo vennero a sapere, mandarono in tutto il paese intorno a lui e gli portarono tutti quelli che erano malati; 36 e lo pregarono di poter toccare solo l'orlo della sua veste; e quanti ne toccarono furono perfettamente guariti.

Abbiamo bisogno del flusso dello Spirito Santo, dove tutti arrivano alla connessione wireless o Wi-Fi e vengono guariti. È il punto di connessione in cui si arriva alla presenza dello Spirito di Dio e si tocca o si ha il punto di connessione. Allora tutto va bene. Abbiamo più fiducia nella tecnologia che nel nostro Dio. Egli è più importante di tutto, il che rende facile agli altri credere. Il nostro problema è che abbiamo fatto a meno di Dio e il punto di contatto è estraneo. Dobbiamo ripartire da zero e appoggiarci alla Parola. Non diluite la Parola nella vostra forma di religione impotente. È il punto in cui si tocca e si riceve.

Uno dei miei amici mi ha detto: "Nella pausa pranzo vado in un certo parco e prego sotto un certo albero. Lì incontro sempre Dio. Il roveto ardente è stato il punto di contatto per Mosè. Non importa cosa, vieni dove lo tocchi e Dio rilascerà ciò che vuoi". Il pozzo della ricchezza, della salute, della guarigione, della liberazione, è Gesù, non la vostra organizzazione o religione. Soprattutto coloro che non hanno lo Spirito Santo. Come fate a sapere che non hanno lo Spirito Santo? Perché non parlano in lingue. In caso contrario, non c'è miracolo, guarigione, parola di conoscenza, profezia o liberazione dal demonio. Posso dire, per favore, di aprire la Bibbia e di entrare nella Parola di Dio? Un fratello indiano, Bryan, che ha trovato la verità, ha chiesto al pastore: "Perché non battezzate le persone nel nome di Gesù? Perché le nostre chiese non credono come dice la Bibbia per ricevere lo Spirito Santo?". Il pastore rispose che il nostro compito è battezzare come da tradizione, celebrare il matrimonio e, quando muori, seppellirci. E la tua anima? È necessario un punto di contatto. La donna con l'olio di alabastro non si curava dei giudei critici e avidi. Era al punto in cui poteva toccare il Signore. Chi si preoccupa delle critiche?

Luca 7:37 Ed ecco che una donna della città, che era una peccatrice, quando seppe che Gesù sedeva a pranzo in casa del fariseo, portò una scatola di alabastro con un unguento, 38 si mise ai suoi piedi dietro di lui piangendo, e cominciò a lavargli i piedi con le lacrime, li asciugò con i capelli del suo capo, gli baciò i piedi e li unse con l'unguento. 47 Perciò ti dico che i suoi peccati, che sono molti, sono perdonati, perché ha amato molto; ma a chi è stato perdonato poco, lo stesso ama poco.

Venite a quel punto e toccate la Sua veste, toccate la Sua sala del trono. Toccate Dio onnipotente dove potete avere tutto ciò che desiderate; ho detto tutto. Possa il Signore aiutarvi a trovare il punto e il luogo in cui incontrarvi con Lui ed essere integri. Spesso sento dire che queste chiese sono malate e chiedo come fanno i malati a guarire qualcuno. Che il Signore vi dia il coraggio, la saggezza e l'audacia di trovare quel luogo in cui avete un punto d'incontro con il vostro Creatore. Il nostro Dio è buono. Vi aiuterà. AspettateLo: vi darà forza, vi rinnoverà e vi benedirà. Aspettate! I tempi di attesa sono imprevedibili, ma non abbiate fretta. Rallentate e aspettate. Il compromesso crea chiese senza speranza, orribili e dannose. L'attesa è la chiave per noi. Quando state attraversando un problema o una decisione e avete bisogno di risolvere la situazione, date a Dio una possibilità. Tenete fuori i malintenzionati; molti non sono a conoscenza di ciò che sta accadendo.

La donna toccò Gesù, gli baciò i piedi e si asciugò con le lacrime. Allora lo spettatore chiese perché Gesù le permettesse di toccare. È una peccatrice. L'autorità religiosa è un po' fuori luogo. Mandami la parola; la parola toccò il servo e fu guarito. Un punto di contatto è indispensabile per la guarigione. Avevo un dolore alla spalla; ho toccato e pregato. Lo Spirito Santo ha toccato il punto caldo, così caldo da bruciare, e sono stata guarita. Il punto di contatto era la mia mano sulla zona dolorosa della spalla. Lo Spirito Santo ci tocca da qualsiasi mano che tocca. Compirà imprese impressionanti. Gli spiriti maligni verranno per uccidere, rubare e distruggere. I punti di contatto possono essere pericolosi. Non abbiate fretta e non allontanatevi senza aver toccato Dio, nel nome di Gesù. Amen.

PREGHIAMO

Signore, la nostra esperienza inizia quando ti tocchiamo. Il tocco della nostra parola alla nostra situazione, al nostro cuore e alla nostra vita porta un potente cambiamento. Dio può cambiare, rianimare e ricreare l'uomo se sanno toccare, quindi insegnaci, Signore. Aiutaci a trovare il punto di contatto in cui il nostro Dio può mostrarsi e manifestarsi. Aiutaci ad avere pazienza e fede nel fatto che Egli venga e ci tocchi. Signore, aiutaci a trovare il punto di contatto. Impariamo e insegniamo agli altri a cercarlo. Non è in un posto qualsiasi, ma sulle mie ginocchia e ovunque io possa toccarti per i miei bisogni. So che farai quello che hai fatto a molti che si sono avvicinati a quel punto di contatto. Ho bisogno del punto di contatto, e tutto cambierà e potrà cambiare. Gesù è in quel punto di contatto. Per favore, toccatelo oggi; i vostri problemi, la vostra malattia, la vostra confusione e il vostro bisogno saranno soddisfatti nel nome di Gesù. Amen! Dio vi benedica!

27 AGOSTO

IL COLLEGAMENTO CON IL CREATORE È D'OBBLIGO!

L'attenzione di Dio richiede la nostra connessione con Lui. La preghiera è la connessione con Dio. Il piano di Gesù si è realizzato poiché Egli era sensibile al piano della crocifissione. Fermatevi a pensare alle ultime ore prima della crocifissione di Gesù. Sapendo che l'ora è vicina, reagite in fretta, o sarete senza aiuto.

Luca 22:41 Poi si allontanò da loro a circa un tiro di sasso, si inginocchiò e pregò, 42 dicendo: "Padre, se vuoi, allontana da me questo calice; tuttavia non la mia volontà, ma la tua sia fatta". 43 E gli apparve un angelo dal cielo che lo rafforzò. 44 Ed essendo in agonia, pregava più intensamente; e il suo sudore era come grandi gocce di sangue che cadevano a terra.

Siate padroni del vostro caso. Tenete sotto controllo le situazioni prima di affrontarle. Non c'è bisogno che qualcuno vi dica di pregare. Pregate prima di affrontare la tempesta, le prove e i test. Le tentazioni arriveranno, ma prendete tutto l'aiuto del cielo. Entrate nell'armadio della preghiera e collegatevi per ricevere sostegno. Dobbiamo rispettare il piano di Dio. Il Signore Gesù ha camminato sulla terra per dare l'esempio di come collegarsi al trono di Dio in ginocchio. Non pensate che l'aiuto arrivi senza che lo chiediate a gran voce. Gridate, non quando siete nei guai, ma prima che essi accadano. Dio libererà gli Angeli per rifornirvi di forza. Vi aiuterà ad andare avanti, altrimenti fallirete. Il modo in cui Daniele si collegava tre volte al giorno ha dato all'Angelo il potere di prendere il comando.

Daniele 6:10c si inginocchiava tre volte al giorno e pregava: "Potete affermare che Dio ha creato gli angeli per servirvi o aiutarvi, ma essi vengono solo se li chiamate."

Ebrei 1:13 Ma a quale degli angeli ha mai detto: "Siediti alla mia destra, finché non abbia fatto dei tuoi nemici lo sgabello dei tuoi piedi"? 14 Non sono forse tutti spiriti ministranti, mandati a servire coloro che saranno eredi della salvezza?

Insegno sempre l'importanza della preghiera ai nuovi convertiti che converto al Signore. Tutti i cristiani devono imparare a pregare, a gridare e a cercare Dio. Devono sapere come e quando collegarsi. Se non pregate, sarete disconnessi. Se non siete connessi, allora siete da soli, senza aiuto, copertura e protezione. Cosa vorreste reclamare senza presentare le vostre petizioni? Quando si cerca un nuovo lavoro o un servizio legale, ci si collega presentando delle petizioni, chiamate domande. Lo stesso accade in Paradiso. È necessario presentare petizioni, richieste e domande.

27 AGOSTO

Il collegamento attraverso la preghiera è l'unico modo per ottenere il vostro aiuto. Nessun contatto e nessun aiuto! Cosa è successo ai discepoli? Camminavano con Gesù, ma non erano in contatto con Dio in ginocchio.

Matteo 26:40 Giunto dai discepoli, li trovò addormentati e disse a Pietro: "Che c'è, non potevate vegliare con me un'ora? Non c'è forza. La paura prese il sopravvento.

Marco 14:50 E tutti lo abbandonarono e fuggirono.

Non riponete la vostra fede in denominazioni, organizzazioni o posizioni quando il potere delle tenebre è in azione. Collegatevi con Dio, pregate. L'ospite celeste lavora sulle vostre richieste. Mettete nelle vostre domande ciò che desiderate o richiedete. Conosco una signora che è piena di gelosia e di bugie. Frequenta regolarmente un edificio chiamato chiesa, ma è piena di demoni. Suo marito è un uomo gentile. Mi chiedo cosa sia successo lì. Come ha fatto a trovare un gentiluomo? Dio ha usato la sua bocca per testimoniare. Ha detto che quando era una ragazza single, le persone della loro denominazione sceglievano un nome per cui pregare. Una coppia scelse il suo nome per pregare per il suo futuro marito. Ogni mercoledì pregavano per un'ora affinché lei avesse un buon marito.

Signore, abbi pietà di quel marito. Questa ragazza era, e forse lo è ancora, una gran pasticciona, ma suo marito è un brav'uomo per il futuro. Le prove, le provvidenze e la protezione dipendono da come avete presentato le vostre petizioni con fede. Molte organizzazioni di gruppi religiosi giocano il ruolo di Satana, mettendo in scena l'angelo della luce. Cercano di abbattere le persone. Ho sognato una zona cosiddetta cristiana dove le persone che si opponevano a me avevano un demone sotto forma di cani e una tigre. Un luogo difficile da raggiungere per Gesù. Ovunque, edifici che chiamavano chiese! Chiese e organizzazioni impotenti, anticristi, malate. Le loro giovani generazioni perdute sono alcolizzate; mentono e imbrogliano. Le denominazioni e le organizzazioni senza preghiera non conoscono la missione di GESÙ. Ricordate che i diavoli vengono con un piano contraffatto per il contrattacco. Il diavolo sa come distruggervi collegandovi al suo piano fasullo. Quante persone frequentano le chiese e credono che il diavolo rappresenti questi piani falsi? È vostro compito comunicare con Dio e non lasciarvi ingannare da false autorità ipocrite assegnate da Satana. Chiedete la risposta al Signore. Tutto ciò che sembra buono o finge di essere santo o giusto può non esserlo. Potete ricoprire una posizione in un'organizzazione o in una denominazione, conoscere la Bibbia, vincere ogni premio ed essere conosciuti nel mondo spirituale, ma cosa significa? Niente! Avete bisogno di un legame con Dio come quello che avevano Daniele, Mosè e Giosuè. Il collegamento con Dio, più forte di altre fonti, vi porterà alla vittoria. Prendiamo l'esempio di Davide e di come è sopravvissuto a tutte le afflizioni.

Salmo 34:19 Molte sono le afflizioni del giusto, ma il Signore lo libera da tutte.

Non alcune afflizioni, ma i credenti di tutti. L'unica via d'uscita dai problemi è il contatto con Dio. Gridate il vostro bisogno a Dio. Egli manderà una schiera celeste in aiuto.

Salmo 63:1 O Dio, tu sei il mio Dio; presto ti cercherò; l'anima mia ha sete di te, la mia carne ti desidera in una terra arida e assetata, dove non c'è acqua;

La preghiera al Signore Gesù è il nostro primo esempio di vittoria. La vittoria e la liberazione arrivano quando la potenza di Dio è in funzione. Le funzioni degli Angeli avvengono solo se si è in contatto con Dio. Non pretendete di conoscere Dio, ma assicuratevi di parlare con Lui ogni giorno. Supponiamo che la vostra casa vada a fuoco. Vi aspettate che un camion dei pompieri venga ad aiutarvi? Chiamate i vigili del fuoco e informateli che la casa ha preso fuoco. Hanno bisogno dell'indirizzo per inviare un camion dei pompieri. Dovete imparare a mettervi in contatto con Dio per ottenere aiuto. Il piano di Dio può essere distrutto se ci sono falsi insegnanti, profeti e denominazioni contraffatte. Avete bisogno di percezione, discernimento e saggezza. Ricordate che la PAROLA non cambia mai. La Parola è DIO. Continuate nella verità; la Parola è verità se sapete come dividere la Parola della verità. Imparate quale formula si applica alla dottrina. Aprite la Parola e studiate più che seguire gli agenti di Satana. Amate la vostra anima. Gesù ha combattuto il Suo popolo, non i Romani. Gli attacchi più pericolosi non sono quelli esterni, ma quelli interiori. Aiutatevi obbedendo alla Parola. Smettete di cercare di compiacere persone, denominazioni, pastori e organizzazioni. Tornate a Dio. Egli ha molto aiuto se lo invocate. Mettetevi in contatto con il Signore per trovare pace, gioia e forza nei momenti di difficoltà, nel nome di Gesù! Amen!

PREGHIAMO

Padre Celeste, in questa vita frenetica abbiamo dimenticato di cercare la verità. Seguendo una religione fuorviante, non siamo riusciti a seguirTi. Siamo tutto tranne che cristiani. Gesù, non siamo come te. Non seguiamo il Tuo esempio. Aiutaci a seguire il tuo modello per vedere la Parola di Dio in funzione come era prima. Abbiamo molte dottrine e insegnamenti confusi, perché non ci collegano a te ma a tutto il resto. Il nostro Dio è lo stesso per sempre. È nostro compito cercare, chiedere e bussare. Aiutaci a pregare senza sosta, a cercare il Tuo volto in anticipo. È la parola di cui abbiamo bisogno e non i falsi insegnamenti. Il Tuo amore va oltre. Abbiamo il privilegio di avere tutto, perché nulla è impossibile. Mostraci la via, perché tu sei la via giusta, nel nome di Gesù. Amen!

Dio vi benedica!

28 AGOSTO

CHE IL SIGNORE POSSA AVERE LE COSE A SUO MODO!

Il Signore bussa e chiede: posso avere il mio piano nella tua vita? Posso venire a mangiare con voi? Vi darò indicazioni per il successo. Che io possa essere la tua guida, il tuo maestro e il tuo aiuto! Molti confessano che il Signore è il loro salvatore. Salvatore significa liberatore, guaritore e salvatore. Ma nei momenti di difficoltà, mostrano da chi dipendono. Il Signore dice: "Io sono Dio", a cui dovete arrendervi per potervi districare. Avevo un fratello che è morto nel 2012. Era malato a periodi alterni. Aveva molte prove e problemi. Essendo sua sorella, ho sempre pregato. Mia madre e molti altri che mi erano vicini hanno pregato. La sorella Karen ha pregato e ha digiunato sette giorni e sette notti, più volte senza acqua e senza cibo. Secondo la guida di Dio, mi sono unita al digiuno, ma il mio limite era di tre giorni e tre notti. Ogni volta che abbiamo pregato, Dio lo ha fatto uscire dal programma di Satana di uccidere, rubare e distruggere la sua vita. Il Signore è stato così misericordioso con lui. Amava il Signore e aveva un cuore buono. Mio fratello sosteneva buoni missionari, profeti e pastori. Ha sempre permesso loro di venire e li ha serviti con tutto il cuore. Si ricevono le loro benedizioni dando ai servitori di Dio un bicchiere d'acqua. Quanto veniamo benedetti se diamo loro ciò di cui hanno bisogno. Che il Signore vi insegni oggi: la benedizione è nel vostro dare!

Matteo 10:42 Chiunque darà da bere a uno di questi piccoli una tazza di acqua fredda solo in nome di un discepolo, in verità vi dico che non perderà mai la sua ricompensa.

Matteo 25:40 Il Re risponderà e dirà loro: "In verità vi dico: poiché l'avete fatto a uno solo di questi miei fratelli più piccoli, l'avete fatto a me".

Oggi è il compleanno di mio fratello e il Signore mi ha rinfrescato la memoria, ricordandomi la sua opera di bene. Sapevo di poter pregare quando era malato e sarebbe stato guarito. Io e la sorella Karen abbiamo digiunato e pregato. Il marito della sorella Karen amava molto mio fratello. Il Signore disse loro che mio fratello sarebbe stato bene e sarebbe vissuto. Lei lo condivise con me. Ero felice. Più tardi, il Signore mi parlò in sogno. Nel sogno, Dio mi ha mostrato mio fratello e mi ha detto che se lo prendeva, vivrà per sempre, ma se non lo avesse preso, non ci sarà alcuna possibilità di entrare nel regno. Il Signore, nella Sua misericordia, mi ha fatto sentire quanto sarebbe stato insensibile, che nulla sarebbe penetrato nel suo cuore o nella sua anima. Non ci sarà alcun rimedio o modo per lui di entrare nel regno di Dio. Morirà salvato se lascerà la terra questa volta. Se mi permettete di portarlo a casa, questa è la sua possibilità di entrare nel regno. Ho visto e sperimentato in sogno il modo in cui si sarebbe trasformato. Ho detto: "Signore, fa' come vuoi, qualunque cosa accada". Ho sempre pregato il Signore di salvare la mia famiglia. Voglio che vivano per sempre in cielo. Quindi sapevo che avrebbe lasciato la terra. Ho fatto questo sogno in Texas prima di partire per vederlo. Non ho condiviso questo sogno con nessuno.

In quel periodo andai in California per aiutarlo. Stavo andando a trovarlo in ospedale e Dio mi disse: "Prendi dei fiori per tuo fratello". Così ho raccolto delle bellissime rose per lui. Erano davvero bellissime. Abbiamo sentito molti commenti sulle composizioni floreali. Durante questo periodo, Karen e suo marito visiteranno l'ospedale e affermeranno che non morirà ma sopravvivrà. Hanno condiviso che, poiché Dio ha parlato alla sorella Karen e a suo marito, George sarebbe sopravvissuto. Il marito di Karen non riusciva a sopportare il dolore per la morte di George. Si chiedeva perché Dio non avesse mantenuto la Sua promessa. Qualche giorno dopo ho parlato con la sorella Karen. Mi ha detto: "Mio marito è a letto e soffre per la notizia di George". Ha detto che entrambi abbiamo sentito che Dio lo avrebbe tenuto. La sorella Karen sembrava molto triste e suo marito smise di parlare per la tristezza. Era in lutto per George. Quando ho condiviso il sogno, entrambi si sono rianimati e hanno capito cosa il Signore intendeva per vita. Hanno partecipato al funerale e sono stati felici. Signore, fa' come vuoi. Ho messo mio fratello sull'altare di Dio. Il giorno in cui ho fatto il suo sogno, ho partecipato al servizio di preghiera di quella mattina. Sono andata sull'altare di Dio. Ho pregato finché non ho tolto tutte le emozioni e gli attaccamenti. Ho detto che non potevo giocare con la sua anima. Dissi: "Signore, aiutami, voglio che tu entri nella sua vita. Vorrei averlo per sempre."

La morte non è la fine, ma l'inizio della vita eterna. Se si arriva in paradiso, si vince. Vale la pena vivere se si arriva in cielo. Permettiamo a Dio di attuare la Sua strada. La porta della morte ci porta all'eternità se siamo salvati. Al momento della partenza, morire da salvati. Che il Signore ci aiuti a capire che la vita data da Dio ha bisogno della vostra cooperazione, approvazione e permesso di venire a fare qualsiasi cosa sia il suo piano migliore per la vostra vita.

Dio ha dato il miglior piano di salvezza nel libro degli Atti. Altrimenti, i vostri peccati non saranno perdonati. Dio ha detto: "Ecco il mio sangue; io laverò i vostri peccati se entrerete nell'acqua nel mio nome, che è gesù". nome al di sopra di ogni nome, ogni ginocchio si inchinerà a questo nome, confessando che gesù è il salvatore, il guaritore e il liberatore di geova.

Signore, fai come vuoi.

Il Signore ha scritto dei libri; il Signore non ha mai parlato nella vostra mente o attraverso i profeti o in qualsiasi altro modo. Se diciamo che il Signore è la nostra strada, possiamo entrare nel tesoro del cielo. Il tesoro del cielo è una vostra scelta se dite che il Signore è la vostra strada. È un invito aperto con il vostro consenso. Se dite: "Vi do il permesso di fare ciò che è necessario per il bene della mia anima".

Apocalisse 3:20 Ecco, io sto alla porta e busso; se qualcuno ascolta la mia voce e mi apre la porta, io entrerò in lui e mi fermerò a tavola con lui ed egli con me.

Siamo il Suo tempio. Tuttavia, Dio ci ha dato il libero arbitrio di scegliere. Se lo amiamo veramente, allora aprite la porta del vostro cuore:

Giovanni 14:23 Gesù rispose e gli disse: "Se uno mi ama, osserverà le mie parole; e il Padre mio lo amerà e noi verremo a lui e prenderemo dimora presso di lui".

Amate il vostro creatore e Dio. Egli vi benedirà e vi darà una vita più abbondante. Vi proteggerà dai nemici che divorano, rubano, uccidono e distruggono. Distruggere significa non poter essere rimessi insieme. Signore, aiutaci ad amarti con tutto il nostro cuore, mente, anima e forza, nel nome di Gesù. Signore, segui la Tua strada con me, la mia famiglia e il mio Paese, nel nome di Gesù. Amen! Dio vi benedica!

PREGHIAMO

Padre Celeste, grazie per averci dato il libero arbitrio di scegliere. Vogliamo conoscerti meglio osservando le Tue leggi, i Tuoi comandamenti e i Tuoi statuti. La Tua Parola dice che se osserviamo i Tuoi comandamenti, saremo benedetti. Tutto ciò che vuoi è benedirci. Vogliamo che tu ci benedica e ci custodisca. Abbiamo bisogno delle Tue vie nella nostra vita. Tu sei la via della verità e della vita eterna. Nessuno entra in Paradiso senza di te. Ci hai mostrato la buona strada. Ci hai dato un esempio da seguire. Ti seguiamo per trovare la vita abbondante. Signore, tu conosci dall'inizio alla fine la nostra vita, perciò ci arrendiamo, sapendo che hai un posto per il riposo eterno e la pace. Ti diamo tutto, fai come vuoi. Nel nome di Gesù! Amen! Dio vi benedica!

29 AGOSTO

IL VOSTRO AMORE PER DIO PORTA LA RIVELAZIONE!

La prova sarà data per dimostrare il vostro amore per Lui. È necessario avere prove e dimostrare ciò che si dice. Se le supererete, il risultato sarà una benedizione; se fallirete, perderete la benedizione.

Giovanni 14:15 Se mi amate, osservate i miei comandamenti. Il primo comandamento è ascoltare, o Israele, il Signore, il tuo Dio è uno, e amare il Signore con tutto il cuore, la mente, l'anima e la forza.

È stato messo alla prova nella vita di molte persone. Una volta che credete in Dio, ci sarà un'altra prova. Se la supererete, Dio vi benedirà.

Giovanni 14:21 Chi ha i miei comandamenti e li osserva, è lui che mi ama; e chi mi ama sarà amato dal Padre mio e io lo amerò e mi manifesterò a lui.

Dato che arriva solo per rivelazione, non hanno capito Gesù a quel tempo e nemmeno oggi. La rivelazione ha una condizione: amare Dio con tutto il cuore, la mente, l'anima e la forza e osservare i Suoi comandamenti. La rivelazione di Pietro su Gesù viene solo dallo Spirito di Dio. Dio è Spirito. Lo Spirito di Dio è venuto nella carne come Gesù. Dio ha indossato la carne per pagare il prezzo dei peccati della Sua creazione con il Suo sangue. I peccati dell'umanità gli sono costati la vita. La vita è nel sangue. Per riconoscere Gesù occorre la rivelazione, che viene dallo Spirito. Non cercate aiuto nei teologi. Gesù camminava tra gli israeliti che non lo conoscevano. Il nostro Dio ha mantenuto la Sua identità sotto il Suo potere.

Una volta ho incontrato un fratello coreano. Aveva molti doni dello Spirito. Non avevo mai visto diversi doni in funzione a quel livello. Vorrei avere tutti questi doni spirituali. Poi mi chiese: "Sorella, sai chi è Gesù?". Beh, sapevo chi era Gesù, dato che avevo avuto la Sua rivelazione. Ho detto che Gesù è Geova in carne e ossa. Lui disse: "Esattamente". Dissi che avevo una rivelazione poiché Dio l'aveva rivelata attraverso questa Scrittura.

Isaia 43:10 Voi siete i miei testimoni, dice il Signore, e il mio servo che ho scelto, affinché mi conosciate e crediate, e comprendiate che io sono lui; prima di me non è stato formato alcun Dio, né ve ne sarà dopo di me. 11 Io, proprio io, sono l'Eterno; e all'infuori di me non c'è salvatore.

Nel Nuovo Testamento, Gesù è chiamato il salvatore, ma nell'Antico Testamento, Geova Dio disse: "Io sono un salvatore".

1 Timoteo 3:16 Dio si è manifestato nella carne.

Al di sopra delle Scritture, il Diavolo ha rimosso Dio e lo ha inserito. Il diavolo è il giocatore.

Filippesi 2:6 Il quale, essendo in forma di Dio, non ritenne una rapina l'essere uguale a Dio; 7 ma, non avendo alcuna reputazione, assunse la forma di servo e fu fatto a somiglianza degli uomini:

Dio me lo ha rivelato attraverso la Parola, lo Spirito di Dio. La Parola è Dio. Non avendo una rivelazione di Gesù, le persone fondano ogni tipo di chiesa. Gesù stesso ha detto:

Matteo 16:17 Allora Gesù, rispondendo, gli disse: "Beato te, Simone Barjona, perché non te l'ha rivelato la carne e il sangue, ma il Padre mio che è nei cieli".

Se amate Dio, allora osservate il Suo comandamento. E se osserverete il Suo comandamento, riceverete la rivelazione di Dio. Paolo disse: "Sapevo che c'è un solo Dio". Paolo disse: "Chi è questo nuovo Gesù? Ha ucciso i credenti di Gesù, poiché molti si stavano rivolgendo a Gesù". Secondo il comandamento, non uccidere, ma il suo amore per Dio mostrava il suo zelo per il suo unico Dio. Uomo devoto, Paolo amava il Signore con tutto se stesso. Perciò nessuno lo fece sedere e gli insegnò la lezione sull'unico Dio o il battesimo nel nome di Gesù, ma lo Spirito di Dio venne sulla Via di Damasco e disse:

Atti 9:5 Egli disse: "Chi sei, Signore?". E il Signore rispose: "Io sono Gesù che tu perseguiti; è difficile per te scalciare contro i pungoli". 6 Ed egli, tremante e stupito, disse: "Signore, che cosa vuoi che io faccia?". E il Signore gli disse: "Alzati, entra in città e ti sarà detto ciò che devi fare".

Questa conversazione era in ebraico secondo:

Atti 26:14: Quando fummo tutti caduti a terra, udii una voce che mi parlava e diceva in lingua ebraica: "Saulo, Saulo, perché mi perseguiti? È difficile per te scalciare contro i pungoli".

Paolo, non avendo una rivelazione di Gesù, causò molto caos. Paolo amava il Signore, per questo uccise il credente di Gesù, ma quando sentì il nome Gesù in ebraico 2424 Iēsoús-Jesus, la traslitterazione del termine ebraico, che significa "Yahweh salva" (o "Yahweh è salvezza"). Ora non aveva problemi con il nome. Salvezza deriva dal greco Sozo che significa guaritore e salvatore. Tutti i nomi di Geova dell'Antico Testamento rientrano in questo nome: GESÙ=Geova salva o Salvatore di Geova.

Sapeva che il tanto atteso Geova profetizzato da Isaia era lo stesso Gesù vestito di carne. Il nome più alto di Geova Dio si rivela a coloro che amano il Signore con tutto il cuore, la mente, l'anima e la forza.

Se non si ha la rivelazione di Gesù in un unico Dio Geova, si perde anche nel XXI secolo. Potete fondare una nuova denominazione, una non-denominazione o un'organizzazione, ma perderete comunque. Dio non perdonerà i vostri peccati perché rifiuterete al cento per cento il nome di Gesù. Ogni ginocchio si inchinerà e la lingua confesserà Gesù come salvatore di Dio. Questo nome da solo vi darà il perdono dei peccati se avete la rivelazione di Gesù.

Atti 10:43 A lui testimoniano tutti i profeti che per mezzo del suo nome (Gesù) chiunque crede in lui riceverà la remissione dei peccati.

Il battesimo è per la remissione dei peccati. Il prezzo del peccatore è la morte eterna all'inferno. Nessuno può darvi il perdono se non il sangue di Gesù. Se ancora non sapete chi è Gesù, sapete perché? Non avete alcuna rivelazione perché non amate Dio con tutto il cuore, la mente, l'anima e la forza. È per questo che i falsi insegnanti, i profeti, le chiese, le denominazioni e le organizzazioni sono agenti di Satana che hanno accecato la vostra mente con il falso insegnamento.

2 Corinzi 4:3 Ma se il nostro vangelo è nascosto, è nascosto a coloro che sono perduti; 4 il Dio di questo mondo ha accecato le menti di coloro che non credono, perché non risplenda loro la luce del glorioso vangelo di Cristo, che è l'immagine di Dio.

L'amore e l'obbedienza a Dio sono necessari per la rivelazione di Gesù. Il Signore vuole una sposa obbediente che ami e faccia di tutto e di più per portare il nome di Gesù. Voi non lo fareste e non lo potete fare perché non avete la rivelazione come gli altri al suo tempo. Mi battezzarono nel nome di Gesù. Dio ha lavorato in modo diverso con me. Sapeva che Lo amavo, così Gesù mi chiese di essere battezzata nel nome di Gesù. Quando fui battezzata nel nome di Gesù, ne uscii più leggera di una piuma. Dio ha rimosso da me la pesantezza del peccato come una montagna. Per la prima volta nella mia vita, ho sperimentato la potenza di Dio. Se Lo amate, allora obbedite ai Suoi comandamenti. Questo è il gusto per tutti. Amen!

PREGHIAMO

Padre celeste, la prova per la Tua sposa è osservare il comandamento e non discostarsene. La Tua sposa deve obbedire al comandamento. La prova della Tua sposa è la rivelazione di Gesù. Non possiamo entrare in cielo se non abbiamo una rivelazione. Grazie per la rivelazione della manifestazione dell'Unico Dio in Gesù. Signore, ti ringraziamo. Ci hai rivelato la Tua identità. Tutti coloro che ti amano sono chiamati eletti e fedeli. Aiutaci a essere fedeli fino alla fine. Il discepolo ha seguito le Tue istruzioni nel libro degli Atti. Grazie per aver scelto il nostro corpo come Tua chiesa e non come edificio. Tu sei lo Spirito di Geova, Dio in carne e ossa, Gesù. Amen! Dio vi benedica!

30 AGOSTO

CIÒ CHE I CRISTIANI DEVONO SAPERE!

Innanzitutto, chi sono i cristiani? I cristiani sono simili a Cristo, pentiti, battezzati nel nome di Gesù per lavare i loro peccati e hanno ricevuto lo Spirito Santo parlando nella loro lingua. Secondo la definizione della Bibbia nel libro degli Atti, questo è il cristiano. Ora, si può essere chiamati battisti, metodisti, alleati o qualsiasi altra dottrina si segua. Si discosta dalla sequela di Cristo. Ma per seguire Cristo, dovete seguire ciò che Dio ha scritto nella Bibbia. Vi ricordo che andare in chiesa non vi salverà, ma vivere secondo la Parola sì. Voi siete una chiesa e non un edificio. Cristo è la Parola in carne, cioè Dio in carne. Egli era la parola che leggete nella Bibbia.

Salmi 138:2b, perché hai magnificato la tua parola al di sopra di tutto il tuo nome.

Luca 21:33 Il cielo e la terra passeranno, ma le mie parole non passeranno.

A chi credere? Credete nella Parola di Dio.

Quando insegno, chiedo sempre a ciascuno di aprire la propria Bibbia. Non parlo di ciò che so o credo. Non ho l'autorità per cambiare, ma alcuni hanno osato e hanno fatto un pasticcio. Hanno iniziato una religione anticristo! Il potere più alto è la parola. Per esempio, se state guidando, superando il limite di velocità, il poliziotto non si arrabbia, ma prende gentilmente la vostra patente, l'assicurazione e il libretto e vi fa una multa. Vi consiglierà di guidare con prudenza. Capite, se infrangete la legge, il poliziotto non grida o urla, ma vi fa la multa. Lo stesso vale per Dio:

Giovanni 12:47 Se uno ascolta le mie parole e non crede, io non lo giudico; perché non sono venuto a giudicare il mondo, ma a salvare il mondo. 48 Chi mi respinge e non accoglie le mie parole, ha uno che lo giudica; la parola che ho pronunciato lo giudicherà nell'ultimo giorno.

Gesù aprirà tutti i libri in cui ha registrato le vostre attività. Il Signore dirà: hai fatto questo e quello; non c'è udienza, ma la parola ti giudicherà. Cosa ne pensate? Continuerete a dare la vostra interpretazione personale? Non lasciate che nessuno mercifichi la vostra anima. Aprite la Bibbia e cercate la verità.

Atti 17:10 I fratelli mandarono subito via Paolo e Sila, di notte, a Berea; i quali, venuti di là, entrarono nella sinagoga dei Giudei. 11 Questi erano più nobili di quelli di Tessalonica, perché accoglievano la parola con prontezza di spirito e scrutavano ogni giorno le Scritture per sapere se quelle cose erano vere.

Gli abitanti di Berea cercavano le Scritture con prontezza di spirito. Non chiudete la vostra mente a seguire la religione, le denominazioni o le organizzazioni. La luce e la lampada sono le parole date da Dio e non dalle denominazioni. Quando sentite altri insegnare e predicare, assicuratevi che sia la Parola di Dio. Ho verificato continuamente che si tratta della Parola di Dio. Dopo la risurrezione, Gesù ha parlato chiaramente.

Luca 24:45 Allora aprì loro l'intelligenza, affinché comprendessero le Scritture.

Dio ci avrà salvati quando saremo entrati in paradiso. Fino a quel momento, dobbiamo continuare con la verità. Nessuno può pretendere di essere salvato. Il giorno in cui ci battezziamo nel nome di Gesù e riceviamo lo Spirito Santo è l'inizio del cammino verso il cielo. Nascere di nuovo significa entrare nell'esercito di Dio. Ora inizia il nostro addestramento. Impariamo a essere buoni soldati. Tutti dicono che sono salvati perché frequentano i servizi di culto. Alcuni vivono, agiscono e pensano come un diavolo, ma dicono di essere cristiani. Assicuratevi di studiare il libro chiamato Bibbia, dove troverete la verità.

Giovanni 8:31 Allora Gesù disse a quei Giudei che avevano creduto in lui: "Se perseverate nella mia parola, siete davvero miei discepoli; 32 conoscerete la verità e la verità vi renderà accessibili".

Questo è ciò che il Signore ha detto. Dovete continuare a seguire la Parola. Potete andare in chiesa dove si insegna e si predica la verità e non la religione o la tradizione. Tutto deve essere in ordine come scritto nella Parola di Dio. Sono sicura che se permettiamo allo Spirito Santo di insegnarci, condurci e guidarci in tutta la verità, allora la storia cambierà. I cristiani devono essere esattamente come indicato nella Bibbia da Gesù Cristo. Vedete gli occhi ciechi e le orecchie sorde aprirsi, e il demonio uscire, i malati, guarire e gli zoppi camminare? Le persone vengono guarite dalle ombre e dai vestiti. Sentite il discepolo parlare in lingue o profetizzare. Parole di saggezza e conoscenza in funzione. Doni di miracoli in atto. Vedete il messaggio come uno dei nove doni che portano l'interpretazione? Se no, si tratta di un culto religioso, che non è la chiesa iniziata nel libro degli Atti. Il vostro corpo è diventato una chiesa o un tempio della casa di Dio.

Marco 16:17 E questi segni seguiranno quelli che credono: nel mio nome scacceranno i demoni; parleranno con lingue nuove; 18 prenderanno in mano i serpenti; e se berranno qualche cosa di mortale, non farà loro male; imporranno le mani ai malati e questi guariranno.

Gesù lavora su un sentiero stretto:

Marco 16:20 Poi partirono e predicarono dappertutto, mentre il Signore operava con loro e confermava la parola con segni successivi. Amen!

Il Signore opera dimostrando l'efficacia e la solidità della Sua parola. Dio sta cercando cinque mogli la cui veste sia pulita. Mantenete la vostra veste così.

Efesini 5:27 per presentarla a sé come una chiesa gloriosa, senza macchia, né ruga, né alcunché di simile, ma santa e senza macchia.

Non preoccupatevi delle chiese, delle persone, delle organizzazioni o delle vostre tradizioni. Aprite la Parola di Dio e continuate a seguire le sue indicazioni. Non cercate altrove, se non nel libro degli Atti, il piano di salvezza. Conoscere Gesù come salvatore di Geova, la rivelazione di Dio in carne e ossa, risolverà tutti i problemi. Il cristianesimo si identifica con il frutto dell'amore. Non è tutto amore, amore, amore e fare ciò che ci fa stare bene. Non si tratta di ciò che si afferma oggi, ma di ciò che si ascolta nel giorno del giudizio. Nel giorno del giudizio, i libri e i libri della vita saranno aperti.

Apocalisse 20:10 Il diavolo che li aveva ingannati fu gettato nel lago di fuoco e di zolfo, dove si trovano la bestia e il falso profeta, e sarà tormentato giorno e notte nei secoli dei secoli. 11 E vidi un grande trono bianco e colui che vi sedeva sopra, dalla cui faccia la terra e il cielo fuggirono e non vi fu posto per loro.

Siete pronti a lavorare per la vostra salvezza? Lavorate per essa. È un lavoro.

Filippesi 2:12 Perciò, carissimi, come avete sempre obbedito, non solo in mia presenza, ma ora molto di più in mia assenza, operate la vostra salvezza con timore e tremore. Amen! Dio vi benedica!

PREGHIAMO

Padre celeste, questa è la gara e noi ci siamo iscritti per scelta. Il nostro Dio ha previsto che chiunque desideri iscriversi possa farlo. Non permetterci di rimanere bloccati scendendo a compromessi con una cosiddetta struttura ecclesiastica. La salvezza non è una terapia di gruppo, ma individuale. Signore, aiutaci a seguire le istruzioni della Tua Parola nel libro degli Atti per la salvezza. Ti ringraziamo per la Bibbia nel suo complesso. La Tua parola ci dice di continuare questo cammino. È piena di ricchezza e di aiuto per la nostra salvezza. È il Tuo amore per noi a scrivere la parola per non perderla. Signore, aiutaci a conoscere la parola di verità per essere liberi. Rimuovi ogni ostacolo, blocco e freno della religione nel nome di Gesù. Amen! Dio vi benedica!

31 AGOSTO

CHI VI HA AMMALIATI?

Definizioni di Ammaliamento: qualcuno ha il controllo su di voi con qualsiasi mezzo. Lanciare un incantesimo e ottenere il controllo su qualcuno. Ingannare. Miriam Webster dice: influenzare, specialmente in modo dannoso, con la stregoneria. Affascinare. Ha lo scopo di affascinare.

È il modo in cui Satana ottiene il controllo su di voi.

Una volta ho avuto un incontro di preghiera a casa mia e questa profetessa stava pregando per un membro della mia famiglia. La profetessa ha detto che sua madre ha stregato una donna della sua famiglia che è venuta per matrimonio. Lei è contro di voi. Ho notato che ha fatto molti danni, divisioni e ferite nella nostra famiglia. Fate attenzione alle figlie della strega. Ho notato che ogni volta che sua madre veniva, era tutto un caos.

In un'altra occasione, ho sognato una persona che conoscevo. Dio ha detto che ha orgoglio, gelosia e invidia nei miei confronti. Do a questa donna un nome: Ellie, per non svelare troppi dettagli. Non appena la sua amica si è trasferita, il comportamento di Ellie è cambiato. Lei è influenzata dalla sua amica Ava (Satana può presentarsi come amico, coniuge o chiunque altro). Ava parlava sempre all'orecchio di Ellie. Ava era una bugiarda, una ladra e una manipolatrice, ma molto religiosa. Ora questo demone religioso è chiamato spirito di Gezabele. L'amica di Ellie le parlava sempre nell'orecchio. Dopo la visita di Ava, la personalità di Ellie è cambiata. Ho pregato Dio, cosa è successo? Mi ha mostrato che la sua amica l'aveva stregata. Questo tipo di persone ti staranno sempre all'orecchio. Ovunque vadano, stregheranno le persone. È pericoloso per le famiglie, i matrimoni e la società. La madre di Ava era una bugiarda e una strega manipolatrice. Madre e figlia erano uguali. Tenetele fuori dalla porta perché sono come Gezabele e Athaliah, pericolose per chiunque finché Dio non le elimina.

Paolo diede inizio alla chiesa di Galati. I Galati capirono, accettarono e seguirono l'insegnamento di Paolo. Ma, lungo la strada, arrivarono dei falsi insegnanti che li cambiarono attraverso un falso insegnamento. I Galati si allontanarono dagli insegnamenti reali di Paolo. Paolo ha sempre visitato l'opera che ha fondato sulla verità. Questa è il pentimento dei propri peccati, il lavacro dei peccati nel nome di Gesù mediante il battesimo e la ricezione dello Spirito di Dio che ci dà potere. Per Paolo era una routine supervisionare il progresso dell'opera che aveva stabilito. Vennero alcuni falsi insegnanti e profeti che insegnarono in modo sbagliato e si allontanarono dalla verità. Il falso insegnamento avvelena l'orecchio. Si chiama ammaliamento. Essi distolgono la mente parlando, insegnando o profetizzando in modo diverso per il loro tornaconto. I nuovi credenti uscivano dal

31 AGOSTO

giudaismo. Ma alcuni non hanno capito la Chiesa del Nuovo Testamento. La Chiesa del Nuovo Testamento è il vostro corpo. Essi praticavano ancora la Legge e la Torah. Se praticate diverse cosiddette dottrine religiose per unirvi a una denominazione, a una non denominazione o a un'organizzazione, allora avete bisogno di essere liberati. Conoscevo solo la metodista e la Trinità. È stato difficile per me cambiare perché il falso insegnamento mi ha stregata.

Galati 3:1 O stolti Galati, chi vi ha stregato perché non obbediate alla verità, davanti ai cui occhi è stato evidentemente presentato Gesù Cristo, crocifisso in mezzo a voi?

L'insegnamento o la parola di qualcuno all'orecchio possono influenzare la vostra vita. Vi controllerà in modo inconsapevole. Vi faranno sentire, pensare e agire come desiderate. C'è uno spirito coinvolto nel cambiamento di una persona. Se si tratta di uno spirito maligno, allora quello spirito vi ammalia. Se è uno Spirito buono, allora vi condurrà alla verità. Il nostro Dio ci ha dato lo Spirito Santo. Dio dà lo Spirito Santo per insegnare e guidare a tutta la verità. Solo se siete disposti a farlo. Lo Spirito interviene quando il vostro comportamento cambia.

Atti 8:9 Ma c'era un certo uomo, chiamato Simone, che prima, nella stessa città, usava la stregoneria e ammaliava la gente di Samaria, facendo credere di essere un grande: 10 e tutti, dal più piccolo al più grande, gli davano retta, dicendo: "Quest'uomo è la grande potenza di Dio". 11 E a lui si rivolgevano perché da molto tempo li aveva stregati con sortilegi.

Le persone possono ammaliarvi senza che ve ne rendiate conto. Una volta che la persona si allontana dal vostro orecchio, allora potete pensare in modo lucido. Il motivo dell'ammaliamento non è sempre buono! Quindi, se avete un amico, una madre, un predicatore, un falso insegnante, un falso profeta o chiunque vi abbia influenzato insegnandovi il male, fuggite da loro. Vi ruberanno la gioia, la vita e la salvezza. So che le donne devono stare attente perché sono più influenzate degli uomini. Dobbiamo stare attenti a chi prestiamo orecchio. Io amo la verità. Una volta che hai la verità, allora hai la libertà. La sicurezza quando lo Spirito Santo ti conduce, ti guida e ti insegna. Possono stregarvi coloro che sono molto vicini a voi. Quindi, tutti coloro che si presentano alla vostra porta, alla vostra vita, al telefono o in rete non significa che siano buoni. Percepiteli e teneteli a distanza se sono malvagi. Mia madre aveva uno spirito di discernimento e ci avvertiva da chi dovevamo stare lontani. Mi ha salvata da molti problemi. All'epoca non capivo, ma ho sempre tenuto conto dei suoi consigli e del suo giudizio.

Efesini 4:11 Ad alcuni ha dato degli apostoli, ad altri dei profeti, ad altri degli evangelisti, ad altri ancora dei pastori e dei maestri; 12 per il perfezionamento dei santi, per l'opera del ministero, per l'edificazione del corpo di Cristo: 13 finché tutti giungiamo all'unità della fede e della conoscenza del Figlio di Dio, per giungere all'uomo perfetto, alla misura della statura del ministero, per l'edificazione del corpo di Cristo: 15 Ma dicendo la verità nell'amore, crescete in lui in ogni cosa, che è il capo, cioè Cristo: 16 dal quale tutto il corpo, ben unito e compattato da ciò che ogni giuntura fornisce, secondo l'opera efficace di ogni parte, accresce il corpo per l'edificazione di se stesso nell'amore.

Non avremmo problemi se Dio mandasse gli apostoli, gli evangelisti, i pastori, gli insegnanti e i profeti. Saremmo al sicuro dall'essere stregati. Il motivo per cui si viene controllati è la mancanza di conoscenza. Si può essere ammaliati se l'emozione è coinvolta o se si è inesperti o creduloni. Pericolosi per la vostra vita non avete la percezione del bene e del male.

Molte volte le persone cercano i loro vantaggi. Non si può pensare che pastori, insegnanti, madri, fratelli, padri o amici possano sbagliare. È il fatto che potrebbero essere i più pericolosi. Sì, sono quelli che possono fare più male per vantaggi personali. Dio ha mandato Paolo per aiutare a costruire molte congregazioni. Non aveva alcun desiderio di guadagno personale. Li stava conquistando al cielo. Il Regno era il suo desiderio per le anime che stava conquistando in una determinata parte del mondo. Ogni volta che i falsi insegnanti si presentavano a un nuovo convertito, non avevano la rivelazione della venuta di Gesù Cristo sulla terra come nostro salvatore. Falsi profeti e insegnanti cominciarono a mettere in difficoltà i suoi santi. Oggi abbiamo molte organizzazioni, denominazioni e non denominazioni fondate su false dottrine.

Per stabilire una dottrina, è necessaria la prova di due o tre Scritture. Il Signore ha un modello da seguire. C'è un principio che Gesù non poteva infrangere. Se uno non segue il principio, allora è stregato. Fate attenzione a non farvi ammaliare da falsi insegnanti e profeti. Amen Dio vi benedica!

PREGHIAMO

Signore, ti ringraziamo per la Parola di Dio. Ti ringraziamo per tutto ciò che è scritto e insegnato nella Parola. Dobbiamo seguire ciò che dice la Tua Parola. Seguire l'insegnamento dei profeti e degli apostoli. Amiamo le Tue vie perché sono vere. La verità ci rende liberi. Non c'è fretta e non c'è lotta se abbiamo la verità. Il nostro Dio è buono e sa come prendersi cura di noi. Lore, tu sei un vero pastore che sa come prendersi cura delle pecore. Signore, mandaci il vero pastore, perché molti sono dei mercenari. Vedono le droghe, l'alcol, le bugie, i sigari e molte altre cose che tormentano le pecore, ma non possono aiutarle perché non sono dei salariati o degli operai a pagamento. Aiutaci ad amare la verità, affinché nessun malvagio abbia il potere di ammaliarci. Amiamo la verità e lasciamo che la Tua verità ci liberi nel nome di Gesù. Amen! Dio vi benedica!

INFORMAZIONE SULL'AUTRICE

Salve, sono Elizabeth Das, autrice del libro "Dieta spirituale quotidiana" (titolo originale inglese " Daily Spiritual Diet"), un libro devozionale per ogni giorno e di "L'ho fatto "a Suo modo"" (titolo originale inglese "I didi it His way".

Come ho già detto, non sono la vera e propria autrice, ma ho obbedito alla voce del Signore di scrivere.

"Dieta Spirituale Quotidiana" è una serie di dodici mesi tradotto in italiano, inglese, hindi e gujarati.

Il mio libro "L'ho fatto "a Suo modo"" è stato pubblicato in diverse lingue.

Il nome inglese è: I did it 'His Way'.

Il nome francese è: Je l'ai fait à "sa manière".

Il nome spagnolo è 'Lo hice a " a Su manera ".

Il nome gujarati è 'Me te temni rite karyu'

Il nome in hindi è 'Maine uske tarike se kiya'

È anche narrato a voce in diverse lingue. Prego che siate in salvo e soprattutto che ritroviate la speranza.

Che il Signore vi benedica.

ELIZABETH DAS

nimmidas@gmail.com,

nimmidas1952@gmail.com

www.ingramcontent.com/pod-product-compliance
Lightning Source LLC
Chambersburg PA
CBHW081414230426
43668CB00016B/2230